原価計算の導入と発展

山本浩二 編著

岡田幸彦　　小沢　浩
片岡洋人　　窪田祐一
中村博之　　西居　豪
簗本智之　　挽　文子
藤野雅史

東京 森山書店 発行

は　し　が　き

　本書は，日本会計研究学会における課題研究委員会「わが国における原価計算の導入と発展—文献史的研究」（平成18年9月～平成20年9月）の2年間にわたる研究活動の成果をもとにして，さらに委員会活動終了後に委員会メンバーが議論を重ねて取りまとめたものである。
　わが国における原価計算の導入と発展について，課題研究委員会の活動では文献史的に研究し，導入と発展に重要な役割を果たした過去の文献を探索して研究することを行った。これまで原価計算に関する歴史的な研究は著名な研究者によっても多く実施されてきており，われわれが短い研究期間で，これら研究者のライフワーク的な研究を超える成果を得ることは至難であると考え，これまでの文献研究とは異なった視点から研究を行うことを目指した。すなわち，委員会メンバーが管理会計分野での研究者であることを踏まえて，わが国の会計制度の視点からの原価計算制度の導入と発展を取りあげるのではなく，管理会計機能の面から原価計算を捉えることを基本とした。さらに，文献史としてこれまでのわが国における原価計算に関する文献を跡づけるだけではなく，原価計算の導入と発展のプロセスにおける研究者と実務家の果たした役割について明らかにして，その意義を再認識することを重視した。
　そのために，取りあげる文献についても，わが国の学界・実務界に多くの読者を有し，創刊以来，会計学の研究や実務上で大きな影響を与えたと考えられる『會計』，『産業経理』，『企業会計』等の主要な雑誌に掲載された論文や座談会・討論会等の記事，ならびに主要著書を対象にして文献レビューを行った。また，必要に応じて企業の社史や各種団体の歴史資料など，関連するその他の資料を参照することによって，わが国における原価計算の導入と発展の実務の状況についても，そのプロセスを今日的な視点で振り返ることを試みた。
　わが国の原価計算や管理会計は，欧米の研究成果や実務を導入することによって発展したものが多い。製品の製造原価の計算は初期においては特にドイツ

の影響が大きいと思われるが，原価計算の目的は，製品の製造原価の計算だけに留まらず，その後の時代の要請に応じて変化してきている。例えば，第二次大戦前後の時代の原価計算は，物資調達，経済や物価の安定といった国の政策的な要素に強く影響を受けていた面があったが，その後の原価計算の導入と発展は，企業実務での経営管理上の要請を受けて行われたといってよい。われわれは，そのような実務での経営管理上の要請を意識した研究，および企業の自主的な判断のもとで行われた原価計算の導入と発展プロセスを重視することにしたのである。

　研究に際して，原価計算の導入と発展のプロセスについて文献レビューを通じて捉える基本的な分析フレームワークを設定した。影響や制約を与えたと考えられる要因を想定し，導入と発展のプロセスの論理的な概念モデルを提示して，それにもとづいて，文献を探索し，文献レビューを行い，重要と思われる文献の論点を要約した。それに加えて，文献だけからは把握できない当時の状況について，知見をもつ研究者や実務家のヒアリングも必要に応じて交えて，全員で情報を共有して研究会を重ねて議論を行い整理した。

　重要な文献について，メンバー所属大学の図書館等での文献探索とその文献レビューは地道な労力を非常に多く必要とする作業であった。しかし，文献を探索するにあたって，（財）産業経理協会が編集発行した『産業経理』のCD-ROMならびに『産業経理』と『會計』（有限会社森山書店刊）の創刊号からの論文等を収録した閲覧DVDが利用できたことがとても有用であった。これらがなければ，この短い期間で研究成果を出すことはできなかったと思われる。

　わが国原価計算の導入と発展の知見について，われわれとしての一定の研究成果を取りまとめることができたのは，ひとえに当課題の研究の機会を与えていただいた日本会計研究学会および（財）産業経理協会によるものであり，課題研究委員会への研究資金や貴重な資料の提供をいただいたこと，ならびにその後の本研究成果の出版にあたり助成をいただいたことに改めて感謝するとともに，あわせて日本会計研究学会会長ほか理事会や出版助成審査などに関係していただいた諸先生，また研究を進めるに当たって有益なアドバイスをいただ

いた諸先生に感謝を申し上げる次第である。
　最後に，本書の刊行に当たって森山書店の菅田直文社長，菅田直也氏はじめ皆様に多大なるお世話をいただいたことに対して感謝の意を表したい。

　　　　　　　　　　　　　　　　　　　平成22年5月
　　　　　　　　　　　　　　　　　　　　執筆者を代表して
　　　　　　　　　　　　　　　　　　　　　編者　山　本　浩　二

目　次

第Ⅰ部　序　　論

第1章　わが国の原価計算の導入と発展に関する研究課題 …………… 1
　§1　研究目的と考察対象 ……………………………………………… 1
　§2　研究の分析フレームワーク ……………………………………… 4
　§3　本書の構成 ………………………………………………………… 7

第2章　原価計算に関する時代背景 …………………………………… 11
　§1　は じ め に ……………………………………………………… 11
　§2　時代背景区分 ……………………………………………………… 13
　§3　ま　と　め ………………………………………………………… 25

第Ⅱ部　前史─戦前・戦中の原価計算の動向

第3章　原価管理思考の萌芽（1）
　　　　─三菱電機神戸製作所における標準原価計算の導入と適応 ……… 31
　§1　は じ め に ……………………………………………………… 31
　§2　標準原価計算の導入に至る環境要因 …………………………… 33
　§3　標準原価計算の技法的な基礎 …………………………………… 36
　§4　標準原価計算の導入とその後 …………………………………… 41
　§5　ま　と　め ………………………………………………………… 45

第4章　原価管理思考の萌芽（2）─原価計算と原単位計算 ………… 49
　§1　は じ め に ……………………………………………………… 49
　§2　『製造工業原価計算要綱』がもたらした実務的な成果 ………… 50
　§3　戦時統制経済と原価計算 ………………………………………… 52

§4　原価管理思考の萌芽 …………………………………………………… 59
§5　ま　と　め ……………………………………………………………… 62

第Ⅲ部　戦後の標準原価計算の動向をめぐる諸論点

第5章　実務界での導入動向の再認識 ……………………………………… 67
§1　は　じ　め　に …………………………………………………………… 67
§2　日本能率協会の活動成果 ………………………………………………… 67
§3　東京商工会議所の活動成果 ……………………………………………… 73
§4　関西経済連合会の活動成果 ……………………………………………… 77
§5　日本生産性本部の活動 …………………………………………………… 80
§6　企業経営協会の活動 ……………………………………………………… 86
§7　産業経理協会の活動 ……………………………………………………… 87
§8　ま　と　め ………………………………………………………………… 89

第6章　学界での論点の再認識（1）
　　　　　――二つの標準原価計算論（松本・山邊論争） ………………… 91
§1　は　じ　め　に …………………………………………………………… 91
§2　松本・山邊論争の出発点 ………………………………………………… 94
§3　当座標準原価計算と基準標準原価計算のその後 ……………………… 98
§4　ま　と　め ……………………………………………………………… 102

第7章　学界での論点の再認識（2）
　　　　　――二元的標準原価と予算との関係（中山・溝口論争） ……… 104
§1　は　じ　め　に ………………………………………………………… 104
§2　初期の模索時代と通説の確立 ………………………………………… 106
§3　二元的標準原価計算システムの概要――中山隆祐の所説 ………… 109
§4　中山・溝口論争の回顧 ………………………………………………… 120
§5　ま　と　め ……………………………………………………………… 126

第8章　学界での論点の再認識（3）―直接標準原価計算 …………… *128*
　§1　は　じ　め　に ……………………………………………………… *128*
　§2　昭和電工における直接標準原価計算の導入 ……………………… *129*
　§3　直接原価計算との理論的な結合についての研究 ………………… *131*
　§4　1960年代初頭における議論 ………………………………………… *133*
　§5　ま　と　め …………………………………………………………… *136*

第Ⅳ部　伝統的コストマネジメントの発展

第9章　「原価計算基準」をめぐる議論―実務家の積極的な役割 ………… *137*
　§1　は　じ　め　に ……………………………………………………… *137*
　§2　「原価計算基準」の再検討―前提的考察 …………………………… *138*
　§3　「原価計算基準」をめぐる議論の展開 ……………………………… *143*
　§4　研究者と実務家との間の方向性のギャップ ……………………… *146*
　§5　原価計算実務による要請としての「経営原価計算実施要領」 …… *152*
　§6　ま　と　め …………………………………………………………… *156*

第10章　「コスト・マネジメント」の答申をめぐる議論
　　　　―研究者の積極的役割 ……………………………………………… *159*
　§1　は　じ　め　に ……………………………………………………… *159*
　§2　コスト・コントロールからコスト・マネジメントへ
　　　―原価管理概念の萌芽 ……………………………………………… *161*
　§3　『コスト・マネジメント』制定の趣旨と背景 ……………………… *162*
　§4　「コスト・マネジメント」をめぐる議論―文献の整理 …………… *168*
　§5　ま　と　め …………………………………………………………… *177*

第11章　基準後の直接原価計算をめぐる議論 …………………………… *181*
　§1　は　じ　め　に ……………………………………………………… *181*
　§2　制度としての直接原価計算 ………………………………………… *182*

§3 直接原価計算の導入事例 ……………………………………… *185*
§4 受注生産企業の原価計算実務 ………………………………… *189*
§5 ま と め ………………………………………………………… *194*

第12章 原価計算の適用領域の拡大―中小企業とサービス組織 ……… *196*
§1 は じ め に ……………………………………………………… *196*
§2 「基準」以前の展開―中小企業の原価計算 …………………… *197*
§3 「基準」以後の展開―サービス組織と原価計算 ……………… *199*
§4 積極的適応の1つのかたち―鉄道原価計算の改定から ……… *202*
§5 ま と め ………………………………………………………… *207*

第Ⅴ部 わが国での戦略的コストマネジメントの素地形成

第13章 原価企画の関連ツールとしてのVEの影響 ………………… *211*
§1 は じ め に ……………………………………………………… *211*
§2 VEの認知と紹介 ……………………………………………… *212*
§3 本格的なVEの導入 …………………………………………… *218*
§4 わが国に導入されたVE ……………………………………… *227*
§5 ま と め ………………………………………………………… *233*

第14章 品質原価計算の導入をめぐる議論 …………………………… *236*
§1 は じ め に ……………………………………………………… *236*
§2 品質管理と品質コスト ………………………………………… *237*
§3 日本化薬における品質原価計算の導入 ……………………… *248*
§4 品質原価計算の学界での再認識と展開 ……………………… *254*
§5 ま と め ………………………………………………………… *257*

第15章 ABCの導入をめぐる議論 …………………………………… *263*
§1 は じ め に ……………………………………………………… *263*

§2　ABC の紹介・認知 ·· *264*
　§3　ABC の導入・受容をめぐる議論 ··· *266*
　§4　日本企業における「ABC と同等の取り組み」························ *272*
　§5　わが国における ABC の導入と発展 ···································· *276*
　§6　ま　と　め ·· *281*

第VI部　ま　と　め

終章　現代および今後の原価計算の導入と発展に向けて ······················ *285*
　§1　は　じ　め　に ·· *285*
　§2　研究者と実務家の役割の再認識 ··· *286*
　§3　実務からの役割期待の把握 ·· *287*
　§4　理論構築推進者としての研究者を支える実務家の役割 ············ *288*
　§5　今後の原価計算の導入と発展に向けて ································· *289*

附属資料1　年表 ··· *294*
附属資料2　文献リスト ··· *316*
　『會計』（1941 年～2000 年）··· *316*
　『産業経理』（1946～2000 年）・『原価計算』（1941～1945 年）··············· *330*
　『企業会計』（1949 年～2000 年）··· *354*
　『原価計算』（1954 年～1956 年）··· *384*
　『座談会・討論会・会計研究室等』··· *390*
附属資料3　主要文献の要約 ··· *398*
　『會計』··· *398*
　『産業経理』·· *423*
　『企業会計』·· *445*

第Ⅰ部　序　　論

第1章　わが国の原価計算の導入と発展に関する研究課題

§1　研究目的と考察対象

1.1　目　　的

　本研究は，わが国における原価計算の導入と発展について，文献にもとづいて歴史的に跡づけて研究するとともに，原価計算の導入と発展のプロセスにおけるわが国の研究者や実務家の果たした役割について考察し，その意義を主に管理会計の視点から明らかにすることを目的としている。

　わが国の「原価計算基準（昭和37年，大蔵省企業会計審議会）」は，企業会計原則の一環として位置づけられて，今日でも制度として行われる原価計算のベースとなっている。その設定について，「わが国における原価計算は，従来，財務諸表を作成するに当たって真実の原価を正確に算定表示するとともに価格計算に対して資料を提供することを主たる任務として成立し，発展してきた。しかしながら，近時，経営管理のため，とくに業務計画および原価管理に役立つための原価計算への要請は，著しく強まってきており，今日原価計算に対して与えられる目的は単一でない。すなわち，真実の原価を確定して財務諸表の作成に役立つとともに，原価を分析し，これを経営管理者に提供し，もって業務計画および原価管理に役立つことが必要とされている。」としている。

ただ，企業会計原則の一環として位置づけられているため，取り上げられている原価計算は，実際原価計算と標準原価計算であり，広義の原価計算に関わる予算や経営計画のための特殊原価調査といったものは制度としての原価計算の範囲外とされている。これに対し，今日，管理会計として重要な内容となっている原価計算は，制度的な原価計算を超えた内容のものである。

企業会計原則が最初に制定された昭和24年の経済安定本部企業会計制度対策調査会の示した企業会計原則の制定目的では，わが国の企業会計制度は欧米のそれに比較して改善の余地が多く不統一で，わが国企業の健全な進歩発展やわが国経済再建上の課題である外資導入や企業の合理化，課税の公正化，産業金融の適正化などのために企業会計制度の統一改善が緊急課題であると述べられており，第二次大戦後すぐの時代の原価計算は，戦後の経済や物価の安定といった政策的な要素に強く影響を受けていた面があった。

しかし，その後の原価計算の導入と発展は，今日の管理会計にいたる経営管理上の要請を受けて，著しい発展をした。特に管理会計における理論と実務のギャップの指摘を受けたことによる1980年代以降の管理会計研究の進展は，財務諸表作成目的である財務会計主導型の原価計算から，経営実務を強く意識した内容のものになり，戦略的な原価計算ないしコストマネジメントを重視するまでに展開している。

本研究の基本姿勢は，経営管理に役立つものとしての原価計算手法のわが国での導入に当たって，研究者や実務家によってどのような議論が行われたかを整理し，また欧米からの手法の導入の場合に，そのままではなく，わが国の状況に応じた展開が意識されてなされてきたかどうかを検証して，そこにおける先人の果たした役割について，今日的な評価を行うことにある。なお，欧米からの手法の導入だけでなく，わが国においてそれまで原価計算が実施されていなかった領域への原価計算の導入の際の議論についても必要に応じて触れることにした。

1.2 考察対象

　原価計算の発達史を紐解けば長い歴史をもつ。わが国においても一部の製造業の工業簿記から原価計算の歴史をたどれば，明治，大正時代まで遡ることができるであろう。しかしながら，本書では，限られた研究期間内に実施する具体的な考察対象として，主として第二次大戦以降に議論された管理会計目的の原価計算を取り上げて研究を進めることにした。もちろん，それ以前の原価計算を軽視するわけではないし，その過去の経緯の上に今日の原価計算があると認識している。その意味で，原価管理思考の萌芽という位置づけで，前史として戦前・戦中の原価計算の動向を取り上げている。

　わが国の企業実務の要請によって積極的に原価計算を導入する動機を重視して，戦前・戦中の強制力のある制度のようなものとしてではなく，経営管理機能の役立ちを意識した自主的な導入・発展が見られる原価計算を対象にすることが重要であると認識した。

　そこで，まず，今日でも重要な意義をもつ原価管理機能について取り上げ，標準原価計算の導入に関する議論を中心に考察している。標準原価計算は，伝統的な管理会計技法の一つと考えられ，わが国での導入と発展において，アメリカで提唱された標準原価計算をどのように捉えて議論したかは，今日でも意義のある検討課題と考えられたからである。

　標準原価計算をめぐっては，予算との関係など，実務家と研究者間で議論が交わされたことは周知の事実であり，その論点の再検討によって，標準原価計算を導入するにあたって，欧米の経営環境と異なる状況において欧米にない議論がわが国で行われたということは意味がある。

　さらにその後の時代の展開として，原価計算基準の公表以後，より管理会計的な要素の強い原価計算，特に今日では戦略的コストマネジメントと位置づけられる内容のものの導入に関わるところまで論点を広げて考察することを試みた。

§2 研究の分析フレームワーク

　本研究は，わが国の原価計算の導入と発展に関して，基本的には文献を検索してレビューするという研究方法を実施する。大学紀要等まで含めると多くの原価計算に関する文献があると考えられるが，その全てを取り上げることは困難と思われた。したがって，欧米で展開された原価計算技法のわが国での導入と発展にあたって，実務や学界での議論を代表するであろうと思われる文献を対象にするため，著書やわが国の学界・実務界で広く講読され，会計学の研究や実務上で大きな影響を与えたと考えられる研究雑誌，具体的には，『會計』や『産業経理』や『企業会計』等の主要な雑誌に掲載された論文を中心に取り上げて文献レビューを行った。論点の洗い出しの方法としては，上記のような雑誌では，これまで重要な研究課題については特集が組まれたり，座談会や誌上討論などが企画されたりしてきているので，これらを年代ごとに整理することによって，原価計算の発展を概観し，それをもとに，それぞれの話題の基礎になったと考えられる代表的な文献を探索し，要約して整理する作業を行った。

　考察の対象とした著書や論文等の論点の内容を明らかにするとともに，そこでの研究者や実務家が果たした役割を評価するために，次の図 1.1 のような分析フレームワークを考え，当該文献が導入と発展プロセスのどのステージのものと位置づけられるかを意識してレビューすることにした。

　すなわち，論理的なプロセスとして，欧米などからの外来の原価計算システムや理論がわが国で導入・発展するにあたって，まず研究者による欧米の文献の紹介が論文等で行われたり，あるいは実務において，外国企業からの技術導入や外国企業との提携に伴って原価計算も導入されたりしたことが考えられ，それがわが国で認知されるステージが考えられる。これは，導入・発展プロセスにおける入り口となる最初のステージといえる。この段階では，まず外来の原価計算システムを理解することが中心であって，実務界での要請や役割期待

図1.1 分析フレームワーク

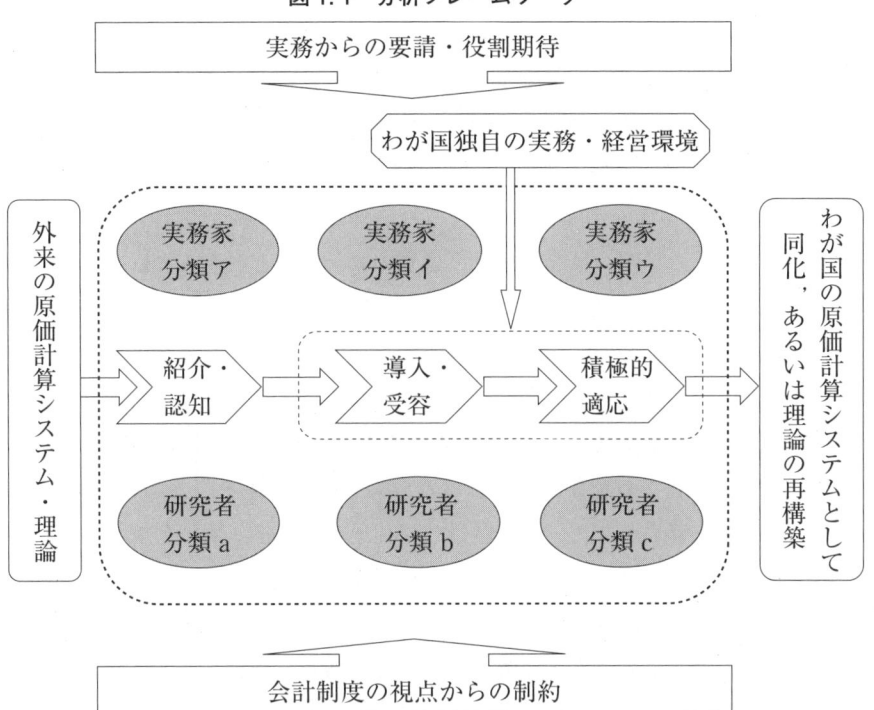

があるからこそ，外来のシステムや理論の紹介・認知がされるとはいえるが，わが国独自の実務や経営環境を特に意識するということがなされていないステージと捉えることができる。これを「紹介・認知」のステージとして位置づける。

次のステージは，わが国独自の実務や経営環境が何らかの形で明示的に意識され，外来のシステムや理論を導入して受け入れようとするステージである。導入するには，既存の経営環境や経営組織体制等との整合性や調整が考えられなければならないであろう。受け入れることを考慮するならばどのような影響があるかなどを意識して，外来のシステムや理論を受容することが考えられる。これを「導入・受容」のステージとして位置づける。

さらに，外来のシステムや理論は，わが国とは異なった経営環境のもとで展開してきたために，そのままわが国に導入することが困難であることも多い。しかし，外来のシステムや理論が効果的であると期待されるときには，現実的に導入するために，そのまま受容するのではなく，わが国の独自の実務や経営環境に積極的に適応させるための議論がなされることが考えられる。これを「積極的適応」のステージとして位置づける。

　後二者のステージが，単なる紹介・認知のステージと異なるのは，わが国の独自の実務や経営環境を意識したものであるかどうかであり，「導入・受容」と「積極的な適応」との区分は，相対的なものということもできる。

　このように導入プロセスをステージに区分して考えることは，管理会計システムの導入研究においてとられた研究アプローチである[1]。管理会計システムの導入研究は，個々の企業組織における導入を研究対象とするものであるが，導入プロセスを導入のステージに区分して捉えることは，管理会計システムの導入という複雑なプロセスを解明するための有用な分析と考えられている。それは，企業組織におけるイノベーションが，いくつかのステージからなる一連のプロセスによって生じると理解されるからである。たとえば，情報システムの導入プロセスについては，「解凍（開始）」，「移行（採用，適応）」，「再凍結（受容，利用，統合）」といったステージ区分が提案されたり[2]，ABC/ABMの導入プロセスの調査では，開始段階，採用段階，適応段階，受容段階という4つのステージ区分が提案されたりしている[3]。

　このような個々の企業組織における導入の視座では，そのステージでどのような要因が導入成功の促進要因や阻害要因になるかという分析フレームワークを提供するものとなり，本研究で分析フレームワークを提示する目的と同一ではない。しかし，文献研究をベースとする本研究のなかでも，個別企業での導入を踏まえた実務家や研究者の論文が考察対象となっていることもあり，わが国独自の実務・経営環境や会計制度の視点からの制約も，促進要因・阻害要因として無関係ではない。

　上記ステージ区分をした分析フレームワークは，外来のシステム・理論をわ

が国においても同化し，あるいは再構築するプロセスの論理的なステージを想定したものであり，現実の企業における導入がこのステップを踏んで行われるとは限らないとしても，文献をレビューしてそれを分析するにあたっての基本的なフレームワークとした。

§3　本書の構成

　本書は，第Ⅰ部「序論」，第Ⅱ部「前史―戦前・戦中の原価計算の動向」，第Ⅲ部「戦後の標準原価計算の動向をめぐる諸論点」，第Ⅳ部「伝統的コストマネジメントの発展」，第Ⅴ部「わが国での戦略的コストマネジメントの素地形成」，第Ⅵ部「まとめ」の6部構成としている。

　第Ⅰ部「序論」では，本章で，研究目的と考察対象ならびに分析フレームワークを明らかにしている。第2章は，以下の各章における諸論点の時系列的関係を概観し，原価計算の実務や学界における動向を理解しやすいように，わが国で科学的管理法の導入が実務でなされた1890年代の後半にまで遡って，そこから関連状況を説明し，原価計算の議論が行われた年代区分を論じている。第Ⅱ部「前史―戦前・戦中の原価計算の動向」では，本研究の対象とした戦後の原価計算の導入が，戦前の原価計算をめぐる実務動向の延長線上にあるという認識で，前史として，戦前ならびに戦中における原価管理思考の萌芽という位置づけを行い，第3章では科学的管理法にもとづく時間研究などの管理技術が早くから導入されていた実務の動向について論じる。さらに第4章では，戦中に育まれた原価計算・原価管理の下地とその生成経緯を明らかにし，原単位計算について，原単位計算は原価計算の一部であるというコンセンサス形成と，政府による一般価格報奨制度および原単位切下報奨制度という2つのインセンティブ制度が実施されるようになり，その中で，戦中のわが国製造企業に原価管理思考が萌芽したことを論じる。

　第Ⅲ部「戦後の標準原価計算の動向をめぐる諸論点」では，文献レビューにより認識した当時の標準原価計算をめぐって議論された諸論点を取り上げてい

る。まず，第5章では，日本能率協会，東京商工会議所，関西経済連合会，日本生産性本部，企業経営協会，産業経理協会といった実務界での諸団体の活動成果について言及し，実務界での導入に関する動向を論じる。第6章以下は，学界で行われた議論の論点を取り上げる。第6章では，標準原価の概念をめぐって論争が行われた山邊・松本論争として基準標準原価と当座標準原価の二つの標準原価計算論を取り上げる。第7章では，コントロール機能に関する標準原価と予算の関係をめぐって行われた中山・溝口論争を取り上げ，二元的標準原価について論じる。第8章では，標準原価計算と標準直接原価計算についての議論を取り上げる。

第Ⅳ部「伝統的コストマネジメントの発展」では，標準原価計算で志向されたコストコントロールからの展開に関して検討する。第9章は，わが国で公表された原価計算基準とその後の改訂をめぐって展開された研究者による議論と実務家による議論を整理し，その積極的な役割を論じる。第10章では，当時の通産省産業構造審議会管理部会から出された『コスト・マネジメント―原価引き下げの新理念とその方法』の答申が出された経緯とその影響について論じている。第11章では，原価計算基準では制度としての原価計算とは認められなかった直接原価計算について，実務でどのように浸透していったかについて論じている。さらに，第12章では，少し視点を変えて，外来の原価計算の導入というものではないが，それまでの大規模製造企業を中心としたわが国の原価計算の導入と発展の議論に対して，中小企業における原価計算のあり方に関する議論と原価計算基準公表後に議論がなされることになったサービス業の原価計算について取り上げる。これは，外来の原価計算の導入ではないが，これまで原価計算が行われてこなかった領域への適用領域拡大に関わる議論として，そこにおける研究者と実務家の果たした役割を検討している。

第Ⅴ部「わが国での戦略的コストマネジメントの素地形成」では，今日，戦略的コストマネジメントの手法として位置づけられる原価企画，品質原価計算，ABCに関して，その素地形成の過程を検討している。第13章では，欧米からの導入ではなく，日本発の管理会計と位置づけられる原価企画に密接に関

連するツールとして大きな役割を果たしている VE について，わが国の実務への導入のプロセスを中心に検討し，原価企画に与えた影響について論じている。第14章では，アメリカからの品質原価計算について，わが国の品質に関する実務と経営環境が欧米とは異なることを認識したうえで，品質管理の実務の展開と原価管理との関係の議論と，品質原価計算をわが国で積極的に導入しようとした実務家の役割について論じている。第15章では，わが国でのABCをめぐる議論に言及し，ABCの紹介・認知と導入・受容ステージにおける研究者と実務家の反応について述べ，実務界での評価の変化や研究者の議論がもたらした影響などについて論じている。

第VI部「まとめ」の終章では，これまでの議論を踏まえ，現代および今後に新しい視点での原価計算の導入と発展を考えたときの研究者と実務家の役割期待について論じ，本書のまとめとしている。

なお，巻末に，附属資料1として，時代背景をまとめた年表を掲げている。また，附属資料2として，研究の考察対象とした雑誌の文献リストを示している。

本書では，巻末の文献リストに掲載したもので本文に引用した際には，著者名に，文献の発行年と掲載雑誌を表すアルファベットと号数を付加している。すなわち，『會計』がK，『産業經理』（継続前誌の『原価計算』を含む）がS，『企業会計』がA，『原価計算』（『企業会計』の別冊）がCである。ただし，『會計』については，巻と号の数字を記載している。

さらに，附属資料3として，考察対象とした文献のうち，重要と思われる文献についての要約を提示する。なお，文献要約においては，本研究の分析フレームワークにもとづいて，当該文献が，わが国における原価計算の導入と発展のプロセスのどのステージの文献であるかを分類し，当該分類をフレームワークでの記号で示すことを試みた。

1 谷武幸編著（2004）『成功する管理会計システム―その導入と進化』中央経済社，を参照。
2 Kwon, T.M, and R.W. Zmud (1987), Unifying the Fragmented Models of

Information Systems Implementation, in Boland, R.J., and R. Hirscheim (eds.), *Critical Issues in Information Systems Research*, NY, pp.227-251.
3 Anderson, S.W. (1995), A Framework for Assessing Cost management System Change: The Case of Activity Based Costing Implementation at General Motors 1986-1993, *Journal of Management Accounting Research*, Vol.7, pp.1-51.

第2章　原価計算に関する時代背景

§1　は　じ　め　に

　本章では，1890年代後半から1999年までの約100年間について，その時代背景を示すことにより，以下の各章における諸論点の時系列的関係を概観し，周辺事情を補足する。その際，時代の特徴を理解しやすいように，暫定的に全体を7つの期間に区分してみた。なお，本章および以下の各章に関係するできごとは，附属資料1の年表にまとめてある。

　第1の期間は，「標準原価計算の前史（1890年代後半-1926年）」である。1890年代後半は，わが国における産業革命の展開期である。資本主義化，産業の機械化が，軽工業部門から重工業部門，鉄道，海運，通信へとひろがりをみせた。わが国近代産業の基礎が形成されたこの時期には，標準原価計算の基礎ともいわれる科学的管理法の導入・普及も盛んに行われていた。そこで，この時期を標準原価計算の前史時代と位置づけた。

　第2の期間は，「標準原価計算時代のはじまり（1927年-1932年）」である。1927年に三菱電機が標準原価計算導入の前段階として限度計算制度を採用したとされる。そこで，1927年を標準原価計算時代の始まりとする。この時期には，学界においても標準原価計算に関連する論文が多数著された。また，政府が原価計算準則の立案を開始するなど，原価計算制度化への動きも見られた。

第3の期間は,「第二次大戦期の停滞と蓄積期 (1933年-1946年)」である。第二次大戦へ向けて，あるいは戦後の余波を受けて，原価計算制度が戦争の影響を強く受けた時期である。32年までに標準原価計算に対する関心が育ちつつあったものの，大戦の影響を受け，企業実務ではほとんど発展が見られなかった。他方，学界では，後に「山邊・松本論争」の種となる当座標準原価計算と基準標準原価計算が紹介されたほか，ドイツ文献の紹介が積極的に行われるなど，知識の蓄積が行われた。また，国家主導による原価計算規則が多数制定された。

　第4の期間は，「第二次大戦期の総括と新しい胎動期 (1947年-1950年)」である。わが国経済が戦争の影響から立ち直り，企業が主体的に経営合理化の方策を探り，政府はそれを支援した。この時期には，科学的管理法の普及活動が新しい展開を見せはじめた。

　また，この時期の学界は，戦中研究の結実・総括期にあたる。戦中に蓄積された標準原価計算の研究が二つの大著として結実し，それらの総括的な論争「山邊・松本論争」が行われた。戦争の影響から解放され，標準原価計算が本格的展開を見せる直前の胎動期である。

　第5の期間は，「標準原価計算制度の成立期 (1951年-1962年)」である。1951年に，日本電気が，戦後では初めて標準原価計算の導入に着手した。そこで，1951年を戦後における標準原価計算の始まりとする。

　1962年には，「原価計算基準」が制定されている。「基準」制定までには長い年月を要し，この間には様々な議論が行われた。そして，いったん「基準」が制定されてしまうと，今度は，かたちを変えた新たな議論が始まった。そこで，議論の収束点であり，新たな議論の出発点となった1962年を一つの区切りとした。

　第5の期間にほぼ並行して，2つの動向が見られる。一つは，中小企業向けの原価計算指針を作成する動きである。もう一つは，1955年のコスト・マネジメント視察団をはじめとして，様々なルートからアメリカのコストマネジメント手法が紹介され，企業がこれらを積極的に導入しようとする動きである。

特に後者の動向は、その後のわが国のコストマネジメントに大きな影響を及ぼす。

　第6の期間は、「日本的コストマネジメントの形成期（1963年-1985年）」である。62年に制定された「基準」に対する批判があり、改正の機運も高まった。また、他方では日本に様々なコストマネジメント手法が紹介され、それが日本的なコストマネジメントとして確立する時期でもある。

　第7の期間は、「国際化への挑戦と不況の克服期（1985年-）」である。85年のプラザ合意を契機に円高が急速に進むと、日本企業が生産拠点を海外に移転する動きが顕著になった。この時期には、コストマネジメントも含めて、それまで日本で行ってきた経営手法をいかに海外に移転するかという議論が活発に行われた。1990年にバブル経済が崩壊すると、今度は国内の不況に対応するために、リストラ、リエンジニアリングが行われた。その手法として、再びABCなどアメリカの手法に目が向けられることとなった。

§2　時代背景区分

2.1　標準原価計算の前史 （1890代後半-1926年）[1]

　標準原価計算生成の基礎とされている科学的管理法の、わが国における初期の導入事例としては、1890年代後半の鐘淵紡績の事例が挙げられる。その後、特に工場法の公布と施行をはさむ1910年頃から1920年頃まで、染織工場をはじめ、機械・器具工場、化学工場など、多くの工場で科学的管理法が実施された。また、1918年から、大学や実業専門学校においても、科学的管理法に関する講座や学科の開設が相次いだ。

　文献としては、1911年に安成貞雄によって著された「世界の実業界を革新するに足る科学的操業管理法の案出」（『実業之世界』第8巻第5号）が最初のものとして知られる。

　科学的管理法の導入において、最も重要な役割を担ったのは、外資提携企業と政府系工場であった。1899年に商法改正、また不平等条約の改正が行われ

たことで外資導入の条件が整い，日本電気＝Western Electric 社（1899年），芝浦製作所＝General Electric 社（1909年），三菱電機＝Westinghouse Electric & Manufacturing 社（1923年）など，外資との提携が相次いだ。これらの企業は，積極的にアメリカの経営方式を採用し，科学的管理法もその一部として導入された。

政府系工場では，呉海軍工廠が1915年にイギリスのヴィッカース社の作業方式を採用したほか，1922年には，鉄道院も科学的管理法を導入した。

大企業や政府系工場のように自らの力で科学的管理法を導入することができなかった企業は，コンサルタントの指導を仰いだ。当時の代表的なコンサルタントとしては，上野陽一，荒木東一郎などが挙げられる。彼らは主に，文献的知識に自らの創意工夫を加えた方法を実践に移していった。上野は1922年に協調会産業能率研究所（1925年に日本産業能率研究所）が設立されると所長に就任している。さらに，1942年には，自ら，日本能率学校（現在の産能大学）を創立している。荒木は，農商務省の海外実業練習生制度で渡米し，科学的管理法を学び，1923年に荒木能率事務所を開設している。彼らのコンサルティング活動は，時には政府の産業政策と歩調を合わせながら，科学的管理法の普及に大きく貢献した。

なお，上野，荒木らコンサルタントばかりでなく，三菱の野田信夫，呉海軍工廠の伍堂卓雄など企業や政府系工場で科学的管理法の導入を推進した人々も，後には出身母体を離れて，わが国の能率運動推進の中心的な役割を担う立場に就いている。

この時期，アメリカでは標準原価計算が新しい会計領域として注目され，わが国でも岡野（1920）[2]，廣崎（1925）[3]といった関連する論文が発表されている。しかし，当時，標準原価計算は，わが国ではさほど注目されなかったようである。この理由について，松本（1950S1）は次のように解釈している。

「（一）大正九年以降徐々に深まっていつた不況克服のためにとられた主な政策は主として企業の合併吸収又は連合による企業間の組織の合理化であつて，企業

内部の合理化ではなかつた。それ故そこで必要であつたのは製品原価の比較であつて経営管理のための原価比較ではなかつた。(二) 仮に経営管理のために原価比較をなすにしても，標準原価計算を採用しうるとは思えなかつた。というのは当時米国においても標準原価計算は大量生産経営においてこそ実施しうるが，個別生産経営においては到底採用しえないと一般に考えられていた。しかるに当時の日本の重要な生産形態は個別生産形態であつて大量生産形態をとる工場がすくないのみならず将来においても増加するとも想像しえなかつたのである。」(松本 1950S1, 31 頁)

2.2 標準原価計算時代のはじまり (1927 年-1932 年)

わが国における標準原価計算導入の最初の事例として知ることができるのは，1927 年の三菱電機による限度計算制度の導入である。三菱電機は，1930年に実行予算を採用し，1932 年には標準式の統制法の採用に至る (座談会 1943S9)(第 3 章参照)。同じ年に，東京電気マツダ支社も標準原価計算制度を実施している (松本 1950S1/2)。東京電気マツダ支社の場合は，提携先であるアメリカの General Electric 社からの指導を受けたものと推察される。

実務界の先進企業における標準原価計算導入と時期をほぼ同じくして，学界では，1928 年に上野陽一が『事業統制論』[4]を著し，「経営管理目的に」会計を利用すべきであることを主張している[5]。

「今までの能率研究の主題は，いかにして，原料費や労銀を節約すべきかに集中されていたが，今後はさらに進んで，販売費，管理費，財務費等に研究の主力を注がなければならぬ。而して事業の成績は，原価と収入との開きにより測定されるものである以上，原費計算[6]は従来の職責以外に，重大なる使命を有するに至ったといわなくてはならぬ。従来原価計算と称するものは，既に実行し了りたる過去の事積を顧みて，忠実にその実費を計算することであった。しかしかような原費計算は徒らに死んだ児の齢を数えるようなもので，将来いかに事業を管理すべきかを判断する材料にはならない。実行し終った過去の事実を計算するばかりでなく，これから実行せんとする種々の案の優劣を正確に決定するにたるべき原費計算がなければならぬ。」(上野 1928, 29 頁)

「製造の手段及び方法に関する標準を作り，これを維持することによって，一定の品質を有する製品が一定の時間及び期間以内に生産されることになり，結局，

製造の原費が決まる．一旦製造の原費が決まれば，それを土台として，一層原費が下がりうるように，逆に標準化の仕事を統制し，いやしくも，標準原費をこえるようなことがあれば，そのよって来るところを捜り，その原因を除くことにつとめなければならぬ．これが即ち『原費に基づく事業の統制』である…つまり，標準原費を知ることは，1つの仕事であり，これによって事業を管理していくことは，今1つの仕事である。前者を能率技師の仕事であるとすれば，後者は支配人の仕事である。この2つの仕事の相合するところは，即ち管理学と会計学との相接するところであらねばならぬ。即ち，管理は会計によって，はじめて，その向かうところを知ることができ，会計は管理上に役立つことによって，はじめてその役目を十分に発揮したということができようと思う。」（上野 1928, 31-32 頁）

また，1929年に，陶山誠太郎がトーマス・サンダースを基礎とした平均原価・規範標準原価を紹介したのをはじめとして，角田（1930）[7]，陶山（1931）[8]，青木（1930, 1931a, 1931b, 1931c）[9]，長谷川（1929, 1930, 1931）[10] らが相次いで標準原価計算に関する論文を発表するなど，標準原価計算に関する議論が活発に行われるようになった。著書としては，1931年に長谷川安兵衛が『標準原価の研究』[11] を出版している。

時期を同じくして，1930年に，商工省産業合理化財務管理委員会は，原価計算準則の立案を開始した。この準則は，1933年に発表され，1937年には，「製造原価計算準則」として制定される。しかし，これは標準原価計算ではなく実際原価計算に重点を置いた規則であった。

このように，1927年から1932年は，不況の影響から，実務界では先進的な企業において標準原価計算の導入が試みられ，学界においては，アメリカ文献の輸入・紹介が行われた時期であった。第二次大戦前後の混乱の影響で，この時期の取り組みが，後の標準原価計算の発展に直結することはなかったが，少なくとも戦後における標準原価計算導入の下地はこの時点で用意されていたといってよい。

なお，参考までに，現在では，標準原価計算が科学的管理法を基礎に生成したことは自明のこととして受け入れられているが，長谷川（1930）[12] に，当時は，そのことが十分に理解されていなかったことを示す興味深い記述があるの

で紹介しておく。

「アミドン及ラング両氏共著『原価会計の本質』の劈頭（へきとう）を飾る文章に『原価会計は科学的管理法という一般的名称が与えられたる産業に於ける運動の結果である』という言葉がある。…浅学なる筆者自身の偽らざる告白をなすならば，これまで筆者は原価会計の近代への進展は，原価会計を専攻する者と職業的原価会計士の努力に負ったものであると考えて居った。勿論筆者と雖も原価会計と科学的管理法とが，所謂背中合わせの学問にあらず，両者は共に平行し，協調すべき位置にあるものなりと考えては居ったが，近代の原価会計が次に述ぶる如く科学的管理法の影響を斯くも甚だしく受けて居ったとは想像も及ばなかった処である。…このことは従来の原価会計専攻者には動もすれば無視され勝ちのように感ぜられる。」（長谷川 1930, 1-2 頁）

2.3　第二次大戦期の停滞と蓄積期（1933 年-1946 年）

第二次大戦（1939-1945）をはさむ 1933 年から 1946 年の期間には，標準原価計算は企業実務においてはほとんど発展・普及しなかった。唯一，1944 年に，おそらく軍需品の価格決定のためであろうと思われるが，三菱重工名古屋航空機工場で標準原価計算が採用されたことが知られるのみである。その理由としては，戦時中においては，

(1) 物資不足のため，原価引き下げよりも，生産量の増大が重要視されたこと
(2) 労働力需要が激増したために，管理業務に人手を割くことができなかったこと
(3) 多くが個別生産形態であることに加え，資材不足，人手不足であり，さらに生産方法が頻繁に変化したため，信頼できる標準原価を設定できなかったこと
(4) 軍部により，実際原価計算のための統一原価計算の採用が強要されていたこと

などが挙げられる。さらに，戦後においても，

(5) 物資が不足していたため，原価引き下げの要請がなかったこと

という理由によって標準原価計算を導入しようという動機が存在しなかった (松本1950S2)。

しかし，停滞する企業実務とは対照的に，国家の主導によって原価計算に関係する規則は数多く制定された。1937年には，財務管理委員会から「製造原価計算準則」が公表された。また，39年には，陸軍省より「陸軍軍需品工場原価計算要綱」が，翌40年には海軍から「海軍軍需品工場原価計算準則」が公表された。また，「予算統制要綱」「財務比較要綱」「経営比較要綱」「内部監査の参考」などが公表された。さらに1942年には，企画院が陸軍と海軍の原価計算要綱を統一する形で「原価計算規則」「製造工業原価計算要綱」を制定した[13]。また，同年「原単位計算実施要綱」が制定された[14]（第4章参照）。

学界では金田（1934a，1934b，1935a，1935b，1935c，1936a，1936b)[15]，佐々木（1934)[16]，吉田（1932)[17]，林（1933)[18]，青木（1933)[19]，井上（1936)[20]などが積極的に論文を著した。この時期における特徴としては，第1に，標準原価計算の方法として，基準標準原価計算と当座標準原価計算の2種類が紹介されており，当座標準原価計算のほうが支配的であったこと，第2にドイツ文献の紹介が積極的に行われたことが挙げられる。

まず，第1の特徴に関連して，1932年にキャマンが著した『基準標準原価』については，34年に金田（1934b）がこれをわが国に紹介した。しかし，金田自身はこれを支持せず，当座標準原価計算の優位性を主張した。その後，上述した「軍需品工場標準原価計算要綱」の作成に携わった黒澤や，1941年に著された東海林健吾『標準原価の理論と応用』[21]なども金田の説を支持したため，学界においては当座標準原価計算が支配的となっていた。

ドイツ文献の紹介としては，1936年にメレロヴィッチが『標準原価計算』を著すと，1937年に古川（1937a，1937b)[22]と宮上（1937)[23]がこれを紹介した。また，1941年に山邊（1941K48-5/6）はシュナイダーの『予算および標準原価計算の原理』を，丹波（1941)[24]はケースターの『経営における標準値の任務，本質，体系』を，また，1942年には久保田（1942)[25]がアウラーの『最適原価計算』を紹介した。

2.4　第二次大戦期の総括と新しい胎動期 (1947年-1950年)

　1947年になると，日本電気をはじめとする先進各社が科学的管理法の導入を開始した[26]。科学的管理法は，作業標準の設定が困難で，多くの場合において，これが導入の障害となる。そこで，作業標準の設定を支援する手段として，2種類の規定時間標準法 (Predetermined Time Standard System: PTS) が日本に導入された。一つは，1948年に早稲田大学システム科学研究所がスウェーデンから導入したMethod-Time Measurement (MTM) 法であり，もう一つは，1950年に上田武人がアメリカから導入したWork Factor (WF) 法である。このうち，WF法は，日本能率協会 (1942年設立) によって積極的に普及活動が行われたこともあり，わが国企業実務における作業標準設定法の主流となった。

　この時期においても，例えば，WF法によって標準を設定し，標準原価計算に結びつけるというような，科学的管理法から標準原価計算への展開が意識されたという痕跡は見あたらない。WF法は，独自に科学的管理の手法として普及されたようである。ここに，経営工学 (Industrial Engineering: IE) 的手法による能率管理と，標準原価計算を用いる原価管理とが異なる経路で発展を遂げていた様子がうかがえる。

　この間，学界では，1949年に山邊六郎『標準原価計算』[27]，松本雅男『標準原価計算』[28]が出版され，これを契機に両者によって基準標準原価計算と当座標準原価計算の優位性をめぐる論争が行われた (山邊・松本論争，第6章参照)。山邊は，1934年に金田によって批判されたキャマンの基準標準原価計算を再評価し，当座標準原価計算より基準標準原価計算が優れていることを主張した。これに対して松本は，当座標準原価計算の優位性を主張した。

　なお，両者の著書はともに，アメリカの原価計算の考え方に，戦時中に盛んに紹介されてきたドイツ経営経済学の考え方を取り入れて体系化している点で，わが国，そしてこの時代に特有の性質を有した著書となっている。

2.5 標準原価計算制度の成立期（1951年-1962年）

　当時わが国の先進企業の一つであった日本電気は，1951年にアメリカのInternational Standard Electric (ISE) 社[29]からの指導を受け，標準原価計算制度の導入を開始した[30]。これ以降，戦争により中断していた企業実務での標準原価計算導入の動きが，再び活発になる。

　この期間には，二つの大きな論争が行われた。一つは，財務諸表作成に標準原価を用いた場合の原価差額の処理についての論争である。もう一つは，標準原価計算における標準の設定，および標準原価計算と予算統制の異同についての論争である。前者は，標準原価計算というひとつの管理会計技法が，社会制度に向けて変革を迫る動きであり，後者は，社会制度とは切り離された経営管理のための標準原価計算のあり方を模索する動きであった。これら二つの論争を経て，1962年に「原価計算基準」が制定された。

　前者の差額処理の論争については，1953年の国税庁通達「原価差額の調整について」に前後して，原価差額の処理に関する論文が数多く著された［青木（1953A2, 1953S6），磐梨（1953S6），大橋（1952K62-7），加藤（1952S10），関西経済連合会（1953K63-4），企業研究会（1953K63-5），久保田（1953S8），黒澤（1953K63-1, 1953K63-6），座談会「原価差額の調整通達をめぐって」（1953A7），神馬（1953S9），竹内（1952A11, 1952S10）西野（1952S10, 1953A6, 1953S11/12/14），長谷川弘之助（1952S10, 1953S8），番場（1952S10, 1953A1/3, 1953S7），舛田（1952S10, 1953S6, 1953S8），溝口（1953S8），湊（1953S7），吉国（1953K64-1, 1953A7），渡邊（1952A11, 1952S10, 1953S6, 1953S8），渡部（1952S10, 1953S6）］。これらの議論は，記帳の簡便さから原価差額を期間費用としたい実務側の要望と，税法の実際原価主義の立場から期末調整が必要であるとの主張を巡って展開された。短期間のうちに，多くの会計学者や実務家によって，これだけの論文が著されたことからも関心の高さがうかがえる。

　結局，通達は，原価差額がごくわずかである場合を除いて，期末調整を求めるという趣旨の内容であった。裏を返せば，事前の見積原価が実際原価に近いものであれば，期末調整を行わなくても良いことが，この通達によって，一応

は認められたことになる。そして，やがて評価の方法として信頼に足る標準原価計算制度が普及した場合には，標準原価による評価が認められる可能性を残したものでもあった。しかしながら，実際原価の代わりに，標準原価，見積原価を棚卸計算に用いることが本格的に認められるには「原価計算基準」の制定を待たねばならなかった。

　後者の標準の設定および標準原価計算と予算統制の異同に関する論争については，1960年に，日本電気の経理部長（当時）であった中山隆祐が論文「予算についての基本的な誤解」（中山1960S2）を著すと，これを契機に標準の設定，標準原価計算と予算統制の異同に関する議論が盛んに行われるようになった（中山・溝口論争，第7章参照）。中山が所属する日本電気は，上述のように，戦後に科学的管理法を導入し，それに続くかたちで標準原価計算を導入している。したがって，その標準原価計算は，能率管理を強く意識したものになっており，学界において支配的であった予算統制や棚卸原価計算に接近した標準原価計算とは，目的や用語の意味内容において異なる点があった。この点を考慮に入れるならば，この論争は，科学的管理法を基礎とし，能率管理を主目的とする標準原価計算と，1930年頃に輸入された学説を基礎とし，棚卸計算を主目的とする標準原価計算という二つの原価計算の相剋であったと見ることができよう。

　そして，1962年に大蔵省企業会計審議会から「原価計算基準」が発表された。これは1942年以来の原価計算に関する規則の制定である。1952年から53年の原価差額の調整に関する論争の成果の結実といえよう。

　また，中山・溝口論争を経たことによって，財務諸表作成目的の標準原価計算と経営管理目的の標準原価計算の違いが明確に意識されるようになったことは，「基準」が「財務諸表作成目的の基準」という立場を明確にすることに一定の貢献をしたものと思われる。しかし当然のことながら，経営管理目的の標準原価計算を支持する立場からは，「基準」が財務諸表作成目的に重点を置くことに強い批判があった。

2.6 「原価計算基準」制定と並行する二つの動向 (1951年-1962年)

「原価計算基準」は，1950年から検討がはじまり，12年の歳月を経て1962年に制定された。その間に，これと平行して，二つの顕著な動向があった。一つは，中小企業に向けて原価計算を普及させるために，「原価計算基準」の制定を待たずに中小企業向けの基準が作成されていたことである（第12章参照）。中小企業支援に関する政府の対応としては，1947年に「中小企業対策要綱」が閣議決定され，翌48年に中小企業庁（当初は商工省，後に通商産業省の管轄）が設置されていた。そして，1952年に「中小企業診断員」の制度が制定され，1958年に「中小企業の原価計算要綱」が公表された。さらに1961年には「中小企業のためのコスト解析」が刊行された。これらでは，企業規模に応じた簡素な原価計算の手続きが示されていた。

他方，日本生産性本部は，1956年に米国商務省小企業庁編「中小企業の原価計算」を翻訳・刊行，1957年に，中西寅雄を委員長とする中小企業原価計算委員会を設置し，翌58年には，この委員会による「中小企業のための原価計算（一般指針）」を公表した。そして，この一般指針に基づいて，非常に多くの業種別の原価計算のガイドブックが作成された。

全ての企業が従うべき「基準」の制定作業が進む一方で，原価計算の手続きは，企業規模ごと，個別の業種ごとに異なるという考えに基づいた原価計算のあり方が模索されていたのである。

もう一つの動向は，能率管理のために，原価計算を越えてコストマネジメントの手法を模索しようという動きである（第10章，第13章参照）。1955年に日本生産性本部がアメリカに視察団（第1回訪米視察団）を派遣したことにより，VEをはじめとするアメリカのコストマネジメント手法がわが国に紹介された。その後，1959年には，産能短大の上野一郎がバッファロー大学からVA/VEの資料を持ち帰り，教育プログラムの開発に着手し，翌60年にはVEセミナーを開催するなどしている。さらに，60年にS.F.ハインリッヒが来日し，資材費低減の手法としてVAを紹介し，わが国の主要企業において実践指導も行われた。トヨタ自動車で原価企画の原型ともいえるVEが導入されたのも

1962年である．

その他に，1959年に日本IE協会が設立され，1962年には日科技連がQCサークルの提唱，少し遅れるが1963年に日本能率協会が「VAとコストダウン国内研究調査団」による調査を，1966年に防衛庁がVE契約制度を実施するなど，コストマネジメントや新しい生産管理の技法に対する関心が高まっていた．

2.7 日本的コストマネジメントの形成期（1963年-1984年）

12年間に及ぶ「原価計算基準」制定過程と並行して，上述のような動き，特にコストマネジメントへの関心が高まっていた。1955年の訪米視察団でコスト・コントロール視察団の団長であった西野嘉一郎は，その経験をもとに，世界に通用する企業になるためにはコスト競争力が不可欠であると考えており，その考えに基づいて，1966年に産業構造審議会の答申「コスト・マネジメント」をまとめた。この答申の特徴は，OR，IE，VA，PERTなどの新しい技法，特に価格的なアプローチだけでなく，物量的なアプローチを行う技法が紹介されたことである（第10章参照）。

「原価計算基準」は財務諸表作成目的の基準として制定されたために，企業に経営管理のための原価計算を普及させたいという意図をもった研究者，あるいは中山隆祐など原価管理に主眼を置く研究者からは，基準のあり方をめぐって多くの批判があった。そこで，「原価計算基準」を見直そうという動き，あるいは，「原価計算基準」とは別に経営管理のための原価計算の指針を作成しようという機運が高まった（第9章参照）。

例えば，1977年に『産業経理』では「原価計算基準の改正について」という特集が組まれ，山邊（1977S4），中山（1977S4），小池（1977S4）が寄稿している。『企業会計』にも「『原価計算基準』の性格と構成・基準改定の機運に寄せて」という特集が組まれ，番場（1977A2），中山（1977A2），溝口（1977A2），諸井（1977A2），佐藤（1977A2），安達（1977A2）が寄稿している。実務家からも積極的に提案が行われ，1980年に『企業会計』に「マネジメントのための

原価計算」という総特集が組まれている。また，1981年には，岡本清の編著による『原価計算基準の研究』[31] も出版されている。

1955年から1980年代まで，日本企業はアメリカから様々なコストマネジメントの手法を導入し，それを実務の要請に合わせて日本的な手法に作り替えてきた。VA/VEを原価企画に発展させたのはその一例である。そして，1980年代には，コスト競争力でアメリカ企業を凌駕するようにまでなったのである。世界市場において日本企業が台頭し，アメリカの地位が低下してくると，今度は，アメリカが，コスト競争力に勝る日本企業の手法を熱心に分析するようになった。その一環として，1983年にトヨタ自動車とアメリカのGeneral Motors（GM）が米国内で合弁会社（NUMMI）を設立することを決めている。トヨタにとっては，この先の海外展開を見据えて，アメリカの生産環境を探ることが目的であったし，GMにとってはトヨタの生産方式を学ぶことが目的であった。

2.8 国際化への挑戦と不況の克服期（1985年-）

1985年のプラザ合意によって為替相場が円高に振れると，生産拠点を海外に移転する動きが活発になった。例えば，1985年には日産自動車がアメリカのテネシー州に工場を建設して小型車の生産を開始したほか，トヨタ自動車もアメリカ・カナダに小型車工場の建設を決めた。また，翌86年には，富士重工といすゞ自動車がアメリカ・カナダに工場を建設することを決定した。さらに，1989年には，トヨタ自動車と本田技研がそれぞれイギリスに工場を建設することを決めている。これは，日本企業にとって新たな成長のチャンスであったが，同時に，日本的なコストマネジメント手法が海外でも適用可能か否かが試されることにもなった。「日本的経営」をキーワードにした議論が活発になったのもこの頃である。この時期には，例えば，宮本（1987A11,1997K152-1, 1998A2），櫻井・伊藤和憲（1986A11），金児（1988A5），伊藤博（1992A8），佐藤（1993A12），頼（1996A7），田中（1994S2），田中・関谷（1996S1）など，企業の国際化を意識した論文も多数著されている。

1990年にはバブルが崩壊し，日本経済は長期的で大規模な景気の調整過程に入る。この不況は「失われた10年」とよばれ，これを契機に日本的経営とよばれてきたものを見直すべきという風潮が生まれた。企業でもリストラ，リエンジニアリングが盛んに行われるようになり，再び，アメリカの経営手法に対する関心が高まった。このとき，リストラやリエンジニアリングの手法としてABCも注目されるようになった（第15章参照）。

また，他方では，VA/VEを日本的に展開した「原価企画」にも研究者の注目が集まった（第13章参照）。原価企画に関する論文としては，加登（1990K138-4），小林・谷他（1992A5/6/7），岩淵（1992A8），手島（1992A8），清水（1992S4），伊藤嘉博（1992A8），谷・岡野他（1993A4/5/6），門田（1993A10, 1993A12），谷・清水他（1993K144-3），加登（1994A5），山本（1994A7），成田（1994A7）などがある。

また，1994年には，パソコンのマルチメディア機能が充実してきたことを受け，パソコンの普及が一気に加速した。この年は「パソコン元年」と呼ばれる。さらに，1996年頃からNTT通信料金の見直し，政府によるE-Japan計画の策定などに後押しされ，インターネットが普及しはじめた。こうした情報技術の進展によって，例えばABCのような煩雑な原価計算システムの採用が可能になるなど，管理会計システムの費用と便益のバランスは大きく変化した。

§3 ま と め

本章では，標準原価計算の前史としての科学的管理法の展開からABCが展開される1990年代までを，7つの期間に区分し，以下の各章で取り上げる論点を時系列に整理した。ただし，本章の時代区分は，時代背景や各期間の特徴を理解しやすくするために，あくまでも暫定的に行った区分である。そのため，視点を変えて歴史を捉え直すならば，別の時代区分も十分に考えられよう。また，対象とした時代の背景を概観することを目的としているため，個別

事項の年代を正確に確定するための十分な吟味は行っていない。したがって，事項によっては発生年代に異説があることも十分に考えられる。しかしながら，このように時代背景と重ね合わせ，期間を区分して原価計算の発展を概観ことで，わが国における原価計算の導入と発展に関するいくつかの特徴を見いだすことができる。

　まず第1は，原価計算・管理会計がわが国において現在のようなかたちを持つに至るプロセスは，輸入された考え方がそのまま普及し，日本の事情にあわせて変化したという単純なものではなかったことである。例えば標準原価計算に見られるように，実務界と学界という異なる経路から，そして，完成形ではなくいわば未成熟で，断片的で，多様な考え方が，わが国にもたらされた。しかもそれらの未成熟な断片的知識は，一度にもたらされたのではなく，欧米における計算手法の成熟を追いかけるように，長い時間をかけて，断続的に，わが国にもたらされた。わが国では，その一つ一つの素材を吟味し，活発な議論と実践を通じて，計算制度を形成していったのである。

　第2は，わが国では原価計算のコストマネジメントへの役立ちが強く意識されてきたことである。戦前・戦中・戦後を通じて，常に能率増進が掲げられていた。そして，コストマネジメントにおいて，原価計算は確かに重要な役割を担ってきたが，同時に，コストマネジメントは原価計算だけによって行われてきたわけではなかった。標準原価計算をめぐる中山・溝口論争や「原価計算基準」制定および制定後の議論，答申「コスト・マネジメント」などに，原価計算への期待と原価計算以外のコストマネジメント手法を模索した様子を見ることができる。

　第3は，原価計算やコストマネジメント手法の導入・普及・適応において，日本能率協会，日本生産性本部をはじめとする諸団体が大きな役割を果たしたことである。これら諸団体は，独自に欧米の手法を導入し，文献的知識に実践的工夫を加えながら普及活動を行ってきた。その活動は，実務と研究のコラボレーションを支援すると同時に，ときには政府と歩調を合わせることにより，国家的な政策を民間に浸透させる役割を担ってきた。実務と研究という二極に

分けて考えるとき，これら諸団体の存在は見落とされがちであるが，その役割の大きさは本研究を進める上で無視できないものであった．

　第4は，日本的コストマネジメントとされる手法は，主に1955年以降にアメリカから導入され，1980年代までに長い時間をかけて日本の環境に適応させて形成されてきたということである．その後，日本企業の海外進出が加速し，国内でも，雇用制度や業績評価制度などの欧米的なシステムが導入されるなど，環境が大きく変化しつつある．そのような中で，日本的コストマネジメント手法のさらなる見直しが必要となるかもしれない．過去の例に見るように，新しい手法がわが国の環境に適応し，効果を発揮するまでに20年以上の歳月を要するとするならば，われわれは将来に向けて，今のうちから新たな手法の模索を続けていかなければならない．

1　本項における記述は主に，佐々木聡（1998）『科学的管理法の日本的展開』有斐閣に基づいている．
2　岡野正平（1920）「製造浪費の測定と生産標準の設定」『商業及経済研究』第17冊．
3　廣崎三郎（1925）「鋳造製品のコストコントロール」『會計』第16巻第2/3号．
4　上野陽一（1928）『事業統制論』同文館．
5　上野自身は心理学者であり，科学的管理法のコンサルタントであるが，会計学者ではない．
6　上野は「原価」ではなく「原費」という語を用いているが，これは上野の独創である．上野は，「減価」「元価」など「ゲンカ」という音をもつ同音異義語が多いため，混同を避けるために用いている．
7　角田重太郎（1929）「標準原価の会計処理方法」『會計』第25巻第2号，75-81頁．
8　陶山誠太郎（1931）「標準原価の研究」『會計』第29巻第5号，1-39頁．
9　青木倫太郎（1930）「標準原価と其差異額」『會計』第27巻第3号，51-63頁．
　　青木倫太郎（1931a）「標準原価法と見積原価法との異同」『會計』第28巻第4号，35-42頁．
　　青木倫太郎（1931b）「予算統制論」『會計』第29巻第1号，56-65頁．
　　青木倫太郎（1931c）「予算統制の効益と其限度」『會計』第29巻第2号，67-72頁．
10　長谷川安兵衛（1929）「製品原価と原料費」『會計』第24巻4号，36-49頁．
　　長谷川安兵衛（1930）「科学的管理法と標準原価」『會計』第27巻第6号，1-14頁．

長谷川安兵衞（1931）「標準原価とその会計機構」『會計』第 28 巻第 5/6 号。
11 長谷川安兵衞（1931）『標準原価の研究』森山書店。
12 長谷川安兵衞（1930）「科学的管理法と標準原価」『會計』第 27 巻第 6 号。
13 津曲直躬（1981）「戦前・戦中の原価計算基準―財務管理委員会の「準則」と企画院「要綱」―」岡本清編『原価計算基準の研究』国元書房，1-15 頁。
14 日本能率協会（2002）『JMA60 年の歩み　21 世紀・経営革新への軌跡』社団法人日本能率協会 8 頁。
15 金田實（1934a）「標準原価の簿記」『會計』第 34 巻第 1/2/3/4 号。
金田實（1934b）「理想標準原価と基準標準原価」『會計』第 34 巻第 5/6 号。
金田實（1935a）「正常能量（Normal Capacity）の考察」『會計』第 36 巻第 1 号，75-90 頁。
金田實（1935b）「原料費標準設定論」『會計』第 36 巻第 5 号，13-26 頁。
金田實（1935c）「原料費の管理」『會計』第 37 巻第 2 号，17-34 頁。
金田實（1936a）「労力費の管理」『會計』第 38 巻第 3/4/5 号。
金田實（1936b）「製造原価の分析」『會計』第 39 巻第 4/5 号。
16 佐々木吉郎（1934）「標準原価とソヴェート同盟」『會計』第 34 巻第 3/4 号。
17 吉田良三（1932）「間接費の予定配賦率につきて」『會計』第 30 巻第 3 号，1-12 頁。
18 林章二（1933）「原価測定のスピードアップ」『會計』第 33 巻第 3 号，105-115 頁。
19 青木倫太郎（1933）「標準の意義と予算制度」『會計』第 33 巻第 5 号，24-33 頁。
20 井上達夫（1936）「標準原価に関する予算」『會計』第 39 巻第 3 号，144-156 頁。
21 東海林健吾（1941）『標準原価の理論と応用』ダイヤモンド社。
22 古川栄一（1937a）「メレロウィッチの評価論」『會計』第 40 巻第 4 号，121-152 頁。
古川栄一（1937b）『経営計理論』東洋出版社。
23 宮上一男（1937）「標準原価計算論批判」『経済学雑誌』第 1 巻第 6 号。
24 丹波康太郎（1941）「経営における標準値の任務，本質，体系」『国民経済雑誌』第 70 巻 2 号。
25 久保田音二郎（1942）『間接費会計論』巖松堂書店。
26 日本能率協会（2002）『JMA60 年の歩み　21 世紀・経営革新への軌跡』社団法人日本能率協会 10 頁。
27 山邊六郎（1949）『標準原価計算』千倉書房。
28 松本雅男（1949）『標準原価計算』同文館。
29 日本電気は，戦前は WE 社から原価計算の指導を受けていたが，戦後は ISE 社の指導を受けた。
30 なお，日本電気の独特な標準原価計算システムおよびその導入経緯については，以下の文献で詳しく紹介されている。
貴田岡信（1997）「日本電気（株）における二段式標準原価計算の構築プロセス―小池明元副社長へのインタビュー記録をもとにして―」『経済学（東北大学）』

第58巻第4号，181-191頁。
貴田岡信（2005）「ストープス氏指導による二段式標準原価計算の基本構造とその特徴」『商学論叢（福島大学)』第73巻第4号，125-139頁。
大塚裕史（2001，2002）「日本電気株式会社に導入された個片原価管理方式の計算構造」『石巻専修大学経営学研究』第13巻第1，2号。
佐々木郁子（2000）「日本電気における原価管理制度の発展とストープス氏指導による仕切原価制度の導入」『東北学院大学論集　経済学』第144巻，第156巻。
森口毅彦（2001）「1950年代初頭の日本電気玉川事業部真空管工場における生産管理ならびに原価管理―P.J. ストープス氏の提案・勧告書に関する史的研究（1）―」『富大経済論集』第47巻第2号，237-285頁。
Aoki, M. (2002), "Cost Control of Apparatus Proposed by P.J. Stoops in NEC (1952–539), "*The Keizaigaku, Annual Report of the Economic Society*, Vol.63, No.4, pp.153-171.

31　岡本清編著『原価計算基準の研究』国元書房，1981年。

第II部　前　　史
―戦前・戦中の原価計算の動向―

第3章　原価管理思考の萌芽 (1)
―三菱電機神戸製作所における標準原価計算の導入と適応

§1　は　じ　め　に

1.1　本章の位置づけ

　わが国の学界と実務界において，標準原価計算にまつわる議論がもっとも盛んに行われるのは，第二次大戦後しばらく経った1950年代のことであろう。そこで，わが国の管理会計の礎として，標準原価計算を最初の研究対象に設定したわれわれは，1950年代の文献に焦点をあてて調査を進めてきた。しかし，文献の調査が進むにつれて，戦後の1950年代における標準原価計算の導入が，戦前の標準原価計算をめぐる実務動向の延長線上にあることがわかってきた。
　例えば，実際に標準原価計算の導入に携わり，戦後の標準原価計算をめぐる議論をリードした人物の1人である日本電気の中山隆祐は，以下のように述べている。

　　「毎月現場におけるコスト・センターにおける打抜作業の標準原価はこれだけである，それに対する実際はこれだけかかったということを比べ合せて管理したらうまくいくのではないかというふうなことを戦争前，昭和十年頃感じました」(番場他，1961A2, 95頁)

また，戦後に標準原価計算をいち早く導入した企業の1つとして知られる三菱電機においても，その社史に次のような記述がみられる[1]。

　「（戦時中は標準原価計算を中断せざるを得なかったが）標準原価制度の進歩性を確信し，いつの日か復活を期して，伝票様式には標準項目を残存させるなどの工夫をこらした。このように制度として温存することに努めたことが，戦後他社を一歩リードして標準原価制度を復活できた大きな要因となった」（三菱電機，1982，47頁）

以上のことから，われわれは，わが国における標準原価計算の萌芽として，戦前からの取り組みにも目を向けることとした。

1.2　本章の問題意識

本章では，わが国でもっとも早い標準原価計算の導入事例の1つとして，三菱電機株式会社神戸製作所における標準原価計算の導入とその後の適応について考察する。三菱電機では，「（昭和）7（1932）年5月には『標準式統制法』の名のもとに神戸製作所において標準原価計算を実施し，ほぼ完成の域に達した」[2]という。

わが国では，1931年に長谷川安兵衛の『標準原価の研究』が，研究者による標準原価計算の最初の著書として刊行された。その翌年すでに標準原価計算を導入していたという三菱電機神戸製作所では，なぜそのように早く標準原価計算を導入することができたのか。また，それはどのように導入されたのか。さらに，その後も大戦末期の短い間を除いて利用されつづけた標準原価計算は，三菱電機神戸製作所のなかでどのように適応していったのか。

このような問題意識にしたがって，§2では，三菱電機神戸製作所が早くから標準原価計算の導入に至った環境要因について考察する。§3では，標準原価計算の導入を支えた技法的な基礎について説明する。§4では，導入後1950年代までの標準原価計算の変遷を明らかにする。§5では，本章のまとめを述べる。なお，本章では，文献資料として当時の三菱電機関係者の著作物に加え

て，三菱電機の社史などを使用する．

§2　標準原価計算の導入に至る環境要因

　三菱電機がわが国における標準原価計算の導入の先駆けとなることができたのは，米国のウェスティングハウス（Westinghouse，以下 WH とする）と提携し，早くから科学的管理法による工場管理の近代化に取り組んでいたためであると考えられる．そこで本節では，標準原価計算の導入に至るまでの環境要因として，当時の経営環境の変化とそれに対応しようとする三菱電機の取り組みについて考察する．

2.1　WH との提携
　三菱造船から独立して，1921 年に設立された三菱電機では，数年のうちに多様な製品を受注するようになっていたが，技術経験の不足からくる失敗も少なくなかった．当時の旺盛な電機需要に応えるためには，一日も早く技術水準を引き上げることが求められ，三菱電機は外国企業との提携によって先進的な技術の導入を図ろうとした[3]．
　提携先として交渉をはじめたのは，米国電機大手の WH であった．WH もまた，ライバル企業である GE（General Electric）と芝浦製作所との提携の成功に触発されて，日本でのパートナーを探していた．交渉の末，両社は技術提供と引き換えに株式を譲渡するという形で合意に達し，1923 年 11 月 20 日に提携契約の調印が行われた[4]．
　提携によって，WH 社から図面，技術資料，仕様書などの物的な技術が導入されただけでなく，三菱電機からの技術者の派遣という人的な交流も行われるようになった[5]．このとき WH に派遣された技術者の 1 人が，後の標準原価計算の導入にも重要な役割を果たす加藤威夫であった．
　加藤は，1924 年に米国に渡り，WH で 6ヶ月の実習を受ける．WH での教育プログラムは「工場管理（shop management）」と題するもので，実習の職場

には請負係,工程係,検査係,部品標準係などのほかに原価係も含まれていた。原価係では,「標準原価の実務をやり,間接費の配分方法,伝票系統等の研究を充分した」[6]とのことである。後述するように,加藤は帰国後,神戸製作所において標準原価計算の基礎となる時間研究の実施にあたることになる。なぜ技術者である加藤が,電機の技術そのものではなく管理の教育プログラムを受けていたのか。その理由については,加藤自身が米国の産業を発達させた要因の1つは科学的な工場管理にあると考えたためであると述べている[7]。

このことは加藤1人にとどまらず,三菱電機全体の方針でもあった。三菱電機では,WHとの提携によって,「設計の原理や工作の方法などの技術ばかりではなく,ひろい分野にわたって同社のすすんだ管理技術を学び,当社の生産管理や経営管理の改善に役だて」[8]ようとしていた。加藤に代表されるように,三菱電機のこうした姿勢が,WHから工場管理や作業研究,製造原価の把握方法など,後の標準原価計算の基礎となる管理技術の導入を促進したといえよう。

2.2 合理化の推進

WHとの提携もなって,三菱電機は設立から10年足らずで売上高を2倍以上に伸ばしていた。成長を主導したのは電車電動機や発電機などの重電機分野での受注獲得であったが,その裏では地道な合理化の努力が続けられていたことも見逃せない[9]。

三菱電機における合理化は,売上高がピークを迎える1年前の1928年にはじまった。合理化のアイデアの源は,元米国大統領H.C. Hooverの著書 *Waste Elimination* にあるとされる[10]。三菱電機では,科学的管理法や標準原価計算にとどまらず,海外からの知識移転を幅広く進めていたことがうかがえる。

Hooverの著書のタイトルをとって「無駄征伐」と称し,経費節減のための合理化が展開された。その結果,1928年度下期には,作業単位あたりの経費を28%削減することに成功したという[11]。また,「その直接的な成果もさることながら,個々の従業員がむだの排除に心がけ,作業の進歩改善に協力する姿

勢を身につけたこと」[12]も重要であった。

　その後，合理化の取り組みは，1929年には第1期仕損防止運動，さらに1930年には第2期仕損防止運動として展開されていく。そのなかで，合理化の一環として実施された時間研究は，後述するように，標準原価計算の技法的な基礎となる。

　また，合理化の実施にあたっては，1927年に導入されていた限度予算と呼ばれる制度が活用された。限度予算によって，1万円以上の工事については，予算額を設定し，それを超過した場合には必ず原因を調査し対策を講じることとされた[13]。限度予算の起源は不明であるが，三菱電機では，会計数値による例外管理の発想が標準原価計算を導入する以前からすでにみられたといえる。以上のように，当初の合理化は，売上高の成長を下支えする役割を担った。しかし，1929年の世界恐慌にはじまる不況によって，三菱電機は，1931年までに売上高を約2/3にまで減少させてしまう[14]。「設立以来の危機」[15]に瀕するなかで，合理化は新たに，不況のなかで受注を獲得すべく厳しい値下げ圧力に耐えるための取り組みという色彩を帯びるようになった。標準原価計算が導入される1932年は，不況を克服する努力が続けられる真っ只中にあったといえる。合理化は売上高が成長を続けるうちからはじまっていたのに対して，標準原価計算は不況で厳しい値下げ圧力にさらされるなかで導入されたことに注意しなければならない。特に，それまでの成長を支えてきた重電機分野での値下げ競争が激しかった[16]。後に，三菱電機の稲垣太吉は当時を振り返って，標準原価計算の導入理由を次のように説明している。

　「昭和二，三年の不況時代原価計算をした目的は，価格の問題よりも能率を上げるのにどうしたらよいかということに重点を置きました。(中略) 標準原価を始めた動機は，能率向上を主眼とした事は勿論でありましたが，一面にまた工場がこんなに骨折ってゐるのに多大の値引受理では，工場側として馬鹿々々しいといって怒ってしまふのです。それで此原価迄は工場の責任，これから先は受註側の責任といふふうに分界点を設けて，これ以上安く受註しても工場の方は分界点以上の心配はせぬでいいといふことで，昭和二，三年の頃は限度予算の制度をとり，

五，六年の頃は実行予算方式をとりましたが，昭和七年になって標準式統制法を初めたのであります。」（今井他，1943S9，24頁）

　能率の向上を目的とする合理化は，確かに原価計算への関心を高めることに一定の役割を果したといえる。しかし，それだけでは標準原価計算を導入するまでには至らなかったと考えられる。標準原価計算の導入には，能率の向上に加えて，新たに値下げ圧力をどのように克服するかという課題が課せられていた。

§3　標準原価計算の技法的な基礎

　本節では，三菱電機において，標準原価計算の技法的な基礎がどのように築かれていったのかを考察する。技法的な基礎になったのは，WHから導入された時間研究とその時間研究にもとづく賃率の設定である。その具体的な方法については，当時三菱合資会社資料課に所属していた野田信夫による1927年の報告書『三菱電機神戸製作所における時間研究と賃率設定』から詳細に知ることができる[17]。この報告書は，野田による三菱電機神戸製作所の実態調査の記録である。以下では，この報告書にもとづいて，三菱電機における時間研究と賃率設定の概略を説明し，標準原価計算にも影響を与えたと考えられるいくつかの特徴を明らかにする[18]。

3.1　時　間　研　究

　三菱電機における時間研究の実施にあたったのは，前述のとおり，WHに派遣された技術者の1人である加藤威夫であった。すなわち，時間研究は，「大正十四年夏同所（神戸製作所）加藤技師がウェスチングハウスに於ける実習を終って帰任したのを機」[19]として実施された。また，その方法については，「ウェスチングハウスの方式を適当と認め，之に準拠する」[20]形で進められた。加藤は，WHの資料をもとに，職長数名に対して毎日のように教育を行った

という[21]。

　時間研究の手順は，大きく分けて，準備段階，時間記録段階，標準時間設定段階というように進められていく。まず，準備段階では，職工に対する説明からはじまる。時間研究は，職工が従来自由に行ってきた作業を監視・観察するものであり，職工の反発を招きやすいためである。したがって，説明の内容は，時間研究が賃率の安定を目的とすること，過酷な状況を標準とするものではないこと，標準時間に猶予時間が加えられることなど，時間研究が職工にとって不利にならないことを伝えるものであった。

　また，準備段階におけるもう1つの問題として，時間研究の対象とする作業の問題がある。通常は，実際に時間を測定する前に，作業条件や作業方法を点検し，無駄な動作などが是正される。しかし，三菱電機ではこれを行わず，「現在行っている作業をその儘研究の対象」[22]とした。その理由は，すでに「職工一般に高程度の緊張に達して居る上に，従来の成績が精密に記録に留めてあった為め，予めかかる矯正を行わなければならないと認められる作業は殆ど存在しなかった」[23]ためであると説明されている。

　以上のような準備段階を経て，時間記録段階に入る。時間の計測はストップウォッチによって行われ，計測された時間が所定の記録用紙に記入された。記録が終ると，現場から事務室へと記録用紙が集められる。

　標準時間設定段階では，集まった記録をもとに，まず最小時間が設定され，それに猶予時間を付加して，標準時間が設定される。最小時間とは，「或る仕事を普通の職工が普通の速度で完成するに要する時間」[24]とされる。そこで，実際に記録された時間について，職工の熟練度の差によるばらつきと同一の職工によるばらつきを平準化したうえで，最小時間が設定された[25]。

　つぎに，最小時間に猶予時間が付加される。猶予時間は，不可避な原因によるものと避けられる原因によるものに分けられる。不可避な原因とは疲労などの肉体的な問題であり，避けられる原因とは材料供給の遅れや工具磨ぎなどの管理上の問題である。それぞれの原因に伴う猶予時間は，最小時間に一定の余裕率をもって付加された。余裕率は不可避な原因による猶予時間が10～25％，

避けられる原因による猶予時間が10～15％とされた。なお，避けられる原因に伴う猶予時間まで付加する理由については，その原因が工場管理者の責任であり，管理が行き届かないために生じた問題を職工に負担させることがないようにするためと説明されている[26]。

以上のような時間研究の具体的な方法は，WH式時間研究に準拠する形で進められたとはいえ，職工に対する説明からはじまって，現行の作業をそのまま研究の対象としたこと，管理上の問題によって生じる猶予時間を見込んだことなど，随所に職工への配慮がうかがえる導入プロセスであったといえよう。

3.2 賃率の設定

WHの方法をほとんどそのまま適用した時間研究に対して，賃率の設定には独自の配慮が加えられたという[27]。賃率設定の手順は，月収調査と賃格の統一からなる。

月収調査が行われたのは，賃率の設定にあたり，「少なくとも現在の実収入を確保することを最初の方針と定め」[28] たためである。賃金の引下げを目的としないことを表明することで，これも新方式を受け入れやすくする工夫であったろうと考えられる。また，月収は「一般市場に於ける実収賃金」と比較され，それと同水準の賃金を確保するために割増率が算出された。これは一定の生活給の保証になるとみられ，WH方式に日本的な配慮が加えられた部分であるという[29]。

賃格とは，職工の技能と経験にもとづく賃金等級のことである。このときの賃率の設定にあたって，賃格は13段階に統一された[30]。三菱電機では，それまで職工の賃格が極めて複雑でわかりにくく，上級職工による恣意的な賃率の設定を許す一因となっていた。賃格が統一されたことで，合理的な賃金体系と昇進制度の確立につながった。なお，この点にも，日本的な労務管理の合理化過程にみられる特徴があらわれているという[31]。

第 3 章　原価管理思考の萌芽（1）　39

3.3　標準原価の算定

　以上のように，時間研究によって標準時間が設定され，賃率の体系が整備されると，標準時間に賃率を乗じて標準直接労務費が算定できる。なお，標準時間は部分品ごとに設定されるため，部分品ごとの標準直接労務費が算定される。以下に示す表 3.1 が，部分品の標準直接労務費を算定する基礎になる「部分品別作業一覧表」である。

　表 3.1 のなかで「B_3」，「C_1」は賃格，賃格の下の数値は 1 個あたりの賃金，「作業時間」は各作業の単位あたり標準時間（分），「作業個数」は 1 日（9 時間 × 60 分 = 540 分）の標準生産数量を示している。例えば，「M-11」の作業についてみると，1 日の標準生産数量は，1 日の就業時間 540 分を 1 個あたりの標準時間 2.77 分で除して，195 個と算定されている。M-11 の C_1 に 1.6 と示されているのは，C_1 の日給が前述の 13 段階の賃格にもとづいて 3.12 円と定められており，1 日の標準生産数量が 195 個であれば，1 個あたり 3.12 円 ÷ 195 個 = 1.6 銭というように算定されたものである。

　したがって，表 3.1 にある「スタンド」という部分品 1 個の機械作業に関する標準直接労務費は，各作業の賃金を合計していくことによって算出される。なお，表 3.1 では，M-11 の 1.6 銭，M-12 の 0.57 銭，M-13 の 1.43 銭，M-70

表 3.1　部分品別作業一覧表

（イ）スタンド（機械作業）

扇風機工場			Stand				大正　年　月　日
作業番号	作業名	作業個数	作業時間		B_3	C_1	
M-11	Upper Drilling & Tapping	195	2	77		1.6	
-12	12"Head Milling	570		952	0.57		
-13	Downer Drilling & Tapping	218				1.43	
-14							
-70	16" Head Milling	310	1	727	1.06		

出所：野田（1927）第三図。

の 1.06 銭を合計して 4.66 銭というところまではわかるものの，他に空欄もあるため部分品 1 個の合計を確認することはできない。いずれにしても，三菱電機では，この票をもって，「各部分品の工程一覧表であり，且つ各部分品の標準直接労働費一覧表である」としていた。

3.4 公式による標準時間の設定

　以上のような時間研究とそれにもとづく賃率の設定は，三菱電機神戸製作所の扇風機工場で実施された方法である。しかし，扇風機のように型式の限られる量産品であるからこそ可能な方法でもあった。型式の一定しない少量生産品に同じ方法を適用するのは，非常に時間がかかるか，場合によっては不可能でもある。そこで，扇風機工場以外でも標準時間と賃率を設定できるように工夫されたのが，公式に任意の数値をあてはめることで標準時間を算出する方法である。

　公式は，例えば，同じコイル巻作業のなかに，工作方法や製品の構造によって標準時間が変化する動作があるとき，その工作方法や製品の構造をあらわす変数を用いて作成される。その変数には，例えば，コイルの巻数（t）や層数（n）などがある。ある製品のコイル巻作業の標準時間を知りたいときには，公式にその製品の巻数や層数の値を入力することによって，自動的に標準時間を算出することができる。

　前述のように，標準原価計算は値下げ圧力にさらされるなかで導入されるが，値下げ競争が特に厳しかったのが少量生産品の多い重電機分野であった。公式による標準時間の設定は，少量生産品についても標準時間を設定できるようにしたことで，重電機分野への標準原価計算の導入にとって極めて重要であったと考えられる[32]。

また，この公式による方法は，十分な経験や専門知識のない単価係や記録係でも標準時間を設定できるようにしたという点で非常に重要であった[33]。このことも，その後，三菱電機に導入される標準原価計算の要素の 1 つになっていった。

§4　標準原価計算の導入とその後

　前節で述べた技法的な基礎は，その中心的な人物であった加藤によれば，「後日標準原価を採用するにあたって大きな助けとなった」[34]とされる。その後，§2で述べた環境要因の影響もあり，三菱電機では，1932年に「標準式統制法」と呼ばれる標準原価計算が導入される。しかし，実際に導入された標準原価計算がどのようなものであったかについては，詳しい資料がなく現時点ではわからない。それでも，1940年代から50年代の文献にみられる三菱電機関係者の発言から，その標準原価計算の一端をうかがい知ることができる。そこで以下では，戦中までと戦後に分けて，断片的ではあるものの，それぞれの時代の標準原価計算の特徴について考察する。

4.1　戦中までの標準原価計算

　1932年の標準原価計算の導入から10年の時を経た1940年代ではあるが，当時の三菱電機関係者の発言が雑誌の座談会の場で散見される[35]。以下で引用するのは，1943年に『産業経理』の前誌である『原価計算』の第3巻・第9号（1943年）に掲載された座談会「技術と原価計算」に出席した三菱電機の稲垣太吉の発言である。

　　「標準を作るために時間研究も，動作研究もしました。しかし初めに此研究が一通りすまぬと標準原価制度が出来ないと思っておられる人がある様ですが，われわれがやって来たのは，必ずしもそうばかりでなく，仕事に掛った時に標準が決まっておらない時でも，作業進行中に之を研究して，その作業が済んだ時に標準時間はこれだ，材料時間はこれだというふうに，平行して決めていくものもありました」（今井他，1943S9，21頁）

　前節で述べた標準時間の設定について触れていると考えられる。必ずしも時間研究を踏まえなくても標準時間を設定していけるというこの発言からは，前

節第4項で述べた公式による標準時間の設定が想起される。公式法であったかどうか明確ではないものの，少なくともそれに近い方法が標準原価計算制度にも引き継がれていたことがわかる。

しかしこの後，三菱電機では，戦時色が濃くなるなかで制度として標準原価計算が認められなくなったため，標準原価計算を中断し実際原価計算に後戻りせざるをえなかった。三菱電機の社史には，当時の生々しいエピソードが紹介されているため，以下でそのまま引用する。

> 「実際原価制度よりも標準原価制度の方が，一歩すすんだ合理的な方法だとの理由により，陸海軍に対し標準原価制度を実際原価制度に切りかえることに反対である旨強く懇請した。最初は海軍側が標準原価制度に共鳴，これを支持し，陸軍側は頑強に反対したが，そのうち反対の陸軍側が賛成し，海軍側が反対するという形勢になり，たとえば海軍の某大佐は，当時の神戸製作所長に対し，標準原価を固執することは勅令違反であるといって，厳重な反対態度を示したので，所長もやむなく従わざるを得なかった」（三菱電機，1982，46頁）[36]

確かに，標準原価計算は採用されなくなった。しかし，三菱電機における戦前・戦中からの標準原価計算は，このとき決して断絶したわけではなく，一時的な中断を経て，再び戦後の標準原価計算へと引き継がれていったことに注意しなければならない。本章の冒頭に述べたとおり，三菱電機では戦中の伝票様式に組み込まれていた標準項目をそのままにして，いつでも標準原価計算を復活させる態勢を整えていた[37]。このことは，戦後，三菱電機が再び他社に先駆けて，標準原価計算を導入することができた理由の1つとして生きてくる。三菱電機では，終戦から1年も経たない1946年4月には，すでに神戸製作所で標準原価計算制度を試行的に再導入し，さらに1950年には，全製作所に展開していくことになる[38]。

4.2 戦後の標準原価計算

戦後も他社に先駆けて導入された三菱電機の標準原価計算は，どのような標

準原価計算であったのか。ここでも，前項と同様に，三菱電機関係者の発言・執筆による文献からいくつかの特徴について考察する。

文献としては，再導入からしばらく経った1954年と1955年のものがある。1954年の文献は，中央大学教授の今井忍が三菱電機神戸製作所を訪れたときの訪問記録である[39]。1955年の文献は，前年の訪問時にも会社側の出席者であった経理部次長の其阿彌猛が執筆した論文である[40]。

前項で述べたように，再導入では，中断前に残しておいた伝票様式が使われたとのことであるが，このことは必ずしもまったく同じ標準原価計算の再現を意味するわけではなかったことに注意しなければならない。今井忍との対談のなかに，其阿彌の次のような発言がみられる。

「その後戦争になりまして，実際原価計算しか認めないということになり標準式統制法をやめました。戦後何とかもとの姿にかえさなければならないというので，われわれが又再組織をやったという形なのです。標準原価計算というものに一定の形がないのですから，総て実態に合わせて設けなければならない。実態が違えばやはり原価計算のやり方も自然に変わってきます」（今井他，1954C2，148頁）

ここで指摘される「実態」として問題になったのは，三菱電機神戸製作所が注文生産の工場であったことである。注文生産では，注文ごとに仕様の異なる製品の標準をどのように設定するかが問題になる。このとき材料の標準については，「図面が部品ごとにつくられるわけですから，どんな品種の材料が幾何要るか，その純所要量がわかります」[41]とのことであった。

標準時間の設定については，仕様の異なる製品であっても「作業の方はある程度共通点があるのです。作業を分析研究し，標準時間の測定をやっておりますと，新しい他の品物が注文されましても，それに似た作業の場合はその都度新しく標準を設定しなくても前の作業に対する標準時間をある程度適用出来るのです」[42]という。戦前・戦中にも，厳密な時間研究によらない標準時間の設定方法が考案されていたが，同じ発想が戦後にも引き継がれていたといえる。具体的には，人数，稼働日数，出勤率などにもとづいて算定される時間からの

逆算によって標準時間が設定された。逆算するときの比率は，作業能率に関する過去のデータにもとづいて算定された。また，標準時間は部門ごとに設定され，部門損益の算定基礎として利用された。

このように，再導入された標準原価計算では，標準時間の設定に簡便な方法が用いられていたものの，一方で，実績の時間記録は緻密に行われていたことに注意しなければならない。これは，原価管理の焦点が，厳密な標準時間を設定してそれを守らせるということから，実績を迅速にフィードバックして問題を解決していくことへとシフトしつつあったためであると考えられる。

実績の時間記録は，部門を細分して作業ごとに毎日作成することとされていた。すなわち，「標準原価計算に於ては，労務費は標準労務費率×標準時間によって計算されるのであるから少なくとも原価計算上は個々の作業の実際時間は不必要であって，各部門の操業度差異の分析上必要であると云うのであれば，部門全体のものを他の管理部門，例えば賃金係から資料として受ければよい，と云うように極論する者さえあるが，之は標準原価計算の本質を解しないものの言であって，原価管理上個々の作業の時間記録，従って時間報告は絶対に必要である」[43] という。

緻密な実績の時間記録が重視された理由は，個々の作業について，標準時間と実際時間との差異を速やかに分析し，その結果をその後の作業能率の向上に即座に反映させるためである。以下の引用にみられるように，作業ごとの管理と日日の管理が強調されていた。

　　「原価係は勿論，作業研究係或いは現場監督者はその差異時間を日々管理しなければならないが，そのためにはどうしても作業毎の正確な実際時間が記録されなければならない。分析もその都度日々に行われるならば，相当詳しい差異原因が判明する筈である」（其阿彌，1955C6, 36頁）

また，このような管理の担い手として現場がどのように動くか，そのためにスタッフがどのように配置され，どのように情報を提供するかが重視された。

以下の引用にみられるように，現場の動きは日々の時間記録と連動していること，スタッフの1人である作業研究係は現場に配置され，標準時間の設定と実際時間の記録を一手に引き受けること，もう1人のスタッフである原価係は資料の提供だけでなく原価意識の向上に努めることが重要であるとされた。

　「レポートが提出されたら自然に職制にずっと流れていくのが理想的だと思います。(中略)一般的には例えば原価に関することならば原価課の方から関係部門にいって呉れたらよいではないかという考えが強いのです。それではいけない。原価課は原価に関する資料を提供する。その資料に基いて関係部門が自然にうごきだすようなことが望ましいのです」(今井他，1954C2，156頁)
　「標準原価計算制度に於ては，各作業単位の標準時間を設定するために，現場へ夫々作業研究係員が分遣されていることが，通例であるがこの作業研究員が時間記録をも担当することによって，時間管理が一元化され，時間差異分析も行い易くなり，工場主任の重要なスタッフとして，作業管理活動を推進して行くことが出来ると考える」(其阿彌，1955C6，36頁)
　「原価計算をやるのは原価計算の担当者ばかりがやるのではなくて，第一に大事なことは工場にある末端の者がすべて原価計算の認識をもたなければならない。原価計算のいろいろなデータはやはり現場から出るものでありますから，やはり人間の教育というものが必要ではないか。つまり原価意識の向上がまず第一だと思いますね」(今井他，1954C2，148頁)

§5　ま　と　め

　三菱電機では，WHとの提携によって，科学的管理法にもとづく時間研究などの管理技術が早くから導入されていた。そうした時間研究が技法的な基礎となって，標準原価計算が導入されるが，標準原価計算の導入目的としては，合理化の推進による能率の向上に加えて，不況による値下げ圧力を克服することが重要であった。そのため，標準原価計算は，順調に販売台数を伸ばしていた量産品の扇風機工場だけでなく，値下げ競争の激しい受注品の重電機分野にも適用されなければならなかった。受注品に適さないとされる標準原価計算を重電機分野にも適用することができたのは，厳密な時間研究によらなくても標

準時間を設定できるようにする工夫があったためである。そうした標準原価計算の工夫は，大戦を挟んだ激動の時代を経るなかでさらに重要性を増していった。

　以上のような標準原価計算の導入と適応のプロセスにおいて注目されるのは，当初は提携先からもたらされた知識を忠実に移植しようとしていたにもかかわらず，結果としてその時代その時代の要請に対応したシステムが実現していったことである。最初に時間研究が試みられたときには，その目的は標準時間の設定であった。しかし，戦後の標準原価計算においては，標準時間そのものは簡便な方法によって逆算されるにすぎなかった。標準時間の設定に代わって，時間研究の遺産は緻密な実績の時間記録に受け継がれていた。

　実績記録が重視される一方で，標準時間はそれを守らなければならない規範というよりも，部門業績測定のために実績と比較される1つの尺度として利用されるようになった。現時点では，資料の制約により，標準時間によってどのように部門損益が算定されたのかははっきりしない。残された課題として考えられるのは，このように役割が変わったことで標準原価計算が標準原価計算としてどこまで存続することができるのかということである。予算統制など標準原価計算以外のシステムとの関係や，標準原価計算を原価計算制度として認めた原価計算基準の影響などについては，今後の課題としたい。

1　三菱電機（1982）『三菱電機社史―創立60周年』三菱電機。なお，引用中の（　）内は筆者の加筆による。以下同じ。
2　三菱電機（1982），305-306頁。
3　三菱電機（1982），30頁。
4　当初，WHからは非常に厳しい条件が提示されたため，三菱電機はWHとの契約をいったん諦め，英国やドイツの企業とも交渉をはじめていた。しかし，いずれも契約成立には至らず，改めて条件を引き下げて交渉をもちかけてきたWHと合意にこぎつけた（三菱電機，1982，31-32頁）。
5　大正末期までの数年間に派遣された技術者の数は14人に上ったという（三菱電機，1982，32頁）。
6　加藤威夫（1958）「インダストリアル・エンジニアリングについて―私の経験と考え方―」『PR』第9巻第2号，14頁。
7　加藤（1958），14頁。

8　三菱電機（1982），33頁。
9　三菱電機（1982），32-35頁。
10　三菱電機（1982），35頁。
11　三菱電機（1982），35頁。
12　三菱電機（1982），36頁。
13　三菱電機（1982），36頁。
14　一方，量産品の分野では，重電機分野の売上の落ち込みを補うほどではなかったものの，扇風機の生産台数が伸びていた。
15　三菱電機（1982），33頁。
16　松本（1950S1）によれば，標準原価計算は「不況の児」（30頁）であるという。
17　野田信夫は，1923年にも同じく三菱電機神戸製作所を調査し，報告書『科学的工場経営の研究』をまとめている。野田信夫は，戦後，三菱重工業にあって経済同友会の設立にかかわった後，成蹊大学教授となり，会計学分野ではコントローラー制度の導入などに尽力した。三菱電機の加藤威夫はいとこにあたる。
18　野田信夫（1927）『三菱電機神戸製作所に於ける時間研究と賃率設定』（三菱合資会社資料課編『資料彙報』第二八六号所収）。この資料は，奥田健二・佐々木聰編（1995）『日本科学的管理史資料集』〔図書編〕③『東洋紡績・三菱電機資料』五山堂書店に収録されている。なお，時間研究と賃率設定の詳細については，佐々木（1998）『科学的管理法の日本的展開』有斐閣を参照のこと。
19　野田（1927），1-2頁。
20　野田（1927），2頁。なお，このとき準拠したとされるWHの方法については，WHの時間研究の説明書を加藤威夫と野田信夫が共訳した『時間研究実施法（Time Study Procedure and the Uses of Time Study）』から知ることができる。
21　加藤（1958），14頁。
22　野田（1927），2頁。
23　野田（1927），4頁。
24　野田（1927），8頁。
25　平準化は，計測された時間を短いほうから順に並べたときに，普通程度の熟練度であれば何番目の時間を採用し，普通以上の熟練度であればそれよりも後の順番の時間を採用するという方法で行われた（野田，1927，8-9頁）。
26　野田（1927），10-12頁。
27　佐々木（1998），103頁。
28　野田（1927），15頁。
29　佐々木（1998），109頁。
30　野田（1927），16-17頁。
31　佐々木（1988），109頁。
32　戦後，三菱電機神戸製作所の其阿彌猛は，当時を振り返って次のように述べている。「はじめは昭和7年ごろから標準式統制法という名でわれわれの先輩がその基礎をつくられたのですが，個別原価計算にどうやって標準原価を導入するかということで議論が盛んに行われましたよ」（今井他，1954C2，148頁）と。

33 加藤 (1958), 15 頁。
34 加藤 (1958), 15 頁。
35 ここで引用したもの以外には，1943年の別の座談会「技術者と原価計算」における三菱電機の橋本の発言がある。橋本によれば，三菱電機の標準原価計算は「完全なものぢゃありませんが，昭和十年頃から始めております」(山邊他, 1943S4, 35頁) という。この座談会は日本原価計算協会九州支部の一周年記念として企画されており，会社側出席者の多くが在九州の企業であったことから推測すると，この橋本という人物は三菱電機の長崎製作所の所属であったかもしれない。そうであれば，三菱電機の標準原価計算は，神戸製作所における1932年の導入から少し遅れて長崎製作所にも導入されていた可能性がある。
36 いったん陸軍が賛成に回ったのは，1941年に陸軍省から「陸軍軍需工場標準原価計算要綱（草案）」が公表されていたことを指すのではないかと推測される。三菱電機の稲垣太吉は，1943年の座談会のなかでこの要綱について触れていた (今井他, 1943S9, 21頁)。
37 三菱電機 (1982), 47頁。
38 三菱電機 (1982), 104頁。
39 今井他 (1954C2)。
40 其阿彌 (1955C6)。
41 今井他 (1954C2), 149頁。
42 今井他 (1954C2), 149頁。
43 其阿彌 (1955C6), 36頁。

第4章　原価管理思考の萌芽 (2)
　　　　―原価計算と原単位計算

§1　は　じ　め　に

　後章で取り上げるように，標準原価計算がわが国製造企業に広く導入されたのは，第二次世界大戦後であった。しかし，標準原価計算は全く未開の地にもたらされたわけではない。その本格的な導入に先立って，戦中には，『製造工業原価計算要綱』に準拠した原価計算制度がわが国製造企業にある程度普及していた。そしてそこでは，生産力拡充・能率向上のために原価計算を利用しようという試みも存在していた。つまり，わが国製造企業には戦中に育まれた原価計算・原価管理という下地があり，戦後はその下地の上に，原価管理目的で標準原価計算を導入する気運が高まったのである。
　それでは，ここでいう"戦中に育まれた原価計算・原価管理の下地"とは具体的にどのようなものであったのか。どういった経緯でそれは形成されたのであろうか。本章は，『製造工業原価計算要綱』の制定と密接な関係をもって公刊された『原価計算』（現在の『産業経理』）誌上の記述を中心に，この２つの疑問を解明することを目的としている。そしてそれによって，後章において取り扱う標準原価計算のわが国製造企業への"紹介・認知"，"導入・受容"，"積極的適応"の文献史的展開が，より鮮明に描き出せるような土台を作ることを本章は企図している。

§2 『製造工業原価計算要綱』がもたらした実務的な成果

　経済安定本部の企業会計審議会は，1949年に『企業会計原則』を公表した。次いで，その一環として，同審議会は原価計算の基準を設立するための作業に着手した。それに伴い，『産業経理』第11巻第3号（1951年）では，「原価計算基準の設定をめぐつて」という題目の特集が組まれている[1]。
　この特集の中で，戦中に制定された『製造工業原価計算要綱』の果たした役割について，多くの興味深い記述がなされている。まず，西垣冨治は，『製造工業原価計算要綱』がもたらした実務的な成果について以下のように述べている。

　　「昭和十六年八月，企画院で原価計算準則草案が作成され，次いで，その実施を見るようになつてから，既に，十年を経過し，その実施経験に基づいて，今日では概ね我国の大経営は，かなり広範囲にわたる共通の一般的慣習を原価計算に対してもつようになつていると思われる。」（32頁）

　また，土岐政蔵は，『製造工業原価計算要綱』について，戦後わが国における原価計算規則との関連で以下のように述べている。

　　「我国戦後の原価計算に関する規定としては昭和二十三年三月経理命令第十四号によつて戦時中の原価計算は廃止され，新に物価統制令第十八号（原価に関する計算）及び第三十号（原価に関する報告）の規程による原価計算規則は定められ，その別記として製造工業原価計算要綱と鉱業原価計算要綱とは指示されているがこれ等は前の「要綱」とは大した変更はなく支払利子を原価に算入することを認めた以外はその大部分を踏襲したものであり，現在の原価計算実務家は過去十数年これ等の規程に十分訓練されてあり，已に帳簿組織に織込んでいる事と思う。」（33頁）

　西垣冨治と土岐政蔵の記述は，戦中に制定された『製造工業原価計算要綱』

第 4 章　原価管理思考の萌芽 (2)　51

が，わが国製造業の，特に大企業における原価計算実務に対して，非常に強い影響力をもっていた事実を示している。こうした当時の実務的状況をふまえ，山下勝治は，これから制定される原価計算の基準に求める一般的方針として，まず「原価計算要綱の制定以来実行されている現在の原価計算実践を尊重し，重大なる不都合なき限りこれに根本的な変革を招来せしめないこと。」(33頁) をあげている。

　さらに，渡邊進は，『製造工業原価計算要綱』がもたらした実務的な成果についてより総括的に論じ，その限界についても指摘を行っている。

　「いうまでもなく我国における原価計算の急速なる普及発達は，昭和十七年四月の原価計算規則及び別冊原価計算要綱の制定実施に負うところ大である。若しこれがなかつたとすればあらゆる業界にわたる現在の如き広汎なる原価計算実践の普及は到底これを見ることはできなかつたであろう。併しそれは主として国の物価政策に役立つことを目的とした原価計算であり，外から与えられた原価計算であつて，経営の必要性に基く企業自らの要求として生成発展したものではなかつた。従つて経営能率の増進という点からみれば，求められたる原価がせいぜい一企業内部に於ける比較に利用せられるに止まり，統一原価計算制度の他の大なる効用（即ち同業者間に於ける平均原価又は標準原価をもつてする比較）が達成せられるまでには至つていない。」(37頁)

　西垣冨治と土岐政蔵の記述と同様に，渡邊進の記述からも，戦中の『製造工業原価計算要綱』がわが国製造企業における原価計算の受容と展開に大きな役割を果たしたことがわかる。その一方で渡邊進は，『製造工業原価計算要綱』における原価計算は，戦時統制経済下における物価統制を主目的としており，その能率向上のための利用には改善の余地が残されていたことを指摘している。

　以上の「原価計算基準の設定をめぐつて」における記述をまとめると，戦中に制定された『製造工業原価計算要綱』は，わが国製造業の，特に大企業における原価計算の受容と展開に大きな役割を果たしたが，その一方で，能率向上のための原価計算の利用や，中小企業等への原価計算の普及といった点では改

善の余地が残されていたという，当時の原価計算実務の概況を理解することができる。

この"戦中に育まれた原価計算・原価管理の下地"についての大綱的理解を基礎として，次節では，"戦中に育まれた原価計算・原価管理の下地"の内容およびその生成経緯をより具体的に明らかにするために，(1)『製造工業原価計算要綱』は戦時統制経済下における物価統制を主目的としていた，(2)『製造工業原価計算要綱』は能率向上のための利用には改善の余地が残されていた，という2点を中心に，戦中のわが国製造企業における原価計算をとりまく状況を歴史的に整理したい。

§3 戦時統制経済と原価計算

3.1 『製造工業原価計算要綱』の趣旨と課題

日本原価計算協会（現在の産業経理協会）は，戦時統制経済下の1941年9月13日に，わが国における原価計算の普及を主目的として設立された[2]。同協会の設立に伴って創刊された『原価計算』の冒頭には，「原価計算の狙ひ所」という論稿がある。そこでは，企画院が統一原価計算制度[3]を制定しようとするに至ったきっかけとして，1939年5月に閣議決定された『物価統制大綱』があげられている。

『物価統制大綱』において，戦時統制経済下における原価計算制度を要求する記述は，以下のとおりである。

「三 戦時適正価格の決定 (1) 戦時適正価格の決定に付ては，原価計算に依るを原則とし，其の計算方法並に運用手続きを定むること，而して各物質の価格の公定に付ては，原材料，賃金，運賃，利潤等価格構成の各要素毎に戦時下に於ては適正とすべき原価計算を行ひ所期の物価基準に照応せしむること，（以下省略）」[4]
（閣議決定『物価統制大綱』三，1939年）

つまり政府は，物価統制のための戦時適正価格を決定することを主目的とし

て，原価計算制度をわが国に普及させようと考えていたのである。しかしながら企画院は，価格決定目的だけでなく，生産力拡充・能率向上のために原価計算を利用することも含めて[5]，『製造工業原価計算要綱』を作成しようと試みる。この点について，企画院は以下のように述べている。

　「本要綱による原価計算の目的は，製造工業に於る正確なる原価を計算し以て適正なる価格の決定及生産能率増進の基礎たらしめ，高度国防経済の確立運営に資するに在る。………この二つの目的を同時に達成せしむる為，統一的に之を実施せんとするのが本要綱に依る原価計算の目的である。」（企画院，1941S1，18-19頁）

このように，企画院は，価格決定と生産力拡充・能率向上を同レベルの目的とした統一原価計算制度を製造企業に普及させようと企図していた。しかしながら，企画院から1941年8月に発表された『製造工業原価計算要綱草案』，およびそれを修正して1942年4月に制定されることとなる『製造工業原価計算要綱』は，実質的には価格決定を重視した内容のものとなってしまう。
　『製造工業原価計算要綱草案』および『製造工業原価計算要綱』の作成に関与した中西寅雄（中央物価統制協力会議事務局長）は，この点について以下のように述べている。

　「中西　歴史から申しますと，何といつてもあの原価計算制度を実施するといふことは，最初は価格形成の基礎にするといふことが中心であつたらうと思ふのです。」（座談，今井他，1943S9，20頁）

また，『製造工業原価計算要綱草案』および『製造工業原価計算要綱』が価格決定を重視し，製品単位あたり原価の計算を中心に規定していたことは，1944年5月の『製造工業原価計算要綱』の改正（以下，『改正要綱』と呼ぶ）の際に，矢野宏太郎（軍需省軍需官）によって次のように言及されている。

　「一，従来原価計算の主目標が製品の一定単位に要した貨幣価値計算に偏し過ぎた傾向にあつたのを改めて，製品の一定単位に要した原価のみならず工場全体及

工場の各部門に於ける原価の計算をも重視し而も貨幣価値計算のみならず物量,労務量等の計算に付ても,或る程度規定を整備し,以て従来以上に能率増進に積極的寄興を為し得る如くしたこと」(矢野, 1944S5, 9頁)

これらの記述にあるように,『製造工業原価計算要綱草案』および『製造工業原価計算要綱』は,価格決定と生産力拡充・能率向上を同レベルの目的としながらも,実質的には価格決定を重視し,製品単位あたり原価の計算を中心に規定していた。そして,この大いなる矛盾は,座談会 (1942S3) における,太田哲三と中西寅雄 (陸軍省嘱託) の発言に見られる1つの疑問を生み出してしまう。

「太田氏 ……次の問題として生産拡充に原価計算が邪魔になりはしないか,或は生産拡充に対しては原価計算は無関係ぢやないかとか,或は却つてやることが生産拡充の妨害になりはしないかといふやうな声も,なんだか聞くやうな気もするのでありますが,(以下省略)」(20頁)
「中西氏 或はもつと積極的に,どうすれば原価計算と生産拡充に役立たせることができるか,今生産拡充といふことが第一になつておりますから,原価計算の方面からも生産拡充に積極的に役立つやうにすることができればやりたい,政府の方でも原価計算をやる以上は,それを生産拡充に役立つ方面に指導して行きたいといふ要求を有つておるやうであります。」(20頁)

企画院が制定し,日本原価計算協会が普及を進めようとしていた『製造工業原価計算要綱草案』および『製造工業原価計算要綱』が規定する原価計算では生産力拡充・能率向上に役立たないのではないかという疑問が,1942年の前半には既に噴出していたのである。

3.2 生産力拡充・能率向上と原単位計算制度

企画院・日本原価計算協会側の人々が生産力拡充・能率向上のために原価計算を利用しようと試行錯誤する中で,商工省は『原単位計算実施要綱案』を作

成し，生産力拡充・能率向上のための独自の測定制度として原単位計算制度の普及を推し進めようとする[6]。このことについて，1942年の10月16日から11月10日までの重要ニュースを取り上げた『原価計算』第2巻第12号の「月間経済展望」では，番場嘉一郎が以下のように述べている。

「原単位計算と原価計算　商工省では重要工場事業場の生産経済性を測定するために，原単位計算なるものを実施せんとしている。聞きなれない言葉であるために，世間の注目をひいたやうである。……原単位計算によつては，一局部の能率が個々に見られるに止る。一経営全体，或ひは一部門全体，或ひは一作業全体の能率を総括的に見るには価値計算たる原価計算が必要である。原単位計算は原価計算の補助として存在理由をもつのである。原単位計算については，商工省と各統制会との間で要綱を作成し，それに従つて業者より統制会に資料を提出せしめ，これを整理して能率測定の基準を作る模様である。」（76頁）

また，十周年記念座談会（1951S10）において原単位計算を提唱した中心人物であったといわれる黒澤清は，黒澤（1943S6）において原単位計算制度の生成事情について以下のように論じている。

「二．統制経済移行の初期の段階に於ける原単位計算の登場　統制経済に於ける経済計算を可能ならしめる制度的条件として，原価計算の体系化が試みられるに先だつて，はるか以前に，原価計算に代るべきものとして原価単位計算の試図が存したことは注意に値する事実である。なるほど「原単位計算制」と云ふ言葉は，昨年始めて世間に発表された耳新しい響きをもつている。けれどもその着想は古くから存在していた。」（4頁）
「かくして物動計画（筆者注：物資動員計画）の精密向上が要求せられるに従つて，上記の如き単位当所要材料計算の純化が必要となるに至つた。「原単位計算制」なる概念は，その生長に外ならぬ。「原単位計算制」なる言葉が決定したのは，昨年七月立案された「原単位計算実施要綱案」に於てであつた。」（4-5頁）

生産力拡充・能率向上をその1つの主目的として掲げながら，実質的には価格決定を重視していたという『製造工業原価計算要綱草案』および『製造工業

『原価計算要綱』が抱えていた矛盾の隙間に，生産力拡充・能率向上目的に特化した原単位計算制度の普及を進めようとする商工省を中心とした大きな流れが登場するのである[7]。

3.3 『製造工業原価計算要綱』の改正

『製造工業原価計算要綱』を支持する企画院・日本原価計算協会側の人々の思惑と，商工省の大半と企画院を統合して軍需省を設立しようとする[8]展開の中で，原価計算支持者を中心にして"原単位計算は原価計算の一部である"というコンセンサスが形成されていく。

このことについて，原価計算支持者として原単位計算の研究にあたった黒澤清は，黒澤（1943S6）において以下のように述べている。

>「原単位計算は原価計算の副計算部門として遂行されなければならぬと云ふ見解は，原単位計算制創設の当初からの私の主張であつたが，不幸にして当局（筆者注：商工省）の採用するところとならなかつたのである。」(6頁)
>「経済性原理と云ふ最高目標……今や正しき目的概念の下に原単位計算と原価計算とは総合せられ体系化せられなければならぬときである。」(6頁)

以上のように原単位計算と原価計算が統合されるべきであることを表明した黒澤清は，黒澤（1943S11）において，さらに以下のように論じている。

>「今日の実際に於ては，原価計算は原価計算要綱及び準則に基づいて実施せられ，原単位計算はそれとは別個の方針と担当者とによつて遂行せられている。しかし計算体系を一元化するために，原価計算か原単位計算か何れか一方を否定することは，何等正しい解決ではない。原価計算制は当然そのうちに原単位計算を包含しているものであると云ふ見地から，新しく原単位計算を施行することに対して反対することは，一応理由があるやうに見えるけれども，そもそも原単位計算制が今日別個に問題となり実施されようとしている事実は，単に屋上屋を重ねるものでなく，今日の原価計算がその当然包含すべき内容としての原単位的思考を事実上包容しなかつたと云ふ事態から発生したのである。」(5頁)
>「この制度的計算は三つの原価計算の総合の上に成り立つのである。この場合，

最も重きをなすものは国家意思に導かれたところの経営者の原価計算である。既に知れる如く経営者の原価計算は，原単位素材量，原単位労働量，原単位用役量の計算から成る原単位計算と原単位量の主観的評価から成る価値計算との複合である。今日必要なものは，原単位量と，主観的評価基準とは異なるところの経済者の立場からの客観的な評価基準たる計算価格とである。」(8頁)

このように黒澤清は，本来ならば原価計算は価値計算だけでなく物量計算も含むものであり，価値計算を重視した『製造工業原価計算要綱草案』および『製造工業原価計算要綱』の内容に問題があるという点に言及している。

また，座談会（1943S9）において中西寅雄（中央物価統制協力会議事務局長）は，以下のように述べている。

「原価計算はかういふものだ，原単位計算はかういふものだといふふうにお互ひに狭く解釈して，概念を別々にして来ると，非常に弊害が出て来るのであつて，概念的にはいろいろの概念は作り得るでせうけれども，原価計算といふものを広く解釈して，数量的な計算も価値的な計算も両方含めてそれが原価計算だ，同時に経理の方面も技術の方面も一緒になつて総合的にやつて行くといふ方向に発展して行かなければいかんものぢやないかと思ふのです。」(23頁)

さらに，帆足計（重要産業協議会事務局長）は，帆足（1944S2）において以下のように論じている。

「従つて，（筆者注：原単位計算制は）その当面その調査の対象を，国家に必要な特定の緊要物資に限定し，その徹底的節約乃至活用策を比較考究し，生産能率の向上を推進するといふことにその狙ひがある。したがつてこれらの諸要因を総合的に包括して一望のもとに，これを把握するといふことになると，それは原価計算の領域であつてかかる意味において，原単位計算制は総合的な原価計算制度の一側面をなすものとみることが出来る。」(7頁)

以上に代表される議論を経て，"原単位計算は原価計算の一部である"というコンセンサスが形成されるに至る。それが明確に現れたのは，1944年5月

に公表された『改正要綱』においてである。同月の『原価計算』第4巻第5号では，巻頭の「原価計算要綱の改正」という文書において，この点についての決定的な記述がある。

　「要綱改正の内容に就ては本誌に詳細解説している通であるが，其の趣旨を要約すれば，第一には原価計算は単に製品の一定単位に要する価額計算のみでなく，物量計算と価額計算との総合計算体系である点を明確にし，以て益々経営能率の増進に積極的寄興を為さしめんとするものであり，（以下省略）」(1頁)
　「従来兎角，原価計算と原単位計算とが別個の計算体系であるかに誤解せられ，二三の統制会に於ては原価計算と原単位計算とが，各別の係に於て処理せられて来た所もあつたと聞くが，今後は斯かる重複事務は早急に単一整理に統一せしめらるべきであり，又本誌上に於ける原価計算と原単位計算に関する論攷も，本改正に依り終焉の幕を閉ずべきである。」(1頁)

『製造工業原価計算要綱草案』および『製造工業原価計算要綱』が抱えていた矛盾の隙間に登場した原単位計算制度の普及を進めようとする展開は，原価計算支持者を中心とした"原単位計算は原価計算の一部である"というコンセンサスの形成と，その考え方に基づいた『改正要綱』によって，終焉を迎えたのである[9]。

　ここで注意すべきことがある。原単位情報を利用して生産力拡充・能率向上を目指すという考え方自体は否定されたわけではないのである。むしろこの考え方は大いに肯定されたのであって，この考え方を原価計算の範疇としたところが"原単位計算は原価計算の一部である"というコンセンサスが形成された歴史の本質であることを忘れてはならない。

3.4　日本原価計算協会の貢献——原価計算の啓蒙・普及

　これまで取り上げてきた戦中の原価計算の，その啓蒙・普及には，日本原価計算協会が大きな役割を果たした。2003年3月に産業経理・別刊として公刊された『日本原価計算協会の設立と歩み〜昭和16年8月より昭和20年2月まで〜』によると，日本原価計算協会の活動は，以下にあげる創立趣意書の内容

に即した非常に積極的なものとなっている。

　「高度国防国家建設の為め経営を合理化し，産業統制を強化することは焦眉の急である。その目的を達成する手段として経営計算殊に原価計算制の確立を要すること多言を要しない。今や単なる学理討究の時ではなく実施実行の時代である。確乎たる理論の樹立と共にその一般化が更に要望されている。既に軍需品工事事業場検査令は，一定の工業者に対しその計算を命じ，近く価格等統制令及経理統制令の発動を見んとし，企画院及商工省に於て一般種別の原案が作成公布される運びに至っている。此際に於て陸海軍，企画院及び商工省後援の下に，実際家学者並に研究者を打って一丸とする協会を作り研究に指導に，普及に宣伝に，原価計算に関する中心機関たらしむることは当代に於て最も時宜に適するものと信じられる。日本原価計算協会設立の趣旨は全くこの要求に応じたのである。」（5頁）

　以上の趣旨のもと，日本原価計算協会は東京本部を拠点に，東海支部，大阪支部，九州支部，北日本支部，西関東支部，朝鮮本部，東関東支部，北陸支部と，順次その活動を全国的に拡大していった。そして，本部および支部において会員総会，原価計算講習会，原価計算入門講習会，各種研究会，原価計算講演会，原価計算実務説明講習会，文部省後援実業教員原価計算夏期講習会，中小工業原価計算指導員養成講座，原価能率調査表作成要項講習会などを開催し，産官学連携による原価計算制度の啓蒙・普及活動を全国的に展開した。一方で，日本原価計算協会の付属機関として原価計算係員臨時養成所が設置され，実務家専門教育が継続的に行われた[10]。

§4　原価管理思考の萌芽

　前節で取り上げたように，戦中の原価計算は，生産力拡充・能率向上のためにそれが利用できるか否かが大きな議論となったが，大規模製造企業を中心にその啓蒙・普及が進んだ。その中で，当時の製造現場では，製品原価もしくは製品原単位を管理しようという思考が当然形成されたはずである。本節では，戦時統制経済下のわが国製造企業に萌芽した原価管理思考について，それに強

い影響を与えたと思われる政府が導入した2つのインセンティブ制度に注目して考察を行いたい[11]。

4.1 一般価格報奨制度（1943年）がもたらした原価管理思考

1943年3月に閣議決定された『価格報奨制度要綱』では，(1) 特定緊要物資（鉄鋼，石炭，軽金属，非鉄金属，船舶，肥料）の増産，(2) 統一原価計算制度に基づいて個別価格を決定する必要がある物資についての製品原価の低減，という2点について，割増価格で報奨することが規定されている。前者は特別価格報奨，後者は一般価格報奨と呼ばれ，特別価格報奨制度は一般価格報奨制度と併行して適用するものとされている。

一般価格報奨制度の要件は以下のとおりである[12]。

「一般価格報奨は，（イ）能率向上に依り生産品原価を低減し又は其の増高を抑制したる場合及（ロ）生産品原価が当該業種の基準原価に比し低位なる場合に之を実施するものとす」（閣議決定『価格報奨制度要綱』二（二），1943年）

「五，報奨措置の的確を期する為速に原価計算，原単位計算，財務及経営比較等に基く経営の総合的能率基準を設定するものとす」（閣議決定『価格報奨制度要綱』備考，1943年）

これらの規定から理解できるように，一般価格報奨制度は，製品原価の低減を達成すれば報奨を受けることができるインセンティブ制度であった。そして，製品原価の実績値は『製造工業原価計算要綱』に準拠した統一原価計算制度によって測定される。前述のとおり『製造工業原価計算要綱』は製品原価の計算を中心に規定したものであるから，当該原価計算制度では部門別計算は軽視されてしまう[13]。そのため，一般価格報奨制度は，部門別原価の低減の積み上げではなく，結果として製品原価が低減するような原価管理思考をわが国製造現場にもたらしたであろうことが推測される。つまり，製造現場の責任区分別・作業区分別に規範値としての予定原価を提示して製造作業を統制しようとする管理方式を"原価による管理"と呼ぶならば，一般価格報奨制度がもたら

したのは,"原価による管理"ではなく,結果として製品原価が低減することを狙いとする"原価の管理"の思考であったと考えられる。

4.2 原単位切下報奨制度(1944年)がもたらした原価管理思考

1944年1月に閣議決定された『原単位切下報奨制度要綱』では,前述の価格報奨制度と併行して,特定緊要物資(航空機,鉄鋼,軽金属およびその関連物資)の原単位を基準原単位量以下に引下げた場合に報奨および表彰を行うことが規定されている。

原単位切下報奨制度の要件は以下のとおりである[14]。

「一,原単位切下報奨制度の適用範囲　原単位切下報奨制度は特定緊要物資の生産を為す重要工場事業場にして政府の指定するものに付其の使用する主要原材料,電力等各生産要素の原単位を基準原単位量以下に切下げたる場合に於て之を適用するもの」(閣議決定『原単位切下報奨制度要綱』第二,1944年)

「三,基準原単位量の決定　(一)基準原単位量は各工場事業場毎に其の主要原材料及電力等の使用実績を基準とし主要原材料及電力等の需給状況,各工場事業場の生産設備,生産予定量,生産方法,能率状況,使用原材料の品質等を考慮し之を決定するものとす　(二)基準原単位量は一定期間毎に之を更新し当該工場事業場に指示するものとす」(閣議決定『原単位切下報奨制度要綱』第二,1944年)

これらの規定から理解できるように,原単位切下報奨制度は,製品単位あたりの主要原材料や電力等の消費量をその基準値より低減すれば報奨および表彰を受けることができるインセンティブ制度であった。そして,製品原単位の実績値は,商工省が普及を推し進めた原単位計算制度によって測定される。前述のとおり,原単位計算制度は,『製造工業原価計算要綱草案』および『製造工業原価計算要綱』が抱えていた矛盾の隙間に,生産力拡充・能率向上のための独自の測定制度として登場したものであるから,製造現場は自分達の作業の業績を,原価ではなく原単位によって評価されたであろうことが推測される。つまり,原単位切下報奨制度がもたらした原価管理思考は,"原価による管理"ではなく,"原単位による管理"の思考であったと考えられる。

§5 ま と め

　本章は，後章において取り扱う標準原価計算のわが国製造企業への"紹介・認知"，"導入・受容"，"積極的適応"の前史として，"戦中に育まれた原価計算・原価管理の下地"とその生成経緯を明らかにしようと試みた。

　わが国製造企業では，特定緊要物資の製造工場を中心に，"原価の管理"および"原単位による管理"という原価管理思考が戦中に萌芽していたと考えられる。その背景には，『製造工業原価計算要綱草案』および『製造工業原価計算要綱』が，価格決定と生産力拡充・能率向上を同レベルの目的としながらも，実質的には価格決定を重視し，製品単位あたり原価の計算を中心に規定していたという矛盾がある。この大いなる矛盾の隙間に，原単位計算制度は，生産力拡充・能率向上のための独自の測定制度として登場した。そして，『改正要綱』に結実する"原単位計算は原価計算の一部である"というコンセンサス形成過程と同時並行的に，政府による一般価格報奨制度および原単位切下報奨制度という2つのインセンティブ制度が実施されるようになり，その中で，戦中のわが国製造企業に原価管理思考が萌芽したのである。

　ここで注意すべきことは，本章が導き出した"原価の管理"および"原単位による管理"という戦中に育まれた原価管理思考が，実際に当時の製造現場の活動にどの程度根付いていたのかを知る統計資料が存在しない点である。この点と関連して，十周年記念座談会（1951S10）の中で，中西寅雄は以下のように述べている。

　「会社の方では最初は原価計算をやることによつて価格を非常に抑えられるんじやないかと考えておつた。しかし結局のところ原価計算をやつて，報告した原価がその儘調達価格用いられるというふうなことで，むしろ原価計算を歓迎するようになつたと云う訳で原価計算の運動は非常に盛んであつたのですけれども，これがどれだけ実践的に普及されておつたかというと非常に疑問があるのであつて，官房で起した運動であり制度であつたもんですから，官房に提出する書類等につ

いては非常にきちつといいものができておりましたけれども，それが本当に十分実践的に動いて行くと云うことにはならなかつた。これが戦時中における原価計算の運動の実態でないかと思う。」(99頁)

　「私は戦時中の原価計算で非常に遺憾に思う点は，会社の経理部と生産とがかけ離れておつたために原価計算が本当に浸透して行くための現業現場というか，生産の協力を得ることができなかつたことです。むしろ現場の生産と経理の方が対立的な関係になつて，現場の方ではこの忙しい時に原価計算などということは止めてしまつた方がいいんだという気持が非常に強かつたということなんです。どうしても現場と経理の方が一体となつて原価計算をやらなければうまく行かない。原価計算は一定の科学的な管理組織を前提としてそれの下においてでき上がるわけなんです。その管理組織が不十分な時において原価計算だけをやつて行こうとするところに非常な無理があつたように思うのです。今後原価計算制度を考える場合，この轍をふまない注意が肝要です。」(100頁)

　以上の記述に見られるように，製造現場は原価計算に対して批判的であり，原価管理思考は実際の活動レベルではあまり根付かなかったのかもしれない。しかしながら，製造現場の意識レベルでは，"原価の管理"および"原単位による管理"という原価管理思考がある程度浸透していたものと思われる。確かに統一原価計算制度の導入は経理部主導であり，製造現場と経理部との対立が当時一般的に存在したのかもしれないが，その趣旨および原価管理思考は，何らかの形で少なからず製造現場に伝わっていたと考えられるのである。

　その一方で，上の中西寅雄の発言から，戦後わが国製造企業における課題が，科学的な管理組織たる生産現場が経理部と一体となって原価計算を実施し，よりよい業績に結びつけることであったことがわかる。この点は，後章において取り扱う標準原価計算のわが国製造企業への"紹介・認知"，"導入・受容"，"積極的適応"の議論に通ずるものである。

　最後に，本章で取扱った内容の年表を掲示して，本章を締めくくることとする。

表4.1 戦中の原価計算制度関連年表

年月	原価計算制度関連の重要事象	備考
1939年1月	閣議決定『生産力拡充計画要綱』	
5月	閣議決定『物価統制大綱』	
1941年8月	企画院『製造工業原価計算要綱草案』	
12月	『原価計算』創刊	・12月8日　太平洋戦争開戦 ・12月10日　日本原価計算協会発会式
1942年4月	企画院『製造工業原価計算要綱』	・6月5-7日　ミッドウェー海戦
7月	商工省『原単位計算実施要綱案』	・12月　『原価計算』誌上にて原価計算支持者による原単位計算制度批判が始まる
1943年3月	閣議決定『価格報奨制度要綱』	⇔"原価の管理"の思考 ・11月　軍需省創設
1944年1月	閣議決定『原単位切下報奨制度要綱』	⇔"原単位による管理"の思考
5月	軍需省『改正要綱』	⇔"原単位計算は原価計算の一部である"というコンセンサス

1 この特集は，「通常は出来上がつたものに対する批判をするのが例であるが，作られる前に意見や希望を表明するという新しい企画」(29頁)であり，「(一)原価計算の根本的な一般基準はどのようなものでしょうか。(二)計算原則(基準)とか，報告原則(基準)としては如何なる内容が考えられるべきでしょうか。(三)原価および原価計算の概念(コンセプツ)としては如何なる事柄が表明されるべきでしょうか。(四)その他原価計算基準にはどのような内容が盛られるべきでしょうか。」(29頁)といった点について，自由に論じる場を提供することを目的としている。そのため，この特集における各論稿は，学術論文ではないことに注意されたい。
2 日本原価計算協会規約の「第2章　目的及び事業」には，「第4条　本会は原価計算を中心として経営計算及び能率に関する研究指導並に普及を行ふを目的とす」とある。なお，ここでのひらがな表記は，原文においてはカタカナ表記となっている。
3 ここでいう統一原価計算制度とは，陸軍・海軍・商工省の原価計算規則を統一した，包括的な原価計算制度という意味である。
4 ここでのひらがな表記は，原文においてはカタカナ表記となっている。なお，原文は国立国会図書館のホームページから入手できる。
5 この点に関して，政府は1939年1月に『生産力拡充計画要綱』を閣議決定している。そこでは，重要とされた国防産業と基礎産業について日・満・支を含む全体的・総合的な計画をたて，国家的に統制していく旨が記されているが，原

第 4 章　原価管理思考の萌芽 (2)　65

価計算関連の記述は登場しない。
6　通説で戦局の境目となったとされるミッドウェー海戦は，1942 年 6 月 5-7 日であった。戦局が悪化へと向かう転機となったこの時期に『原単位計算実施要綱案』（同年 7 月）が商工省から発表されている。しかしその背後には，戦線の拡大に伴う生産力拡充・能率向上へのより深刻な要求だけでなく，企画院・日本原価計算協会と商工省の間の政治的な主導権争いがあったのかもしれない。『原価計算』第 4 巻第 2 号の巻頭には「所謂「原単位計算」の検討」という文書があり，そこには「而して一般の原単位論者中原単位計算を以て原価計算の範囲外なりとし之と別途の計算方法たらしめんとする者あるが如し。」（1 頁）という記述がある。この記述から，商工省側の人々の思惑と企画院・日本原価計算協会側の人々の思惑が対立していたことを理解することができる。
7　ここで注意すべきは，日本原価計算協会が 1942 年 9 月 14 日に民法の規定に基づき財団法人として認可され，商工省の管轄下に入ったことである。しかし，前述した 1942 年 12 月頃の番場嘉一郎の文言などにみられるように，商工省側の思惑と企画院・日本原価計算協会側の思惑には対立があったことがうかがえる。そのため本章では，管轄としては商工省に属していたかもしれないが，日本原価計算協会を企画院との関連で位置づけることとする。
8　軍需省の創設は 1943 年 11 月である。
9　この後，『原価計算』における原価計算制度関連の議論は，業種別原価計算制度のあり方や原価計算制度の普及などにその論点が置かれるようになる。
10　そもそも日本原価計算協会は，将来的に原価計算学校を設立することを構想していた。本養成所は，この構想における差し当たっての対応という位置づけであったため，臨時養成所という名称が付された。原価計算学校設立の構想は叶わなかったが，本養成所による実務家専門教育は，産業経理協会原価会計講座として現在までも続いている。
11　なお，以下の考察は，これら 2 つのインセンティブ制度が機能したことを前提としている。当時は軍国主義的戦時統制経済下にあり，政府の思惑に反する行動をとった場合には，しかるべきペナルティが課せられたものと考えられるため，この前提は妥当であると筆者は考えている。
12　ここでのひらがな表記は，原文においてはカタカナ表記となっている。なお，原文は国立国会図書館のホームページから入手できる。
13　そもそも，『製造工業原価計算要綱』では，「第二　原価（総原価）　本要綱に於いて原価とは製品（半製品及部分品を含む以下同じ）の生産（修理又は加工を含む以下同じ）及販売の為に製品の一定単位に関して費消せらるる経済価値を言ふ」（第一章第二），「原価部門とは原価要素を其の発生の場所に従ひ集計する計算上の区分を言ひ必ずしも生産技術上又は職制上の部門に依り区分することを要せず」（第三章第一節第一款第二十五）とあるように，原価計算対象は製品に限定され，その計算過程として部門費計算があるという位置づけになっている。
14　ここでのひらがな表記は，原文においてはカタカナ表記となっている。なお，

原文は国立国会図書館のホームページから入手できる。

第Ⅲ部　戦後の標準原価計算の動向をめぐる諸論点

第5章　実務界での導入動向の再認識

§1　は　じ　め　に

　標準原価計算のわが国への導入に当たっては，会計学者のみならず，実務家が少なからざる役割を果たした。欧米の提携先を通じて，あるいは実務界が主導したさまざまな活動からも知識移転が図られたのである。
　本章では，後者の動向を検討することにしよう。実務界が組織的ないし積極的に関与し，ときには会計学者をも巻き込んだ研究は，われわれの分析フレームワークでいえば紹介・認知を超えて，次のステージすなわち導入・受容のステージに位置づけられる。

§2　日本能率協会の活動成果

2.1　松本雅男・畠山芳雄編著（1953）の目的
　松本雅男（1949）[1]は，欧米の標準原価計算をわが国に紹介した。その翌年松本（1950S10）は『産業経理』で次のように述べていた。

「日本経済の現状は標準原価計算の発展に対し非常に良い基盤を成熟せしめつつある。そしてこれに基いて産業界の一部には既に標準原価計算を実施した会社があり，現在しきりに実施手続を起草中の会社もある。それ故に近き将来においてはこれらの経験に基いて真に日本経済に即した新しい標準原価計算論の書かれる日があるであろうし，その日の一日も早からんことを布望してやまない。」(41 頁)

その思いはまず 1953 年[2] に達せられた。すなわち，われわれの分析フレームワークでいえば，紹介・認知から，導入・受容のステージへと進んだ。松本雅男と日本能率協会の畠山芳雄が編者をつとめる著書 (1953) の目的は，次の通りである。

「貧しい資源と厖大な人口をもつ日本において，企業が発展しうるためには，その売価を引下げ，以つて内は低所得の国民大衆の需要をみたし，外は世界市場に進出してその競争にうちかつほかはない。堅実な廉売は原価の引下げによってのみ可能であるが，これをはたすものは原価管理である。従つて原価管理は旧くして新しい問題である。しかし日本の現状においては，原価管理は合理的な方法によつて行われなければならない。昔のような無謀な方法による原価引下げは，内では労働大衆の反感を高め，外では列国の反撃を被むり，企業自体にとつても却って不利益となるであろう。

合理的な原価管理の方法は数多い。しかし計算数字による原価管理，特に標準原価による原価管理は，重要であるにもかかわらず，日本においては従来一般に軽視されてきた。なるほど一部の企業は，戦前既にこの制度を実施し，相当の成績をあげていたが，戦時，戦後の混乱時代に殆んどこれを廃止してしまった。しかし経済が安定し，原価引下げの重要化するに伴い，これらの企業においては再びこの制度を採用し，従来これを採用していなかった企業においても，これらの採用を切実に考慮するに至っている。

他方，この標準原価による原価管理は，戦後英米においては，従来よりも広い範囲にわたつて普及し，従来これの殆ど採用されていなかつたドイツにおいても「計画原価計算」の名のもとに華々しく論議され，これを実施する企業が次第に増加してきている。

かかる情勢を背景として，わが国においても標準原価計算に関する文献が激増してきた。しかしその多くは英米文献の紹介であり，これをいかにわが国企業に適用するかについての説明にかけるところが多かつた。このことは，欧米と経済

環境を異にする日本企業の当事者にとつて非常に遺憾とされたところでもあった。この欠点を幾分にても補うために編纂されたのが本書である。

　…実務は理論によって指導されなければならないという点で，理論もまた重要である。しかしこおれと同様に，或いは又それ以上に尊重されなければならないのは，この制度をわが国企業において採用するにはいかなる配慮が必要であるか，また実際に企業はいかなる形でこれを採用しているか，ということを斯界の専門家達に示していただいた点にある。実務によって裏付けされない理論は空論であり，夢物語である。ここに示された実例にはなお改善を要する点があるであろう。しかしこの制度をここまでもちきたすまでの担当者の苦心は筆舌に尽し難いものがある。それは血と汗の結晶であるといつてもよかろう。読者はこの経験を生かして一層自社に適した原価管理をつくりあげるべきであり，つくりあげることができるであろう。この意味で，この貴重な資料を提供された実務家達に敬意を表したい。」(序1-3頁)

　標準原価計算に関する文献は急増したが，その多くは英米文献の紹介に終始していた。そのようなスタンスに立った当時の多くの研究に対して，本書の特徴は，欧米と経済環境を異にするわが国企業への標準原価計算の導入にあたっての理論を構築しようとした点にある。

　本書は，理論篇，実務篇，実施篇の3部構成となっており，理論篇を松本雅男，実務篇を日本能率協会の畠山芳雄が執筆している。

　畠山がつとめる日本能率協会は，巻末の年表にあるように，商工省の主導により，日本能率連合会と日本工業協会とを統合して1942年に発足した。1947年から『生産能率の常識』『作業研究』『工程研究』等の雑誌を刊行してきたが，1949年にQC調査を開始し，1951年にはWF法実施発表研究会を開催するとともに，組織問題・原価管理・WF法等の調査を開始し，翌1952年には原価管理研究会，工程管理研究会，事務管理研究会を設置した。原価管理研究会での共同討議を経たものの一部が，松本・畠山(1953)の実施篇に収録されている。

2.2 管理技術的側面に重点をおいた原価管理

　実務篇が本書の独創的な点であり，理論篇における原価管理についての理論的・原則的な取扱いを受け，個々の企業において原価管理を導入する場合に生じ得るであろう，具体的かつ共通的な諸課題とその解決法等について記述されており，理論篇と実施篇をつなぐ役割を果している。序にもあるように，企業の実務家に対して，各社への原価管理の導入を念頭に置いた著書である。

　原価管理の問題を取り扱う態度としては，その会計技術的側面に重点をおくか，その管理技術的側面に重点をおくかによって内容が異なってくるが，実務篇では後者の立場に立つとして，次のように実務篇の目的を述べている。

　　「一般的，原則的に形作られた考え方を，実務に移し，理論を実務に適用することには，一つの技術があることも又見逃し得ない事実である。
　　…
　　原価管理の問題を取扱うのに，その態度として
　　　その会計技術的側面に重点をおくか
　　　その管理技術的側面に重点をおくか
　によって，内容は大分変ってくる。
　　即ち，会計制度としての原価管理制度を取扱うか，又はその管理のメカニズムの面から，他の諸管理制度との結びつき方や，管理の最終的効果を中心として考えるかである。
　言うまでもなく，原価管理はこの両者の統一された形として表現さるべきものであり，その何れの要求をも充足しなければならないのであるが，その取扱い方の比重には選択の余地を持つ。こゝでは本編の使命を解釈して後者の立場を採る。この立場から原価管理の終点は，原価報告（Cost Report）の作成報告を以て截らず，その先の，現場若くは各部課における管理活動（Action）の具体的な形の設計と運営までに延長して原価管理を考える。我々はここに原価管理の概念を相手とするのではなく，実践を問題とするのであり，原価管理制度の成否は実にコストリポートのその先にかかっているのであって，「統制活動そのもの」を除外した，又は充分に予想しない原価管理制度の設計は，事実上計算の遊戯に堕する危険を感ずるからである。
　本篇では，この最終的管理効果を如何に確保するかという点についての充分な考察をすべての起点とし，主として管理技術的な側面から原価管理実務の問題を考

究したい。」(104頁)

2.3 原価管理に影響を及ぼす日米の環境の相違

　実務篇は，第一章原価管理実務の基本的問題，第二章原価管理計画，第三章原価管理の前提となる諸条件の整備，第四章原価統制制度の設計，第五章新制度への移行及び制度の維持向上，第六章原価管理制度の設定手順，第七章原価管理制度の導入についてからなる。

　第七章では，アメリカの制度をどのようにわが国企業に導入すべきかを検討するために，日米における原価管理に影響を及ぼす各種の条件の相違点を明らかにし，次いでそれらの各相違が原価管理の技術的側面にいかなる影響を与えるかを検討している。

　日米の相違点として考慮されたのは，第1に，景気安定度の違いである。わが国の国際経済的，加工的貿易，資本蓄積度等，内外諸要因のもたらす，所謂「底の浅さ」の結果として，長期販売予測の困難さが生じており，6ヶ月に亘る生産計画をもつ企業は極めて少なく，その大部分は四半期であり，しかもその期間内における市場の変化による計画変更の頻発は，原価管理実務上，標準原価および変動予算などの改訂が頻繁にならざるを得ないから，生産管理関係者の頭痛の種であること，そこで，すべてに厳密な基準を作るということよりも，重点に集中するという考え方が妥当である場合が相当に起こりうる，と指摘している (260-261頁)。

　景気安定度の違いは，また，市場景況の変化によって生産する製品種類を大きく変動させる。製品の転換が激しいので，採算上有利な製品を常に監視する必要性から，製品別収益力比較のレポートあるいは新製品の採算に関する見積もり報告等のウエイトが，部門原価統制の原価報告よりも大となることが考えられるという (262頁)。

　さらに，景気安定度の違いは原料の価格にも大きな影響を及ぼすとして，価格差異の諸問題を取りあげている。

　第2の相違は，企業規模の相違である。例えば従業員が100人か200人の小

規模企業で徹底した標準原価計算制度をただ闇雲に採用することは，余程生産構造が簡単でない限り暴挙といえ，原価管理目的での標準原価計算制度の導入には，企業規模等を考慮する必要があると述べている（264頁）。

第3の相違は，わが国においてはアメリカに比べ，個別少量生産形態が多いことである。そのため，標準設定のための事務量が相当な大きさになる。個別注文生産の工場では，一般に実際原価計算から一足飛びに標準原価計算に至ることには相当な無理があること，こうした工場では，適切な受注価格の決定のための正確な見積もり原価こそが利益を左右する要素であること，したがってこれらの理由から，相当程度の個別注文生産の工場では実際原価計算を廃止し，まずは徹底的な見積原価計算に移行することが当面の順序であると提言している（266頁）。

第4の相違は，わが国では工業標準化程度においてアメリカとは差があり，原材料の品質規格が充分安定していないことである。そのため現場に対して材料消費量差異や作業時間差異などの原価差額のすべてについて責任を負わせることは出来ない。この問題は工業標準化の程度が必要レベルに到達するまでの過度期の問題ではあるとしながらも，現実に企業が直面している今日的課題であることから，材料消費量の標準原価表に，その標準消費量の前提となる材料の標準品質規格を謳うこと，これによって，作業上の差異から「標準規格に合ったものを購入しなかったための損失」を分離し，後者は購買責任部門にリポートすることを提案している（266頁）。

第5の相違は，わが国では科学的管理法の浸透度が非常に低いことである。このような状況下で原価管理を始める場合，一挙に簿記機構上で原価計算をなす方法をとる案，現行制度を改善して表式原価計算制度による案，あるいは最初は原価計算と別個に原価統制制度として独立に行ない，将来原価計算機構への吸収を図るという3つの案が考えられるが，これらのいずれを採るべきか。このように3つの代替案を設定したうえで，次のような提言をしている。

「事を急ぎ過ぎると，どうしても原価計算が原価管理から遊離し易く，計算や原

価報告は確かに存在するが，その目的とした管理効果が期待できないことになり兼ねない。成程標準原価計算制度等は，会計制度としても一つの意義を持ってはいるが，その主眼とする処は，あくまでも「経営管理のために役立たせること」——具体的にはコストを実際に引下げ，利益を増加させることにあるのであるから，会計制度としての標準原価制度のみを以て満足しようとするには，余りにもそれに対する投資が多き過ぎるのである。

この故に，最初はむしろ「管理を板につかせる」ことを主眼とした考え方をとることが健全であると考える。

欺の如き方式は，現場の科学的管理を推進させ，従って将来原価管理制度も高度のものに発展せしめ得る条件を作る力を持っている。何故ならば，欺の如き方式の原価報告に表れる原価差異は，或は工程管理の不備を，或は標準の科学的設定の要を，或は品質管理をバックアップする要求を提示するからである。」(270頁)

このように，実務篇では，わが国企業の実情を勘案したうえで，管理技術的な側面から，外来の標準原価計算の導入に当たってのカスタマイズを含め，原価管理について複数の処方箋を提示している点が評価できる。

実施編の執筆者は，羊毛紡績工場（兼松毛工業株式会社），タイヤ工場（ブリヂストンタイヤ株式会社），製鋼工場（大同鋼板株式会社），圧延工場（東洋鋼板株式会社），重機械工場（住友機械工業株式会社），化学機械工場（三菱化工機株式会社），電動機工場（株式会社日立製作所），電気器具工場（三菱電機株式会社），通信機工場（日本電気株式会社），車両部品工場（三菱日本重工業株式会社），以上10社のいずれも実務家である。実施篇は，各章が最低17頁最高53頁（平均約32頁）に及び，自社への標準原価計算の導入を，章によっては導入効果をも含めて詳述している。

§3　東京商工会議所の活動成果

1953年には会計学者と実務家が共同してもう一冊の著書『管理のための原価計算』[3]が出版された。執筆者の一人山邊は次のように述べている。

「…本書の成るについては東京商工会議所が今春開催した原価計算講座が一つの契機となった。同講座を担当したところの本書の執筆者たちは，いずれもみな，その後数ヶ月にわたり研究と精進とをつづけた。その結果，ようやくでき上ったのが本書である。」(序4頁)

本書は，理論編，実務編および付録からなる。理論編では第一編管理会計と物量計算を中西寅雄，第二編物量管理・原価管理および利益管理を山邊六郎が執筆している。実務編は，第三編管理会計の特色とその実施機構，第四編化学工業の原単位計算，第五編紡績業における原単位計算，第六編製鉄業の技術と会計から構成されている。

前述したように，畠山は「管理を板につかせる」ことを主眼としたわが国への原価管理の導入を提唱したが，中西は，標準原価による管理は物量的管理に重きをおくと主張していることを大急ぎで付け加えておきたい。両者のいわんとするところは，本質的に共通している。中西は，次のように述べている。

「予算はすでに述べたように，すべての経営活動の計画を貨幣価値的に，綜合的に表現したものである。もちろんそれは，物量的計画を基礎とするものであるが，予算統制の重点は，科学的，綜合的管理にある。したがって，予算と実績との比較においても，まず両者の価額差異が算定され，それがさらに能率差異，価格差異，操業度差異等に分析して示される。これに反し，標準原価による管理にあっては，標準の設定，実績との比較等において，物量計算が重視されねばならない。標準原価は通常，原価要素の消費量に予定価格を掛け合わせたものであるが，原価管理の点からすれば，価格的要素はあまり重要ではない。なんとなれば価格は管理者の統制し得ない外部的事情によって決定され，管理上は所与の前提条件と考えねばならないからである。標準原価による原価管理は原価の発生をその根源において管理し，原価発生の責任を明確ならしめんとするものであるから，原価の物量的基準と物量的差異に重きを置かねばならない。したがって原価管理においては，原価の指図は材料の標準消費量，作業の標準工数等の物量的基準によって与えられ，また実績との比較は直接に物量的になされ，差異の報告は現場管理者に対しては物量的に示される。ただし物量的計算は，異質的なものを綜合的に表現し得ないから，上層の経営者に対する報告においては価額的計算を用いるが，この場合においても，原価を貨幣単位をもって表示するのは，単に異質的なもの

を共通的，綜合的に表示するためであり，したがって価格は単に計算価格的性格をもつにすぎない。」(中西他，1953，22頁)

「標準原価計算，したがってまた標準原価による原価管理にあっては，物量原価の計算，したがってまた物量的標準による物量原価の管理は，特に中核をなす。元来，標準原価計算制度は，科学的管理法の技師たちによって考案され，現場管理者によって推進せしめられたものであり，……標準原価計算がいかに物量的な計算であるかを了解しうるであろう。

　管理会計を広義に解し，経営計算制度一般と考えるならば，生産管理制度をもそのうちに含むことになる。ここにおいては，まったく物量計算そのものが中心となるのである。

　管理会計は，物量計算と密接に結びついている。また管理会計は単に数字を記録するにとどまらず，その意味を解釈し，報告することを含むものである。したがって管理会計の発達のためには，会計人は，単に貨幣的計算のみならず，現場の物量計算に関する知識をも必要とし，また会計人と現場管理者，技術者との緊密なる協力を必要とする。」(中西他，1953，27-28頁)

本書では，原価管理のための原価計算として物量計算・原単位計算と原単位管理の重要性を特に強調している。これは実務家の次の主張にも現れている。

「わが国の経営学者の中で，中西寅雄教授は，早くより経営における物量計算の重要性を強調されている。物量計算に基礎をおくことに気づかない管理会計論は，まったく無意味な存在である。…
　…
　…わが国の経営学は混迷状態にある。その原因は，科学的管理法，すなわち物量計算を基盤におく会計を見つめ得ていないところにある。ひとり中西教授が，種々の機会に，わが国経営学のこの盲点を強調されておられるのはまことに欣快である。」(110頁)

「綿糸は戦時中，重要物資として，いち早く価格統制を実施された。…昭和十八年，さらに，より合理的な価格決定の資料を作製する目的で，当時の紡績連合会において，原単位委員会を設置し，そこで，一つの標準計算をするということになり，原料，労務，電力というように，出来るだけ可能な範囲で，標準原単位計算をしたのが，これが綿紡原単位計算として公表されたものの最初である。

　その後，これに準じて，各会社でそれぞれ自社の設備を対象として標準原単位

計算を行い，原価管理に使用するようになった。すなわち，当時紡績連合会で作製したものは，綿紡各社の標準的な見方から作成したものであったから，各社各工場の設備ないし管理方式とは若干の相違があったので，その後各社では，おのおのの会社ないしは工場の設備に相応する標準原単位を設定し，実際原単位との差異を分析，管理方面に活用し，今日に至っている。」(164頁)

「当社では予算統制を実施しているが，このねらいは原価管理にあって，製造工費予算にあわせて単位当たり製造工費を算出する。その基礎は原単位に基いている。また，半期ごとに目標原単位を設定し，その目標原単位を基礎とした加工費の目標，あるいは製品の品質目標，というような目標を，およそい五，六項目設定して，それらの目標に向って工場に努力を要請しいる。期末においてその目標と実績とを対比して，目標達成率を出し，各項目の目標への達成率を総合して，綜合成績を算定している。この場合，各目標項目のウエイト（重要性）をどう見るかということが重要で，毎期その事情によって定めている。

その綜合成績の優秀な工場を表彰することとし，戦後ずっと続けてきたが，工場管理には効果的である。」(190-191頁)

「原価管理にはもちろん原価計算が必要であるが，原単位計算もまた一層必要である。殊に原価には物価変動が織り込まれ，原価の高低は全部が工場担当者の責任にならないが，原単位は工場担当者の管理の結果の現われとして，原価よりは明確にわかり安い。」(196頁)

1942年に商工省から『原単位計算実施要綱案』が出され，翌1943年には紡績連合会において原単位委員会を設置し，原料，労務，電力というように，出来るだけ可能な範囲で標準原単位計算が計算された。この目的はより合理的な価格設定目的であったが，その後紡績各社においては原価管理目的で標準原単位が運用されることになったのである。原単位のシステムが意図せざる機能を発揮したといえる。

原単位管理を重視しその引下げをはかることが，現在の日本企業においても重視されている[4]。

§4 関西経済連合会の活動成果

　関西経済連合会は，協働機関の関西企業研究会において，各企業の原価管理の実情について研究を重ねてきた。その活動成果として『実例原價管理』が1954年に出版された[5]。そのはしがきによれば，出版の目的は次の通りである。

　　「当連合会は協働機関たる関西企業研究会に於いて，各企業の原価管理の実情につき研究会を重ね，会員企業に対しては裨益するところ大なるものであったが，これら貴重なる資料は研究会内に留めておくことなく，汎くこれを発表して我が国管理組織の発展に資せしめるやう各方面の要望があった。そこで研究会に於いて報告された方々に各企業の原価管理の実情について新たに執筆をお願ひすることにした。」（はしがき1-2頁）

　本書は，川崎製鉄，新三菱重工業，住友化学工業，住友金属工業，大日本紡績，大丸，東洋紡績，東洋レーヨン，湯浅電池の実務家が執筆した原価管理の実情を関西経済連合会事務局調査部員が編集整理したものである。9社のうち標準原価計算を導入していたのは，一部の工場でのみ導入している企業を含めると7社である。

　一部の工場のみで導入を始めたのは新三菱重工業である。同社の工場は1ヶ月の生産高が70〜80億円から1億円と規模について大きな差があり，また，生産品目もボイラー，小型エンジン，自動車車々体，機関車等多様である。さらに，受注生産あるいは見越（見込）生産のみを行っている工場とその両方を行っている工場が混在している。

　同社では，終戦後の苦難の途を切り抜ける方法として，工場の独立採算制を実施し，損益面での管理は工場長中心で行われてきた。独立採算の子会社のうち，見越生産のみを行っている工場に標準原価計算が導入された。その目的は，次の通りである。

「市場見越生産だけを行つている工場では，最近標準原価計算を取り入れた。従来この工場でも先程申上げたようにロット別，例えば二百台，三百台といつた生産単位の個別原価計算を行つていたが，これをやめて綜合原価計算に切替えた…標準原価計算に切替えたその狙いは，ロット別の個別原価計算ではそのロットが完結して始めて原価が高かったか安かったが判明するので，部門別の能率の良否が判らないし，責任部署がどこにあるかの判定が困難で，従つて月別の能率の良否の把握も困難である。そこで各部門毎に標準を設けて能率の高度化，製品原価の低減に役立たせ，併せて物，特に仕掛品の管理の明確化を図ろうとして，試験的に実施して見た訳である。」(39頁)

これに対して，川崎製鉄と住友化学工業等では全社的に導入された。住友化学工業の経理部次長川崎政夫は次のように述べている。

「当社において，かねてより原価管理の制度を簿記会計機構の中に，標準原価計算システムとして導入実施したいとの配慮のもとに，これが受入体制なり方法の研究，整備を行つており，最近の事ではあるが，これが施行の段階に入ったので，主としてその実施運営以前の立案過程上の問題，標準原価の設計並びに計算方法と，若干の管理活動状況について紹介を行ったものである。
原価管理の計算制度特にそれを簿記会計機構の中に導入する場合，各企業の技術的経営的特徴に適切に合致したものであり，更に又既往の管理組織なり，管理方法なりとは勿論，現在の管理的基盤との関係においてこれを考察し，対処立案しなければ，有名無実の制度倒れに陥り，徒らなる計算的負担を惹起するに至り，その効果は期待出来難いものとなるのであつて，この点当社の如き化学工業，特に装置化学工業の原価管理方式は従来標準原価管理に関する論攷なり，実施運用上の説例の多くが機械工業を主として展開され，化学工業分野における例示の少い現状から推断しても，標準原価計算制度の適合に最も困難性を持つ業種に属するものの一つではないかと考えられるのである。」(45頁)

同社における標準原価計算導入の管理活動面における効果としては，次の4点が挙げられている（55頁）
・ 各現場管理担当者の原価数値に対する関心と，原価意識の昂揚
・ 原価計算担当者と現場管理担当者相互の Human Relations の深化

・従来の計量，計測方法に対する整備と改善
・その他現行管理基盤に対する批判と検討

　実務において標準原価計算の導入は目的ではなくて原価管理のための手段である。日本能率協会の畠山も述べていたように，会計技術的な側面だけでなく，むしろ管理技術的側面を重視して標準原価計算の導入を論じているのが本書の特徴である。川崎製鉄の管理課長代理坂本も次のように述べている。

　「原価管理が，原価の実質的引下げを目的とする，実体構造を持つた管理活動の総称であり，その目的を達してこそ初めて，企業的実践価値が与えられるものであることは，誰しも知つている筈である。にも不拘例えば，標準原価管理に於ける標準の設定，標準と実績との対比，差異の算出或は差異分析といつた原価管理の事務的側面のみを捉えて，原価管理だと錯覚され易いし，又一般にそういつた印象が可成り強いのではないかと思う。このような考え方が慢性化すると，原価管理は脱し切れないマンネリズムに陥り，企業に於て実践される原価管理として，その存在価値を喪うに至るであろう。
　勿論，例えば差異分析は，原価管理にとり重要な手段ではあるが，それのみが決して原価管理を意味してはいない。如何に管理活動が行われ，且つその効果を確保するかゞ根本問題でなければなゝらない。このような実践活動としての原価管理の意義が，得てして忘れられ勝ちなのは何故であるかを反省して見る必要があろう。」(3頁)

　目的と手段との対応という意味において，標準原価計算は役に立たないとする見解もみられる。東洋紡績の統制室副部長の鈴木賢は次のように述べている。

　「紡績業においては，まず原料費の管理は物量管理に主眼がおかれるべきであり，それで充分であると考えられる。加工費に於ても相当額が労務費，電力燃料等であり，其他補修関係の費用であるが，かゝる費用は物量管理が可能であるか又は単に月度計算においてゞなく，相当長い期間で見なければならない費用である。かゝる費用を除き更に残った費用から固定費を除くとその外は極めて微々たるものになる。かゝる実態において特に標準原価計算制度を採用し，その差異を分析するというまわりくどい方法は，その必要性が薄いものと思われる。ただ計

算の体系を整備するという意味では相当の効果が期待出来ると思われるが，原価管理の実際の効果を見る面ではかゝる制度に多くの期待をかけることは出来ない。」(111-112頁)

なお，鈴木は総合予算との関係においても標準原価計算は必ずしも必要ではないと述べている。

「綜合予算制度との関連においても，別に標準原価制度を採用しなくとも予定生産計画に基き，原料費は原棉標準使用量にもとづき簡単に算出され，加工費については特定の本社責任の管理費用は本社において算出され，他の加工費は各工場別の標準原単位及び其他の各種資料により大きな誤差なく算出されるので，予算制度運営にも絶対的なものではない。又実際原価の算出も各月二十五日締切後五・六日で算出されるので，標準原価と決算期間の問題もあまり考える必要はない。」(112頁)

§5　日本生産性本部の活動

5.1　日本生産性本部の設立と海外視察団の目的

わが国産業の生産性が欧米先進国のそれに比べてきわめて低いことを背景に，1954年9月24日に，日本生産性本部の設置が通産省決定閣議承認された。1955年3月に経営者，労働者および学識経験者の三者構成で「国民経済の生産性の向上を図る」ことを目的とする日本生産性本部が設立された。

日本生産性本部の主催により，1955年6月1日から富士製鉄取締役の佐山励一を団長とする鉄鋼生産性視察団が，同年9月6日東京芝浦電気社長・日本生産性本部会長の石坂泰三を団長とするトップ・マネジメント視察団が，さらに同年10月1日芝浦製作所専務取締役西野嘉一郎を団長とするコスト・コントロール海外視察団が，それぞれ約40日間アメリカに派遣された。帰国後に，それぞれの視察団報告書が日本生産性本部から出版された[6]。

各視察団の視察目的は次の通りである。

「日本鉄鋼業の生産性を高めるために，アメリカ鉄鋼業における総合的な経営管理の実情を視察するのが本視察団に与えられた目標であった。そこで視察団は次の6部門に，重点を置いて調査する方針のもとに，調査項目を詳細に作りあげた。」(財団法人日本生産性本部，1956a，3頁)

「日本の実業界，教育界および政府の首脳者に対し，アメリカにおける経営の哲学と技術とを伝え，同時にアメリカにおいて社会的責任と経済的責任とが，国民生活のすべての面において相ともに受け入れられている事実を実地について知り，それが生産性の向上をどのように助けているかを視察することであった。」(財団法人日本生産性本部，1956b，1頁)

「…(2) 標準原価計算の理論と方法ならびに予算予測の使用に関する研究，(3) 利益計画・予算統制・原価管理と品質・価格との関係…」(財団法人日本生産性本部，1957，5頁)

5.2 海外視察団による報告

鉄鋼生産性視察団は視察の感想の一つとして，インダストリアル・エンジニアリング部門が予想をはるかに超え，作業管理から，次第に事務・労務・経理の各部門にわたって活躍していることを報告している（1956a，22頁）。同部門の機能は，次の通りである（1956a，23頁）

(1) 標準作業法の決定
(2) 賃金・給料の評価と奨励給の設定・維持
(3) 基礎標準（単位生産量当たりの機械時間，作業時間，材料燃料その他消耗品等の所要量の標準）の設定
(4) 管理資料の提供
(5) 要員数の設定

標準による管理は徹底的に行われているが，標準原価計算制度を採用していたのは5社のうち2社のみである（1956a，76-77頁）。標準原価計算制度の導入有無にかかわらず，「生産現場の監督者，生産管理のスタッフであるインダストリアル・エンジニアリング部およびコントローラー部の三位一体の協力関係が原価管理の中心となっているので，会社全般に原価意識が高揚されている」(1956a，77頁)

トップ・マネジメント視察団は，アメリカの企業経営の特徴として科学性をあげている（1956b, 19-20頁）。労務管理の基礎をなす職務が例えばU.S.スチールでは22,000にも分類され，職階・賃率教育訓練・昇進等に対して科学的根底を築き上げている（1956a, 19頁）。また，作業改善，賃率設定，工程管理等の基礎としての労働計測もますます科学性を高めてきているという。

原価管理に関する特徴としては，権限と責任の委譲が進み，例えば現場のフォアマン（職長）にまで原価管理の責任が負わされており，その作業能率を知り，欠点を発見し是正するために必要な資料が迅速に供給され一方，これを理解し，使用できるように教育，訓練がなされていること（1956b, 111頁），原価意識ないし採算観念が経営の末端まで浸透していることがあげられている（1956b）。

また，原価計算をはじめとする各種資料は必ずしも形式的な完全性を求めず，それぞれの使用目的に応じて管理上必要な要点を捉えて迅速に作られ，経営に役立てられているという（1956b, 112頁）。ちなみに，鉄鋼生産性視察団報告書においても，迅速でしかも効果的な報告書の作成に努力が払われていることが指摘されていた（1956a, 30頁）。

コスト・マネジメント視察団は，原価管理とはコストを引下げ利益をあげる管理手段であると解してよいこと，アメリカでは原価引下げの手段を原価管理と同意義に解釈する場合があると述べている（1957, 53頁）。

もっとも，原価管理のために標準原価計算を導入している企業はそう多くはないようである。次のように指摘している。

「アメリカの多くの会社は科学的基礎のもとに設立された厳密な意味における標準原価を採用している会社はきわめて少数である。見積原価，予算原価，達成可能原価と称する原価によって原価管理が行われている。ここにいう見積原価は，一応経験に基づいて設定した原価で，原価構成の決定はごく大ざっぱであるが，達成可能原価の決定にはインダストリアル・エンジニアリングによる科学的な基礎がある。ただ標準原価のごとく理想的ではないから四半期ごとまたは半期ごとに改正することがありうる。」（1957, 53-54頁）

標準原価として理想標準しか認めていないため正確なところはわからないが，コスト・マネジメント視察団は，さらに「アメリカ式原価管理の方法というものはどこにも存在しない。またアメリカの各会社では，どこでも科学的な基礎に基づいて原価管理を行なっているかといえばそうでもない。業種により，経営規模により，また，その経営管理者の考え方，経営分析によりいちじるしく相違している。したがって，その方式は多岐にわたり一定していない」(1957, 54頁）と指摘している。

視察団報告書では最後に勧告をしているが，そのためそこでも次のように指摘されている。

「1. 標準原価計算制度は原価管理制度の理想的なものであるが，あらゆる企業に適合する万能な方法ではないことに注意すべきである。…」(1957, 262頁）

なお，コスト・マネジメント視察団による勧告の内容は，標準原価計算を導入する場合の心構えから，望ましい標準とは何か，差異が生じた場合のアクション，誰が標準原価制度という道具を使ってコスト引下げを行うか，報告に際してのポイント等に及ぶ（262-264頁）。

5.3 国内視察団

日本生産性本部の主催により，1959年に西野嘉一郎氏を団長としてコスト・コントロール国内視察団が7日間にわたって日本企業の訪問調査を行った。この国内視察の目的は，海外視察団の報告書にあったわが国企業への勧告が，その後数年を経て実践されているかどうかを検証することにあった。

調査の結果として，西野氏は「調査した6工場にこの勧告の主旨が十分に徹底し，会社によってはアメリカの企業以上に原価管理が徹底されている事実をみて本当にうれしく思った」（4頁）という。また，視察団の一致した結論として，原価管理の成否に関する結論は，「全従業員に原価意識を徹底せしめ，次に原価目標を設定してこれに向かってactionを起こし，そしてこのactionを起こすための基本である原価報告書の整備に努力することである」（4頁）と述べている。

調査対象企業は，昭和電工，日産自動車，日本電気，武田薬品工業，川崎製

鉄，川崎重工業の6社である。各社における調査結果から，標準原価計算に関連する部分を以下で説明する。

- 総論
    a) 各社とも標準（目標）を設定しているが，標準といっても単なる予定あるいは達成可能な当座標準を意味することが多い。理想標準を採用するのは2社にとどまる。
    b) 差異分析は行われているが，差異の個人に対する責任追及はみられない。これは「わが国らしい特性」(29頁)であるとされる。その代わりに「多くは会議体の活用によって，部門としてのあるいは集団的な責任として精神的な反省の機会たらしめ，今後の努力を刺激することにしている」(29頁) という。
    c) 一般管理スタッフ部門が設置されているのは1社のみ。他では，スタッフ機能もライン各部門に委ねられている。
- 昭和電工
    a) 月次の計画原単位，計画単価にもとづいて標準が設定される。この標準はすなわち予算である。
    b) 変動原価と固定原価を区分し，変動原価についてのみ管理原価報告書が作成される。
    c) 標準は予算のなかで設定されるが，予算には翌月の短期的な条件の変化が反映される。
    d) 統制は事前管理を厳格化し，しかもそれが具体的であるため，事後の責任追及は第二義的で，予算執行者に心理的な責任を意識させるのみである。
- 日産自動車
    a) 原価低減委員会が設置される。構成メンバーは，人事，経理，設計，購買，製造の各担当役員である。委員会では，目標原価の設定，原価引下げの各種方策について調査・審議する。
    b) 標準原価は1年間固定される。

c) 標準原価とは別に目標原価がある。目標原価は車種別に設定される。目標原価の算定式は，以下のとおりである。
　　1台あたり実際原価−（希望売値−目標利益−管理費）＝要原価引下げ額
　d) 原価計算による原価管理のほかに，品質管理，標準工数，設備稼働率，能率指数などの計数的な管理が行われている。

- 日本電気
  - a) 生産品の約60％に標準原価制度が適用されている。
  - b) 税務計算のために当座標準原価を採用するが，管理手段としては目標原価を設定する。
- 武田薬品工業
  - a) 3ヶ月ごとに予定原価（当座標準原価）を設定する。
  - b) 主要品目について目標利益を確保するための目標原価が設定される。
  - c) 目標利益の設定は本社企画部が統轄し，それを受けて各工場で原価を低減するための方針が検討される。
  - d) 現場の原価管理でもっとも重視されるのは，日々の収率管理であり，それはまた事前管理である。
  - e) 原価差異は職制別に検討される。
- 川崎製鉄
  - a) 工場の管理スタッフが原価管理事務を統轄する。
  - b) 利益目標を達成するための目標原価（達成可能な当座標準）が設定される。目標原価は常務会で決定される。
  - c) 工場を独立採算のプロフィット・センターとしている。西野（1959）では，このことについて，管理可能性原則から「工場に利益概念を与えることは当をえていないように思われる」としている。
  - d) 変動費の管理責任者は作業責任者である。原価報告を検討する際に，各工場は自己診断書を作成するが，これによって事前・事中管理の効果があがり，管理責任に対する集団意識が強められるという。

- 川崎重工業
  - a) 一般管理的なスタッフ組織があるが，十分に機能しているとはいえない。その原因は，数値によって統制しようとしたことにあり，それが現場でのアクション管理に進まなかったためであるという。
  - b) 利益図表を使用して，利益計画と予算のための基礎が提供される。それが原価管理の基準となる。
  - c) 限界費用（直接費）と期間費用（間接費）を区分する。
  - d) 標準原価は帳簿組織に組み込まれていない

§6 企業経営協会の活動

　企業経営協会では1955年8月に「原価計算研究会」を設置し，原価管理に関する研究を行ってきた。その成果が企業経営協会編 (1960)『実態分析原価管理』であり，その目的は次の通りである。

　　「最近のわが国経済の安定と好調の状態をみるとき，その主要な原因が，ようやく地についてきた国家経済政策にある点も疑えないところである。しかし同時に各企業において実施されている経営管理方式が，従来のアメリカ方式の導入につとめた時代から脱して，真に自己企業の体質に即したように工夫されて，経営者の意志決定と実行に十分に活用され，企業活動の安定と発展に寄与していることも忘れられないところである。
　　本書は…原価管理を理論と実務の両面から把えている。もともと原価管理に関するすぐれた研究所は決して少ないわけではないが，産業界の実態を基調として書かれたものは少ないように思う。実務にたずさわるものが知りたいのは，それについての理論とともに，産業界の実態である。かかる要望に応えるに最も手近にしてかつ適切な方法こそ実態調査によるものである。」(序1-2頁)

　実務界主導の研究では，前述してきたようにケースリサーチが主であったが，本書では企業経営協会原価計算研究会の全会員および会員外の全国主要企業を対象とした大量サンプル調査結果（回答会社数160社）と，原価管理を研

究する武蔵工業大学石尾登による解説から成る。これが本書の特徴である。

標準原価計算の導入状況として，60％（97社）が既に導入し，うち勘定組織に組み入れている企業47社，組み入れずに採用している企業50社であった。採用していないが研究中である企業45社をあわせると88.75％にも及ぶことに注意すべきであろう。

§7　産業経理協会の活動

産業経理協会の前身は，1941年に設立された日本原価計算協会である。日本原価計算協会は，戦中における原価計算の啓蒙・普及に大きな役割を果たしてきた団体である[7]。戦災によって事業を休止せざるを得なくなってしまったが，戦後の1946年5月，新たに財団法人産業経理協会として再出発することになった。

しかし，新団体の名称からは「原価計算」の文字が消えることになった。当時の記録はほとんど残されていないが，産業経理協会の20周年を記念して催された座談会では，名称変更のいきさつが次のように語られている。

>「(今井忍) 原価計算協会を産業経理協会という名前に変更するについては，大分常任委員の間に問題があったのです。とくに反対したのは岩田君でした。…原価計算という名前がなくなったので，私もすっかり落胆したことを覚えております。(太田哲三) そこでいろいろ相談した結果，野田さんが言い出した。原価計算というのはもう戦前のものという連想をされていかぬ。軍部の尻押しということも悪い印象を与えているから，これから名前を変えよう。特に原価計算は狭いから，もっと広い意味に名前を変えるというので，産業経理という名前をその時に考えた」(1961S10)

以上のように，団体名から「原価計算」は外されたものの，協会内部には原価計算の火を消してはならないと考える人々が残っていた。確かに，原価計算どころではない終戦直後の混乱のなかでは，一時的に原価計算に関連する活動

がみられなくなるものの，1950年頃からは「原価計算」を冠する講習会や研究会が年に数回開催されるようになる。

そして，1956年には，戦中と同様の継続的な原価計算担当者の養成機関として，「原価会計講習会」が設置された。講習所長には黒澤清が就任した。その設置趣旨は次のとおりである。

「かつて『原価計算養成所』（第1期昭和17年9月1日開講）なる名称で，実業界に有為の人材を多数送り出した当協会附属講習所は，戦争終了とともに一時その活動を停止しておりましたが，最近原価計算の重要性が再認識されるとともに，その復活が各関係方面から要望されるに至りましたので，茲に協会創立15周年記念事業の一つとして，本講習所の名称を『原価会計講習所』と改め，再び新たなる使命を帯びて開所致すことになりました」

実務における関心の高まりを背景として，講習会の設置に至ったことがわかる。また，原価会計講習会は戦前の「原価計算養成所」の復活であると位置づけられている。しかし，その講座の目的は，戦前のような価格決定のための原価計算ではなく，経営管理のための原価計算を啓蒙・普及するところにあったことに注意しなければならない。1956年6月1日付で送付された「原価会計講習所設置の御案内—原価会計士（コストアカウンタント）養成のために—」には，次のように，講座開設の趣旨が記されている。

「戦時中の原価計算は価格の決定に重点が置かれていましたが，戦後特に最近の経済状勢においてはもっぱら企業合理化が要請されるに至り，原価計算の目的も経営管理に重点を移行したのであります。従って原価計算の内容についても相当の変貌が見られますし，また企業においても管理的原価計算の重要性が倍加してきております。茲に経理部門担当社員の原価計算に関する再研究が要請されるのであります」

原価会計講習所の開設当時の参加者がどれほどであったのか，残念ながら当時の記録が残されていないためわからない。しかし，残されているもっとも古

い記録によると，1968年の時点で，入門講座（「本科」と呼ばれる）には167名，上級講座（「管理士科」と呼ばれる）には176名の申込者があったようである。この原価会計講習所は，後に原価会計講座と名称を改めて，現在も活動を続けている。

§8 ま と め

　本章では，標準原価計算の実務界での導入動向を検討した。実務界においては原価管理，原価引下げが目的であって，標準原価計算はそのための手段に過ぎない。そのため標準原価計算という外来のシステム・理論の導入・受容のステージにおいては，会計技術的側面のみならず，特に管理技術的側面からの議論が活発になされた。

　日独から，会計学者が出版した著書ないし提携先企業を通じて移転された標準原価計算の知識が日本企業に導入された。導入・受容のステージにおいては，先進的に標準原価計算を導入した日本企業の経験から学んで自社に標準原価計算を導入した企業も少なくないだろう。

　異なる企業の実務家間のコミュニケーションを積極的に支援し，組織的にサポートしたのが，例えば日本能率協会であり，商工会議所であり，経済連合会であり，生産性本部であり，企業経営協会であった。こうした実務界の活動成果を出版したことにより恩恵を受けたのは，実務家ばかりではない。われわれ研究者もしかりである。

1　松本雅男（1949）『標準原価計算』同文館。
2　松本雅男・畠山芳雄編著（1953）『原價管理―理論と實際』ダイヤモンド社。
3　中西寅雄・山邊六郎・中山隆祐・河合壽一・古畑恒雄・齋藤彌三郎・番場嘉一郎（1953）『管理のための原價計算』白桃書房。
4　予算管理において原単位管理を原価改善に結びつけたことは，われわれの分析フレームワークでいえば積極的適応に当たるものと分類できよう。トヨタにおける原単位低減については，挽文子（2005）「企業のグローバル化とコスト・マネジメントの進化」『経理研究』第48号を参照されたい。

5 関西経済連合会（1954）『実例原價管理』関西経済連合会。
6 財団法人日本生産性本部（1956a）『鉄鋼―鉄鋼生産性視察団報告書―』，財団法人日本生産性本部（1956b）『繁栄経済と経営―トップ・マネジメント視察団報告書―』，財団法人日本生産性本部（1957）『経営管理と原価管理』。
7 日本原価計算協会による原価計算の啓蒙・普及については，第4章を参照のこと。

第6章　学界での論点の再認識 (1)
―二つの標準原価計算論（松本・山邊論争）

§1　はじめに

　1949年に『標準原価計算』という表題の二冊の著書が刊行された。一冊は松本雅男によって同文館から，もう一冊は山邊六郎によって千倉書房からそれぞれ出版された。

　われわれの分析フレームワークでいえば，この二冊の著書の共通点は外来の原価計算システム・理論である標準原価計算をわが国に紹介した点にある。しかも外来の原価計算システム・理論として，米国のみならずドイツの標準原価計算論を紹介していることも共通している。松本（1950S10）は次のように述べている。

> 「山邊教授の『標準原価計算』は米国流の実務の外に，ドイツ理論をもとりいれた，きわめて理論的香気の高い好著であり，斯学研究者の必読を要する文献である。
> …ただ私も又成否は別として米独両国の学風をあわせ取り入れんと務めた点では山邊教授と同様である…
> …山邊教授と私の著書はいずれも程度の差こそあれ米独両国における標準原価計算の紹介である。」（41頁）

　両書にはこのように共通点が見られるものの，対立している点もいくつかあ

る。それは一つには松本が当座標準原価計算を支持しているのに対し，山邊は基準標準原価計算を支持していたことである。

いま一つは，松本にとっての読者は研究者のみならず企業の実務家であり，とりわけ経営合理化の用具としての標準原価計算に徹頭徹尾こだわったことである。著書（松本1949）の序文では次のように述べている[1]。

「今後我が国においてますます重要化する経営合理化の用具として標準原価計算は実に多望な将来をもっているのである。これここに私が本書を世に送るゆえんである。
さて，本書において著書が意図したものは
第一に，研究者並びに学生に対して標準原価計算に関する原理的な考察とその手引をあたえることである。それ故に標準原価計算理論をできる限り社会経済的基盤の強化との関係において発展史的に説明するとともに，巻末に邦書文献目録をつけた。
第二に，産業界の実務家に対して有益な経営合理化用具を示すことである。それ故に標準原価計算手続の説明にあたってはできる限り図表と表式をつけてその活用を容易ならしめんとした。」（序3頁）

前述した第一の違いも，実は第二の違いに端を発している。松本（1950S10）は次のように述べている。

「今日の経営合理化用具として基準標準原価計算よりも当座標準原価計算を重視している点では同教授と完全に対立していることのみを記しておきたい。」（41頁）

山邊が基準標準原価計算を重視しているのに対して，産業界の実務家に対して有益な経営合理化用具を示すことを主目的の一つにあげた松本は，経営合理化用具として当座標準原価計算を重視している。

それでは山邊は読者として企業の実務家を想定していなかったのだろうか。もちろん，そういうわけでは決してない。実際に著書（山邊1949）の序文には，次のような記述がある[2]。

「私は第三編においては主としてライテルの研究を粗述して当座的標準原価制の構造をやや克明に描いてみた。この編は特に，新しく標準原価制の採用を考慮される経営者諸氏の一読をお願いしたいと思う。」（序2-3頁）

もっとも，山邊の著書の中心的課題は，経営合理化つまり経営や経営管理への貢献というよりも，むしろ理論的研究，つまり当座的標準原価計算と基本的標準原価計算[3]の比較研究にあった。研究のための研究といってもよい。序文（山邊 1949）にも次のように明記されている。

「本書は右の如き標準原価制の二つの形態，すなわち，当座的標準原価計算と基本的標準原価計算の比較研究を中心的テーマとしたものである」（序2頁）

本章ではほとんど同時に出版された二冊の『原価計算』をめぐる著者たちの論争を検討することにしよう。この論争は五回にわたって『産業経理』に掲載された[4]。この論争の激しさは次の山邊と松本の文章に表れている。

「…基本的な思考の論述なくして，いきなり標準原価計算をすでに述べた如き諸計算と比較対照し発展史的に述べたところで，われわれは実践への導きの糸となる所の標準原価計算の正しい理論を作り得ないと思う。」（山邊, 1950S7, 19頁）
「…松本教授の論述は基本的標準原価計算を全く軽視し，当座的標準原価計算を中心においている。これは会計学の今日の水準の下においては全く妥当を欠いた不十分な論述であるといわなければならない。」（山邊, 1950S7, 19頁）
「山邊教授の御批評は他山の石としてありがたく受取りたいと思う。しかしこのことは必ずしも教授の御批評のすべてに服することを意味しない。」（松本, 1950S10, 49頁）
「山邊教授の御示教に対しては認むべき点はこれを認め，所見を異にする点については忌憚なくお答えした。拙文のため思わず礼を失した言葉を用いたところもあるかもしれないが，別に他意がある訳ではない。元来山邊教授と私とは同窓であり，その間個人的に何等のわだかまりもない。すべては斯学向上のための批判であり，お答であったことを申し添えておきたい。」（松本, 1950S10, 53頁）

§2　松本・山邊論争の出発点

2.1　山邊の会計学者観

山邊（1950S6）は研究者と実務家の役割を次のように明確に区分している。

「公認会計士や産業界の経理担当者は会計の実際家である。彼等は会計学の基本原理に導かれて，あるいはこれをメスとして，千差万別な実際の会計現象をさばいてゆく。これに反し，われわれ会計学者の任務は彼等の用うる基本原理という道具をますます鋭利なものに磨きあげてゆくにある。それはわれわれがお互いに切磋琢磨することに依って会計学の水準を引き上げてゆくことに外ならない。

ところで，会計の実際家と異るところのわれわれ会計学者の仕事には二つのものがあると考えられる。その一つは会計のバックボーンをなす基本的な思考を培うことであり，その二は会計の形態，組織について基本的構造を正しく描き出してゆくことである。われわれが過去から現在におよぶ数多くの会計学文献を手中に収めた場合，われわれはいつも，右の二つの焦点を脳裡において，文献の適当なる取捨選択と分析，評価とを行った上われわれ独自の論策を試みなければならない。

かかる私見にもとづいて昨年私は拙著『標準原価計算』（千倉書房昭和二四年八月）を書いた。」（21頁）

また，論争の末尾を山邊（1950S7）は次のように結んでいる。

「紙数限りあるため最後に私は冒頭に述べた言葉を再び繰返して擱筆する。
われわれ会計学者の任務は実際家の用うる基本原理という道具をますます鋭利なものに磨きあげてゆくにある。それはわれわれがお互いに切磋琢磨することに依って会計学の水準を引き上げてゆくことに外ならない。」（20頁）

山邊にとっての会計学者の任務は会計学の基本原理を磨きあげていくことである。そのプロセスにおいて会計学者同士が互いに切磋琢磨することに依って，会計学の水準を向上させることができると考えている。

これに対して，実務家の役割は会計学者同士が互いに切磋琢磨して磨きあげた会計学の基本原理に導かれて会計実践を行うことである。千差万別な実際の会計現象をさばいてゆくのは実際家であって，会計学者ではない。

それでは山邊（1950S6）のいう会計学の基本原理とは何か。

> 「基本的標準原価計算は，私見に依れば財務会計における統一的原則（いわゆる企業会計原則）と諧調する方法であるが，更にそれはそれ自体のうちに当座的標準原価計算をも含めうる，総合的な高度の標準原価計算である。従ってそれは比較的にむづかしいものである。しかしわが国の如き産業経理の水準の比較的低いところでは，標準原価計算の導入は，おそらく，まず当座的原価計算から始めなければならないであろう。私が拙著の序文の中で「当座的標準原価計算制を説いた第三編を，特に，新しく標準原価制の採用を考慮される経営者諸氏の一読をお願いした」（序文三頁）のも，また基本的標準原価計算制に比してヨリ多くの頁を当座的標準原価制の説明にたいして捧げたものも全くこれがためである。然しながら，当座的標準原価計算の採用に当たって実際家は，それの包含する欠点について十分に知っておく必要があろう。実際家はいろいろの方策をめぐらしてその欠点を除くであろう。しかし拙著はそのような問題には言及する必要はないと考えた。」（21-22頁）

ある会計方法の実務への導入問題を，山邊は会計学の基本原理とはみなしていないようである。総合的に高度の標準原価計算であり比較的に難しいものであっても，その原理が優れていればそれでよいのである。優れた基本原理を磨きあげてゆくことこそが，山邊の考える会計学者の役割だからである。

とはいえ，さすがに，新たに標準原価計算の導入を考えている企業の実務家に対して比較的に難しい基準標準原価計算の導入を勧めているわけではない。まずは当座的標準原価計算の導入を勧めている。

もっとも，当座的標準原価計算の欠点やその欠点を解決するための理論は山邊の考える会計学の基本原理には含まれないことに注意すべきである。おそらく，山邊は，それらは会計学者ではなく，実務家の問題であると考えていたのではないだろうか。これは次の文章からも読み取ることができる。

「松本教授が問題とされる,いわゆる会計機構よりも重要なものは,そこに示されたる原価差異の分析である。当座的標準数値を,どのようなフォームの帳簿類に書くか等ということは,どうでもよいのである。」(山邊, 1950S7, 17頁)

2.2 松本の会計学者観

松本は,管理会計研究の先駆者である。

「一橋大学における管理会計の創始者は,岡本の恩師,一橋大学名誉教授の松本雅男博士である。博士は,一橋の学生時代から銀行の経営分析に興味をもち,ドイツ留学中にシュマーレンバッハから,伝統的会計学と経営学との境界領域に,新たな学問領域が存在する可能性を示唆され,新しい会計学,すなわち「経営管理者のための会計」の研究を進め,昭和34年,一橋大学における担当科目「経営比較」を「管理会計」に改め,わが国における管理会計研究の先駆者としての役割を立派に果たされた。」(岡本他, 2003, はしがき1頁)[5]

一橋大学において「管理会計」の講義を始める10年前に出版した『標準原価計算』においても,管理会計研究者の強い意志が感じられる。また,山邊の批判に対する回答にも,それが現れている。

「標準原価計算のように,歴史的にその意味を変えてきた専門部門の研究においては,かかる基礎的なものの説明に多くの頁をさくよりも,これをある程度知っているものとし,標準原価計算に必要な範囲においてこれを説明のなかで触れ,むしろ標準原価計算の概念とその機能の発展を社会経済的基盤の変化との関係において説明することに重点をおいた方が一層実践に役立つ標準原価計算を示しうるということである。」(松本, 1950S10, 49頁)

標準原価計算の概念とその機能の発展を社会経済的基盤の変化との関係において捉えたうえで,時の企業における課題は何か。経営合理化こそが緊急の課題であった。だからこそ松本は経営合理化に役立つ当座的標準原価計算を重視したのである。松本(1950S2)は次のように述べている。

「経理合理化にとつて一層重要なのは実際原価をその達成目標たる当座標準原価と比較することであり，たとえ基準標準原価計算を行うにしても，経営管理のためには当座標準原価計算をあわせ行わねばならぬ。それ故に今日我が国において経営合理化の要具として標準原価計算を行うという場合には絶対に当座標準原価の採用を必要とするのであって，基準標準原価のみでは不十分である。」(40頁)

松本にとっての会計は経営管理のための会計であり，実務への原価計算・管理会計理論のスムーズな導入も会計学者にとっての研究領域に入る課題である。だからこそ，山邊とは異なり，標準原価計算の会計機構が重要となるのである。当座的標準数値を，どのようなフォームの帳簿類に書くか等ということは，どうでもよいことではないのである。そのため著書（松本, 1949）においても，第5章を丸1章割いてこの問題を説明しているし，松本（1950S2）でも山邊（1949, 1950S6/7）を次のように批判している。

「なるほど基準標準原価，当座標準原価を併用すれば，両標準原価の利益をあわせ実現しうるために，理論的にはきわめて有益であるが，その会計機構はきわめて複雑となるために実務上その実施手続きが煩瑣となるを免れない。これについては，山邊教授はキヤマンの所説に従ってその手続きがきわめて簡単であるかのように書いていられる。…あたえられた説明のみでは必要な当座標準原価の修正が如何に簡単に行われるかが明らかではないし，その会計機構も殆ど説明されていない。…
　私は山邊教授とは反対に，（イ）標準原価として当座標準原価と基準標準原価を併用し，（ロ）基準標準原価と実際原価を複記法によつて簿記機構のなかに組み入れ，表において基準標準原価を仲介として実際原価と当座標準原価を比率によって比較し，この差異等を分析することは相当複雑な会計手続を必要とするものと思う。これ今日なお米国においてさえも基準標準原価計算の採用が例外的であるゆえんである。いわんや我が国においては将来はとにかく現在のところでは解り易い当座標準原価計算制度を採用し，当座標準原価と実際原価を直接に比較して原価管理をなすとともに，これを貸借対照表における製品及び仕掛品の評価基準とすることが望ましいのである。」(40-41頁)

ただし，冒頭でも紹介したように，この時点ではまだ，外来の原価計算の単

なる紹介にとどまる。導入以降の段階にはいたっていない。しかしながら，このことを松本（1950S10）自身も認めており，今後の課題としていたことにこそ，注意すべきである。

「日本経済の現状は標準原価計算の発展に対し非常に良い基盤を成熟せしめつつある。そしてこれに基いて産業界の一部には既に標準原価計算を実施した会社があり，現在しきりに実施手続を起草中の会社もある。それ故に近き将来においてはこれらの経験に基いて真に日本経済に即した新しい標準原価計算論の書かれる日があるであろうし，その日の一日も早からんことを布望してやまない。」(41頁)

§3 当座標準原価計算と基準標準原価計算のその後

3.1 キャマンの所説：『基準標準原価計算論』[6]

松本・山邊論争の焦点となった当座標準原価と基準標準原価の概念は，公認会計士であるキャマンが1932年に明らかにしたものである。彼がその著書『基準原価計算論』を刊行した背景には次のような事情があった（岡本, 1969, 150頁)[7]。

「エリック・A・キャマンは，公認会計士事務所ピート＝マーウィック＝ミッチェル・アンド・カンパニー（Peat, Marwick, Mitchell & Co.）のパートナーであった。第1次大戦後標準原価計算は多くの原価計算担当者の関心を呼び，それ以来この問題について活発な議論が展開されてきたが，標準原価の概念は人によってさまざまに理解され，混乱的に使用されていた。かれはこうした実情に照らし，標準原価には，まったく異なった2種の標準原価，すなわち当座標準原価（current standard cost）と基準標準原価（basic standard cost）とがあることを明らかにし，両者の特徴を比較したのちに，基準標準原価計算の方を，よりすぐれた方法である，と主張した。」

また，キャマンが基準標準原価計算を提唱した背景には，1929年の米国経済における大恐慌によって下落の一途をたどる価格水準の変化に対処しうるようにという意図もあった（岡本, 1969, 169頁)。山邊の所説では，このキャマ

ンの見解にしたがって，前述のような持論が展開されていたのである。

　ここで，「標準」という用語の意味とともに，当座標準原価・基準標準原価の概念を整理しておく必要があるだろう。岡本（1969）は，キャマンの見解にしたがい「標準」という用語の3つの意味について説明している。すなわち，(1) 型（type），典型（ideal）ないし手本（copy）として使用されるべき見本，(2) 理想（ideal），優良の基準ないし最終到達目標（ultimate objective of attainment），および (3) 基準（measure），規則（rule）または大きさ，数量ないし価値を測定する，定められた何らかの尺度（any established measure of extent, quantity or value）の3つである。

　(1) の「標準」は，ある特定の業界で採用した統一会計制度の中で使用される標準的な原価計算方式という意味の「標準」であり，本章でいう標準原価計算の「標準」とは異なる。(2) と (3) の「標準」は使用目的が大きく異なるが，(2) に関連して当座標準原価が，(3) は基準標準原価に関連づけられる。岡本（1969）は次のように指摘する。

　　「「標準」が第2の意味で使用されるときは，標準原価は当該期間における原価の達成目標を示す。そこでこの種の標準原価は，理想標準原価（ideal standard cost）ないし当座標準原価（current standard cost）といわれる。このばあいは，標準と実績とが比較され，両者の間に差額が生ずれば，それは目標達成の程度を知る手段になる。これにたいして「標準」が第3の意味で使用されるときは，標準原価は実際原価の変動傾向を知るための測定尺度（measures or yardsticks）にすぎない。これは変数と変数とを比較する困難を避けるためである。そこでこの種の標準原価をキャマンは基準標準原価と名付けたのである。
　　このように，当座標準原価は能率達成の程度を知ることに，基準標準原価は実際原価の変動傾向を知ることに主眼があり，両者はその目的において本質的に異なっている。」（151-152頁）

　この引用文で示した通り，当座標準原価と基準標準原価では，その基本的な目的が異なる。その結果として標準改訂の頻度に差異が生じる。すなわち，当座標準原価は，それが使用される期間において達成されるべき目標を示す標準

原価であって，原価管理に使用されるとともに，期間損益計算目的にも使用し得るように計画期間の実情に合わせて設定されるので，可能な限りしばしば改訂されなければならない（岡本，1969，152頁；岡本，2000，305-306頁）[8]。

これに対して基準標準原価は，測定尺度標準原価，静態的ないし固定的標準といわれ，実際原価の変動を測定するものさしであるから，これを頻繁に改訂しては役に立たなくなる。ただし，製造方法の改善や変更など経営の基礎構造に変化が生じた際には改訂される必要があり，価格・賃金水準の変動に応じては変化しない。したがって，当座標準原価と基準標準原価の差異は，上下する価格変動をも標準の中に組み入れるか否かにあるのである。

いずれにせよ，キャマンの研究の最大の功績は，「標準原価には2種の異なった目的をもつ標準原価，すなわち原価の達成目標を指示する当座標準原価と，価格指数（price index）の役割を果たし，実際原価の変動傾向を示す基準標準原価との区別のあることを，明らかにした点である」（岡本，1969，166頁）といえる。

3.2 わが国の動向と基準標準原価

山邊は1957年の『産業経理』（第17巻第1号）誌上における溝口一雄との座談会「標準原価計算と直接原価計算」において次のような発言をしている。

「企業会計審議会の原価計算基準の動向から見ましても，原価管理ということが原価計算の一つの大きな任務であると考えます。そしてこの原価管理を満足にやるためには，どうしても管理の物差しがなければならない。そういう意味で，理想的な一つの物差として標準原価がどうしても必要だ。併しこれはアメリカにおいて発展したような，非常に理想的な標準原価計算というものはなかなか望むべくもないので，具体的に言いますというと，例えばモーション・スタディーとか，タイム・スタディーに基づいた労務費計算，これを中心とした，非常に科学的なそういう標準原価というものは，日本の産業界，底の浅い経済，底の浅い産業経営においては，なかなか百年河清を待つようなもので，なかなかそういうことは出来ません。併しながら何か標準がなければならないので，その意味におきまして非常に真面目な管理目的のために見積もった見積原価計算，こういうものがわ

が国においては差当り必要なんではないか。殊に実際原価計算をやっている者にとっても，製造間接費の弾力制予算，或いは変動予算というものが力強く推進されなければならない。こういうことをやらずに，単に管理々々と言っても，それは要するにばらばらなもので，これもやらないよりはましですけども，工程管理をやるに過ぎないので，これが原価の面で統一的に，システマティックにやられ，行われることが私は必要じゃないか，こう考えておるのです。」(117頁)

この発言からも，わが国の多くの企業で標準原価計算による原価管理機能が導入され受容されるためには，山邊はものさしとしての標準原価概念が重要であったと考えていることを読み取ることができる。ものさしとしての標準原価とは，まさに基準標準原価概念に他ならない。キャマンが当座標準原価と理想標準原価とを同一視していたことを鑑みると[9]，当時のわが国の会計実務にとっては，実際原価の変動傾向を知ることだけでも意味があると山邊は考えていたのだろう。

しかしながら，有効な原価管理を行うためには能率の良否を判定することこそが重要であり，そのためには基準標準原価ではなく当座標準原価が不可欠となる。とりわけ短期利益管理および原価管理用の原価情報を得ようとする限り，基準標準原価のみでは有用とはいえないのである。さらには，1969年時点でさえも「今日のような技術革新の時代にあっては，製造方法，原料の組合せなどは，たえず変化しつつある。このために，基準標準原価はたえず改訂する必要に迫られ，その結果，実際原価の変動傾向を知るという長所そのものも，失われることになるだろう。このような理由から，現在では基準標準原価計算は，ほとんど採用されていない」(岡本，1969，168-169頁)と指摘されている。

このような理由から，原価計算基準においても，基準標準原価ではなく当座標準原価が標準原価概念として規定されたことに注意すべきである。

§4 ま と め

　原価計算・管理会計学者の役割は何か。経営管理への貢献が会計学者の役割であるとするならば，松本・山邊論争から学ぶことは多い。

　実務家は会計学者が磨きあげた会計学の基本原理に導かれるが，その基本原理とはそもそも何か。この定義次第では会計学者が磨きあげた会計学の基本原理を，実務家が上手に経営管理に役立てることはできない。実務への導入なり実践を考慮していない理論には，そのような問題が必然的についてまわることになる。

　原価計算の導入問題を実務家任せにすることは会計学者の学者としての責任を放棄していることになりやしまいか。また，実務家から会計学者が学ぶことも多いと思われる。会計学者間での切磋琢磨はもちろん，実務家との意味のある議論も必要であろう。実務家と会計学者との共同研究の成果については第5章で取り上げている。外来の原価計算システム・理論である標準原価計算の導入に当たって，単なる紹介にとどまらず，導入・受容等のステージにおいて会計学者が果たした役割についてもそこで検討されているので参照されたい。

1　松本雅男（1949）『標準原価計算』同文館。
2　山邊六郎（1949）『標準原価計算』千倉書房。
3　山邊は基準標準原価計算のことを基本的標準原価計算と呼んでいる。本章では基準標準原価計算と基本的標準原価計算を同じ意味で用い，山邊の引用では原文通り基本的標準原価計算のままとする。
4　第10巻の第1号，第2号，第6号，第7号，第10号。
5　岡本清・廣本敏郎・尾畑裕・挽文子（2003）『管理会計』中央経済社。
6　Camman, E.A., (1932), *Basic Standard Costs: Control Accounting for Manufacturing Industries*, New York: American Institute Publishing Co., Inc.
7　岡本清（1969）『米国標準原価計算発達史』白桃書房。
8　岡本清（2000）『原価計算[六訂版]』国元書房。
9　岡本（1969, 166-169頁）は，キャマンの所説に対して4つの問題点を指摘している。その内の1つは，キャマンが当座標準原価と理想標準原価とを同一視していたことである。つまり，当座標準原価には標準原価を構成する価格，能率，

操業度のさまざまな水準を仮定し，それらを相互に組み合わせることによって，さまざまな種類の当座標準原価が得られることになる。したがって，理想標準原価は当座標準原価の一種にすぎず，同じことが基準標準原価についても当てはまるということである。

第7章 学界での論点の再認識 (2)
――二元的標準原価と予算との関係（中山・溝口論争）

§1 は じ め に

　本章の役割・目的は，中山隆祐（日本電気）と溝口一雄との間で中心に繰り広げられた標準原価計算と予算との関係についての論争（以下，本章では中山・溝口論争という）を回顧し，わが国における原価計算の導入と発展を探るためのインプリケーションを明らかにすることである。

　この問題を本章で取り上げる理由は2つある。第1には，わが国における原価管理機能（特にコスト・コントロール）について言及する時，予算によるコントロールと標準原価計算によるコントロールの両者がともに重要な機能を果たしていたことである。そして，より重要である第2の理由は，予算ないし標準原価計算がわが国に導入されるに当たり，当時，諸外国よりもむしろ，わが国において両者の関係が議論されていたことである。この両者の関係について，「このテーマは従来管理会計論の領域ではきわめて重要なものであり，これをめぐっておびただしい論議が繰り返されてきた。そして，次第に大筋としては帰結がみえてきたように思われる。この問題に関する限りではわが国の考え方の水準はきわめて高く，欧米のいかなる国よりはまさっているといっても過言ではない」（溝口，1965A9，52頁）と指摘されている。

　わが国における標準と予算に関する議論は「1950年にはじまり，1970年代の初期まで20年以上にわたって論じられている。1つのテーマが，このよう

に集中的に，しかも20年の長きにわたって興味をもたれたということは，非常に珍らしいことではないかと思う」（中山, 1975S8, 92頁）。特に中山(1975S8) は，日本語文献だけでも111編にも及ぶ文献リストを掲げている[1]。それらの中でも松本 (1951S2) がこの問題を真正面から扱った最初の論文であると思われる。

　この問題がこれほどまで長く論じられた原因は，1960年に公表された3本の中山論文（中山, 1960S2, 1960A5b, 1960A9）に端を発していることはほぼ間違いないだろう。これらの論稿は，「従来わが国学界において通説とされていた「予算と標準原価計算の有機的関係」（製品別標準原価の積み上げの上に予算が組み立てられるという意味での）に対する考え方を真っ向から否定したという点で当時注目されたのである」（溝口, 1965A9, 53頁）。ここから始まった論争が，本章の主題である中山・溝口論争である。

　この中山・溝口論争については，後年になって中山自らが「予算と標準原価の関係論回顧」と題して，『産業経理』で10回にわたる論稿で整理している（中山, 1975S8, 1975S9, 1975S10, 1975S11, 1975S12, 1976S1, 1976S3, 1976S4, 1976S8, 1976S11）。この論争の結果，「わが国学者および実務家の間の相互練磨によって徹底した解明がなされるにいたった。学問がわが国独自のものを作りあげたという意味で，予・標関係論はわが国会計学上の1つの記念碑となるのではないかと思う」（中山, 1975a, 89頁）と指摘している。さらに，この論争から，本書の提示する分析視角のプロセス（紹介・認知→導入・受容→積極的適応）と照らし合わせて，いかなるインプリケーションを得ることができるか大変に興味深い。

　以上を受けて本章では，この中山・溝口論争における議論を中心に据えて，予算と標準原価の関係についての議論を整理することとする。そのために§2では，標準原価計算と予算に関する初期の模索時代と通説に至るまでの経緯を明らかにする。§3では，二元的標準原価システムを中心に中山隆祐の所説を分析する。さらに§4では，中山 (1975S8) で整理された争点を回顧する。最後に，中山・溝口論争から得られるわが国の現代の原価計算の理論と実務への

インプリケーションを明らかにしたい。

§2　初期の模索時代と通説の確立

2.1　初期の模索時代：1950年以降1960年まで

　溝口は，予算と標準原価の関係に関する議論において，しばしば適切なタイミングで各論者間の見解を整理している。例えば溝口（1953S1）は，松本（1951S2），山邊（1952S12），中山（1952S12），染谷（1952S12）の見解を取り上げて，原価管理の観点から議論を整理している。その後，1955年になると学界での関心の高まりから，『産業経理』第15巻第11号に，黒澤清を司会とする討論会「予算統制と標準原価計算」が掲載されている。その討論会で扱われた予算と原価計算との関係は，溝口によると当時，非常に重要な問題であり，「この関係を正しく理解いたしませんと企業会計における実践においても十分に両者が役割を果たしえないのではないか」（71頁）とされている。さらに溝口は，「最近においてこれを費用，収益，利益という三つの要素の関係，これを中心とする会計的な概念として組み立てるというふうになったのであります。この解釈は外国の文献にも多くみられるようになってきておりますが，この面についてはわが国の学者の研究は非常に進んだものであると私は考えるわけであります…」（71頁）とも述べている。中山（1975S9）は，この時代を初期の模索時代と評している。

　その後，「予算と標準原価の関係論議が1950年代の暗中模索時代から脱して，明確な具体的争点を見さだめて華やかな論争状態に入ったのは1960年代ではないかと思う。それまでは論議の明確な視点なしに予算と標準原価の関係が論ぜられたが，この年にいたって，具体的な視点または論点というものが明確になった」（中山，1975S10，67頁）。1960年はまさに，溝口（1960S9）が3編の中山論文（中山1960S2，1960A5b，1960A9）を取り上げ，その所説に疑問を呈した年である。

2.2 初期の模索時代における通説の確立

　初期の模索時代には,「予算による全般的な調整と,標準原価によるコスト・コントロールとを関連づけようとしても両者の関係についての的確な結論は出せない。溝口教授は両者の関係を,予算原価と標準原価との関係として捉えるべきことを主張された」(中山,1975S9,51頁)とされている。とくに両者のコスト・コントロール機能に着目した場合,「両原価論のコスト・コントロール機能が重複するのではないか,重複するとすれば両者の関係はどういうことになるのか,という点に論点がしぼられる」(中山,1975S9,52頁)。

　前述の黒澤清を司会とする『産業経理』誌上の討論会(1955年)では,この点について番場・山邊 vs. 溝口の議論が行われていることは大変興味深い[2]。まず溝口は予算におけるコントロール機能の解釈が1つの要点であるとした上で,番場嘉一郎および山邊六郎の見解の要点とともに次のように述べている。

　　「山邊教授あるいは番場教授によりますと,予算におけるこのコントロールの機能は主として利益管理である,プロフィット・コントロールである,こういうふうな解釈がなされておるように思われます。ところが,昔からいわれていることなんですが,その予算によるコスト・コントロールの機能というもの,それはわれわれが承認しておったものですが,これは間違った解釈であったかどうか,予算によるコスト・コントロールの機能は認められないものであるかどうかということが問題になって参ります。特に番場教授はコスト・コントロールは原価計算の問題で,これは標準原価計算あるいは見積原価計算によって果たされるものである,予算はそれに対して利益管理あるいは在高管理を行うものである,こういうふうな解釈をなさっているわけです。その場合に原価計算と予算会計との結合はむろん考えておられるのですが,両者の機能というものを本質的に分けて考えるという,非常にはっきりした態度をお持ちになっているように思われます。…
　　最後に申し上げたいと思いますのは,予算会計と原価計算との区別について,両者が計算の形式が異なるという点からなされることがあるという点でありますが,予算は期間計算であり,原価計算は給付単位計算である。これも常識的な解釈でありますが,そういった計算の形式が違うということも両者を区分する一つの拠り所とされておるのであります。この点にも実は問題があるわけで,私自身はこの関係というのはそれほど今日においては強調せられるべきものではないのじゃないか。予算の機能が全部の領域について述べられておるのでありますが,

特にコスト・コントロールあるいは利益管理という関係がありますと，この区別は考え直さなければならないのではないかというふうに論じておるわけです。」（71頁）

また，山邊は原価計算における変動予算原理と変動予算そのものとの関係について，次のように述べている。

「…ファンクションで分けると，統一的に理解することができる。弾力性予算のやっておる仕事，つまり原価差異の問題も，操業度差異と能率差異，予算差異の三つに分けて，われわれはあとの二つを一緒にして管理可能差異とするが，これら二つは原価計算のコスト・コントロールの問題である。これに反し最初の操業度差異は，標準原価計算においてこれを排除する意味である。これを排除しなければ，つまり100％操業度の場合の標準値と現実に生じた操業度の予算との差額を，現場のフォア・マンの責任にしてしまう。これは許すべからざることである。生産実施の手違いが悪かったという場合には，フォア・マンの責任はあるけれども，そういうことがないとすれば，これは社長が見通しが悪くて過大な設備を建設した，あるいは製品の種類の選択を誤った，あるいは販売の地域の選択よろしきを得なかった，つまりプロフィット・プランニングをやらないということになるのである。だから操業度差異というものは，トップ・マネジメント，社長以下上層の人の責任である。そういう人にとってコントローラブルであるというのは，実は利益管理可能性なんです。だからして，これと峻別する意味において，弾力性予算を利用して，これはコスト・コントロールができるという原価差額だけみていこうとするのです。」（76-77頁）

この討論会では番場・山邊の所説を中心に議論が繰り広げられていたが，それに対する溝口の見解は1955年の連続する2本の論文に集約されていると思われる（溝口，1955S10, 1955S11）。すなわち，溝口（1955S10）は，予算会計の機能が一般に①計画，②調整，および③統制の3つから成るとした上で，番場と山邊の所説を取り上げて詳細に分析し，自らの見解を次のように述べて結んでいる。

第7章　学界での論点の再認識 (2)　109

「予算は利益管理にもコスト・コントロールにも用いられるが，標準原価計算が同時に採用される段階に達するとコスト・コントロールの主要部分とくに直接費のコントロールは標準原価計算による原価分析に委ねられ，製造間接費のコントロールについてのみ変動予算の形で予算が役立つにとどまり，予算は利益管理を主要な任務とするにいたる。標準原価計算と利益管理のための総合予算との関係は標準原価に適当な差異予定を加えることによって有機的となる。標準原価計算が導入されずに，見積原価計算が行われている場合にはその原価数値がそのまま予算数値としてとり入れられることとなるので，完結的な予算制度の機能として利益管理だけではなしにコスト・コントロールをも包括して考えるのが，実践的な概念構成の仕方ではあるまいか。また，予算会計と利益管理との関係は観念的にとらえるだけでは足りないのであって，計算的にそれがどのように示されるものであるかを明らかにし，さらにコスト・コントロールと，どのように接合するかを明示せねばならない。」(溝口，1955S11, 42頁)

このような番場・山邊 vs. 溝口の論争を経て，予算と標準原価との関係がおおよそ部分と全体の関係であるように通説が確立されつつあった。この有機的関連性について，中山 (1960S2) は，その冒頭において「予算と標準原価は直接費の計算組織としては，有機的な関連をもつものではない。「標準原価は予算の部分であり，製造予算を分析すると，標準原価になる。標準原価を積み上げて製造予算を編成するのだし，したがって両者の間には厳格度は一致し，予算は製造過程のコントロールを予算自身の部分たる標準原価に委譲するのだ」という学界一般の考え方は誤っている」(30頁) と指摘した。これが後の中山・溝口論争の口火を切ったといえる。

§3　二元的標準原価計算システムの概要—中山隆祐の所説

3.1　論点の抽出

中山 (1960S2) は，当時，通説となりつつあった予算と標準原価との関係について異議を唱え，その結論を次の4点にまとめている。

「一，標準原価を積みあげて予算を組むのではない。
二，予算と標準原価は，公然計算上の連絡のない制度であるから，両者の間に厳格度を統一する必要はない。
三，標準原価は予算の構成部分ではない。予算の内容のデテールでもない。全然別に計算されるものである。
四，直接費の製造予算にはコントロール力がない。だからコントロールのためには，別に標準原価制度が必要である。」(31頁)

中山（1960S2）がこのような結論を導くに当たって，次の4つの争点があった（中山1975S8，1975S10など）。すなわち，①インプット原価かアウトプット原価か，②予算の総合管理と標準の個別管理との関係，③製品全部標準原価と単片原価標準の区別，および④タイトネスの問題の4点である[3]。このことを端的に示す箇所を引用してみよう。

「棚卸原価の場，売上原価の場では，最終製品標準原価と予算原価とは同一物であり，したがって，タイトネスが同じであるが，タイトなる最終製品標準原価にアローワンスを加えたものが予算原価になるのであるが，このような考え方で予算と標準原価とのタイトネスを考えるのは，考え方の立脚点を誤っているというのである。棚卸会計は，本来の標準原価の立脚地ではない。標準原価の特色ある性格，本来の機能は，原価要素のインプット時点，消費管理の場においてのみ発揮されるものである。」（中山，1960A5b，56-57頁）

「標準原価を論議する以上は，工程別コスト・センター別の作業費，すなわちインプット予算との関係について論議すべきである。」（中山，1960S2，35頁）

「標準原価本来の場は，原価要素が作業によって消費される場である。管理の場における標準原価は最終製品の全部標準原価が使われるのではなく，工程作業費標準が使われるのである。標準原価による管理というのは，作業の場における消費管理である。ところが損益計算に出てくる標準は最終製品の全部原価であって，これは消費管理とは直接の関係はない。消費管理は原価要素で行われ，材料費，労務費，経費が仕掛品にインプットされた時点で行われるが，損益計算は時点としては，それからしばらく後の最終製品が売上に立ったときに行われるのである。

予算と標準の関係を論ずるときに，論者間でこの時点を統一して論じないと過誤を犯すことになる。原価管理目的の標準原価というものがインプット時点で適用されるのであるから，これと関連づけるべき予算は時点の違う損益計算ではなく，時点の等しいインプット予算，すなわち消費予算でなくてはならない。」(中山，1960A5b, 103頁)

ここで中山の所説における2つの前提条件を確認しておく必要がある。すなわち，第1は，予算と標準原価との関係を直接費に限定していることである。第2には，予算期間に実施されるであろう加工作業の全部または一部を，予算編成時に予見し得ない産業があり，これを第2類産業としていることである。予算期間の加工作業を全部予見しうる第1類産業と区別し，中山は基本的に第2類産業に立脚して論を展開している。

3.2　二元的標準原価計算の実践：中山 (1963K84-2)

溝口 (1960S9) が指摘するように「端的にいえば，中山氏は予算と標準原価との関係を論じながら，実質的にはどうも標準原価中心に考えておられるようである。いわば標準原価の側から予算をみているわけである」(47頁)。このことは，中山 (1960A5a, 1963K84-2, 他) からも明らかであろう。

(1)　日本電気の標準原価計算

中山が制度としての標準原価計算を知ったのは，「ロナルド版のコスト・アカウンタンツ・ハンドブックによる」(中山，1961A2, 71頁) という。また，標準原価というものの存在を知り得たのは長谷川 (1931)[4] のおかげであるとされている (中山，1961A2, 72頁)。戦後に，そのハンドブックを頼りに標準原価計算制度を建設し，1951年に「電話機組立係に標準原価制度をはじめて適用したのである。電話機組立をダイヤル組立，送話口組立，受話口組立，ベル組立，総組立等に分けて，それぞれを原価中心点として標準原価を適用したのである」(中山，1961A2, 72頁) という。その後，「独自の考案によって標準原価制度を拡大すること一年，翌昭和二十七年三月に，戦後の資本提携会社であ

るインターナショナル・スタンダード・エレクトリックより，アシスタント・コントローラーであるポール・J・ストープス氏がやつてきて，われわれと毎日席を並べて標準原価計算制度の拡大と精巧化に力を注いでくれ」(中山，1961A2, 72頁)，さらに1956年の日本生産性本部におけるヨーロッパの機械工業数十社の視察も大きく影響したようである。

このような経緯で，標準原価計算制度（二段式標準原価計算制度）は，1953年から日本電気で実施され，その特色を表7.1に表すことができる。一般にわが国で標準原価について論じられるとき，多くの場合には製品標準原価観にとらわれているので，表7.1を提示して，そもそも計算されるべきものは製品標準ではなく，作業費標準原価計算であることを強調したい旨が指摘されている（中山，1963K84-2）。

表7.1のLは工程（原価中心点）労務費，Mは材料費，Oは間接費である。Oがサタで集計されて製品原価となるときには，配賦率を通過するが，アカで集計されるときには，配賦以前の原価発生額のままとして集計される。

伝統的な実際原価計算では，原価の集計がサタでなされるが，原価管理を目的とする標準原価計算制度では，サタの位置で製品原価を計算しないで，原価はアカの位置で賦課配賦以前の状態で計算される。

表7.1　製品標準原価と作業費標準原価

工程番号	甲製品			乙製品			合計		
							標準	差異	
1	L			L			L	L	
		M			M		M	M	ア
			O			O	O	O	
2	L			L			L	L	
		M			M		M	M	カ
			O			O	O	O	
合計	L	M	O	L	M	O			
	サ			タ					

サタの位置でみる製品標準原価は，原価計算の計算過程の中で計算されるのではなく，計算過程に入る以前の調査によって，事前に与えられるものであり，それは原価管理の役目を果たすものではなく，製品棚卸会計事務を便利にする役目を果たすにすぎない。

原価管理のために役立つ標準は，表7.1中の多数のLM作業費である。それぞれの工程で発生した作業費LMを測定するための作業費標準が原価管理のための標準である。原価管理を目的とする限りにおいての標準原価計算では製品標準原価の役立ちは微少である。製品標準原価が，標準原価計算制度の中で使われるのは，製品棚卸評価という原価管理とは別の目的のためである。日本電気の標準原価計算実務は，このような基本的な理念の上に建設されている旨が指摘されている（中山，1963K84-2）。

(2) 目的間に矛盾する標準原価

中山（1963K84-2）によると，原価管理目的のための標準は，不能率を分離する任務を有するものであるから，実際原価レベルまたは正常原価レベルであってはならないという。原価管理標準は，達成可能ではあるが平均能率で達成できるような甘いものであってはならない。それは勤勉な努力と正確な作業知識を伴う良好作業によってのみ達成できるような厳格度（tightness）を備えていなければならない。したがって月次等の期間合計差異は，差損（借方）として出ることが期待されている。

ところが製品棚卸評価のための期待実際原価レベルまたは正常原価レベルの標準原価は，差損を期待するようなものではないので不能率を分離する資格がなく，管理のための有用性を欠く。

このような矛盾を解決するため考案されたのが，二段式標準原価計算制度である。二段式標準原価計算制度では，原価管理目的のための作業費標準は，良好能率のみが達成することを可能とする標準（attainable good standards），または理想的標準を採り，製品棚卸評価のための製品標準原価としては正常標準または期待する実際原価標準（"expected actual" standards）を使用する。

(3) 二段式システムの会計

　二段式標準原価計算制度は，中山（1963K84-2）の提唱する二元的標準原価の理論，すなわち，測定することは評価することではない，測定と評価とは別次元の問題であるとする理論によって構築されている。それは具体的には差異の本質に関する理念である。すなわち測定によって分離認識された差異は，棚卸資産から消去されたのではないとする理念である。この理念を会計制度化したものが二段式標準原価計算制度である。これを中山（1963K84-2）の数値例に基づいて説明する。

　この仮設条件の数値例では1製品で1期間（月次等）の原価計算であるように単純化してある。また実際には材料費標準100円と労務費標準200円は多数作業費で構成されるだろう。間接費標準は本来は変動予算であるが，単純化のために1製品1期間計算を仮定してある。この700円は測定標準たる作業費標準の合計である。普通の標準原価計算では，この700円を製品評価標準とするが，中山（1963K84-2）の提唱する二段式システムでは，これに期待する差異額を加え込んだ770円をもって製品評価標準とする。この数値例では当月実際に発生した原価差異が73円となっている。これらに基づいて次のように仕訳をすることができる。

```
仮設条件：
  材料費標準                        100 円
  労務費標準                        200 円
  間接費標準                        400 円
    合　計            （S）         700 円
  予想平均差異率10%   （V）          70 円
  製品評価標準原価    （Sa）        770 円
  当月発生した実際差異               73 円
```

```
第1仕訳： （原価差異）  73  （仕 掛 品）  73
第2仕訳： （製　　品） 770  （仕 掛 品） 700
                           （原価差異）  70
```

発生した原価差異73円は，原価差異勘定に記入され，ここでその額を認識されて原価管理が行われる。そして認識ずみになった差異は，原価管理目的としては，もはや不要のものであるから，これを差異勘定の貸方70円の記入によって，製品勘定に吸い上げてしまうのである。資産実体はあくまで773円という実際原価または，期待する実際原価（または正常原価）である。このような理念に立つのが，二元論である。中山 (1963K84-2) によると，この二段式システムでは，原価管理は差異勘定借方バランスの認識によって実行しながら，製品評価は実際原価レベルを維持することができるのである。まさに絶妙の会計デバイスということができるだろうと評価されている。

二段式システムの特色は，原価差異というものは管理手段として認識するだけのものであって，棚卸資産から分離されて損費に転落したものではないとする考え方にある。したがって測定のための厳しい標準に理想的標準原価を使用して差異の額が大きくなったとしても，それによって製品評価は低くなることはない。この標準を使用することによって大幅に出た差異は，評価のための実際原価レベルの標準によって製品原価の中に吸収されてしまうからである。

(4) 二元論の中核理論

中山 (1963K84-2) によると，二元論の中核理論は，作業能率を測定することと，製品棚卸高の価値づけ評価をすることとは，次元の異なる別問題である，とする理論である。会計計算制度のなかの能率測定は，原価要素を仕掛品勘定にインプットする時点で行われる。インプット時点すなわち仕掛品の入り口において標準をもって作業費を測定することは，出口の製品原価を評価したことにはならない。入り口で分離された差異が，いったん認識されて原価管理目的に使用された後には，これを出口で，また元に戻して，元通りの実際原価にして製品勘定へ記入することも実務上可能なことである。しかしそれでは，標準原価の妙味を満喫したことにならないから，出口には実際原価を使わずに，予想する実際原価水準としての固定価格たる770円（前掲例）を使うのである。この770円は測定標準として使用するのではなく，棚卸会計を簡便化するために使用するのである。測定次元と評価次元とにおける標準の性格と機能

表7.2 測定次元と評価次元

摘　要	測定次元	評価次元
(1) 適用時点	インプット	アウトプット
(2) 標準の種類	作業標準	製品標準原価
(3) 標準のレベル	管理したいと願う不能率を差異として分離しうる程度の厳格度	原則として差異の出ることを予想しない期待実際原価レベル
(4) 機能1	実際原価をありのままに存在せて，これを測定する	実際原価を原則として排除して標準原価に置き換える
(5) 機能2	measuring（目盛りする）	costing（財務上の価値づけ）
(6) 本　質	尺度（yardstick）	原価（cost）
(7) 差　異	分離認知するだけで会計処理とは無関係である	会計処理として製品原価の中に吸収することが原則である

とを対比すると表7.2のようになる（中山，1963K84-2，103頁）。

　測定は，仕掛中の原価の中の不能率部分を差異として目盛りづけすることであるが，差異を原価ではないとして原価の中から排除する機能を含まない。これに対して標準による評価とは，実際原価を追放排除して，標準原価におき換えることである。評価は経営財務上の価値づけ概念であるが，測定は価値づけではない。それは実際原価という価値実体を原価としてすべて，ありのまま存在せしめ，その中に含まれた不能率を認知観察するだけのことである（中山，1963K84-2）。

(5) インプット時点の適用標準

　中山（1963K84-2）によると，二元論を体系的な定説として主張しているのはベルリン大学のコジオール教授である。彼の論理は中山（1963K84-2）の主張に対して，きわめて有力な支援となるという。コジオールはいわゆる広義の標準原価を予測原価と規範原価とに分けている。前者は経営財務上の価値づけ原価であり，後者は技術的能率を測定するための尺度としての標準である。コジオール説は，まさに二元論であって，評価本質と測定本質とを別次元と考える中山隆祐の所説と基本的には一致している。しかしながら，コジオールと中山（1963K84-2）の間には，次の点において相違点があるとされている。

第 7 章　学界での論点の再認識 (2)　117

「第1に，コジオールは規範原価を操業度に関わらせている。操業度に関わらせた原価は，間接費の配賦を考慮した原価であるから，それは製品原価概念としての原価である。製品標準原価は原価管理のためには害多くして益の少ないものであるとして，筆者が原価管理の立場からはつとめて排撃する原価である。ところがコジオールは製品標準原価たる規範原価を技術上の測定標準であるとしている。製品標準原価では測定不可能であるとこを見落としている。
　第2に，筆者は測定標準と評価標準とを1つの会計制度の中で連動させているが，コジオールは会計上この連動関係を工夫していない。
　第3に，筆者は測定と評価とをインプットとアウトプットの両時点に使い分けているが，コジオールではこの使い分けを二元論の特色として説明していない。」
（中山，1963K84-2，105頁）

　中山（1963K84-2）は，このような時点の区分は，予算と標準原価との関係を考えるときにも重要な条件になるという。インプットに使われる標準，すなわち表7.1における作業費たるLMの標準は，不能率を分離する機能を有するのであるから，この機能を果たされるためには，分離したいと願う不能率の幅だけは標準がタイトでなければならない。そしてこのタイトな標準を積み上げて作られる消費予算（インプット予算）には，標準によって分離されることが予想される差異額だけは追加されなければならない。このことを議論の俎上に載せなければならなかった理由は次のように説明されている。

　「アウトプットにおいては予算原価と製品標準原価とが同一レベルまたは同一数字であることが望ましい（私もそれを望む）という理由によって，インプット原価においても，無反省に予算と標準とが同一厳格度であるべきだと思い違いをした論者があったからである。これらの論者はインプットでは管理されうる不能率を差異として分離する必要があるが，アウトプット原価では差異を分離しないで，これを原価の中に含めるべきだという二元的考え方を理解していなかったのである。
　予算は確かに一種の規範であるが，差異の出ることを，その編成の当初から期待するはずがない。これに対してインプットで作用する測定標準は，管理しうると思う不能率を標準設定の当初から，差異として分離することを予定していなければならない。両者の間のこの明瞭な区別を感知することのできない論者が，原

価管理のための標準原価と予算原価との厳格度が，同じでなければならないなどと，見当はずれの見解を主張したのである。

　予算による原価の規範力とは，予算期間において除去することが可能であると予想される不能率原価の範囲について支配する規範力であるが，標準による規範力とは，当面する短期間には除去しえない不能率原価であってもこれを分離して批判し，長き将来にわたって除去しうる希望をつなぐに足るような規範力である。その期に除去はできないが，批判対象とする不能率は，つねに毎期存在するという想定の下に設定されるのが，測定標準である。予算と標準との関係を考慮する差異には，ここが最重要点である。」（中山，1963K84-2, 106頁）

(6) 二元論による標準のタイトネスについて

　標準原価のタイトネスと分類は論者によって異なる。まず中山（1976S3）は，予算原価と標準原価とを同水準，同タイトネスとみる見解と，両者のタイトネスが相違する見解とが対立している旨を指摘している。前者の見解については，中山（1976S3）は，中西寅雄の所説を引用して説明している。しかし，この見解には，①予算原価と標準原価との間に達成目標水準の差がない（厳格度（tightness）に差がない）こと，および②管理標準原価と棚卸評価標準原価との混乱があることという2つの問題点が含まれているという。一方，後者については自らを含め，番場嘉一郎，山邊六郎，溝口一雄，今井忍，中島省吾等の見解を引用して説明している。

　いずれにしても，標準の厳格度（tightness）に関する中山隆祐の所説のポイントは，①直接作業費についてのみの測定次元（インプット面）に立脚する標準について，②良好能率達成標準が原価管理には適しているという2点である。製品評価次元に立脚した製品標準概念の場合には実際原価に近似することが重要であるかもしれない。しかしながら，原価管理を有効に行うためには，良好能率達成標準は，勤勉な努力と正確な作業知識を伴う場合にのみ達成可能であり，それ以下の能率では不能率を分離できる。つまり，タイトな標準を用いて原価管理を実施するのは，管理すべき不能率が標準を用いることによって分離認識できるからである。

3.3 中山の所説のまとめ

中山の所説において，論点となっていたのは，インプット対アウトプット論争，予算の総合管理と標準原価の個別管理との関係，製品全部標準原価と単片原価標準の区別，およびタイトネスの問題に集約できるが，あらためて2つの前提条件を確認しておきたい。すなわち，第1は，タイトネスの問題をはじめとして議論の対象が直接費に限定されていることである。この点は中山・溝口論争の当初より指摘されていた通りである。第2には，第1類産業と第2類産業とを区別して第2類産業に立脚して論を展開していることである。ここで，第1類と第2類の区分について中山（1960A5a）から引用してみよう。

「第一類　予算期間に製造される最終製品が判れば，製品指図書ごとに第一加工作業から最終作業まで予測しえて，すべての工程を積みあげて予算を組みうる産業
　第二類　予算期間に製造される最終製品は判つているが，最終組み立てなどに使用される何万何千の部品を作る作業は判らない産業。また最終製品さえも具体的には判つていないので，ましてこれを作る加工作業に何が行われるか判らない産業。」(101-102頁)

化学工業のような第1類産業では製造指図書ごとに標準原価をあてはめて，いくつかの指図書標準原価を集計して予算原価とするという。このような場合には予算原価と標準原価との関係は全体と部分と考えて差支えがないが，「しかしながら，このような第一類産業では，番場教授も疑問を投げられているように，予算の部分たる指図書で原価管理を実施すればいいのであるから，標準原価による二重の管理を必要とするものでない。よつてこの種の産業では本来の意味における標準原価管理を必要としない。そして，もしこの種の産業に標準原価が利用されるとすれば，それは，予算を積みあげて編成するための原単位あるいは「製品単位標準」という意味の標準原価である。アメリカまたは日本の産業界の実情としても，この種の産業では，「単位標準」としての標準原価はありえても，標準原価計算制度を必要とする程度は極めて稀薄である。予

算で直接に原価管理をなしうるからである」(中山, 1960S2, 33-34頁) という。さらに第1類産業における原価管理については，次のように述べられている。

「第一類産業の場合には，予算原価でコントロールできるから，その上にまた標準原価統制を考えなくてもよい。かつて西野嘉一郎氏を団長とするコスト・コントロールチームがアメリカ産業を視察した時，セメント会社や食料品会社等の第一類産業を主として視察したために，標準原価の実施例にほとんどぶつからないで視察を終えたらしいが，そのすぐ後で私が，アメリカとヨーロッパの電気工業を十数工場視察したときには，すべての工場において，例外なしに標準原価計算が実施されていることを見届けたのであった。第一類産業と第二類産業における標準原価の必要性の相違はかくのごとくである。

だから，予算と標準原価との関係を論ずるのに，標準原価に対して重大な興味をもたぬ第一類産業を頭において，これを論ずることは誤りである。第二類産業では標準原価は必需品であり，その制度はコスト・センター別期間計算としての典型的標準原価計算制度であるが，第一類産業においては，標準原価はそれほど必需品ではないのである。」(中山, 1960A5b, 102頁)

このように第二類産業における工場では標準原価計算が必須であることを前提として，予算と作業費標準原価との関係について多くの論者と議論したことから，中山の所説の鍵でもある二元論が生まれてきたという (中山, 1976S11)。

§4 中山・溝口論争の回顧

4.1 溝口 (1963) による論点の整理[5]
(1) 溝口 (1963) のスタンス

溝口 (1963) は，まず諸外国における予算統制と標準原価計算の関係の扱いについて触れたのち，わが国における研究の状態は理論的水準が高いと評価しているものの，「一般的にみて，予算統制と標準原価計算との関連を統一的に一つのシェーマとして説明することはいまだ充分に成功しているとはいえな

い」(58頁) と指摘している。その上で溝口 (1963) は，その関係性を整理し，「本稿では，私はあえて諸家の意見を引合いに出すことを止めて，私自身の見解のみを明らかにしたいと思う。これは，私がこれまでに表明したところを集約するとともに，その後の解釈を加味したものといえる」(58-59頁) と述べ，それまでの議論をまとめている。

溝口 (1963) のきっかけともなった1962年に公表された原価計算基準では，標準原価算定の目的の1つを，「標準原価は，予算とくに見積財務諸表の作成に，信頼しうる基礎を提供する」(原価計算基準40) と掲げている。この点について，「予算が標準原価に基づいて作成せらるべきものか否か，あるいはそれが無意味ではないかという疑念をもつ論者に対しては，「基準」はむしろ反対の態度を表明したことになる。私自身は原則的には「基準」の態度に賛意を表するものである。だが，「基準」には何らの説明力もないので，これだけでは問題は明らかにはならない。ここでは，ただ「基準」がこれまでの論争の経過を判断して，一つの結論的態度を示したことの意義を指摘するだけである」(溝口1963, 59頁) と指摘されている。

(2) 溝口 (1963) の予算・標準観

溝口 (1963) は，予算のコントロール機能について，「わが国の会計実務では，原価管理が主として予算的な理解のもとに行われているケースは極めて多く，むしろ大多数の企業ではそうみているだろう」(61頁) とした上で，原価管理のための標準原価計算が高度に発達した場合を想定し，次のような指摘をしている。

「…従来明らかでなかった「利益計画」の領域が次第にクローズアップされるにつれて，それに対応して「原価管理」の領域もより厳密に把握されるに至ったということなのである。
このような事態の下では，予算が従来担当していることの多かった原価管理機能を標準原価計算に引き渡し，これを一元化するという方向が考えられる。ここでは原価管理は原価要素の「消費のコントロール」いいかえれば「インプットの管理」を意味する。これに対して，予算は経営計画とのつながりからくるその

「総合性の実現」をねらいとするコントロールにその重点を移すべきである。その機能は「アウト・プットの管理」として特質づけることもできるであろう。

　そこで，予算のコントロール機能の内容はなにかといえば，それは期間的利益計画の実現のための，企業活動のコントロールであり，「利益管理」と名づけることができる。」(61頁)

そのような理解の下で，溝口（1963, 62頁）は次のシェーマを図示している（図7.1）。

この図7.1によるシェーマがそれまでの中山・溝口論争の結果として生まれてきたことは，溝口（1965）などにおける論稿の論旨から見てもほぼ間違いないだろう。それを読み取れる記述を溝口（1963）から引用してみよう。

　「さて，「作業区別標準原価」[ママ]は「製品別標準原価」があって初めてその存在理由をもちうる。両者の関係は一律的ではなく，それぞれの企業の作業の形態によってその上下関係，すなわち規制の関係は多少相違する。

　ところで，私見によれば，「製品別標準原価」が設定されるためには，その前提として必ず製品の「生産計画」がなければならない。この生産計画は全体計画の一部として決定されたものであり，実質的には予算の出発点をなしているもので

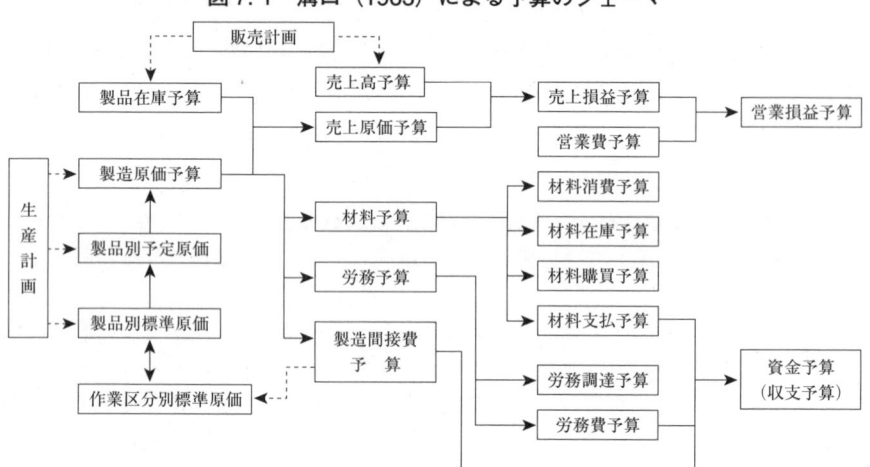

図7.1　溝口（1963）による予算のシェーマ

ある。もちろん，全体的利益計画のための資料として，製品別原価の資料が先に提出されているわけであるが，トップ・マネジメントによって決定された生産計画は製品別の標準原価，予定原価設定の基礎となる。予定原価だけでなく，標準原価もまたそれが「現実的標準」である限り，当期の生産計画によって当然に左右されると考えるのが至当である。

ところで，その生産計画の内容は企業の生産様式によってまったく異なる。しかしここで問題にしなければならないのは，企業が目的とする最終製品の生産計画が決定したならば，その部分としての生産計画が可能な企業と可能でない企業があるかどうかということである。」(64-65頁)

「製品生産計画→部分作業計画→製品別標準原価・予定原価の設定というプロセスは論理的なものである。

こうしたプロセスを承認する場合にはじめて後述するような原価要素の消費予算が原価計算的資料に基づいて編成されうることになる。ところが，業種によっては製品を構成する部品の種類が極端に多く，またそれの自家製作，外注の問題等複雑な条件が入り込むために，最終製品の生産計画と部分的作業計画とが首尾一貫性をもつことができず，したがって両者は別個に機能する現象がみられる。そのような場合には，図の原価管理のための「作業区分別標準原価」と「製品別予定原価」の間には媒体としての「製品別標準原価」が欠け，両者は無関係なわけである。そこで，消費のコントロールのための予算が標準原価の資料に基づいて作成されるという過去の通説的理解が否定されることになる。

だが，このような企業が，予算と標準原価計算との関係を究明する場合に，典型的なものと認められるかどうかといえば，私は大いに疑問をもっている。たとえば，製品生産計画からその部品別精細計画ができないという場合があったとしたならば，それは絶対的な不可能でなしに，管理技術や計測の能力が不十分であるかあるいは経済性の見地から行われないのだというべきものと考える。

とにかく，私は先ず，「作業区分別標準原価」→「製品別標準原価」→「製品別予定原価」のつながりを論じたのである」(65頁)

4.2 中山・溝口論争における一致点と相違点

(1) 両者の歩み寄り

溝口 (1963) は，4.1 に示した通り，その論旨をみる限り中山隆祐の所説の功績を高く評価している。この点は，溝口 (1965A9) によって次のように述べられている。

「中山氏が一九六〇年に公にされた重要な論稿は，前出の「予算についての基本的誤解」（第一論文）のほかに，「企業会計」五月号の「製造消費予算と標準原価の関係」（第二論文）と同誌七月号「典型的標準原価計算制度」（第三論文）である。

　これらの論稿は，従来わが国学界において通説とされていた「予算と標準原価計算の有機的関係」（製品の積み上げの上に予算が組み立てられるという意味での）に対する考え方を真っ向から否定したという点で当時注目されたのである。中山氏の功績は，まず予算と標準原価の問題を論ずる場合には，インプット面とアウトプット面とを明らかに区別してかかるべきであることをズバリと示し，次いで，業種の相違，作業管理態様を考慮したキメ細かな理論の必要性を説いたこと，またそれに関連してこの分野における既成理論の曖昧さを鋭く衝き，これに反省を求めた点にあったといってよい。」（53頁）

　原価計算基準の公表や中山の所説の妥当性から，溝口は現代的コスト・コントロールの考え方を固めるに至ったと思われる（溝口，1963，1965A9，他）。その一方で，溝口（1963，1965A9）は次なる問題を引き起こし，中山・溝口論争は新たな局面を迎えるようになったようである。すなわち，予算原価（予定原価）・標準原価との間のタイトネスの問題である。それは，「予定原価と標準原価との差は実質的にどんな意味をもっているかというと，これは原材料の消費量，作業時間について測定される作業能率の水準についての差と考えるべきである。…。したがって，標準原価と予定原価との差は本源的にはあくまでもタイトネスの問題として理解されなければならない。その相違がこのシェーマでは標準原価＋一定の余裕率＝予定原価という形となってあらわれるのである」（溝口，1963，68-69頁）という記述から読み取ることができる。

(2) 原価計算基準の公表とタイトネス問題

　標準原価と予定原価との間にタイトネスに相違があることには両者とも異論はない（中山，1965A9）。しかしながら，どうも原価計算基準の公表が中山・溝口論争の焦点をタイトネスへと向けたように思えてならない。例えば，中山（1963K84-2）は，原価計算基準の処置のように理想的標準原価を制度としての原価計算の中から追放する理由を見出すことはできないと思うとしており，

原価計算基準では「現実的標準原価は原価管理に最も適する」としていることにも異議を唱えている。中山（1963K84-2）によると，原価計算基準がこのような無理な断定を下さなければならなかった理由は，1つの標準原価を用いて測定と評価と相矛盾する2つの目的を達成させようとしたからであるとされており，この無理を犯さないためには次の2つの方法があると指摘されている。

「その第一は，原価差額の調整を制度としての原価計算のうちの調整作業であると認められる方法である。「基準」は調整計算を例外的に仕方なしに認めてはいるが，原則として認めないから，そのために，原価差異の出ることを設定当初から原則的に予想するような標準は，制度としての原価計算のなかでは許容しえないことになるのである。もし原価差額の調製を制度としての原価計算のなかで作業として認めるならば，管理したいと願う程度の差異を分離するようなタイトな標準を「基準」として認容しえたはずである。
　無理を犯さないための第二の方法は，本稿で提唱する二元的標準原価観に立脚して二段数字の標準を採用する方法である。」(109頁)

中山（1965A9）は，二段式標準原価計算の構造システムとして次の方程式を示している（43頁）。

Σタイトな作業費標準＋予想原価差異＝期待実際レベルの製品標準原価

この方程式の左辺はインプット面であり（測定次元），右辺はアウトプット面である（評価次元）。そして，タイトネスはインプット面にあるのであって，アウトプット面にあろうはずがないと指摘されている（中山，1965A9, 44頁）。その上で中山（1965A10）は，中山説・溝口説の相違を，ノー・コントロール下において実現する原価Aと現有管理力を発揮した上で実現する原価Bとの相違の有無に集約している。つまり，中山説はAB同数字説であり，溝口説はAB異数字説であるという。
　これらの問題は，結局は次の引用文のようにまとめることができよう。

「二元的標準原価観では，標準原価をインプットにおける作業費標準，つまり測定尺度標準と，アウトプットにおける製品標準原価，つまり評価標準とに分ける。そして前者はタイトであり，後者はゼロのタイトさ，つまり期待実際原価レベルであるとする。

そして予算もまた，インプットとアウトプットに分けて考える。そして予算の場合には，インプット予算であろうとアウトプット予算であろうと，期待実際原価であることに議論の余地はないはずである。かくてアウトプットたる製品評価次元に立つかぎりにおいて，予算も標準原価も期待実際原価レベルであり，両者は一致する。一致しない場合のあるのは標準改訂の事務手続の遅れた場合だけであつて，理念的には両者は一致すべきである。このことを反論しうる人はいないであろう。

しかるにインプットにおける，原価管理目的のために設定された作業費測定標準は，不能率を分離しうる程度にタイトであるから，ここで予算と原価標準とは，タイトさが違うということになるのである。このことを悟るならば，予算原価と標準原価のタイトネスの関係など長年にわたつて論争しなければならないほどに，むずかしいものではなかつたのである。」(中山，1965A9, 48-49頁)。

1965年の3編の中山論文（中山，1965A9, 1965A10, 1965A11）の後には溝口論文は登場していないようであり，ここに中山・溝口論争の終結をみることができる。

§5　ま　と　め

本章では，中山・溝口論争を中心に予算と標準原価との関係を追ってきた。この問題は，溝口（1965A9）が指摘する通り，「わが国の考え方の水準はきわめて高く，欧米のいかなる国よりはまさつているといつても過言ではない。わが国における近年の成果に対しては中山氏の努力に負うところが多大である」(52頁)。その結果，本章では，予算と標準原価の関係について，初期の模索時代，原価計算基準公表以前の中山・溝口論争，および原価計算基準公表以後の中山・溝口論争という3つの時代区分の下，議論を展開してきた。

初期の模索時代には，番場・山邊 vs. 溝口論争を経て，予算と標準原価計算

の部分と全体という有機的関係が通説として確立しつつあった。それに対して原価計算基準公表以前の中山・溝口論争によって，そのような積み上げ関係へ疑問が投げかけられ，溝口（1963，1965A9）において中山隆祐の所説の妥当性が認められた。しかしながら，溝口（1963，1965A9）が投げかけたアウトプット面のタイトネスの問題によって，原価計算基準公表以後の中山・溝口論争が繰り広げられたのであった。

　本書の分析フレームワークにしたがうと，中山・溝口論争の経緯は，まさに紹介・認知→導入・受容→積極的適応のプロセスそのものであるようにも思える。これは，外来の原価計算システム・理論が，紹介・認知された後にわが国の経営諸環境に馴染む様に進化したことに他ならないだろう。

　ただし，本章では中山・溝口論争に焦点を当てて議論を展開しているため，本来は捨象すべきでない議論を捨象してしまっている可能性がある。この点を反省するとともに今後の課題としたい。

1　中山（1975S8）は外国文献も26編を掲げている（91頁）。
2　片岡洋人・岡田幸彦（2007）「わが国の原価管理と予算制度における諸論点：導入期」『大分大学経済論集』第59巻第1号を参照されたい。
3　ただし，中山（1976S10）は，「予算と標準原価の関係論について，これまで触れられた論点を整理すると，つぎの6つになるように思う」（72頁）とし，コスト・コントロールの場面における予算と標準の併用論，原単位表示に基づいた仕様書原価と会計制度としての標準原価計算との混交，インプット管理かアウトプット管理か，規範性概念のくいちがい，"良好"概念のくいちがい，および一元論と二元論の対立であるとしている。
4　長谷川安兵衛（1931）『標準原価の研究』森山書店。
5　溝口一雄（1963）「予算統制と標準原価管理との関連についてのシェーマ」『国民経済雑誌』第108巻第2号。

第8章　学界での論点の再認識 (3)
―直接標準原価計算

§1　は　じ　め　に

　直接原価計算が，「原価（製造原価，販売費および一般管理費）を変動費と固定費とに分解し，売上高からまず変動費を差し引いて貢献利益を計算し，貢献利益から固定費を差し引いて営業利益を計算することによって，正規の損益計算書上に，短期利益計画に役立つ原価・営業量・利益の関係を明示する損益計算の1方法である」[1]と，現代では理解されている。しかるに，1960年代初頭，アメリカでは標準原価計算と直接原価計算を結合させる研究が発表された[2]。直接原価計算の目的として利益計画のみならず，原価管理も有用視したためである。

　1950年代から直接原価計算の導入がはじまっていたわが国では，原価管理がアメリカとは異なる発展をとげていたので，直接原価計算と原価管理の関係にも議論が及んだ可能性がある。果たして，アメリカと同種の議論であったのか，それともわが国特有の議論があったのか。文献を通じて事実を確認するのが本書の目的であることから，本章では標準原価計算ないし原価管理と直接原価計算との関係について文献を検討することにする。

§2　昭和電工における直接標準原価計算の導入

　直接原価計算がわが国において文献上初めて登場したのは，山邊（1952A3）であった。その後，1950年代を通じて急速に実務においても採用されるようになった。そうした企業の中で，昭和電工は直接原価計算と標準原価計算の結合を試みた企業である。導入の経緯が福井・三好（1955C5）に記述されているので，本節ではこれを紹介することにする。

　昭和電工は化学工業に属し，実際工程別総合原価計算を採用している[3]。固定費の存在により製品単位原価は操業度の影響を受け，間接費の配賦は客観性を失い，トップ・マネジメントから疑問視されるとともに部門責任回避の温床となっている（140-141頁）。また，「工程費の計算は加工費法によらず，前工程生産品がコストを以て振替えられ，自工程の原材料費を構成する」（141頁）。したがって，「前工程のコストの高低乃至能率の良否が次々と次工程へ計算上波及し，最終工程たる石灰窒素製品原価は，当該部門固有の生産能率とは著しくかけ離れたもの」（141頁）となり，部門能率測定が混乱していた。

　こうした欠点に直面し，標準原価計算の導入につながるわけだが，全部原価計算の枠組みである限り，操業度の影響を受ける。操業度標準を設定し，操業度差異の分析を行ったところで，「計算理論的には解決するとしても，煩瑣複雑なる計算過程であって，明快迅速さを欠くものであり，（筆者注：原価管理の）実践的効果を吾々は期待し得ない」（141頁）。しかも，当時の電気化学工業を取り巻く環境は，「操業度を全くその時々の電力事情に支配される」（142頁）ものであり，「全部原価計算の体系を打破することが，むしろ管理面からは有効な方式であると思われる」（142頁）としている。

　直接原価計算の管理機能として，3つの点に着目している。第一に生産能率の指標足りうる。つまり，固定費を排除することによって，「操業技術の良否による歩留り原単位の変動が，その貨幣的表現たるコストの上に鋭敏に反映される。プロダクト・コストは，生産諸条件が一定である限り常に必ず一定であ

り，逆にその変動は，与件の何らかの変動を意味する」(142頁)。第二に原価測定において，固定費の配賦による主観性と恣意性が排除でき，部門責任回避を阻止できる。第三に固定費を期間収益に直接対応させることで，損益計算が合理的になる。

　かくして，「原価管理の計算機構としては，かつての全部原価計算と標準原価計算との結合形態に代わって，直接原価計算による標準原価計算が導きだされてくる」(142頁)。昭和電工では「原価管理計算制度」と称して，工場における原価管理を1954年から実践している。同制度は次のような体系と方法で行われている。

(1)　各工程原価管理計算表の作成
(2)　標準実績比較による原価差異の分析
(3)　原価変動の統計的分析
(4)　限界利益計算表の作成
(5)　製造現場管理者との原価検討会
(6)　トップ・マネジメントへの報告

　ここで，原価管理計算表とは，工程ごとに作成され，「当月実績原価・標準原価が，各々直接原価計算方式によって表式形態で併記され，原価差異分析欄並びに原価変動分析欄が設けられる」(143頁)。直接原価と変動間接費は，費目ごとに，「すべて生産品単位当たりコストとして表わされ，合計されて『原単位原価』を構成する。原単位原価とは変動費率を意味し，上記各項目の物量的・技術的成績の良否——原単位——が購入単価を以て合成され，この意味で総合的な工場生産能率の指標となり，これが部門別原価管理の中心点となる。当計算制度では，工程振替価格はこの原単位原価を以て行われる」(144-145頁)。

　固定的間接費については，生産品単位当たりではなく，絶対額による実数比較をする。管理方法として，「絶対額を一つの枠で規制し，変動の著しい費目については源泉的内容的に検討を加えるほかない」(145頁)からである。

　この原価管理計算表における標準原価は，「簿記機構に結合されるものでな

い事は断るまでもない。設定されるべき標準は，不能率と無駄の排除によって達成しうる実際的標準であって，変動費については技術係の決定した適正な原単位を基礎とし，これに標準単価を乗じて標準原価を決定する。固定費標準としては当期予算額がとられるが，当工場の固定費予算は，いわば正常的標準を基礎とするものである」(146頁)。

原価差異の分析については，分析方法については，何ら特別な点はないが，数量要素のことを「原単位」と称し，数量差異のことを「原単位差異」と称している。直接原価計算における差異分析であるから，製造間接費の差異分析は固定費を対象にしないので，単価差異と原単位差異に大別している。

原価変動の統計的分析についても，何ら特別な点はない。ただし，原価差異分析との相違について言及している。

「コスト的に僅少な標準原価差異も，統計的には許すべからざる変動と見なされる場合があるし，逆に管理原価以内にとどまる変動も，コスト的には大きく影響する場合もありうる。このような二つの視点からの分析を併行して行わなければ，完全な管理とは言い難い事を注意すべきである。」(146頁)

限界利益計算表は，製品別の限界利益を示し，工場全体の固定費を控除する形で損益を計算する表である。「従来の（筆者注：全部原価計算による）決算損益計算書よりも一層シャープな（筆者注：工場）収益力が示される」(146頁)としている。

§3 直接原価計算との理論的な結合についての研究

山邊・溝口 (1957S1) は『産業経理』誌上での対談であるが，その中で直接原価計算のわが国への導入について，日本の実務環境を踏まえた上での溝口発言がある。この発言に対して，山邊も同意している。

「コスト・コントロールということになりますと，直接原価計算か実際原価計算

としてやっていたのでは駄目なんで，これはやはり非常に広い意味の標準としての原価という形態を持たないと，コントロールの機能を果たせないのじゃないかと考えるのですね。しかしどうもそこまでは，わが国の実務を見ておりますと，行っておらんようですね。ダイレクト・コスティングの問題と，標準原価を導入するということが紙一重どころか，それぞれ別のところにあるようですね。両方が一つにならない。」(113頁)

ところで，溝口はすでに直接原価計算と標準原価計算の結合について，溝口(1955A8)で論じている。そこでの問題意識は次のように記述されている。

「われわれが現段階においてダイレクト・コスティングをとり上げるとすれば，むしろこれを一つの原価計算方式として形式的に規定することによってそれを解放し，その上で改めて想定される理論的ないし計算技術的な諸問題を検討することが必要であろうと思われる。」(29頁)

溝口(1955A8)では，利益計画および管理における諸問題を検討した後，原価管理の諸問題を検討している。標準原価計算を全部原価計算のもとで実施するか，直接原価計算のもとで実施するのか，いずれが優れているのかを問題に設定し，具体的な原価計算形態として個別原価計算と純粋総合原価計算の両者の計算技術上の特徴を有する組別総合原価計算を背景において問題を究明している。原価管理は「結局部門管理者の管理領域にかかわらしめて初めて可能となるものであるから，原価の部門別把握が，不可欠の条件といわなければならない。ところが，原価計算は製品別原価の測定を基本的な役割りとすると考えられてきているので，スタンダード・コスト・システムにおいても部門別計算と製品別計算とをいかにして調和せしめるかいうことが重要な課題となってくる」(32-33頁)。具体的な組別工程別計算の方法として，組間接費を部門別に集計する際，製造部門は「自部門の変動費，固定費のほかに諸補助部門からの配賦額を負担し，そのうち固定費を残して他のコストについて当部門の予定配賦率に当月の実際配賦基準量を乗じた配賦額だけを組別製品に負担させる」(34頁)。これにより，「固定費を一部配賦しないということによつて製品別計

算における標準計算を合理的にするとともに，それに関連して部門費の管理が著しく改善されることになる」(35頁) としている。

§4　1960年代初頭における議論

『企業会計』は1961年に「軌道にのるか　標準直接原価計算」と題する特集を組んだ。本節では，当時の標準原価計算と直接原価計算の結びつきに関する議論の高まりについて，この特集での論文を検討することにする。なお，本特集では研究者のみならず実務家も寄稿している[4]。

特集の第1論文である小高 (1961A12) は，「直接原価計算法がわが国に導入せられて以後すでに相当の年月を経過している」(90頁) と始まり，会計の管理的機能から標準直接原価計算に対して積極論がなされているとする。その一方で，財務会計に取り入れられるかどうかについては，法人税法との関連において解決が困難になっている。しかし，「企業経営の真の合理化のために必要不可欠のものとなりつつあることが理解せられるならば」(91頁)，普及は比較的容易であろうと述べている。そして，「企業経営の真の合理化」が必要となる2つの要因として，一国経済の発展における企業の計画の重要性と製造中心の経営からマーケティング中心の経営への移行をあげている。

次いで，小林 (1961A12) は「ドイツにおけるディレクト・コスティングの展開を中心に，ドイツ計画原価計算の素描を試みている」(95頁)。限界計画原価計算をとりあげ，そこでは利益計画，特に品種選択と価格設定を目的とした給付単位計画原価計算に特徴があるとしている。利益計画では，固定費そのものの計画が重視され，個々の項目について投資計画による増加や政策変更による節約を検討することは従来の全部計画原価計算では果たしえなかったと評す。そして，限界利益から控除する固定費を特定の製品品種ないし製品群に属するものとそうでないものに分け，企業の総限界利益に各品種ないし製品群がいかに貢献するかを検討するための段階的固定費回収計算に注目する。特に，「追加的給付の総売上高が，追加投資によつて新しく発生させられる固定費を

償うのに十分か否かが検討される」(98頁)。したがって,固定費管理の問題を計画面における問題として把握した点が高く評価されるとしている。ドイツ計画原価計算の特徴として,「ドイツの伝統である給付単位中心的な思考が尾を引いている」(99頁)と結論づけている。

　佐藤(1961A12)は「アメリカにおいて,直接原価計算の機構が,どのように標準原価制度と結びついているか」(100頁)を明らかにするため,NA(C)Aのリポートを紹介している。わが国でも直接原価計算を特殊原価調査の形を含む,何らかの形で実施している会社は数多く,「しかも本格的にこれを経常的なシステムとして帳簿組織に組み入れている場合が相当あり,今後,この方向に向かうことを予定している会社もまた,多いことが察せられる」として,当時のわが国において直接原価計算と標準原価の結びつきの検討は重要な課題であるとしている。米国の実務を紹介する中で,標準原価は,少なくとも変動費に対して適用され,固定費については必ずしも予算を勘定記入する必要がないことが明らかであると述べる。現場のフォアマンが変動費に対して統制責任があるのに対し,固定費はより上層の責任者が予算統制するため,帳簿外で予実分析されるという。総合原価計算での標準原価票と個別原価計算での見積原価票の例を紹介している。標準原価を使用している会社にあっても,標準原価,変動予算及び直接原価計算から成る新しい原価システムを採用する会社から,従来の標準原価制度を修正して固定的製造原価が製品原価に算入しないようにしている会社もあれば,変動製造間接費と固定製造間接費について異なる配賦率を用いて操業度差異を示す会社もあるとしている。

　天野(1961A12)は,標準直接原価計算の計画および管理に関する役割ではなく,「製造間接費の原価性否認を中心に若干の検討を試みている」(108頁)。まず,棚卸評価問題との関連で,期間の費用・収益対応の観点を重視し,製造業では物的対応と時間的対応の2種類があり,それらの混合が混乱を引き起こすと主張する。直接費が物的基礎に基づいて費用配分されるのに対して,固定間接費は期間配分の物的基礎が希薄であり,時間的対応を行わざるをえない。全部原価計算では物的対応と時間的対応を混同する。次いで,固定費は生産的

消費という原価性が明瞭ではないため，製品原価とはせず期間原価として標準ではなく予算による統制を行う直接標準原価計算にあっては，変動費と固定費の区分が重要である。その点について，「直接労務費は直接的に製造作業に消費された労働対価」（112頁）であり，労働の対価ではない加給金を直接労務費から排除し，直接工の間接作業時間や無作業時間を除外し，製品別の標準賃率を設定するべきであると主張する。そして，直接標準原価計算の適用領域として，製品種類が単一又は少なく，重量等に差があっても等価係数等で単一製品に換算しうるような業種が適しており，「総合原価計算の一つの発展形態としての意味と実践性はある」（114頁）と主張する。

鈴木（1961A12）では，直接原価計算を制度として採用することについて，「販売と生産とが計画的に調整され，循環する限り，製造固定費は寧ろ製品に負担されるべきであり，販売活動にのみウエイトをおくこととなる損益計算には端的にいつて賛成しかねる」（117頁）と述べて，反対している。原価管理機能についても，変動費は従来から原単位管理とその貨幣的側面である標準原価で管理されており，固定費も全部原価計算のもとで工程別ないし部門別計算がとれていれば，直接原価計算で期待する程度のことはできるとして懐疑的である。

間藤（1961A12）では，直接原価計算から製品原価計算を導入した会社の問題点が報告されている。原価管理，特に原価差異の分析について，仕損伝票の正確性を向上させるために現場作業者あるいは管理者の理解が必要である，購入価格差異の把握が事務コストの点で困難であるなどの問題を抱えている。月次決算を採用しているが，各種の振替処理のため月次損益の累積が年次損益には一致せず，変動費はシビアに分解されているが固定費はそうではないため，固定費を遥増させて損益図表を作成して利益予想を行っている。

土屋（1961A12）では，加工費工程別総合原価計算を月次実際原価計算制度として採用していた会社が原価計算と工程管理の関係を強化するため，月次決算のスピードアップ，会計報告制度の確立といった諸問題を解決するために，直接標準原価計算へと移行した実務が記述されている。標準原価を設定するた

めに，工程をさらに細分した作業毎に標準を設定した。直接材料費と直接労務費を変動費として扱い，その他を固定費とした。標準の設定にあっては，「解析した結果を一方的に採用することなく，現場技術者の確認を求めたり，意見によって再調査したりする，(筆者注：経理部と製造部) 相互の協力の下に」(135頁) 行うことが重要であるとしている。

§5 ま と め

　以上1950年代および1960年代初頭におけるいくつかの文献を検討した。これにより，標準原価計算と直接原価計算の結合について，実務への導入に関する研究および理論的ないし計算技術的研究が存在したことを確認した。実務への普及が進んだといわれている1950年代を経て，1960年代初頭においても実務界にはなお直接原価計算に対する批判が続いているのも確認できた。積極的に導入した企業と批判的であった企業の業種が同じ化学工業であるという点も興味深い。また，昭和電工の実務については，同一雑誌において製品原価計算目的のための原価計算制度が詳述され (番場，1955C5)，同社の経理課職員が原価管理のための直接標準原価計算の導入を記述している点は，原価計算の目的が発展してきたことを示している。

1　岡本清 (2000)『原価計算　六訂版』国元書房，533頁。
2　Gillespie, C., *Standard and Direct Costing* (N.J.: Prentice-Hall, INC., 1962) と Wright, W. R., *Direct Standard Costs for Decision Making and Control* (N.Y.: McGraw-Hill, 1962) がそれである。
3　昭和電工川崎工場の原価計算制度としての工程別総合原価計算については，番場 (1955C5) で詳細に記述されている。
4　実務家は3名であり，そのうち鈴木永二は三菱化成経理部長であり，間藤祥夫はコパル光機製作所経理課，土屋禎三は東海金属計算課に所属している。

第Ⅳ部　伝統的コストマネジメントの発展

第9章　「原価計算基準」をめぐる議論
　　　　――実務家の積極的な役割

§1　は じ め に

　わが国では「原価計算基準及び手続要綱（案）」の否決や「原価計算基準（仮案）」を経て，昭和37年（1962年）に「原価計算基準」が公表された[1]。それまで，いかなる「原価計算基準」を制定すべきかといった議論は，原価計算における諸概念を整理し，一般会計システムと結びついた原価計算制度の意義を明確化し，当時の企業内部の経営管理目的への啓蒙的役割を担っていたことであろう[2]。

　1962年以降には，「原価計算基準」に関連する多くの議論が展開されてきた[3]。その多くが「原価計算基準」の性格に関するものや，「原価計算基準」第1章から第5章の個別論点に関するものであり，その度に「原価計算基準」の改訂についても議論されてきた。このような「原価計算基準」をめぐる議論は，わが国への原価計算諸技法の紹介・認知→導入・受容→積極的適応という分析フレームワークに照らし合わせてみると，どのように評価することができるだろうか。とくに実務家が中心となって果した積極的な役割として，1980年に発表された「経営原価計算実施要領（中間報告）」への流れには注目してよい[4]。そこには，研究者と実務家との間に方向性のギャップが生じていた可

能性があると考えることができよう。両者の相互作用が失われてしまったのはなぜか，いつからなのか。

　このような背景の下，本章の目的は「原価計算基準」をめぐり研究者や実務家によってどのような議論が行われたのかを整理し，その議論における先人の果たした役割について今日的な評価をすることである。

　以上を受けて本章では，まず§2において議論の前提となる論点を整理する。そのために，番場（1977A2）による「原価計算基準」における3つの修正すべき点を示し，岡本編著（1981）に基づいて「原価計算基準」改訂の3つの方向性を示す。さらに溝口（1980A11）に基づいて議論の変遷を概観する。§3では，1960年代と1970年代の中心に「原価計算基準」をめぐる議論の変遷を辿る。§4では，座談会などにより研究者や実務家による原価計算上の諸問題への対応・対処を明らかにする。さらに§5では，「経営原価計算実施要領」を取り巻く議論から実務家が果たした積極的役割について検討する。

§2　「原価計算基準」の再検討―前提的考察

　「原価計算基準」をめぐる様々な議論について，いかなる評価をすることができるかを検討するにあたり，番場嘉一郎，岡本清，溝口一雄の見解を取り上げて検討し整理しておくことが有意義であろう。その意味では，この§2は本章における議論の前提的考察といえる。

2.1　番場（1977A2）の見解―検討すべき3種類の修正

　番場（1977A2）による問題提起の発端は，昭和49年に商法計算規定との一体化を目途として「企業会計原則」を改正した際に，「原価計算基準」の再検討を全く行わなかったことに起因している。これが「原価計算基準」における問題の第1点目である。第2の問題点は理論上又は実務上の欠点，短所を是正し，「基準」をベターなものへと推進する必要があることであり，さらに第3点目は，今日的な新しい問題領域における原価基準も取り入れるべきというこ

とである。

　問題の第1点目は,「原価計算基準」と関連諸法令との不調和点にある[5]。商法において1会計期間が1年であるとしたことに関連して,まず間接費配賦率算定の基礎となる期間を1年間と表明した上で,技術的に達成可能な最大操業度を選ぶ自由が必要であると指摘する。次に,販売費および一般管理費をプロダクト・コストとして処理する場合の算定基準が必要であるとしている。長期請負工事などでは販売費および一般管理費を製品原価とすることの妥当性が提示されていないと指摘している。この点は企業会計原則注解8にも関連するだけでなく,研究開発費ないし技術研究費についても製品原価に算入すべきかを明確にする必要があるとされている。さらには非原価項目に列挙されている項目の再検討の必要性についても指摘している。つまり財務費用の問題と法人税等の取扱いに関する問題についての指摘である。

　第2点目では原価計算基準の理論上または実務上の欠点を取り上げており,標準原価計算数値を外部報告会計に取り入れる条件,直接原価計算の織り込み方と固定費調整,およびプロダクト・コスティングの方法の体系について取り上げている。

　第3点目は補充を要する項目を指摘するものであり,「企業のセグメント別（事業部別）の損益数値を補足的財務情報として提示することが望ましいとされる場合に,販売費,一般管理費のセグメント別配分が問題となるが,その配分に関する基準を「原価計算基準」に織り込むこと」(6頁)と,「カレント・コストの計算に関連する諸概念及び算定基準を「原価計算基準」に包容すること」(7頁)とが挙げられている。

　番場（1977A2）の見解におけるインプリケーションは,「原価計算基準」の改訂に関しては検討するべき3種類の修正があるということを明らかにしたことである[6]。

2.2　岡本編著（1981）の見解—改訂の3つの方向性

　日本会計研究学会特別委員会報告「原価計算基準の研究」に関連した著書で

ある岡本清編著（1981）『原価計算基準の研究』では，その第2章「現行「原価計算基準」の再検討」において，原価計算基準を再検討（改訂）するにあたり3つの方向性を考えることができるとしている。すなわち，(1) 現行の「原価計算基準」のもつ管理会計的性格を除去して，純粋の財務会計—原価計算基準を設定する，(2) 現行「原価計算基準」を踏襲しながらも，管理会計的性格を強化した原価計算基準を設定する，(3) 現行基準とは別に，管理会計—原価計算基準を設定する，という。

第1の方向について，「原価計算基準」を純粋な財務会計のための基準とすると，「もしこの種の基準を入念に設定すると，強制力をもつためにかえって原価計算の本来の機能—経営管理用具として，配分する企業利益の増大に貢献するという機能が失われ，企業活動自体を阻害する恐れがあり…」（17頁）と述べられている。

第2の方向については，「すなわち現行「基準」を踏襲しながら，その管理会計的性格を強化する基準設定が，もっとも現実的に有意義であると筆者は考える」（19頁）とされている。多くの研究者もこの方向性を支持しているとされる[7]。

そして，本章における検討においてとくに重要となるのは，第3の方向についてであり，岡本編著（1981）は，次のように述べている。

「次に，昨年の五月に，企業経営協会における経営原価計算実施要領作成委員会が，「経営原価計算実施要領」（中間報告）を発表した。これは前述の第3の方向にほかならない。現行「基準」における管理会計的性格が弱いために，通産省や大蔵省中心にではなく，民間の原価計算担当者が自発的に，経営管理のための原価計算基準を設定すべきである，という考えから，「要領」が作られたのであろう。筆者は，このような努力に対し深い敬意を払い，その活動を歓迎するものであるが，しかしこの種の基準が，日本の原価計算実践に及ぼす普及効果については，疑問視せざるをえない。その理由は二つあって，第1の理由は，管理会計情報が強制される会計情報ではない，という点である。つまり管理会計意識に高い進んだ企業にとっては，「要領」は必要ではなく，管理会計意識の低い遅れた企業は，「要領」に見向きもしない，という恐れがあるからである。第2の理由は，…

現実の原価計算実践は，管理会計用の計算と財務会計用の計算とを，まったく切り離して行うことは少なく，2本立てで計算することは不経済な場合が多い，という点である。この問題は，コンピューターの会計に与える影響を，どのように認識するか，にもかかわってくる。」(18頁)

岡本編著 (1981) は結局，第2の方向を支持しているが，「現行「基準」の基本的性格を認めた上で，いかなる点を検討する必要があるか」(20頁) については，前述の番場 (1977A2) の見解に基づいて議論を展開している。

2.3 溝口 (1980A11) の見解——マネジメントのための原価計算への議論の変遷

まず溝口 (1980A11) は，その冒頭において「本来，原価計算はマネジメントのためのものである。しかし，わが国の原価計算は不幸にしてそうとはいいきれなかった」(11頁) と述べている。その上で「たしかに，日本の企業のうちに原価計算なるものを植えつけたという意味ではこの時代の原価計算指導の果たした役割は大きい。少なくともコスト・プラス・コントラクトの思想は特筆すべきことであった」(11-12頁) と評価している。しかし，価格についても「個別の企業の動きにかかわりのないところで決まってくると思われた。その結果，個別企業の原価は市場から与えられた価格に対して自己を適用してゆくだけのものとして位置づけられたのである」(12頁) という背景の下，Ⅱアメリカの「原価計算基準」の思考，Ⅲ原価計算基準仮案の時代，Ⅳアメリカにおける計画論の台頭，Ⅴ原価計算基準の成立，Ⅵコスト・マネジメントの時代と，6節立てで論を構成している。

Ⅱでは，1951年中間報告書 (AAA, Report of the Committee on Cost Concepts and Standards) において原価計算の目的を (1) 財務諸表作成，(2) 責任会計としての原価管理，(3) 意思決定，と設定したことの意義が取り上げられている[8]。わが国においても (2) 責任会計としての原価管理の思想が昭和24, 25年頃からしばらくは中心であったとしている[9]。Ⅲの「仮案」(1957年) につい

ては「管理会計的な色彩がかなり濃いといってよい」(13頁)が，あくまでも過渡的なものに過ぎなかった。

さらにⅣにおいては，アメリカにおける計画論の台頭に触れ，1955年委員会報告（AAA, Report of the Committee on Cost Concepts and Standards, Tentative Statement of Cost Concepts Underlying Reports for Management Purposes）における経営計画の議論がわが国においても著しくもてはやされたという。中間報告では経営意思決定目的が「経営計画」と名称変更され，「個別計画」と「期間計画」とに区分されている。原価計算基準では後者と予算制度との関連性を捉え，前者については特殊原価調査とした。その意味でもアメリカ会計学会の基準案は，原価計算基準の設定にも役立ったが，それ以上にこの理念の形成に資するところが多かったという。また溝口(1980A11)によると，当時のわが国は高度成長期にあったことを強調されており，「すべては個別計画の流れのうちにあったのであってそのための原価計算をはじめとして，各種の管理計算技法を駆使することが，この時代の要請であった」(14頁)とされている。さらに「いま一つ「経営計画論」の台頭に関連して特筆すべきは，「直接原価計算」(direct costing)の発展である」(14頁)としている。

「原価計算基準」について，そもそも原価計算実務界は，いうまでもなく管理会計基準としての性質を併せもつ「原価計算基準」を期待していたという(溝口1980A11, 14頁)。しかしながら「マネジメントのための原価計算」という観点からすると，「「基準」における管理会計的原価計算の機能の叙述はほとんど「原価管理」の側面に限られている」(15頁)ことや，利益計画ないし予算統制については目的で掲げられているにもかかわらず記述が欠落していることが指摘されている。また，「「特殊原価調査」とされるところにより重要な，近代的な原価計算が多く含まれている点を考えると，「基準」は重要な側面にまったくふれていないということになる」(15頁)とし，さらに「「基準」における欠陥として，直接原価計算をほとんど取扱っていないということを挙げざるを得ない」(15頁)と述べている。

そのような背景の下で1966年の答申「コスト・マネジメント」について[10]，

溝口 (1980A11) は，その特徴が原価計画にあるとしている。まず原価計画とは，「原価引下げを計画すなわち意志決定を通じて行うことを指している」（16頁）とし，その計画が長期的は総合計画との関連において設定されなければならないことを強調している。しかしながら，わが国の実務に対する影響は少なかったようである。その原因は，原価計算基準の体系にしたがっている企業が多く，しかも「コスト・マネジメント」には原価計算手続に関する部分を欠いていたことが指摘されている（16頁）。そして，多くの企業から要望されたより近代的な指導書ないしガイドラインとして，「経営原価計算実施要領中間報告」が公表されたのだという。溝口 (1980A11) は，「経営原価計算実施要領（中間報告）」が「熱心な実務家の手によって作られたということは画期的なことである」（17頁）と評価している。

また「経営原価計算実施要領（中間報告）」について，溝口 (1980A11) は次の点を指摘している。まず第1点目は，原価計算の目的について原価低減を目的としていることである（17頁）。これは前述の「コスト・マネジメント」に対して，細目の説明は比較にならないほど詳細ではあるが，基本線は同一であると述べられている。さらに第2点目は，経営原価計算と伝統的な原価計算との関連性についてである。また，溝口 (1980A11) は，基本計画設定を扱っていないことに批判の矛先を向けており，長期の問題を扱っていないことを指摘している。

§3 「原価計算基準」をめぐる議論の展開

3.1 1960年代の議論

岡本編著 (1981, 183-185頁) には，219編にもおよぶ論文や座談会の年代別，内容別分類目録が掲載されているが，その中でも1960年代の論文等は，1962年および1963年に集中している。例えば1963年の『會計』第84巻第2号には「特集・原価計算基準」が組まれ，松本 (1963K84-2)，鍋島 (1963K84-2)，諸井 (1963K84-2)，岡本 (1963K84-2)，小林 (1963K84-2)，宮本

(1963K84-2), 中山 (1963K84-2), および黒澤清を座長とする円卓討論が掲載されている。また1963年の『産業経理』第23巻第1号でも「特集・原価計算批判」が組まれ, 久保田 (1963S1), 今井 (1963S1), 青木 (1963S1), 溝口 (1963S1), 小林 (1963S1), 佐藤 (1963S1), 中山 (1963S1), 秋谷 (1963S1), 舛田 (1963S1), 原田 (1963S1), 竹内 (1963S1), および千頭 (1963S1) が掲載されている。

例えばまず秋谷 (1963S1) は,「今回の基準は実際問題として何ら現段階における先見的, 指導的アイデアも織り込まれていない, ことにわれわれが実施している原価計算を基準としてまとめたにすぎないし, また, 現在の税法がどうなろうと, もっと経営管理の用具として原価計算のいくべき道をはっきり指向してもらいたかった」(95頁) という。

原田 (1963S1) は,「原価計算基準」が原価管理目的のための標準原価計算制度を採用していることと, 各企業がその業種経営規模その他当該企業特有の条件に応じて実情に即するように適用されるとしていることを高く評価している。しかし, それは裏を返せば,「中小企業等では実際原価計算自体がいまだしの感があり標準原価計算採用の域に達するには相当の時間を要するであろうが…」(106頁) という通り, 大企業向けの原価管理に対する貢献についてはまったく言及されていない。

中山 (1963K84-2, 1963S1) では, 二段式標準原価計算との対比を中心に据えて,「原価計算基準」では製品標準原価に関する規定があるのみで, それでは原価管理には有用ではない旨が指摘されている[11]。

その他, 個別の論点に関する議論も多くみられるが, やはりメッセージとしては「原価計算基準」では実務界からの要請には応えられていなかったということになろう。

3.2 1970年代の議論

1977年, 原価計算基準の改訂の機運が盛り上がっていたようである。『産業経理』では「原価計算基準の改正について」という特集が組まれ,『企業会計』

では「「原価計算基準」の性格と公正■基準改訂の機運に寄せて」という特集が組まれている。その背景には，「昨年12月，日本原価計算研究学会は，大蔵省当局に対して「原価計算基準」の再検討の措置を講じてほしい旨の要望書を提出した」（諸井，1977A2，22頁）ことによるものであると思われる。この要望書が「「わが国産業の充実・発展が望まれている現在，経営管理の充実を期する意味で『基準』の再検討は当面の課題である」と述べているのは，産業界が「基準」に対して経営管理的観点からあきたらなく思っていることの端的なあらわれといってよい」（諸井，1977A2，25頁）。

(1) 『企業会計』の特集

番場 (1977A2) については，前述§2の通りである。次に中山 (1977A2) は，「原価計算基準」が"製品原価計算基準"であることを批判し，原価管理に必要な単片原価という概念を取り上げて議論を展開している。その基本的な論旨は中山 (1977S4) や第7章における主張と変わらない。

中山 (1977A2) の基本的な主張は，単片原価と結晶原価の混同から原価計算の考え方について多くの誤りが出現しているということである。その中でも中山 (1977A2) は，結晶原価では原価管理を行えないにもかかわらず，原価計算基準では「結晶原価たる現実的標準原価が原価管理に最も適するとか，結晶原価たる正常原価が原価管理に用いられるとか間違ったことを述べている」（中山，1977A2，15頁）という点を最も強調し，その上で理想的標準原価を原価計算基準から排除していることを痛烈に批判している[12]。

一方で溝口 (1977A2) は，原価計算基準の性格を取り上げ，「管理会計的な実践基準としては不十分さがあると断ぜざるを得ない」（20頁）としている。直接原価計算の取り扱いや，基準における2つの原価計算制度はいずれも製品原価計算を軸として構成されていることも問題としている。さらに原価計算制度と予算統制目的について，溝口 (1977A2，19頁) は「いずれにしても，予算統制のための原価計算としては，標準原価計算制度の運用の範囲で考えられているものと解さざるを得ない。」と指摘している。その上で原価計算基準における原価計算制度が製品原価計算を軸として構成されており，これを予算統制

との関係については,「わが国企業の実務の実態からすると予算統制が原価計算の援助をうける場合がきわめて多いので,そうなると製品原価計算中心の現行の「基準」の説明は実践性を欠くことになるのではないだろうか」と指摘している（溝口，1977A2, 20 頁)[13]。

(2) 『産業経理』の特集

山邊 (1977S4) は,原価計算基準に内在する諸問題に関心があり,そのうち総合原価計算に手続に関する個別論点を取り上げて議論を展開している。

次に,当時日本電気の常務取締役であった小池明は,「原価計算基準」の改正に望む点として,3つの要望を掲げている (小池, 1977S4)。第1は「会計原則を十分に尊重した原価体系の中に,企業の管理指向を強力にリードすべき大胆な新しい基準の設定こそが,新時代の企業が渇望しているものであろう」(72 頁) としているように,管理に役立つ原価計算基準についてである。標準原価計算において現実的標準原価が用いられていることによる管理上の問題点を指摘している。第2はシステム化に対応する原価計算指向についてであり,第3は企業環境の変化に伴う若干の修正についてである。その上で,直接労務費に関する諸問題,標準原価計算制度に関する諸問題,原価計算の EDPS,およびに連結原価計算について取り上げている。

さらに特集には含まれていないが,溝口 (1977S9) は,原価計算基準の細部についての検討が不可欠であるとし,原価計算の目的について,原価の本質について,および原価計算制度上の原価概念についての見解を述べている。

以上,§3 では「原価計算基準」の改訂に関する議論を中心に検討したが,そこでの問題の中心は,番場 (1977A2) が示すように,関連諸法令との整合性,「原価計算基準」に内在する欠陥の修正,および当時の最新の理論への準拠であったといえる。

§4　研究者と実務家との間の方向性のギャップ

§3 における議論に対して,1975 年の『企業会計』第 27 巻第 11 号における

「特集／管理会計■理論と実践とのあいだ」，1979 年の『企業会計』第 31 巻第 7 号における「座談会＝実践原価管理の現状と問題点」，および 1980 年の『企業会計』第 32 巻第 11 号における「《シンポジウム》経営原価計算の成立基盤―原価情報システムの再検討」による各氏の発言等を見ると，研究者と実務家の向いている方向が違った（相互作用があまりなかった）のではないかと感じられる部分も多い。

4.1 「特集／管理会計■理論と実践とのあいだ」

　この特集は，津曲直躬と宮本匡章との対談「管理会計の問題意識と研究方法」から始まっている。まず津曲と宮本が抱いた問題意識は，10 年くらい前には管理会計が大躍進の時代を迎えるかと期待しており，津曲によると「その後の過程で出てきた新しい試みは，あえて分類すれば，1 つは，たとえば計画設定あるいは意思決定のために有効な管理会計の精度を高めるためにさまざまな計量的分析技法を導入する，あるいはそれらの力を借りるという試みですね。もう 1 つは，たとえば統制活動に対する管理会計の有効性を高める意味で，いわゆる行動科学の成果を導入する，あるいはそれを組み入れる。さらには，先ほどいわれたように，大型コンピュータの力を借りて，全体としてシステム設計を企図する，あるいは大量のデータを駆使できるように管理会計の容れものを拡大していくという試みといってよいかと思うのです」(21 頁) と述べられている。しかし，津曲・宮本の両氏とも，現状は思った方向には進んでいないと感じていたようである。

　なお，実務における問題点については，たとえば宮本は「私も，若干の方の意見は聞いておりますけれども，全体を浮き彫りにするような形の問題意識ではないような気がします。…。やや抽象的にいうと，従来から問題になっているような，たとえば間接費ないし固定費の配分問題であるとか，あるいは振替価格の問題に，やはりなおかつ問題点を見出しておられますね。また，事業部制のあり方や業績評価とつながる問題も，非常に重視されているように思われる。さらに，個別原価計算を採用されている会社の方からは，見積計算をする

場合に，われわれが想像もできないようなファクターを盛り込まざるを得ないので，その面で苦労しているという話を聞きますね」(27頁) と述べている。同様に津曲は「新しい理論的展開を追っかけ回すというよりは，むしろ伝統的な予算や標準原価管理と現場の物量管理とをどうつなげるか，現場の作業組織における問題と標準原価の設定や実行予算の示達の問題をどうつなげるか，あるいは，若干のケースでは人間管理といいますか，作業組織におけるモチベーションを考えて予算なり標準原価管理を実施する場合にどうしたらよいかということで苦労されているようですね」(27頁) と述べている。結論としては，津曲が指摘する通り，「従来の枠組みの中でもずいぶん落としてしまって問題が多いのだから，そこら辺のところを新しい技法を使ってでも再検討をして，管理会計システムの精度を高める努力をしなければいけない」(31頁) といえよう。

その他，実践からの問題として，まず日本化薬（株）経理部会計課長であった中村輝夫によると利益計画と資金計画とのつながりの重要性を説いている（中村，1975A11）。計画を実現しうる人的，物的，資金的裏付けがない限り，利益計画は意味がないとし，持論を展開している。

電気化学工業（株）システム課長であった久保一陽は，多くの会社で実践されている予算制度について，予算編成の課題，予算実施過程の課題，予算差異分析の課題，管理システムの展開について論じている（久保，1975A11）。わが国における戦後の本格的な予算統制制度の導入の端緒となった「企業における内部統制の大綱」(昭和26年7月，通産省産業合理化審議会) の見解を引用しつつ，生産管理，品質管理，販売管理，在庫管理，研究管理，ZD，目標管理など多種多様な経営管理制度が開発され，あるいは海外から導入されたが，これらのほとんどについて予算統制との関連性を見いだせない旨が指摘されている。

三井東圧化学（株）経理部次長の細野義一は，財務会計の意義，原価管理の展開，原価管理の中心的問題，原価管理の具体化，管理会計の課題と議論を展開している（細野，1975A11）。とくに経営戦略面も配慮した目標値を各コス

ト・センターの責任者が定め，短期ならびに中長期における経営管理目標を明確化し，その目標設定過程で，現場でさかんに検討されているIE，QC，VA等の諸手法を経営成果に結びつけ，経営合理化活動の総合化を図っていくことも必要でなかろうかという旨を提案している。

信越化学工業（株）関連事業部長の宮崎利江は，経営組織と責任会計，責任会計における管理可能性，業績評価の問題へと議論を展開している（宮崎，1975A11）。その主旨は，(1) 責任会計は適切な経営管理組織の確立を前提としてはじめて実践的用具となりうる，(2) 責任会計の中心概念は管理可能原価の測定であり，管理標準による実績の比較測定が中心課題である，(3) 組織における個々人が責任意識を持って，目標達成に努力する経営風土が必要であり，責任会計はこういった経営風土に育つ管理会計であると主張している。

4.2 「座談会＝実践原価管理の現状と問題点」

この座談会の出席者は，佐藤精一（司会），安藤三郎，深井秀夫，および吉川武男である。議論の取っ掛かりは吉川による実態調査であり[14]，その結果について，吉川は「現実の企業が非常に原価管理を目的にして原価計算を実施している様子が随所に見られたことが，何にもまして印象的でした」（73頁）と発言している。しかしながら安藤は「そういうコスト・マネージメントというものを，いわゆる従来の伝統的な原価計算でできるのかといったら，私はおそらく否定に近いような答えをするしかない」（73頁）と述べている。そこで，安藤の発言をいくつか引用してみよう。

「いわゆるトップ，ボードに近いところでマネージするための数字が，実は金額なんです。それから現業部門に行きますと，もちろん金額とも関係ありますけれども，物量による方法が，より管理しやすいということです。」（79頁）
「たとえば，実際に，いま困っている問題は，VEの成果測定というのがございまして，このVEの成果測定を，財務計算のどこに結びつけるかよい方法がないんです。10億，VE成果があがりました。これが今期の財務計算の数字とどこでつながっているか。これが非常に難しいんですね。」（80頁）

「VEというのは，実は各事業部ばらばらにやっていたんです。その前からやっていたんですけど，ゼネラル全体としましてVEの成果がわからないのでは困るということで，生産管理部，私の方が事務局になりまして，事務がVE会議を提唱しまして，それで購買課長を集めたわけです。…VEなんていうものは，非常に現場に近いところでやっているわけです。そういうものをトップに近いところでチェックしているということは，非常に大きな動機づけになる。そして，さらに情報交換ということがある。事業部制というのは，情報の流れも非常に悪いんですね。ほんとに流れが悪いんです。それが，そういうVE会議の場を持つことによって，情報が流れるようになった。」（85頁）

これらの発言をまとめて，佐藤は「局所的に原価管理，原価低減という問題から，今度は工場全体，あるいは会社全体という広い視野から，総合的な立場から原価を低減していく，あるいは利益の増大を考えていくという観点で，原価管理という問題をとらえていらっしゃるように思うんです」（87頁）と述べている。

4.3 「《シンポジウム》経営原価計算の成立基盤—原価情報システムの再検討」

このシンポジウムは，1980年の『企業会計』第32巻第11号における総特集の一環として開催されており，出席者は，津曲直躬（司会），宮本匡章（報告者），伊藤博，岡本清，および小林健吾である。その中から注目すべき発言をいくつか引用してみよう。

「たとえば，企画部門は，会計の射程距離が短いとか予測がうまくいかないといった批判をしてきたし，プロジェクト管理部門では，会計が期間計算のためにプロジェクト管理にはどうも役に立たないという意見を出している。また，現場の生産管理部門などは，物量管理，時間管理で動いている現場に対して，原価管理などの価値管理は必ずしも有効ではないという批判を絶えずしているわけです。」（46頁，津曲の発言）

「われわれは原価計算をやっているわけですが，原価計算を最初に工夫した人々は，どちらかといえば，アカウンタントではなく，エンジニアだったわけですね。

それで結局，アカウンタントは資本の運動をとらえていて，いわば商人的な計算をしている。ところが，エンジニアは，何よりもコスト・コントロール用の計算をしている。そこで原価計算と一般会計とは結びつけない方がいいんだ，機能が違うんだから，そういう主張が今世紀の初頭のころにあったわけですね。ですから，原価計算をわれわれが扱う場合に，やはりエンジニアの立場を重視して，これと結合させていくというのが原点に戻った一つの発展のさせ方ではないかというように思うわけです。」(47頁，岡本の発言)

「いわゆる現場サイドのエンジニアの意識とアカウンタントの意識とが違う，これは要領作成委員会のメンバーの中でも，かなりその点を訴えている人がありました。…したがって，要領作成委員会でも，財務会計とのリンクは考えなければならない問題と意識されたのですが，そこまで広範囲に検討する余裕がなく終わったのです。」(50頁，伊藤の発言)

4.4 実務界からの要望と研究者の関心

§4で採り上げた対談，座談会，シンポジウム他において，各氏の発言間で意見の相違や対立はあるものの，相互に矛盾する点はないように思われる。まずは実務界からの要望や提案を次の3点に集約できる。

① いかにして種々の原価計算技法間や個別の管理会計技法間で相互にリンクさせるのか。
② 組織階層上位が利用する金額による管理と，現場による物量管理・時間管理とをいかにして整合させるのか。
③ いかにして組織内の各部署（職能または事業部）間での情報共有やコミュニケーションを促進し，組織を活性化させるのか。

そもそも1966年の答申「コスト・マネジメント」は，原価計画をキーワードとし，利益管理の一環としての原価引下げ計画が長期的な総合計画との関連において設定されなければならない旨を提唱したものである。それはまさに上述の3つの要望・提案に依拠しているものに他ならないだろう。つまり，実務家たちが抱えていた問題は，個々の技法そのものの精度というよりも，技法間

／管理手法間の整合性やリンケージであったということであろう。この点は，岡本清が先のシンポジウム内で「現行原価計算基準に対する一つに批判として，「基準」で使用されている用語が工学で使われている用語と全く切り離されているという批判がありましたね」(47-48頁) と述べていることとも整合する。

一方，研究者の関心は個々の技法の発展にあったと考えられる。津曲直躬と宮本匡章との対談からも明らかなように，隣接諸科学と結びつけて各技法の精度を高めようとしていたと解釈することができる。この点，たとえば岡本 (1972A1) は「日本人として管理会計を研究する以上，外国と同種の研究をするならば，外国の水準より高く，また異種の研究をするならば，わが国における企業の実情に即した独自の研究をしたいものである」(137頁) とし，とくに前者については経営計画設定の過程における数学的意思決定モデル開発等を例示している。

このように，上述の3つの実務家の要請・提案と，研究者の関心とのギャップが存在していた可能性を指摘できる。

§5 原価計算実務による要請としての「経営原価計算実施要領」

1980年の『企業会計』第32巻第11号には，「総特集／マネジメントのための原価計算」が組まれている。この総特集における諸論文を手掛かりに，わが国における原価計算・管理会計における日本的な展開（積極的適応）について実務家が果たした役割を模索してみたい。

5.1 「経営原価計算実施要領」の必要性

この「総特集／マネジメントのための原価計算」のきっかけとなっている「経営原価計算実施要領（中間報告）」は，企業経営協会の経営原価計算実施要領作成委員会（委員長・近藤潤三日本化薬社長，副委員長・安藤三郎ゼネラル生産管理部長，主査・伊藤博）によって1980年5月に発表されている。

青木（1980A11）によると，わが国においては従来，公的な原価計算の規定が商工省，産業合理局，財務管理委員会から公表された製品原価計算の手続を中心とした原価計算の既成概念がもたれており，さらに「原価計算基準」が原価計算の基本的な考え方の指針として定着していた。当時，「しかるに最近における原価計算の理論と実務の現状をみると，それは上述のような伝統的原価計算の枠を超えて，マネジメントの要請に対応して，経営意思決定や業績管理など，管理会計の発展と表裏の関係においての進展など特に目立つのである」（青木，1980A11，4頁）という状況であったという。

そこで，経営原価計算の性格が次のように述べられている（青木，1980A11，5-6頁）。

(1) 経営原価計算の領域は，現行のわが国の「原価計算基準」の内容にくらべて，より拡大されたマネジメントのための計算領域を含むものである。
(2) 経営原価計算の体系は，わが国企業の原価計算の実践的慣行を踏まえ，それに最近までのマネジメントのための原価計算の新しい領域や手法を加味した実践面と理論面との指針となりうるものであることが望ましい。
(3) 原価計算の課題と領域は，原価計算制度として，「原価計算基準」で取扱っているような領域と，そして茲でのべるような経営原価計算として取扱われる領域だけで，すべてをカバーしているということはできない。しかしながら経営原価計算は，原価計算の諸目的のうち，最も重要な目的の一つとして考えられるところのマネジメントのための原価計算の領域をとりあげるものである[15]。

この経営原価計算の趣旨は，「経営原価計算の課題のうち，直接原価計算，予算制度，価格計算などについては，現行基準でも若干はそれについてふれてはいるが，その内容説明はほとんど行われておらず，また責任会計についても記述されていないが，経営原価計算の観点からすれば，これらの解説が求められるということで，現行基準の補足が必要ではないかということである」（青

木,1980A11, 9-10頁)という。

5.2 実務家の果した積極的な役割——企業経営協会編(1982)に至る軌跡[16]

企業経営協会編(1982)によると,当時の専務理事である古賀久雄は「原価計算に関し,昭和37年に企業会計審議会より発表された「原価計算基準」があるが,これは「企業会計原則」の補充目的のためであって,主として外部報告会計への役立ちをつとめるものである」(まえがき1頁)と述べた上で次のように指摘している。

> 「今や原価計算の経営における機能は,財務会計的役務は第二義的となり,また,コンピュータの利用は計算の簡略化,迅速化に役立っている。このようなとき,原価計算の負うべき新しい任務は,経営管理への積極的寄与であり,特殊原価等の概念も含んだ広い分野の研究をさらにおしすすめ,これらを総合して,原価計算の観念にふくましめる時期に遭遇しているように思う。歴史的な原価による計算を第一の原価計算,標準原価あるいは直接費による原価計算を第二の原価計算とよんだ場合,これらは第三の原価計算ともよべようか。しかしこの新しい分野の範囲,体系はいまだ定かではない。具体的にどのような項目を対象とすべきか,又,これらの項目を総括してどのように名づけたらよいであろうか。原価計算の新しい発展のためにわれわれは模索する。」(まえがき1頁)

この企業のマネジメントの現場に原価計算を生かすというアピールは広く賛同を得て,その具体的問題提起は企業経営協会に寄せられただけでも34編に達したという。これを踏まえつつ,1977年(昭和52年)12月に「経営原価計算実施要領作成委員会」が設置されたという。

また,企業経営協会編(1982)によると,「その一応の成果は,昭和55年5月号の当協会機関誌『経営実務』に中間報告の形で掲載し,昭和55年6月7日・8日,一橋大学において開催された日本原価計算研究学会第6回大会の第2日目に公表した」(まえがき2頁)とされている[17]。

次いで同委員会は,小尾毅によって中間報告に対する意見を『原価計算』1981年(昭和56年)1月号に掲載したように,整理して体系や項目の構成上の

修正を行うとともに，昭和56年6月19日・20日に大阪市立大学で開催された日本原価計算研究学会第7回大会の第1日目に第二次中間報告を行った[18]。この間，第一次中間報告に寄せられた各界からの批判・提案および経営原価計算に関する論文は，内外を含めて46編に及ぶほどであったという。

さらに，昭和57年5月7日・8日に国際商科大学で開催された日本原価計算研究学会第8回大会において「経営原価計算実施要領・仮案」を公表して，一応の完成をみる運びとなった。その後，仮案の文字を削除して企業経営協会編（1982）が刊行されたのである。

なお，企業経営協会編（1982）構成は次の通りである。

第1編　総説
　第1章　マネジメントの行動
　第2章　マネジメントのための経営情報
　第3章　経営原価計算の目的
　第4章　経営原価計算システムの形成
第2編　意思決定のための原価計算
　第1章　意思決定の構造
　第2章　長期利益計画
　第3章　短期利益計画
　第4章　個別構造計画
　第5章　個別業務計画
第3編　業績管理のための原価計算
　第1章　業績管理
　第2章　予算管理
　第3章　原価管理
　第4章　業績管理のための計算手法
　第5章　責任会計・事業部制会計
第4編　経営原価計算の適用
　第1章　研究開発費
　第2章　材料費
　第3章　加工費
　第4章　販売費・物流費
　第5章　本社費
　第6章　固定費
　第7章　社会原価（ソーシャル・コスト）
第5編　経営原価計算高度化のための手法
　第1章　経営原価計算と行動科学
　第2章　マネジメント・サイエンス
　第3章　経済性工学
　第4章　生産工学
　第5章　EDPSアプリケーション・ソフトウェア
　第6章　監査

この「経営原価計算実施要領」が答申「コスト・マネジメント」との継続性・一貫性は多くの文献で指摘されている。答申「コスト・マネジメント」が理念的過ぎ，かつ，原価計算手続に関する部分を欠いていたのに対し，§4で

明らかにしたような実務界からの3つの要望・提案を実現するために実務家たち自身がどれだけ腐心したことだろうか。その意味でも，わが国における原価計算諸技法の紹介・認知→導入・受容→積極的適応のプロセスにおいて，実務家が果した積極的な役割は大きかったと評価することができる。

§6 ま と め

本章では，「原価計算基準」をめぐる議論を発端として，1980年に発表された「経営原価計算実施要領」への結実にみる実務家の果してきた役割について検討してきた。

そのために§2では，まず「原価計算基準」を改訂するための3つの修正点や，改訂する際の3つの方向性を示した。そして，岡本編（1981）がいう第3の方向である「経営原価計算実施要領」へ行きつくまでの経緯が溝口（1980A11）によって示されている。

§3では，1960年代1970年代の「原価計算基準」をめぐる議論の展開を検討した。その内容としては，「原価計算基準」の性格に関するものと，個別の論点に関するものがほとんどであるが，結局は2008年現在においても「原価計算基準」は改訂されておらず，また実務界からの要請にも応えることができず，結実を見ない議論であったといえよう。

§4では，実務家による要請・提案を明らかにし，個々の技法の発展に関心があった研究者のスタンスとの相違を明らかにした。この実務家による要請・提案こそが，§5に示す「経営原価計算実施要領」へと結実したとみることができる。これは，わが国への原価計算諸技法の積極的適応のために，実務家が果した重要な役割であったといえるだろう。

1 「原価計算基準」制定の経緯や役割期待等については，中西寅雄編（1958）『近代原価計算』同文館，諸井勝之助（1976）「『原価計算基準』の制定」青木茂男編『日本会計発達史』同友館，諸井勝之助（1999）「『原価計算基準』の解明」『原価計算研究』第23巻第2号，1-15頁，諸井勝之助（2002）『私の学問遍歴

森山書店，他多数を参照されたい．
2　大阪府立大学で開催された1996年度の日本原価計算研究学会全国大会のパネルディスカッションにおいて，岡本清から「企業が原価計算システムを新たに設定したり，改善しようとする場合に，「基準」が1つの拠り所として参照されてきたこと，商法，税法，証券取引法との関連を考慮して，「基準」は，原価差異の会計処理を通じて，それらとの調整を図るとともに，原価計算の主体的な立場を主張してきたこと，さらに企業内の社員教育や大学の講義においても「基準」が必ず参照されてきたことを指摘し，その意義や貢献が小さくなかったと述べた．また，「基準」の最大の特徴は，特殊原価調査の部分を除いて，原価計算制度に関する基準を定めたということにあり，これは，当時の原価計算の処理能力とともに，財務会計と管理会計の調整や上記の諸法令との関連を考えて当時として妥当な原価計算制度を明示したという点で，意義があったことが指摘された．」という（小林哲夫（1997）「パネルディスカッション「原価計算基準の再検討」の概要」『原価計算研究』Vol.21 No.2）．
3　例えば岡本編著（1981）では，219編の論文等（座談会等を含む）がリストアップされている．岡本清編著（1981）『原価計算基準の研究』国元書房，172–185頁を参照されたい．
4　1980年の中間報告から，1981年の第二次中間報告，1982年の「経営原価計算実施要領・仮案」を経て，企業経営協会編（1982）『解説 経営原価計算実施要領』（中央経済社）の刊行へと続いている．
5　企業会計原則注解8および注解21（2）には「適正な原価計算基準に従って…」（傍点は筆者による）と規定されている．ここで，番場（1977A2）は，当初の旧企業会計原則注解4では『原価計算基準』と原価計算基準がカギ括弧書きされていたのに対して，昭和49年修正後には適正な原価計算基準と表現され，現行「原価計算基準」が必ずしも全面的には支持され得ないことが示唆されていると指摘している．
6　岡本編著（1981）も参照されたい．
7　岡本編著（1981）によると，この第2の方向の支持者に，小林健吾，青木茂男，溝口一雄，佐藤精一，および平林喜博らの名前を挙げている．
8　この点について，「公表財務諸表の作成目的にならんで，原価管理と意志決定を掲げたことは新しい時代の原価計算志向を表わすものとして画期的であった」（溝口，1980A11，12頁）と評価されている．
9　ただし，「AAAの原価計算基準がわが国の原価実務に与えた影響は実は直接的ではなかった．その思潮がこの時代を代表したために，間接的な影響なのである．原価計算実務の指針となるべきものが，求められたのであるが，しばらくは空白の時期が続いたのである」（溝口，1980A11，13頁）と述べられている．
10　「「コスト・マネジメント」は，高度成長時代に生じたカゲリ（1967年から1970年）の事態に即して作られた「答申」という一面もあったが，基本的には長期的視野の導入を強調したところに特徴をもっていた」（溝口，1980A11，16頁）という．答申「コスト・マネジメント」をめぐる議論については，第10章を参

照されたい。
11 中山（1963K84-2）については，第7章を参照されたい。
12 中山隆祐の所説によると理想的標準原価を原価計算基準が認めていないことを強く批判しているが，諸井（1977A2）は「「基準」が理想的標準原価を認めないのは，たな卸資産原価や売上原価が理想的標準原価で計上されることを認めないという趣旨であって，原価管理のために企業が理想的標準原価を使用することを禁止するという趣旨では決してない」（25-26頁）と指摘している。
13 この点について，宮本匡章によっても原価計算基準には予算編成と予算統制目的に関する記述がきわめて少ないことが指摘されている（岡本編著，1981，31-32頁）。
14 この調査結果については，『経営実務』1979年5月号，ないし吉川（1980A11）を参照されたい。
15 たとえば価格決定への役立ちについても，企業の価格政策だけでなく，政府・官庁などによる調達価格の決定や，公共性をもったサービス（電力，交通，医療，教育など）の料金決定など社会的利害とより強く結びつけて考えることは意義がある旨が述べられている。
16 企業経営協会編（1982）『解説経営原価計算実施要領』中央経済社。
17 その模様については，『原価計算』1980年（昭和55年）7月号を参照されたい。また，伊藤（1980A9）および安藤（1980A9）も参照されたい。
18 この修正内容は『原価計算』1981年（昭和56年）6月号に掲載されている。

第10章 「コスト・マネジメント」の答申をめぐる議論
― 研究者の積極的役割

§1 は じ め に

　前章までの議論にも見られるように，わが国においては昭和初期の産業合理化運動によって経営管理目的に適合した会計方法に関する関心が高まっていったといえる。とりわけ昭和20年代後半頃より標準原価計算や予算管理の問題を中心として管理会計手法に強い関心が抱かれるようになっていった[1]。この時代はまさに戦後の経済復興期から高度成長期への転換期であり資本自由化の時代であったが，従来の物量管理の思考に代表されるように，生産の基本構造や全体の生産量の改善を通じての包括的な原価管理は，取り扱われてこなかったようである[2]。

　その一方で，原価管理をコントロールの局面に限定せずに，より総合的に拡大して規定しようとする見解に，通産省産業構造審議会管理部会答申『コスト・マネジメント―原価引下げの新理念とその方法』（以下，1966年答申とする）がある。この1966年答申では，コスト・マネジメントを「利益計画の一環として，企業の安定的発展に必要な原価引下げの目標を明らかにするとともに，その実施のための計画を設定し，これが実現を図る一切の管理活動をいう」と定義し，原価計画をキーワードの1つとしてコスト・マネジメントを体系化している[3]。

　この1966年答申には次に示すような特徴がある。すなわち，①必ずしもト

ップ・マネジメント層の問題のみに範囲を限定しているのではなく，あらゆる階層のマネジャーの問題をも対象としていること，②長期的思考を導入し，長期利益計画の一環としての原価計画を強く全面に押し出したこと，③ OR, IE, VA/VE，直接原価計算，標準原価計算，予算など，コスト・マネジメントに役立つ新しい分析や計算の技法が尊重され，取り入れられていること，④手法自体ではなく理念（実践上の諸問題を出発点とすること）を前面に押し出していることである。これらの特徴こそが1966年答申を取り上げる理由に他ならない。とくに④によるアプローチが従来の答申と異なっていることは，きわめて重要であるといえよう。

このような背景の下，本章におけるリサーチ・クエスチョンを次のように設定する。

・1966年答申の公表に至るまでにどのような経緯があったか。
・「コスト・マネジメント」という用語の由来は何か。
・1966年答申で取り上げられた諸技法や諸概念が日本的原価管理実践の形成とどのように関係するか。
・当時のどのような実務が観察・参照されたのか。
・1966年答申の公表によって実務にどのような影響があったか。

以上を受けて，本章の目的は，1966年答申をめぐって，いかなる議論が行われ，原価計算の諸技法や諸概念がどのように導入・受容され，そして積極的に適応していったのかを回顧し，1966年答申を取り巻く先人たちの果した役割を明らかにすることである。そのために，§2では，わが国においてコスト・マネジメントという概念や用語が認知・紹介された後でいかにして受容されたのか，コスト・マネジメント概念がいかにして形成されたのかを整理する。§3では，1966年答申制定の趣旨と背景を明らかにする。ここで1966年答申を取り上げる理由である理念・アプローチの相違についても詳しく述べる。§4においては，1967年の『企業会計』第19巻第3号における「コスト・マネジメント」解説特集号を取り上げ，わが国における導入・受容・積極適応におけるプロセスで先人たちの果たした積極的な役割を明らかにしたい。

§2 コスト・コントロールからコスト・マネジメントへ—原価管理概念の萌芽

　文献史的に見ると，"原価管理とは何か"という議論は1952年頃から数多くなされるようになった。そこでは，山邊（1952K61-6）や番場（1956S1）に代表されるように，主にアメリカの文献における cost control について，その概念や体系を"紹介・認知"するものが主流であった。その中で，cost control を包括する思考として cost management を位置づけ，その概念や体系を再構築すべきであることを指摘する記述が見られるようになっていく。例えば松本（1952K62-4）は，cost control のための原価計算基準のあり方を論ずるものであるが，この議論の前提としての専門用語の定義の文脈で，次のように述べている。

　　「第四に，申しあげたいのは原価統制の意味である。ここではこれを「原価の発生について決定された経営意思に即して原価の発生するように経営活動を指導し，規制することである」と解している。従つて原価統制は「原価発生に関する経営意思の決定」たる原価企画（planning of costs）を含まない。従つてここで取扱う原価計算の基準は，原価統制と原価企画の総合概念たる原価管理に役立つ原価計算（cost accounting for management）の原則よりも取扱う範囲が狭い，といわねばならない。」（3頁）

　松本（1952K62-4）は，原価の計画と統制を総合した領域として cost management を位置づける思考が，わが国では1950年代初頭の時点ですでに存在していたことを示す貴重な資料である。もちろん，cost control の"紹介・認知"に焦点があてられていた当時において，松本（1952K62-4）の思考は，研究の主流にはなかった。しかし，少なくとも一部の研究者には，同じようなある種の違和感が共有されていたようである。久保田（1955S12）は，インターナル・コントロールの一環として"原価による管理"を位置づける必要があり，そのために当時大いに話題になったという cost control 概念につい

て，次のように論じている。

　「かように考えると，コスト・コントロールとは（一）における具体的な原価の計画，これによる（二）間接的な統制とその業績批判という一連の管理体系（マネヂメント）において，これを理解せねばならず，またこの概念もこのなかにおいて規定せねばならぬものである。だから，通例「コスト・コントロール」と呼んでいるから，本稿もそれによつているが，正確には「コスト・マネヂメント」という名のもとで，その概念を規定せねば充分でないと筆者は考えている。」（77頁）

　この久保田（1955S12）の記述から，学者を中心に"紹介・認知"された cost control が，わが国ではその"導入・受容"に際し，「内部統制大綱」等によってインターナル・コントロールを導入しようとする大きな流れの中で，計画機能も含んだより包括的な領域として拡大解釈されていったことがわかる。そしてわが国では，拡大解釈された cost control は，すでにその本来意味する範疇を超えていたため，cost management という新しい概念や体系を準備し，企業経営に活かす必要性が生じていたのである。

　こうしてわが国では1960年頃から，cost control ではなく cost management の思考が重要であるという認識が，広く浸透していくこととなる。なおその際，わが国企業が直面していた市場と技術がどちらも変動的であるという競争環境が，その浸透にさらに拍車をかけるかたちとなったことも忘れてはならない[4]。

§3　『コスト・マネジメント』制定の趣旨と背景

3.1　これまでの答申と経営環境の変化

(1)　通産省産業合理化審議会管理部会答申

　§2でも明らかにしたように，1960年頃からコスト・マネジメントの概念や用語は徐々に実務においても浸透していったようであるが，そのためにも大き

な役割を果たしたのが1966年の答申『コスト・マネジメント』であったことは重要である。通産省の産業構造（合理化）審議会からは[5]，1951年から1966年まで次のような答申が出されている。

1. 通産省産業合理化審議会管理部会答申『企業における内部統制大綱』1951年（昭和26年）7月（以下，1951年答申とする）。
2. 通産省産業合理化審議会管理部会答申『内部統制の実施に関する手続要領』1953年（昭和28年）2月（以下，1953年答申とする）。
3. 通産省産業合理化審議会管理部会答申『経営方針遂行のための利益計画』1956年（昭和31年）7月（以下，1956年答申とする）。
4. 通産省産業合理化審議会管理部会答申『事業部制による利益管理』1960年（昭和35年）9月（以下，1960年答申とする）。
5. 通産省産業構造審議会管理部会答申『コスト・マネジメント―原価引下げの新理念とその方法』1966年（昭和41年）12月。

産業構造（合理化）審議会の管理部会は，「戦後の産業合理化ないし近代化を促進するため，経営管理ないし会計管理に関する最新技法を答申し，その導入を促進した」と評価されている[6]。『企業会計』1967年1月号に掲載されている緊急座談会（司会・小高泰雄）によると，古川栄一は，1966年答申公表までの経緯について次のように述べている。

「この委員会は一般に設けられていますように，通産省に設けられました産業合理化審議会――一昨年だと思いますが，その名称は，産業構造審議会に代わつております。――そのうちの管理部会のうちの財務管理分科会でありまして，これはすでに二十六年に「企業における内部統制の大綱」を発表いたしました。このときは，いわば戦後の混沌とした日本の企業を再建するための経営管理近代化の問題をその角度から取り組んだわけでありまして，あくまでも立場はトップ・マネジメントが企業再建をするにつきましてはどういう管理方式をとるべきか。…予算統制とか，経営分析とか，内部監査とか，そういつた各種それぞれ発達しました経営管理に役立つ計算制度の体系化をはかろうとしたところに狙いがあつたわけであります。さらに昭和二十八年に「内部統制の実施に関する手続要領」というものを発表してまいりまして，一層それを実務的な面から中身を入れてきたのであ

りますけれども，…。ところが昭和三十一年に「経営方針遂行のための利益計画」を発表いたしまして，そういう内部統制自身の計算制度に織り込まれる行動目標と申しましようか，利益計画というものを打ち出してまいりまして，たいへん一般に関心を得たと思うのであります。さらにその後三十五年に「事業部制による利益管理」を発表してまいりまして管理組織が集権組織と申しましようか，機能的組織から，その後の新しい発展としましての事業部制というものの展開を背景としました進んだ利益管理方式を取り入れてきて，一般の関心を得たと思つております。」(75頁)

古川栄一が指摘するように，1951年答申，1953年答申，1956年答申，および1960年答申といった一連の答申との継続性は否定できない。しかしながら，1966年答申は，産業構造審議会のそれまでの一連の答申とは一線を画していることに注意が必要である。それは後述のような1966年答申の理念と特徴によるものである。

(2) 1966年答申の公表に至るまでの経営環境の変化

合田 (1967S1) によれば，「『コスト・マネジメント』に関する答申案は，財務管理小委員会で昭和三十五年十二月以来慎重に審議されてきたものである」(118頁) とされている。その間，1966年答申が公表されるまで多くの変化があった。当時の企業を取り巻く諸環境の激化が進み，その結果，従来のやり方が通用しないようになった旨についても，『企業会計』第19巻第1号における緊急座談会の中で古川栄一は次のように述べている。

「日本の企業は貿易の自由化から，さらに進んで資本取引の自由化という国際競争の強化という問題に直面してきたことは一般に知られたとおりでございます。資本取引の自由化になってまいりますと，先進国から膨大な資本がやってくるというだけじやないのでありまして，その資本には必ず近代的な進んだ技術と，さらには近代的な管理方式というものが武装してまいるわけでして，日本の企業経営者は，従来のやり方では太刀打ちできない。そういう新しい意味において諸外国，特に国際的に進んだ先進国の企業経営者と立ち向かう一つの準備態勢に入らなければならない。これはまた市場を拡大するというだけでなくして，さらにコストの引き下げをしなけりやならない。」(75-76頁)

3.2 1966年答申の理念と特徴
(1) 1966年答申の理念

　1967年における『企業会計』第19巻第3号（臨時増刊）は，1966年答申の解説特集号となっている。次の引用文の通り，1966年答申のテーマ設定は西野嘉一郎の提案によるものであること，その提案は西野嘉一郎が団長であった日本生産性本部のコスト・コントロール視察団での体験が基礎になっていたこと等がわかる。

　「産業構造審議会の管理部会が「コスト・マネジメント」の問題と取り組んでその討議に入ったのは数年前のことであったと思う。「利益管理と事業部制」の答申が終って次に何を審議すべきかということになり，私は第一に経営者の立場からコストの問題をまとめてはどうかと提案した。当時の日本経済は高度成長の最中にあって経営者のビヘービアは売上高の増大や市場占有度の拡大に関心があって，技術革新に伴う新設備の拡張こそコスト引下げの唯一の道で，原価の問題を正面から取組む必要を感じていなかったときではなかったかと思う。なぜ私がこの問題の意義を強く主張したかというと，1955年日本生産性本部のコスト・コントロール・チームの一員として渡米し，米国の繁栄の秘密は企業ぐるみのコストとの戦いにあることを目前に見，肌に感じて帰国し，近くくるであろう貿易と資本の自由化が今のような封鎖体制の中における利潤計算を無視した拡大主義では決して安定的成長は期し得ないし，その反動が必ずくると思ったからであった。世界に通ずる企業はあくまでも原価競争に勝ちぬけるものでなくてはならないと強く信じたからである。この考え方が委員の賛成を得て「コスト・マネジメント」の審議が始まったのである。しかるところ，この答申の審議期間中，はたせるかな日本は世界に類のない経済の高度成長をもたらしたが，一方戦後経営者が未だ体験をしたことがない構造的不況に直面して，企業経営に教えたものは依然としてコストの重要性ではなかったかと思う。しかもこれまでいわれてきた経理部中心の，いわゆる原価管理ではなく，利益管理の一環として企業のトップが先頭に立って全社的に必要な原価引下げ目標を明らかにするとともに，その実施のための計画を設立し，これが実施を余儀なくされたのである。不況の中に起った「ケチムード」を中心に「目標管理」「I・E」「V・A」「Z・D」等一連の原価引下げ運動・方法がこれである」（西野，1967A3，24頁）。

このような趣旨が，1966年答申本文では「総括」において，次のように述べられている。

　「国際的競争力を高めるためには，国際水準に照らして原価を不断に一定限度以下に計画的に引下げ，維持することが特に重要であり，その原価の引下げを中心として経営の体質改善をはかることが絶対に必要である」

なお，小高（1967A3）は，「経営者を初めとして経営管理に携わる全員が，常に日常自分の行なっているところを反省して，常に新しい経営管理上の方法を創造していく。そして，それらを経営全体としてまとめあげていく。そこに計画の精神があるということを強調したいわけである」(7頁) と述べ，1966年答申では精神的な面が強調されるべきとしていることも注意してよい。すなわち，企業を支えている経営管理者のみならず，従業員の原価に対する意識，考え方というものが重要な意味をもっていることを内包しているのである。

(2)　1966年答申の特徴

古川（1967A3）は，1966年答申の特徴に，経営者の態度，長期的思考の導入，新手法の取り入れという3点を挙げている。また『企業会計』1967年1月号の緊急座談会において小野寛徳は5つの新しい特質がある旨を発言している（78-79頁）ほか，合田（1967S1）も5つの特徴を挙げている。しかしながら，その特徴についての論述には各氏の私見も多く含まれている。そこで，本章で1966年答申を取り上げた理由でもあるアプローチの相違と，管理部会財務管理小委員会委員でもある古川栄一の見解に基づいて，1966年答申における大きな特徴を，§1でも述べた通り，次の4点に集約する。

① 必ずしもトップ・マネジメント層の問題のみに範囲を限定しているのではなく，あらゆる階層のマネジャーの問題をも対象としていること。
② 長期的思考を導入し，長期利益計画の一環としての原価計画を強く全面に押し出したこと。

③ OR, IE, VA/VE, 直接原価計算, 標準原価計算, 予算など, コスト・マネジメントに役立つ新しい分析や計算の技法が尊重され, 取り入れられていること。
④ 手法自体ではなく理念（実践上の諸問題を出発点とすること）を前面に押し出していること。

①～③は1966年答申の内容的な特徴である。④はアプローチ上の特徴である。このような特徴を打ち出すために, 1966年答申は次のような構成になっている。

　　　総括
　　第1章　原価計画
　　第2章　原価統制
　　第3章　コスト・マネジメントのための分析
　　第4章　原価管理組織
　　　付録

なお, 前述の通り, 1966年答申における最も重要なキーワードは, 原価計画であり, コスト・マネジメントの体系という観点からみると, 原価計画と原価統制との2分していることも1966年答申の大きな特徴であるといえる。1966年答申においては, 原価計画の設定が「長期にわたる企業の安定的成長という全体的な目的との関連において, 将来とりうるいくつかのやり方を比較・考量して, 相対的に最も原価の低いやりかたを選択することである」と提示しており, 計画会計としてのコスト・マネジメントの必要性が明確化された。この点について, 溝口 (1967S4) は, このように「原価問題を近代的マネジメントの二つの主要な機能である計画と統制とに明確に区別して明らかにしようとする「答申」の基本方針は妥当である」(66頁) と評価しているものの,「的確な概念規定が見当たらない」(66頁), そのために「全体の論述に骨格がないとの印象を否めない」(67頁) としている。その他にも, 小林 (1967S4), 小池 (1967S4), 大西 (1967S4) の批判が『産業経理』第27巻第4号における

「特集・コスト・マネジメント批判」に掲載されている。

しかしながら，このような内容的な特徴（①～③）よりもむしろ1966年答申における重要な特徴は，④にある。これまでの答申が標準原価計算，予算統制，利益計画などの管理技法の導入を規範的に提唱していたのに対して，1966年答申は，直接標準原価計算などいくつかの管理技法を取り上げつつも，それを前面に押し出していない。この点は，次の引用文の通り，1966年答申本文からも確認できる。

「この答申は，これまでの答申と少し性格を異にしている。すなわち，コスト・マネジメントにつき，一つの固定した管理技法を端的に指示するものでもないし，まだ，その委曲を尽くしたものでもない。…重要と思われる管理局面に対する諸問題につき，根本的に肝要と思われる諸点を指摘し，若干の解説を試みたものである。要は，すでにこの問題の重要性を感知せられている経営管理者が，これを参照して経営の体質改善につき，有効・的確な技法選択と採用にあやまちなきを期するとともに，十分果敢な活動をとられることを期待したいのである。

かかる目的により，この答申には，付録として，経営管理者がコスト・マネジメントにつき，さらに調査・研究を進める上での，一つの助けとなるようコスト・マネジメントの若干の適用事例を掲げてある。」

つまり，この1966年答申を取り上げる理由は，その内容の特徴というよりもアプローチの違いにある。それは，過去の答申が「手法」を前面に出していたのに対して，1966年答申が「手法」よりも「すでに経営管理者が感知していること」を前提に，適用事例を紹介するというアプローチに変わったということである。

§4 「コスト・マネジメント」をめぐる議論——文献の整理

4.1 原価管理のための組織

1966年答申では，しばしば原価管理の活動が「総合的」に実施されることが強調されている。例えば，「総括」には次のように述べられている。

「この管理活動は，経営管理者の一部のものに，また，経営部門のうちの一部，たとえば製造，販売，経理等の部門にだけ適用されるといったものでもない。コスト・マネジメントは，マネジメント・プロセスの全体につき，計画的・有機的・持続的に実施されねばならない。したがって，この活動は，個々の部門の管理者がそれぞれ任意に行なうといったものではなく，経営全体の総合的な管理体制の転換が時に必要とされるのである」

このように，1966年答申が「総合的」という表現を使うときに意味するのは，原価管理活動が職能の枠を超えて，全社的な活動として取り組まれなければならないということである。この点について，答申の作成には直接関与していない実務家の1人である森本康夫（池貝鉄工資材部長）は，答申の公表を受けて1967年に『産業経理』が企画した「座談会　コスト・マネジメントについて」[7]の中で，次のように指摘している。

「実際の企業活動を一応順序づけていきますと，コストの発生というのが縦割りの組織に対して横断的に流れるわけです。ところが，従来ややもするとトップから重役，部長，課長，係長，係員という上下の線は伝統的に非常に強い。ところがコストは横断的に流れる。そうすると，その接点にあるマネジャーというのが前後の関係でそういう事態を適切に伝達しませんと，途中でそごを起こしてコスト高の原因になるわけです。その辺のところを，できれば強調していただくと非常にけっこうだと思います」（114頁）

文末の表現からわかるように，この発言は1966年答申に対する要望を述べたものである。確かに，先に引用した1966年答申の「総括」は原価管理活動を全社的な活動とするものの，それが職能横断的な活動であることをはっきり述べてはいない。このことをめぐって，同じ「座談会」に出席していた答申作成側の松本雅男と古川栄一には次のようなやりとりがある（114頁）。

松本雅男「たしかそれは原価統制のところで出ておったんじゃなかったですか」
古川栄一「それは原価管理組織じゃなかったか」
松本雅男「縦の関係は出ておるんですが，横の関係はあまり出ていなかったです

ね」

　答申の第2章「原価統制」には，組織階層の上下に関する責任の割り当てについて，次のような記述がある。

　「統制責任の体系化は，実現されるべき原価の総合目標を階層別，部門別に各管理者の統制責任へと分割し，下部管理層から上部管理層にわたって，段階的にピラミッド型に積み上げ，上下の関係を保持することである」

　一方，職能横断的な活動については，松本の指摘の通り，1966年答申本文にほとんど記述されていない[8]。また，1966年答申の「原価統制」に関する青木（1967A3）と山邊（1967A3）も同様である。なお，1966年答申の「原価統制」が上下の階層間の関係を中心に扱っているとはいえ，それは伝統的な階層的組織だけを想定しているわけではなく，当時のアメリカで主流になりつつあった動機づけ理論やセルフ・コントロールの概念が取り入れられている。この点については後述するとして，再び横断的な活動について，「原価統制」以外の答申の記述についてみていく。
　1966年答申の第4章「原価管理組織」では，先の古川の指摘の通り，職能横断的な仕組みとしてタスクフォースの活用が説明されている。

　「特殊計画（プロジェクト）における原価管理の組織については，特に考慮すべき問題がある。最近では，価値分析による原価引下げを特殊計画として行なうことも少なくない。このような場合には，原価管理スタッフとは別に，この計画を中心とした，よこわりの総合的管理組織が必要であろう。すなわち最高幹部を長として関係各部門の専門的技能者を結集した臨時のプロジェクト実施班（タスクフォース）を設けるとか，あるいは臨時に部局を設けて特殊計画の設定やその原価の計画を行なうのである」

　また，上述のようなタスクフォースとは別に，職能横断的な原価管理活動を支援するスタッフ組織として，経営トップの直属で原価管理センターを設置す

ることも提案されている。

　「部門別にまたがる原価問題も，また，少なくない。…（関連各部門間の）協力体制は，総合的な原価管理センターによって確立される。これは，…各部門業務の執行に直結した執行的色彩のつよい原価管理のスタッフ組織ということができる。比較的新しい組織であって，委員会方式の場合と，専門の部局による場合とがある。たとえば，価値分析委員会をもって，この種のセンターとする。…原価管理センターの機能は，各部門の専門的業務の執行に直接結びつく。この機能には，設計，生産技術，調達，製造など原価引下げに最も関係の深い部門を結集して最も有利な原価を計画し，これに基づいて，部門活動を調整し，統制する専門的，総合的な原価管理スタッフ機能が認められる」

これらの引用文のように，1966年答申の第4章「原価管理組織」には，タスクフォースあるいは原価管理センターとして，職能横断的な原価管理活動を推進する仕組みが説明されている。しかし，前者はあくまでも臨時的な組織とされ，後者もラインそのものの横断的な仕組みではなくスタッフ機能である。常設でラインが横串になるような仕組みについて答申では言及されなかった。それはまた，小野（1967A3）と高宮（1967A3）においても同様であるが，原価管理センターに関連して，高宮（1967A3）では，次のように純粋なスタッフ機能よりも踏み込んだ役割に言及している。

　「ライン段階の中におけるスタッフ活動は技術性が強く，またライン業務の執行性と密着しているために，助言助力にとどまらず，いわゆる専門的権限（専門事項についての指示権）をもつことが必要な場合が多い。管理センターのスタッフ活動についても同様であった，専門的権限を認めることが必要である」(134頁)

このような職能横断的な原価管理活動の仕組みについて，当時の実務動向はどのようになっていたのか。先に触れた1967年『産業経理』第27巻第6号の「座談会」では，もう1人の実務家として出席していた佐野健児（昭和電工常務取締役）が次のように説明している。

「横のつながりというのは非常に重要なんですが，それをほんとうに統括して責任を持つということは普通の機能別の組織の中では不可能なんです。それで最近私どもなんかでも特に新製品の開発なんかに関連して，…プロジェクト・マネジャーという制度をつくりまして，たとえばXならXという製品を…研究段階からセールス，新製品開発活動，そういうのを特定の人間が責任を集中して持つ。その販売活動は販売部長の責任でもあり，原料の購買は購買部長の責任であるけれども，その全部の情報を収集して，常に一人のセンターでそのプロジェクトがほんとうにうまくいっているかどうかという責任を持って追求するという組み合わせを考えまして，これを実行している。これは非常に効果がある。これは私どものほうだけではなくてよその会社でも，最近相当始めているわけでございます」(113頁)

また，原価管理センターに関する実務の状況について，1966年答申の「付録」にある実例の解説とされた研究会（司会・安達和夫）では，日野自動車の萩原正が次のように発言している。スタッフとしての原価管理センターと執行部門の関係を踏まえて，原価情報の役割にも言及していることが注目される[9]。

「全社的な許容原価なり，所要利益を達成するための原価低減の大枠なりは，全体的な形で利益計画というものからたてる必要があり，中央にある原価管理センターなり，あるいは企画部門なりというところがある程度は全体的なものを与えるわけです。しかし，ほんとうに原価を引き下げるのはあくまでも執行部門です。しかも，意欲づけということが非常に重要であるということから考えまして，原価計画というのは，相当程度各執行部門に重点をおいたほうが効果的ではないだろうか。…こういう面からも目標原価の設定を考えていく必要があります」(166-167頁)

「ほんとうにコストをどこまで下げられるかというようなことは，経理部門とか，あるいは中央の原価管理センターというところではわからないわけです。そういう意味では自己統制ということに非常に期待されているわけですが，一方それでは原価情報というものの役割について考えた場合，たとえば，これだけの歩どまりが出る，あるいはこれだけの人員を必要とする，これ以上できないのだというふうな固定概念がもたれているかもしれない。ところがそれを広くほかの会社の事例であるとか，あるいは何らかのもっとシビアーな客観的水準であるとか，そういうものと比較したり，あるいは全社的な経営能率という面から評価して情

報を流してやる。そういうことで，あらためて見直されるというような役割を果すならば，それが非常に有効じゃないだろうか」(167-168頁)

このような原価情報の役割に関連して，先に答申の前提とする組織は伝統的な階層的組織ではないことを述べたが，動機づけやセルフ・コントロールが重視される組織における原価情報の役割について，1966年答申の第2章「原価統制」の解説を担当した青木 (1967A3) と山邊 (1967A3) の見解がまったく対照的である点を指摘しておきたい。それは，原価統制における金額的基準と物量的基準の関係について，上層の管理者層と現場の管理者層とでそれぞれの基準をどのように適用するかという問題である。

まず，青木 (1967A3) は，上層の管理者層が金額的基準，現場の管理者層が物量的基準を重視するのは認めるとしても，両者は併用されるべきであるとしたうえで，その理由を次のように説明している。

「組織の末端に至る人々までが，それぞれにおける原価統制の結果が全社的な利益なり原価目標の実現に対してどのような影響を与えたかを知ることを可能ならしめ，それぞれにおける物量的統制のもつ全体における役割と重要度を明確にすることが望ましいと考えるからである」(73頁)

一方，山邊 (1967A3) は，上層の管理者層では金額的基準，現場の管理者層では物量的基準というように，それぞれの基準が選択的に適用されるべきであるとする。山邊は，NAAの調査報告書を参照する形で，次のように説明している[10]。

「原価統制の要具たる標準の内容は，経営管理者の階層によって異なる。工場の職長の用いる標準は標準原価の構成分たる物量的標準であることが望ましいのに反し，工場長にとっては金額的標準たる標準原価が必要である」(84頁)

4.2 原価管理のための技法

1966年答申の強調する原価の引下げが,特に企画・開発段階に焦点をあてているというのはやや言い過ぎかもしれない。しかし,コスト・マネジメントにおける分析技法の1つにVAがあげられ,そのVAが,前述のように,実務側から問題意識が提起されていた職能横断的な原価管理活動と密接に結びつくということであれば,1966年答申が技法の規範的な導入をあえて意図しなかったといえども,企画・開発段階における原価管理実践を解明する手がかりを示したとして,的外れな評価にはならないと考えられる。また,必ずしもVAによらなくても,企画・開発段階から許容原価を導くという原価管理実践も,1966年答申にまつわる議論のなかで言及されているため,許容原価の利用についてもあわせて検討する[11]。

まず,VA(VEと併記)について,1966年答申は「ある製品・部品の使用上の機能ないしデザイン(顧客の求める外観・魅力・特徴等)を得るために必要な最小コストを探し出すための分析・調査である」と定義したうえで,「原価統制以前の,製品ないし部品に関する積極的な原価引下げを目的として行なわれる調査と分析である」と位置づけている。また,そのためには,「生産的立場に偏することなく,マーケティングの配慮の重要性が忘れられてはならない」とされている。その手続きは,「第1にその分析対象の機能とコストを分析し,明確にする。第2にその機能を果す代替案を調査・探求する。第3にその代替案をコスト評価して,相対的な最小コスト案を選択する」とされる。

そして,前述の通り,1966年答申の原価管理活動においてVAが重視される理由は,それが職能横断的な原価引下げにつながるためである。

> 「価値分析はその発展の初期においては,現在製品について,その材料・購入部品に対して,購買分析として実施されたのであるが,それは必然的にその設計にまでおよばねばならず,また,社内加工分野にも拡張されるにおよんで,購買・設計・製造・販売などすべての部門の総合的努力を必要とするに至った。さらに,たとえば,フォード自動車会社にみられるように,新製品の設計の段階で,この価値分析を総合的に実施することは,生産以前の製品計画段階での原価引下げの

可能性を生み出すことで非常に重要なこととなった」(90頁)

当時の実務においては，VAを組み込んだ原価管理がどのように実施されていたのか。1966年答申の「付録」とされる実例のなかから，家庭用電気機器製造業のV社を取り上げると，次のように説明されている。

「新製品の企画にあたりその基本方針決定時に，原価面については当社の同種製品の水準・内容を確認するとともに，使用材料製品当り重量，外注先，ロット・サイズ，検査基準，作業時間，梱包仕様などの推移につき考察する。これら原価についての検討は，利益目標，仕様，方針，デザイン方針の検討と関連せしめて行なう。ついで，設計方針が決定すると，原価見積りを行なう。この段階で，関係部門，すなわち製造・購買などの部門と検討会を行ない，ここでV・A的検討が，そのチェック・ポイントについて行なわれる」

また，特にVAとしては説明されていないが，「付録」の解説とされた研究会（司会・安達和夫）で日野自動車の萩原正が，目標原価や許容原価の活用を含めた製品の企画・開発段階における原価管理活動を詳しく説明していることが注目される。かなり長くなるが，引用してみよう[12]。

「私のほうでは従来の標準原価に対する統制ということとは別に，もっと強力な必要性というようなことから発した原価計画，原価統制が行なわれています。
　まず製品原価計画ということになりますと，…新製品を企画するということから始まるわけですが，その企画される製品の機能あるいは仕様というものから，それを競争的関係にある製品の品質と売価を勘案して市場価格を割り出す，市場価格から目標原価を出しまして，その目標原価を各装置別に割当て，その原価の中におさまるような製品の図面を書いてもらう。同じように，それに対する設備投資も同様な目標原価から設備計画を設定し，その中で原価がおさまるような製品の企画を強力に進めていく。そのために製品の企画段階，それから製品の試作設計の段階，量産設計の段階というふうに製品が企画されて，最終的に市場に送り出されていくステップごとに，だれが責任をもってどのようなことをきめるかということをはっきり定めて，それに基づいて各業務を計画していくということになるわけです。

一方その場合，目標原価におさめるために，各装置別なり設備なりに許容原価を割り当てるわけですが，それが実際問題として，目標としている品質を充足させて，ほんとうにそれだけの原価でおさめ得るかどうかということが非常にむずかしい問題となって，ともすれば許容原価をはみだすという結果になってしまう。その場合，計画の進行過程の変化，状況等をコスト情報としてタイミングよくとらえて，計画をどのようにリプランニングするかの非常に難しい問題が生じます。

他方今度は，期間原価計画の場合を考えてみますと，その期間の所要の配当金，あるいはまた配当性向といったものから所要利益をきめて，その所要利益を達成するために許容原価が算出されるわけですが，その許容原価を達成するための原価低減計画がたてられるということになります。その原価低減計画をどのように割りつけるかということが非常にむずかしい問題になってきて，資材費とか，設備費，工数とか，そういったいろいろな原価項目の低減目標額として割当てなければならないということになります。…

この原価計画，もしくは利益計画に対して実績と，その差異を追求していくわけですが，その場合，単なる原価差異だけを追求していくだけではあまり原価は下がらないのじゃないだろうか。

そうした場合，私どものところでは，それに対して問題項目調査票というものをつくりまして，そういう計画の差異が出たということの背後に，システム上また原価計画上どういう問題があるかを徹底的に追求していく。すなわち実際に，どこにどんなアクションをとればよいかわかるようなレベルにまで解析し，それが再発しないようにするために，誰が何時までに，何をするかをきめていく。そしてそれが次の原価計画に結びついていくようなやり方をとっているわけです」
(165 頁)

なお，以上の 2 社はいずれも組立機械工業に属する。1966 年答申の VA に関する解説を担当した小林 (1967A3) も，「価値分析は一般に組立機械工業で問題にされることが多い。化学工業では装置の特殊化・専門化のためにその製品の素材の変更等を簡単にはかれないためである」と述べている。しかし，上述の事例と同じような企画・開発段階における原価の引下げは，化学工業においてもみることができる。ここで 1966 年答申とは離れるが，深井 (1969A3) から引用してみよう。

「比較的多くの頻度で発生する新品種，新製品の見積り原価計算における許容原価方式の導入による原価引下げ効果は大きい。この方法の実施によって，一定の許容原価に達するまでは何回でも見積り原価計算を繰り返しながら研究部門に改善を要求することになり製品設計の段階で大きな原価引下げ効果を上げることになる。すなわち工場原価計算部門と研究部門のタイアップによるスタッフ部門の原価低減活動である」(78頁)。

§5 ま と め

　本章では，1966年答申に関連して，原価管理概念を整理し，その公表に至るまでの経緯や理念，日本的な原価管理実践の形成への影響などについて検討してきた。

　§2では，原価統制と原価管理の意義・概念を整理し，1960年頃からコスト・マネジメントとしての原価管理概念の重要性が広く浸透するにいたった経緯を明らかにしている。このコスト・マネジメント概念の重要性が認識されたことと，1966年答申においてコスト・マネジメント概念を明示したこととは，軌を一にしている。

　つづけて§3では，1966年答申の制定の背景と趣旨，理念などを明らかにしている。1955年の日本生産性本部のコスト・コントロール・チームの団長である西野嘉一郎の影響を受け，また当時の資本自由化の流れを受け，計画会計と統制会計との区分を明らかにするとともに長期的な思考が重視されたことをうかがい知れる。その上で，1966年答申の特徴を次の4点に集約した。

① 必ずしもトップ・マネジメント層の問題のみに範囲を限定しているのではなく，あらゆる階層のマネジャーの問題をも対象としていること。
② 長期的思考を導入し，長期利益計画の一環としての原価計画を強く全面に押し出したこと。
③ OR, IE, VA/VE, 直接原価計算，標準原価計算，予算など，コスト・マネジメントに役立つ新しい分析や計算の技法が尊重され，取り入れられ

ていること。
④ 手法自体ではなく理念(実践上の諸問題を出発点とすること)を前面に押し題していること。

この4つの特徴こそが,当時の企業経営に必要であると示されたのである。とくに④の特徴は,実践上の諸問題を出発点とするアプローチであることを表しており,従来の答申との大きな相違を見出せる。

§4では,1967年の『企業会計』第19巻第3号における「コスト・マネジメント」解説特集号を議論の中心に据え,とくに④の特徴との関連で,原価管理組織と原価管理技法の観点から説明した。

以上より,「コスト・マネジメント」の答申をめぐる議論では,洗練化した原価管理概念ないしコスト・マネジメント概念の浸透を基礎に,それと密接に結びついた組織原理,そしてコスト・マネジメントを促進するためのVA/VEのような新技法とのリンケージが促進されたといえる。それぞれの局面で,研究者や先進的な実務家が果たしていた役割は,従来とは異なったアプローチでのわが国への原価計算理論・システム・技法の積極的適応への足掛かりであったと評価することができる。

1 本書第Ⅰ部,第Ⅱ部,第Ⅲ部における検討からも明らかなように,当時のわが国の原価管理機能の中枢は,標準原価計算によるコントロールと,予算によるコントロールによって担われていた。この点は,青木茂男編(1976)『日本会計発達史―わが国会計学の生成と展望―』(同友館)においても,全23章のうち,第11章と第12章において,標準原価計算論の発展と予算管理制度の発展を取り上げている。
2 溝口一雄編著(1984)『文献学説による管理会計論の研究』中央経済社,70-71頁に同旨。
3 その際,従来からの原価管理・原価統制を推進する手法としてのIEに対して,製品設計との関係でVAやVEといった手法も,「それらが積極的に原価引下げに貢献する限りこれをとり上げざるを得なくなってきている」(小林,1967S9,13頁)。VA/VEについては第13章を参照されたい。
4 このことについて,坂本藤良編(1962)『現代の経営学 5 アカウンティング』中央広論社の「第七章 コスト・マネジメント」では,小林靖雄(東京工業大

学教授，産業合理化審議会財務管理分科会委員）が以下のように論じている。「最近わが国でも「コスト・マネジメント」という言葉が用いられ始めた。これまでは，一般に「コスト・コントロール」が「原価管理」と称せられているので，この「コスト・マネジメント」に対しては適訳がない。…（中略）…ところが，今日までのわが国の産業界の高度成長は，そのような与えられた設備や生産方法のもとで達成されたものではなく，技術革新の進展に応じて，新しいより能率的な設備を導入して原価節約をはかることによって達成されたのである。いな，それだけではない。まったく新しい製品を開発して積極的に利益の増大をはかることも，その重要な内容であった。…（中略）…そこで，製品計画・需要予測と販売計画・設備投資・研究開発等の企業の基本的諸問題（これを企業の構造計画ということにする）についてだけではなく，実際の短期の実施活動の計画（たとえば，短期の利益計画や予算編成）の問題について，これを積極的にとりあげざるをえなかったのであり，経営管理の問題が，計画化の問題に重点を移していったのである。…（中略）…さて，このような経営計画のプロセスにおける「コスト計画」の重要性は，決して従来の「コスト・コントロール」の機能を捨て去るものではない。…（中略）…ただし，「コスト・コントロール」のあり方については反省を要する点がある。それは結局，短期の実施活動の統制活動をより能率化するものではある。しかしその統制活動の根拠となるべき基準，すなわち生産計画と原価標準は，それぞれの期間について企業全体として設定される経営計画（利益計画や予算），さらにもっと基本的には企業の構造計画とつながりをもっていなければならない。…（中略）…要するに，「コスト・マネジメント」の提唱される意味は，経営管理のプロセスである計画化（プランニング）と管理（コントロール）の両側面を貫いて，コストの見地から接近し，それをより合理的にしようとする点にある。」（250–253頁）

5 通産省の産業合理化審議会は，1965年に産業構造審議会へと改称している。
6 西澤脩（1994）「日米管理会計指針の系譜」『早稲田商学』第360・361合併号，35頁。
7 『産業経理』第27巻第6号（1967年）。
8 次のような記述は確かにある。「原価の差異分析は，組織における各階層間および各部門の相互関連を考えて行わなければならない。このような場合には，たとえば『原価低減委員会』などがもたれ，そこで検討を行なうとか，また必要に応じて関係部門に対して検討を指示する」（66頁）と。「各部門の相互関連」という表現は職能横断的なものを意図したと思われるが，どのように職能を横断するのかについて明確な言及はなく，その場面も原価差異分析に限定されている。
9 『企業会計』第19巻第3号（1967年：2月臨時増刊「コスト・マネジメント」解説特集号）。
10 もっとも，山邊六郎も工場の職長レベルを金額的報告の領域に含めることで，職長レベルに金額的基準がまったく適用されないとしているわけではない。しかし，職長レベルにおける金額的基準の意義については，まったく説明されて

いない。
11 わが国の原価管理における VA/VE の影響については本書第 13 章を参照されたい。
12 『企業会計』第 19 巻第 3 号（1967 年 2 月臨時増刊「コスト・マネジメント」解説特集号）。

第11章　基準後の直接原価計算をめぐる議論

§1　は　じ　め　に

　1962年に制定された「原価計算基準」(以下，基準)では，直接原価計算について総合原価計算の規定のなかで触れるだけにとどまり，個別原価計算や標準原価計算との関係には何の言及もなされなかった。また，総合原価計算においても，直接原価計算を適用する場合には，会計年度末に固定費調整を要するとされた。つまり，直接原価計算は財務諸表を作成するための原価計算制度として認められなかったということである(「原価計算基準」基準30)。

　一方，1967年の通商産業省答申「コスト・マネジメント」(以下，答申)では，コスト・マネジメントの分析技法の1つとして標準直接原価計算を取り上げ，次のように説明している。

　　「わが国の原価計算制度として，企業の総合的利益計画と原価統制の両者の目的に最も有効に奉仕しうるこの標準直接原価計算制度は，コスト・マネジメントのための継続的計算制度として，その中核をなすべきものであり，その広汎な実践が大いに推進される必要がある」

答申は企業会計制度を規定するものではないため，このことをもって直接原価計算が制度として認められたということではない。しかし，1950年代にわが

国に紹介された直接原価計算が，1960年代後半になると，少なくともコスト・マネジメントの制度として推進されなければならないものという地位を得るに至ったことがわかる。

そこで，本章では，1960年代を中心に，直接原価計算をめぐる学界および実務界の議論を振り返ることによって，直接原価計算がわが国にどのように受け入れられていったのかを検討する。

§2　制度としての直接原価計算

「基準」が制度として直接原価計算を認めなかったことによって，「基準」後の直接原価計算をめぐる学界の議論は，かえって直接原価計算が制度として認められるかどうかというところに集約されることになった。この議論には，2つの異なるロジックが存在した。1つは，制度とはすなわち財務諸表の作成であるから，経営管理のロジックとは別に，財務会計のロジックによって直接原価計算制度を論じようとするものである。もう1つは，あくまでも経営管理のロジックを追求することによって，財務会計の制度としても直接原価計算が認められるようになっていくとするものである。

2.1　財務会計制度としての直接原価計算

第1のロジックを適用する論文の1つが，安達（1964A3）である。安達和夫は制度としての直接原価計算に否定的で，むしろ全部原価計算を再認識すべきという立場をとる研究者の1人であったが，それでも直接原価計算が短期利益管理のために有用であることはおおむね認めていたようである。しかし，次のように述べて，短期利益管理のために有用であったとしても，制度として直接原価計算を認めるには異なるロジックを適用すべきであるとしていた。

　「直接原価計算的思考が短期利益管理上，きわめて重要であるにしても，このことと従来一般に制度化されていた全部原価計算に直接原価計算がとって代わるべ

きだということとは，一応別個の事柄である」(安達，1964A3, 30頁)

安達（1964A3）では，財務会計のロジック，すなわち合理的な期間的収益・費用の対応関係が得られるかどうかという視点から，制度としての直接原価計算が論じられている。その結果，直接原価計算が固定費を期間費用とすることについては，固定費はキャパシティ・コストばかりではないこと，固定費といえどもその金額が毎期一定とはかぎらないこと，期間配分に恣意性が介入することなどから，制度としての直接原価計算では合理的な期間的収益・費用の対応関係が得られないとしている。

このように，経営管理には有用であることを一部認めながらも，財務会計のロジックによって直接原価計算を合理的でないとすると，そこから得られる結論は次のようになる。

「外部報告のための財務会計の一環をなす年度損益計算およびその月次損益計算は全部原価計算基準で行ない，直接原価計算基準の損益計算は簿外で経常的に行なうことにより，利益計画に全部原価計算的思考が過度に働くことを牽制することが望ましいように思える」(安達，1964A3, 38頁)

直接原価計算を財務諸表作成のための制度として認めないとした「基準」が改訂されないかぎり，財務会計の一環としての損益計算には全部原価計算を適用し，直接原価計算は簿外でのみ実施するという安達（1964A3）のような結論は，一見，実践的にありうる解決策のようである。しかし，実務における直接原価計算の適用事例では，次節以降でみるように，これとは異なる展開がみられることに注意しなければならない。

なお，制度としての直接原価計算には否定的な安達（1964A3）であったが，次のような指摘もみられることに注意する必要がある。

「直接原価計算的思考が会計制度に一貫してとり入れられることから，計算方式，会計情報の正確が統一され，しからざる場合に比し，労力と要費の節約，会

計資料の利用の簡明化，および直接原価計算的思考の経営全分野の浸透，その権威づけと，説得力の増大を期待できる」（安達，1964A3, 34頁）

これは，財務会計と経営管理という2つのロジックとは別の，第3の制度化のロジックともいえる指摘である。

2.2 経営管理のために有用な直接原価計算の追求

第2のロジックを適用する論文には，溝口（1966A12）がある。溝口（1966A12）は次のように述べて，財務会計のロジックと経営管理のロジックを別個に検討すべきではなく，あくまでも経営管理のロジックを追求することの重要性を指摘した。

> 「マネジメントの目的のための直接原価計算は制度外のものだから，会計制度としての全部原価計算との比較は問題にならないという考えが少なくない。それは両者の比較が問題になるのは，財務会計的意義における会計制度としてのみであるということである。このような理解の背後には，多くの場合にマネジメントの目的には当然に直接原価計算が優位性をもっているという思想が前提的なものとして潜んでいる。私にはこのような見解は納得しにくい。財務会計的問題と管理会計的問題とを1つの原価計算システムについて確然と分けてしまって取り扱うということは正しくないのではないだろうか。…直接原価計算が財務会計上の制度として一般的な承認をうけるためには，たんに財務会計上の理論的基礎づけをうけるだけでは十分ではなく，マネジメント的観点からする妥当性が完全に実証され，実践のうちに圧倒的地位を築くことが必要であることを意味する」（溝口，1966A12, 37頁）

このようなロジックを踏まえて，溝口（1966A12）では，経営管理のための直接原価計算の有用性に対する批判に，1つ1つ反論を加えていく。例えば，直接原価計算のもとでの限界利益率による品種選択・組み合わせが近視眼的な見方に陥るという批判に対しては，短期利益計画における品種選択・組み合わせを前提とするかぎり，その問題は全部原価計算にとっても同じであり，つま

りこの問題は直接原価計算か全部原価計算かという問題ではなく，短期利益計画の限界として検討されるべきであるとしている。

溝口（1966A12）において注目されるのは，直接原価計算が実践に浸透していくにあたって問題が浮かび上がってきたと考えられる個別受注生産企業での問題が検討された点である。すなわち個別受注生産企業では，価格決定や品種別採算検討のために，全部原価計算が望ましいとされることが多かった。これに対して，溝口（1966A12）では，直接原価計算においても純粋な限界利益率をみるだけでなく，固定費のような期間原価をセグメント別に把握することによって個別受注生産企業の要請に応える修正がなされてきたとしている。また，受注品の価格決定についても直接原価情報が妥当でないとされることが多かったが，これに対しては，受注品も競争市場にある点では標準品と同じであり，受注品と標準品の違いによって価格政策を区別する従来の思想は改められるべきであるとしている。

§3 直接原価計算の導入事例

以下では，直接原価計算を制度として認めないとした「基準」の制定後に公表された論文から，直接原価計算の導入事例を2つ取り上げる。第1の事例は住友化学工業で，同社経理部次長の多田良の論文（多田，1963A2）である。第2の事例は日本化薬で，同社財務課長の深井秀夫の論文（深井，1969A3）である。いずれも直接標準原価計算として導入され，全社的な原価計算制度の一環として組み込まれていることが注目される。

3.1 住友化学工業

当社（住友化学工業）では，企業会計審議会原価計算専門部会の委員会社として原価計算の新動向について啓蒙認識する機会に恵まれたところに，社内の若手原価計算担当者の意欲と熱意があいまって，1953年に従来の財務決算会計から管理会計への脱皮の第一歩として標準原価計算システムに移行した。し

かし，合理的科学的標準を設定することは実務的に困難であり，また現場統制にも支障があったため，予想数値をもって原価を設定し，次第に標準原価の志向に近づけていくという漸進的な体制がとられた。そのため，当社では標準原価という呼称をとらずに管理原価と称している。

その後，1957年には，直接原価計算との結合を図るため，全面的な見直しを行い，経理規定のなかに原価計算準則を制定し，当社の原価計算の基本的な考え方を表明した。直接原価計算は同時に全社的に導入された。さらに，1961年には，予算原価との一体化を図る原価計算を採用し，準則の内容も改正されて現在に至っている。

当社の経営組織は，医薬品部門を除いて職能別組織となっており，計数管理単位は各製造所である。総括的な管理業務は，本社においては査業部査業課と経理部主計課，各製造所において査業課が担当している。原価計算も査業課が担当している。

管理目的の原価計算制度に影響を与える事業上の特色としては，第1に，技術革新が急速で製品ライフサイクルが短く，設備投資，新製品・新技術の開発が決定的に重要であること，第2に，巨大な設備を有して固定費の比重が大きく，操業度の変化の影響が大きいこと，第3に，各工程がオートメーション化され相互多角的に関連しあっており，生産管理において総合的な計画設定が重要であることなどがある。

当社の原価計算準則において，原価計算の第1の目的は「各層経営管理者に対する原価管理に必要な原価の報告」とされており，財務諸表の作成を第1の目的にあげる原価計算基準とは異なる。

当社の原価計算制度は，予算制度と一体化した総合原価計算による標準原価計算制度である（すなわち原価標準は予算原価の単位原価）。予算制度においては，会計見積書と呼ばれる事業予算書を作成し，各部門間における操業度を調整する。製造費用については，部門別に予算原単位と予算費用を統制費・非統制費に区分したうえで指示される。製造費用のうち統制費は原価管理の対象とされ，非統制費を含めた製造費用全体が予算統制の対象とされる。各工場で

は，工場全体の製造費用予算書および予算原価計算書が作成される。

　当社の原価計算制度における基本的な考え方として，管理の重点は全体最適を図るための予算統制にある。そのうえで，予算は個々の装置能力を考慮に入れて，積み上げによって設定されるため，計数管理の方法として予算統制と原価管理を一体化させるのがもっとも効果的である。

3.2 日 本 化 薬

　利益計画・利益管理に役立ち，経営各階層の責任権限に対応した原価把握であり，経営の意思決定に役立つという条件に適した原価計算は，直接標準原価計算であろう。

　直接標準原価計算による貢献利益の内容は諸条件によって変わってくるが，分散する多くの工場を有する企業では，事業部，工場の階層別利益算出のために，純粋な変動費と固定費の区別によらず，製造と販売の区別を優先した方法が採用される例もある。すなわち固定費のうち跡づけ可能固定費は，製造部門貢献利益の算出にあたって控除し，製造部門の責任原価として扱うと管理効果があがる。販売費については，純変動費的科目がほとんどないために，販売直接費と販売間接費を区別するのみとして，製造部門貢献利益から販売直接費を控除して全体の貢献利益を計算する。

　直接労務費はマクロ的な利益計画においては固定費とするが，コスト・マネジメントの面から部門別にみるときは変動費として扱う。

　また，計画販売高にもとづく利益計画と実際販売高にもとづく直接標準原価計算を結び付けるために，予算制度の助けを借りて，品種構成利益差異（変動費差異を含む）と操業度利益差異を抽出することによって利益差異を把握する。

　なお，外部報告用には，共通固定費の配賦計算を行って最終的に実際全部原価計算とする。

　コスト・マネジメントのための事前原価計算体系は，管理コスト計算，特殊原価調査，個別効果計算，期間管理のための原価計算という4つの領域からなる。管理コスト計算では，品質コスト，遊休コスト，資材コスト，設備保全コ

スト，研究開発コストなどそのときその企業において必要性が高いものが順次取り上げられる。管理コストは，①管理向上のために要する費用，②現在の管理状態で当然必要とする費用，③管理不十分のために発生する費用に分けられる。その区分は，品質コストの予防コスト，評価コスト，失敗コストの区分に対応する。

特殊原価調査では，代替案の経済計算にもとづいて経営意思決定がなされ，そこで決定したプロジェクトを改善業務計画として年度計画に組み込むための計算が個別効果計算である。個別効果計算では，プロジェクトごとに年度の計画効果が算定され，実績との対比によってアクションの基礎となる。計画効果は利益増大効果と原価引下げ効果に区分される。

個別効果計算における原価引下げ効果を計画原価差額として標準原価が確定されると，直接標準原価による期間管理のための原価計算制度が行われる。

以上の4つの領域はつねにサイクルを描きながらコスト・マネジメントの効果を高めていく。

原価計算のための標準としては，現在レベルである正常標準に計画効果を加味した標準原価が設定される。標準原価は改善業務計画にもとづく計画効果の変更を反映して月単位で変更される。

新品種の見積り原価計算においては，許容原価方式の導入によって原価引下げを図る。一定の許容原価に達するまでは，何回でも見積り原価計算を繰り返しながら研究部門に改善を要求することによって，製品設計の段階で大きな原価引下げ効果をあげる。これは工場原価計算部門と研究部門とのタイアップによるスタッフ部門の原価低減活動である。なお，許容原価算定にあたっての許容利益は貢献利益である。

以上のようなコスト・マネジメントの効果を高めるためには，市価基準または原価プラス基準で振替価格を設定すること，スタッフ部門のサービスにも振替価格を設定して利益責任単位とすること，金利をコストとして取扱うこと，電子計算機システムとの結合を図ることが必要である。

§4　受注生産企業の原価計算実務

　前節では，1960年代後半，つまり原価計算基準の公表から5年程度経過した時点での実務の一端を検討した。対象となった実務は比較的大企業であった。本節では，当時，中小企業ではいかなる目的が原価計算に求められ，実践されていたのか，特に直接原価計算との関連での実務を考察対象とした小林（1966A1，1969A2，1970K98-4）を検討する。

　小林（1969A2）は中小企業の原価計算について，当時の状況を次のように述べている。

　　「最近中小企業における原価計算に対する関心は相当に高まつている。それは行政機関その他の指導によることも大きいのであるが，何よりも大企業の合理化の要請をうけて，自らの原価を把握し，その切り下げに努力する必要性を自覚してきたからにほかならない。そして種々な参考文献（とくに日本生産性本部の中小企業原価計算指導要領[1] が利用される）にたよつて，自分なりに努力する企業が多くなつている。」(22-23頁)

　では，どの程度原価計算を実施していたのか。小林（1969A2）は「ある地方の機械金属工業について，原価計算の実施状況を調査した」(23頁)。その調査は24社の親企業と74社の下請企業を対象としており，親企業のうち19社が原価計算を実施し（22頁，第1表(1)），下請企業のうち32社が原価計算を実施している（22頁，第2表(1)）。実施している原価計算形態も調査しているが，多種生産を行っている下請企業について，次のように述べて，「実施内容は不十分なものが多い」と結論している。

　　「『組別総合原価計算』の採用が少なく，単純な『総合原価計算』が多い………ということは，これら中小企業が実施している原価計算は，品種の区別を余り考慮していない『突込みの原価計算』ないし『ドンブリ勘定的原価計算』であることを意味している。

また，直接原価計算が下請企業のしかも小・零細規模（30人以下）で実施されていると回答されたのは，その本質を十分理解していないと思われ，さらに標準原価計算も下請企業の中小規模に多く実施されているのは，その実際の内容は見積り原価であると考えられる」(23頁)

　しかしながら，そうした「下請企業でも，43%が一応原価計算の実施に関心を示して」(22頁) おり，相当小規模の下請企業でも関心があるという。そこで，中小企業が努力している原価計算の目的を考察し，多品種少量生産あるいは多品種中量生産のもとで，その目的を果たすための原価計算方式について論じている。

　中小企業，特に機械工業では，「仮に完成品を生産しようと，多くは受注生産であり，かつその品種は相当に多種である」(23頁) と述べ，受注価格と見積原価との関係を検討するために，その基礎として個別もしくは組別の製品別実際原価計算が経験値として役立つであろうと論じている。個別であれ組別であれ，間接費あるいは組間接費を多種の製品品種に配賦しなければならない。配賦の困難を回避するために，直接原価計算が，「わが国でも多くの大企業—それは比較的連続生産の企業—に関心をもたれ，実践されている」(24頁)。直接原価計算での製品品種別採算検討では，製品単位当たり限界利益により判定することになるが，受注生産企業の場合，「限界利益はたんに製品単位あたりだけではなく，その限定された受注量を考慮して，ある期間の受注量に応ずる総限界利益の大きさによつて検討される必要がある」(24頁) としている。しかも，「一般に受注生産ではその品種の受注量が限定されているにも拘わらず，その品種の生産にだけ必要とする直接的固定費が相当見出される」ので，「これを期間の総限界利益から控除して利益への貢献度を見る必要がある」と述べている (24頁)。「そしてこのような製品品種別直接固定費が相当多く考えられるようになると，直接原価計算の利点である固定費の製品別配賦を行わないという効果は次第に減少してくる」(24-25頁)。事実，多品種中量生産企業の中には直接原価計算での採算検討を廃止し，全部原価計算を行うことになった企

業があるという（25頁）。

　そこで，小林は多品種少量生産企業の品種別採算検討のための原価計算は，職場別加工費計算であると論じる。その内容は主としてドイツにおける実践を中心として，アメリカの実務においても相当数示されうるとしている（25頁）。職場別加工費計算とは，「部門をできる限り細分化し，同一作業の行われる職場にまで掘り下げた」（25頁）形で，部門別個別ないし組別の加工費計算を詳細化したものである。この原価計算が製品品種別採算検討で役立つのは，職場別の配賦率つまり，職場別単位時間あたり加工費を使用することにある。つまり，採算検討時に，「各製品が完成するのに要する各職場別の加工時間がきまれば，各製品の加工費は算定される」（26頁）からである。

　職場別加工費計算の縫製工業とメッキ工業での実践事例を小林は証言している。前者の実例は誰に教わったものでもなく，自然の考え方であり，後者は親企業からの指導であるとも述べている（27頁）。

　小林（1966A1）と小林（1970K98-4）は有力自動車製造業に関連する部品工業について，同一企業を対象とした分析を含んでいる。小林（1966A1）では，研究の経緯を次のように説明している。

「筆者は昭和37年以外某自動車メーカーに依頼され，関連する部品メーカーの原価管理の指導に当たってきた。それは啓蒙的な講習会事業だけではなく，個別企業について原価管理を中心とする研究会を開催し，実地指導をする方式を含んでいた。本稿は主として実地指導をした十三企業についての内容を概観する。」（66頁）

なお，自動車部品工業の原価管理の現状を次のように認識していた。

「いうまでもなく，わが国自動車工業は，過去における成長が極めて著しい超成長産業である。しかし最後の段階まで延期されてきた貿易自由化もいよいよ実現され，激しい国際競争にさらされることとなつた現在，シャシー・メーカーの間での合併が行われ，規模拡大の利益が追求されつつあるが，そこへ部品を供給する部品メーカーの方は，今日まで比較的放任されたままになつている現状であ

る。」(66頁)

　対象企業の13社は従業員3,000人以上の大企業に属するものから500人以下の中小企業を含むが,「この業界ではＡクラスの内容をもつものであり」(66頁), 13社いずれもが原価計算を行っている企業である。しかしながら, その原価計算が「いまだ製品品種別実績原価の計算に偏していて, 現場管理に十分に役に立っていない」と観察し,「わが国の企業一般の傾向ではあるが, 技術的管理と経済的管理, ないし実体的管理と会計的管理の遊離の傾向が, これら部品工場には顕著であると考えられる」としている (68頁)。

　そうした実務現状の中, 200種を越える製品を比較的量産している, 直接標準原価計算を導入している電気関係部品メーカーを紹介している。同社について,「主要原材料費のほか若干の変動費以外は, 製品品種別に算定せず, そこで品種別限界利益をみて, 受注量との関係で利益管理に役立て, 物量管理もこの変動費を中心に行い, 固定費は期間予算で総額的に統制することの方がよいという見解が, 自分自身の経験の中からの要求としてでてきているのである」(69頁) と説明している。さらに,「当企業ではしかも標準原価計算としてそれを実施している。したがつて標準実績原価差額が, 物量能率統制の指標として極めて明確に浮かび上つてきている」(69頁) と直接標準原価計算の役立ちぶりを紹介している。

　また, 部品工業では,「毎月の継続的原価計算制度としてではなくて, 納入先との単価交渉の資料として, 半期に一回提出せねばならない資料は製品別全部原価資料である」(70頁) という。その目的には, 筆者の提唱している職場別原価計算が有用であるが, 若干の対象企業が導入しつつあるという。そして, その典型を, 従業員約400人の中企業に見出したと報告している (70頁)。

　さて, 小林 (1970K98-4) では, 1966年以降も13社について原価管理の研究会をもち,「前回の考察で, すでに対象となった企業が3社含まれており, それらについては, 前回に比べての原価管理の発展の経過を詳細に知ることができた」(44頁) と記されている。ただし, 考察対象はその3社を含む11社で

ある（44頁）。なお，これら11企業の売上高は，1965年度と1968年度を比較して「大体，1.5倍から2倍近く成長している」（45頁）という。前回の考察と比較して，変動費で製品原価を捉え，固定費を期間原価として取り扱う直接原価計算の思考については11社のうち1社を除いて「頭においている」と考えられ，「大きな発展」であると述べている（46頁）。

多品種生産工場で直接標準原価計算を採用する場合の目的は，コントロールへの活用と品種別採算の検討への活用である（46頁）。前者の目的において，筆者は直接労務費を変動費として考える方がよいとし，その理由を次のように述べている。

「自動車部品工業の中で装置化された生産はタイヤとかガラス等の一部の企業に限られ，それ以外の機械加工分野では，自動化されたといっても部分的であって，まだまだ人間労働者の人的能率の影響する部分が多分にあるからである。
しかも当業界では，製品ごとの作業時間の標準が，作業部門ごとに決定される程度がまだまだ少ない段階において，直接労務費を固定費扱いすることは，ますます生産作業活動の管理の厳格化に対する刺激を失わせる危険があると思う。」（48頁）

そして，コントロールについては，ライトの部門別直接標準原価計算を図表を引用しながら解説している。

後者の品種別採算での直接原価計算の活用については，企業内での全体的利益計画策定時と個別品種についての自動車メーカーとの価格交渉時では区別して議論しなければならない。利益計画においての直接原価計算の有用性は明白であるが，価格交渉時の受注価格決定の基礎ということになると，「そこには多くの疑問点があり，簡単に直接原価計算方式の活用によって解決しえない問題があると考えられる」（51頁）。筆者は，「戦後いち早く原価管理の実践をすすめ，また価値分析等の導入にも早くから意欲を示した優秀企業」において，直接原価計算から職場別加工費計算に切り替えた実例[2]を観察した（52頁）。内製加工度が相当異なる製品品種が存在し，しかも内製加工費の中には固定費

のかかり方に多様性があるため，直接原価計算では，「純利益への貢献度については，マクロ的貢献度を示すにすぎない」からであった（52頁）。

小林（1970K98-4）は，最後に，「自動車部品工業のように，完成車メーカーとの関係で品種ごとの細かい単価交渉がある場合，その交渉資料としても，このような全部原価についての見積りが，企業全体の立場での与えられた価格を前提とする品種別利益計画における直接原価計算の利用以外に，必要であると考えられるのは，当然であろう」（55頁）と結んでいる。

§5 ま と め

わが国の基準では，直接原価計算が財務諸表作成のための制度としては認められなかったが，基準の5年後に公表された答申では，コスト・マネジメントのための継続的計算制度として直接原価計算が推進されるべきであるとされた。基準と答申では目的がまったく異なるため，これは対立というよりもすれ違いである。本章では，このすれ違いのもとに展開せざるを得なかった1960年代の議論を振り返って，わが国で1950年代にはじめて紹介された直接原価計算が，10年余りを経て実務のなかにどのように浸透していったのかを考察した。

制度としての直接原価計算をめぐって，学界では，その目的を財務会計と経営管理とに切り分けてそれぞれに対する有用性を明らかにしようとする論調がみられた。しかし，実務における原価計算制度では，目的を切り分けてシステム設計することはできない。学界においても，「財務会計的問題と管理会計的問題とを1つの原価計算システムについて確然と分けてしまって取り扱うことは正しくないのではないだろうか」（溝口，1966A12，37頁）という主張がみられるゆえんである。

実務の原価計算制度は複雑である。本章では，基準の設定にもかかわるような先進的な企業2社とようやく原価計算に関心をもちはじめた中小企業の事例を取り上げた。結論を一言で表現すれば，実務においては直接原価計算か全部

原価計算かではなく，直接原価計算も全部原価計算もであった。これはもちろん2本立てのシステムが設計されるということではない。例えば，日本化薬のように直接原価計算制度を導入した企業においても，局面によって品質コストであったり，改善効果のコストであったり，新品種の許容原価であったり，様々な原価計算が行われていた。一方の中小企業においても，利益計画のために直接原価計算が有用であるとはいえ，受注価格の価格交渉のためには職場別加工費計算のような緻密な全部原価計算が要求される。

　このように，多様な要求に応えようとして設計されるのが制度であり，本章では，わが国における直接原価計算が，1960年代にはそうした制度としての原価計算であるのに十分な展開をみせていたことが明らかになった。

1　日本生産性本部中小企業原価計算委員会が1958年に『中小企業のための原価計算』を公表した。同年，中小企業庁も『中小企業の原価計算要綱』を公表している。
2　この実例が小林（1969A2）で言及された例と同一であるのか否かは不明である。

第12章　原価計算の適用領域の拡大
―中小企業とサービス組織

§1　は　じ　め　に

　前章までに取り上げたように，わが国における原価計算の導入と発展は大規模製造企業を中心としたものであった。このことについて岡本清は，中小製造企業における原価計算のあり方を議論した『産業経理』の座談会（1964S11）において，以下のように述べている。

　　「われわれ研究者の立場から考えて，私ども反省しなくてはならぬのじやないかと思うのですが従来の原価計算は大企業向きであつた。ことに外国の原価計算を勉強してそのまま持ち込んだという面が非常に強いんじやないかと思うんです。」
　　（127頁）

　しかしながら，わが国の中小企業やサービス組織[1]では，原価計算に対する役割期待が全く求められていなかったわけではない。中小企業では，経営の近代化・合理化や過当競争防止のために，中小企業庁や日本生産性本部などが中心となって原価計算制度の導入が積極的に促進された。また，大規模かつ先進的なサービス組織では，原価計算を経営管理に活かすべくさまざまな議論や導入の試みを行っていた。

　そこで本章では，「基準」制定前後における原価計算の適用領域の拡大に注

目し，(1) 中小企業やサービス組織の原価計算にはどのような議論があったのか，(2) その中で特徴的なものは何か，(3) そこでは実務家や研究者がどのような役割を果たしたのか，という3点を文献史的に整理したい。そしてさらに，これらの点を基礎として，わが国における原価計算の導入・発展のエッセンスと位置づけられる可能性がある要素を抽出することを本章は企図している。

§2 「基準」以前の展開—中小企業の原価計算

1947年に中小企業対策要綱が閣議決定され，経営の能率化の推進措置の1つとして原価計算の普及が目指された。その動きが本格化し出したのは1955年以降であり，以下のような資料の公刊や監督官庁・公益法人の動きがあった。

1956年
- 米国商務省小企業庁編「中小工場の原価計算」の訳本が日本生産性本部中小企業生産性シリーズとして刊行される。
- 企業経営協会が中規模企業原価計算研究会（主査；中島省吾，多種多様な中小企業が参加）を発足。

1957年
- 日本生産性本部が中小企業原価計算委員会（委員長；中西寅雄）を設置。その後，委員会によって「中小企業のための原価計算」原案が作成される。

1958年
- 日本生産性本部中小企業原価計算委員会が「中小企業のための原価計算」（一般指針）を公表。この一般指針をテキストとして全国各地で中小企業のための講習会が開催された（1961年までに開催回数50回以上，参加人数は5000人以上）。
- 中小企業庁が「中小企業の原価計算要綱」を公表。以降，順次，一般指針に基づいた「業種別原価計算」が刊行された。

1960年
- 中小企業庁指導部が「中小企業業種別コスト解析表」を刊行。

・日本生産性本部が「原価計算のてびき」を刊行。翌年には，改訂増補版が刊行。
1962年
・中小企業庁が「中小企業のためのコスト解析」を刊行。

このように中小企業のための原価計算をめぐる動きが活発化してきた背景には，次のような状況があったという（天野，1958A12）。

多品種少量生産を特徴とする中小企業では，長年にわたって経験や勘にのみ頼って経営を行ってきた。しかしながら，各業界にそれぞれ財務諸表準則が普及するにつれて，適正価格や調整価格の問題が生じ，さらに大企業からの合理化の要請や過当競争激化による原価引下げの必要性が認識されるようになったことから，中小企業のための原価計算の確立が危急の課題となった。そして，中小企業の統一的原価計算制度を確立し，この原価数値を基礎として，経営管理の近代化を図り，また原価その他の経営数値の業種別標準を作成して，過当競争の防止や経営相互の組織化に役立てるために，「中小企業のための原価計算」が作成されたのである。

当時，大企業向けの原価計算をそのまま中小企業に導入するということは，あまりにも複雑すぎて理解が困難で実用的ではなかった。そうしたことから，上記の指針や要領において重要視された要因の1つが"原価計算の簡素化"である。中小企業庁によって示された要領では，50人以下の工場，50〜100人程度の小工場向け，100人以上の中工場向けといったように，企業規模に適した原価計算制度を示している。また，生産性本部による一般指針では，伝票式会計に基づく集計表方式を用いた原価計算手続きが示され，部門別計算の省略や仕掛品評価の簡略化が提案されている[2]。

ただし，"原価計算の簡素化"のみでは，実際に公表された一般指針や要領の特徴を説明できるものではない。日本生産性本部中小企業原価計算委員会による一般指針では，材料費や労務費の計算においては，原価管理への役立ちから歩留計算や工数計算などの物量計算・原単位計算が重要視されている。ま

た，中小企業の原価計算要領では，原単位計算の重要視のみならず，管理のための原価計算として予算や標準原価計算，経営意思決定のための原価計算として特殊原価調査や直接原価計算に関して，2章にわたって解説がなされている。

中小企業の原価計算の一般指針や要領のこうした項目は，「基準」設定をめぐる議論の過程の中で基準から排除・簡略化されていったものであり，管理会計・原価管理目的という視点から鑑みれば，「基準」よりも"積極的適応"を意識した内容になっていたといえる。

さらに，中小企業の原価計算においては，議論が製造業に限定されないという点も特徴の1つである。中小企業の原価計算要領では，製造業のみならず，卸小売，農鉱水産業，請負業，交通業，金融業といったさまざまな業種においても原価計算が適用されているとして，第10章では，タクシー業，金融業，旅館業，美容院，クリーニング業といったサービス業も含んだ11種類の業種別の原価計算の具体例が示されている。

「基準」以前の研究の関心は，文献数から判断すれば，「基準」設定関連に向けられていたといえよう。しかしながら，少数といえども，この頃から中小企業やサービス組織の原価計算にも関心が寄せられ，それらに適した原価計算の開発が実務界との協同で実施され，その導入支援が積極的に行われていたことも忘れてはならない。

§3 「基準」以後の展開—サービス組織と原価計算

1962年に「基準」が公表された後，『産業経理』を中心に，サービス組織への原価計算の"導入・受容"や"積極的適応"を議論する機運が高まる。例えば『産業経理』第24巻第9号（1964年）では，「サービス業の原価計算」という特集が組まれ，航空輸送業（板倉，1964S9），倉庫業（佐土井，1964S9），トラック運送業（井村，1964S9），電気通信事業（小林，1964S9）における原価計算の現状と課題が，実務家達によって論じられている。

そこでは，「倉庫業における原価計算制度は現状においては極く一部の企業において実施されているに過ぎず，原価要素の区分も間接費配賦基準の統一もなくその発展はすべて今後にかかつている。」(佐土井, 1964S9, 70頁) といった記述が見られるように，当時のサービス組織では，一部の大規模組織のみでしか原価計算が行われていなかった現状を窺い知ることができる。しかしながら，「トラック運送事業の場合にも原価の考え方については原価計算基準に準ずることでよいと考えられるが，他方，トラック運送事業は財務諸表作成上の資料を提供する目的がないので，原価の概念において，原価計算基準でいう非原価項目のうち，支払利息，割引料及び固定資産売却損を原価に繰入れて計算するのが実際的であるという見方も強いようである。」(井村, 1964S9, 83頁) という記述に典型的に表れているように，「基準」を参考にし，その"積極的適応"を視野に入れながら，中小規模経営が中心のサービス組織においても原価計算を"導入・受容"していこうという自発的な動きが登場していたことを見逃してはならない。

また一方で，この特集から，当時広く注目を集めるようになっていた cost management の思考 (第10章を参照) をサービス組織にも"導入・受容"しようとする動きがあったことを確認できる。山高 (1964S9) は，サービス組織一般 (小売業と金融業は含まない) に対する原価計画の重要性を訴え，「原価計画は過去の実際の原価を参照することなしに設定することはできない。そしてその原価は，一定の単位当り金額すなわち給付単位当り原価という形で把握されなければならない。」(76頁) と論じる。そしてその理想的原価形態を決定するために OR・IE のような工学的アプローチの意義を認めつつも，「しかし原価というものは，用役量を考えないで，これを計画することはできないものである。また原価計画は単に原価計画自体に意味があるのでなく，本来の業務計画を裏づけ，用役料収入計画と関連において，目的とする利益実現を期するために計画されるものである。」(77頁) と述べ，サービス組織においても原価計画が利益管理の一環としてあるべきことを主張している。

こうした議論がなされた特集「サービス業の原価計算」の後，「昭和二十六

年十一月から実施された電気通信事業原価計算取扱手続」(小林, 1964S9, 86頁) に対して,「さて, この原価計算取扱手続の制定には, 現一ツ橋大学の番場嘉一郎教授の尽力に負う所が大である。およそ二か年程の準備期間の間同教授の指導のもとに部内全職場の委員の研究の結果本取扱手続は, 制定されたものである」(小林, 1964S9, 87頁) と, その貢献を高く評価されている番場嘉一郎を中心に, 『産業経理』第26巻第9号 (1966年) では「特殊なサービス業の原価計算」という題目の座談会が行われた。

この座談会には金子幾造 (日本国有鉄道・経理局会計課長), 阪本健一郎 (日本電信電話公社・経理局会計課長), 武藤三雄 (東京電力・経理部決算課長), 滝上隆司 (小田急電鉄・経理部主計課長) が参加し, 鉄道業・電気通信業・電力供給業の大規模組織における原価計算上の問題 (共通費中心, 原価計算対象の複雑性など) を取り上げている。さらに, 固定費経営における原価データの利用法 (設備投資額の節約, 料金設定など) および固定費管理のあり方 (直接原価計算方式による固定費回収思考, 設備投資管理など) を議論している。

この座談会と並行する形で, 産学連携による鉄道原価計算の改定の試みがなされていた。そしてその成果は, 『産業経理』第27巻第6号 (1967年) の「鉄道運送原価計算について」という特集において公表された。代表者としてこの試みに関与した番場嘉一郎は, その概要について以下のように述べている。

「われわれは原価計算の専攻者としてこの問題に意欲的に取り組んだ。私が研究会のまとめ役となり, 早大の青木茂男教授, 東大の諸井勝之助教授をはじめとし, 埼玉大の山口達良助教授, 一橋大学の岡本清助教授, 都立大の高田清朗助教授, 早大の石塚博司講師に研究メンバーたることをお願いし, 前後, 約八か月にわたる研究を進めた。」(番場, 1967S6, 45頁)

「とりあえず, 要素別原価の計算, 線区別原価計算および客貨別原価計算の改善と通勤輸送原価計算の新設を内容とする研究報告をとりまとめ, 昨年十二月下旬に国鉄経理局に提出した。目下, 国鉄では, この報告書の提案内容にそい, 原価計算制度の改善拡充を実現するために折角努力中である。」(46頁)

これらの記述からわかるように, 鉄道原価計算の改定には複数の研究者が積

極的に関与した。このことについて，実務家としてこの試みに関与した金子幾造（日本国有鉄道・経理局会計課長）は以下のように述べている。

> 「…最近における客貨の輸送実態の変化，輸送方式の近代化，あるいは輸送力増強のための設備投資の増大等により，輸送構造に大巾な変化を生じ，従来の原価計算手法では，経営の実態を明確に示す原価資料を充分に提供し得ない状態となった。そこで新しい観点から現行原価計算制度に検討を加え，経営の実態をより的確に表現し得るものであること，また将来の計画的意思決定のための基礎資料を充分に提供できる原価計算制度たらしめることを目的として，昨年五月，諸先生に御指導をお願いして，国鉄に，鉄道運送原価計算研究会を設けて，根本的な研究を開始したのである。」（金子，1967S6，48-49頁）

こうして実施された産学連携による鉄道原価計算の改定内容は，線区別原価計算については金子（1967S6）が，客貨別原価計算については金子（1967S6）と石塚（1967S6）が，新設された通勤輸送原価計算については金子（1967S6）と山口（1967S6）が，それぞれ解説を行っている。

次節では，鉄道原価計算の改定内容に注目し，「基準」以後に産学連携で試みられた原価計算の"積極的適応"のエッセンスを整理したい。

§4 積極的適応の1つのかたち—鉄道原価計算の改定から

4.1 鉄道原価計算の改定問題

改定の対象となった国鉄の原価計算は，長い歴史を持つ。金子（1967S6）によると，「国鉄の原価計算は，昭和元年に貨物運賃策定の基礎資料を得るために，営業費を旅客運輸と貨物運輸に分析したことに始まるが，それが制度的原価計算として実施されたのは，昭和一五年度から実施された「輸送実費調査制度」以後のことである。戦後早々の，昭和二二年，「鉄道運送原価計算制度」，さらに，昭和二五年，「国鉄経済計算制度」と再度の抜本的改正を経て，ようやく鉄道原価計算の体系を確立し，以後，若干の改正を経て今日に至ってい

る。これら数次にわたる鉄道原価計算制度の改正は，いずれも運賃策定の基礎資料としての原価計算であるとともに，経営合理化，その他各種の経営計画に，より的確な資料を提供する原価計算制度の確立を目的としたものであった。」(48頁) という。

しかしながら，客貨の輸送実態の変化，輸送方式の近代化，輸送力増強のための設備投資の増大等により，輸送構造に大きな変化が生じ，従来の鉄道原価計算では，経営の実態を明確に示す原価資料を提供することが困難になった[3]。そこで，鉄道運送原価計算研究会が設置され，以下の3点を中心に鉄道原価計算を改定する運びとなったという（金子，1967S6, 49頁）。

1. すべての計算の基礎となる線区別原価計算の改善
2. 運賃及び基本的経営方針の確立に関連する客貨別原価計算の改善
3. 最近，特に問題となっている通勤輸送に関するものとして，通勤輸送原価計算の創設

新設された通勤輸送原価計算を含む改定鉄道原価計算の体系について，金子 (1967S6) は「国鉄原価計算の体系は，原価の費目別計算に始まり，箇所別原価の計算，線区別原価の計算を経て運輸別（客貨別）原価の計算に終る，いわゆる運送原価計算と，それの特殊計算である通勤輸送原価計算から構成される。」(49頁) と論じている。つまり，従来から存在する"費目別計算→箇所別計算→線区別計算→客貨別計算"という原価の経常的集計プロセスを改善するとともに，大都市における限られた時間帯に集中する通勤輸送の経済性をより正確に把握するために"客貨別計算→通勤輸送別計算"という特殊調査的な原価集計法を新たに導入したのである。

4.2　改定にみる"積極的適応"
4.2.1　配賦計算構造の精緻化
"費目別計算→箇所別計算→線区別計算→客貨別計算"という原価の経常的

集計プロセスの改善には，(1) コスト・プールを見直すもしくは細分化する，(2) 見直しもしくは細分化されたコスト・プール毎に配賦基準を設定する，(3) その際，原価発生の論理を重視して配賦基準を決定する，という3つの特徴を確認することができる。ここでは，このことが顕著に示されている客貨別計算に焦点をあてて，わが国における"積極的適応"の1つの方向性を明らかにしたい。

客貨別計算とは「線区別に計算された原価を旅客及び貨物の運輸別に配賦計算し，各々について輸送量（人キロ・トンキロ）と対応せしめて単位当り原価を算出し，また，収益と対応せしめて運輸別の損益計算を行なう」（金子，1967S6, 53頁）ものであり，これにより以下の目的に資する原価情報を提供する。

1. 客貨別の経営能率の判定と，これにもとづく基本的な経営方針の樹立
2. 客貨別運賃の妥当性
3. 旅客及び貨物輸送に関する個別意思決定

石塚（1967S6）によると，客貨別計算の改善は客貨別原価計算分科会（分科会長・青木茂男）によって実施され，「これら三つの目的のうち，第一の運送原価計算目的に重点をおいて当面の研究を進めた」（58頁）という。つまり，客貨別の経営能率の判定と，これにもとづく基本的な経営方針の樹立に資する客貨別計算が第一に目指されたのである。具体的には，客貨別計算の改善の基本的方向として以下の3点があげられている（石塚，1967S6, 59頁）。

1. 従来の経営科目の区分ならびに計算方法を再検討し，可能なかぎり，客貨個別費として把握しうる項目を拡大すること
2. 従来の客貨別共通費の配賦方法を再検討し，可能なかぎり，適切な配賦基準の選定を行なうこと
3. 犠牲的原価の概念を明確にし，可能なかぎり，これの適切な第二次配賦の

方法を立案すること

　改善の基本的方向1については，改定前に国鉄が抱えていた問題として「両運輸に関して共通的に発生する原価（客貨共通費）の比率がきわめて高く（国鉄では総原価のおよそ七〇％に達している）」（石塚，1967S6，57頁）という記述があるが，その一方で金子（1967S6）は改定後における客貨共通費について「なお，総原価の過半を占める客貨共通費」（53頁）としている。そのため，正確な改善数値はわからないが，これらの記述から総原価の10～15％ほどをコスト・プールの見直しもしくは細分化，そして"みなし個別費"によって客貨個別費化できたことが推測される。

　改善の基本的方向2については，石塚（1967S6）が客貨共通費の配賦基準決定に関する一般原則を以下のように明示している（60頁）。

1. 各経営科目について，その内容を調査する。
2. 一経営科目に異なる性質の原価要素が含まれている場合には，これを適当に細分する。
3. 各々の原価要素について，原価の発生を促す諸要因を明らかにする。
4. その要因が，客貨の輸送量を当該原価要素の発生額と結びつける変動的発生要因であるときは，この要因の発生量をもつて配賦基準とする。その要因が，客貨の輸送量を当該原価要素の発生額と結びつけることのない固定的発生要因であるときは，この要因の利用度を表わす，なんらかの尺度をもつて配賦基準とする。

　ここでもコスト・プールの見直しもしくは細分化が行われている。さらに，従来の原価要素別で総括的に決定されていた配賦基準を見直し，原価発生原因を重視したコスト・プール毎の配賦基準の決定がなされている。その具体例として，金子（1967S6）は軌道保守作業の人件費を取り上げているが，従来"車両換算キロ"によって総括的に配賦されていた線区別軌道保守作業人件費を

"材料更換","軌道補修","その他"に細分化し，それぞれ"換算車両キロ","荷重係数","列車キロ"で客貨別に配賦する方法に改善したことが記述されている(53-54頁)。また線区別管理費については，従来は単に客貨別原価集計額の比率によって配賦していたが，上述した一般原則4に従って"列車キロ"を採用した(54頁)。

以上のように，コスト・プールを見直しもしくは細分化し，因果関係および受益関係を重視して配賦基準を設定することによって配賦計算構造の精緻化が追及されたことが，わが国における原価計算の"積極的適応"の1つの特徴であった可能性が考えられる。

4.2.2 差額原価思考による原価発生論理の追及——何が真の原価作用因か

鉄道原価計算の改定に見られる"積極的適応"は，配賦計算構造の精緻化だけではない。前述した客貨別計算改善の基本的方向3にある第二次配賦や，新設された通勤輸送原価計算に見られるように，そこでは原価発生の論理が差額原価思考からさらに追及されていることが注目に値する。

客貨別計算の第二次配賦とは，優先的に運転される旅客列車のために発生する貨物列車の待避に係る追加的な貨物原価(運転及び列車乗務人件費，車輌の修繕費及び資本関係経費，動力費)を，旅客原価に振替計算することである(金子，1967S6, 54-55頁)。これはつまり，優先的に運転される旅客列車がなければ追加的な貨物原価は発生しなかったのであるから，追加的な貨物原価はそれを発生させた真の作用因である優先旅客列車に対する犠牲的原価であり，優先旅客列車がその追加的な貨物原価を負担するべきである，と考えるのである。

一方で，新設された通勤輸送原価計算とは「通勤線区における通勤時間帯の旅客輸送に関する原価，収益及び損益の計算を行なうもの」(金子，1967S6, 55頁)である。ここでいう通勤時間帯の旅客輸送とは，普通列車(定期乗車券のみで乗車できるもの)に関する旅客輸送で通勤時間帯のものをいい(山口，1967S6, 64頁)，その原価集計は以下のプロセスから構成される。

1. 通勤線区の旅客原価は，線区別旅客原価をそのまま適用する。
2. 時間帯によって発生する「特別費」(「通勤時間帯特別費」と「その他時間帯特別費」) と「時間帯共通費」に分類する。
3. 線区別時間帯原価を集計する。

　通勤輸送原価計算においても，原価発生の論理が追及されている。つまり，ある旅客輸送において，特定時間帯のピーク需要量に供給キャパシティを対応させるためにかかった追加的原価はそもそもピーク需要量に対応しなければ発生しなかったのであるから，その追加的原価は当該通勤時間帯が負担すべきである，と考えるのである。

　以上のように，なぜ原価が発生したのか，真の原価作用因は何か，という点を追及し，その際に差額原価思考を拠り所としたことも，わが国における原価計算の"積極的適応"の1つの特徴であったといえるかもしれない。ただし，前項で取り上げた配賦計算の精緻化とは異なり，この"積極的適応"はむしろ棚卸資産評価の制度的制約が小さいサービス組織だからこそ起こった現象であった可能性を忘れてはならない。

§5　ま　と　め

5.1　原価計算の適用領域の拡大についての総括

　文献史的展開を見る限り，文献数はわずかではあるが，わが国では原価計算の適用領域の拡大も大いに意識されていたことがわかる。そして概略的にいうと，「基準」制定作業と同時並行的に行われていた中小企業へ原価計算の"導入・受容"を企図する試みと，「基準」以後にサービス組織へ原価計算の"導入・受容"もしくは"積極的適応"を企図する試みが存在したことが，文献史から明らかとなった。

　冒頭の座談会における岡本清の発言は，さらに以下のように続いている。

「私，生産性本部の中小企業原価計算委員会に関係していろいろ教えていただいたんですが，たとえばアメリカの原価要素の分類においては，直接経費というのはあまり出てこないんです。型式の処理とか，あるいは材料を有償で支給して外注するとか無償で支給して外注するさいの処理などこういつた問題は非常に日本的な問題であつて，原書にあまり出てこないような問題もかなりあるんじやないか。そうするとわれわれはもつと中小企業の中に入つていつて，日本特有の問題を探さなければならない，というのが一つ。それから第2点は，先ほど申しましたように小企業では企業家の感覚に合わせた作業区分別の加工費の計算を精密に臨時計算でやるべきで，経常計算はできるだけ手を抜きたい。中企業になつても，経常計算は総勘定元帳に一々記入をせず，カードあるいは集計表を利用して，ドイツの経常決算表のような形で，表で損益計算をやつていく。それを期末に総勘定元帳に記入するというような簡略化の方式をもつと取り入れるべきではないかというふうに考えます。」（座談会（1964S11）127頁）

主流であった大規模製造企業における原価計算の議論と対比すると，中小企業の原価計算の際に確認された"原価計算の簡素化"や"原価管理上の物量計算の重視"は，当時わが国の中小企業が抱えていた様々な問題を考慮し，試行錯誤の末たどりついた1つの適応形態であったと位置づけることができよう。そしてここで重要なのは，この試行錯誤の際に，研究者と実務家が共に積極的に関与したという歴史的事実である。

また，「基準」以後に起こったサービス組織の原価計算についての議論においても，研究者と実務家の積極的な意見交換があった事実を文献史的に確認することができる。そしてその中で特に注目すべきことは，産学連携による鉄道原価計算の改定と，そこで生み出された"積極的適応"である。ここで生じた"積極的適応"は，(1) 共通費を可能な限り個別費化すること，(2) コスト・プールを細分化し，それぞれのコスト・プール毎に原価発生の論理を重視した配賦基準を設定すること，(3) なぜ原価が発生したのか，真の原価作用因は何か，という点を追及し，その際に差額原価思考を拠り所としたこと，という3点に表出したことが，文献史的に明らかとなった。

この"積極的適応"の1つのかたちが，当時の国鉄ならではのものなのか，

それともわが国に広く確認される適応形態であるのかを見極めることは今後の課題である。このことは，日本的管理会計を体系化し，さらには理論の再構築を試みる上で非常に重要なテーマとなろう。

5.2 鉄道原価計算改訂の学術的意義

欧米の文献史と対比すると，鉄道原価計算の改定で起こった"積極的適応"には2つの学術的意義があると考えられる。

欧米の文献史を見てみると，サービス組織の原価計算の領域では，1980年代初頭にAmerican Bankにおいて原価計算制度のイノベーションが起こっていたことが確認されている[4]。このことについて，岡田（2008K174-1）「サービス組織の原価計算研究の史的展開—活動基準原価計算の受容と展開を中心に—」は，以下のように描写している。

> 「サービス組織における原価計算の存在意義を論証したDearden［1978］以降もサービス組織の原価計算研究は停滞状態であったが，しかしその水面下で，実務ではサービス組織にフィットした原価計算システムを構築しようとする試みがなされていた。サービス組織におけるABCの有用性を論じたCooper and Kaplan［1991］がその根拠としたAmerican Bank and Trust Co.では，一九八〇年代初頭の時点でABC的な原価計算実務を行っていたのである」（104頁）

ここでいうABC的な原価計算実務とは，(1) 部門費を細分化された活動別コスト・プールに集計し，(2) 各コスト・プール毎に原価発生の論理を重視した配賦基準を設定し，口座や顧客といった最終的原価計算対象に配賦する，という2点に要約することができる。つまり，文献史的に見ると，アメリカで1980年代初頭に起こった原価計算実務のイノベーションに相当するものが，わが国ではすでに1960年代後半に起こっていたのである。

さらに重要なことは，これらサービス組織における原価計算のイノベーションを起こしたプレイヤーの違いである。American Bankのケースでは，コンサルティング・ファーム（Peat Marwick Mitchell & Co.）が大いに活躍した

ことが明らかになっている。一方で，わが国鉄道原価計算のケースでは，産学連携が"積極的適応"の鍵となった。

この時代のこの分野の歴史資料が限られているため，文献史的研究アプローチではここで考察した内容の検証が不十分であることは否めない。しかし，わが国では，欧米の原価計算を参考にしながら研究者と実務家が積極的に意見交換をし，わが国ならではの原価計算の適応形態を生み出そうと試行錯誤したことは，まぎれもない事実である。その彼らの努力と貢献だけは，絶対に忘れてはならない。

1 本章では，第3次産業に分類される組織をサービス組織と呼ぶ。
2 中規模企業原価計算研究会の設立の趣意書には，原価計算の理論基礎は規模に関係なく共通していたとしても，実施手続きや原価管理の方式に関しては規模に適したそれぞれの合理的な方法があり，そのための研究を実務家が必要としていたことも記述されている（清水，1958A12，61頁）。
3 特集「鉄道運送原価計算について」の中では触れられていないが，細野（1967S9）では「運輸公益事業に至っては，国鉄を始めとし，公・私鉄，公・私バス，タクシーに至るまで，その経営財政は著るしく悪く，国鉄は三十九年三〇〇億円，四十年一，二〇〇億円，四十一年は運賃の大幅（二五．六％）引上を行なったにかかわらず七〇〇億円以上の欠損を出している」（40頁）という記述がある。そのため，当時国鉄においてその経営の実態をより正確に知る必要性があったのは，財政上の理由が大きかったと考えられる。なお，細野が述べている1966年の鉄道運賃の大幅引上げに，鉄道原価計算の改定活動がどのように関与したのかは不明である。
4 Kaplan, R.S. and S. Kallapur（1987），"American Bank,"*Harvard Business School Case* No.9-187-194, Harvard Business School.

第V部　わが国での戦略的
　　　　コストマネジメントの素地形成

第13章　原価企画の関連ツールとしてのVEの影響

§1　は じ め に

　第10章で取り上げた通商産業省産業構造審議会管理部会答申「コスト・マネジメント」（以下，答申）には，コスト・マネジメントのための手法の1つとして価値分析（Value Analysis あるいは Value Engineering，以下では単にVEとする）が紹介されていた。原価企画の源流とされるように，VEは日本的な原価管理実践の生成を解明するうえで鍵となる手法の1つである[1]。
　そこで，本章では，次のような問題意識のもとに文献を調査した。アメリカからわが国へVEはどのように導入されたのか，アメリカから導入しようとしたVEはどのようなものであったか，1950年代から60年代にかけて実際にわが国に導入されたVEはどのようなものであったか，である。
　これらの問題意識にもとづいて，本章は次のように構成される。§2では，アメリカからわが国へVEを持ち帰ったとされる日本生産性本部の海外視察団の活動を中心に検討する。§3では，わが国で当時もっとも多く紹介されていたGEとフォードのVEを説明する。§4では，わが国におけるVEの導入事例を検討する。

§2　VEの認知と紹介

2.1　日本生産性本部海外視察団の報告書

　わが国の VE は，日本生産性本部のコスト・コントロール海外視察団がアメリカから持ち帰った資料がはじまりであるとされる。コスト・コントロール海外視察団は芝浦製作所の西野嘉一郎氏を団長として，1955 年 10 月から 11 月にかけて，アメリカ各地の企業，大学，協会などを訪問・調査している。その調査報告書が，日本生産性本部から刊行された『経営管理と原価管理──コスト・コントロール視察団報告書』である。

　報告書では，Value Analysis あるいは Value Engineering という手法そのものへの言及はなく，材料費の原価管理のなかでその考え方が説明されるだけであった。それが確かにアメリカで VE として認知されている考え方であるという証左になるのは，次のような文脈で Value Analyst という表現がみられるためである。

　　「最近アメリカの大企業においては，購買部に非常な専門のエンジニアーが所属されている。…購買部門に所属されているエンジニアーは，10 年とか 20 年とか工場にいて製造部門に所属したり，あるいはデザイナーの仕事をしてきた経験の所有者である。この人たちをパーチェシング・エンジニアー（Purchasing Engineer）またはパーチェシング・リサーチャー（Purchasing Researcher），ゼネラル・モーターではヴァリュー・アナリスト（Value Analyst）とも呼ばれている。」（日本生産性本部，56-57 頁）

　このような Value Analyst などと呼ばれる人たちの職務として説明されているのは，以下のように，より安価な購入材料に関して調査すること，代替的な材料を検討すること，そしてときには製品の設計変更を要請することなどである。

第13章 原価企画の関連ツールとしてのVEの影響　213

　「これらの人たちは何をするかというと，たとえば電気機械工業会社では銅合金の板を今まで20弗で買っていたが，どうしてもこれを10弗に値下げしなければならない時に，そのエンジニアーは外部にたいして常に専門的立場から各種の調査をしているから，ただちに銅合金の板の代わりに代用品をみつける。アルミの板ではいけないか，またプラスティックの板で代用はできないであろうかというようなことを研究する。そして，それがよければ，むしろパーチェシング・エンジニアーが積極的にデザイナーの仕様，つまり設計そのものを修正さすのである。」（日本生産性本部，57頁）

　以上の報告書の説明をみるかぎり，視察団が持ち帰ったVEは，あくまでも材料の購買管理の枠内で説明されていたことがわかる。

2.2　視察団団長　西野嘉一郎氏の著書

　視察団の報告書がVEに言及したのは，実質わずか1ページにすぎなかった。それだけの記述をもって，わが国のVEのはじまりが視察団によるというには，いかにも不十分なものであった。実は，視察団団長であった西野嘉一郎氏の後年の著書によると，視察団は報告書に盛り込まれた内容以外にも，多くの知見を持ち帰っていたという。

　　「私が一昨年日本生産性本部の渡米チーム『コスト・コントロール・チーム』の団長として，アメリカ各地をまわり，…それでアメリカ各地で原価管理の著書，論文および資料を購入して帰った。帰国後これらの資料をまとめて，雑誌あるいは各所の講演で『アメリカの原価管理の実情』を，わが国産業界に紹介してきた。これをまとめたものは，もちろんわれわれチームの視察団報告書『経営管理と原価管理』（日本生産性本部刊）である。しかしこれは公式の報告書でもあり，チームの何人かが分担して書いたもので，当然私が購入してきた原価管理の著書の内容の紹介は不十分であったので，機会があればこれらを参考としてアメリカの原価管理制度を執筆してみたいと考えていた…しかるにたまたま日本経済新聞社が今回『経営管理全書』の出版を企画され，私に原価管理制度の執筆の依頼があったのを機会にこれをまとめることに決心し…」（西野・矢野，1958，序）

こうして書かれた西野氏の共著書『原価管理制度』のなかから，以下では，VE について視察団が持ち帰った資料をもとにまとめたとされる部分を紹介する[2]。

VE については，「材料費の管理としてのパーチェシング・エンジニア制度」というタイトルの項で説明される。材料費の管理の一環として説明されるのは視察団報告書と変わりないが，報告書にはなかった価値分析（Value Analysis）という表現が随所に使われるようになり，説明の分量も 20 ページに及ぶ。

パーチェシング・エンジニアの意味は，「品質，機能，あるいは購買者に対するアピールには，悪い影響を与えずに不必要な費用を見出し，これを取除くという材料原価低減の方策である」（西野・矢野，1958，22 頁）とされる。パーチェシング・エンジニアの適用領域は，次の 3 つに分けて説明される。

① 現製品を検討し価値的に具合の悪い点がないかどうかを発見すること
② 発見された点を改良していくこと
③ 新製品を価値的に最適なように設計する諸資料を提供し協働すること

このうち，第 3 の新製品の設計に適用される場合についてのみ説明する。新製品の設計におけるパーチェシング・エンジニアは設計者との協働によるのであるから，設計者の原価意識をたかめたうえで，「節約の機会を求めて図面を研究する」ことが重要である。設計者のほうでは，以下のようにして，パーチェシング・エンジニアに貢献する。

「設計者も，低原価で同質部品を開発していくというパーチェシング・エンジニアの目的にそって努力せねばならない。同時に，削除，単純化，標準品の利用，材料ならびに加工方法の調査といったパーチェシング・エンジニアの手続に訴えて原価の切下げに努力せねばならない」（西野・矢野，1958，33 頁）

パーチェシング・エンジニアがその職能を効果的に遂行するためには，以下

のような点が重要であるとされる。

① 技術・生産・購買などの第一線ラインから切り離されて自由に問題にアプローチすること
② 各部門にまたがって分析を行うこと
③ 随時開催される委員会的なものではなく，恒久的な活動として実施すること
④ 生産部門の原価低減方策にかわるものではなく，それを補足するものであること
⑤ 原価低減がパーチェシング・エンジニアの報酬には直結しないこと
⑥ パーチェシング・エンジニアの成果は提案表として経営者に提出されるが，それは勧告であり，ライン管理者は自らの判断で採否を検討すること
⑦ ライン部門からパーチェシング・エンジニアへの案件の要請はできるだけ奨励すべきであること
⑧ パーチェシング・エンジニアはVEの考え方，原理ならびに技術を教育・指導すること

　パーチェシング・エンジニアの組織は購買部に設置され，ある大規模製造業の例では，電気技術者を長として，そのもとに経理係員1名，冶金技術者1名，機械技術者1名，経営管理専門家2名，工具室関係の経験者2名，工場支配人の経験者1名，鋳物工1名などからなる。
　パーチェシング・エンジニアの効果としては，ウェスティングハウスとGEの事例が紹介されている。前者では1954年の1年間で2,500万ドルの節約，後者では一部品だけで72,000ドルの節約があったという。また，このようなパーチェシング・エンジニアによる原価引下げの基準となるべきものはコントローラーから示されていたという。

2.3　日本生産性本部国内視察団の報告書

　日本生産性本部では，コスト・コントロール海外視察団が持ち帰った成果を国内の企業がどのように導入したかを調査するため，国内向けにもコスト・コントロール視察団を編成している。コスト・コントロール国内視察団は，海外視察団と同じく西野嘉一郎氏を団長として，1959年2月に国内6社の工場を訪問・調査した。その調査報告書が，西野嘉一郎編『原価管理』（日本生産性本部，1959年）である。

　視察団が調査したのは，昭和電工，日産自動車，日本電気，武田薬品工業，川崎製鉄，川崎重工業の6社であるが，6社のうちVEに言及があるのは日産自動車のみである[3]。

　日産自動車（以下，日産）については，同社の原価管理の手続書が資料として掲載されている。手続書では，日本生産性本部の海外視察団の報告書に依拠して，アメリカにおける原価管理の状況が説明され，そのなかで材料費の管理方法としてのパーチェシング・エンジニアを取り上げている。パーチェシング・エンジニアは，「購買部門に経験のある技術者を入れて設計技術あるいは材質の面から原価引下げを指導する」（西野，1959，160頁）ものであると説明されている。

　このパーチェシング・エンジニアの説明はアメリカの紹介であって，日産に導入されていたかどうかは不明である。しかし，同じ手続書のなかで，日産の原価管理として，興味深い原価引下げの取り組みが紹介されている。パーチェシング・エンジニアあるいはVEとの関係も示唆されるため，以下で説明する（西野，1959，161-162頁）。

　原価引下げの中心になるのは，原価低減委員会である。原価低減委員会は，人事，経理，設計，購買，製造の各担当役員から構成される。その役割は，目標原価の設定，その成果の審議，原価低減のための重要提案の審議などである。また，原価低減委員会のもとに，材料および部品部会が設置される。材料および部品部会は，購買担当役員が長となり，購買，設計，生産，技術，検査，経理の各部長から構成される。

目標原価は商品価値の面よりあるべき原価目標として，次のような算式によって，車種別に異なる引下げ額が設定される[4]。

要原価引下げ額＝実際単価－（希望売値－目標利益－管理費）

なお，新設の新車については，商品計画の段階において目標原価が設定される。

目標原価を達成するために実行される原価引下げのうち，VEとの関係があると考えられる購入材料費の原価引下げ方法は，次の方法による。

① 一律の値引き
② 大物部品についての購買分析
③ 一般部品についての競争入札
④ コストテーブルによる指値
⑤ 部品標準化による低減
⑥ 同種部品の原価比較
⑦ 集中購買
⑧ 下請けに対する原価低減の奨励
⑨ 下請け業者の選択
⑩ 下請けに対する作業管理ならびに経営管理等教育

以上の日産における原価低減の取り組みでは，確かに，購買活動における原価の引下げが強調されているところにVEとの関係が示唆される。しかし，VEそのものはアメリカのパーチェシング・エンジニアの紹介にとどまっており，原価低減との直接の関係も確認できない。後に原価企画を生み出すわが国の自動車産業においても，1959年のこの時点ではその原価管理実践へのVEの適用はみられなかったといえる。

§3 本格的な VE の導入

1960年代に入ると,わが国のVEも,不況と貿易自由化に対するコスト競争力の強化が求められたことから急速に普及していったという[5]。この時期には,VEのコンサルタントであったS. F. ハインリッヒ氏が来日した(1960年)のをはじめ,日本能率協会によってVEに関するセミナーが開催された(1960～61年)。また,1962年には,GEでのVEの創始者とされるL.D.マイルズ氏の著書が翻訳されている。VEはいわば本格的な導入期に入ったといえ,1965年には現存する日本VE協会が設立される。

わが国の会計文献においても,購買管理の一手法としてではなく,全社的な原価引下げの取り組みとしてのVEが,アメリカでの事例の紹介をつうじて知られるようになる。以下では,1960年代前半の会計雑誌においてVEを取り上げた文献をつうじて,当時の代表的な事例とされたGEとフォードのVEを検討する。なお,小野(1965)のみは会計雑誌に公表された文献ではないが,フォードの事例を知るうえで貴重な文献であるため,あわせて検討している。

3.1 西野嘉一郎 (1961S5)

西野(1961S5)では,VAは「一九四七年ジェネラル・エレクトリック社の購買部門の担当者であるラリー・マイルズ氏が発案したもので,会社がこれを組織的に採用したのは,今から十年ほど前であるが,今日では分化した活動を行う巨大なジェネラル・エレクトリック社のチェーンのもっとも重要なきずなの一つになっているとのことである」(54頁)と紹介されている。また西野(1961S5)によると,「最近わが国の製造業にも原価低減の新しい手法としてValue Analysis(価値分析)ということが研究されてきた」(54頁)とされており[6],1961年当時にはすでに,日米ともにVAについての関心が大きかったことをうかがい知ることができる。

まずわが国におけるVEの導入に大きく影響したと考えられるGE型のVE

について，西野嘉一郎の所説を中心に概観してみたい。

　そもそもVAの目標は「その製品や材料の果たすべき目的や機能なりを，最小限の費用で達成させる」（西野，1961S5，55頁）ことであるといわれている。そこでGE社ではVAを行う際の「チェック・リスト」を次のように掲げているという（西野，1961S5，55頁）。

(1) この品物（材料）には，なにかの価値があるのか。
(2) その品物（材料）のコストはその用途に対してそれだけの値打ちがあるか。
(3) その品物（材料）の形にはムダがないか。
(4) より適当な品物がないのか。
(5) より安いコストでやれる方法はないのか。
(6) ありふれた標準規格品を使用できないものか。
(7) 生産量にふさわしい，適切な段取りで作られているか。
(8) コストは（適切な）資材費，労働費，間接経費と利益を合計した適切なものになっているか。
(9) より信頼できる発注先で，より安く供給してくれるところがないか。
(10) 同じ品物を，こちらより安く買っている人はいないか

　このテストは，GE社の価値分析スタッフが行う仕事のすべてに適用されるという。
　一方，GE社におけるVAの運営については，次のように指摘されている。

「一九四七年にはL・D・マイルズ氏がたった一人で仕事にあたった価値分析が，今日では広範囲にわたるいくつもの工場に一二〇人のフル・タイムの分析者を擁し，各分析者は自己の工場で年間平均二〇万ドルの経費節減をすると考えられている。また後述するごとく定期的にシェネクタデイで意欲的にセミナーを開き，将来の分析者を養成し且つトップ・マネジメントや技術者達に価値分析の手法を教えこみ，デザイナーや設計者や製造技術者の購買部品等の参加者は製品製造の

改善方法を発見し，これに焦点を合わせるよう教育されている。セミナーに参加するマネジメントに対しては，価値分析を認識すれば如何に健全なディシィジョン・メーキングに役立つかが示される。価値分析グループの会社出版物が頻繁にG・Eの各工場に配布され，資材や部品やサービスの新開発と併行して製造，購買，デザイン・その他の関係グループを援助指導しているのである。」（西野，1961S5, 55-56頁）

なお，2人の技術部員にたえず購買部と接触を保たせることによって価値分析を効果的に実施している比較的小規模の企業の例も挙げられている（西野，1961S5, 56頁）。その場合も会社全体にVAの効果を周知させるだけでなく，VAの研究討論会によって，技術部，製造部，購買部，経理部などの部員が一団となって良い製品を低コストで作るという共通の目標に対するチームとして協力することになると指摘されている。その場合のVAの機能昂揚案は次の通りである。

(1) 会社内でコストの縮減に関係あるあらゆるグループ間で，情報やヒントの交換をすること。これは個人間の接触により，またはコストの縮減委員会や価値分析委員をつくっておこなう。
(2) 市況や市価，新規の納入者，専門品納入者，新製品新製法などについて購買と技術の両部門で連絡を緊密にとること。
(3) 関係部，たとえば経理部に購入製品の原価などの情報を供給すること。
(4) 技術面で変更のあった場合にはすべて購入係りに通知すること。これによって所要の物品を確認し，かつ期限内に入手するという問題に関して両部に諒解が生まれる。
(5) 要求資材の適格範囲に関する疑問について技術部とよく連絡すること。
(6) 品質管理の問題で，購買に関係する面はすべて関係全部（技術，品質管理，研究，その他）と協力すること。

このようなGE社のVAは，手法自体が優れているというのみならず，購買

や技術や製造部門のあらゆるレベルのマネジメントが熱心にこれを支持していたという（西野，1961S5，60頁）。

　また西野（1961S5）は，論文全体の約半分を「G・E社の価値分析専門家の養成の実例」に充てている。とくに定期的に行われる講習会のうちの2週間のセミナーでは，それぞれの工場で将来価値分析専門家になるGEの社員を対象にして「G・Eの各工場のマネジメント技術者がチームになって一緒になって勉強し，価値分析の手法を学び，それを適用する。そして学習課程は純粋に学術的なものではなく，参加者は受講中にG・Eの製品の勉強をし，製品の品質を犠牲にすることなく実質的節約をもたらす勧告をするよう望まれている」(56-57頁) という[7]。

3.2　小林靖雄（1963K83-6）

　小林（1963K83-6）は，マイルズ（1961，邦訳19頁）[8]にしたがって，VAの基本段階を説明したうえで，マイルズ（1961）においては，VAの基本段階以外の部分の体系化が不十分である旨を指摘し，次のように述べている。

　「このように個々には甚だ有効と思われる諸技術が，無体系にならべられているように思われる。およそ一つの有効な管理手法が誕生する段階では，このようなものの塊りから精錬化されるものだとは思われる。それだけにわれわれも今後その体系化に努力する必要を痛切するものである。」

　VAはおそらく断片的には工業界で古くから実施されてきたと思われるが，それを総合的に集中的に，しかも企業経営の総合的立場で取り上げてきたのはマイルズのGE社であり，1947年にはじめて着手された。

1947年　VAの体系的研究に着手
1948年　本社購買部に「ヴァリュー・アナリスト」を設置し，マイルズをその長に任命
1953年　各事業部にVAの担当組織が設置された

多くの他の研究と共通して言えることは，GE型のVAについて説明する際，組織の問題および従業員教育の問題が前面に押し出されていることである[9]。1948年および1953年におけるGEの取り組みを引用してみる。

「一九四八年には本社購買部に『ヴァリュー・アナリスト』を設置し，ミルズをその長に任命したのである。そのスタッフには『インダストリアル・エンジニアー』が任命された。この組織で担当したのは，(1) 各事業部の要求する分析の実施，(2) 『価値分析』の教育の中心となることであり，とくに後者については，三ヵ月間を期間とする個人教育を行なったのである。かれらが教育後各事業部でこの『価値分析』を実践するのを援助するために，本部から各種の情報資料やP・R資料を提供している。」(60頁)

「一九五三年に至って，各事業部に『価値分析』の担当組織が設置された。各事業部は，その分析はチェックリストを用いて点数でその必要性を評価し，本格的分析を実施すべきか否かを決定している。」(60頁)

一方，Ford型のVAは，「『購買分析』(purchasing analysis) として，購買部が中心となって実質的作業を行っている」(60頁) とされている。

「すなわち購買分析課は多く現場経験十年ないし十五年の経験をもったエキスパートが分析係と見積係とに分かれて『価値分析』の仕事を担当している。その前歴は，製造手順・メソッド・作業及び時間研究，製品コスト見積り等を担当したものである。一人の担当品目は重要部品について平均二十四点となっている。」(60頁)

「しかしフォード社の『価値分析』はこの購買分析に止まらない。とくに製品設計において展開されるものを注目しなければならない。新車が発表される三年位前から，公衆の要求や趣味を察知して設計部は各種の計画案について原価見積りを行ない，検討を加えるのである。その見積りの精度は相当高いようで，この段階の検討によって，多くの計画案が廃棄となる。

この第一段階の検討にパスしたものについて，さらに必要な詳細な設計を行なうのである。この場合にも常にコストの比較を伴っている。この設計の作業に対して購買部の分析課は初めから参加してそのコスト見積りに協力するのである。又当然その各重要部品別の見積りコストを基準に，内部（フォードでは各事業部には購買部がなく，本社購買部が各事業部に必要な部品等を集中購買し，事業部

はその組み立てが主体となる）及び外部からの部品購入をチェックし，そのコスト切り下げのための方策を講ずるのである。

　このような職能を果たすための分析課には，フォード全従業員八万人に対して一八〇人の人員をあてている。購買部の総員は五〇〇人であるが，このうち分析課は直接の購買担当者の人員よりも多い。」(61頁)

　小林 (1963K83-6) によると，当時のわが国では自動車工業や電気関係諸工業のような組立工業でいち早くFord型の「購買分析」から発展したVAがすすめられており，その理由は，組立産業では，とくに外部購入部品のコスト・ダウンが製品のコスト・ダウンの中心的問題になるためであるとされている。そして，「それは当然に部品の設計・使用材料の検討・加工方法の改善等々に拡大されざるをえない。そして本格的な『価値分析』，『価値工学』の適用が問題とならざるをえないのである」(61-62頁) という。

3.3　奥津久夫 (1962A7)

　いすゞ自動車の購買企画部次長であった奥津久夫氏は，VEと関連づけながらもVEとは別のところで，フォードの事例を紹介している。「購買管理の新しい手法」と題するこの論文では，VEと並んでコスト・エスティメーションと呼ばれる手法を取り上げ，次のように，フォードの事例に言及している。

　　「最近，米国フォード社の購買方式が明らかにされたところによると，同社では買付バイヤーに比適する約一八〇名の購買分析部門を持ち，最初の製品企画時から一点毎のコスト・エスティメーションが行われ，設計時の原価低減の検討，生産後のバイヤーに対する目標価格としてのコスト・コントロールまで一貫して行い，さらにこれからバリュー・アナリシスを発展させたのである」(46頁)

　しかし，奥津論文のいうコスト・エスティメーションは，あくまでも購買品の価格決定のための原価見積りとして説明されている。また，その購買品とは，「計画注文により継続して購買される品目」(46頁)であり，「原価が中心となって購買価格の決定がなされる」(46頁) ものとされる。

コスト・エスティメーションにあたっては，IEの知識が基礎になる。すなわち，「生産方式と工程分析，設備配置と投資効果，作業標準と標準時間，材料節約，職務分析と管理組織などについてのIEの諸活動によって設定された条件にもとづいて」(46頁)購買品の価格を見積もるというものである。

上の引用によれば，フォードがこのようなコスト・エスティメーションをVEに発展させているとのことであるが，フォードのVEについては次のように紹介されている。

「フォード社の購買分析部においても，構成部品を関係位置がわかるように陳列板にはりつけて，目で見えるようにするだけで大きな節約がされたことが報告されている。これらの会社では，このような分析が組織として，システマチックに行われていることが特徴である。何かの必要にせまられて分析を行った経験はどこでも持っているであろう。しかし，バリュー・アナリシスとはそのような散発的なものではなく，一連のプログラムによりシステマチックに絶えまなく続けていくことによって大きな成果が得られるのである」(50頁)

以上の記述に共通するところをまとめると，フォードの購買分析の特徴は，第1に，新型車の開発にあたって略図もない段階から原価の見積りが行われること，第2に，他社の競合製品と原価が比較されること，第3に，購買部が担当して組織的に行われることであった。

3.4 小野寛徳 (1965)

小野 (1965)[10] は，アメリカにおけるVEの発展過程を説明するなかで，フォードの事例を取り上げている。アメリカのVEは，その発展の後期段階において，製品の生産前段階にも適用されるようになったという。

「G・E社が，各工場ごとに価値分析技術の普及を拡大した一九五七年頃には，アメリカで数百社がこれを導入していた。…その頃から，『未来製品』を対象とする生産前購買分析技術へ移行しはじめたことが確認される。たとえば，一九五八年ごろの文献をみると，そのころ，ごく少数の会社が，これを導入していたこと

が報ぜられている。」(95頁)

そうした発展後期における典型的な成功例の1つとして，フォードの購買分析が紹介される。その紹介によれば，フォードの購買分析に関する前述の3つの特徴についてやや詳細な取り組みを知ることができる。

第1の特徴である新製品開発の略図もない段階からの適用については，以下のように説明されている。

「新型車には略図さえもないアイデアのうちから購買の価値分析が適用される。その段階から新製品発売の直前にいたるまで，製品材料部品について，原価やデザインの面からの分析がたえず行なわれるため，設計変更が連続的に発生する。このことは，材料部品の原価を購買予算のわく内におさめながら，しかも，製品をすぐれたデザインのものにするため，製品開発計画の早い段階で，予算以上のものを除去するために避けられないことである。」(98頁)

第2の特徴である他社の競合製品との原価比較については，次のとおりである。他社製品を分解したうえでの原価の見積りが行われていることがわかる。

「いうまでもなく，新型車の予算原価は，事業部の利益計画につながっている。原価見積は，競争会社の競争品と比較し分析される。部品一品ごとに，細密にこの見積原価の比較分析が行なわれる。例えば，小型乗用車については，シボレー社の小型新車第一号を早速買いとり，これを分解して，全部品の原価見積を僅か七二時間で完了している。しかも見積の精度は，きわめて高く，実際との差異は，わずか一％にとどまった，ということである。」(98頁)

なお，以上の2つの引用から新たにわかることは，フォードの購買分析と予算との関係である。

第3の特徴は，購買部による組織的な実施であるが，購買部の役割について次のように説明されている。

「大きい特色の一つは，原価管理資料の整備や，その利用と管理とを極度に高めていること，ならびにその管理の中心が購買部門におかれていることにある。購買部は，つぎの三つの業務を担当している。
① 購買の業務
② 新製品開発計画の指針となるための原価見積の作成
③ 各工場の材料の原価管理（結果としては，材料部品以外の労務費，経費などの原価要素にも及ぶ）
…購買部の組織が強大で，部員が粒ぞろいの優秀者であって，年令も若く，購買・研究・技術（設計工作）管理については，専門的な技能者を多数擁していることが，いま一つの大きい特色である」(97-98頁)

3.5 小林靖雄 (1965K87-2)

小林靖雄 (1965K87-2) は，論文のタイトル「アメリカのコスト管理の動向」のとおり，アメリカにおける企業等の訪問調査の結果を紹介しようとするものである。調査の概要は次のとおりである。

「昭和三十九年八月の一ヵ月を，アメリカのコスト管理の実態の調査に過した。二十五名のわが国の代表的企業の経営管理の実務家とともに，十五企業・二会計事務所・協会を訪問し，工場見学や経営者との討議に時間をあててきた」(48頁)

調査の目的の1つはVEであったが，VEについては必ずしも十分な成果が得られたとはいえないとのことである。

「今回の視察の一つの中心的テーマは，アメリカにおける『ヴァリュー・アナリシス』(Value Analysis) の実践の姿を目でみてくることであった。残念ながらその実践でわれわれに知られているゼネラル・エレクトリック社 (General Electric Co.) やフォード社 (Ford Motor Company) については，それぞれ工場段階のコスト管理の問題を知りえたに止ったので，本社での総合的説明はききえなかった。しかしゼネラル・エレクトリック社のスケネクタディ工場（重電関係その他）では，総従業員四千五百人に対して十五人の『ヴァリュー・アナリスト』が配置されており，ミルズ (L.D. Miles) （すでに当社を退職している）の残した功績のほどが知られ，又フォードのルージュの組立工場では，例の『購買分析』

(Purchasing Analysis) は，本社購買部購買分析課の専ら担当するところであり，工場はその課の要求に応じて援助をするに止まり，工場のコスト管理は，フォアマンを中心とする物量的コスト統制に専念されている事実を知った」(51頁)

以上のように，調査ではVEの核心部分には触れられなかったとのことであるが，むしろそのことからいえるのは，GEにおいてもフォードにおいてもVEの拠点は本社にあり，特にフォードでは工場にアナリストすら配置されていないことである。

§4　わが国に導入されたVE

わが国におけるVEの導入事例についても，1960年代半ばには次のような雑誌に特集が組まれるようになる。

■ 『産業経理』第24巻第10号 (1964年)
■ 『自動車技術』第19巻第2号 (1965年)

以下では，『産業経理』のなかから日本鉱業の事例について，同社管理部参事であった奥村誠次郎氏の論文を取り上げる。また，『自動車技術』のなかからは原価企画と関連してVEが展開されたトヨタ自動車の事例について，同社の社史と同社技術管理部の田中光一氏の論文を取り上げる。

4.1　日本鉱業K工場

　日本鉱業のK工場では，テレビのブラウン管に使われる電子銃の素材を製造している。K工場のVEは，テレビメーカーとの共同の場で原価低減の目的を達成しようとするものとして位置づけられている。素材のVEと製品であるテレビの価格との関係は，次のように説明されている。

「テレビの価格政策の『決定』は，他の場合と少し趣きを異にして，先づ第一に，小売価格を何万円にするかということから初められると聞いている。例えば『一六インチ五万円以内のテレビを売出そう』というが如き『決定』方式である。そこで，小売，問屋マーヂンを除き，メーカーの利益，金利，本社費運賃などを再差引して，工場渡コストが逆に計算され，その範囲内で，各部分システム例えば，音響装置，映像装置，回路，キャビネットなどに区分され生産コストが性能との釣合いを考えながら，設計されていくわけで，一般の常識の通り，ある設計図にもとづいて，見積りの原価計算が行われて，金利，本社費，運賃，メーカー・マージン，問屋，小売マーヂン，販売費などがプラスされて最終小売価格が決定されるのと逆になるわけである。そこで，例えば，映像装置が割当てられたコストの中で，電子銃に充当できるコストはおのづから一定の幅で決まってくるわけであり，技術者はその中でベストを尽くして，最良の性能を有する部品の素材を要求することになる」(奥村，1964S10，113頁) (傍点は筆者)

　VEにおける原価情報の利用については，ある新素材の開発に関連して，次のように説明されている。

　「三年前に，金色メタルとして『カクタス・ゴールド』なるものを開発した。このメタルの市場性の附與に，われわれは専門家の指導をうけ，『ブレイン・ストーミング』を行なったことがある。…Ｖ・Ａ作業でも，『ブレイン・ストーミング』の方式を好んで採用されるが，…ただこの場合，採算の計算にわれわれ経理マンは参画するであろうが，原価計算の考え方には十分な注意が必要ではないかと思う。『カクタス・ゴールド』の場合も，単に一般の在来製品の収益性の測定と同じ思想でここ三年の業績を評価した場合と，そういうK工場にとっての新系統の銅合金の鋳造や圧延技術，市場偵察販売システム試運転などの目的の達成の要素を加味した場合とでは，相当な隔たりがあることを知った。…こういうことは『意思決定』のための会計情報の研究の分野として，今後実務的に大いに開発してゆかねばならないことであろうと思う」(奥村，1964S10，116頁) (傍点は筆者)

　通常の製品原価の計算をライフサイクルにわたって拡張していくことが示唆されている。

4.2 トヨタ自動車

　わが国の自動車産業では，それがフォードの購買分析に由来するものかどうか定かではないが，フォードと同様に企画開発段階から VE が適用され，さらに目標価格から逆算する目標原価の設定アプローチと結びついて，全社的な原価管理に展開されていった。なかでもトヨタ自動車（当時はトヨタ自動車工業，以下ではトヨタとする）の原価企画は，VE のわが国への積極的な適応を図ったものである可能性がある。

　以下では，トヨタにおける VE の導入経緯を振り返ったうえで，VE を組み込んだ原価企画について検討する。なお，VE の導入から原価管理・原価企画への展開にあたっては，ほとんど同じ時期に，TQC（Total Quality Control）が導入され，原価管理にも重要な影響を与えたことに注意しなければならない。

　トヨタでは，本格的に VE が導入される以前から，企画設計段階における原価低減が試みられ，そこでは目標価格から導かれた目標原価を達成しようとするアプローチがとられていた。

>　「…三十四（1959）年末に試作段階にあったパブリカに『一〇〇ドルカー』という目標販売価格を設定し，企画設計段階で初めて原価検討を試みた。そして仕入先に対しても，購買部長森秀太郎が『三年間で三〇％のコストダウン』を要請した。結果は良好で，パブリカは大衆車でありながら軽自動車並みの価格を実現することができた。
>　このように企画設計段階で目標内に原価を収めることは，その後，いわゆる VE（価値工学）として定着し，新車の開発やモデルチェンジを行うときに，定常的に実施するようになった。同時に，設計，試作，生産準備などの各段階で，関係部署が互いに協力して目標原価の達成に努めるという，いわゆる『原価企画』の体制を整備していくのである」[11]

　それでは，その後，VE はどのように定着していったのか。まず，VE（トヨタでは生産後の活動を VA，生産前の活動を VE として区別している）としての導入は，1962 年のことである。

「三十七（1962）年には，豊住釜…らが中心となり，VA（価値分析）を導入し，技術各部と協力して仕入先を対象とした部品検討会を実施した」[12]

このように導入されたVEが，全社的に徹底されていくのは1966年頃とされる。

「…昭和四十一年二月には購買管理部を新設し，部長の根本正夫…を中心に仕入先の品質，コスト，財務状況などを把握して合理化のための指導を始めた。
　VA活動は三十七年の導入以来，提案件数，採用率とも着実に増加していたが，さらに徹底をはかるためVA実施例展示会を開催したり，具体的な教育手法の一つであるVAワークショップセミナーを実施した。これに加えて，設計試作段階における原価低減策であるVA活動にも本腰を入れ，カローラを重要新製品として取り上げ，VE検討会を開始した。技術部門でも，技術管理部が『VE情報』を発刊し，VE室を新たに設けて具体例や規格部品の新製品を展示するなど，VE活動の推進に力を入れた」[13]

以上のようなVEの展開とほとんど並行して，TQCが導入され，品質管理の強化が進められていった。

TQCが導入されたのは，1961年のことである。その後のTQC活動は，啓発を主とする第一段階，機能別に管理体制の整備を進めた第二段階（1963年）を経て，品質管理と原価管理が2本の柱として体系化される第三段階（1964年）に至る。第三段階では，当時取締役副社長であった豊田英二を本部長とするQC推進本部も設置されている。

この第三段階における品質管理と原価管理の取り組みは，次のように説明される。

「…品質と原価管理を二本の柱とし，各機能相互の関係を整理していった。品質管理については，各工程のステップごとに品質を造り込み，後工程に対してこれを保証するという考え方に到達するのに苦労したが，特にこの点を強調するために，『品質管理』という言葉を『品質保証』と改めた。…
　原価管理については，…改めて品質保証活動と関連づけながら，製品企画から販

売に至る各ステップの原価管理の活動内容を再検討した。そしてこれを『原価管理規則』としてまとめた」[14]

　以上のような取り組みが評価され，トヨタは1965年にデミング賞を受賞する。そしてその後もTQCをさらに強力に推進していく。受賞後の方針では，賞の審査にあたって指摘されたことを参考に，仕入先などの関連企業全体を含めた総合的なQCを推進することが盛り込まれた。
　一方のVEもまた，1966年には仕入先へのいっそうの徹底が図られていたことを思い出されたい。ここに至って，VEとTQCに接点が生まれる。

　「VA/VE活動とともに，仕入先のQC推進活動を組織だって支援し，品質管理をさらに充実させる活動も始めた。各仕入先をQC推進の必要性や推進能力などで三つのグループに層別し，きめ細かい支援計画をたて，仕入先ごとに会社方針説明会を開き，支援すべき項目と担当部署を定めた。
　こうした活動によって，購入部品の原価低減活動は大きく前進した。仕入先からのVA提案でみても，四十一（1966）年の低減額は前年に対して20％以上増加し，採用率も84％という高い率になった。購買各部の原価に取り組む熱意も仕入先に伝わり，仕入先は総力をあげてカローラの部品の原価低減を進めた」

　以上のように，トヨタでは，VEが企画設計段階に適用されて，原価企画として展開していく。田中（1965）は，全社的な徹底が図られようとする最中のVEと原価企画を解明するうえで貴重な文献の1つである[15]。田中（1965）によれば，同社のVEは，製品企画段階との関係が明確であるところに特徴がある。

　「量産を行なう前の段階，すなわち生産準備段階，試作検討段階，設計段階さらにさかのぼって製品企画の段階のどの段階でV.A.活動を行なえば，もっとも効果的であるかが検討されなくてはならない。…もちろん，できるだけ早期の段階でV.A.活動を行なうほど効果があがるというものでなく，それぞれの段階に適した効果的なV.A.の手法があるべきである。それらについては，一般的に各種文献などにあらわれている狭い意味のV.A.手法と用語の混同を避けるために，トヨタ自

動車においては，前者を原価企画，後者を原価改善と呼んでいる。（このほかに生産部門における一期を通じての発生原価の基準を設定し，これを守る活動を原価維持と称し，原価企画・原価維持・原価改善の三つを総合して『原価管理の3機能』と呼んでいる。）」(85頁)

田中（1965）によれば，原価企画はさらに以下のような6つの段階に分けられる。

① 第0段階：原価の企画目標調査
② 第1段階：原価の企画目標の設定
③ 第2段階：原価の機能別配分
④ 第3段階：目標原価およびその配分修正
⑤ 第4段階：部品別概略見積りおよびV.E.活動
⑥ 第5段階：基準原価の設定

　第0段階では，現行の車種系列を総合的に検討し，各系列のライフサイクル，市場における地位，競合他車の動向，自社の技術ポテンシャル，会社のポリシーなどを勘案して，総合長期計画としての新製品開発計画が策定される。この段階での検討事項としては，マーケット・リサーチからくる需要予測と販売価格との関連，車種系列別の売上利益率，同一車種の生産台数と原価の関係，技術動向の原価的把握がある。
　第1段階では，トップマネジメントのスタッフ活動として，経営者の戦略として販売価格や製造原価が決定される。ここで決定される目標価格と目標原価は，試作検討・生産準備段階でのVE活動の指針となる。
　第2段階では，チーフ・エンジニアによって，エンジン，ミッション，ボディ，内装・外装部品などの機能別に基本仕様重量，主要材質をもとに目標原価が配分される。ここで配分される原価は，各機能の設計者が基本計画図のもとに設計を行うにあたって，その設計の品質のグレードを示すものさしになる。

第3段階では，各機能の設計者が細部計画図を作成していき，原価を見積って，必要があれば機能別に配分した原価の修正を行う。また，この段階では，新製品の量産化のための設備投資計画も検討される。

　第4段階では，実際に部品が試作されるなかで，いわゆるVE活動によって，目標原価の達成に向けたコストダウンが図られる。標準部品の使用，部品・工程の共通化，工程能力のフィードバック，外注工場の知識の活用，試作図面および部品による見積り，部品検討会などが行われる。

　第5段階では，図面や工程が確定して，量産に向けた原価が見積られる。さらに，量産後の条件の変化に応じた原価の変化を予測する。それらを勘案して基準原価が設定される。なお，製品の販売価格は当初の目標価格のとおりに決定されるとはかぎらず，実際の販売時点における市場状況，競争製品の価格政策，目標利益率，量産後の原価低減の予測などを総合的に検討して決定される。

§5　ま　と　め

　VEは，1955年の日本生産性本部のコスト・コントロール海外視察団によってはじめてわが国に紹介された。とくに，視察団の団長を務めた西野嘉一郎氏は，その後も自身の著書や論文をつうじて，わが国へのVEの導入に尽力した人物の1人であった。しかし，視察団のもたらしたVEは，パーチェシング・エンジニアなどと呼ばれる購買管理での原価低減に限定されていた。

　総合的な原価低減の取り組みとしてのVEが知られるようになるのは，1960年代に入ってからであった。1960年代には，会計雑誌においても，前述の西野嘉一郎や小林靖雄を中心に，アメリカでのVEの成功事例として知られるVEやフォードの事例を紹介した論文がみられるようになる。

　なかでもフォードの事例は，「わが国では…，貿易自由化による大幅コスト・ダウンの脅威にさらされている自動車工業や電機関係諸工業の，いわゆる組立工業で，いち早く『フォード』型の『購買分析』から発展した『価値分

析』がすすめられている」(小林靖雄, 1963K83-6, 61頁)とされるように, わが国における VE の展開において重要な役割を果したといえる。フォードの VE のもっとも重要な特徴は, 新製品開発の略図もない段階からの VE の適用にある。

しかし, フォードの VE とその後わが国で実践された VE には, 大きな違いもある。それは, フォードにおける VE が本社の購買部を中心に展開され, 工場にはその指示を受けるだけの位置づけしかなされていないのに対して, トヨタの VE は TQC と並行して展開されたことから現場にも広く浸透し, さらには仕入先も一体となった原価低減活動に発展していったことである。

本章では, 以上のように, わが国への VE の導入の経緯を振り返ることによって, 当時の VE がどのように紹介・認知されたかを理解するとともに, わが国で実践された VE のなかに, それまでに紹介されたアメリカの事例とは異なる適応部分を見出すことができた。しかし, 本章での検討には限界もある。それは, VE といった1つの技法を特定して原価管理実践をみていこうとするアプローチの問題である。前節のトヨタの事例にあるように, 原価管理実践は, 少なくとも TQC と VE の組み合わせをみることによってはじめてその特徴が明らかになる。おそらく VE と組み合わせられる技法は TQC にかぎらず様々であろう。原価管理実践をこのようなトータル的な視点から理解していく試みは, 今後の課題としたい。

1 日本会計研究学会 (1996)『原価企画研究の課題』(森山書店) によれば, トヨタにおいて本格的な原価企画が展開されるうえで, VE との合流が不可欠な要素であったとされている。
2 共著者は新三菱重工業京都製作所の矢野宏氏であった。共著の経緯としては, 次のように説明されている。「親しき交友の新三菱重工業株式会社京都製作所に勤務し熱心に原価管理の研究を続けておられる矢野宏君にその援助を依頼した。同君はこころよく承諾してくれたので, 手元にある資料, 著書並びに原価管理に関する数多くの論文等を中心に, 私の意図する通りにまとめてもらった。さらにこの原稿の十分でないところに手を加え, 足らざるを補って出来上がったのが本書である。最初, 本書は私の著書として出版する心算りであったが, 本書を共著としたのは, 同君の援助があまりにも大であり, かつ処々に同君の研

第 13 章　原価企画の関連ツールとしての VE の影響　235

究の成果も交じっているので共著とすることが一番よいと考えたからである」(西野・矢野，1958，序）と．
3　6 社以外の原価管理については，第 5 章を参照のこと．
4　この方法は 1959 年 6 月から採用されており，それ以前は，次の算式によって，車種別に一律に設定されていた（西野，1959，161 頁）．

$$原価引下げ率 = \frac{売値 \times 台数 - 目標利益 + 管理費}{実際製造原価総額}$$

5　田中雅康（1985）『VE（価値分析）——考え方と具体的な進め方』マネジメント社，19 頁．
6　日本生産性本部の原価管理チームとしてアメリカにおける原価管理の実情調査をした際には，VA は極めて一部の企業しか採り入れてなかったが，1961 年当時のアメリカ産業界では 200 余りの一流メーカーが新製品開発や資材・部品の購買にあたって盛んに VA を駆使し始めたという（西野，1961S5，54 頁）．また，アメリカ陸海空軍でもこの手法が採用されようとしているともされている．
7　なお，西野（1961S5，59 頁）によると，「勧告として提出された提案は命令ではない．工場はこれらの案を採入れ，もしくは無視する権利をもって」おり，さらに「その提案は必ずしも価値の改善の最高のものを表わすものではない．勧告を受ける工場はこれらの提案から更に大きな価値をひき出せなければならない」という．
8　Miles, L.D. (1961) *Techniques of Value Analysis and Engineering*, McGraw-Hill.（産業能率短期大学価値分析研究会訳（1962）『価値分析の進め方　生産コスト引下げのために』日刊工業新聞社）．
9　この点について次のような指摘を見ることもできる（森岡 1967A11，87 頁）．
「ところで，以上の過程を従来どおり設計者に一任したのでは，期待する成果を得るのは困難である．そこで製品が企画され出荷されるまでの各段階に携わる専門家（材料であれば資材担当，加工であれば生産技術担当のごとき）が参画し，各々の分野での知識，技術を結集して最善の設計を作成する，いわゆるチーム・デザインがとられる．この点従来の設計にあり方と著しく相違するところで，VA は，また組織的に，企業が持てる全知全能を設計段階へ投入していっさいの無駄な原価の発生を完全に防止する理想的な設計技術でもある．」
10　小野寛徳（1965）『購買管理——現代の購売外注と関連諸技術』経林書房．
11　トヨタ自動車株式会社編（1987）『創造限りなく——トヨタ自動車 50 年史』371 頁．
12　トヨタ自動車株式会社編（1987）370 頁．
13　トヨタ自動車株式会社編（1987）440-441 頁．
14　トヨタ自動車株式会社編（1987）385 頁．
15　田中光一（1965）「自動車産業における V.A. の役割——特に原価企画について——」『自動車技術』第 19 巻第 2 号，84-90 頁．

第 14 章　品質原価計算の導入をめぐる議論

§1　は　じ　め　に

　戦略的コストマネジメントとして扱われる品質原価計算は，アメリカから伝来したものである。品質原価計算を論じるには，わが国の独自の実務や経営環境としての品質管理の考え方や取り組みが欧米とは異なっていることを考慮しなければならない。品質原価計算は，伝来した当初，日本企業には定着せず，1990年代以降になって注目されるに至っている。経営者の品質コスト情報へのニーズは昔から存在したが，それにもかかわらず日本企業の品質コストマネジメントへの取り組みに積極的でなかったことは興味深い論点である。そこで本章の文献レビューでも，品質コストが定着しない理由に触れている論文を取り上げることにしたい。しかし，わが国の企業に品質コストが定着していない理由を探ることが本章の主目的ではない[8]。本章の目的は，第1章で示した研究フレームワークにもとづき，品質コストならびに品質原価計算の導入に学界（品質管理と管理会計の研究者）と実務界が果たした役割を解明することにある。
　品質コストは，当然ながら品質管理の発展の経緯と深いかかわりがある。また品質管理の学界でも取り扱われている。そのため，本章は会計学領域の研究雑誌（『會計』，『産業経理』，『企業会計』）に加え，品質管理領域の研究雑誌『品質管理』を多用する。次節は，品質コストに影響を与えた品質管理上の出来事を整理したい。なかでも GE の品質コストへの取り組みを紹介した日本生産性

本部の品質管理専門視察団の報告書を概観する。あわせて，品質管理と原価管理の関係について学界の初期の議論を振り返り，会計領域の学界で品質コストの紹介がいつごろであったのかを確かめる。§3では，実務界の果たした役割を明らかにするために，品質コストを積極的に導入・展開してきた日本化薬のケースを文献によって紹介する。§4では，1990年前後に管理会計の学界が品質原価計算に注目し，研究に取り組むようになった経緯とその後の研究動向を考察したい。最後の§5では，本研究の結果と残された課題を示す。

§2 品質管理と品質コスト

2.1 品質管理の系譜

品質原価計算や品質管理に関する出来事は，表14.1の通りである。日本企業が品質管理に積極的に取り組みだしたのは戦後のことである。1950年に品質管理の権威であるデミングが来日し，翌年には日科技連によってデミング賞が創設されたことは，日本企業の品質管理に大きな影響を与えた。

品質コスト（適合品質と設計品質）は，1951年にジュランによって提唱された。ジュランは1954年に日科技連の招聘により来日し，講演会にて品質に対する認識を日本企業の経営トップに説明した。この講演会の副テキストには，ジュランの"Quality Control Handbook"の翻訳版が利用された[2]。なお，この著書の第1章「品質の経済性」では，設計品質と適合品質の区別から最適品質の考え方が示され，品質コストと品質価値のバランスを図ることの重要性が述べられている。さらに，設計品質ならびに適合品質の経済性が解説されている。

続いて，1956年にGEの品質管理マネジャーであったファイゲンバウムによりTQCが提唱される[3]。ただし，このファイゲンバウムのTQCは日本でその後に展開されたTQCとは異なるものである。ファイゲンバウムのTQCは品質管理専門家が組織全体に対して品質管理を行うというものである。このTQCと区別するために，日本のTQCは全社的QC（Company-wide Quality

Control)と呼ばれることもある[4]（宇田川他，1995）。さらに，ファイゲンバウムは同じ論文のなかで品質コストの分類である失敗コスト（failure costs），評価コスト（appraisal costs），予防コスト（prevention costs）を示した[5]。このように品質原価計算の基本的な発想はGEからスタートしていたようである。なお，VAの発祥もGEのマイルズといわれ，市川（1963）は二人の関係を次のように紹介している。その内容からは，GEにおけるVAとTQCが相反する関係にはなかったことが分かる[6]。

「ミルズ氏は社内において，VAを成功させ，強力なシステムを樹立して合理化に推進している責任者であるが，かれはまず，VAを説く前に『Quality first（品質優先）!』と述べ，TQCのファイゲンバウム氏も『Qulity is money（品質はコスト）!』と，お互いに謙譲の美を発揮しているのは，そのコンビネーションの良さを物語っている」（278頁）

また，日本生産性本部の活動として，1958年に品質管理専門視察団がアメリカに派遣されたことも特筆される出来事である。帰国後の翌年には，視察団報告書が日本生産性本部から出版される[7]。この視察団は，団長として東京芝浦電気製造部長の山口襄，副団長として東京大学工学部の石川馨，幹事として工業技術院標準部機械規格課長の美濃利雄，そして団員に7名の実務家というメンバー編成であった[8]。視察団は，アメリカ品質管理協会（ASQC）の協力のもと，工場見学ならびに品質管理の担当者との意見交換を行った。報告書では，GEにおける品質コストの分類，品質コストの使い方，品質コストの求め方，さらにアメリカ企業の実情が紹介されている（日本生産性本部，1959，98―105頁）。石川（1976）によれば，このGEによる品質コスト分類は，この品質管理専門視察団の報告によってはじめて日本に紹介された[9]。したがって，日本企業の品質管理への取り組み時期とほぼ同じくして，PAFアプローチによる品質コスト分類は日本企業に紹介されていた[10]。

また，日本企業の品質管理としては，ZD（Zero Defects）運動も忘れてはならない。わが国のZDは，1965年5月に日本電気によって導入された。日本

表14.1 品質管理に関する略年表

	品質原価計算，品質管理に関する出来事		備考
	日本	欧米	
1931		シューハート Shewhart, *Economic control of quality of manufactured product*, Van Nostrand.	品質の経済性という概念を提唱
1943		アメリカ品質管理協会（ASQC：American Society of Quality Control）設立	
1946	日科技連（日本科学技術連盟）設立／東大にQC研究グループ発足		米軍による通信機メーカーへの統計的品質管理の指導
1949			GE，マイルズ氏，VA創設
1949	日本能率協会，QC調査開始 日科技連，品質管理特別研究委員会を設置		
1950	日科技連，『品質管理』創刊 デミング博士来日		
1951	日科技連，デミング賞新設	ジュラン Juran, *Quality control handbook*, McGraw-Hill.	ジュラン，品質コスト（適合品質と設計品質）を提唱
1952	ASQC日本支部設置 日本電気-デミング賞-		
1953	東京芝浦電気-デミング賞-		
1954	日科技連，ジュラン氏招聘（社長重役特別講座，部課長コース） 工業標準化法の制定		ジュラン氏は，トップの品質に対する認識を説く
1955			
1956		ファイゲンバウム Feigenbaum, Total Quality Control, *Harvard Business Review*, 34 (6)	ファイゲンバウム（GE，品質管理マネジャー）品質原価の分類法（PAF）とTQCを提唱
1958	日本生産性本部，品質管理専門視察団を派遣（翌年，報告書発刊）		
1959			米国VE協会設立
1960	日産自動車-デミング賞-		ハインリッヒ氏来日
1961	トヨタ，全社的QC開始	ファイゲンバウム Feigenbaum, *Total quality control*, McGraw-Hill. ASQCに品質原価技術委員会が設置される。	
1962		マーチン社，ZDプログラムを創始	トヨタ，VA導入
1963	日科技連，第1次品質管理海外視察チーム派遣 日本化薬-デミング賞-	GE，ZDを全社全部門に適用 国防総省 MIL-Q-9858A, Quality Program Requirementを発行し，品質関連コストの提出を要求	トヨタ，原価企画を創始
1965	日本電気ZD運動開始 トヨタ自動車-デミング賞-	ASQC, Quality Costs-What and How, Milwaukee.	日本VE協会設立 ASQC品質原価技術委員会による書籍の出版
1966	松下電器部品事業部-デミング賞-		
1969		Diamond Chain社，ターナー Turner,「品質と原価の関係図」	
1973			マイルズ氏来日
1979		クロスビー Crosby, *Quality is free*, McGraw-Hill.	
1987		マルコム・ボルドリッジ国家品質賞 Horngren = Foster, Cost accounting 第7版で品質コストを取り上げる	
1995	製造物責任法施行		
1998	日科技連，TQM宣言		

※ 本章の注に示した参考文献にもとづき作成している。

電気は，通信衛星の製造していた米ヒューズ社で実施していたZD計画を知り，その後の自主管理活動の中で実施した[11]（日本能率協会編，1978）。このZDの考え方や取り組みは，日本企業の品質コストに対する見方に少なからず影響を与えた[12]（伊藤，2001）。デミング（1950, 1975）は，ZDにおいて品質コストは最小となるため，「工程で品質を作り込む」ことが重要であるとした[13]。この考えもあり，ZD運動はその後の日本企業の品質管理に大きな影響を与えた（宇田川他，1995）。

さらに，1970年代半ばの日本企業では，「QCでコストダウン」をという考え方も広まる[14]（石原，1976；高柳，1976など）。松下電子部品の品質管理部長であった石原（1976）は，「品質管理の成功はコストダウンで評価されなければならない」とし，「品質管理のためのQC手法は品質向上のための手法ではなく，むしろコストダウンの手法と考えることができる」と述べる。また，QCは不良を減らし，IEは能率を高め，VEは価値を上げることを目的とし，いずれもがコストダウン手法であると位置づけた。さらに，三菱重工業の企画部管理技術課長であった高柳（1976）は，「コストダウンのための手法としては，VE・IEなど直接コストダウンとか能率向上を目的とした手法に比べ，残念ながらQC手法は速効性が少ない」という。しかし，高柳はコストダウンへのQCの有用性を否定したわけではなく，むしろQCを「コストダウンの基盤」として積極的に位置づけている[15]。

以上のような品質管理の系譜を踏まえると，日本企業の品質管理への取り組みは原価管理と無関係に実施されてきたわけではない[16]。品質管理が戦後からの取り組みであることを考えれば，すでに標準原価計算が一部企業では定着しているなかで品質管理は導入・実施された。さらに，表14.1の備考に示したように，VEなどの管理ツールの日本企業への導入と時期的に重なっている。

2.2 品質管理専門視察団による報告

次に，1958年の品質管理専門視察団の報告書にて紹介された品質コストをみてみよう。この報告書で紹介された品質コストは，主にGEでの取り組みで

ある。報告書で紹介された GE の品質コストの分類は，表14.2のようなものであった。

報告書では，GE は品質コストの算出を全面的に実施していると記している。また，原価計算部門はこのようなデータを提供するために全面的に協力し，特に(1)直接作業人件費，(2)製品の製造原価＋間接費，(3)販売価格，(4)製品単位当たりの品質コストの4点を念頭において実施されていたことが紹介された。品質原価計算において，日本企業では経理部門からの協力が得られないことがあるといわれるが[17]，この点について GE での取り組みを次のように述べている。

「(原価管理は)工業経営においてもっとも大切な管理の対象の1つである。し

表14.2　GE における品質コスト分類

失敗による費用 (failure costs)	a.	スクラップとなることによる損失
	b.	手直しに要する費用
	c.	苦情原因探求のために必要な費用（含技術者の出張旅費）
	d.	苦情処理のために必要な費用（含技術者の出張旅費）
	e.	その他
評価の費用 (appraisal costs)	a.	原材料の受入検査，試験のための費用
	b.	その他の検査や試験の費用
	c.	点検検査の費用
	d.	品質監査 (quality audit) のための費用
	e.	検査・試験の方式を決めたり，設備に要する費用
	f.	検査試験設備の更生や保守のための費用
予防のための費用 (prevention costs)	a.	品質管理運営に要する費用（含 QC manager, QC 技術者, QC コンサルタントなどの人件費）
	b.	品質管理教育に要する費用
	c.	品質管理指導書などの作成の費用
	d.	治具工具の整備や予防保全のための費用

(日本生産性本部，1959，pp.98-99 にもとづき作成)

かしながら，品質の原価というものは，これまで十分には行われなかった。一般に原価管理担当者は，その内容の要素の1つである品質には無関心の傾向にある。GEの場合でもその例外ではなかったようで，QC担当者の熱心な説得により，はじめて動き出したように説明された。この際，単に品質コストのためにのみ資料を集めるならば，そのための特別な事務を要することになる。GEでは従前の資料の集め方の形式を，わずかに変更することにより，従前の原価管理に加えて品質コストの検討ができるようにし，現在では原価管理担当部門が喜んで協力する態勢になったといわれる。そうして，その数字は経理の人が集めて，少なくとも3ヶ月に1度は必ず品質コストを出しており，工場によっては毎月出しているところもある。これをQC担当者が分析して使っているわけである。このことはGEの全製品について行われているという」(101頁)

また，報告書は，GEでは品質コストを用いて，一応の予算を求め，これを基準としてQC活動を行うようにQC計画をチェックしていることを紹介した。木暮（1977）によれば，品質コストは個々のプロジェクト・プランを相互に調整し，企業全体の計画にまとめあげる機能をもち，この予算的性格こそが品質コストの本質である[18]。報告書でも，GEが品質コストを予算に活用していたことがわかるのだが，残念ながら詳述されてはいない。

このGEの品質コストに対する視察団の評価は高いものであった。このことは，次のような記述によっても明らかである。

「この品質コストの考え方は，構成する要素につき，製造設備の改善のコスト等明らかでない点もあり，完全なものとは考えられないかも知れない。しかしながら，われわれが常に悩んでいた品質管理の費用につき，大いに啓発されるところがあるように考えられる」(101頁)

そして，「品質の設計」に関する最終的な勧告として，視察団報告書では，次のように品質コストを分析することの必要性を訴えた。

「品質原価の解析を行なへ。…品質管理はややもすればそのための費用を無視して行われる傾向がある。GEの解析の方法を大いに参考として解析を実施するよう

にすべきである」(105頁)

　また，日本固有の品質管理として，品質コストに直接関連しないが，業務監査を報告書では指摘している。この業務監査は，経営トップ自らが長となり監査団を編成し，実際に工場にいって品質管理方式のみならず，その実施状況や効果を監査するやり方である。報告書では，この理由を「本社で日常データから監査が十分に行えない，あるいは権限委譲が進んでいない，精神面が強い日本の企業」の特徴であるとした。また，アメリカでは軍以外ではあまりこのような方法を行っていないと述べている。さらに，提案制度についても，原価計算が不完全なために報酬制度も曖昧となり，このことがアメリカの企業に比べての欠点であると述べている。

　さらに，報告書ではコスト・コントロールについて日本企業の現状が遅れていることを次のように指摘している。

　「われわれがアメリカのQCを見て非常にうらやましく思ったのは，原価計算制度がよくできているところが多かったことである。原価計算係が，コストについての必要な情報を，必要な部門に提供するというサービス精神をもっているし，また技術者にしても，すぐに原価計算を行っていずれが利益であるかをチェックしてアクションしている。この点もちろん日本でもある程度やっているが，計算の機械化や十分層別してデータをとっている点，各部門に必要な原価情報をサービスするという点では格段の違いがある。たとえばQCの品質コストの解析など，日本ではよほど思い切って原価計算方式を改善しないとえられないであろう」(45頁)

　視察団が品質管理専門家によって編成されていたことも理由として考えられるが，報告書の随所に当時の原価計算に対する問題提起が見受けられる内容であった。この問題提起は的外れのものではなかった。品質原価計算を実施するには財務会計のみを対象とした原価計算では不十分であったことが，後の品質原価計算に関する論文などでも指摘される（例えば，中村（1971A5）など）。

　以上から，この報告書によって，品質コストが品質管理にとって魅力的な尺

度であること，また原価計算や経理部門の姿勢を改めないかぎり品質コストに取り組むことが難しいことを示唆したことは，必ずしもプラスの側面だけではないが，視察団の貢献であったといえる。

2.3 品質管理と原価管理の関係についての初期の議論

品質管理専門視察団が派遣される 1950 年代末頃から，品質管理と原価管理の関係について正面から取り上げる論文が公表された。また，品質管理が原価管理に遅れて実施されたことは先に示した通りである[19]。たとえば，前川 (1958) は光洋精工（現　ジェイテクト）にて「品質管理を意識的にいわゆる統計的品質管理として実施し始めたのは，原価管理よりもかなり後のことであった」と述べている[20]。また，前川は，「戦時の統制経済時代には消費者は品質に関する選択の自由を有していなかった」ため，品質の問題は重視されてこなかったと説明する。しかし，1950 年代後半にもなると市場は買手市場となり，商品の品質は販売価格と同様に重要な問題となった。そして，品質意識の高揚につれ，品質管理は日本企業にとって重要となる。しかし，品質ならびに原価の管理は，現場責任者による物量管理が中心であった。このような状況を踏まえ，前川は次のように品質管理と原価管理の関係を指摘した。

「原価管理は間接的管理であって，原価を管理する実体は原価管理の執行者である各現場であり，管理機構の末端に至るほど物量管理の概念が強く，品質管理をはじめいわゆる物量管理，実体的管理により達成できる。いい換えれば品質管理は原価管理に通ずるものであり，品質管理に徹すれば自ら原価管理に徹することである。このことは品質を造り出す諸要素を金額で表示したものが原価であるからである」(7 頁)

武蔵工業大学の石尾 (1960) は，もう少し踏み込んで品質管理と原価管理の関係を論じた[21]。そこでは，「従来の考え方からすれば，品質管理，工程管理，原価管理はそれぞれ平行線として交わることのない管理技術として考えられてきた」と述べている。石尾は，利益計画を「収益—利益 = 原価」という式で表

し，品質管理活動や工程管理活動をこの式にくっつけるならば，それは原価の内訳を形成すると主張している。管理技術の体系図を考えた場合，予算統制から，原価管理，工程管理，そして品質管理という順の階層であるというのである。この主張は，原価管理は予算統制で得られた許容原価から工程計画を統制し，工程管理では工程計画を予定通り完成させるために品質管理活動やその他の活動を規制することであるという考えに由来する[22]。また，石尾は，すでに標準原価計算が時代にそぐわない原価計算技術であるとし，標準原価からのズレの許容限度を設定してIEの分野に結びつける必要性も指摘している。そして，「形式的な原価管理と品質管理との関係ではむしろ品質管理が原価管理に教えるところが多い」(69頁)とした。

1960年代は，品質管理の領域でコストダウンについて多くの議論がなされており，鈴木(1962)や東(1962)なども，設計段階でのコストの作り込みや総合的原価低減活動の必要性を示していた[23]。さらに，1960年代中頃以降には原価企画の議論がスタートし，品質管理の領域でも，原価企画を品質設計とコストの観点から紹介する動きがあった。なお，1950年代末から1960年代前半には，雑誌『品質管理』には原価管理（ならびに品質コスト）に関して議論する論文が掲載されている一方で，会計領域の雑誌には品質管理に関する議論が見当たらない。

そのような状況下で，横浜国立大学の神尾(1967A11)は，『企業会計』の「原価管理への提言」という特集号に品質管理の観点からの論文を寄せた。この論文では，原価管理と品質管理は，経営における車の両輪にたとえられるが，新しいQCの導入は方法論のみならず考え方にまで及んで，原価管理に変革を求めていると主張した。そのうえで，QCの推進のプロセスを次のように述べている。

「これらの機能（QCの品質保証と市場性の確保と利益確保に関する機能）は設計品質と製造品質に具体化されているが，その最適化を図る一つの尺度は原価である。しかもQCは原価自体の改善を目的としていることも明らかである。した

がって QC は原価を一つの手段として品質を管理するとともに原価の改善を目的としているのである」(60頁)

また,翌年には,中央大学の亀山 (1968A8) も管理技術と原価情報の観点から原価管理と品質管理の関係について次のように説明した。

「私は,サブシステムの総合をもっとも有効に実現させるものは原価情報であると思う。品質管理の面から,生産管理の面から組織の総合を考えることにはやはり無理がある。そこに原価情報がつけ加えられなければならない。私見によれば,販売管理,設計管理,購買管理,日程管理,作業管理などに共通尺度を提供してそれら管理技術の真の総合を可能にするものが原価情報である」(60頁)

2.4 会計領域の学界における品質コストの紹介

神尾 (1967A11) と亀山 (1968A8) は,品質管理と原価管理の関係を論じるとともに,品質コストについても紹介した。神尾 (1967A11) は,品質コストは従来にない新しい原価概念であると位置づけ,次のように述べている。

「QC では診断と治療と不良の再発防止のための予防とか行われて,品質の改善・維持を図ることができる。そこでは,当然,管理の経済性を考慮することが必要である。そのために品質コスト (quality costs) が計算される。
　品質コストは従来の原価概念にはない新しいものである。これを定義したのは,さきに紹介したファイゲンバウムである。品質コストのなかに含まれる費目は,とくに新しいものではないが,QC の観点から従来の費目を再分類し統括したものであると考えてよい」(61頁)

このように品質コストを紹介したのち,神尾は「品質コストの別の考え方」を以下のように議論している。この議論は,品質計画においても外部要因に着目する必要性を,また設計段階での品質への取り組みの重要性を指摘するもので,当時の日本企業が,VE や原価企画などを実施しつつある状況を踏まえたものといえる。

第 14 章　品質原価計算の導入をめぐる議論　247

　「製品原価は設計段階で決定づけられてしまうといっても過言ではあるまい。このことは品質機能から見て，品質計画は内部要因である工程能力にのみ注目するのではなく，品質の市場性，購買品質など外部要因に着目しなければならないのである。いわゆる重要品質は製造のプロセスのみだけでなく，品質競争と価格競争の観点から決定せらるべきものである」(63 頁)

　加えて，神尾は「品質の原価に関する情報は経理部門から提供されなければならない」と主張するとともに，ファイゲンバウムの提唱した適合品質だけを対象としている PAF 分類での品質コストについて不十分であると指摘した。同様に，亀山 (1968A8) も，PAF 分類の限界を指摘し，1963 年に発行の『原価管理便覧』のなかで品質コストを紹介した武蔵工業大学の相羽弘一の分類を，日本の多品種少量生産の多い実務環境を捉えたものとして高く評価した[24]。相羽の分類は，予防コスト，評価コスト，失敗コストに，品質の観点から研究開発費用を加えたものである。さらに，亀山は日本的な展開のためには，品質原価の分類に価値分析活動にともなう原価を取り入れることを提案している。ただし，残念ながら，その具体的な内容については述べられていない。

　以上のように，会計領域の研究雑誌でも，1960 年代後半に数は少ないものの品質コストに対する議論は取り上げられた。また，『原価管理便覧』においても所収されている。上記の神尾や亀山の論文では，アメリカ式の品質コストではなく，品質コスト概念を日本の実務・経営環境に併せる工夫を行うなどして受容し，積極的に適応を図ろうとしていた[25]。また，品質管理領域も含め，原価管理と品質管理の融合を図ろうとした当時の研究者の取り組みは，もっと高く評価されてもよいであろう。しかし，これらの研究は，少なくとも会計領域の学界ではあまり高い評価を得るには至らなかったことは周知の事実である (小倉，1991K139-2)。

　一方，会計領域の研究雑誌において，実務家が品質コストを紹介したものとしては，日本化薬の経理部の中村 (1971A5) がある[26]。この論文については，

次節のなかで取り上げることにしたい。

§3　日本化薬における品質原価計算の導入

3.1　日本企業における品質コストへの初期の取り組み

　わが国において品質コストに取り組んだ企業として，日本化薬，東京計器製造所[27]（現　トキメック），日本製鋼所などを文献で確認できるが，その数は多いとはいえない[28]。ただし，品質コストのうち失敗コストを測定する企業は存在していたようであり[29]，これらのケースは品質コストの一部導入といえる。また，失敗コスト情報を利用し，その品質不良が増えていることを把握すれば，予防・評価にかかわる部分に係わる人々に注意を促し，さらにTQC活動を推進させることもできる。

　日本企業に本格的な品質コストの測定が定着しない理由については，品質管理領域の学界でも1970年代後半に議論となった。たとえば，木暮（1978）は「人件費が占めるウェートの高い運用品質コスト中心のアメリカ式品質コスト制度は，終身雇用制をもとに人件費が固定化された日本の企業では関心を持たれない」と指摘している。また，石川（1976）は，まだ日本企業が原価で管理するにはほど遠い状態であり，Qコスト（品質コスト）の全部が少なくとも80～90％がつかまれるようにならなければ使うことはできないとした。さらに千住（1976）は，「使うならよほどの注意を」と呼びかけ，Qコストだけを無理に押し切ってわざわざ分離・集計してみたところで，完全にムダではないだろうが大きな効果は期待できないと否定的なコメントを寄せている[30]。そして田口（1976）は，ファイゲンバウムのいう品質コストは，品質管理のために必要なメーカーのコストを指しているにすぎず，品質に伴う損失の把握なしに，それに対する対策の合理化は困難であると主張した[31]。

　しかし，このように日本企業に導入が進まないなか，他社に先駆けて品質コストの測定を実施し，積極的に取り組み状況を報告している企業として日本化薬がある。次に，日本化薬の事例を紹介することで，わが国に固有の展開や問

題とされた内容を探ることとしたい。なお，日本化薬での品質コストへの取り組みは，雑誌『品質管理』にその多くが公表されている。

3.2 日本化薬における品質コストの導入経緯

近藤・中村（1966b）によれば，日本化薬は1950年に工場の一部先進的なスタッフによって品質管理が開始されたが，SQC（統計的品質管理）と解され，

表14.3　日本化薬の品質管理と品質コスト導入経緯の概要

年	おもな経過
1950	工場の一部先進的なスタッフが文献の研究，統計的手法のマスター，次いで実験計画法の活用を始める。
1956	全社的な品質管理教育
1958	中央品質管理委員会を設置
1959	品質管理の実施成果を見るメジャーとして品質管理委員会品質管理部門の助言などによりあげた成果を「定性的成果」「定量的成果」に分けて測定した。
1960	石川馨東京大学教授による品質管理活動の診断
1961	広く管理・改善の効果の把握方法としてGE社の品質コストの思想を取り入れたコスト体系を西部品質管理協議会にて検討し，管理効果報告書作成要領を作成，1961年度上期・下期について試算した。（管理効果（品質コスト，主要個別効果））
1962	デミング賞立候補の社長示達
1963.6	経理部門から全社規程として38年6月1日付で管理コスト計算要領（この中の一部として品質コストを位置づける）と個別効果計算要領を制定した。以後これに基づき計算。
1963.11	デミング賞実施賞の受賞
1964	経理会議において問題点を検討して，経理部門において「品質コスト小委員会」を編成し再検討することとなった。
1965.9〜12	「品質コスト小委員会」の最終答申が経理部長へ提出され，経理部長から中央品質管理委員長へ付議された。
1965.12	「品質コスト」のその効果的活用について根本的なメモを入れるため，1966年度品質管理計画にプロジェクトとして取り上げた。

（日本化薬の社史[33]ならびに深井・小浦（1966b）にもとづき作成）

組織的,体系的活動とはいいがたく,その効果も顕著ではなかったようである[32]。そのなか,1962年にデミング賞立候補の社長示達により,経営トップ指揮による品質管理活動を展開することになる。

日本化薬は品質コストを管理コストとして捉え,TQCの一環として取り組んだ。深井・小浦(1966)によれば,日本化薬の品質コストに関する研究は1959年10月からであり,当時の品質管理担当者が「品質管理の実施成果のメジャー」として全社的な測定をはじめたのがはじまりであったという[34]。この点,南坊(1965)は,「昭和36年2月~10月の間に,品質管理委員会において管理・改善効果の把握方法を検討した結果,GE社の品質コストの思想をいれて全社的な成果測定方法として36年10月『管理効果報告書作成要領』を制定した」と記述している[35]。また,中村(1969)も「品質管理コストシステム設計に際してのイニシアチブは,品質管理技術者がとった」と振り返っている[36]。

そして,1963年6月にデミング賞受審に際して,経理部門のQCとして品質コストに着目し,経理部門が全社的に取り上げて「管理コスト(品質コスト)計算要領」として原価計算制度に組み込んだ(深井・小浦,1966)。一般に品質管理は技術部門の者がやるもので事務部門にはあまり関係がないものと考えられがちであったが,日本化薬では経理部門のスタッフ業務として品質保証に役立つ経営情報の提供という役割に取り組んだのである[37](近藤・中村,1966a,1966b)。このような,品質コストへの取り組みの成果もあり,日本化薬は1963年11月にデミング賞を受賞している[38]。

3.3 日本化薬の原価管理の体系における品質コストの位置づけと品質コスト分類

近藤・中村(1966b)によれば,日本化薬の各種管理会計手法は全社的なTQCという立場から体系化されており,この点は同社の特徴である。品質コストは,管理コスト計算要領の中に位置づけられている[39]。管理コストの計算について近藤・中村(1966a)は次のように述べている[40]。

「管理コストの計算は、潜在管理不良など経営上の問題点発見を目的とするものである。コスト・リダクション、コスト・キーピングの実をはかり、さらには収益の増大をはかって、企業利益の向上を達成するためには、まずどこに問題があるのかを、計数的に把握する必要がある。この目的を果たすものが、管理コストの計算である。具体的には、品質コストの集計、アイドルコストの集計、PMコストの集計、販売コストの集計、労務コストの集計、資材関係業務コストの集計などが考えられるが、当社で実施したものは、品質コスト、PMコスト、資材関係業務コストである」(38頁)

　この管理コストの計算を行い、潜在管理不良など経営上の機会損失を計数的に把握すべきという考えに至ったのは、「品質コスト」の計算からである[41]（近藤・中村、1966b；近藤、1969）。日本化薬の「管理コスト計算要領」では、品質コストを予防コストである教育費とQC部門費、評価コストである検査費と品質監査、そして失敗コストとして不良損失とクレーム損失の6分類としていた。さらに、品質コストは月次で把握し、半期（6ヶ月）ごとに全社・事業部門別ならびに工場別に6分類のもとで集計された（南坊、1965）。

　品質コストの把握の方法は、深井（1963）、松本・宮崎・小浦（1966）、小浦（1969a）にて詳しく述べられている[42]。品質関係情報を原始取引担当部署にて把握して、これを伝票で経理課に通知し、経理課で金額算定を行うというものであった。この伝票は従来から発行されているものに品質管理伝票を加えてセットしたものであり、品質管理伝票には3種類あった[43]。

　さらに、管理コスト計算要領では、潜在管理不良発見のために行われる分析について、その着眼点と分析法が明示されていた（深井・小浦、1966）。分析の着眼点は、期間品質コストの減少、失敗コストと評価コストの減少、予防コストと失敗コストの比較などであり、分析の方法は、各コスト内の主要コスト発生要因別パレート分析、全体コストに占める各品質コストの割合、年度計画・長期計画に目標値として品質コスト計画を設定し、その計画と実績の比較、各コストの経時的推移などであった。

3.4 日本化薬にみる品質原価計算のわが国独自の展開

　日本化薬での品質コストへの取り組みは，わが国の固有の TQC の概念から発展したものであり，前述したように経理部門がスタッフ業務として品質コストという情報提供の役割を果たそうとするものであった。深井（1963）は，日本化薬での TQC に対する見解について，次のように述べている。

　「全社をあげての，みんなの品質管理を総合的に進めるためには，経営の各機能がそれぞれの自己の機能を基盤として品質管理に貢献する必要があることはいうまでもない。経理機能からの品質管理への結びつきは工場内各部署の原価管理の向上を図ることが一番直接的である。この意味で原価管理の向上が品質管理を伸ばすために絶対必要であり，『もうかる品質管理』，『経営の発展に役立つ品質管理』といわれて，TQC が偉力を発揮する理由は実はここにあると考える」（56 頁）

　また，日本化薬で展開された品質コストもアメリカからそのまま導入したというよりも，わが国での経営環境を踏まえたものである。たとえば，近藤（1969）は，「GE が始めた品質コストの計算は，問題点の発見やその解析だけでなく品質管理活動の評価も目的に含まれているようだが，評価に利用するよりは，問題点の発見や計数的な把握に主眼を置いた方がよさそう」と指摘し，日本化薬では潜在管理不良などの問題発見のために品質コストを活用した。

　加えて，近藤・中村（1966b）は，GE の品質コスト体系と当社の分類が似ているため，日本化薬でも，品質管理活動の評価に主目的があるのではないかと議論を生んだことがあると述べている。たとえば，製造課の評価は品質管理活動だけを行っているわけではないため，納期管理や原価管理など他の管理活動も含め活動を全体的にとらえなければならないという結論に達しているという。この点も，品質管理活動だけでなく，現場管理をいろいろと実施している日本的な特徴がある。

　さらに，小浦（1968a，1969a）によれば，日本化薬の品質コストの展開はジュラン博士の示した発展過程とは異なっていた[44]。そして，ジュランの品質コスト取り組みの最初のステップ「設計品質と適合品質の差の明確化」に立ち返る

形で,「品質とプライス, 品質とコストとの関係の研究」に着手することとなったと述べている[45]。また, 小浦 (1968b, 1968c) では, 品質コストの把握から始まって, 業績評価制度の研究や (事業部制の内部振替の考え方を応用して) 責任担当部署に品質コストを付け替える制度などを検討するなど, 日本化薬では新たな取り組みへと発展している[46]。なかでも, 設計品質と適合品質の差の明確化に関する取り組みは, 日本化薬においても他の日本企業と同様に設計品質に対する意識が強くなったことを理由としてあげることができる。なお, この時代には, 石川 (1968) によってライフサイクル・コスティングが紹介され, ユーザーコストの立場からみたコスト最適化の問題も追加されたことも影響している[47]。

　また, 原価計算制度という側面から, 日本化薬の品質コストの取り組みを論じたものとして中村 (1969, 1971A3) がある。中村 (1969) では, 品質コストの考え方は, 原価引き下げによる利益拡大であり, そのための管理活動原価計算であるとし, これを新しい原価計算の見方として提案している。伝統的な原価計算の目的が財務諸表の作成であったが, 新しい原価計算は管理活動の生産性向上であるという。また, 企業会計に掲載された中村 (1971A3) でも, 品質管理活動の目的と品質コストの考え方から学ぶべきものとして,「プロダクト・オリエンティッドの原価計算から, アクティビティ・オリエンティッドの原価計算への視点移行」,「失敗のコストを重要な計算対象にしていること」, そして「ポリシィ・コストとして予防コストが考えられていること」の三点が指摘された。

　このような中村 (1969, 1971A3) の所説は, 国内の品質管理の学界ならびに海外の品質コストに取り組む実務界において注目を集めることとなった。狩野 (1976) は, 中村氏が「経営者や管理者の意思によって自由に増減できる原価」と「不本意ながら発生する原価」という見方を原価管理に組み込む点を高く評価し, また海外の企業が注目していることを紹介している[48]。また, 木暮 (1977a) は, 中村 (1969) が前述の二つの原価の見方を提案しており, これが日本化薬の管理コストの3区分とも結びついていると指摘した。木暮 (1977b)

は，日本化薬のように意図的に費やした費用（expense）と心ならずも発生した損失（loss）との区別は重要であると解説した[49]。

以上から，日本化薬の品質コストへの取り組みは，実務界において日本の経営環境にあわせた積極的な適応事例であったと捉えられる。また，東京計器製造所の市川（1963）も，「ファイゲンバウムの品質コストは，日本企業の沿革や体質にはピッタリしない」と指摘して，品質コストの分類を見直したことが紹介されている。少なくとも二社の事例からは，アメリカから伝来した品質原価計算を導入・展開していく際に，日本独自の展開を要したといえる。

§4　品質原価計算の学界での再認識と展開

4.1　品質原価計算の再認識

『會計』『産業経理』『企業会計』では，1970年代中頃以降，品質原価計算ならびに品質コストに関する主だった議論は見受けられない。再び，品質コストに注目されるようになるのは1990年前後である[50]。

品質原価計算の再認識に対する嚆矢となったのが，木島（1989A11）の研究であった。木島は，米国で会計領域から品質コストを検討する動向があることを受け，わが国の会計研究者として再び品質コストに着目した。その意味で，この論文の貢献は大きかった。

木島は，製品ライフサイクルの短縮化が品質上の課題に影響を及ぼす可能性があることを示唆し，わが国の環境を捉えることの必要性にも言及した。また，品質原価計算は原則的に適合品質に関わるものであると指摘した[51]。そして，会計のサブシステムとして，品質原価計算によるコスト情報は品質改善を行ううえで，総合的判断に役立つと主張した。しかも，多くの品質コストの集計・分類にあたっては既存のコスト関係勘定がそのまま利用でき，そのことによって二重計算手続の不能率の排除とともに，会計固有の検証可能性，網羅性，首尾一貫性，不偏性を維持できるという。

このような品質原価計算の有用性を指摘する一方で，その限界についても木

島は指摘した。その限界とは，品質コスト情報は，それ自体に品質コスト問題を解決する能力はなく特別の品質改善策も示さないこと，品質コストは管理者の誤りの影響を受けやすいこと，品質コストはその成果との短期的対応が不明瞭であること，品質コストとして不適当なコストが参入されたり曖昧さが残っていたりすることなどであった。

4.2 戦略的コストマネジメントとしての注目（1990年以降）

木島（1989A11）の論文の後，わが国の会計領域の複数の研究者によって品質コストに関する議論が活発化する。このなかで会計領域の学界で公表された代表的な論文は，伊藤（1990A3，1991K140-1，1992A8，1994A7）や小倉（1991K139-2）などであろう。その特徴として，戦略的コストマネジメントとして品質原価計算が取り上げられるようになったこと，また適合品質だけでなく設計品質も対象とし原価企画との関わりで論じたことなどがあげられる。

まず，小倉（1991K139-2）は，米国の文献にみられる議論の変化が品質コストの役割を変化させていることと，新しい品質コストの考え方が日本企業における実践とどの程度の差異があるのかを確かめることを目的とした研究である。小倉は，東日本にある八社の電気機械メーカーの工場に対して訪問調査を行い，うち二社において品質コストに類する概念を用いていたことを紹介した。第1点目の研究目的に関して，1970年代後半には米国は日本企業の製品の競争力（高品質と低コスト）に気づきはじめ，1979年のクロスビーの"Quality is Free"をはじめ，品質管理のあり方を見直す動きへと繋がったことを指摘した。このクロスビーの著書にある主張を受け，高品質とコスト低減は背反しない課題であるとして，米国では日本企業の紹介が行われるようになったと述べている。そして，学界での品質原価と原価低減に関する展開について，管理会計の研究者が品質とコストの関係に目を向けるようになったのも最近であり，これからの課題であると述べた。

第二の研究目的については，訪問調査を行った日本企業の実践と米国にみられる新しい品質コストの役割には相違があったことを確かめ，次のように記述

している。

　「すでに TQC の成果として広く知られているように，品質管理への全社的な取り組み，職務に対応した機能品質への管理対象の移行，源流部門での品質保全の重視等が強調された。それらに増して，製品開発段階（製品の企画と設計）での品質の作り込みの重要性が強調されていた。自動化が進み，現場の作業者が相対的に減少している工場において，TQC に替わって，原価企画と組み合わせた品質の作り込み（design for quality）が品質とコストの並行的な改善を要求する有効手段と捉えられているのである」(12頁)

　加えて，日本企業で品質コストの測定に対する消極的な態度には，品質コストとして特定の費用のみを抽出することの意味が小さいという事情があると指摘する。つまり，「原価低減への総合的な取り組み」と「開発段階における品質とコストの作り込みの重視」が行われていることによるものであると小倉は主張した。さらに，品質コスト概念が使われないもうひとつの理由として品質概念の使い分けが進んだ点が指摘されている。この点からも，「開発段階における品質とコストの作り込みの重視」，すなわち原価企画のためのコスト情報が品質コストの代わりとなっている可能性があるという。そして，品質とコストの関係の分析が，計画的・積極的な企業経営を推進する戦略的会計ツールとして位置づけられるであろうと小倉は主張した。

　他方，伊藤（1992A8，1994A7）では，より詳細なケースを用いて，品質原価計算の議論を行っている。伊藤（1992A8）では，既存の原価計算システムではQ コストを収集し報告するような設計ではない点，米国と日本では品質あるいは品質管理の認識が異なる点，品質原価計算で適用される品質概念が適合品質である点などを紹介した。また，オムロンのQ コストシステムから，同社のQ コスト把握の第一義的な目的は，品質そのものの可視化であり，これによって品質に対する管理者の注意力を高め，品質管理活動の質的改善を図ることであったと指摘した。

　また，伊藤（1994A7）では，日本の大手自動車メーカーのケースを手がかり

として，戦略的コストマネジメント・ツールとしての品質原価計算の要件を検討している。戦略的コストマネジメント・ツールとして品質原価計算に求められる要件は，①従来の適合品質にくわえて，顧客ニーズを企画品質に盛り込み設計品質として実現するために要するコストと，そのコストによってもたらされるベネフィットの分析を枠組みに加えること，②ユーザーコストをも含めて品質コストを広範囲に測定し，企業が生み出す製品が顧客や社会に及ぼす影響に関する分析を行うこと，の二点であると示唆した。

§5 まとめ

以上から，品質原価計算の導入をめぐる議論は，アメリカとは異なる形で進んできたことがわかる。ジュランの品質コストに関しては，日科技連による講習会にて早期に日本企業に紹介され，またファイゲンバウムを中心としたGEの品質コスト分類も日本生産性本部の品質管理専門視察団によって比較的に早い段階にて日本に伝来した。日科技連ならびに日本生産性本部は，品質コストを紹介したという意味において，大きな貢献を果たした。

さらに，品質管理と原価管理は平行線として交わることのない管理技術であったが，1960年前後にはその密接な関係性が指摘されるようになる。そこでは，品質管理と原価管理も現場では物量単位で行われ，また工程で品質も原価も作り込むという意識を日本企業はもっていた。そして，石尾（1960）の許容原価の議論に見られたように，原価管理を実施していくなかに品質管理活動は体系づけられることになった。あわせて，適合品質だけでなく設計品質を重視するという日本企業の流れは，この原価管理と品質管理との密接な関係を除外できず，また品質原価計算の導入にも影響を与えたものと推測される。加えて，品質コストの紹介とほぼ同時期あるいは少し遅れる形でVA/VE，原価企画，ライフサイクル・コスティングへの注目が高まる。そのなかで，適合品質に着目するPAFアプローチの限界が，品質管理の学界を中心に指摘された。しかし，品質管理領域の学界が，それまでに品質コストの「紹介・認知」と

「導入・受容」を促そうとした点は高く評価されよう。

他方,「積極的適用」した日本化薬には,日本企業の経営環境から,品質コストの理論の再構築につながるような展開がみられた。日本化薬の取り組みは,今後,わが国の他企業が品質原価計算を実施していく際に,大変有益な示唆を与えるモデルであった。

最後に,アメリカでの会計領域から品質コストを検討する動向によって,1990年頃からは管理会計の学界からも,品質原価計算に注目を集めることとなった。品質原価計算には,製造物責任法などの外部環境への対応だけでなく,積極的に戦略的コストマネジメントとしての役割期待があることが指摘され,多くの論者によって研究が進められるようになる。その内容も,わが国独自の実務・経営環境を考慮している。その意味において,1990年前後に品質原価計算を再認識し,さらに戦略的コストマネジメントとして位置づけた研究も高く評価できる。

以上のように品質原価計算の導入をめぐる議論をみてきたわけであるが,VE,原価企画などの他の技法やシステムとの関係で品質コスト導入の議論を位置づける必要がある。しかし,日本の品質管理活動と深いかかわりのあるZDに関しては十分な議論を発見することができていない。また,工業標準化法や製造物責任法など,国が率先して品質の向上に努めた施策とも関係があろうが,本章では十分な記述できていない。これらの点は残された課題であり,今後も品質原価計算の導入に関する研究成果が蓄積されることを期待したい。

1 近年の日本企業における品質コストの採用理由については,梶原武久(2008)『品質コストの管理会計』中央経済社などを参照されたい。
2 Juran, J.M. (ed.) (1951) *Quality Control Handbook*, New York: McGraw-Hill (日本科学技術連盟訳 (1954)『品質管理ハンドブック』JUSE出版社)。なお,翻訳が副テキストで使用されたことは,「訳者のことば」に記述されている。
3 Feigenbaum, A.V. (1956) Total Quality Control, *Harvard Business Review*, 34 (6), pp.93-101.
4 宇田川勝・佐藤博樹・中村圭介・野中いずみ(1995)『日本企業の品質管理─経営史的研究─』有斐閣。なお,Feigenbaum (1956) のTQCの定義は,Total Quality Control＝Control (design＋material＋process) ÷Costs (inspection＋

第14章　品質原価計算の導入をめぐる議論　*259*

rejects）×Customer satisfaction である。

5　市川龍三（1963）『総合的品質管理―導入から進め方まで―』日刊工業新聞社。なお，市川氏は，当時，東京計器製造所の生産管理部品質管理課課長であった。

6　ただし，ファイゲンバウムは品質コスト情報を利用する経営幹部を主として品質管理部長に限定しており，全社的なものではなかったようである（木暮正夫（1978）「いわゆる品質コストのわが国企業への適用について―Ｐコストの取扱いに関する一試案を含めて―」『品質管理』第29巻第5号（臨），38-44頁）。

7　日本生産性本部編（1959）『アメリカの品質管理―品質管理専門視察団報告書―』日本生産性本部。

8　団員は，伊奈製陶・伊奈正夫，日本電々公社・唐津一，三井化学工業・牧一雄，東北パルプ・岡田定雄，日立金属工業・佐々木正男，三菱金属鉱業・渡辺英造，日本精工・山本宏一である。

9　石川馨（1976）「正しく把握することが肝要―品質コストについて私はこう考える―」『品質管理』第27巻第4号，10-11頁。ただし，ファイゲンバウムの品質コストは，記述したように既に公表されており，一部の有識者は知っていた可能性はある。

10　日本でも品質の経済性を研究する必要性は，日本生産性本部の視察団が品質コストを紹介する以前から認められていたが，実用の価値のある報告はそれまでなかった（日本生産性本部，1959，104頁）。

11　日本能率協会編（1978）『ZD の新展開―先進6社の自主管理活動の実際―』日本能率協会。なお，ZD は1962年に米マーチン社オーランド事業部がミサイルの品質向上とコストダウンを目的に実施したものである。

12　伊藤嘉博（2001）『環境を重視する品質コストマネジメント』中央経済社。

13　デミング（1950）「統計的品質管理とは何か？」『品質管理』第1巻第6号（品質管理誌編集委員会編（1970）『品質管理誌重要文献集』日科技連出版社に所収），デミング（1975）「日本品質管理　思い出の記」『品質管理』第26巻第3号，8-12頁などを参照されたい。なお，Shank and Govindarajan（1993）は，デミングのアプローチでは品質コスト測定は不要であると指摘している（Shank, J.K. and V. Govindarajan (1993) *Strategic Cost Management: The New Tool for Competitive Advantage*, Free Press.）。

14　石原勝吉（1976）「コストダウンを QC 手法で」『品質管理』第27巻第6号，6-10頁。高柳昭（1976）「一品生産工場におけるコストダウンと QC 手法」『品質管理』第27巻第6号，17-19頁。

15　なお，高柳（1976）は「数年前に VE がコストダウンの技法として注目されながら VE による改善案の品質への影響度をしっかり見極めることができず，そのため多くの企業において予想外の品質クレームが生じ，ひいては VE の普及が停滞した」ことを紹介している。

16　欧米を含めた品質原価計算の系譜に関する議論は，村田直樹・竹田範義・沼惠一（1997）『品質原価計算―その生成と展開―』多賀出版を参照されたい。

17　報告書では，品質コストの算出について，「残念ながら日本では，いまだ経理部

がこのような情報を提供してくれる能力も，またサービス精神もないようである。」(100頁)とも述べられている。
18 木暮正夫（1977a）「『品質とコスト』をめぐる基本問題—経常的制度としてのコスティングを中心として—（その1）史的展開と従来の論評」『品質』第7巻第2号，12-18頁。
19 従来の伝統的原価計算が品質を扱わなかったわけではなく，たとえば，仕損品の標準発生量を予定し，標準原価計算における標準仕損費や標準補修費の算定などは当然ながら紹介されていた。
20 前川良雄（1958）「品質管理と原価管理」『品質管理』第9巻第12号，4-7頁。
21 石尾登（1960）「QC担当者のための原価管理」『品質管理』第11巻第7号，65-69頁。
22 石尾（1959）でも，予定と実績を比較分析して注意するような観念論的な原価管理論は廃止すべきであり，原価管理の本質は許容原価の中に技術計画や物量計画をおさめることにあると主張している（石尾登（1959）『新しい原価管理』日本能率協会）。なお，石尾（1965）によると，この許容原価に関する議論は，この文献を除いて他のいかなる文献にも出ていなかったと回顧している（石尾登（1965）『許容原価による経営』日刊工業新聞社）。
23 鈴木武（1962）「コストダウンの着眼点　1.綜合コスト・ダウン—TCD」『品質管理』第13巻第1号，46-50頁。東秀彦（1962）「コストダウンの着眼点　2.設計は品質とともにコストを支配する（機械製品の場合）—標準化・単純化をすすめると大きいコスト・ダウンができる」『品質管理』第13巻第2号，42-47，49頁。
24 原価管理便覧編集委員会編（編集委員長・今井忍）（1963）『原価管理便覧』日刊工業新聞社，916-918頁。なお，品質コストは，「第Ⅸ編　管理技術と原価低減」の「品質管理　7.3 品質管理が対象とする原価要因」のなかで紹介されている。
25 相羽氏は，日本化薬にも「品質コスト」に関する指導を行っていたようである（小浦孝三（1969b）「品質コストに関する調査研究（3）」『品質管理』第20巻第7号，35-42頁）。
26 同じく，日本化薬の財務課長である深井（1969A3）の論文などでも「品質コスト」という用語が用いられているが，詳しい解説はない。
27 市川（1963）を参照されたい。
28 小浦（1969a）では，他に松下電器部品事業部，日本コロンビアなどを日本化薬の品質コスト体系と比較している（小浦孝三（1969a）「品質コストに関する調査研究-1-」『品質管理』第20巻第5号，43-54頁）。なお，松下電器部品事業部の事例としては，品質コストを直接論じるものではないが，山本（1966）がQCサークル活動の成果を金額的に評価していることを示している（山本芳夫（1966）「製造ラインにおける原価管理の実施例」『品質管理』第17巻秋増刊号，96-100頁）。また，日本製鋼所のケースは，杉本（1978）が紹介している（杉本敏（1978）「品質コストの集計システム」『品質管理』第29巻第5号（臨），45-

48頁)。なお，早い段階で品質コストに注目した実務家による論文としては，三菱金属工業の渡辺氏のものがある（渡辺英造（1962）「品質コストについて」『品質管理』第13巻第4号，1-4頁）。

29 たとえば，梅田政夫（1976）「改善の足掛りとして―品質コストについて私はこう考える―」『品質管理』第27巻第4号，12頁では，東京芝浦電気が当時日常把握しているのが失敗コストであると示している。

30 千住鎮雄（1976）「使うならよほどの注意を―品質コストについて私はこう考える―」『品質管理』第27巻第4号，14頁。なお，千住は品質コストの問題点を整理し，品質コストを用いる前提条件を指摘した（千住鎮雄（1968）「QCと経済性―基本的問題の概観（その1）―」『品質管理』第19巻第4号，20-24頁）。

31 田口玄一（1976）「技術とシステム設計で作れ―品質コストについて私はこう考える―」『品質管理』第27巻第4号，15頁。

32 近藤潤三・中村輝夫（1966b）「利益確保と経理部門の活動」『品質管理』第17巻第9号，35-39頁。

33 日本化薬株式会社社史編纂委員会（1986）『明日への挑戦―日本化薬七十年のあゆみ―』日本化薬株式会社。

34 深井秀夫・小浦孝三（1966）「品質コストに関する調査研究（第1報）」『品質管理』第17巻臨時増刊号，71-78頁。

35 南坊平造（1965）「当社の品質コストについて」『品質管理』第14巻臨時増刊号，179-181頁。

36 中村輝夫（1969）「品質コストシステムとその展開」『品質管理』第20巻第11号（臨），184-187頁。

37 近藤潤三・中村輝夫（1966a）「経理部門の管理活動」『品質管理』第17巻第6号，37―40頁。

38 日本化薬のデミング賞の受賞理由には，「販売部門，経理部門における品質管理活動にあたっては，デミング賞実施賞審査の過去の経験に比較して，一進歩を示すと思われる点が見られました…」と記載されている（『品質管理』第15巻第1号，1964年）。

39 中村（1976）は，「品質コストの把握を行い一応の成果を納め，現在はやっていない」と述べている（中村輝夫（1976）「品質管理コストの収集・活用と手法の販売部門への適用」『品質管理』第27巻第4号，20-24頁）。

40 小浦（1969b）は，管理コストのなかでも特に資材関係業務の管理効果について解説している（小浦孝三（1969b）「品質コストに関する調査研究-2-」『品質管理』第20巻第6号，59-63頁）。

41 近藤潤三（1969）『経営計画の推進力』実業之日本社。

42 松本一郎，宮崎新六，小浦孝三（1966）「品質コストに関する調査研究（第2報）」『品質管理』第17巻（増），79-85頁。

43 出金を直接伴うQC費用（金）扱い伝票，所要費用を欠陥まとめて把握する（月）扱い伝票，品質管理業務に関連して物品あるいはサービスの依頼を行うつど発行する（品）伝票である。

44 小浦孝三（1968a）「品質コストに関する調査研究（第3報）」『品質管理』第19巻第5号（臨），51-53頁。

45 この取り組みのなかで，小浦（1969c）は，田口の損失関数や千住の経済性工学の発想を取り入れて考察し，品質設計段階におけるコストダウン（VE）に言及している。

46 小浦孝三（1968b）「品質コストに関する調査研究（第4報）」『品質管理』第19巻第5号（臨），55-57頁。小浦孝三（1968c）「品質コストに関する調査研究（第5報）」『品質管理』第19巻第11号（臨），167-169頁。

47 石川馨（1968）「ライフ・サイクル・コスティングについて」『品質管理』第19巻第1号，58-60頁。また，小松製作所ではユーザーコストによる品質評価を実施していた（高橋俊就（1969）「ユーザーコストによる品質評価について」『品質管理』第20巻第11巻（臨），193-195頁）。

48 狩野紀昭（1976）「品質コストの問題点とその導入について」『品質管理』第27巻第4号，6-9頁。さらに，中村自身もヨーロッパ各国の品質管理担当者からの問い合わせが来ていたと述べている（中村，1976）。

49 木暮正夫（1977a）「『品質とコスト』をめぐる基本問題——経常的制度としてのコスティングを中心として——（その2）企業における職能分化とコスト」『品質』第7巻第3号，7-13頁。

50 品質管理の領域でも，1980年代になると品質コストの議論は現象する。しかし，まったく忘れ去られたわけではなく，この年代の代表的な論文としては久米（1984）や狩野他（1985）などがある（久米均（1984）「品質コストについて」『品質』第14巻第1号，19-23頁。狩野紀昭・安藤之裕・光藤義郎・田中英明（1985）「社外品質トラブル損失ならびに品質コストについての実証的研究」『品質』第15巻第4号，88-95頁）。また，会計の研究雑誌でも，1980年代には，TQCが原価管理に有用であることは多くの論文で指摘されるようになったが，品質コストや品質原価計算として記述されたものは見受けられなかった。

51 この指摘は，1970年代までの品質コストの概念の拡張に関わる議論とは異なるものであったが，わが国の会計領域での研究の方向性として品質原価計算の果たす役割領域を明確に示す結果に繋がった。

第15章　ABCの導入をめぐる議論

§1　は じ め に

　日本企業は，戦前・戦後を通じて長い間，アメリカなどから経営手法を学び，日本の環境に適応させてきた。しかし，このようにして培われてきた日本企業の経営手法は，1980年代後半になると「日本的経営」とよばれて世界から注目され，研究されるほどに成熟したものとなっていた。そのような時代に，ABCが日本に紹介されたのであるが，当初は，ABCに対する実務界の反応は冷淡であったようである。後に，バブル経済が崩壊し，景気が後退局面に入ると，実務界のABC/ABMへの注目は高まるが，それでもなお，ABC/ABMが実務に積極的に取り入れられたという様子はうかがわれない。

　しかし，わが国の研究者は，有形の物的財貨でも組織構造上の責任単位（部門）でもなく，「活動」という単位に原価を集計するという，伝統的原価計算とは異なる切り口に，これが「新コスト・マネジメント・システムの概念設計の基礎」「原価計算，業績測定，投資管理，および非付加価値会計の公分母」（櫻井，1988)[1]になるという理論的発展の可能性を見いだして積極的に議論を展開していった。

　ABC/ABMがわが国の実務に浸透しなかったとすれば，ABC/ABMを巡って学界で行われてきた議論は一体何であったのか。実務に対して何も貢献するところはなかったのであろうか。本章では，ABC/ABMに関する文献を要約

し，フレームワークにそって整理する中で，多少なりとも，ABC/ABM をめぐる議論の意義を見いだすことを目的としている。

§2 ABC の紹介・認知

わが国への ABC（Activity-Based Costing；活動基準原価計算）の紹介は研究者主導で行われた。ABC の紹介・認知段階で特徴的なことは，研究者が，ABC を紹介する時点ですでに，わが国企業への適用可能性や，将来の ABC の展開可能性にまで言及していたことである。研究者の多くは，実務への導入については慎重でなければならないが，研究は積極的に行うべきであるとの見解を示していた。

2.1 櫻井（1988）[2] による ABC の紹介

本格的に ABC を紹介した最初の文献は，1988 年に著された櫻井通晴の論文「アメリカ原価管理の新動向」（櫻井，1988）である。櫻井はこの論文の中で，CAM-I（1987）[3] および Berliner & Brimson（1988）[4] にもとづいて，アメリカで展開されていた ABC を「活動志向原価計算」とよんで紹介している[5]。

櫻井（1988）は，原価計算・業績測定・投資管理・非付加価値会計の公分母として「活動会計」を位置づけ，活動会計によってこれらのバラバラなシステムを統合する論理的な枠組み[6] が提供されると述べている。また，機能・活動・タスクといった活動会計の概念構成と長所，非付加価値会計，製造間接費配賦法の改善について概略を説明した後，ABC による製品原価計算は，少量品種の原価が高くなるため[7]，新製品開発が阻害されるのではないかという危惧を示している。

2.2 1989 年以降に ABC を扱った文献

1989 年以降，ABC は，伊藤博・伊藤嘉博（1989K135-5/6），伊藤嘉博（1990S2），伊藤博（1991K140-6，1992A8），山本他（1991A8），坂本（1991S3），

志村（1992A6），小林（1992K142-1），尾畑（1992S3），長谷川（1992A8），田中（1993K143-6），中村（1993S2）など多くの研究者によって紹介，あるいは解説された。

(1) 山本他（1991A8）

例えば，山本他（1991A8）では，ABCの概略，戦略的な利用，業績評価への利用，製品設計への影響を解説している。そして，わが国へのABCの適用可能性については，早急に導入される可能性については否定的でありながら，当時の日本の産業界にとって脅威であったNIESの挑戦を顧慮して，研究は積極的に進めるべきであると主張している。

(2) 小林（1992K142-1）

また，小林（1992K142-1）は，当時，紹介されるABCの基礎的概念の理解や用語法が人によって異なり混乱していた事態を受けて，コスト・ドライバー概念の整理を手がかりとしたABCの考察を行っている。そして，ABCの利用目的には，(1)原価計算対象への原価集計を問題にする方向と，(2)原価の発生要因を特定し業務の改善を図る方向の二つがあり，これらを区別して検討すべきであるいう見解を示している。

(3) 伊藤博・伊藤嘉博（1989K135-5/6），伊藤嘉博（1990S2）による戦略原価計算を展望したABCの紹介

伊藤博・伊藤嘉博（1989K135-5/6）では，クーパー＝キャプラン（1988)[8]の論点を紹介した上で，彼らのコスト・ドライバー概念がポーターの「競争優位の戦略」(Porter, 1985)[9]の概念と近似していることを指摘しつつ，ポーターの「価値連鎖」概念に基づく「戦略原価計算」へ展開する可能性，そのためには製品原価計算にとどまらない新たな展開が求められると述べている。

また，伊藤嘉博（1990S2）ではポーターのいうコスト・ドライバー概念とABCにおけるコスト・ドライバー概念を，定義，コスト・ビヘイビア，戦略の範囲，戦略の期間などの点から詳細に比較し，相違点を明らかにしている。そして，ABCが提唱されたことを契機として，管理会計が戦略的原価分析に役立つようになるであろうという展望を示している。

§3　ABCの導入・受容をめぐる議論

3.1　ABCの導入・受容に関する研究者の見通し

(1)　田中（1993K143-6）

田中（1993K143-6）では，ABCの概念や理論構造について紹介した上で，わが国にABCを導入することの意義について，「ABCはアメリカのみならず，イギリスやドイツにおいても受け入れられつつある。それとは対照的に日本においてはさまざまな批判的意見がみられる。」（12頁）と述べ，日本企業がABCを受け入れる際の問題を指摘している。

田中は，日本でABCが受け入れられない理由として，(1) 日本では価格は原価よりは市場価格に影響されるためABCの必要性は高くないかもしれない，(2) 日本の原価管理は，原価情報だけでなく，カンバン方式，TQC，改善活動などによって行われており，かならずしもABCを必要としない，(3) 原価の低減は，ABCを使わなくてもTQCや改善活動によって可能である，の3点をあげている。

他方で，(1) 製品セグメント別の利益を正確に計算するためには，原価企画によって得られた原価や，標準原価・実際原価では意思決定を誤らせる危険があり，ABCが有用である，(2) 日本の改善活動は経験則を重視するが，ABC/ABMはより分析的であるため，改善の実績を量的に把握し，新たな原価低減の可能性，原価改善の方向性を示唆できるとABCの利点について述べている。また，(3) 将来，アメリカやヨーロッパでABCが普及し，原価会計の一般的な方法となる可能性がある。その時に，海外の企業と共通の言語でコミュニケイトできるように，わが国企業も用意しておく必要があるとの見解を示している。

(2)　櫻井（1990S2）

櫻井（1990S2）では，(1) アメリカでは短期的な利益を得るために，収益性の高い製品の生産・販売に目が向けられるのでABCが有用であるが，日本企

業は長期的な競争力強化のために，個々の製品の収益性よりも原価企画などの原価管理手法を開発してきたこと，(2) アメリカでは，収益性を重視する立場から製品組み合わせに目が向けられるが，日本企業は，製造間接費を直課し，生のデータを管理することに関心を向けてきたこと，(3) アメリカでは余分の手間がかかる多品種少量生産品は多くの原価を負担すべきであると考える経営者が多いが，日本企業の経営者は，戦略的に製品系列間の内部補助があるのは経営政策的に妥当であると考えることなど，日本企業に ABC を導入する場合の問題を指摘している。

また，少し後になるが，櫻井(1995)[10]では，上述の理由に加えて，日本企業でもアメリカと同様に，FA 化によって製造間接費は増大してきたが，「段取費がアメリカ企業の数分の 1」という報告もあるように，原価低減のニーズが低いことも指摘している。その上で，ABC が製品戦略に対してのみ有効であり，原価管理に役立つ（ABM として活用する）のでなければ，日本企業にとって ABC は魅力的ではないだろうという見解を示している。

(3) 伊藤 (1990S2)

伊藤 (1990S2) は，ABC を戦略的原価計算として展開する立場からではあるが，櫻井＝クーパーの「どんなに複雑かつ正確な配賦をしても，原価管理には役立たないと考える経営者が多いからではなかろうか」（櫻井＝クーパー，1990A3, 55 頁）という指摘に賛同し，ABC として展望される限りにおいては，戦略的原価分析がわが国において定着するのは難しいであろうという見解を示している。

他方で，伊藤は，日本企業では製品価格やプロダクト・ミックスを所与として原価低減に取り組む原価管理が定着していることに触れ，VE における原価の算定にはコスト・ドライバーが原価に及ぼす影響を十分に把握しておかなければならないと述べている。特に，各活動間に強い相互作用がある場合には，価値連鎖分析が必要になるであろうと，日本企業が ABC を利用しうる可能性についても示唆している。

3.2 実務界における反応

(1) 櫻井（1992S3）による調査結果

櫻井（1992S3）は，1992年1月6日から2月20日に行った「CIMと原価管理に関する実態調査」の一環として「わが国企業では，経営者は活動基準原価計算にいかなる評価を与えているか」に関する質問票調査を行い[11]，その結果について報告している（表15-1）。それによると，「調査対象企業の94％が活動基準原価計算について知らないか関心がないか仮に関心があっても検討したことがない（3頁）」という結果である。櫻井は，「このことは，活動基準原価計算がわが国でいかに不人気であるかを暗示しているように思われる（3頁）」と述べている。

このように，わが国の企業がABCに対してあまり関心を抱かない理由として，櫻井は，日本企業では櫻井が「製品系列別直課システム」とよぶ原価計算システムを採用していることが理由ではないかという見解を示している。

また，長松秀志（1993S1）も，実務界が当初はABCに冷淡であったことについて次のように述べている。

> 「わが国の企業は高度経済成長期以降いくつかの危機を克服して，バブル経済の崩壊まで，国際的な不況や政治的，経済的混乱の下にあっても，経済的危機を克

表15.1　活動基準原価計算の実施状況

項目 \ 産業	電気機器 数	%	輸送用機器 数	%	精密機械 数	%	機械 数	%	金属製品 数	%	合計 数	%
1 知らない	32	55	22*	59	8	62	16	45	9	64	87	56
2 関心がない	2	3	1	3	0	0	3	9	1	7	7	4
3 検討しない	19	34	12	33	4	31	15	43	4	29	54	34
4 検討中	2	3	0	0	1	7	0	0	0	0	3	2
5 導入した	3	5	2	5	0	0	1	3	0	0	6	4
合計	58	100	37	100	13	100	35	100	14	100	157	100

櫻井（1992S3）3頁より引用
※櫻井（1992S3）では「2」となっているが，誤植と思われる。

服して成長発展をもたらす優良企業として高い評価を受け,「日本的経営」が注目され,しかも企業の行動パターンとして,利益よりも成長性（売上高の伸び率）を重視し,エクイティ・ファイナンスによる設備投資や財テクを通じて規模の利益を享受してきた。そのために米国で不況克服の経営のリストラクチャリングの切り札として出現した ABC や ABM に対する日本企業の関心は今一つ盛り上がりに欠けていた。」(14 頁)

(2) 小林 (1992)[12] の見解

小林 (1992) は,実務家との接触から,日本企業における ABC に対する反応が二通りあったと述べている。一つは,所詮配賦には恣意性がつきまとうのであるから,配賦よりも重要なこと,例えば,収益性の高い製品の開発などに関心を向けるべきだという考え方にもとづく「何でそんなことをするのか」(61 頁) という反応である。もう一つは,多品種を取り扱う日本企業 4 社では,古くからきめの細かい配賦を行ってきたため, ABC に対して「何で今ごろそんなことが問題になるのか」(61 頁) という反応である。

3.3 実務界の反応に対する研究者の意見

実務界が ABC に対して冷淡であったことに対して,研究者からは ABC の意義が十分に理解されていないのではないかという意見が述べられている。たとえば,長谷川 (1992A8) は,次のように述べている。

> 「…日本の実務界は, ABC に対してアメリカにおけるほど高く評価をしていないといえる。それは,日本の経営システムのほうが優れているということが前提になっていると思われる。果たして,それは正当な評価なのだろうか。」(52-53 頁)
>
> 「ABC が…アメリカ産業界が世界に覇権を唱えるための強力な武器となる可能性が ABC に秘められているならば,わが国の企業も一考を要することになるであろう。」(53 頁)

長松 (1993S1) も,わが国では ABC と同等の原価計算や原価管理が個別的,

部分的に行われていることを認めながら，ABC にはそれ以上の可能性と有効性があることを強調している。

> 「ABC のような原価計算や原価管理は工場現場において個別的，部分的に行われているが，米国における ABC や ABM にみられるような総合的システム的に実行されているものは少ないものと思われる。しかしゼロサム経済といわれている今日の不況克服と今後の低成長のもとで，原価引き下げと利益獲得のためには，総合的システムとしての ABC や ABM のツールが有効であると思われる。」(14-15頁)
>
> 「(ABC は：筆者注)１つのたんなる計算技法ではなくして，情報システムを媒介にして総合的経営システムの活動として浸透し，普及して行くものと思われる。」(15-16頁)
>
> 「今日わが国では，これまで経験しなかった土地や株価の下落による資産デフレに基づくバブル経済の破綻による深刻な複合不況のもとで，肥大化した過剰設備や余剰人員の削減，在庫圧縮，無駄な活動の排除による減量経営と原価回避によって収益力の回復をねらっているが，わが国のこれまでの実務では個別的，部分的に行われ，それ程大幅に普及していないけれども，コスト・マネジメントツールとして十分検討に値する課題であるように思われる。」(16-17頁)

このように ABC の意義が十分に理解されていないという認識を示した上で，長谷川（1992A8）は，研究者が果たすべき役割について，次のような見解を示している。

> 「現在の日本企業において，ABC よりも優れている原価計算システムや管理システムがあるのなら，あるいはすでに ABC と同様のシステムが展開されているのならば，いまさら ABC を日本企業に導入することは不必要であるかもしれない。そうであるとすれば，なおさら，われわれ研究者には，ABC よりも，わが国の企業における原価計算システムや管理システムについて，詳細な研究を展開する使命があるはずである。」(53頁)

3.4 実務界における評価の変化

　バブル経済崩壊後の不況を受けて，1993 年から 1995 年にかけて，『企業会計』に「リストラ」「リエンジニアリング」をテーマにした特集が多く組まれた。「リストラクチャリングと会計管理 (1993A5)」「リストラのための原価管理 (1993A12)」「物流リエンジニアリングによるコストダウン (1994A2)」「間接部門のリエンジニアリング (1994A4)」「リエンジニアリングと管理会計 (1994A5)」「会社のリストラと変わる経理部 (1994A10)」，「ABC/ABM と間接費の管理 (1995A10)」である。

　これらの「リストラ」「リエンジニアリング」に関する特集の中に，ABC を扱った論文もいくつか掲載されている。研究者が著した論文では，「原価管理と ABC」廣本 (1993A12)，「物流 ABM による物流のリエンジニアリング」西澤 (1994A2)，「リエンジニアリングと ABC 情報」吉川 (1994A4)，「リエンジニアリングへの ABM の適用可能性」岩淵 (1994A5)，「間接費の管理と ABC/ABM」櫻井 (1995A4) がある。実務家が著した論文としては，松島桂樹 (1995A10) をはじめ，キリンビール株式会社の増井満男 (1995A10)，NEC システム建設株式会社の安部彰一 (1995A10)，アルプス電気株式会社の川野克典 (1995A10) が各社の取り組みを紹介している。このように，当時，実務界で関心の高かった「リストラ」「リエンジニアリング」に関わって ABC が取り上げられるようになったことで ABC への注目も高まったものと思われる。

　それまで ABC に対して冷淡であった実務界が，ABC に関心を持ち始めた理由を櫻井通晴は，2 つの要因にまとめている。一つは，1991 年を境にして，「製造間接費の配賦の精緻化を意図した製品原価算定の技法から，原価低減を意図した原価管理のプロセス (ABM) への転換」(櫻井，1993A4，63 頁) があったこと，もう一つの理由は，1990 年のバブル崩壊に端を発した不況が，91 年頃から深刻化し，「ABC が製品のリストラに活用しうることが次第に明らかになってきた」(櫻井，1995A10，29 頁) ことをあげている。

　ところで，櫻井 (1995A10) は，日本企業が ABC/ABM に注目するようになっても，その使い方はアメリカ企業とは異なっていたと述べている。

「しかし，日本企業は不況が深刻化しても，製品戦略の見直しに ABC を活用しようとする企業は決して多くはなかった。顧客との長期的なつきあいを大切にする企業が多いからであると思われる。日本企業ではアメリカ企業とはひと味違った ABC の使い方が行われてきたし，日本的な ABC を構築することが必要であるように思われる。」(29 頁)

§4 日本企業における「ABC と同等の取り組み」

実務界が，当初，ABC に対して冷淡であった理由の1つは，ABC のような原価計算や原価管理が個別的，部分的に行われていたからであるといわれる。そこで，以下では，わが国における ABC 的な発想に基づいて実務が行われていたことを示す文献を示しておく。

4.1 櫻井＝クーパー (1990S3) の調査結果

1989 年 8 月，櫻井通晴と当時ハーバード大学準教授であったロビン・クーパーは，日本企業の訪問調査を行い，先端的な企業のいくつかでは，製造間接費を間接費と扱わない工夫を加えていることを発見した。彼らが訪問した「7 社のうち 5 社までがこの 3 年以内に製造間接費管理の方法を革新していた（櫻井＝クーパー，1990S3，49 頁）」という記述から，ABC が日本に紹介される以前にすでに間接費の管理法を見直していた企業があることが分かる。

櫻井＝クーパー (1990S3) には，X 社（素材産業），Y 社（重機械産業），Z 社（加工組立型産業）の実態が紹介されている。以下はその要約である。

(1) X 社

X 社では，間接費を 4 つのレベル，すなわち (1) エネルギー関連原価，検査，メインテナンス，運搬費用，(2) 生産調整，技術スタッフ，工場事務費，(3) 福利厚生費，(4) 本社費に分類している。(1) の原価の計算には，使用量を用いているため，これは配賦 (allocation) というより賦課 (direct charge) に近い。(2) の原価のうち，生産調整とコンピュータ関連コストは，コンピュ

ータの使用時間で帰属させている。(3)の原価は工場の労務費と減価償却費の合計比を用いて，本来の意味での配賦が行われている。(4)の本社費は，財務会計的には配賦の必要がないが，必要に応じて，売上高と設備の簿価の複合比で製品系列に配賦している。

(2) Y社

Y社では，製造間接費をコスト・センターごとに，予算のトータル枠で管理しており，細かい追跡はしていない。製造間接費の低減活動は現場において物量（ナマのデータ）で管理している。Y社では，ABCに関する文献をすべて翻訳し，検討したが[13]「正確」かつ「精緻」な配賦は必要ないとの結論に達した。そして，「適正」かつ「簡単な」方法を使用することにした。つまり，どの部門のコストがどの製品系列に関連しているかが分かれば良く，製品系列別に間接費の有意差があるときのみ，コスト・センターを細分化すればよいと考えている。

結果としてY社は独自の計算法を考案した。工作部門費を例にとると，部門費を直接加工費部門（例：工作，鋳造），工場管理部門（例：生産技術，検査，総務）に分け，標準の機械時間（マシンナワー），工数（マンナワー）重量比を原価作用因として原価を負担させる。一方，工場管理部門の原価は，コスト・センター単位に製品系列別にチャージし，製造原価を基準に一律配賦する（図15.1）。

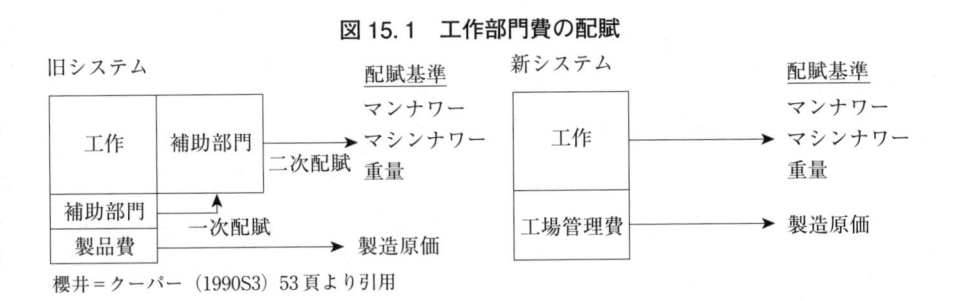

図15.1 工作部門費の配賦

旧システム　　　　　　　　配賦基準　　新システム　　　　　　配賦基準
　　　　　　　　　　　　　マンナワー　　　　　　　　　　　　マンナワー
工作　補助部門　→二次配賦　マシンナワー　　工作　　　　　→　マシンナワー
　　　　　　　　　　　　　重量　　　　　　　　　　　　　　重量
補助部門　↑
製品費　一次配賦　　　　　→製造原価　　　工場管理費　　　→　製造原価

櫻井＝クーパー（1990S3）53頁より引用

(3) Z社

Z社では，直接製造部門で用いるもの，例えば，機械・設備の減価償却費，工具はすべて製品系列に対する直接費として扱っている。保守，材料を運搬する人など，本来は直接工とされない人の労務費も直接費として扱われる。製造間接費とされるのは，間接労務や雑費などであり，製造原価に占める製造間接費の比率は4.5〜5％と著しく低い。わずかに残る製造間接費は，レベル別に区分し，直接費の比率で配賦している。

4.2 櫻井（1992S）による「製品系列別直課システム」の調査結果

櫻井（1992S）は，櫻井＝クーパー（1990S3）で明らかとなった，わが国企業において採用されている「製品に代えて製品系列を原価計算単位とし，製品系列に原価を負担させるようにすれば直課が可能になり，配賦に伴う欠点を克服」（4頁）する計算方法を「製品系列別直課システム」と名付け，わが国の企業がこのシステムをどの程度導入しているかを調査し，その結果を紹介している。

表15.2では，1が操業度関連基準による伝統的な配賦方法，2が活動を原価作用因として用いる活動基準原価計算の発想につながる方法，3が製品直課システムである。櫻井（1992S）はこの結果について次のようなコメントを述べている。

表15.2 製品系列別直課システムの実施状況

産業 項目	電気機器 数	電気機器 ％	輸送用機器 数	輸送用機器 ％	精密機械 数	精密機械 ％	機械 数	機械 ％	金属製品 数	金属製品 ％	合計 数	合計 ％
1 伝統的方法	19	33	17	49	6	46	17	52	9	69	68	45
2 ABC	20	35	7	20	3	23	7	21	3	23	40	26
3 直課システム	17	30	8	23	4	31	9	27	1	8	39	26
4 わからない	1	2	3	8	0	0	0	0	0	0	4	3
合計	57	100	35	100	13	100	33	100	13	100	151	100

櫻井（1992S3）4頁より引用

「伝統的な製造間接費の配賦方法を使用している企業は，半数近くの45％にのぼった。このことは当然予測されたことである。…活動基準原価計算の基礎概念は，複雑性—関連原価，原価作用因，および長期変動費の3つ〔Borden, 1990[14]；櫻井，1991〕にある。表15（本章の表15.2：筆者注）における2のABC（活動基準原価計算の発想をもつ技法）はこれら3つの特徴をもつから，—原始的な形であるにせよ—本質的には活動基準原価計算と異ならないといってよいと思う。この方法がほぼ1/4に相当する26％の企業によって採用されていたということは，わが国でも活動基準原価計算を活用している企業が多いことを示唆している。…製品系列別直課システムは，予想以上に多く，これもまた回答企業のほぼ1／4に相当する26％の企業によって使われていた。」(4頁)

4.3　川野（1995A10）によるアルプス電気株式会社の事例

　川野（1995A10）は，個別受注による多品種少量生産の製造企業であるアルプス電気における原価計算の方法を「ABCの導入事例」として紹介している。しかし，「当社では現在の間接費割当方法をABCという概念が生まれる10数年以上前から実施しており…」とあるため，ABCの導入事例というよりは，それ以前にすでに実施されていた，「ABCと同等の取り組み」と考えるべきであろう。以下は，川野（1995A10）の要約である。

　アルプス電気の原価計算は，個別受注による多品種少量生産であるため，受注価格の決定，資源配分等のために細かな原価計算が要求され，また，生産の外部依存度が高いため，社内の直接作業時間や機械稼働時間で間接費を配賦すると適正な原価が得られないことから生まれたアイデアである。

　(1) 補助部門費（間接部門費）を製造部門に配賦せず，直接，製品系列に原価割当している。(2) 組織に基づく責任単位・機能単位で間接費を集計している。(3) 補助部門費（間接部門費）の製品系列への原価割当基準は，製品系列に対する「申告従事割合」を使用している。(4) 製品系列直課と併用している。(5) 一般管理販売費についても，同様の方法で製品系列に割当している。

　コストセンターは，原則として課単位で設定される。しかし，1つの課が複数の機能を有している場合には，係やグループ単位で設定される。製品開発で

は，テーマ別にコストセンターが設定される。「活動」ではなく，責任単位あるいは機能単位としてコストセンターが設定されている点が特徴である。

2次配賦は「申告従事割合」を基準に行われる。業務を最も理解している責任者が，原価の製品系列別の消費割合基準を選択し報告していると考えれば良い。データとしては多少不正確でも，適正な基準で割り当てる方が有用であると考える。ただし，基準選択を委ねて恣意性が介入することを防止するため，業績検討会議の場で基準を明らかにしている。また，責任者が製品系列に対する資源配分を意識するようになる効果は大きい。

ABCを導入したメリットとしては，(1) 小ロット品の原価が正確に反映できること，(2) 間接部費の割当を変え，成長が期待できる製品や事業にシフトできるようになる，(3) 間接費が過大で不採算品になっている製品を特定できる，(4) 製品系列別，事業部門別の間接費を比較し改善策を講じることができる，という4点があげられる。また，ABCによる業績は経営者の感覚に近いため，意思決定が早まるという副次的効果もある。

§5　わが国におけるABCの導入と発展

前述のとおり，わが国企業は，ABCが紹介される以前からABCと同等の手法を用いており，ABCを積極的に採用する傾向は見られなかったようである。しかし，少ないながら，ABCの導入を検討した事例，ABCを導入して部門の業績評価に用いるなどの事例を紹介した文献もある。

5.1　キリンビール株式会社

増井 (1995A10) は，キリンビールが，製品原価計算のためにABC/ABMの導入を検討している様子を紹介している。

キリンビールでは，低成長，かつ価格破壊が進むなかで，顧客満足の充足と環境責任の遂行を行いつつ，ローコスト運営を迫られ，「見えるコスト」を求めて，ABC/ABMにその答えを求めようとした。

ABC/ABMに期待する理由としては，次の6点が上げられている。(1) 加工費の増加：81年29％，94年37％，と加工費が8％上昇している。(2) 加工費の内容の複雑化：顧客満足や環境責任への対応で業務が複雑化している。(3) 部門横断的なコストの把握：組織のフラット化・多能工化，部門横断的活動が増加している。(4) 現行の標準予算は加工費には向かない。(5) コンピュータ化の進展でABC/ABMに対応可能となった。

現行の原価計算は，原価計算基準に準拠しつつ，その範囲内で財務会計と管理会計を使い分けている。費目別および部門別計算の段階までは共通データベースを用いるが，製品別計算は，別システムで行われる。財務会計では，全社一括して壜缶および樽の2品種で計算するという簡素化を図る。他方，管理会計では，工場別製品別（工場15×液種10余り×容器種類10余り）に原価を把握する。しかし，加工費は製造数量を基準に按分されているので，ABC/ABMによってより正確に把握することでコスト戦略に資するものと期待されている。

5.2 NECシステム建設株式会社

安部(1995A10)は，情報通信システムに関する一貫したシステム・インテグレーション事業を行うNECシステム建設において，本社費の配分および本社費のマネジメントのためにABCを導入しようとしている様子を紹介している。

業績計算制度を見直すために，ABCを導入し，本社費を適正に配賦しようというのが第1の方針である。方針の第2は，費用対効果を考え，厳格なABCではなく比較的緩やかなABCの導入を目指すことである。方針の第3は，本社各部門にコスト・ドライバーの選択などを委ね，自主的にABC/ABMが展開されるようにすることである。方針の第4は，公平性と納得性を確保することである。

ABCの導入は本社の全支援部門を対象に行われ，コスト・プールの総数は66，コスト・ドライバーの数は約40種にのぼった。部門費のコスト・プール

への後付けやコスト・ドライバーの比率算定にはコンピュータ・データベースを活用した。

本社費に ABC を導入した効果は第1に，本社各部門のアクティビティとコストの関連が明らかにされたこと，第2に，本社費について公平で納得のいく配賦ができるようになったことがあげられる。

5.3 櫻井（1995）[15] による事例の紹介

櫻井（1995）は，わが国では ABC/ABM というとき，三つのタイプ，(1) 製造間接費の配賦方法の改善を目指した ABC，(2) 標準原価計算制度の改善を目指した ABC，(3) リエンジニアリングや経営革新を志向した ABM，があると述べている。その上で，(1) および (2) を目指した事例として A 社と B 社，(3) を目指した事例として C 社，D 社を紹介している。

(1) A 社

A 社はわが国の代表的な製薬会社である。企業間競争が激化したため，原価低減を目的として原価計算制度を改善した。

1974 年に採用された原価計算方式は次の通りである。製品の品目は約 200 種類であり，原価は品目別に算定されていた。材料費の比率が 60-70％と比較的高いのであるが，原価をできるだけ製品に直課するため，研究開発費，段取替えの費用，保全に携わる従業員の給料など，通常は間接費扱いされるものでも直接費として製品に賦課されていた。このように，もともと支援コストの多くを製品に直課していたことに A 社の特徴がある。しかし，製造間接費は，直接作業時間を配賦基準として配賦していた。当時は手作業が中心であったから妥当だと考えられていたが，将来の無人化を見通して原価計算制度を改善し，間接費の配賦基準を表 15.3 のように変更した。

(2) B 社

B 社では，標準原価計算を採用していたが，1980 年代の半ばに，FA 化の結果として，(1) 直接工数による製造間接費の配賦が不適切になった，(2) 小口

表 15.3　労務費と製造間接費配賦方法の変更

部門と費目	原価項目の内訳	配賦基準
製造直接部門費		
労務費	男子・女子・パート別基準内労務費	標準作業時間
	男子・女子・パート別割増手当	割増作業時間
設備費	設備費	設備稼働時間
	共通設備費（建物の減価償却費他）	設備稼働時間
製造支援部門費		
ユーティリティ	ロット別のもの＝使用量×予定ロット数	品目直課
	共用のもの　　＝過去の実績などを勘案	設備稼働時間
	固定的なもの	設備稼働時間
試験費	生物化学試験	化学試験時間
	製品検査試験	ベルト別編成工数
	容被検収試験	検収試験時間
間接経費		
部門間接費	試作部門費	加工費按分
共通間接費	事務管理部門費	加工費按分

櫻井（1995）183頁より引用

ット化の結果，間接工数が激増した，という問題が生じた。また，アメリカの親会社との整合性を図るという目的もあり，1992年にABCを導入した。

　導入の過程は，(1) 生産工程や活動の特徴を明らかにする，(2) 原価作用因を決める，(3) 原価作用因当たりの原価を計算する，(4) 関係部署に伝達し，新しい計算制度を導入する，という手順で行われた。このとき，原価作用因の数は30前後であった。

　ABCの導入によって，(1) 生産工程の管理が強化された，(2) 新製品の原価見積りの論理性が強化された，(3) 作業表の工数記入の必要がなくなった，という成果があった。他方，問題点として，(1) 作業票を作成しなくなったため，直接工の負荷計算量の設定が難しくなった，(2) 活動センターの数が多くなった結果，取引量の数が増えた，があげられている。

(3) C社X事業所情報機器工場

C社X事業所の情報機器工場では，OA不況，円高などの影響で生産量が減少する中で，機種ごとの原価を正確に把握し，原価を引き下げ，利益を確保できる体質にするために，1993年5月にABMを始めた。当初，180人の従業員の直接作業員：間接作業員比率は25：75であった。また，部品の外製化率が高く，取り扱い機種が3,000種と多いことから，入庫・発送などの処理費が多かった。そこで，間接費の管理に取り組むことになった。なお，C社におけるABMは，生産管理課が中心となり，これに原価計算専門家を加えたグループで推進された。

実施にあたって困難であったのは，活動と機種の選定と分類であった。活動は，生産管理で40強，工場全体では180の活動を管理対象とした。活動の分析を行うことで，技術変更や生産計画変更が収益を大きく圧迫していることが発見された。そこで，これら2種類の変更に伴う活動の分析に重点をおいた分類が行われた。

他方，製品は80前後の製品群に分けて原価を集計した。その結果，わずか2割の製品種類しか収益をあげていないことが判明した。

ABC導入の効果としては，(1) 採算が悪い製品が明確になった，(2) 妥当な原価見積りが可能になった，(3) 収益圧迫の要因が判明し，原価低減が可能になった，の3点があげられる。また，1994年1月には従業員数が20名減少し，直接：間接の比率は，40：60にまで改善された。

(4) D社

D社は，家電メーカーであり，4つの事業部の1つでABCが導入された。事業部の従業員は約1,000人である。また，製造間接費は，1989年を100とすると，1993年には151にまで増大していた。特に，間接労務費の増加率が大きい。この増大しすぎた製造間接費を削減するため，1994年1月からABCの，5月からABMの導入を始めた。結果的には製造部門で137人，間接部門で115人の余剰人員が削減可能であることが判明した。ただし，D社では，ABC/ABMの狙いを，リストラやリエンジニアリングではなく，新規事業の

推進におき，余剰人員は新規事業のためにローテーションされることとした。それによって，従業員は喜んでこの活動に参加することになった。

　D社では，ABCを制度としての原価計算制度と切り離すため，ホストコンピュータとは切り離したパソコンを使ってABC情報を測定することにした。また，原価作用因は150を設けたが，部課長のレベルではより詳細な分析が必要であるとの判断から，さらに原価作用因を広げる予定がある。さらに，ABC予算を実施し，一般管理部門に広げる予定もある。

　ABC/ABMを導入したことによる最大の効果は，上述のように，非付加価値活動が明らかになり，余剰人員を発見できたことである。しかし，それに加えて，(1)部門間の障壁の存在，(2)人事施策の遅れ，(3)事業戦略の不備といった問題が発見できたことも副次的な効果としてあげられる。

§6　ま　と　め

　本章では，フレームワークに沿って文献を要約・紹介することによって，実務に浸透しなかったABCを学界が積極的に議論したことの意義を見いだそうとしてきた。時系列的に見ると，ABCの紹介，初期の研究者の見通し，実務界の冷淡な反応，それでもABCの意義を強調する研究者の存在，景気後退局面における再評価，といった経緯があった。

　2節でみたように，何人かの研究者は，はじめからABCの実務への導入には慎重であるべきことを主張していた。つまり，彼らは，ABCを実務に導入するために積極的な役割を果たそうとしていたわけではない。したがって，ABCをめぐる議論の意義や，研究者の貢献を，ABCという計算手続が実務に浸透したか否かで判断すべきではないかもしれない。むしろ，ホーングレン・伊藤・廣本(1992K141-4)において「研究・実務に対する…多くの歓迎すべき特質が，たとえ実際には，ABCの適用でないとしても，ABCによって生み出された注目のお陰である」(136頁)と述べられているように，研究者が議論を通じて果たした貢献は，「ABC的な考え方」を実務界に広めたことにあったと

考える方が妥当であろう。

　例えば，ホーングレン・伊藤・廣本（1992K141-4）では，ABCが注目された結果，もたらされた「歓迎すべき特質」として，次の8点を挙げている。①その基本アイデアについて非常な関心を呼び起こし，研究者は従来にない程に多数の会社の原価計算実務を研究するようになった。②原因（コスト・ドライバー）と結果（原価の変化）を突き止め，それらをリンクさせることの必要性を訴え，広範な平均がもたらすミスリードに警告を発した。③細心の注意を払って原価配賦基準を選択する必要性を喚起した。④間接費を単一の基準で配賦することを批判し，適切なコスト・ドライバーを複数個利用することを支持した。⑤経営管理者が，製品でなく活動を見ることによって原価を管理すべきことを強調した。⑥製造原価が製造だけでなく，バリュー・チェーンのすべての職能によって影響されていることを強調した。⑦広範な業務活動と広範な製品があるところでは，製品原価の間に相互補助が存在することに，経営管理者の注意を促した。⑧ABCの支持者は，費用便益テストを満たさなければならないこと，ABCはその複雑性のために，経常的な原価計算システムとして利用されないかもしれないことを認め始めている。

　ここであげられた「歓迎すべき特質」の全てではないにしても，いくつかは，わが国の場合にも当てはまるのではないだろうか。4節で紹介した「ABCと同等の取り組み」がクローズアップされるなど，わが国においても，「原価計算基準」で主として想定されていた費目別・部門別・製品別計算の体系以外の多用な原価計算の方法に注意が向けられたのは，その一例である。「ABC的な考え方」が導入された結果，日本企業は，実践の中から経験的に生み出された原価計算手法を，ABCを参照基準として相対化し，その長所や短所を理論的・分析的に理解する機会と手段を持つことができたのであろう。

1　櫻井通晴（1988）「アメリカ原価管理の新動向―活動志向原価計算について」『専修大学経営研究年報』第132号，17-28頁。
2　櫻井通晴（1988）。
3　CAM-I（1987）*Cost Management Systems（CMS）, Phase1 Conceptual Design*

4 Berliner, C. & J.A. Brimson ed. (1988) *Cost Management for Today's Advanced Manufacturing, The CAM-I Conceptual Design*, Harvard Business School Press. (長松秀志監訳『先端企業のコスト・マネジメント』中央経済社, 1993 年).
5 後に櫻井は, ABC を「活動基準原価計算」とよび, わが国企業が製造間接費の管理のために生み出した手法を「活動志向原価計算 (activity oriented accounting)」とよんでいる (櫻井＝クーパー, 1990A3, 49 頁).
6 「活動会計は…原価計算, 業績測定, 投資管理, および非付加価値会計の公分母になっている」(20 頁) と非付加価値会計を含む記述と, 「活動は原価計算, 業績測定, および設備投資管理を結ぶ公分母である」(21 頁) と非付加価値会計を除いている記述がある.
7 原文では, 「活動原価計算によるとき, 少品種に原価を負担しえないため, かえって新製品開発を阻害するのでは」(28 頁) となっている.
8 Copper, R. and R.S. Kaplan (1988) *"How Cost Accounting Distort Product Costs"*, Management Accounting, April pp.20-27.
9 Porter M.E. (1985) *Competitive Advantage, Creating and Sustaining Superior performance*, The Free Press. (土岐　坤他訳『競争優位の戦略・いかに高業績を持続させるか』ダイヤモンド社, 1985 年).
10 櫻井通晴 (1995)『間接費の管理：ABC/ABM による効果性重視の経営』中央経済社.
11 調査対象企業は, 東証一部上場の 5 業種. 各企業の経理部長 (または原価管理責任者) 宛てに 309 通を送付, 有効回答数は 158 社 (51.1%) であった.
12 小林啓孝 (1992)「活動基準原価計算 (ABC) の検討」『三田商学研究』第 35 巻第 4 号 60-77 頁.
13 Y 社が櫻井＝クーパー (1990S3) のいう, 3 年以内に製造間接費管理の方法を見直した 5 社に含まれるか否かは不明である. 仮に, その 5 社に含まれるのであれば, 櫻井 (1988) が ABC を紹介する前に, 実務家による ABC の紹介・認知があった可能性も考えられる.
14 Borden, James P., "Review of Literature on Activity-Based Costing,"*Journal of Cost Management*, Spring 1990, p.8.
15 櫻井通晴 (1995).

第VI部　ま　と　め

終章　現代および今後の原価計算の導入と発展に向けて

§1　は　じ　め　に

　わが国の原価計算や管理会計は，これまで主として欧米の研究成果を導入することによって発展したものが多い。かかる認識のもとで，企業実務での経営管理上の要請を意識した原価計算および企業の自主的な判断のもとで行われた原価計算を考察対象にして，外来の原価計算がわが国に導入され発展したプロセスで行われた議論を文献にもとづいて示した。そしてそこにおける当時の研究者と実務家が果たした役割を再認識することを行った。

　文献レビューにおいては，第1章で提示したように，実務からの要請や役割期待，わが国独自の実務や経営環境のもとで，外来の原価計算システムや理論の「紹介・認知」のステージ，「導入・受容」のステージ，「積極的適応」のステージという論理的なプロセスを前提にした分析フレームワークを用いた。その先には，わが国の原価計算システムとして導入され，理論の再構築が行われることを想定している。

　これは，過去の原価計算の導入と発展を論じる分析フレームワークとしてだけでなく，現代および今後の新たな原価計算ないし管理会計システムの導入を視野に入れて，研究者と実務家の関係と両者の役割を意識して理論の再構築を

図るうえでの示唆を与えるものということを強く意識している。以下,これまで示した各章で取り上げた論点についての検討を踏まえて,今後に向けてのインプリケーションを示すことにしたい。

§2 研究者と実務家の役割の再認識

　第Ⅲ部の戦後の標準原価計算の動向をめぐる諸論点,第Ⅳ部の伝統的コストマネジメントの発展,第Ⅴ部のわが国での戦略的コストマネジメントの素地形成の各章において取り上げたように,実務家ないし日本能率協会,東京商工会議所,関西経済連合会,日本生産性本部,企業経営協会,日科技連,産業経理協会といった実務界での諸団体の活動が重要な役割を果たし,原価計算の導入と発展に対する影響がかなり大きいことが示されている。もちろん,実際に導入するのは企業であるから,原価計算の導入に対するその影響が大きいのは当然であるが,われわれが対象にした文献レビューで知り得たことにおいても,実務家が果たした役割が,殊の外,大きいことが改めて認識した事実である。実務家の貢献として,わが国の経営環境のもとで導入が試みられ,実務家も積極的に内外に学び,文献や団体での研修や視察活動によって情報交換しようという真摯な姿勢がみられたのである。

　一方,研究者の役割として,標準原価計算における学界での論争など,理論展開における諸議論が行われ,理論の再構築がなされた事実は,本来の研究者の役割を果たしたものとして評価されるべきものである。また,原価計算基準をめぐる実務からの議論や学界に対して実務家が問題を投げかける動きは,実務家と研究者とのコラボレーションともいえる動きであり,「導入・受容」から「積極的適応」への実質的なプロセスを辿るものとして,さらに評価されるべきものである。

§3 実務からの役割期待の把握

　これまでのわが国における実務および学界での原価計算の導入と発展のプロセスの再認識から得られるインプリケーションは，実務家と研究者のそれぞれの果たす役割に関して，理論・基本原理の追求や再構築が研究者の役割としたとき，研究者が実務からの役割期待を認識することが重要であるということである。研究者が考える理論構築上での実務からの要請の仮定が真の要請と乖離していれば，かつて問題とされた理論と実務のギャップが助長されることになる。

　研究者は，外来のシステムの導入や理論の再構築にあたって，「導入・受容」と「積極的適応」のステージでは，わが国の独自の実務・経営環境からの要請を考慮しなければならない。実務家にとって，新たに導入する原価計算に対する役割期待というのは，実際におかれた状況からのまさに切実な経験に根ざしたものである。それに対して研究者の想定する新たに導入する原価計算に対する役割期待というのは，研究者が理論的に有用だとする認識にもとづいたものでしかない。したがって，それがどのように形成されるのかが重要である。

　「紹介・認知」ステージでは，対象となる外来のシステムへの研究者や実務家の注目が発端となるが，外来の原価計算は，そこでの実務での役割期待を果たしたものであることに留意しなければならない。たとえば，標準原価計算は，戦後わが国が追いつこうとした強いアメリカにおける工業化時代の競争優位の源泉である大量生産型の実務に妥当するシステムを前提としたものであり，それがわが国においても期待されたものである。そこではアメリカでの実務状況が明示的に認識された結果の導入というよりも，暗黙の仮定として捉えられていた原価管理の内容がわが国でも同様に機能して果たされると期待されたものといえる。しかし，現実にアメリカと日本の実務の状況は異なっていたのであるから，わが国へ導入してそれが機能するためには，「導入・受容」と「積極的適応」というプロセスが必要になるのである。同様に，ABCの導入に

おける間接費の状況の違いや，品質原価計算におけるアメリカと日本の品質に関する考え方の違いが導入プロセスに大きな影響を与えたのである。

　実務からの役割期待も当然に変化する。実務からの役割期待およびその変化を研究者はどのようにして捉えることができるであろうか。工業化時代の競争優位を得たアメリカ企業が強くあり続けたわけではない。80年代のアメリカ経済は，日本企業の高品質の製品の輸入を受けての経済摩擦問題の表面化といった状況を引き起こすなど，低迷したことは周知のとおりである。競争優位の源泉が，有形資産から無形資産に移行すると，原価計算に対する役割期待もそれに応じて変化することが考えられる。

　かつて，アメリカでは，マサチューセッツ工科大学（MIT）産業生産性調査委員会がアメリカ経済再生のために，米日欧産業比較という国家をあげたプロジェクト[1]として実務の調査をしたが，そのような実務の実態調査が常に容易に可能であるというわけではない。したがって，一方で，研究者が実務での役割期待をとらえて規範的な研究をすることにも意義がある。そのためにも，研究者が実務からの真の要請・役割期待を認識し，理論の構築・再構築に結びつけるための有効な方法が必要になる。

§4　理論構築推進者としての研究者を支える実務家の役割

　新たな原価計算の提案について，「紹介・認知」ステージで大きな役割を果たすのは研究者や実務家が記述した文献や，実務から実務への直接的な伝播と考えられる。今日では，アクション・リサーチという形で，研究者が実務に関与する可能性が認識されているが，そのような研究方法を研究者が実施することは必ずしも容易ではない。そのため質問票によるサーベイ・リサーチやヒアリング調査という方法がとられることも多いが，実務での調査協力が必ずしも得られるわけでもない。

　研究者が求める実務の調査内容が，以前よりも高度化し，企業の戦略的要素に近い内容となっているために，実務家からの情報が得られない傾向が見られ

るのかもしれないが，研究者がわが国独自の経営環境を認識して，積極的適応により理論の再構築に貢献することが明らかであれば，実務家が斬新なシステムに関心をもっていないわけでは決してないわけであるから，実務家の協力も充分に得られることが期待できる。実務家が研究者に何を期待しているかということを研究者は認識すべきである。

　これまでの過去の文献に見られる実務家の外来のシステムを学ぼうとする姿勢には，目をみはるものがあるが，現代においても，実務家間の情報交換は，意外にも多く行われている事実がある。そのような実務家の行動を重視して理論の再構築を図ることが行われなければならないであろう。ただ，現実に文献に表れる実務家による論文の数は，以前に比べて減ってきているように思われる。したがって，再びレレバンス・ロストにならないようにしなければならない。

§5　今後の原価計算の導入と発展に向けて

　新しい原価計算システムの導入と発展は，容易ではない。しかし，これまでのわが国の原価計算の導入と発展の歴史を振り返ると，外来の原価計算の導入という形態をとっていても，実はその素地は，わが国の実務に存在していたといえることも少なくない。原価計算を広く解釈し，管理会計の視点からの考察をすれば，実務の中に新たな視点を見いだすことも充分に期待できるといえる。

　マネジメントシステムとしての原価計算や管理会計について，われわれはわが国における導入と発展という切り口で研究をした。原点に立ち返って考え，そのプロセスで行われた議論や認識された問題点とそこでの研究者と実務家が果たした役割を考察したが，すべての論点を議論できたわけではない。研究会活動の限られた時間のなかで，重要な論点を掘り尽くせなかった悔やみも多く残っている。しかし，本書で取り上げた議論の部分だけからでも，研究者と実務家との一層のコラボレーションを図るという視点から，今後の原価計算ない

し管理会計の導入と発展に向けての研究を考える重要性が示唆できたのではないかと考えるものである。

1　Michael L. Dertouzos et al., *Made in America*, The MIT Press, 1989.（マイケル・L・ダートウゾス，リチャード・K・レスター，ロバート・M・ソロー，依田直也訳『Made in America アメリカ再生のための米日欧産業比較』草思社，1990。）

附属資料
1　年　　　表
2　文献リスト
3　主要文献の要約

附属資料の手引き

　本附属資料は，わが国における原価計算の導入と発展を深く理解するための基礎資料である。附属資料1は，19世紀末から20世紀末までのわが国における国際的・社会的・経済的情勢を年表として整理している。附属資料2は，わが国における原価計算の導入と発展に関連する1941年以降の論文および座談会等を整理している。附属資料3は，附属資料2の中で主要な論文を要約している。なお，本書において各論文は「著者名（発表年，雑誌コード，巻）」という構成で表記され，附属資料2と一義的に対応できるようにしている。雑誌コードは，Kが『會計』，Sが『産業経理』およびその前身の『原価計算』，Aが『企業会計』，Cが『原価計算』である。本附属資料が，日本的管理会計・原価計算研究のさらなる発展に資することを期待する。

〈附属資料1について〉

　年表は，以下の文献を基礎資料とし，本書の本文および附属資料2と3にもとづいて作成したものである。なお，表中の太字は，本報告に関連する事項である。

・佐々木聡（1998）『科学的管理法の日本的展開』有斐閣。
・日本能率協会60年始委員会編（2002）『21世紀・経営革新への軌跡』日本能率協会。
・日本電気社史編纂室編（1972）『日本電気株式会社七十年史』日本電気株式会社。
・岡本清（1969）『米国標準原価計算発達史』白桃書房。
・神戸大学会計学研究室編（1997）『第五版会計学辞典』同文舘。
・上野一郎監修（2007）『VEハンドブック』日本バリュー・エンジニアリング協会。

〈附属資料2について〉

　文献リストは，「論文リスト」と「座談会等リスト」から構成される。どちらも，原著に表記されている主題のみを忠実に取り上げている。なお，漢字の旧字体については，原則として新字体表記に変換した。

〈附属資料3について〉

　主要文献の要約では，本研究の分析フレームワークによる分類を行っている。分類は以下のとおりである。

	紹介・認知	導入・受容	積極的適応
実務家	ア	イ	ウ
研究者	a	b	c

（責任編集：岡田幸彦）

附属資料1　年表

西暦	和暦	概況	企業	政府
1880	M13			
1881	M14			
1882	M15			
1883	M16			
1884	M17			
1885	M18			
1886	M19			
1887	M20			
1888	M21			
1889	M22			
1890	M23	1890年代〜産業革命（軽工業）		
1891	M24			
1892	M25			
1893	M26			
1894	M27			
1895	M28			
1896	M29			
1897	M30			
1898	M31		鐘淵紡績で科学的管理法導入	
1899	M32	改正商法施行（外資導入の要件） 不平等条約の改正	日本電気設立, Western Electric社と提携（日本初の外資提携企業）	
1900	M33		日本電気三田工場建設	
1901	M34	産業革命（重工業），八幡製鉄所開業 政府による電話拡張計画，軍用機器の需要増大で電機の生産が増加		
1902	M35			
1903	M36		鐘淵紡績で提案制度導入	
1904	M37	日露戦争勃発	芝浦製作所，株式会社として発足	
1905	M38	戦後不景気が深刻化 南満州鉄道会社設立 日露戦争終結	日本電気，第1期技術実習生をWEに派遣（経理制度，生産管理システムなどを学ぶ） 東京電機，General Electric社と提携	
1906	M39			
1907	M40			
1908	M41			

（標準原価計算の前史）

大学・諸団体	海外・その他
	アメリカ機械技師協会（ASME）設立 テイラー，時間研究始める
	テイラー『貨車積卸の作業研究』
	C.H.メカートフ『製造コストと工場管理』 アメリカ労働総同盟（AFL）結成
	H.R.タウン「所得分配法」を発表
	アメリカで反トラスト法制定
	F.A.ハルシー「労働賃金支払いの割増金制度」を発表
	カールビュヘル『仕事とリズム』
	テイラー，コンサルティング・エンジニアを職業化
	テイラー『賃率制度』
	D.G.バース「金属切削速度用計算尺」を考案
	A.H.チャーチ "The Proper Distribution of Establishment Charges" アメリカ「標準規格」制定
	アメリカで『IE』誌創刊 F.W.テイラー "Shop Management" H.L.ガント，「ガントチャート」を考案 フォード社，フォードシステム開発に着手 標準原価計算の採用始まる
	テイラー，ASME 会長に就任
	ホイットモァーが標準原価計算実施工場を視察，または標準原価を考案～1908
	H.エマースン "Efficiency as a Basis for Operation and Wages"

西暦	和暦	概況	企業	政府
1909	M42		芝浦製作所 General Electric 社と提携	
1910	M43	日韓併合 関税自主権を回復 学卒者の企業への就職が増加 企業で職員の海外派遣が活発		
1911	M44			工場法公布
1912	T1			
1913	T2	関東大震災		
1914	T3	対独宣戦（第1次世界大戦）		
1915	T4	対華21ヶ条	新潟鐵工所蒲田工場でテイラーシステムを全面採用 日本陶器でホレリス統計機を設置，作業命令書の発行に使用	呉海軍工廠で砲身製造工程の改善を実施（英ヴィッカース社より学ぶ）
1916	T5	戦時景気に独占金融資本が展開，三井，三菱，住友，安田の財閥が発展	中山太陽堂で能率増進の研究開始	農商務省，工場監督主任官講習会を開催 工場法施行
1917	T6		東洋紡績四貫島工場で動作研究開始	
1918	T7	戦後不況，労働運動激化		荒木東一郎，農商務省海外実習生として渡米，科学的管理法を学ぶ（1921年帰国）
1919	T8	ベルサイユ条約調印		呉海軍工廠で五堂卓雄がリミットゲージ・システムを採用
1920	T9	国際連盟発足	芝浦製作所，D. V. Merick の文献に従い，時間観測を実施 上野陽一，ライオン歯磨・福助足袋で作業改善実施	
1921	T10		三菱電気，三菱重工より独立 神戸製作所操業開始	荒木東一郎，科学的管理法を学んで帰国 農商務省に能率課設置 工業品規格統一調査会設置
1922	T11			第1回能率技師養成講習会開催 鉄道院で科学的管理法導入
1923	T12		三菱電機，Westinghouse Electric & Manufacturing 社と技術提携，WH式時間研究法を	

標準原価計算の前史

大学・諸団体	海外・その他
	E. B. ギルブレイス，動作研究に着手
安成貞雄「世界の実業界を革新するに足る科学的操業管理法の案出」『実業の世界』第8巻第5号 池田藤四郎「無益の手段を省く秘訣」を『さきがけ新聞』に連載 横河民輔『科学的経営法原理』 星野行則『学理的事業管理法』（テイラー『科学的管理法』の翻訳） 上野陽一『能率増加法の話』	C.G. ハリスン　標準原価計算の指導を開始 F.W. テイラー『科学的管理法』発表 J.R. ワイルドマン "Cost Accounting" H. エマースン『能率の十二原則』 フォード社，ベルトコンベア方式を採用
	スモール "Accounting Method" で除去法を提唱 テイラー死去
早稲田大学で広告研究会発足	アメリカ政府，統計局を設置
『能率増進』創刊 小樽高商に科学的管理法講座開設 **日本会計学会創立** 『會計』創刊 エフィシエンシー研究会（池田藤四郎）設立	ギルブレイス『動作研究の実際』 A. H. Church "Manufacturing Costs and Accounts"
桐生商工（西田増太郎），名古屋高商（国松豊）に科学的管理法の講座開設	F. J. ネッペル "Fundamentals of Accounting for Industrial Waste" で差異の原因分析を提唱 オランダ，フランス，スイス，カナダ，アメリカ5ヶ国で規格統一委員会を設置 イギリス政府，産業疲労局設置
東京帝国大学に科学的管理法の講座開設（渡辺鉄蔵）	ワシントンに ILO（国際労働機構）設立 NACA（現 NAA）設立 イギリス原価計算士協会（ICWA）設立 ドイツに RKW 設立
麓三郎『ガント式工場管理法』を出版 倉敷労働科学研究所開設	アメリカ，フーバー委員会で「科学的管理法」の採択を決定 フランス「科学的管理法会議」設立（ファヨーリズムとテイラーイズムとの対峙） ギルブレイス夫妻「工程分析記号」発表
慶応義塾大学に科学的管理法の講座開設（神田孝一） 日本工業倶楽部，英米訪問実業団を派遣	
協調会産業能率研究所設立（上野陽一所長，荒木東一郎らが参加） 東京商科大学（高垣寅次郎），明治大学（井関十二郎），横浜高工（荒木東一郎），広島商工（伍堂卓夫）に科学的管理法の講座開設	
『能率研究』など科学的管理法に関する雑誌が多数創刊される 日本能率研究会設立	『ハーバード・ビジネス・レビュー』誌創刊

	西暦	和暦	概況	企業	政府
標準原価計算の前史	1924	T13		芝浦製作所GE方式の生産管理を導入 三菱電機長崎製作所操業開始	加藤高明首相「能率増進11項目」を訓諭
	1925	T14		三菱電機名古屋製作所操業開始 国鉄大井工場（山下興家工場長）で工場業務研究会が発足	
	1926	T15			商工省官僚・岸 信介，欧米へ産業合理化運動の視察を命じられる
標準原価計算時代のはじまり	1927	S2	金融恐慌発生	三菱電機，限度計算の制度を始める	
	1928	S3			
	1929	S4			万国規格統一協会に加盟 東京で万国工業会議を開催
	1930	S5	産業合理化運動	三菱電機，実行予算の採用	商工省臨時産業合理局財務管理委員会設置，原価計算準則の立案を開始
	1931	S6	満州事変		司法省，商法改正調査委員会設置
	1932	S7		三菱電機，標準式の統制法を採用 東京芝浦電気マツダ支社，標準原価計算制度を実施	
第二次大戦期の停滞と蓄積	1933	S8	国際連盟脱退		
	1934	S9			財務管理委員会「財務諸表準則」公表
	1935	S10			
	1936	S11			「商法改正案」公表 財務管理委員会「財産評価準則」公表
	1937	S12	資源局と企画庁を統合，企画院となる 戦時統制三法により産業統制が本格化		財務管理委員会「製造原価計算準則」公表
	1938	S13	国家総動員法	コンベアーラインをもつ中島飛行機武蔵野製作所竣工	企画院による年度ごとの「物資動員計画」策定開始
	1939	S14	小麦粉・米穀・砂糖の配給統制	東京電機と芝浦製作所が合併し東京芝浦電機が発足	奢侈品禁止令，物価対策委員会設置 陸軍省「陸軍軍需品工場事業場原価計算要綱」 閣議決定「生産力拡充計画要綱」「物価統制大綱」
	1940	S15			海軍省「海軍軍需品工場事業場原価計算準則」 大日本産業報告会結成

大学・諸団体	海外・その他
荒木東一郎，荒木能率事務所を開設 法政大学に科学的管理法の講座開設（市村秀治） 『マネジメント』創刊	プラハで第1回国際管理学会開催
協調会産業能率研究所閉鎖，日本産業能率研究所発足（上野陽一所長）	
国松　豊『科学的管理法要項』	
日本能率連合会（全国6つの能率研究団体の連合体）結成	
上野陽一，『事業統制論』	
陶山誠太郎，平均原価・規範標準原価を紹介	
長谷川安兵衛『予算統制の研究』	
日本工業協会設立 国松　豊『工場経営論』 土岐政蔵，シュマーレンバッハの『コンテンラーメン』を翻訳 中西寅雄『経営経済学』	シューハート「品質の経済性」概念を提唱
長谷川安兵衛『標準原価の研究』	
長谷川安兵衛『予算統制の実証的研究』 平井泰太郎『経営学入門』	キヤマン『基準標準原価』 （アメリカで標準原価計算の文献が続出）
金田實，キヤマンの基準標準原価計算を紹介 山邊六郎『レーマン原価計算』翻訳 土岐政蔵シュマーレンバッハの『原価計算と価格政策』を翻訳 平井泰太郎『経営学通論』 原口亮平『ほーきんす工場会計』を翻訳	
青木倫太郎『管理会計』 中西寅雄『経営費用論』 土岐政蔵『工業会計概論』	メレロヴィッチ『標準原価計算』
長谷川安兵衛『統制的会計』	
吉田良三の提唱により，日本会計研究学会創設 （日本会計学会は新入会を停止，自然消滅） 黒澤　清『工業会計』	
土岐政蔵『原価計算研究』	
青木倫太郎『輓近原価計算』 青木倫太郎『原価計算の方法』	

	西暦	和暦	概況	企業	政府
第二次大戦期の停滞と蓄積	1941	S16	日本軍の真珠湾攻撃	三菱重工，名古屋航空機製作所にタクト・システム（前進流れ作業方式）を導入	**「輸送費実費調査制度」実施** 内務省，機械実働率増進運動を展開 陸軍省「予算統制要綱」「財務比較要綱」「経営比較要綱」「内部監査の参考」などを公表 企画院**「製造工業原価計算要綱草案」**
	1942	S17			商工省，工場能率指導のため能率官および能率技師新設 企画院**「原価計算規則」** 企画院**「製造工業原価計算要綱」** 商工省**「原単位計算実施要綱案」** 日本工業規格（JIS）印刷頒布 食糧管理法公布 企業整備令公布 産業統制法公布
	1943	S18	ベル研究所，リレー式計算機モデルI完成 企画院と商工省を統合，軍需省設置		大日本労務報国会結成 閣議決定**「価格報奨制度要綱」** 工場法戦時特例公布（工場就業時間制限令廃止など）
	1944	S19	ハーバード大学でリレー式計算機 Mark I 完成	三菱重工名古屋航空機工場，標準原価計算の採用	文部省，統計数理研究所設置 軍需省**「原単位切り下げ報奨制度」「模範工場棟による生産指導要綱」**など各種能率低下防止策を実施 「原価計算要綱」改正
	1945	S20	ポツダム宣言受諾 財閥解体 激しい食糧不足とインフレ		
	1946	S21			逓信省，事務合理化調査開始
第二次大戦期の総括と新しい胎動	1947	S22	独占禁止法	王子製紙，身分制度廃止，全員月給制採用，日立製作所，身分制廃止 **先進各社で科学的管理法の導入開始（日本電気ほか）**	経済安定本部内に企業会計制度対策委員会設置 **中小企業対策要綱が閣議決定** **「鉄道運送原価計算制度」制定**
	1948	S23	科学的管理の対象として定員問題，事務部門に関心集まる	GHQ，CCS（民間通信局）のサラーソン品質管理講習会を東芝，日本電気で実施	東京都商工指導所設立 都道府県による工場診断開始 **中小企業庁設置**
	1949	S24		十条製紙，点数法による職務給実施	第1回 CCS（Civil Communication Section）講座開講（GHQ）

大学・諸団体	海外・その他
東海林健吾『標準原価の理論と応用』 山邊六郎, シュナイダーの「予算および標準原価計算の原理」を紹介 商工省, 企画院, 陸軍省, 海軍省が統一原価計算の研究・普及・指導を目的に日本原価計算協会（後の産業経理協会）を発足, 『原価計算』創刊 国松　豊『工場経営の常識』 丹破康太郎, ケースターの「経営における標準値の任務, 本質, 体系」を紹介	
商工省の主導により, 日本能率連合会と日本工業協会を統合し, 日本能率協会発足 久保田音次郎, アウラーの最適原価計算を紹介 上野陽一, 財団法人日本能率学校（産能大の前身）設立	アメリカ海軍ORグループ設置
日本能率学校に夜間部設置 野田信夫『工業経済新論』 小高泰雄『経営計算論』	American Society of Quality Control 設置 ハーバード大学に War Industry Training Program 設置
財団法人日本税務協会設立 東京工大に生産工学研究部設置 神戸経済大学に経営学科設置 立教大学に工業経営学科設置 神馬新七郎『経営組織の能率と内部監査制度』	マサチューセッツ工大に The Research Center for Group Dynamics 設置
労働科学研究所, 財団法人として戦後の活動開始 大阪理工科大学に工業経営学科設置 早稲田大学専門部に生産技術科設置 財団法人日本規格協会設立	"ホーソン実験"結果発表 アメリカで ENIAC（電子管大型計算機）完成 コロンビア大学で抜取検査表作成
日本科学技術連盟（日科技連）設立 日本原価計算協会, 財団法人産業経理協会に改組 **東大, 東工大に QC 研究グループ発足**	
社団法人労務研究会設立 経済同友会「企業民主化プラン試案」発表 小高泰雄『原価計算と原単位計算』 日本能率協会『生産能率の常識』『作業研究』 『工程研究』『職務評価』ほか刊行	国際標準化機構（ISO）結成 GEのL.マイルズがVE手法を開発
中部産業連盟設立 財団法人企業研究会設立 日本能率協会『労働能率の実際研究』『工程管理』 小高泰雄『経営経済学』 **早稲田大学 MTM（Method-Time Measurement）法導入**	英米生産性協議会（AACP）設立 AIIE（アメリカIE協会）設立 Anglo-Aemrican Council on Productivity 設置 GE, 本社購買部にバリュー・アナリストを配置
全日本能率連盟結成 日本経営協会設立 神戸商大経済研究所設置	マイルズ「Value Analysis Program」を発表

	西暦	和暦	概況	企業	政府
第二次大戦期の総括と新しい胎動					労務商，TWI（企業内訓練）の研究開始〈定型訓練の始まり〉 工業規格標準法にもとづき日本工業規格（JIS）制定 政府，産業合理化審議会設置 **経済安定本部，企業会計審議会「企業会計原則」公表**
	1950	S25	朝鮮動乱による特需（糸へん景気）	日本IBM社設立 大阪銀行（後の住友銀行），IBM統計会計機（PCS）採用 トヨタ自動車で間接経費に関する予算統制実施	労働省，第1回「TWI養成講習会」開催 通産省，第1回「MTPインストラクター養成講座」開催 **「国鉄経済計算制度」を制定**
標準原価計算制度の成立	1951	S26		精工舎，提案制度導入 **日本電気で標準原価計算制度の導入を開始**	産業合理化審議会「企業における内部統制の大綱」発表 人事院，JST（人事院方式の管理者訓練）完成 日本，CIOSに再加盟 「電気通信事業原価計算取扱手続」実施
	1952	S27		日本鋼管，モラルサーベイ実施 十条製紙，点数法による職務給与制度確立 **トヨタ自動車，基準原価を採用**	労働基準局長通牒「賃金制度改善行政指導要綱」発表（賃金制度改正運動はじまる） 産業合理化審議会「従業員の教育訓練」について答申 企業合理化促進法公布施行（設備の更新促進） **中小企業診断員誕生（通産省登録）**
	1953	S28		日本パルプ，予算制度本格的に採用 いすゞ自動車，提案制度採用	産業合理化審議会「内部統制の実施に関する手続要領」「作業研究」「工程管理」などについて答申 通産省財務管理委員会「内部統制の実施に関する手続要領」を立案 **国税庁通達「原価差額の調整について」**
	1954	S29	不況—コスト・ダウンへの要請強まる		労働省，一時帰休制度を全国知事に通達 工場標準化法制定 産業合理化審議会「職務評価にもとづく職務給制度」「高等学校卒業者の産業界受け入れについて」答申
	1955	S30	神武景気	野村證券，東京証券取引所に電子計算機UNIVAC-120導入（PCSからEDPSへ移行）	労働省「生産性報奨による合理的賃金制度の構想」発表

大学・諸団体	海外・その他
九州大学産業労働研究所設置 **日本能率協会，QC調査開始。西堀栄三郎による品質管理実地指導開始** **日科技連，品質管理特別研究委員会設置** 久保田音二郎『短期損益計算論』 小高泰雄『生産管理論』 小高泰雄『原価計算論』 **松本雅男『標準原価計算』** **山邊六郎『標準原価計算』**	
デミング博士来日，東京，大阪でセミナー開催 関西学院大学産業研究所設立 産業能率短期大学創立（日本能率学校昇格） 日本工業経営学会（JIMA）設立 **日科技連『品質管理』創刊** 日本経営能率研究所設立（荒木能率事務所を改称） **上田武人，WF（Work Factor）分析法導入**	
日本能率協会，WF法実施発表研究会開催。組織問題，原価管理，WF法などの調査開始。 日本経営士会設立 法政大学大原社会問題研究所設置 **日科技連，デミング賞新設** 林 健二『原価計算論』 労務管理研究会発足（月刊『労務管理』創刊）	ジュラン "Quality control hand book"
日本工業標準調査会，国際標準化機構（ISO）に加入 公開経営指導協会設立 ASQC（American Society for QC）日本支部設置 日本能率協会，原価管理研究会，工程管理研究会，事務管理研究会を設置	
ダイレクト・コスティングについて産学協同研究開始 日本能率協会，第1回「WF技師養成講座」開講 小高泰雄『経営経済学新講』 土岐政蔵『計算価格論』 久保田音二郎『間接費計算論』	GE，各事業部にVA担当組織を設置
中小企業診断協会設立（会長・工藤昭四郎） 企業経営協会設立 **日科技連，J.M.ジュラン氏招聘** 日本能率協会，デフレにおけるコスト引下げ方策講習会（通産省合理化審議会管理部会研究発表）開催 青木倫太郎『改訂管理会計』 木村和三郎，小島男佐夫『工業会計入門』 新郷重夫『工場改善の技術』日本能率協会	イタリア生産性本部，政府委員会となる フランス生産性総局（CGP）設立 ベル研究所が太陽電池を開発
財団法人日本生産性本部（会長・石坂泰三）設立 **日本生産性本部，第1回訪米視察団派遣**	アメリカ2大労組 AFL, CLO が合同

西暦	和暦	概況	企業	政府
			東京通信工業（現ソニー）世界初のトランジスタラジオ発売 電力各社「電産型」賃金から「職務給」へ移行	
1956	S31	市場調査，マーケティングなどの研究が大学で行われるようになる	富士通信機，富士電算研究所開設，初の計算センター発足 旭硝子，成果配分方式「ラッカープラン」導入 トヨタ自動車，部門費の予算管理を本格実施 理研光学，複写機「リコピー」発売	**産業合理化審議会「産学協同教育制度について」「経営方針遂行のための利益計画」など答申 中小企業庁が「コスト解析表」を発表**
1957	S32	造船高世界1位		産業合理化審議会「現場管理組織の合理化について」（現場監督のあり方を中心に）「設備配置」答申 通産省，産業合理化白書「産業合理化の回顧と展望」発表 経済企画庁，消費者動向調査実施
1958	S33		積水化学，旭化成，三菱電機などで事業部制採用	産業合理化審議会にオートメーション部会，流通部会新設 **中小企業庁「中小企業の原価計算要綱」公表**
1959	S34	岩戸景気	鉄鋼連盟，IE委員会設置	産業合理化審議会「割賦販売について」「機械設計技術者の充実」「電力管理」答申
1960	S35	ヨーロッパとの人的交流活発 企業イメージ論，企業広告さかん		**産業合理化委員会「現場管理組織の合理化について」（現場スタッフのあり方）「事業部制による利益管理」「実例による中小企業の品質管理」答申**

標準原価計算制度の成立

大学・諸団体	海外・その他
日本産業訓練協会設立（TWI, WSP 普及） ランデス，生産性調査のために来日 WF 日本支部，日本能率協会へ移管 土岐政蔵『経営計算論』 溝口一雄『経営費用論』 レファー（REFA）第1巻『標準作業の決め方』，第2巻『標準時間の決め方』刊行	
ハーバード・慶応大学トップマネジメントセミナー第1回開催（ケース・スタディー紹介） WF 日本支部発足 日本能率協会と日本生産性本部がタガート招聘，WF, IE 講習会，工場診断実施 日本生産性本部，生産性研究所設置 松本雅男『管理会計』 山邊六郎『標準原価計算の実際』翻訳 **日本生産性本部「中小工場の原価計算」を翻訳** 企業経営協会が中規模原価計算研究会を発足 企業研究会設立	ファイゲンバウム "Total Quality control"
日本生産性本部，労使協議制常任委員会設置（委員長・中山伊知郎） 日経連，人間関係管理講座開講 **日本生産性本部，中小企業原価計算委員会（中西寅雄委員長）を設置**	
日本マネジメントスクール設立 日本資材管理協会設立 日本生産性本部，トップマネジメント・セミナー（第1回軽井沢セミナー）開催 日経連，経営幹部養成講座開設 小高泰雄『経営原論』 **日本生産性本部，品質管理専門視察団を派遣** **日本生産性本部中小企業原価計算委員会「中小企業のための原価計算」公表・講習会を実施** 日本貿易振興会（JETRO）設立	
越智養治『提案制度』 組織学会設立（会長・馬場敬治） 日本 IE 協会設立（会長・田代茂樹） 日本生産性本部コスト・コントロール国内視察団（西野嘉一郎団長）による視察調査 カウンセリングセンター設立 日本生産性本部，全国労働組合生産性企画実践委員会発足 日本事務能率協会，ドラッカー教授を招き，講演・セミナー開催 **産能短大上野一郎，バッファロー大で VA/VE の資料を収集。教育プログラムの開発に着手** NOMA 文献賞設置	
S.F. ハインリッヒ来日，資材費低減の手法として VA を紹介 日本生産性本部，消費者教育室設置 **中山隆祐「予算についての基本的な誤解」** 青木茂男『改訂・管理会計』	

	西暦	和暦	概況	企業	政府
標準原価計算制度の成立					中小企業庁「中小企業業種別コスト解析表」刊行
	1961	S36	マン・パワー不足にともない社内教育さかん 研究機関（中央研究所）の新設続出	日本電子計算機設立（電算機関係7社が出資） 三菱等10社，電子計算センター設立 日通，総合研究所設置 **トヨタ自動車，全社的QC開始** ソニー，米で新株募集（AOR登録第1号）	経済審議会に人的能力部会設置
	1962	S37		三菱電機，専門職制度採用 東レ，人事調査制度発足 **トヨタ自動車，VAを導入**	**大蔵省企業会計審議会「原価計算基準」発表** 産業合理化審議会「近代の生産技術と経営」答申 **中小企業庁「中小企業のためのコスト解析」刊行**
日本的コストマネジメントの形成	1963	S38	海運業の再編完了 火力発電が主力 景気後退 ケネディ大統領暗殺	電電公社，目標管理制度導入 三菱電機，各週5日制実施	中小企業近代化促進法，中小企業基準法公布 経済白書「先進国への道」 労働省「安定賃金の条件と前提」
	1964	S39	PERT，CPMが注目を集める 東海道新幹線開通 東京オリンピック開催 国産電子計算機が多数発表される	国鉄，座席予約システム稼働 十條製紙，住友金属鉱山で目標管理導入 百貨店，銀行で週休2日制実施 三菱3重工合併，三菱重工が発足	通産省，産業合理化審議会，産業構造調査会を発展的解消，産業構造審議会設置 経済白書「開放体制下の日本経済」発表
	1965	S40	山一証券事件 山陽特殊鋼倒産 米国，北ベトナム爆撃	野村総合研究所設立 **日本電気ZD運動実施** 三菱電機，待命休職制実施	産業構造審議会管理部会答申「職務給制度の導入とその運営上の諸問題」 経済白書「安定成長の課題」
	1966	S41	定年60歳に延長	日産自動車・プリンス自動車合併 トヨタ自工・日野自動車提携 いすゞ自動車・富士重工提携	産業構造審議会管理部会答申「近代経営における事務の合理化」「コスト・マネジメント」 経済白書「持続的成長への道」
	1967	S42	ケネディ・ラウンド ASEAN結成 日本の自動車生産が西独を抜き世界2位		資本取引自由化基本方針が閣議決定・実施 経済白書「能率と福祉の向上」
	1968	S43	水俣病を工場公害と認定 日本のGNP資本主義国第2位	東芝，ワーク・デザイン・システムを導入 東京銀行，欧州東京銀行をパリに設立	産業構造審議会管理部会答申「外注管理近代化の諸方策：国際競争に対応する生産分業体制の確立」「企業福利厚生：国際

大学・諸団体	海外・その他
情報処理学会設立 産能短大，第1回VEセミナーを開催 日本生産性本部『原価計算のてびき』刊行 土岐政蔵，シュマーレンバッハの『回想の自由経済』を翻訳	
財団法人日本消費者協会設立 国民生活研究所発足（国民生活研究協会改組） 電通，モチベーションリサーチ研究所設置 井上達夫『精説原価計算』 松本雅男『標準原価計算論—その本質と発展』	米国国防省，Cost Reduction Programを制定。軍事調達規定にVE条項を盛り込む。 ASQCに品質原価技術委員会が設置される
日本データ・プロセッシング協会設立 財団法人日本中小企業指導センター設立 日科技連，QCサークル結成を提唱 青木茂男『近代予算統制』	Gillespie, C., "Standard and Derect Costing" Wright W. R., "Direct Standard Costs for Decision Making and Control" コーチン社，ZDプログラムを創始
日科技連，第1回トップマネジメント品質管理大会開催 日経連，長期安定賃金提唱 日経連「今後の労使関係と経営者の立場」 番場嘉一郎『原価計算論』 番場嘉一郎『棚卸資産会計』 日科技連，第1次品質管理海外視察チーム派遣 日本能率協会，「VAとコストダウン国内研究調査団」による調査実施	
日経連，職務分析センター発足 産能短大「訪米価値分析調査団」を派遣	
日本能率協会『事務量測定と定員管理』『生産性分析』『外注管理』 日経連，能力主義の人事・労務管理を提唱 日本VE協会設立 鍋島 達・中西寅雄『現代における経営の理念と特質』	
防衛庁がVE契約制度（原価報償契約・価値分析提案取扱要領）を公布 日科技連，第1回QCシンポジウム開催 日本能率協会『付加価値分析入門』 日本能率協会『ZD計画』『ZDの実際』 日経連，能力主義研究会設置	
松尾憲橘『管理会計論序説』 日本電信電話公社「製造会社と公社との間における共益制度の実施について〜VE活動の展開」を発表	
日本VE協会，第1回VE大会開催 海外技術協力事業団，途上国の技術者対象に「工業標準化と品質管理セミナー」開催 番場嘉一郎『管理原価会計』	

西暦	和暦	概況	企業	政府
				競争力と労働力不足」経済白書「国際化のなかの日本経済」
1969	S44	東大安田講堂事件 東名高速道路全線開通	トヨタ自工，タイムシェアリング方式採用 郵政省，機械化を含む「長期合理化計画」提示	産業構造審議会管理部会答申「国際化時代におけるわが国企業経営の高度化について」 経済白書「豊かさへの挑戦」
1970	S45	日本万国博覧会開催 いざなぎ景気戦後最長	三菱総合研究所設立 八幡製鉄と富士製鉄が合併，新日本製鐵発足	経済白書「日本経済の新しい次元」
1971	S46	ドルショックで東証株価大暴落 沖縄返還協定調印		経済白書「内外均衡達成への道」
1972	S47	タイで日本製品の不買運動 沖縄返還 山陽新幹線開通 日中国交回復	富士通，海外レンタル方式による電算機輸出に成功	経済白書「新しい福祉社会の建設」
1973	S48		自動車メーカー完全週休2日制を実施 神戸銀行と太陽銀行が合併，太陽神戸銀行発足	電算機の自由化決定 通産省『エネルギー白書』を発表
1974	S49	繊維不況。東洋紡，鐘紡，ユニチカなどが工場閉鎖，希望退職者を募集 賃金，37.2％上昇 GNP戦後初のマイナス成長		産業構造審議会，知識集約型産業への転換と政策的誘導について答申 経済白書「成長経済を超えて」
1975	S50	失業者100万人突破 値上げ競争激化「狂乱物価」 ZD運動がさかん		小売業，電算機で100％資本自由化 経済白書「新しい安定軌道をめざして」
1976	S51	ロッキード事件，田中角栄元首相逮捕	三菱軽金属工業の分離独立，昭和軽金属への改組	情報処理・ソフトウェア，果汁，フィルム製造100％資本自由化 通産省「電算機利用高度化計画」発表 経済白書「新たな発展への基礎がため」
1977	S52		電電公社64キロビット超LSIの開発に成功	日米間の繊維輸出規制枠全廃に合意 経済白書「安定成長への適応を進める日本の経済」
1978	S53	円高，貿易黒字，不況の定着 日中平和友好条約	新日鐵，石川島播磨，三菱重工で工場閉鎖	経済白書「構造転換を進めつつある日本経済」
1979	S54	GATT東京ラウンド	東洋工業，フォード社と資本提携 NEC，PC-8001を発売 日立製作所，ミニコンHITAC10型発表	経済白書「すぐれた適応力と新たな出発」
1980	S55	半導体（IC）の日米貿易，日本の輸出が輸入を超える	日産自動車，米国で小型トラックの現地生産を発表	中小企業大学校の設置 経済白書「先進国日本の試練と

日本的コストマネジメントの形成

大学・諸団体	海外・その他
品質管理国際会議（ICQC）東京で開催 第1回情報処理技術者認定試験実施 第3回WF国際大会東京で開催 鍋島　達『意思決定会計論』 ソフトウェア産業振興協会設立 情報処理振興事業協会設立 情報処理研修センター設立 関西情報センター設立 日本品質管理学会設立	Diamond Chain社，ターナー「品質と原価の相関図」
日本事務能率協会が日本経営協会と改称	米国防総省，Design To Costを開発
太田哲三『実践原価計算』 提案活動全国大会開催	
VEの創始者，L.マイルズ来日 青木茂男『部門別業績管理会計論』 松本雅男『管理会計』 日本能率協会『コスト・ダウンのための外注実務』『原価対策』『IEと現代経営』『実践・グループKJ法入門』	
日本原価計算研究学会創設	
日本能率協会，WF法を韓国へ紹介 番場嘉一郎『詳説工業会計』 日本能率協会『工数見積資料』	
日本能率協会，ゼロベース計画導入 **日本能率協会，VRP（部品半減化による製品のコストダウン）開発**	
日本能率協会，ゼロベース計画の実用化 ロジスティクス学会日本支部設立 日本能率協会『トヨタの現場管理』	
青木茂男『事業部制会計』 日本能率協会『作業研究と作業管理』『成果主義目標管理の実践』『IEとマネジメント』『ビジネスのための会計学教科書』	クロスビー "Quality is free"
企業経営協会「経営原価計算実施要領（中間報告）発表	

	西暦	和暦	概況	企業	政府
日本的コストマネジメントの形成			自動車生産台数，米国を超え世界1位	本田技研，オハイオ州で工場建設を発表	課題」 労働省，労働時間短縮推進計画決定
	1981	S56		三菱自工，三菱商事，豪州クライスラーを買収「豪州三菱自動車」に改称	商法改正公布 銀行法改正公布 臨時行政調査会（土光臨調）初会合 経済白書「日本経済の創造的活力を求めて」
	1982	S57	東北新幹線，上越新幹線が開通	トヨタ自工とトヨタ自販が合併，トヨタ自動車が発足 いすゞ自動車，GM社に小型自動車の供給で合意 三菱自工，三菱商事，韓国現代自動車に資本参加	産業構造審議会，構造不況の基礎素材産業の構造改善促進を提言 経済白書「経済効率性を生かす道」
	1983	S58		**トヨタ自動車とGM，米国内での小型自動車合弁事業に合意** 京セラとヤシカが合併，京セラとして発足 日産自動車労使，ME協定調印	経済白書「持続的成長への足固め」
	1984	S59		昭和石油とシェル石油が合併，昭和シェル石油が発足 新日鐵，釜石高炉休止 マツダ，小型車の米国内生産を決定	経済白書「新たな国際化に対応する日本経済」
国際化への挑戦と不況の克服	1985	S60	つくば科学万博開催 **プラザ合意**	**日産自動車，米テネシー工場で小型車生産開始** **トヨタ自動車，米国・カナダで単独の小型車工場の建設を決定**	経済白書「新しい成長とその課題」 男女雇用機会均等法成立
	1986	S61	日本の対外純資産1,289億ドル，世界1位 前川レポート提出	大協石油・丸善石油・コスモ石油が合併，コスモ石油として発足 富士重工・いすゞ自動車，米国で合弁会社設立を発表	経済白書「国際的調和をめざす日本経済」
	1987	S62	NTT株上場，東証株価，初の2万円台 日米貿易摩擦深刻化	野村證券，トヨタ自動車にかわり利益日本一	経済白書「進む構造転換と今後の課題」
	1988	S63	リクルート疑惑事件	ブリジストン，米ファイアーストーン社のTOB成立 三菱自動車，東証1部に新規上場 日本鉱業，米ゲールド社を買収 西武セゾングループ，インターコンチネンタルホテルの経営権取得	経済白書「内需型成長の持続と国際社会への貢献」 金融先物取引法・改正証券取引法公布
	1989	H1	消費税実施	**トヨタ自動車，本田技研，イギリスに工場建設を発表** ソニー，米コロンビア映画買収	経済白書「平成経済の門出と日本経済の新しい潮流」
	1990	H2	東西ドイツ統一 イラクがクウェートに侵攻 **バブル経済破綻**	富士ゼロックスがボランティア休職制度導入 新日鐵，2億5,000万株の時価発行増資と1,000億円のワラント債発行 「企業メセナ協議会」発足	経済白書「持続的拡大への道」 産業構造審議会90年代政策部会，生活者重視型へ産業政策の転換を強調した答申

大学・諸団体	海外・その他
日本能率協会「開発期間短縮計画」開発	
岡本　清『原価計算基準の研究』	
日本能率協会『大野耐一の現場改善』『日立の生産革命』『経済性工学の基礎』 青木茂男『現代原価計算論』 **日本 VE 協会「マイルズ賞」創設**	
日本能率協会，QM（クオリティ・マネジメント）の普及活動開始 日本能率協会，総合生産性優秀賞（TP 賞）を設置	
日本能率協会『設計効率化実例集』	
鍋島　達『会計と会計の基本問題』	
	Johnson & Kaplan "Relevance Lost" CAM-I, "Cost Management Systems" を発表
	Berliner & Brimson "Cost Mnagement for Today's Advanced Manufacturing"

西暦	和暦	概況	企業	政府
			三菱グループ4社, ベンツグループと提携 三菱金属と三菱鉱業セメントが合併 松下電器, 米映画会社MCA買収	
1991	H3	湾岸戦争勃発 ワルシャワ条約機構・COMECONが解体 地価税法が成立 日米半導体協定新協定仮調印 都庁, 新宿副都心に移転		経済白書「長期的拡大の条件と国策社会における役割」
1992	H4	PKO協力法が衆議院で可決成立 牛肉・オレンジの輸入自由化 東京佐川急便の前社長らが特別背任容疑で逮捕 細川護煕が「日本新党」結成	バブル崩壊による企業倒産が11,767件と史上最高 JR新幹線に「のぞみ」「つばさ」登場 NTTドコモ発足 任天堂が経常利益でトヨタ, NTTに次ぎ3位	
1993	H5	EC統合市場が発足 冷夏による大凶作で米の緊急輸入を決定 Jリーグ発足 細川護煕内閣が成立 レインボーブリッジ, 横浜ランドマークタワー, 福岡ドームなどが完成 円相場1ドル=100円40銭で史上最高値		
1994	H6	北米自由貿易協定（NAFTA）発効 細川内閣, 羽田内閣, 村山内閣が成立 関西国際空港が開港 円相場1ドル=96円11銭で高値記録更新 「価格破壊」という言葉が生まれる **パソコンの販売がワープロを抜き「パソコン元年」とよばれる**		
1995	H7	GATTを発展的に解消しWTOが発足 阪神淡路大震災 地下鉄サリン事件 円相場, 一時1ドル=80円割れ, その後円安に PL法施行	MS社,「ウィンドウズ95」を発売	製造物責任法施行
1996	H8	橋本龍太郎内閣が発足 薬害エイズ事件 鳩山由紀夫・菅直人らが民主党を結成 「インターネット元年」	三菱銀行と東京銀行が合併, 東京三菱銀行発足 携帯電話など移動体通信業界の売上が4兆円規模になる	
1997	H9	消費税5%がスタート 秋田新幹線, 長野新幹線が開業	建設業, 銀行, 証券大手各社で会社更生法を申請	

大学・諸団体	海外・その他

	西暦	和暦	概況	企業	政府
国際化への挑戦と不況の克服	1998	H10	香港が中国に返還される タイで通貨危機 東京アクアラインが開通 日本版ビッグバン「改正外為法」始動	セブンイレブンの売上と利益がイトーヨーカ堂を抜く 経済企画庁が「日本列島総不況」と発表 独ダイムラーと米クライスラーが合併 NTTドコモが東証1部上場 長銀の国有化決定、日債銀も破綻認定、一時国有化	
	1999	H11	東京都知事に石原慎太郎が当選 Y2K問題がクローズアップされる 「改正男女雇用機会均等法」施行	NTTを東西に分割 リストラによる人員削減が続発 日産・ルノー資本提携 興銀・第一勧銀・富士銀が統合、住友銀・さくら銀が合併、三井信託・中央信託が合併	

※この年表は，以下の資料を基礎資料とし，本書で用いた参考文献の記述にもとづいて書き加えたものである。
　佐々木　聡『科学的管理法の日本的展開』有斐閣，1998年
　日本能率協会60年史委員会編『21世紀・経営革新への軌跡』日本能率協会，2002年
　日本電気株式会社社史編纂室編『日本電気株式会社七十年史』日本電気株式会社，1972年
　岡本　清『米国標準原価計算発達史』白桃書房，1969年
　神戸大学会計学研究室編『第五版会計学辞典』同文舘，1997年
　上野一郎監修『VEハンドブック』(社)日本バリュー・エンジニアリング協会，2007年
※太字は，本文に関連する事項である。

大学・諸団体	海外・その他

附属資料2 文献リスト
『會計』（1941年～2000年）

年	筆者	タイトル	巻	号
1941K	久保田音二郎	原価部門論と経理統制的意義	48	1/2
	松村信雄	価格決定を基調とせる一般管理費の配賦法	48	1
	宇田川庸	間接費	48	1
	宇田川庸	石炭鉄鉱石類に関する原価計算私案	48	2
	東海林健吾	標準原価に於ける所謂理想原価と実際原価との相克並びにその妥協に就いて	48	3/4
	宇田川庸	原料品の原価計算	48	3
	杉本秋男	原価監査	48	4/5/6
	和泉三郎	標準原価、契約原価及び工程原価	48	4/5
	山邊六郎	予算及び標準原価會計における不働費の問題	48	5/6
	稲葉正	単純総合原価會計	48	5
	宇田川庸	原価計算報告書並に原価計算の経営上の必要	48	6
	山下勝治	独逸に於ける原価計算総則	49	1
	宇田川庸	標準原価	49	1
	山口三郎	原価計算の利益	49	3
	山邊六郎	軍需品工場の標準原価計算に就いて	49	3/4/6
	大橋善助	日本新経済体制化に於ける経済推進力と原価計算の任務	49	4
	松本雅男	陸軍軍需工業経営比較要綱について	49	4/6
	大橋善助	標準原価計算に於ける標準の算定について	49	5
	土岐政蔵	企畫院「製造工業原価計算要綱草案」について	49	6
	山下勝治	製造工業原価計算要綱草案を論ず	49	6
	久保田音二郎	企畫院原価計算要綱草案批判	49	6
	宇田川庸	原価計算制度の形式	49	6
1942K	福田誠一	機械時間計算について	50	1/2/3
	宇田川庸	原価計算要綱	50	1
	黒澤清	原価計算政策について	50	2/3/4
	松本正信	製造原価計算に於ける製造費の配分と割賦	50	2
	宮崎正	適正利潤と原価計算	50	3
	青木倫太郎	原価元帳と損益計算書	51	1
	大野巌	所要最低作業量の會計学的研究追補	51	1
	松本正信	工業會計に於ける普通記帳法と原価記帳法	51	1
	黒澤清	原価計算政策	51	3
	宇田川庸	原価計算に対する私案	51	3
	久保田音二郎	工業會計制度と工業會計組織	51	4/5
	原口亮平	予定に依る原価計算	51	5
	後藤幸之助	経営費用論の一節	51	6
	藤形勘二	原価計算の為の実践的勘定組織	51	6
	宮崎正吉	機械工業に於る製造原価要素の照合に就て	51	6
	中廣春雄	戦時統制経済下に於ける価格と原価について	51	6
1943K	黒澤清	原価計算原則の意味転換	52	1/4/5
	青木倫太郎	配給業の會計	52	1
	加藤春浦	政策基準としての原価計算	52	3
	松村信雄	化学工業に於ける連産品原価計算	52	3

1943K	古川栄一	能率監査に就いて	52	5/6
	本田利夫	経営計算制度序説	52	5/6
	大橋善助	原価場所の制定に就いて	53	1/2/4-6
	松村信雄	外註の形態と其会計整理に就て	53	1
	林 健二	改正海軍原価計算準則を廻って	53	3
	久保田音二郎	補助金制度と原価補償原理	53	3
	黒澤 清	原価計算制度の「合理化刷新」に就て	53	5
	加藤春浦	原価計算準則の科学的考察	53	5
	青木倫太郎	海軍準則による原価計算の方法	53/54	6/2
1944K	黒澤 清	能率・組織問題と原価計算制度	54	1/2
	池田英次郎	操業の概念とその測定尺度	54	1
	大橋善助	複合経費に関する若干の考察	54	1
	加藤春浦	製鐵原価の重要素	54	1
	生駒俊太郎	生産増強と経理面	54	1
	加藤春浦	航空機工業の科学性とその経理	54	2
	松本雅男	単純経営比較、標準–実績経営比較、標準経営比較	54	3/4
	大橋善助	所謂「特別費」について	54	3
	馬場克三	経済計算と原価計算	54	4
	宮崎 正	改正原価計算要綱に就いて	54	4
	品田誠平	理想原価と評価論	55	1
1949K	黒澤 清	独立採算制	56	復1
	鈴鹿寛昌	予算統制の条件	56	復3/7
	山邊六郎	経営予算と財務予算	56	6
	阪本安一	経営者会計学とその対象	56	6
	青木茂男	管理会計の具体化	56	7
1950K	占部都美	ソ連企業の独立採算制と会計制度	57	1
	平井泰太郎	経営価値と会計価値	57	1
	本田利夫	銀行の予算統制	57	2
	大倉義雄	原価計算の再認識	57	2
	平栗政吉	工業会計における組織問題	57	5
	宮上一男	原価計算の成立＝崩壊過程	58	1
	山邊六郎	標準原価計算と会計原則との諧調	58	3
1951K	黒澤 清	英国における統一原価計算について	59	1
	野瀬新蔵	財務政策の科学的認識	59	2/3
	古川栄一	管理会計の展開	59	4
	藻利重隆	管理組織の職能化とその限界	59	4
	清水 晶	広告費予算の編成について	59	4
	平栗政吉	原価計算概念の再検討	59	6
	中西寅雄	原価計算の問題点	60	3
	清水 晶	経営管理の形態と原価計算の形態	60	3
	本田利夫	シュナイダーの実際原価計算論	60	3
	古瀬大六	比例費原価計算法	60	3
	福田誠一	所謂操業原価計算制度とその二三の問題点	60	4/5/6
	溝口一雄	管理会計論の性格	60	5
	西川義朗	公益企業会計におけるオリジナル・コスト設定の意義	60	5
	寺田武義	笛木正治著「労使関係と経営管理」	60	6
1952K	大橋善助	経営管理のための原価計算	61	1
	市原季一	経済性概念の吟味	61	1
	大橋善助	所謂「部門原価計算」における部門の制定について	61	4
	占部都美	経営管理上のコストの概念	61	4
	福田誠一	所謂固定費差益の分析	61	5
	岡田誠一	量原価計算法の構想	61	5
	馬場克三	経営技術学の問題点	61	6
	松本雅男	予算統制の本質	61	6
	山邊六郎	原価計算と原価管理	61	6

1952K	千原千代吉	再び会計学の分類について	61	6
	中島省吾	ペイトン・リットルトンの原価基準をめぐって	62	2
	肱黒和俊	弾力性予算について	62	2
	泉美之松	損益の期間的割当の問題について	62	3
	松本雅男	原価統制のための原価計算の基準	62	4
	久保田音二郎	原価計算論と経営費用論との交渉	62	4
	中島省吾	A・A・A原価計算基準委員会の一試案	62	4
	後藤幸之助	原価調節計算の理論	62	4
	今井 忍	「原価管理」の理論的一考察	62	4
	佐藤信吉	複利法に於て利率、期間を求める特殊公式	62	4
	黒澤 清	経営決算表と部門費計算	62	5
	山邊六郎	原価計算と企業会計及び予算統制との関係	62	5
	酒井 茂	機械論（操業術）か人間論（人間行為）(From record to information) か	62	5
	古川栄一	野瀬新蔵著「財務管理と経営分析」について	62	6
	溝口一雄	標準原価の設定	62	6/7
	和田木松太郎	予算統制に於ける差異分析に就いて	62	6
	池田英次郎	戦後における原価論の発展	62	7
	久保田音二郎	原価計算の損益算定原則－AAAの原価計算基準に関連して－	62	7
	大橋善助	原価差額の性格について	62	7
	平栗政吉	基本的会計術語の解釈法	62	7
1953K	黒澤 清	原価差額論展望	63	1
	佐藤信吉	真割引の計算に用いる単利現価表	63	1
	佐藤孝一	会計統制と標準制度	63	3
	小高泰雄	会計現象と会計学の実践科学的性格について	63	4
	八坂筑紫	差額費用と利益計画化	63	4
	関西経済連合会	原価差額の期末処理に関する意見	63	5/6
	大橋善助	部門別原価計算とコストコントロール	63	5
	企業研究会	原価差額の期末調整に関する意見	63	6
	黒澤 清	原価差額再論	63	6
	福田誠一	操業度分析の進展	63	6
	諸井勝之助	Opportunity Cost について	64	1
	吉国二郎	原価差額の調整について	64	1
	八坂筑紫	標準利益	64	3
	中西寅雄	原価管理の領域	64	3
	番場嘉一郎	原価会計と財務会計	64	3
	諸井勝之助	原価会計と売上原価	64	3
	青木茂男	標準原価計算と弾力性予算	64	3
	溝口一雄	コスト・コントロールのシステム	64	3
	福田誠一	或る機械化作業の操業度並に固定費差額	64	3
	白木他石	現場管理者とコストコントロール	64	3
	西野嘉一郎	N・E・M・Aの原価会計について	64	3
	今井 忍	原価計算組織の再編成	64	3
	土岐政蔵	合理化と短期経営計算	64	3
	中島省吾	ヴァッター教授の管理会計論をめぐって	64	5
	黒澤 清	三重原価分析法 (tripartite cost analysis) について	64	6
	橋本善吉	間接費と標準統制	64	6
	松本雅男	日本における管理会計論の発展	64	7
	黒澤 清	トリパータイト・コストアナリシスについて	64	7
1954K	黒澤 清	附加価値計算としての原価計算	65	1
	久保田音二郎	原価管理と経営価値計算	65	1
	今井 忍	原価管理の実施についての諸問題	65	2
	水田金一	利益計画と総利益差異	65	5
	紀田兼直	生産余力と出血受注	65	5

1954K 久保田音二郎	直接原価計算論批判	65	6	
松本雅男	福田誠一著「原価計算と操業政策」紹介	65	6	
福田誠一	売価と原価の合致する生産量を測定する三つの公式	66	1	
久保田音二郎	経営価値計算の管理的意義	66	4	
本田利夫	ドイツの計画原価計算概念に関する考察	66	4	
末尾一秋	部門費計算による原価管理に就いて	66	4	
西野嘉一郎	生産性向上に関する基本問題	66	6	
天野恭徳	間接費論の歴史的生成	66	7	
兼子春三	原価計算の計数的基礎	66	7	
久保田音二郎	直接原価計算論の構想	66/67	7/1	
溝口一雄	小林靖雄著「原価管理論」	66	7	
1955K 青木茂男	管理会計の領域	67	1	
松本雅男	管理会計論序説	67	2	
諸井勝之助	間接費の予定計算について	67	3	
中島省吾	管理会計論への一反省	67	3	
古川栄一	経営方針と利益計画	67	3/4/5	
番場嘉一郎	材料費計算における特殊問題研究	67	4	
山邊六郎	長期利益目標の設定	67	5	
肱黒和俊	弾力性予算における許容額の決定	67	6	
渡邊進	後入先出法と期末在庫の減少	68	1	
松本雅男	経営管理会計論の一考察	68	2	
平井泰太郎	会計座談-原価計算準則	68	3	
中西寅雄	予算統制と標準原価管理	68	3	
今井忍	ダイレクト・コスティングの限界	68	3	
溝口一雄	ダイレクト・コスティングと予算統制	68	3/5	
小林靖雄	経営計画と予算編成	68	3	
平栗政吉	製品原価と期間原価の区分概念	68	3	
福田誠一	時間と数量・原価との関係	68	3	
西川義朗	利潤計算と会計管理	68	5	
1956K 大橋善助	直接材料費の予算編成についての若干の考察	69	1/2	
佐藤精一	配給原価の一考察	69	1	
鍋島達	経営の本質と計算思考	69	2	
浅羽二郎	合理化における会計の一考察	69	2	
山下勝治	溝口一雄著「経営費用論」を読む	69	2	
山城章	経営価格政策の課題と体系	69	3	
平栗政吉	インヴェステッド コスト・セオリー批判	69	3	
岡本丸夫	AAAの原価計算目的導入に関する一考察	69	3	
澤田辰次郎	織布工場の帳簿整理	69	4	
青木茂男	財務会計と管理会計	69	5	
佐藤信吉	法定利率による単利年金現価表	69	5	
平井泰太郎	利益管理と経営計画	69	5	
池田英次郎	オペレーションズ・リサーチ	69	6	
諸井勝之助	原価差額の種類とその処理	69	6	
福田誠一	下向操業における最低原価の奇跡	69	6	
佐藤増蔵	産業合理化と経営合理化の本質的理解	69	6	
番場嘉一郎	予算原価計算と見積原価計算	70	1	
合崎堅三	能率の標準	70	1	
土岐政蔵	原価計算の本義	70	3	
山邊六郎	特殊原価調査と企画案計画	70	3	
鍋島達	原価の分類における問題点	70	3	
今井忍	経営管理と原価計算	70	3	
溝口一雄	原価計算基準の基本問題	70	3	
平栗政吉	特殊原価調査目的とその機能	70	3	
古川栄一	「経営方針遂行のための利益計画」について	70	3	
敷田礼二	工業会計制度確立の周辺	70	4	

年	著者	題目	巻	号
1956K	平井泰太郎	経営機構とコスト	70	4
	小倉栄一郎	配給原価計算に及ぼせる反トラスト法の影響	70	5
	松尾憲橘	社会主義原価論争について	70	6
	占部都美	利益計画と予算統制	70	6
	田村 愁	「ソ連の工業会計」抄論	70	6
1957K	松本雅男	販売費の標準原価管理序説	71	1
	高田正淳	附加価値計算の利用領域	71	1
	平井泰太郎	技術とノウ・ハウの問題	71	1
	平栗政吉	原価計算における領域と目的の問題	71	4
	田村 愁	ソ連工業の生産会計	71	4
	紀田兼直	質差と原価との関係	71	5
	溝口一雄	利益計画と資金計画	71	6
	肱黒和俊	利益分析と原価分析	71	6
	松尾憲橘	社会主義的原価概念	71/72	6/1
	古川栄一	管理会計の組織問題	72	2
	青木茂男	原価計算制度における勘定科目の設定と分類の展開	72	3
1958K	西野嘉一郎	経営管理の新動向としての分権制度	73	1
	三雲宗敏	複数標準間接費率の利用とその限界	73	1
	山口達良	機会原価による製品部門の収益力測定	73	2
	諸井勝之助	分権的管理組織における内部損益計算	73	3
	古川栄一	会計情報の管理的利用	73	4
	佐藤好孝	原価管理と小規模経営	73	4
	松本雅男	西野嘉一郎　矢野宏共著　原価管理制度	73	4
	番場嘉一郎	副産物の原価計算について	73	5
	青木茂男	原価計算制度について	73	5
	溝口一雄	製造間接費の管理	74	1
	番場嘉一郎	利益計画及び管理と副産物原価計算	74	1
	三雲宗敏	基準標準原価制と原価管理	74	3
	三雲宗敏	基準標準原価制と経営計画	74	4
	黒澤 清	原価監査に関する覚書	74	5
	小林靖雄	ドイツ計画計算論の一考察	74	5
	三雲宗敏	基準標準原価制と損益計算	74	5
1959K	古川栄一	利益管理と分権制度	75	2
	溝口一雄	経営費用と生産量	75	3/5
	後藤幸之助	最近におけるドイツ経営費用論	75	3
	青木脩	プラン・コンタブルと経営分析会計	75	4
	国弘員人	生産性の意味とその計算	75	5
	大島国雄	ホズリョーバの独立採算制論	75	5
	土岐政蔵	原価計算の近代化	75	6
	今井 忍	標準原価計算と予算統制との関連性	75	6
	野瀬新蔵	生産性分析と企業会計	76	5
	福田誠一	最適購入量公式の洗練のために	76	6
	久保田音二郎	原価計算制度の意味するもの	76	6
	辻 厚生	米国工業会計史の一齣	76	6
1960K	山邊六郎	事業部制における利益目標の設定と承認	77	1
	中島省吾	プロダクト的対応とピリオド的対応	77	1
	新馬新七郎	中小企業における製品原価の切り下げについて	77	1
	宮本匡章	費用座標と原価計算との交渉	77	1
	染谷恭次郎	経営数値の分析	77	2
	溝口一雄	西独における直接原価計算論	77	3/4/5
	諸井勝之助	原価管理の性格	77	3
	青木茂男	分権管理下の内部取引に関する会計問題	77	4
	市原季一	西独企業の上部管理組織	77	4
	国弘員人	予算統制と利益計画	78	1
	三浦三良	原価会計例解	78	1/2

年	著者	タイトル	巻	号
1960K	小高泰雄	原価管理の意義	78	3
	今井 忍	原価管理とその理論	78	3
	鍋島 達	原価の計算・管理・低減	78	3
	溝口一雄	原価管理をめぐる予算と標準原価の関係	78	3
	小林靖雄	原価管理におけるモチベイションの機能	78	3
	山田一郎	わが国における原価管理の特色	78	3/6
	高田清昭	わが国中小企業における原価管理の現状と問題点	78	3
	肱黒和俊	変動予算の問題点	78	3
	古川榮一	事業部制と利益管理	78	4/6
	青木茂男	予算統制における計画機能と統制機能	78	5
	梶原秀稔	中小企業の売上総利益管理	78	5
1961K	中島省吾	目標利益の意義・内容・表示形式	79	1
	西野嘉一郎	長期計画とその策定	79	1
	小高泰雄	管理会計制度の発展について	79	2
	平栗政吉	標準直接原価計算にかんするケース例	79	2/3
	小林靖雄	計画原価の弾力性	79	4
	今井 忍	原価計画と管理責任原価	79	4
	奥村憲一	限界分析と損益分岐点分析	79	4
	天野恭徳	二十世紀初頭までの間接費論の展開について	79	5
	福田誠一・福田平八郎	販売曲線の顧慮された利潤最大化問題の検討	80	1
	武田 孟	社会主義工業における原価計画化	80	1
	松本 剛	計画原価計算と職務評価	80	1
	西野嘉一郎	事業部制とその業績評価	80	2
	青木茂男	事業部制における責任会計の確立	80	2
	福田誠一・福田平八郎	非線形的利益計画の研究	80	2
	佐藤精一	直接原価と期間費用の分類	80	2
	肱黒和俊	利益計画設定と予算編成	80	2
	兼子春三	事業部制における振替価格と決算書の総合	80	2
	中西 勉	二つの利益計画	80	2
	西澤 脩	方針設定と営業費分析	80	2
	岡本 清	真実の原価をめぐる実際原価と標準原価との抗争	80	3/4
	本田清夫	事業部制における予算統制の問題	80	5
	井上康男	原価概念の諸説について	80	5/6
	国弘員人	生産性会計の意義と目的	80	6
	中村美智夫	東ドイツ標準原価計算の基本問題	80	6
	松本正信	工業簿記教育の基本的課題	80	6
1962K	国弘員人	生産性会計の目的と諸方法	81	1
	小林靖雄	事業部制利益管理における投資額決定の問題点	81	1
	小林健吾	経営費用論と原価計算	81	1/2
	青木茂男	長期経営計画と予算統制	81	2
	古川栄一	長期経営計画について	81	2/3
	久保田音二郎	直接原価計算における合理性の理論	81	3
	三浦三良	原価会計における経営の二重構造	81	3
	後藤幸之助	工業生産における収益法則	81	4
	平栗政吉	責任会計のケースと問題点	81	5/6
	天野恭徳	正常操業度とアイドル・キャパシティ・コストについて	81	6
	青木茂男	責任会計について	82	1
	安西正夫	アルミニウム工業経営における製造費用	82	1/2
	中西寅雄	経営管理の中核としての予算統制	82	2
	中島省吾	予算統制と直接原価計算	82	2
	小林靖雄	予算統制と責任会計	82	2
	長松秀志	予算統制の一視点	82	2
	平栗政吉	予算統制における人的要素	82	2

年	著者	タイトル	巻	号
1962K	吉田弥雄	予算編成の原則について	82	2
	小高泰雄	経営者の原価管理責任	82	3
	福田誠一・福田平八郎	収益性と生産性・製作利益率との関係	82	3/4
	板垣 忠	計画原価計算における計画操業度の決定について	82	3
	山口 操	生産様式と原価計算形態との関連	82	3
1963K	黒澤 清	原価計算の一般的基準について	83	1
	山邊六郎	わが国の原価計算基準と米国の原価基準	83	1
	久保田音二郎	原価計算基準の性格	83	1
	溝口一雄	原価計算基準の基本的性格	83	1
	木村和三郎	原価計算における社会的平均的生産性	83	1
	松本雅男	原価計算基準における財務会計と原価会計の結合	83	1
	諸井勝之助	原価計算基準の一考察	83	1
	鍋島 達	実際原価の分類と費目別計算	83	1
	番場嘉一郎	原価差異とその会計処理について	83	1
	長谷川弘之助	原価差額調整と内部振替損益	83	1
	木村和三郎	「原価計算基準」の公表とその意義	83	2
	宮上一男	「原価計算基準」における原価概念	83	2
	青木茂男	総合的原価引き下げ	83	3
	小林靖雄	原価切り下げと「価値分析」	83	6
	久保田音二郎	原価計算基準と直接原価計算	83	6
	今井 忍	価格決定理論と原価の区分	84	1
	天野恭徳	原価調査の地位とその体系化への接近	84	1
	松本雅男	原価計算基準における若干の問題	84	2
	鍋島 達	原価計算基準について	84	2
	諸井勝之助	「基準」における間接費の計算	84	2
	岡本 清	原価概念の正常化	84	2
	中山隆祐	二元的標準原価計算の実践	84	2
	天野恭徳	原価調査の地位とその体系化への接近	84	5
	国弘員人	経営計画・利益計画・損益分岐点	84	6
1964K	小林靖雄	固定費問題接近の視点	85	1
	今井 忍	原価管理とそのアプローチ	85	2/4
	肱黒和俊	再び変動予算の算定方法と表示形式について	85	2
	中村万次	イギリスにおける限界原価計算の確立過程	85	3
	青木茂男	原価引下げの計画及び統制の業態別適用	85	4
	中山隆祐	組別総合原価計算の新解釈	85	4
	国弘員人	限界原価価格政策の理論	85	5
	石塚博司	見積原価計算と標準原価計算	85	5
	天野恭徳	原価管理の方向と情報システムについて	85	6
	新馬新七郎	工場会計上、材料と材料費の記帳について	86	1
	佐藤精一	原価計算の形態	86	1
	溝口一雄	直接原価計算の財務会計機能	86	3
	染谷恭次郎	期間利益の決定に直接原価計算を適用することは認められる	86	3
	小倉栄一郎	直接原価計算による期間利益の性格	86	3
	滝野隆永	直接原価計算と財務会計	86	3
	伊藤 博	固定費の予算管理に関する一考察	86	3
	小林健吾	直接原価計算と財務会計	86	3
	今井 忍	受注価格決定と原価の算定要領	86	5
	久保田音二郎	直接標準原価計算における原価管理	86	5
	青木茂男	原価と価格設定	86	6
	中山隆祐	二段式直接原価計算制度	86	6
1965K	国弘員人	損益分岐点に関する若干の考察	87	1
	肱黒和俊	変動予算と原価部門	87	4
	藤岡三四治	「原価計算基準」的直接原価計算の科学的正当性	87	5

年	著者	タイトル	号	
1965K	山邊六郎	管理会計の報告方法としての貢献利益法	88	1
	片岡義雄	差別原価に関する若干の考察	88	1
	西野嘉一郎	損益分岐点と企業利潤	88	1
	中山隆祐	二元的標準原価と基準標準原価との関係	88	2
	神馬駿逸	利益計画とC・V・P関係	88	5
	中山隆祐	準固定費は存在しない	88	5
	佐藤精一	原価低減と原価計算	88	5
1966K	天野恭徳	販売意志決定と販売原価分析のパターン	89	2
	樋口林三	原価計算目的と原価計算の方法	89	2
	神馬新七郎	原価引下げについて	89	4
	小倉栄一郎	原価計算と財務会計の理論的接合	89	5
	片岡義雄	連産品会計序説	89	5
	天野恭徳	利益計画とCVP関係について	90	5
	長松秀志	原価の本質と直接原価計算	90	5
1967K	肱黒和俊	変動予算の生成発展と今後の課題	91	2
	中山隆祐	標準原価のタイプ分類	91	3
	西澤脩	原価引下げ計画の理念と方法	91	3
	神馬駿逸	原価引下げについて	91	3
	末政芳信	損益分岐点分析に関する一考察	91	3
	樋口林三	価値計算の問題と直接原価計算	91	5
	久保田音二郎	カナダの直接原価計算批判	92	1
	矢島基臣	計算価格論に関する一研究	92	6
1968K	佐藤精一	不完全情報と損益分岐点分析	93	1
	狩野勇	製造間接費差異の分析法	93	1
	神馬駿逸	原価引下げと設計活動	93	5
1969K	山邊六郎	原価の一般概念に関する再吟味	95	1
	樋口林三	原価計算論における労働の主体性と情報組織の問題	95	5
	斎藤隆夫	補償貢献額計算について	95	6
	末政芳信	損益分岐点曲線図表の展開	95	6
	中山隆祐	原価標準の差別タイトネス	95	6
	松本雅男	標準原価情報と原価管理	96	4
	青木茂男	コスト・マネジメントと原価情報の活用	96	4
	奥村憲一	アカウンティング・フローと原価計画	96	4
	今井忍	原価情報システムの特性に関する研究	96	4
	肱黒和俊	製造間接費計画設定と直接見積法	96	4
	吉田彰	意思決定と会計情報システムに関する一考察	96	6
1970K	天野恭徳	間接費管理の問題とその方向性	97	1
	滝970K隆永	業績評価会計システムとしての標準直接原価計算制度批判	97	5
	斎藤隆夫	原価発生原因主義の原則	98	3
	肱黒和俊	変動予算の適用領域	98	3
	福田誠一・福田平八郎	新全部原価計算論の検討	98/99	4/1
	小林靖雄	自動車部品工業の原価管理の発展	98	4
1971K	吉田彰	原価差異分析のシステム的展開	99	1
	小倉栄一郎	A・Hチャーチの忘れられた業績	99	5
	平林喜博	費用理論と原価計算との交渉に関する一考察	99	5
	肱黒和俊	変動予算管理とコンピュータ	100	6
	小林哲夫	収支原価概念の再吟味	100	7
	西澤脩	物流原価計算における社内金利の取扱い	100	7
1972K	神馬駿逸	原価引下げと外注活動	101	1
	今井忍	サイバネティックスによる原価管理論の構想	101	3
	佐藤精一	部門別原価計算への経済学的, 数学的研究	102	5
1974K	K. V. Ramanathan・津曲直躬	Make-or-Buyの意思決定と標準原価	105	1
	櫻井通晴	原価計算の起源・完成期に関する本質論的考察	105	1

1974K	山邊六郎	直接原価計算と財務会計	105	4
1975K	石原 肇	間接費計算成立の一局面	107	3
	神馬駿逸	病院原価計算と診療報酬	107	6
	末尾一秋	セグメント別損益計算書作成の問題点	108	1
	山邊六郎	直接原価計算における計算的思考	108	3
	林 良治	Schar, J. F. のドイツ初期原価計算的思考について	108	5
	溝口一雄	原価計算と価格決定をめぐって	108	6
	平林喜博	原価計算と価格政策	108	6
	小林健吾	原価と価格決定	108	6
	山口達良	原価計算と適正価格計算	108	6
	佐藤精一	寡占企業の価格政策と原価計算	108	6
1976K	上領英之	損益分岐点思考の深化と拡充	109	3/4
	矢島基臣	費用計算の角度からみた合理化の問題点	109	4
	小林哲夫	西独における原価計算モデルの展開	109	5
	門田安弘	情報システムとしての管理会計の体系	109/110	6/1
	西澤 脩	運輸省の物流コスト算定統一基準	110	1
	佐藤宗弥	価格決定における原価計算の役割	110	2
	溝口一雄	管理会計情報の本質と限界	110	4
	津曲直躬	意思決定と管理会計情報	110	4
	西澤 脩	利益概念を中心とした管理会計情報の本質と限界	110	4
	井上康男	管理会計情報の本質と限界	110	4
1977K	平林喜博	ヴェーバーの部分原価計算批判論	111	2
	上田 修	不確実性下における整数計画法によるCVP分析	111	3
	中野淑夫	直接原価計算論争に関する一考察	111	4
	坂本 清	原価計画における計画対象領域の制約	111	4
	小林健吾	損益分岐点分析と直接原価計算の発展	111	5/6
	平田正敏	損益分岐点分析の展開	112	4
	神戸大学管理会計研究会	CASBの原価計算基準	112-114	4-6/1-6/1-4
	山邊六郎	中山隆祐博士の死を悼む	112	6
1978K	神馬駿逸	鋳物製品の見積原価計算	113	1
	久保田音二郎	原価会計の思考	113	2
	小島廣光	工業科学的コスト・マネジメント研究の現状	113	2
	前田貞芳	管理会計の制度的展開	113	3
	櫻井通晴	原価計算対象の変遷	113	3
	阪本安一	企業の経営成績の算定と当期原価の意義	113	4
	長松秀志	機会原価の理論的基礎	113	4
	佐藤精一	差額原価分析と数理計画モデル	113	5
	門田安弘	人的資源の再配分と振替価格	113/114	6/1
	中 善宏	標準および差異情報の伝達における若干の行動変数	113	6
	小林靖雄	構造不況と固定費問題	114	1
	小林哲夫	標準原価の測定と分析	114	2
	溝口一雄	「原価計算基準」論義をめぐって	114	4/5
	山口達良	米国鉄道業原価計算の諸問題	114	4
	両頭正明	短期経営成果計算の方法	114	4/5
	矢島基臣	経営費用論の課題とシュマーレンバッハの費用論	114	4
	青柳文司	測定と評価	114	5
	小林健吾	セグメント別収益性の測定と直接原価計算の生成	114	5
	長屋英郎	C-V-P分析とN角形分布	114	6
1979K	伊藤 博	固定費管理	115	3
	宮本匡章	固定費管理の諸問題	115	3
	山形休司	固定費管理の理念と方式	115	3
	小林靖雄	固定費管理におけるサンク・コスト概念とその機能	115	3
	早川 豊	CASB原価計算基準の問題点	115	4

1979K	福田誠一	原価計算秘話	115–119	4-6/1-6/ 1-6/1-6/1
	藤田良雄	M・シュバイツァー「企業の生産理論と費用理論」の論理構造	115/116	6/1
	古田隆紀	業績管理の一視点	116	1/2
	松本雅男	管理会計の新動向	116	3
	山下正喜	明治・大正期三菱造船所の原価計算	116	3
	高田正淳	久保田音二郎先生を悼む	116	3
	山下正喜	三菱製鉄所の工業会計	116	4
1980K	小林哲夫	相互満足的配分について	117	3
	佐藤好孝	原価の計算原則としての消費原則	117	4
	神馬駿逸	鋳仕上げと原価計算	117	4
	門田安弘	目標調整に関する管理会計の機能	118	1
	矢島基臣	費用・収益対応の観点からみた価格形成の問題	118	1
	小林哲夫	業績管理会計論の研究課題	118	5
	津曲直躬	管理会計論の展開方向	118	5
	佐藤精一	管理会計展開の選択	118	5
	山下正喜	長崎工作分局の会計・製品計算	118	5
	岡本 清	管理会計の展開方向	118	5
1981K	谷 武幸	事業部制組織における本部費・共通費の配賦	119	1
	山下正喜	三菱造船所の工業会計	119	1
	宮本寛爾	国際振替価格に関する一考察	119	5
	青木茂男	管理会計の課題及び方法の展望	120	3
	西澤 脩	日米の営業費会計文献小史	120	3
	山形休司	管理会計の機能	120	6
	牧戸孝郎	わが国における管理会計のあり方	120	6
	津曲直躬	管理会計と管理機構	120	6
	末政芳信	管理会計の機能	120	6
	櫻井通晴	AAAにおける管理会計研究の潮流	120	6
	床井睦子	原価計算「統一・制度化」の歴史的意義	120	6
1982K	神馬駿逸	溶解と原価計算	121	5
	青木茂男	関係会社管理会計の確立	121	5
	佐藤精一	コントロール概念の変遷と会計の諸問題	121	5
	小林哲夫	関連原価計算の再検討	122	3
	片岡洋一・昆誠一	結合製品原価測定におけるシャプレイ値配賦法とヌクリアラス配賦法について	122	3
	岡本 清	原価計算基準への提言	122	5
	櫻井通晴	「原価計算基準」の基本的性格と基礎概念	122	5
	宮本匡章	「原価計算基準」の基本的性格について	122	5
	山形休司	原価概念と社会的コストについて	122	5
1983K	長松秀志	振替価格決定の一般基準	123	3
	黒澤 清	山邊六郎教授追悼記	123	3
	廣本敏郎	米国生成期管理会計論の成立と展開	123	3
	片岡洋一・昆誠一	原価節約概念にもとづく結合製品原価の配賦方法について	123	6
	谷 武幸	組織構造と本部費の配賦	124	2
	D・シュナイダー	歴史意識の欠如によるマネジメントの過ち	124	2
	中瀬忠和	コミュニケーション・システムとしての管理会計	124	3
	早川 豊	CASB移管先論争	124	4
	矢部浩祥	生活の質の測定と社会的原価計算	124	5
1984K	宮本匡章	管理会計と組織構造	125	2
	小島廣光	組織構造と管理システム	125	2
	谷 武幸	組織構造と管理会計情報	125	2
	佐藤紘光	エイジェンシー・モデルによる管理会計情報の分析	125	2
	佐藤宗弥	組織構造変革と管理会計	125	2
	福田平八郎	価格決定におけるCVPの適正な関係とその標準	125	5

年	著者	題目	号	頁
1984K	古田隆紀	期待理論アプローチと業績管理会計	125/126	6/1
	片岡清賢	マネジメント・コントロールと責任会計情報	125	6
	小林哲夫	適応的予算管理のための原価計算システム	126	1
	西村 明	アイドルキャパシティーと機会原価	126	2
	溝口一雄	原価の本質をめぐって	126	3
	山口達良	鉄道業における回避可能原価の計算	126	3
	飯塚 勲	マープルの直接原価計算本質説の再検討	126	3/6
	斎藤静樹	津曲直躬先生を悼む	126	4
	中村美智夫	東ドイツにおける標準的原価計算の一視点	126	6
1985K	佐藤宗弥	電気通信料金の原価計算	127	1
	伊藤 博	管理会計論再定式化の方向とその課題	127	3/4
	小倉 昇	ネットワーク・アプローチによる補助部門費の計画と配分	127	3
	平林喜博	十九世紀ドイツ原価計算の文献	127	5
	廣本敏郎	技術革新の時代における原価計算の課題	128	1
	櫻井通晴	ソフトウェア会計研究の課題	128	1/2
	岡本 清	わが国企業におけるTPM運動と管理会計の役割	128	3
	浅田孝幸	業績管理会計の一考察	128	4
	山上達人	会計情報の拡大と管理会計	128	5
	飯田修三	管理会計情報と社会関連会計	128	5
	門田安弘	意思決定支援システムとしての管理会計	128	5
	小川 洌	会計情報の拡大と業績評価	128	5
	伊藤 進	短期管理会計プロセス	128	5
1986K	溝口一雄	コントローラー制度の成立	129	2
	東海幹夫	原価計算と損益計算の連動に関する一考察	129	2
	浜田和樹	原価差異分析への数理計画法の利用について	129	2
	谷 武幸	本社費・共通費配分の論理	129	3
	松谷靖二	一九世紀初頭から中葉にかけてのイギリスおよびアメリカの原価計算	129	3/4
	飯塚 勲	生産量平準化の差異分析とコントロール	129	5
	両頭正明	西ドイツ直接原価計算システムの課題	130	3
	飯塚 勲	管理会計における測定と伝達	130	3
	牧戸孝郎	ライフ・サイクル・コスティングと原価管理	130	3
	櫻井通晴	変革期における管理会計研究の方法	130	6
	小林哲夫	分権的組織構造における管理会計	130	6
	伏見多美雄	戦略管理会計とキャッシュフロー情報	130	6
	伊藤 進	利益管理志向のセグメント期間損益計算の発展	130	6
1987K	E・ハイネン 平田光弘訳	経営経済学における変化と動向	131	1
	佐藤精一	変革期の管理会計	131	2
	櫻井通晴	ソフトウェアの資産性と開示について	131	4
	森川八洲男	ソフトウェア開発費の会計に関する一考察	131	4
	宮本匡章	新しい原価計算システムについて	131	5
	平林喜博	技術革新と原価計算	131	5
	櫻井通晴	ソフトウェアの資産性と開示	132	1
	上領英之	会計的生産関数と収穫恒常性	132	1
	浅羽二郎	ドイツ原価計算制度形成過程の論理	132	2
	三浦武盈	企業福祉と労働時間管理	132	3
	佐藤宗弥	共通費の配分について	132	5
	小林哲夫	管理会計のパラダイムについて	132	6
	豊島義一	管理会計におけるパラダイムの受容について	132	6
	牧戸孝郎	管理会計における新しいパラダイムを求めて	132	6
	辻 正雄	管理会計における理論モデルの有効性	132	6
	長浜穆良	経営戦略と予算制度	132	6
1988K	門田安弘	一九八七年度アメリカ会計学会管理会計部門の役員会に出席して	133	1/2

1988K	長松秀志	FA化・情報化の進展と原価計算	133	3
	小倉　昇	外部原価情報とゲームの理論	134	1
	平林喜博	原価会計情報と社会関連情報	134	1
	豊島義一	管理会計のパラダイム再編	134	3
	東海幹夫	伝統的原価計算理念からの脱却	134	3
	坂根　博	ジョイント・コストの配分と製品原価計算	134	5
	谷　武幸	本社費の配賦と業績管理	134	6
	門田安弘・黄彩綢	目標計画法とモリアリティ法による利益配分	134/135	6/4
1989K	岡本　清	原価計算の原点とその原則の展望	135	1
	加登　豊	原価計算研究の原点	135	1
	牧戸孝郎	わが国原価計算基準の再検討	135	1
	櫻井通晴	ソフトウェア原価計算と「基準」	135	1
	小林健吾	原価計算の回顧と展望	135	1
	廣本敏郎	米国管理会計発達史試案	135	1
	ホルスト・コラー 大阪産業大学会計研究室訳	工業原価計算の発展の系譜	135	4
	伊藤博・伊藤嘉博	競争優位の原価計算	135	5/6
	尾畑　裕	ドイツ原価理論の成立	135	5
	宮内俊男・原田満範・村上宏之	貢献利益算定のための簿記システム	136	1
	田中嘉穂・井上信一	多品種生産化と原価計算実施の動向	136	1
	宮本匡章	会計における実証研究の意義について	136	5
	佐藤康男	管理会計の本質と機能の再検討	136	5
	廣本敏郎	管理会計システムの再検討	136	5
	桜井久勝	ディスクロージャーの拡大と実証的フィードバック	136	5
	辻　正雄	情報技術による管理会計システムの新展開	136	5
	福島吉春	イギリスにおける素価概念の変遷	136	5
	菊地和聖	タイ国企業における計数管理	136	5
1990K	千葉修身	現代西ドイツ「製作原価」算定論	137	2
	森本三義	M.シュヴァイツァーとE.トゥロスマンによる損益分岐点分析についての一考察	137	3
	小林啓孝	原価管理とVE	137	3
	近藤恭正	原価管理の変貌−技術志向パラダイムから市場志向パラダイムへ−	137	4
	櫻井通晴	ソフトウェア会計：資産計上，費用処理	137/138	6/1
	宮本匡章	原価差異分析の限界	138	4
	加登　豊	原価企画活動の新展開	138	4
	平林喜博	久保田原価学説の検討	138	5
	鈴木一道	イギリス原価計算の社会制度的確立	138	5
1991K	小川　洌	環境変化と管理会計の革新	139	2
	小倉　昇	クオリティ・コスティングの新展開	139	2
	吉川武男	日本企業の原価管理	139	2
	田中雅康	CIM時代の見積原価計算システム	139	2
	西村　明	日本的管理会計の発展と展望	139	2
	佐藤康男	原価計算の変革は進んでいるか	139	2
	飯塚　勲	生産技術革新と管理報告書の設計	139	4/5
	櫻井通晴	企業環境の変化と管理会計	139	5
	長松秀志	トータル・コスト・マネジメント・システムの構築	139	5/6
	星野優太	戦略型企業のCIM化と管理会計	140	1
	伊藤嘉博	プロダクト・ライアビリティ・コストの測定と管理	140	1
	夷谷廣政	経営原価概念の基礎的仮定について	140	2
	木島淑孝	J. Mauriceクラークの現代的意義	140	3
	伊藤　博	アクティビティ基準原価計算の可能性	140	6
	石崎忠司	製品戦略のための分析視点	140	6

年	著者	タイトル	号	月
1992K	宮本匡章	管理会計論研究の私的な回顧と展望	141	4
	牧戸孝郎	日本の管理会計の回顧と展望	141	4
	石川　昭	米国の管理会計－特に情報システム教育面－の回顧と展望	141	4
	櫻井通晴	現代アメリカ管理会計の基本的特徴	141	4
	小林哲夫	管理会計研究のフレームワーク	141	4
	C. T. ホーングレン 伊藤邦雄・廣本敏郎訳	アメリカにおける管理会計と財務会計の回顧	141	4
	小林啓孝	ABCにおけるコスト・ドライバー概念の検討	142	1
	伊藤嘉博	内なる国際化の進展と管理会計	142	1
	平林善博	Kalkulationと久保田原価学説	142	2
	坂手恭介	構造行列によるモデル表現の意義	142	5
	飯塚　勲	JIT管理会計の概念モデル	142/143	5/6/3
1993K	櫻井通晴	会計環境の変化と管理会計理論の現代的課題	143	2
	岡野　浩	日本的管理会計理論の可能性	143	2
	廣本敏郎	管理会計論の現代的課題	143	2
	谷　武幸	管理会計システムの戦略的課題	143	2
	門田安弘	原価改善の意義とメカニズム	143	2
	M・シュヴィツァー稿　興津裕康訳	原価計算のパイオニアーとしてのオイゲン・シュマーレンバッハ	143	4/5
	田中隆雄	アクティビティ会計の理論構造とその有用性	143	6
	大坪宏至	医療・保健分野における費用・便益分析序説	144	2
	谷武幸・清水信匡・岩淵吉秀・福田淳児	原価企画と会議体での相互作用	144	3
	小林哲夫	管理可能性原則と「会計責任」	144	4
	梶浦昭友	生産性余剰分析と生産高	144	4
	溝口周二	ユーザー部門へのチャージバック・システムの適用	144	5
	鈴木一道	第一次大戦直後のイギリスにおける原価計算認識	144	5
1994K	宮本匡章	管理会計における管理技法の持続性	145	1
	牧戸孝郎	グローバル環境下の管理会計	145	3
	浅田孝幸	日米企業のSBUの事業戦略と業績管理	145	3
	佐藤康男	企業のグローバリゼーションと管理会計	145	3
	上埜　進	管理会計実践の国家間比較研究の方法に関する一考察	145	3
	加登　豊	ナショナル・カルチャーとマネジメント・コントロール	145	3
	古田隆紀	FMCカレント原価会計システムにみる変化	145	5
	田中隆雄	原価企画の基本モデル	145	6
	夷谷廣政	印欧語における原価の語源について	145	6
	山下正喜	原価計算史の方法	145	6
	廣本敏郎	原価計算論の再構築	146	1
	山内　進	ソフトウェア保守の原価計算	146	1
	岩淵吉秀	原価企画における場のマネジメント	146	3
	千葉修身	ドイツ税務判決における「製作原価」論の展開	146	3
	小林哲夫	環境変化のもとでの管理会計研究の課題	146	4
	小林啓孝	小売・ロジスティクスにおける管理会計情報活用の課題	146	4
	坂手恭介	購買・外注管理会計の課題と計算システム	146	4
	石川　昭	カオス管理（Chaos Management）のための新しい管理会計の研究対象とその有用性の追求	146	4
	平林喜博	原価計算思考の変遷	146	4
1995K	伊藤嘉博	タグチ・メソッドにもとづく品質原価計算のパラダイム変革	147	1
	桜井通晴	間接費管理の現代的意義	147	3
	藤田昌也	流通と生産の会計の構造論的比較	147	3
	岡野　浩	原価企画の類型化	147	4
	清水信匡	「原価企画」における「原価の作り込み」の概念	147	4

年	著者	タイトル	号	頁
1995K	ロバート・P・マギー 佐藤紘光監訳	管理会計の経済学	147	5/6
	岡野憲治	ライフサイクル・コスティング研究の源流	147	6
	矢澤秀雄	スループットの概念および原価管理の問題	147	6
	佐藤康男	管理会計と倫理	148	1
	大下丈平	現代フランス管理会計の概念フレームワーク構築の試み	148	2
	山本浩二	ファジィ多属性評価と原価企画	148	3
	千葉修身	「製作原価」判決の論理枠と問題性	148	3
	小林啓孝	小売業の利益管理序説	148	4
	田中隆雄	顧客別収益性分析	148	5
	坂根 博	製品原価の正確性と真実性	148	5
	溝口周二	情報システム・コストの管理とアウトソーシング	148	6
1996K	宮本匡章	品質管理と原価計算システム	149	1
	伊藤嘉博	製品属性にもとづくコスト展開	149	1
	中村博之	設備投資と経営職能のコスト	149	1
	加登豊・橘元理恵・平岡幸一郎・博野英二	流通業における原価企画	149	1
	河野充央	製品企画に関わる管理会計上の諸問題	149	2
	清水信匡	利益管理活動としての原価企画の意味内容	149	2
	岡本 清	管理会計の現状と課題	149	4
	尾畑 裕	原価計算論の再構築	149	4
	吉川武男	総合的原価管理システムに関する一考察	149	4
	谷 武幸	日本的管理会計の課題	149	4
	櫻井通晴	管理会計の現状と課題	149	4
	田中隆雄	企業収益の見積とレベニュー・ドライバー	150	1
	飯塚 勲	ABCの三世代と将来	150	1
	手島直明・岩淵吉秀	原価企画の効果的遂行ツール「機能テーブル」の活用研究	150	5
	長松秀志	情報価値の分析方法	150	5
	西村優子	研究開発費の費用効果分析	150	6
	豊島義一	管理会計パラダイムの転換	150	6
1997K	高梠真一	アメリカ鉄道会社における管理会計の生成問題	151	2
	浜田和樹	TOCの管理会計上の意義	151	5
	中川 優	電機産業における原価構造の変遷	151	6
	高橋 賢	直接原価計算論の再検討	151	6
	矢内一好	移転価格税制と企業会計	151	6
	宮本匡章	『原価計算基準』の「原価計算の一般的基準」について	152	1
	宮本寛爾	多国籍企業におけるコントロールに関する一考察	152	1
	伊藤克容	原価管理のための標準	152	4
	大下丈平	フランス管理会計における活動基準会計の役割とその意味	152	5/6
1998K	谷 武幸	管理会計領域の拡大	153	3
	山本浩二	感性領域への管理会計の拡大	153	3
	伊藤嘉博	管理会計変革のトリガーとしてのエンパワーメント	153	3
	小倉 昇	柔構造組織のマネジメント・コントロールと管理会計情報	153	3
	小林啓孝	管理会計変貌の視点	153	3
	福島吉春	チャーチ原価計算論の源流	154	1
	樋口浩義	ABC/ABMの展開と会計機能の変化	154	2
	高橋 賢	直接原価計算論争に関する一考察	154	2
	王 文英	振替価格設定システムからみた経営戦略と管理会計	154	2
	高梠真一	ボルティモア・オハイオ鉄道における会計情報の作成・利用	154	3
	片岡洋一	変動費と固定費の識別と測定について	154	6
1999K	大下丈平	同質セクション法と活動基準	155	1
	佐藤成紀	ABCと原価企画の接点をめぐる一試論	155	1
	岡野 浩	日本的経営システムの再生	155	5

年	筆者	タイトル	巻	号
1999K	水島多美也	非財務的尺度と業績評価	155	5
	夷谷廣政	シュメールにおける原価計算	155	5
	樋口浩義	品質原価計算の展開と会計機能の変化	155	6
	森本和義	間接費の配賦に関する一考察	155	6
	河野正男	「環境保全コストの把握及び公表に関するガイドライン(中間取りまとめ)」(環境庁)について	156	1
	吉田康久	アクティビティー・コストの逓減に向けた一考察	156	1
	高梠真一	ペンシルベニア鉄道における会計情報の作成・利用	156	1
	八木裕之	環境コスト概念の分析	156	2
	大塚裕史	直接原価計算を超えるスループット会計	156	4
	小菅正伸	活動基準予算管理の新展開	156	5
	長松秀志	戦略的コストマネジメントとプロセス活動分析	156	6
2000K	島田美智子	制約理論(TOC)における原価計算の理論と技法	157	1
	清水 孝	わが国組立型産業における原価計算および原価管理の再検討	157	2
	牧戸孝郎	日本的管理会計の特質と海外移転	157	3
	岡野 浩	日本的管理会計のグローバリゼーション	157	3
	尾畑 裕	ドイツにおける原価企画の受容と展開	157	3
	田中隆雄	日本的管理会計とグローバル・スタンダード	157	3
	加登 豊	日本的管理会計の海外移転	157	3
	飯塚 勲	ABMの定義と用途	157	6
	高梠真一	カーネギー・スティール社における価格の設定と予算の作成	157	6
	宮崎修行	環境原価計算の成立基盤	158	3
	梶浦昭友	環境管理と資源生産性分析	158	4
	大下丈平	工業会計・分析会計・管理会計	158	4

『産業経理』(1946〜2000年)・『原価計算』(1941〜1945年)

年	筆者	タイトル	巻	号
1941S	伍堂卓雄	原価計算の狙ひ所	1	1
	大河内正敏	原価計算の重要性に就いて	1	1
	郷古 潔	生産力拡充と原価計算	1	1
	企画院	『製造工業原価計算要綱草案』に就て	1	1
	阿部英明	鉱業の原価計算に関する若干の問題	1	1
	原口亮平	部門計算について	1	1
	長谷川安兵衛	化学工業の原価計算	1	1
	編集部	獨逸原価計算総則	1/2	1/1
	田島四郎	原価比較(原価分析を含む)文献	1/2	1/1/3
1942S	青木大吉	原価計算の必要に就いて	2	1
	本城良三	生産力拡充と能率監査	2	1
	吉田良三	階梯式配賦法について	2	1
	今井 忍	化学工業の特質と標準工程別原価計算	2	1
	山邊六郎	総合・個別原価計算の区別に関する一考察	2	1
	佐藤俊雄	総合原価計算の実例	2	1/2
	青木大吉	原価計算実施に就て	2	2
	沼田嘉穂	原価計算に於ける減価償却費	2	2
	杉本秋男	生産増強と原価監査	2	2
	東海林健吾	生産増強と標準原価制度	2	2
	山城 章	生産力拡充と利潤統制	2	2

1942S	小高泰雄	生産増強と労務管理	2	2
	田島四郎	生産増強と労働費の分析	2	2
	鍋島 達	生産増強と材料能率	2	2
	瀧澤正雄	日本原価計算制度の使命	2	3
	長谷川安兵衛	化学工業に於ける減価償却の態度	2	3
	古川栄一	製造予算と原価計算	2	3
	井上達雄	生産増強と経費能率	2	3
	金子利八郎	製造工業原価計算と会計収支勘定組織との関係	2	3
	井上由雄	鉱業の原価計算に関する阿部氏提言の研究	2	3
	室谷宗則	複合経費に関する若干の考察	2	3
	井上達雄	標準原価文献	2	3
	今井 忍	触媒原価に就て	2	4
	池田英次郎	操業度の測定	2	4
	青木倫太郎	原価計算の難所	2	4-12
	日比野清次	予算統制実施の前提条件	2	4
	中山隆祐	機械製造工場に於ける原価計算上の問題	2	4
	瀬戸善次	金属合金銀の重要原料費に就いて	2	4
	長谷川安兵衛	原価計算の国家的使命	2	5
	中山太一	能率増進と原価計算	2	5
	小川嘉樹	我国の産業と原価計算	2	5
	太田哲三	利潤と原価と原価外項目	2	5
	久保田音二郎	操業度規定と操業度政策	2	5/6
	青木大吉	製造工業原価計算要綱草案を改正したる点の解説	2	5
	中野英夫	原価計算規則解説	2	5
	今井 忍	工程別原価計算の方法	2	5
	山下勝治	建築工事給付原価基準価格算定要綱	2	5/6
	中村静次	間接費配賦における機械時間法に就て	2	5
	宮崎正吉	機械工業原価計算に於ける仕損費の処理に就いて	2	5
	黒澤 清	計算制度の形成に於ける創造的なもの	2	6
	大山倪爾	統一原価計算制度と原価計算規則	2	6
	古川栄一	月次損益計算と原価計算	2	6
	山邊六郎	製造工業原価計算要綱について	2	6
	今井 忍	工程別製造主部門の計算	2	6
	福田誠一	前計算の重要性について	2	6
	久武雅夫	「原価と操業度との関係」文献	2	6/7
	陶山誠太郎	原価計算展覧会	2	7
	中山太一	大東亜経済建設と原価計算	2	7
	不破貞春	資本維持と原価補償	2	7
	鍋島 達	原価計算活用の一方途	2	7
	田中喜三郎	総合原価計算の吟味	2	7
	田村 実	非鉄金属工業に於ける操業度に就て	2	7
	今井 忍	原価計算図説	2	7/9
	山下勝治	ナチス原価計算統制の発展	2	8
	安川 泰	原価要素の部門への集計過程に付て	2	8
	井上達雄	医薬品製造工業原価計算に就て	2	8/9
	香川啓三郎	人絹製造業の原価計算に就て	2	8
	大越貞一	配給原価文献	2	8
	中西寅雄	価格形成と原価計算	2	9
	久保田音二郎	等価比率の構成の性格	2	9
	青木茂男	戦時下の原価監査	2	9
	西岡武人	自動車車体（ボデー）の原価計算に就て	2	9
	久保田音二郎	等価比率による原価管理	2	10
	林 武雄	原価計算により能率を増進した実例	2	10
	岩田 力	間接費配賦法に就て	2	10
	編集部	東京原価計算展覧会報告	2	10

1942S	青木倫太郎	原価計算準則案に現れた原価計算の方法	2	11
	田島四郎	原価計算と発生主義	2	11
	日本原価計算協会	原価計算実施手続作成要領案	2/3	11/12/1
	金子佐一郎	製紙業における原価計算に就て	2	11
	服部一郎	紡績工場原価計算に於ける等価比率計算法	2	11
	青木大吉	獨逸原価計算総則の研究	2/3	12/1/2
	杉本秋男	獨逸に於ける原価監査制度	2	12
	宮崎正吉	工具費の処理に就て	2	12
	南 道元	原価計算総論文献	2/3	12/1/3
1943S	池田英次郎	原価係数に就て	3	1
	杉本秋男	獨逸に於ける原価監査制度	3	1/2
	神馬新七郎	材料の棚卸について	3	1
	鈴木正雄	原価計算実施上の困難を克服した実例	3	1
	東海林健吾	経営統制と原価計算	3	2
	日比野清次	南方事業と経営計算制度	3	2
	松永信夫	医薬品工業の原価計算に就て	3	2
	橋本順作	製菓業に於ける原価計算に就て	3	2
	吉田 脩	染料製造工業に於ける作業報告の徴取と其利用に就て	3	2
	山下勝治	原価概念の本質	3	3
	稲垣太吉	生産戦線の要衝	3	3
	高谷敏郎	紡績業における原価計算の一問題	3	3
	石井健一郎	特殊鋼原価計算の二三の問題	3	3
	田村 実	工業立地と原価計算	3	3
	古川栄一	生産拡充と原価計算	3	4
	井上達雄	部門費計算の重要性	3	4
	松本雅男	技術的総生産能率指標論	3	4
	松本 栄	相互配賦法について	3	4
	中野英夫	原価計算規則改正解説	3	5
	矢野宏太郎	鉱業原価計算要綱について	3	5
	室谷宗則	製造工業の勘定組織に就て	3	5
	黒澤 清	原価計算と原単位計算との総合	3	6
	末松玄六	「連鎖」の法則と予算統制	3	6
	神馬新七郎	経営内部の材料監査	3	6
	瓜谷敏郎	原価計算報告書類の様式	3	6
	宮崎正吉	機械工業の製造指図書	3	6/7
	太田哲三	綜合償却と原価計算	3	7
	小管正三	原価計算実務を中心とする事務能率増進	3	7
	池田菊次郎	電線製造工業の原価計算の問題	3	7
	清藤義潔	生産オーダーを以てストックオーダーの理念のもとに原価整理を行ふ実務例	3	7
	大前幸直	原価計算上の難所解決策	3	7
	吉田満夫	工作機械工業の予算統制	3	7
	金子佐一郎	製紙業に於ける製造原価計算実務	3	7
	原 清明	原価計算制度の運用（巻頭言）	3	8
	太田哲三	加工費法の一適例	3	8
	渡邊 清	作業時間に就て	3	8
	森 幸平	部門費計算方法	3	8
	井上匡四郎	原価計算と生産技術（巻頭言）	3	9
	大河内正敏	生産増強のための原価計算	3	9
	山本和信	技術と原価計算との交錯	3	9
	富永正治	原価計算に対する技術家の認識	3	9
	藤村 清	技術と原価計算の関聯性	3	9
	加藤栄二	生産管理と原価計算に就て	3	9
	笹沼清作	工程管理と原価計算の関聯	3	9
	谷田美樹	機械工場に於ける素材倉庫管理の一試案	3	9

1943S	大屋　敦	戦時下原価計算の意義（巻頭言）	3	10
	久保田音二郎	原価補償の原理	3	10/12
	木下　忍	原価に入る自家保険料とは	3	10
	中野英夫	消費賃金の計算方法	3	10/12
	渡邊　清	機械工業に於ける製造指図書	3	10
	佐藤正司	業者より観たる石炭鉱業原価計算	3	10
	高谷敏郎	綿スフ紡織工業における仕掛品の評価法に就て	3	10
	小西熊男	特殊原価計算	3	10
	森　敏綱	原価計算と生産増強の直結法	3	10
	新井章治	電力事業と原価計算（巻頭言）	3	11
	伍堂卓雄	行政改革と原価計算	3	11
	黒澤　清	戦時経済に於ける経済計算の堅持	3	11
	今井　忍	原価計算の国家的重要性	3	11
	山口　毅	第三者による原価監査の必要性	3	11
	福地通義	石炭鉱業原価の監査	3	11
	湊　総雄	原価監査実務の若干に就て	3	11
	小林是太	製品計算に就て	3	11
	日本原価計算協会	原価計算の刷新強化	3	12
	太田哲三	原価計算の使命	3	12
	田村　浩	朝鮮経済と原価計算	3	12
	末弘勝己	朝鮮工業と固定費問題	3	12
	秋山英三郎	化学工業の原価計算	3	12
1944S	荒武太刀夫	原価計算に於ける物量計算	4	1
	青木倫太郎	「原価計算制度ノ刷新簡素化ニ関スル件」に就て	4	1
	稲垣太吉	生産計画と原価計算制の刷新	4	1
	木村喜三郎	原価計算制度刷新強力化に就て	4	1
	鈴木重康	原価計算の積極的活用	4	1
	安川第五郎	生産と価格と原価計算	4	1
	宮崎正吉	原価計算の工程管理への利用	4	1
	松本健次郎	原価計算制の刷新	4	1
	持田国一	原価計算展覧会を見るの記	4	1
	中野英夫	生産増強と原価計算	4	2
	帆足　計	原単位切下報奨制と原価計算制度	4	2
	岩田　巌	物量計算の在り方	4	2
	荒武太刀夫	物量計算再論	4	2
	飯田　中	工作機械の物量計算	4	2
	大西武雄	原価計算上把握せられたる物量に関する資料の活用	4	2
	山岡政朝	軍需会社の原価計算と減価償却	4	3
	岩田　力	多量生産の物量計算実務	4	4
	寺内栄一	部品の引当計算に就いて	4	4
	井口史郎	航空機工業に於ける前進作業方式（タクトシステム）と標準原価計算	4	4
	松本雅男	独逸産業協会の工業経営比較	4	4/5
	山本　勇	製鋼業原価計算と経営能率	4	4
	黒澤　清	原価計算政策の新しき展開	4	5
	今井　忍	改正原価計算要綱と生産性計算	4	5
	矢野宏太郎	改正製造工業原価計算要綱の概要	4	5
	宮崎正吉	原価分析（集計原価の精算）	4	5
	堀岡米吉	多量生産に於ける技術と経営管理	4	6
	河野文男	生産機構の綜合的計画と原価計算	4	6
	増井　勲	外注部品とその原価計算	4	6
	加藤康二	原価計算より観たる工場経営	4	6/7・8
	江渡武太郎	材料管理と実地棚卸	4	7・8
	櫻井國夫	原価計算と労務効率	4	7・8
	森　敏綱	計数管理について	4	7・8

年	著者	タイトル	巻	号
1944S	小高泰雄	労務効率の測定	4	7・8
	宮崎正吉	製造原価要素の構成比（原価計算の実証研究 (1)）	4	7・8
	今井　忍	議会と原価計算	4	9
	金田健太郎	生産効率計算	4	9
	山本　勇	経営管理数値の新把握方法	4	9
	田中喜三郎	原価仕訳の基本要領	4	9
	飯塚一衛	個別原価計算の締切事務	4	9
	宮崎正吉	工場管理部門費に就て（原価計算の実証研究 (2)）	4	9
	小林正一	鍛造能率診断法	4	10
	鈴木三郎	個別原価計算工場に於ける計数管理の方途	4	10
	石川孝之助	加工費工程別綜合計算に於ける能率調査	4	10
	駒宮健二	日割工作票に就て	4	10
	若月喜四郎	奨励加給金制度と原価計算	4	10
	宮崎正吉	人件費に就て（原価計算の実証研究 (3)）	4	10
	黒澤　清	職制と原価計算職能	4	11・12
	中野英夫	原価計算の活用と職制問題	4	11・12
	今井　忍	工場職制と原価計算の役割	4	11・12
	番場嘉一郎	職制における新しき型	4	11・12
	宮崎正吉	消耗工具器具備品費に就て（原価計算の実証研究 (4)）	4	11・12
1945S	野田信夫	簡易原価計算書式に就て	5	1・2
	矢野宏太郎	原価計算規則一部改正に就て／原価計算実施要領に就て	5	1・2
	宮崎正吉	原価計算実施状況調査（原価計算の実証研究 (5)）	5	1・2
1946S	黒澤　清	インフレーションと原価計算	6	1
1947S	島田輝雄	経営管理と原価計算	7	1
	武井大助	原価計算と経済民主化	7	3
	末松玄六	中小工業経営の再建問題	7	3
	松本正信	原価計算制度の歴史的発展の過程とその動向	7	5
	今井　忍	統一原価計算制度の推移と新物価体系	7	6
	野村好之助	個別原価計算に於ける月次損益計算書	7	7
	片淵　泰	統一原価計算制度の確立	7	8
	鍋島　達	原価計算の新な段階	7	8
	古川栄一	経営の合理化と原価計算	7	8
	山邊六郎	公益企業の民主的統制と原価計算	7	8
	中山隆祐	原価計算と生産量計算	7	8
	福田誠一	労務費固定化の傾向とそれを意味するもの	7	9
1948S	稲垣寛司	新公定価格決定に伴う鋳物原価計算に就いて	8	2
	今井　忍	原価計算組織の立案	8	3/5-8/10-12
	片淵　泰	原価計算規則及び要綱の改正	8	4
	眞鍋康男	機械工業の原価計算	8	4
	鍋島　達	繊維業原価報告様式に就て	8	4
	今井　忍	化学工業原価報告の解説	8	4
	内田貞一	製鐵原価計算準則改正に就いて	8	4
	石原龍郎	石炭礦業の原価計算様式に就いて	8	4
	中井正彦	鉱業の原価報告書記載要領	8	4
	古畑恒雄	紡績工業原価報告書記載要領	8	10
	中西寅雄	経営管理と計算的思考	8	11
	中村照夫	繊維品の原価計算と操業度	8	11
1949S	久島　崧	工場経営の実務	9	3-6
	渡部泰助	企業合理化と予算統制	9	5
	橋本善吉	企業合理化と標準原価	9	6
	久保田音二郎	石炭山元原価の特性	9	9
	平岡吉郎	法律第一七一號と原価計算	9	9
	今井　忍	原価計算運動の新展開	9	11
1950S	松本雅男	日本における標準原価計算	10	1/2

1950S	青木倫太郎	ニュウナーとブロッカーの原価計算	10	4
	上野陽一	テーラーと原価計算	10	5
	山邊六郎	二つの標準原価計算論	10	6/7
	今井 忍	標準原価計算制度の実用化	10	7
	橋本俊徳	管理面よりみた補助部門費計算	10	7
	阪本安一	労働成果計算と能率賃銀	10	8
	川野邊静男	原価計算の再検討	10	8
	井上達雄	損益計算書及び製造原価報告書	10	8
	村井英男	製紙業に於ける原価計算手続	10	9
	松本雅男	標準原価計算について	10	10
	橋本善吉	標準原価計算の実施手続	10/11	10-12/2
	中山隆祐	アメリカに於ける物量監査	10	11/12
	清水 晶	販売に於ける標準原価計算	10	11
	溝口一雄	原価管理の展開	10	11
1951S	中西寅雄	経営計算の発展と内部監理組織	11	1
	黒澤 清	伝統的原価計算批判	11	2/3
	松本雅男	予算統制と標準原価計算	11	2
	山邊六郎	原価計算概念の拡張	11	2
	鈴木永二	連産品の原価計算	11	2
	平岡吉郎	修理業の原価計算	11	2
	西川卯之助	原価計算上の一般管理費及び販売費の重要性	11	2
	加藤戒三	「原価計算基準」のあり方	11	3
	西垣富治	原価計算基準の設定について	11	3
	土岐政蔵	「原価計算基準」に要望するもの	11	3
	山下勝治	原価計算基準の制定に関する私見概要	11	3
	木村重義	原価計算規則から基準へ	11	3
	西野嘉一郎	原価計算の原則及至基準の設定に対する希望	11	3
	小高泰雄	原価計算基準雑考	11	3
	渡邊 進	原価計算規則の設定について	11	3
	久保田音二郎	原価計算原則への要望	11	3
	阪本安一	企業会計原則と調和する原価計算原則を	11	3
	今井 忍	原価計算原則の確立について	11	3
	橋本俊徳	原価計算基準に対する意見	11	3
	橋本善吉	原価計算の原則及至基準の設定について	11	3
	井上達雄	原価計算基準の設定に際して	11	3
	古川栄一	内部統制と予算統制	11	4
	神馬新七郎	製造予算の統制について	11	4
	細谷隆介	電鉄業における予算統制の実際	11	4
	吉永実雄	予算統制の実際	11	4
	池上維一	経理管理の盲点と原価計算の再認識	11	4
	平間 義	化学工業の予算統制	11	4
	石原善太郎	化学工業における予算統制	11	4
	花田一郎	すぐ始められる予算統制	11	4
	清水 晶	販売費予算の編成と実行	11	4
	久保田音二郎	原価計算の照応性原則の変態	11	4
	番場嘉一郎	建言 管理会計の改善	11	5
	橋本善吉	標準原価計算実施要綱	11	5-10
	古川栄一	管理会計と財務会計	11	6
	松本雅男	企業会計の二形態	11	6
	山邊六郎	米国における原価計算の実情	11	6
	阪本安一	管理会計の問題点	11	6
	青木茂男	管理会計の在り方	11	6
	溝口一雄	管理会計論の一典型	11	6/7
	小野寛徳	管理会計と経営管理	11	6
	中山隆祐	経営改善のための管理会計	11	6

年	著者	題名	巻	号
1951S	鈴木永二	管理会計の再吟味について	11	6
	西川卯之助	実務面より見た管理会計の問題点	11	6
	今井 忍	「伝統的原価計算」の実態	11	7
	古川栄一	企業における内部統制について	11	8
	今井 忍	統制機構と原価計算	11	8
	野田信夫	建言 内部統制	11	9
	青木茂男	経理規程の作成	11	9
	山田一郎	「企業における内部統制の大綱」批判	11	9
	岩田 巌	内部統制とは何ぞや	11	10
	西野嘉一郎	「内部統制大綱」とコントローラー制度	11	10
	吉永実雄	企業における内部統制について	11	10
	中本龍明	「企業における内部統制の大綱」（通産省発表）に対する問題点	11	10
	山邊六郎	新しい原価計算の在り方	11	10
	鍋島 達	経営原則と原価計算との交渉	11	10
	山下勝治	原価計算目的と原価計算制度	11	10
	西垣富治	製造工業原価計算の発達段階とその特質	11	10
	小野寛徳	計器工業における原価計算	11	10
	河合寿一	米国ゴム工業の原価計算	11	10
	藤田健次	電気機器製造に於ける原価計算の問題点	11	10
	熊木喜一郎	まえせつ・映画原価計算論	11	10
	金子佐一郎	建言 内部統制とコントローラー制度	11	11
	神馬新七郎	マテリアル・コントロールについて	11	11
	松本雅男	コントローラー部の地位	11	11
	溝口一雄	コントローラーシップにおける内部報告書制度	11	11/12
	中山隆祐	コントローラーと科学的管理法	11	11
	久保田音二郎	AAAの原価管理と間接費の関連	11	12
	池田保彦	化学工業の原価計算について	11	12
1952S	古川栄一	コントローラー制度導入上の問題点	12	1
	番場嘉一郎	原価要素分類の基準に関する一考察	12	1
	木村和三郎	アメリカ式コントローラー制度の制度上の諸前提	12	1
	山邊六郎	原価報告	12	1
	福田誠一	操業原価計算制度に於ける報告書式の設計	12	1
	中山隆祐	コスト・リポートの作成要領と実例	12	1
	河合寿一	原価報告の研究	12	1
	西川卯之助	原価報告書について	12	1
	鈴木永二	原価報告の一試案	12	1
	中西寅雄	経営と会計との交渉	12	2
	山邊六郎	レーマンの原価計算形態論について	12	3
	中西寅雄	建言 会計数字を活用せよ	12	4
	桑原季隆	内部統制の基礎としての計算体系	12	4
	青木茂男	原価管理と原価計算	12	4
	溝口一雄	原価管理と利益計画	12	4
	中山隆祐	管理原価制度の要点	12	4
	小野寛徳	原価管理の問題点	12	4
	鈴木永二	ノウ・ハウ マネヂメントと原価計算	12	4
	吉川日明	個別原価計算制度を適用する工場における原価管理	12	4
	橋本俊徳	原価管理と利益管理の実際	12	4
	布川春一	製鋼工場における原価管理	12	4
	高宮 晋	内部統制をめぐる若干の問題	12	5
	中山隆祐	予算と標準原価の相違点	12	5
	山邊六郎	標準原価計算解説	12	5
	古川栄一	財務計画のたて方	12	6
	神馬新七郎	工企業の財務統制と原価管理	12	6
	今井 忍	生産管理と原価管理	12	6

1952S	定方鷲男	固定費・変動費の分析と経営政策	12	6/7
	小林靖雄	原価管理の組織	12	6
	阪本安一	能力賃金制度の管理会計的考察	12	7
	山邊六郎	原価計算の問題点	12	7
	鍋島 達	原価の正常性ということについて	12	7
	番場嘉一郎	原価計算基準の探求	12	7
	番場嘉一郎	原価計算規程の構想	12	8
	古川栄一	予算統制規程	12	8
	古川栄一	内部統制機能の分担	12	9
	木内佳市	英国における統一原価計算制度	12	9
	番場嘉一郎	原価差額処理の基準	12	10
	山邊六郎	原価管理とは何か	12	10
	西野嘉一郎	原価差額の配分方法について	12	10
	渡邊 進	原価差額の期末調整	12	10
	長谷川弘之助	紡績業における原価差額とその調整問題	12	10
	舛田精一	「経団連案」における原価差額とその調整方法	12	10
	加藤久蔵	原価差額の調整に関する二、三の問題点	12	10
	渡部泰助	原価差額とその処理	12	10
	竹内益五郎	原価差額の期末調整問題の発展とその解決への道	12	10
	熊木喜一郎	映画の販売形態とセールズ・クオータの設定	12	11
	古川栄一	予算統制実施上の問題点	12	12
	山邊六郎	新しい予算統制の概念	12	12
	染谷恭次郎	予算統制の本質	12	12
	中山隆祐	予算と標準原価の関連	12	12
	吉永実雄	予算統制の重点	12	12
	渡部泰助	予算統制の目標・方法	12	12
	結城一郎	予算統制の用と不要	12	12
1953S	中西寅雄	建言 物量計算を重視せよ	13	1
	木村和三郎	コントローラー制度適用の諸段階	13	1
	溝口一雄	予算原価と標準原価	13	1
	中島省吾	「会社会計基準序説」と原価計算	13	1
	番場嘉一郎	建言 内部統制の実施要領	13	2
	黒澤 清	投下原価説への批判をめぐつて	13	2
	野田信夫	「内部統制の実施に関する手続要領」について	13	2
	古川栄一	内部統制「手続要領」の要点	13	2
	高宮 晋	コントローラー部と常務会との関係	13	2
	西野嘉一郎	内部統制を中心とする各部課相互間の手続の例図	13	2
	金子佐一郎	内部統制の実施手続要領と企業	13	2
	原田文夫	計器工業の原価計算の特徴	13	3
	加藤勇七	染料工業の原価計算について	13	3
	太田哲三	原価計算と期間計算	13	4
	国弘員人	利益管理に関する問題点	13	4
	朝川虎三	採算監理に関する問題点	13	4
	中山隆祐	利益管理とオートマチック・コントロール	13	4
	鈴木永二	利益管理についての一考察	13	4
	溝口一雄	「内部統制手続要領」の問題点	13	4
	中本龍明	「内部統制の実施に関する手続要領」に対する問題点	13	4
	山田一郎	内部監査における今日的課題	13	4
	古川栄一	利益管理の問題点	13	5
	青木茂男	標準原価計算における原価差額の処理	13	5
	溝口一雄	コスト・コントロールのための会計組織	13	5/6
	水田金一	利益の差異とその比較分析	13	5
	番場嘉一郎	原価計算特殊講義	13/14	5/6/8/10-12/1
	山邊六郎	棚卸高予算と製造高予算	13	6

1953S	今井　忍	原価管理とヒューマン・リフレーションズ	13	6/8
	青木茂男	弾力性予算について	13	6
	渡邊　進	原価差額の調整に関する取扱要領案批判	13	6
	舛田精一	原価差額の調整問題雑考	13	6
	磐梨致輝	原価差額の税務処理に対する批判	13	6
	渡部泰助	原価差額の調整に関する要綱批判	13	6
	湊良之助	原価差額の調整通達逐条解説	13	7
	番場嘉一郎	「原価差額の調整」通達の批判	13	7
	松本雅男	直接原価計算と利益計算	13	8
	山城　章	財務管理と管理会計	13	8
	西野嘉一郎	原価差額調整の問題点	13	8
	渡邊　進	原価差額調整の単位	13	8
	久保田音二郎	原価差額の理論	13	8
	溝口一雄	原価差額問題の性質	13	8
	長谷川弘之助	原価差額の調整に関する通達の批判	13	8
	舛田精一	「原価差額の調整について」通達批判	13	8
	小倉栄一郎	販売地域別販売能率の管理計算	13	8
	中西寅雄	建言　大学と業界の連携を緊密ならしめよ	13	9
	神馬新七郎	原価差額の期末処理	13	9
	中山隆祐	不能率原価を含めた標準原価	13	9
	今井　忍	原価管理の二つの見方	13	11
	溝口一雄	原価管理と原価の「正常性」	13	11
	中山隆祐	標準原価制度と弾力性予算の関係	13	11
	古畑恒雄	紡績業における原価管理と原価計算	13	11
	大橋善助	原価管理のための原価計算	13	11
	西野嘉一郎	N・E・M・Aの統一原価会計制度	13	11/12/14
	中山隆祐	労務費の会計	13/14	14/1-4
1954S	黒澤　清	企業の原価意識と原価計算の本質	14	1
	溝口一雄	計画原価計算の基本問題	14	1/2
	今井　忍	変動予算と固定費・変動費の分解	14	2
	古川栄一	利益計画の目標	14	3
	松本雅男	固定資産予算	14	3
	齋藤彌三朗	予算編成の改善に関する構造	14	3
	舛田精一	一般管理費と支払利子の配賦について	14	3
	矢野　宏	C.Lワレスの固定・変動費管理と利益算出	14	3
	山邊六郎	境界線上に立つ直接原価計算	14	4
	青木茂男	管理会計の性格についての問題点	14	4
	今井　忍	「原価計算基準」への反省	14	4
	編集部	AAA「原価管理原則試案」抄	14	4
	溝口一雄	「原価計算基準」の性格	14	4
	中山隆祐	原価計算基準の在り方	14	4
	舛田精一	原価性判断の基準について	14	4
	久保田音二郎	原価計算の規範的なるもの	14	4
	西野嘉一郎	標準原価計算における原価差異の分析	14	4-6
	溝口一雄	ダイレクト・コスティングの吟味	14	5
	水田金一	利益計画と損益分岐点	14	5
	朝川虎二	利益管理の実務	14	6/7/9/10
	増田金六	原価計算	14	7
	森田哲夫	証取規則の製造原価明細表について	14	7
	中ノ内誠	会計管理	14	7
	舛田精一	本社費配賦の基本的思考	14	7
	井出照一	独立採算計算制度下の支払利子の配賦について	14	7
	河部守弘	リニヤー・プログラミングの応用	14	7
	青木茂男	予算統制の目的及び本質	14	8
	加藤二郎	リニヤー・プログラミングによる企業の利益計画	14	9

1954S	中西寅雄	利益図表の経営的適用	14	10
	山邊六郎	特殊原価調査とは何か	14	10
	久保田音二郎	直接原価計算目的としての利益計画	14	10
	今井 忍	経営組織と原価管理の理解に関するノート	14	10
	溝口一雄	計画原価計算をめぐる論争点	14	10/11
	若林茂信	公益事業統制と財務諸表	14	10
	土岐政蔵	バッテリーシステム	14	10
	高宮 晋	生産性向上と経理	14	11
	河部守弘	線形計画理論の与件と変動限界	14	11
	久保田音二郎	直接原価計算目的としての原価管理	14	12
	山城 章	管理会計論批判	14	12
	諸井勝之助	管理会計と財務会計	14	12
	中山隆祐	生産性向上の方法と要点	14	12
	河部守弘	リニヤー・プログラミングにおける線形の仮定	14	12
	木部茂克	受註時予算の方法	14	12
	西川義明	公益企業料金決定原則としてのコスト主義の吟味	14	12
	高橋源治	造船業における間接費に関する一考察	14	12
1955S	松本雅男	利益計画	15	1
	神馬新七郎	船渠費の原価計算と船渠使用量の算出	15	1
	青砥正吉	棚卸資産管理に関連せる若干の問題点	15	1
	森田哲夫	標準重量による棚卸評価と実貫重量による棚卸評価	15	1
	河部守弘	利益計画とシャドウ・コスト	15	2
	武田昌輔	税法における仕掛品評価の問題点	15	2
	竹内益五郎	部分原価たる仕掛品の税務調整について	15	2
	鈴木永二	仕掛品評価規定への要望	15	2
	中山隆祐	機械工業における仕掛品の評価	15	2
	青砥正吉	仕掛品に関する実務上の問題点	15	2
	森田哲夫	特殊の仕掛品評価	15	2
	古畑恒雄	総合原価計算における仕掛品評価	15	2
	中ノ内誠	仕掛品評価の実際	15	2
	中島光男	仕掛品の評価	15	2
	神馬新七郎	工企業における残材料の管理とその処理手続	15	3
	編集部	製造工業原価計算要綱における連産品計算の規定	15	3
	編集部	連産品の会計処理と税務上の問題点	15	3
	今井 忍	連産品計算の基本的課題	15	3
	橋本俊徳	連産品とその原価計算に関して	15	3
	鈴木永二	連産品の原価分割基準について	15	3
	熊田 亨	連産品の本質と正常市価比率計算法の立脚点	15	3
	立川常雄	鉱業における連産品の原価計算について	15	3
	春önig史郎	石油精製業の連産品原価計算について	15	3
	鍋島 達	予算統制の本質について	15	4
	諸井勝之助	硫安価格公定のための原価計算	15	4
	中島省吾	原価会計論への一反省	15	4
	森田哲夫	個別原価計算による製品別原価比較	15	4
	泉田健雄	コントローラーの権限	15	4
	野田信夫	利益計画の基本問題	15	5
	古川栄一	経営方針と利益計画の問題点	15	5
	西野嘉一郎	利益計画における使用総資本利益率の役割	15	5
	朝川虎二	利益図表の運用によって行う利益計画	15	5
	松本雅男	経営計画の決定と企業会計	15	5
	河部守弘	購買計画とリニヤー・プログラミング	15	5
	今井 忍	岩田巌教授の原価管理観を巡つて	15	6
	西川義朗	非営利事業の利潤計算	15	6
	古川栄一	岩田教授の会計管理論	15	6
	小林靖雄	岩田教授のコスト・コントロール論	15	6

1955S	溝口一雄	岩田教授の原価管理論について	15	6
	今井 忍	原価管理とコスト・センターの設定基準	15	7
	山城 章	『経営方針と利益計画』批判	15	7
	諸井勝之助	二種の原価概念	15	7
	小倉栄一郎	配給原価分析と業績批判のためのコントリビューション・マージン法	15	7
	舛田精一	原価性分析に関する若干研究	15	7
	肱黒和俊	固定予算と弾力性予算	15	8
	武田昌輔	非原価項目の税法における処理について	15	8
	西野嘉一郎	利益計画と Sales-Mixture Control	15	9
	其阿彌猛	外注加工費に関する一考察	15	9
	山邊六郎	直接原価計算の実際	15	10
	松本雅男	事後原価統制について	15	10
	今井 忍	標準原価の基盤	15	10
	青木茂男	営業費原価計算の問題点	15	10
	番場嘉一郎	原価基準と原価計算形態	15	10
	古川栄一	予算統制の問題点	15	10
	中山隆祐	原価管理と予算との数字上の関連	15	10
	溝口一雄	予算統制と原価計算	15	10/11
	中島省吾	米国及び我が国の予算統制関係の主要文献	15	10
	朝川虎二	固定費・変動費の分解と利益図表	15	12
	前田 寿	差異分析特に混合売上の差異分析の定式について	15/16	12/2
	久保田音二郎	コスト・コントロールの概念	15	12
1956S	中西寅雄	利益計画と経営管理	16	1
	山下勝治	会計制度としての原価計算	16	1
	渡邊 進	取替原価法研究	16	1
	神馬新七郎	原価分析に関する管見	16	1/2
	高橋吉之助	ペイトン・リトルトン説における原価の測定	16	1
	占部都美	独算的管理と価格決定	16	1
	番場嘉一郎	原価管理の体系と概念	16	1
	松本雅男	営業費計算の発展	16	2/3
	久保田音二郎	原価計算上の利子問題	16	2
	中山隆祐	利子原価性の再吟味	16	2
	舛田精一	利子の原価性について	16	2
	青木茂男	業務監査における能率監査の性質と限界	16	3
	土田三千雄	固定資産と資産効率	16	3
	染谷恭次郎	利益管理	16	3/4
	木村和三郎	原価構成の純化	16	4
	溝口一雄	税務と原価計算	16	4/5
	番場嘉一郎	直接原価計算の本質	16	4/7
	古川栄一	利益管理の性格	16	5
	今井 忍	管理会計の目的とその領域	16	5
	鍋島 達	原価差異の分析	16	6
	黒澤 清	原価差額と原価性の問題	16	7
	渡邊 進	税法上の原価差額と原価計算	16	7
	中山隆祐	価格差異の期末調整	16	7
	舛田精一	製品の取得原価とアフター・コスト	16	7
	小高泰雄	生産性向上と企業財務	16	7
	溝口一雄	AAA「原価計算基準」の方向	16	7
	山邊六郎	経営の計画および管理と原価概念	16	8
	諸井勝之助	原価差額処理法の再吟味	16	8
	大原一三	社会会計と経済予算	16	8
	今井 忍	生産技術と原価計算	16	9
	久保田音二郎	AAA の個別計画のための原価	16	9
	番場嘉一郎	コスト・プリンシプルと原価計算	16	9

1956S	溝口一雄	原価計算と財務会計	16	9
	有岡義夫	工場におけるアカウンタビリティの一試案	16	9
	古川栄一	「経営方針遂行のための利益計画」の問題点	16	10
	松本雅男	長期計画について	16	11
	今井 忍	生産能力原価とその意義	16	12
1957S	山邊六郎	弾力性予算（公式法）による製造間接費の分析について	17	1
	佐藤孝一	原価概念の研究会計学における原価概念	17	1
	松本雅男	オートメーションと原価管理	17	1
	染谷恭次郎	原価概念と価値概念	17	1/2
	肱黒和俊	費用の変動態様と傾向線	17	2
	編集部	原価計算論の展望	17	2/5
	番場嘉一郎	原価明細表	17	2
	占部都美	利益計画の経営管理上の特質	17	3
	黒澤清他	原価差額の調整に関する問題	17	3
	土岐政蔵	原価計算の目的と計算価格	17	4
	山下勝治	価値評価思想否定のために	17	4
	森田哲夫	設備投資計画における特殊原価調査	17	4
	河野豊弘	設備投資の経済計算において	17	4
	永田数夫	設備投資の回収期間	17	4
	石川章一	銀行経営における損益分岐点の一考察	17	5
	久保田音二郎	直接原価計算と財務会計の関係	17	5
	溝口一雄	ダイレクト・コスティングにおける原価区分と部門費計算の問題	17	5
	中村 実	当社の原価計算と直接原価計算	17	5
	大植武士	直接原価計算の実情	17	5
	岩瀬博彦	ダイレクト・コスティングについて	17	5
	今井 忍	原価数値と時間	17	6
	溝口一雄	利益差異分析と原価差異分析との結合	17	6/7
	高橋吉之助	アカウンティング・コントロール	17	6
	神馬新七郎	振替価格について	17	6
	諸井勝之助	機会原価振替法の修正	17	6
	築山茂夫	振替価格と内部利益の処理について	17	6
	鈴木 清	鉱山業の振替価格による経理処理	17	6
	武光威夫	製造高と売上高とが一致しない場合の損益分岐点の求め方について	17	7
	黒澤清他	利益計画と資金計画	17	7
	番場嘉一郎	二つの利益計画と原価管理の関係	17	8
	中山隆祐	直接原価計算と利益計画・原価管理との関係	17	8
	小林靖雄	経営計画と原価概念	17	8
	国弘員人	多活動企業の損益分岐点算出法の原型	17	8
	青木茂男	管理会計論の体系	17	8
	神馬新七郎	実際原価について	17	9
	溝口一雄	実際原価・見積原価・標準原価	17	9
	諸井勝之助	正常原価	17	9
	小林靖雄	標準原価概念	17	9
	秋谷伊織	原価概念について	17	9
	牧原志郎	個別原価計算を行う製造工業の売上損益の表示方法について	17	9
	産業経理協会	原価計算基準（仮案）に対する意見	17	9
	溝口一雄	内部振替価格	17	10
	肱黒和俊	変動予算の算定方法と表示方法	17	12
1958S	土岐政蔵	原価計算上の利子	18	1
	久保田音二郎	原価差額の処理問題	18	1
	中山隆祐	予算機能の分析	18	1
	青木茂男	原価管理図表	18	2

1958S	清水　晶	販売費分析の体系と方法	18	2
	今井　忍	原価分解の基本的要因	18	2
	小林靖雄	原価分解の問題点	18	2
	中山隆祐	技術研究費の独立性	18	2
	平岡吉郎	原価分解について	18	2
	大植武士	原価分解上の問題	18	2
	永田数夫	最低平均原価法について	18	2/3
	小林靖雄	原価計算	18	2
	国弘人人	原価計算の型と損益分岐点	18	2
	辻　厚生	アメリカ型原価計算の管理的性格について	18	3/4
	今井　忍	工業界の変化と原価計算上の問題	18	4
	神馬新七郎	工業界の変化に伴う原価計算上の問題	18	4
	中山隆祐	大量生産における計画原価	18	4
	秋谷伊織	操短と原価計算上の問題	18	4
	河部守弘	操業度と原価計算	18	4
	平岡吉郎	オートメーションと原価管理	18	4
	溝口一雄	変動予算の種別について	18	5
	辻　厚生	アメリカ型原価計算の管理的性格	18	5
	中村孝士	利子の原価性	18	5
	松本雅男	一般管理費の範囲と配賦	18	6
	青木茂男	資金繰表と現金収支予算	18	6
	小林靖雄	原価計算	18	6
	黒澤　清	原価性について	18	7/8
	今井　忍	原価調査の基本問題	18	7
	鍋島　達	管理会計の問題点	18	7
	溝口一雄	製造間接費差異の分析	18	7
	国弘員人	収支分岐点の三つの算出方法	18	7
	佐藤好孝	標準原価計算機能と企業利益の決定	18	8
	岡本愛次	資金計画と管理	18	8
	舛田精一	材料繰り会計論	18	8
	川上親澄	資金計画に伴う管理	18	8
	渡辺津二	資金繰計画と収支尻の調整	18	8
	大塚次郎	資金計画の中心問題	18	8
	藤巻治吉	資金計画と管理	18	8
	神馬新七郎	中小企業の経営と管理	18	9
	本田利夫	西独の原価計算基準	18	9/10
	太田哲三	売上価額の決定	18	10
	染谷恭次郎	資本コスト	18	10
	今井　忍	政府調達価格の形式方式	18	10
	品田誠平	価格及び価格制度	18	10
	溝口一雄	メレロヴィッツの計画原価計算論	18/19	11/2/4
	舛田精一	支払利息の原価性	18	11
	青木茂男	日常的原価管理の方式	18	11
	原田文夫	日常的原価管理の方式	18	11
	石川光威	個別受注生産工場における原価管理の一考察	18	11
	平岡吉郎	日常的原価管理について	18	11
	千頭輝夫	装置工業における日常的原価管理について	18	11
	神馬新七郎	中小企業における資材の管理	18	12
	今井　忍	I・Eと原価管理	18/19	12/2
	溝口一雄	利益計画と製造間接費予算の関係	18	12
	染谷恭次郎	投下資本利益率の思考	18	12
	中山隆祐	利益計画における問題点	18	12
	山口英治	利益計画における問題点	18	12
	奥村誠次郎	利益計画の問題点	18	12
	河野豊弘	目標利益率	18	12

1959S	土岐政蔵	原価計算と経営上の危険	19	1
	本田利夫	固定予算と変動予算の管理的機能	19	1
	占部都美	不況にたいする経営のコスト弾力性	19	1
	松本雅男	営業費計算の目的と方法	19	1
	青木茂男	営業費管理会計と原価計算制度	19	1
	坂本 清	マーケティングの観点における営業費計算の機構	19	1
	村上英之助	利益計画と予算制度	19	2
	清水 晶	マーケティング・コストにかんする原価会計の方法と特殊性	19	3
	小野寛徳	管理会計の事務管理的背景	19	3
	染谷恭次郎	間接費計算の発展	19	3/4
	小倉栄一郎	標準原価計算における間接費差異の一考察	19	4
	中山隆祐	利益計画と分権組織との関係	19	4
	河野豊弘	プロジェクト・プラニングの問題点	19	4
	溝口一雄	管理会計と財務会計	19	4
	舛田精一	固定費と変動費との区分に関する若干の疑問について	19	5
	溝口一雄	管理会計と内部統制組織	19	5
	今井 忍	経営合理化と原価改善	19	6
	細井 卓	財務管理者の組織的関連	19	6
	小林靖雄	原価差異分析の細密化	19	6
	溝口一雄	利益計画の構造	19	6
	溝口一雄	特殊原価調査	19	7/8
	木村和三郎	生産性会計	19	8
	青木茂男	分権管理と内部監査	19	8
	中山隆祐	事業部利益に影響する諸条件	19	8
	小倉栄一郎	管理会計としての我国固有の帳合法	19	9/10
	溝口一雄	利益計画の方法	19	9
	今井 忍	標準原価計算と予算統制	19	10/11
	本田利夫	限界原価と経営管理	19	10/11
	溝口一雄	多品種生産の利益計画	19	10
	国弘員人	損益分岐点の動向の把握法	19	11
	青木茂男	販売予算の設定	19	11
	染谷恭次郎	計画利益と実際利益との差異分析	19	11
	溝口一雄	予算制度運営に関する基本的問題	19	11
	須田正則	技術革新下における経営計画と減価償却制度の在り方	19	12
	溝口一雄	予算の編成とその問題点	19	12
	諸井勝之助	原価計算	19	12
1960S	溝口一雄	予算の実施とその問題点	20	1/3
	中山隆祐	予算についての基本的な誤解	20	2
	染谷恭次郎	資金運用表と資金繰表に関する実証的研究	20	3
	小倉栄一郎	在庫品管理と循環棚卸法	20	4
	諸井勝之助	事前コントロールと事後コントロール	20	4
	今井 忍	生産性と原価	20	4
	野瀬新蔵	生産性分析と原価分析	20	4
	定方鷲男	管理会計としての原価分析	20	4
	細井 卓	経営成果（付加価値）と生産性分析	20	4
	山邊六郎	事業部制による利益管理	20	4
	高宮 晋	事業部制の課題と条件	20	4
	溝口一雄	事業部制と管理会計	20	4
	中島省吾	事業部制の発展と経理部門の分権化	20	4
	中山隆祐	事業部制に関する文献	20	4
	廣慶太郎	事業部制への胎動	20	4
	渡部泰助	事業部制への転換と問題点について	20	4
	鶴見平一郎	当社の事業部制について	20	4
	松本雅男	アメリカ管理会計瞥見	20	5

1960S	国弘員人	利益管理の意味と内容	20	5
	久武雅夫	在庫量管理の問題点	20	6
	青木茂男	適正在庫量の会計的考察	20	6
	小野寛徳	適正在庫量決定の理論	20	6
	春日井博	適正在庫量の決定のプロセスと本邦各種産業の在庫水準	20	6
	木村達二	適正在庫量決定の理論	20	6
	山口英治	適正在庫量決定の理論	20	6
	水野幸男	在庫管理の実務	20	6
	島田正三	日立製作所における在庫管理方式について	20	6
	木村和三郎	工業会計制度の確立について	20	7
	中島省吾	予算原価と標準原価	20	7
	野瀬新蔵	高度機械化経営の経済性分析	20	8
	河野豊弘	設備投資の長期計画	20	8
	今居謹吾	長期計画の意義と内容	20	8
	久保田音二郎	西独鉄鋼業の原価計算	20	8
	小倉栄一郎	予算統制の体系をめぐって	20	9
	今井 忍	予算原価と標準原価	20	9
	溝口一雄	予算と標準原価をめぐる問題	20	9
	小林靖雄	予算統制と原価管理	20	9
	中島省吾	経営計画の目標性と予定性	20	9
	神馬新七郎	予算統制と原価管理	20	9
	中山隆祐	用途によって質を異にする標準原価	20	9
	平岡吉郎	予算統制と原価管理	20	9
	金澤潤二	個別原価計算方式企業における予算統制と原価管理の実際	20	9
	古川栄一	「事業部制による利益管理」の総説について	20	10
	青木茂男	事業部制の予算統制	20	10
	中山隆祐	事業部制実施上の問題点	20	10
	山邊六郎	グリーアの直接原価計算反対論	20	12
1961S	黒澤 清	原価情報が利用される原価管理の三つの局面について	21	1
	山邊六郎	マーブルの直接原価計算支持論	21	1
	青木倫太郎	財務会計と管理会計の交錯	21	1
	青木茂男	財務会計と管理会計の結合	21	1
	小倉栄一郎	正常原価の概念	21	1
	中山隆祐	事業部制における振替価格と振替損益	21	1
	編集部	事業部間の振替差額の処理について	21	1
	山邊六郎	ホーングレンおよびソーターの直接原価計算支持論	21	2
	今井 忍	生産経営と原価管理の方向	21	2
	唐津 一	評価について	21	2
	染谷恭次郎・ 高木靖史	〔翻訳〕内部振替の会計	21	2/3
	国弘員人	利益計画における目標利益率の決定	21	2
	青木茂男	利益計算における目標利益率	21	2
	染谷恭次郎	目標資本利益率の定め方	21	2
	河野豊弘	目標利益率の決定方法とその用いかた	21	2
	中島省吾	目標利益の決定	21	2
	奥村誠次郎	企業における目標利益率の決定	21	2
	片岡義雄	原価差額の分析に関する若干の考察	21	3
	青木倫太郎	方針決定のための会計	21	4
	後藤幸男	現下資本予算の諸問題	21	4
	中山隆祐	目標利益率に関する問題点	21	4
	国弘員人	企業の成長発展と費用の分解	21	5
	小林健吾	原価の「正常的性格」について	21	5
	西野嘉一郎	原価低減と Value Analysis	21	5
	青木茂男	広告費予算の設定	21	5
	今井 忍	商品計画と原価管理	21	6

1961S	竹中龍雄	公益企業料金統制基準としてのコスト	21	6
	大橋善助	長期経営計画における若干の問題	21	6
	青木茂男	固定費の管理	21	6
	小倉栄一郎	利益と固定費の関係	21	6
	胝黒和俊	固定費の管理	21	6
	中山隆祐	固定費と価格の関係		
	石川光威	固定費の計画と管理	21	6
	千頭輝夫	固定費の計画と管理について	21	6
	林 達	化学工業における固定費予算と管理について	21	6
	編集部	固定費のコントロールにおける諸問題	21	6
	久保田音二郎	西独直接原価計算の形態	21	7
	兼子春三	事業部制責任分析の一考察	21	7
	松本雅男	実際原価概念	21	8
	久保田音二郎	直接標準原価計算の形態	21	8
	青木茂男	直接原価計算の展開	21	8
	中山隆祐	キメこまかに考えるべき直接原価計算	21	8
	藤本狷介	直接原価計算における若干の問題	21	8
	大植武士	直接原価計算の新動向	21	8
	木村和三郎	直接原価計算の進歩性	21	9
	河内寿昭	企業実務における直接原価計算思考	21	9
	河野豊弘	販売促進費の総額の考え方	21	10
	土岐政蔵	月次成果計算と成果分割	21	10
	国弘員人	利益管理の発展	21	10
	中島省吾	短期的対応原価としてのディレクト・コスト	21	10
	後藤幸男	管理会計から経営科学へ	21	10
	溝口一雄	原価計算の発展	21	10
	青木茂男	管理会計の発展	21	10
	渡邊 進	間接費正常配布率と差額処理	21	10
	久保田音二郎	利益計画における直接原価計算の地位	21	10
	小倉栄一郎	正常間接費配布率の展開	21	10
	秋谷伊織	間接費の重要性と新配賦計算について	21	10
	番場嘉一郎	賃率差異の分析	21	10
	一瀬智司	利益管理と企業の公共性序説	21	11
	中山隆祐	原価差額の内容とその調整	21	11
	西澤 脩	標準原価による営業費の管理	21	12
	品田誠平	企業予算統制制度と予算分捕主義	21	12
	青木茂男	事前コントロールとその背景	21	12
	小林靖雄	事前管理と事後管理	21	12
	山田一郎	事前管理と事後管理	21	12
	佐藤精一	責任会計と事前・事後管理	21	12
	中山隆祐	体験から感得した事前牽制	21	12
	奥村誠次郎	事前管理と事後管理	21	12
	末尾一秋	製造間接費差額分析の問題点	21	12
	島谷 博	地域別事業部制と本部経費の配賦	21	12
1962S	久保田音二郎	多元的直接原価計算の費目	22	1
	中島省吾	資本利益率目標の算定	22	1
	国弘員人	プロジェクト・プランニングの経済計算	22	1
	青木茂男	プロジェクト・プランニングと計画計算	22	1
	奥村誠次郎	プロジェクト・プランニングにおける計画計算をめぐる問題点	22	1
	編集部	設備個別計画と資金の問題	22	1
	山城章	利益管理・利益計画・予算化	22	1
	渡部泰助	米国における長期計画の現状と将来	22	2
	今井 忍	原価管理と生産性原価理論	22	2/4/6
	国弘員人	生産性会計と生産性分析	22	2

1962S	村松林太郎	生産性会計と生産性分析	22	2
	定方鷲男	生産性会計と生産性分析	22	2
	染谷恭次郎	付加価値生産性の分析	22	2
	合崎堅二	生産性測定における会計の役割	22	2
	染谷恭次郎・藤田幸男	［翻訳］直接原価計算	22	2-9
	木村和三郎	生産性会計のための財務諸表の分解	22	3
	小林靖雄	固定費の計画と管理	22	4
	青木茂男	資本予算の本質	22	5
	三上富三郎	卸売業の生産性とその測定	22	8
	佐藤精一	事業部制と直接原価計算	22	8
	西澤脩	広告宣伝費予算の特質と編成基準	22	8
	小林健吾	計画製造間接費の差異分析について	22	8
	河井信太郎	事業部制の反省と発展のために	22	8
	兼子春三	直接原価計算制度のメカニズム	22	9
	久保田音二郎	近代的原価管理の性格	22	9
	山下勝治	直接原価計算における減価償却費	22	10
	松本雅男	英国の限界原価計算	22	10
	富岡幸雄	税務会計管理論としての税務計画の展開	22	11
	太田哲三	原価計算基準の性格	22	12
	塚本孝次郎	原価計算基準の公表に当って	22	12
	中西寅雄	原価計算基準総説	22	12
	番場嘉一郎	実際原価の計算について	22	12
	山邊六郎	標準原価の計算および分析	22	12
	黒澤清	財務会計と原価計算	22	12
	太田哲三	実践原価計算講座	22	12
1963S	久保田音二郎	原価計算基準の構造	23	1
	今井忍	原価計算基準の役割	23	1
	青木茂男	原価計算基準を読みて	23	1
	溝口一雄	原価計算基準の問題点	23	1
	小林靖雄	「原価計算基準」に対する疑問	23	1
	佐藤精一	「基準」への疑問点	23	1
	中山隆祐	理想標準原価除外についての考察	23	1
	秋谷伊織	「原価計算基準」批判	23	1
	舛田精一	非原価項目について	23	1
	原田文夫	原価計算基準批判	23	1
	竹内益五郎	非原価項目及び原価差額の処理について	23	1
	千頭輝夫	新原価計算基準をめぐる企業の環境について	23	1
	小林健吾	アイドル・キャパシティと原価計算	23	3
	神田忠雄	ジョイント・コスト考	23	4
	小林健吾	アイドル・コストの分解の基準となる操業度について	23	4
	渡邊進	原価計算基準と税法	23	4
	新井益太郎	原価計算基準と法人税法	23	4/5
	富岡幸雄	税法と原価計算の関連と調整	23	4
	中山隆祐	コジオール説と私の二段式標準原価	23	4
	黒木正憲	原価計算基準と税法	23	4
	小栗幸太郎	原価計算基準と税法	23	4
	竹内益五郎	原価の正常性と非原価項目について	23	4
	山田一郎	統制の前提としての計画概念	23	5
	佐藤好孝	価格計算の計算体系について	23	5
	松本雅男	たな卸資産価額決定基準としての標準原価	23	5
	松田正一	O・Rの反省とこれからのあり方	23	5
	国沢清典	O・Rの手法適用とその周辺	23	5
	河部守弘	O・Rと計算組織	23	5
	奥村誠次郎	O・Rの普及	23	5

年	著者	タイトル	巻	号
1963S	坂本 清	マーケティング・コストにおよぼすセルフ・サービス方式による大量販売店経営の意義について	23	7
	黒澤 清	会計学四十年のあゆみ	23	7
	神馬新七郎	生産合理化，コスト・ダウンへの道	23	9
	大須賀政夫	長期平均費用と協力生産体制	23	9
	大植武士	固定費の統制と経営の意思	23	9
	小林健吾	原価計算基準に対する一批判	23	10
	青木茂男・小林靖雄	アメリカ管理会計の動向	23	10
	青木茂男	責任報告制度	23	11
	小倉栄一郎	責任会計における間接費配賦基準	23	11
	佐藤好孝	原価計算基準と計算原則	23	11
	西澤 脩	キャパシティ・コスティングによる固定費の管理	23	11
1964S	黒澤 清	原価会計の体系と価値会計の体系	24	1
	竹中龍雄	水道料金の改訂をめぐって	24	1
	品田誠平	信用購買原価と仕入割引	24	1
	三上富三郎	計数管理への小さい反省	24	1
	細井 卓	企業規模からみた上級財務管理者層	24	1
	西野嘉一郎	経営者と経営理念	24	1
	今井 忍	原価計画研究序説	24	2/3
	小野寛徳	管理費用のコストマネジメント	24	2
	辻 厚生	責任会計の基底	24	3
	佐藤好孝	管理会計と計画原価計算	24	3
	小倉栄一郎	回帰的固定原価と配分固定原価	24	3
	肱黒和俊	コスト・ビヘイヴィアーにおける問題点	24	3
	礒嶋康夫	変動原価計算	24	3
	林 達	費用分類の方法とその実用化について	24	3
	森田哲夫	固定費と変動費の分類について	24	3
	後藤幸男	投資理論と生産理論の結合について	24	4
	藤野信雄	ある原価管理担当者のたわごと	24	4
	中村美智夫	東ドイツの原価計算基準について	24	4/5
	国弘具人	損益分岐点分析の若干問題	24	5
	中山隆祐	社会的計画原価	24	5
	小林健吾	原価の本質と固定的製造間接費	24	5
	片岡義雄	製造間接費に関する若干の考察	24	6
	産業経理協会近代予算統制研究部会	わが国における予算統制の実態	24	6
	松本雅男	管理会計における報告原則	24	7
	岡本 清	統計的品質管理と結合した標準原価差額分析	24	7
	産業経理協会営業費管理会計研究部会	わが国における営業費会計の実態	24	7
	福田誠一・宮川嘉治	小鋳物工場における原価計算の実験	24	7-12
	小倉栄一郎	直接原価計算と税法の評価規定	24	8
	富島一夫	装置工業における実際原価計算を廃止してはどうか	24	8
	坂本 清	営業会計への一思考	24	9
	板倉俊雄	サービス業の原価計算	24	9
	佐土井滋	倉庫業の原価管理	24	9
	山高桂介	サービス業と原価計画	24	9
	井村 明	トラック運送事業の原価計算	24	9
	小林一史	電気通信事業の原価計算	24	9
	佐藤新一	生産管理と原価管理	24	10
	加藤昭吉	PERTの概要	24	10
	石原善太郎	日常生活に於けるネットワーク手法	24	10
	青木茂男	価値分析の意義と活用	24	10
	南川利雄	価値分析の活用	24	10
	奥村誠次郎	ヴァリュー・アナリシスの活用	24	10

1964S	中山好秋	当社のV・A活動について	24	10
	久保田音二郎	直接標準原価計算の性格	24	11
	青木倫太郎	管理会計の発展と新製品の選定法	24	12
	西澤 脩	物的流通活動の近代化と原価低減	24	12
	佐藤好孝	実際原価計算制度における原価の測定と計算原則	24	12
	小林哲夫	限界原理と直接原価計算	24	12
	水野瑞穂	コスト・マネージメントの三つの側面について	24	12
	宮脇 実	食肉加工業の原価計算と原価管理	24	12
	吉原 茂	現代企業の損益分岐点と原価管理	24	12
1965S	青木茂男	売価政策における原価概念	25	4
	安達和夫	価格政策と部分原価概念	25	5
	久保田音二郎	直接標準原価計算論の立場	25	6
	多田敏夫	固定費の処理について	25	8
	中村 忠	英国における限界原価計算論の発展	25	10
	中山隆祐	直接原価計算の骸骨性	25	10
1966S	山邊六郎	直接原価計算の発展	26	2
	青木茂男	管理会計の理論と実態	26	12
	山邊六郎	マックファランド著「管理会計上の諸概念」の解説	26/27	12/1
1967S	溝口一雄	キャパシティ・コスト・データの利用とその問題点	27	1
	宮本匡章	固定費の管理について	27	1
	安達和夫	キャパシティ・コスト概念の再検討	27	1
	磯嶋康夫	当社の計数管理制度と費用管理	27	1
	小池 明	キャパシティ・コストの計数的把握についての一考察	27	1
	林 達	キャパシティ・コストの性格とその管理の方法	27	1
	高橋吉之助	アメリカAAAのステートメント・オブ・ベーシック・アカウンティング・セオリー「第5章会計理論の発展」	27	1
	合田宏四郎	原価引下げの新理念とその方法	27	1
	久保田音二郎	仕掛品の製造管理と業務監査	27	1/2
	吉田彌雄	管理会計論の体系	27	2
	溝口一雄	NAA調査研究報告「管理会計上の諸概念」の批判	27	3
	宮本匡章	キャパシティ・コスト概念について	27	3
	安達和夫	利益計画設定と関連原価概念	27	3
	産業構造審議会管理部会	コスト・マネジメント	27	3
	阪本安一	直接原価と棚卸資産評価	27	4
	中山隆祐	主体性を喪失した管理会計	27	4
	西澤 脩	本社費配賦の実態とその是非論	27	4
	溝口一雄	「コスト・マネジメント」の吟味	27	4
	小林健吾	コスト・マネジメント批判	27	4
	小池 明	「コスト・マネジメント」雑感	27	4
	大西時雄	コスト・マネジメントの批判	27	4
	安達和夫	セグメント別の利益計画設定と関連原価概念について	27	4
	山口年一	責任会計の領域	27	5
	青木茂男	わが国企業のコスト・マネジメントの実態	27	5
	企業利益研究委員会	「管理会計上の利益概念」に関する意見書	27	5
	久保田音二郎	原価補償の計算理論	27	6
	天野恭徳	土木請負工事の諸経費の積算について	27	6
	番場嘉一郎	国鉄の運送原価計算制度について	27	6
	金子幾造	国鉄の運送原価計算制度について	27	6
	石塚博司	客貨別原価計算の問題点	27	6
	山口達良	通勤輸送原価計算	27	6
	安達和夫	キャパシティ・コスト概念をめぐつて	27	8
	小林靖男	「コスト・マネジメント」手法の体系化	27	9
	安達和夫	コミッテッド・コスト概念とマネィジド・コスト概念について	27	9/10

1967S	溝口一雄	直接原価計算における問題点の再検討	27	9
	中山隆祐	直接原価計算の原価管理	27	9
	荒川龍彦	直接作業者固定労働費について	27	9
	細野義一	直接原価計算における問題点の再検討	27	9
	大西時雄	直接原価計算適用における制約条件	27	9
1968S	大矢正久	直接原価計算の実務導入上の問題点	28	1
	安達和夫	経営計画設定における埋没原価概念について	28	4
	亀山三郎	PERT/COST について	28	4
	渡邊美哉	マネジメント・サービスに於けるエンジニヤリング・アプローチの重要性について	28	5
	小倉栄一郎	江戸期の工業会計	28	6
	森田哲夫	均衡のとれたコスト・マネジメント	28	6
	今井 忍	経営情報と原価情報システム	28	8
	小林健吾	個別受注生産企業における利益管理と原価見積	28-30	8-12/1-12/1-8
	肱黒和俊	直接原価計算と変動予算	28	11
	青木茂男	管理会計における数理的手法の導入	28	12
	杉本典之	「原価計算基準」における「全部原価の原則」の内在的一批判	28	12
1969S	松本雅男	実践的原価管理論の構想-受注個別生産経営を中心として-	29	1
	角谷光一	販売原価計算の現代的群像	29	2/3
	中山隆祐	標準原価分類の変遷	29	3
	幸田瑞雄	EDP による原価計算の問題点	29	3
	渡辺久仁夫	当社における原価計算の機械化について	29	3
	三浦洋璋	原価計算の EDP 化の現状と将来の見通し	29	3
	松倉要正	当社における原価計算の EDP システム化	29	3
	石川島播磨重工業コンピューター部	原価計算の EDP 処理	29	3
	宮崎利江	多品種生産のコスト計算について	29	3
	宮本匡章	原価管理システムへの価値分析的アプローチ	29	9
	小林健吾	企業予算と目標による管理	29	9
	細野義一	企業予算と目標による管理	29	9
	林 達	予算統制制度とその関連における業績評価	29	9
	今井 忍	原価管理と原価情報の作成に関する基本問題	29	10
	青木茂男	事業部業績の評価と業績基準の設定	29	10
	中山隆祐	製造部門業績の評価〈標準原価と付加価値について〉	29	10
	小林健吾	業績評価制度と目標管理	29	10
	堀内良輔	販売領域別業績評価と目標管理	29	10
	櫻井通晴	製造間接費差異分析法の再検討	29	10
	森 久雄	医療法人の原価計算	29	10
	角谷光一	業績評価会計と責任会計	29	11
	安達和夫	企業における研究時間記録について	29	12
1970S	青木倫太郎	山下勝治教授逝去さる	30	1
	青木茂男	コントローラ機能と組織の展開	30	1
	三澤 一	内部監査としての業務監査	30	1
	鮒子田俊助	アメリカの会計実務について	30	1
	中原伸之	アメリカ企業の利益計画の最近の動向	30	1
	山下竹二	米国の金融事情と企業金融	30	1
	山口泰夫	アメリカの雇用制度の特徴	30	1
	山本尚弘	予定値計算と原価計算基準	30/31	1-12/1-4
	浜田直太郎	鉄道運賃における総合原価主義と個別原価主義について	30	3
	中山隆祐	二元的標準原価計算における業績管理の位置	30	4
	稲垣三郎	標準原価と業績評価	30	4
	堀内良輔	標準原価計算と業績評価	30	4
	曽我清二郎	標準原価計算と業績評価	30	4

1970S	吉田弥雄	新しい予算差異分析	30	4
	藤本狷介	従来の予算差異分析方法は通用しない	30	4
	森田哲夫	予算差異の分析とフォロー・アップ	30	4
	細野義一	予算差異分析	30	4
	芝 章	予算差異分析	30	4
	青木茂男	業績評価会計の展開	30	6
	角谷光一	販売業績評価会計試論	30	10
	小林健吾	振替価格の決定法について	30	12
	板垣 忠	振替価格決定方式の類型	30	12
	芝 章	内部振替価格の決定方法	30	12
1971S	今井 忍	集団力学と原価管理	31	2
	森田哲夫	現場監督者に対する原価教育	31	2
	中 善宏	固定費の変動費転換のための諸方法	31	3/4
	三雲宗敏	「費用理論の展開と原価理論」について	31	4
	青木茂男	利益計画と人件費	31	6
	小池 明	費用管理の基本認識	31	6
	奥村憲一	「アカウンティング・フローと原価計画」について	31	6
	櫻井通晴	原価計算システムの統合と意思決定原価	31	6
	細野義一	原価切下げ推進の条件について	31	7
	結城章夫	管理損益会計の提唱	31	7
	佃 純誠	業績評価システムのためのコスト把握	31	7/8
	溝口一雄	経営における計画と統制−管理会計の体系に関連して−	31	8
	狩野 勇	利子の原価性と会計処理	31	9
	溝口一雄	経営における計画と統制	31	10
	大原辰男	予算と業績評価	31	11
	西澤 脩	物流原価計算の構想と手法	31	11
	阿保栄司	在庫会計の諸問題	31	11
	向野元生	包装会計制度の導入法	31	11
	井上芳枝	物流情報会計制度の導入法	31	11
	井村 明	輸送会計制度の導入法	31	11
1972S	梅沢敬郎	部門別利益管理と本社費	32	1
	今井 忍	「情報化社会の原価管理」	32	1
	掛井 連	建設業の原価管理	32	1-6
	山上達人	付加価値概念とプロフィット・マネジメント	32	2
	津曲直躬	管理会計論の外延と内包	32	3
	菊池敏夫	適正利潤と価格政策	32	3
	出牛正芳	売価決定と価格政策	32	3
	小林靖雄・辻正重	わが国全製造業における組織構造および管理システムの類型的研究	32	3/4
	飯岡 透	ウィリアム・ジョセフ・バッター	32	4
	大西時雄	直接原価計算と税法との関係	32	5
	林 達	固定費の管理	32	7
	櫻井通晴	管理会計の意義・本質および重要性	32	8
	小林健吾	コスト・コントロールと数量分析	32	9/10
	前田貞芳	責任会計の再認識−会計の体系的思考に関連して−	32	9
	古田隆紀	管理会計情報システムのモデルとその特徴	32	9
	中尾則彦	EDPSによる標準原価管理	32	9
	御手洗健	EDPSによる標準原価管理	32	9
	泉 宏明	EDPSによる標準原価管理	32	9
	西澤 脩	アメリカにおけるマーケティング会計の現状	32	11
1973S	小林哲夫	準固定費の管理	33	1
	辻 厚生	固定費・変動費分解の基本的前提	33	2
	末政芳信	製品ラインの意思決定のための会計	33	2
	神吉貞一	行動科学から見た原価管理	33	2
	溝口一雄	原価性の基準	33	3

年	著者	題名	巻	号
1973S	黒澤 清	原価計算のおける習熟法則の一般化	33	4/6
	国弘員人	企業倒産と収支分岐点	33	6
	掛井 連	建設業の経理部門への提言	33	6
	今井 忍	管理会計の展望とエンジニアリング・アプローチ	33	6
	長松秀志	管理会計か管理工学か	33	6
	宮本匡章	管理会計か管理工学か	33	6
	佃 純誠	経営管理情報システムと管理会計	33	6
	椎木和光	管理会計における「計画」と「統制」について	33	7
	辻 厚生	現代的管理会計への推転	33	9
	中山雅博	Cost Plus Contract Costing における基本問題	33	9
	海外会計研究会	内部統制概念の再検討	33	9
	稲田卓次	アメリカ文献にみる原価計算の一つの方向	33	12
1974S	溝口一雄	グーテンベルク教授と私	34	1
	門田安弘	損益分岐点分析の新展開	34	2
	斉藤隆夫	私のシュマーレンバッハ像	34	3
	木内佳市	業績評価の一視角	34	4
	村松司叙	製品多角化と経営多角化	34	12
1975S	中山隆祐	予算と標準原価の関係論回顧	35/36	8-12/1/3/4/8/11
	溝口一雄	業績管理会計をめぐる問題点	35	11
	櫻井通晴	管理会計上のレリバンス概念の実践的意義	35	12
1976S	今井 忍	日本原価計算協会	36	6
	松本雅男	原価計算単位の発展	36	12
	中山隆祐	無意識原価と意識原価	36	12
	亀山三郎	ビジネス・コストからソシャル・コストへの拡大	36	12
1977S	青柳文司	管理会計の体系	37	3
	中野淑夫	損益分岐分析の現代的意義	37	3
	山邊六郎	「原価計算基準」の改正	37	4
	中山隆祐	単片原価と結晶原価との混乱	37	4
	小池 明	"原価計算基準の改正"について	37	4
	小林哲夫	原価計算システムの課題と展開	37	7
	溝口一雄	原価計算基準の問題点を探る	37	9
	岡本 清	差額原価収益分析の発展	37	10
	青木茂男	原価計算と価格設定	37	11
	宮本匡章	操業度差異の検討	37	12
1978S	西澤 脩	物流近代化によるコスト低減の実態	38	4
	石山 伝	原価管理の実践的方向	38	5
	板垣 忠	予算原価と標準原価のタイトネス論争の帰趨	38	7
	小倉栄一郎	原価計算基準の再検討管見	38	8
	溝口一雄	これからの原価計算の在り方	38	9
	岡本 清	原価分解をめぐる諸問題	38	10
	小林健吾	配合差異と歩留差異	38	10/11
	青木茂男	事業部制会計の目的と原価集計の関連	38	12
	門田安弘	コスト・マネジメントの統合的システム	38	12
1979S	小林哲夫	構造行列に基づく原価計算システム	39	3
	河野豊弘	建設費の見積と適正なるフィーの高さ	39	4
	佐藤好孝	原価理論の発展と現代企業会計	39	4
	櫻井通晴	直接原価計算における直接労務費の取扱について	39	4
	藤本狷介	システム製品におけるソフトウェアの計算	39	4
	佐藤好孝	実際原価計算制度における予算差異の性格の検討	39	10
	高松和男	財務会計と管理会計の実践的課題	39	12
1980S	櫻井通晴	管理会計情報選択の基準	40	4
	三好幸治	非循環的個別意思決定と貢献利益法	40	4
	西澤 脩	研究開発費の会計管理	40	5
	山下正喜	明治期の素価計算	40	10

1980S	若杉敬明	プロジェクト・コスト・マネジメントの基礎概念	40	10
	西澤 脩	主要会社七社の研究開発費会計の実態比較	40	11
	植之原道行	ベル研究所の研究開発費管理	40	11
	芝 章	当社における研究開発費管理について	40	11
	渡辺純男	研究開発費の原価計算と予算管理	40	11
	長瀬 亘	研究開発費予算に関する問題点	40	11
	長谷川修・舘良男	当社の研究開発費管理	40	11
	床井睦子	原価計算統一化の諸側面	40	11
1981S	平林喜博	長崎造船所の製造勘定成立過程小考	41	1
	伊藤 進	セグメント別管理上の原価・利益概念	41	9
	小林健吾	限界利益の求め方	41	10
	西澤 脩	物流効率の会計測定と向上策	41	11
	矢澤秀雄	輸送効率の測定と向上	41	11
	南川利雄	倉庫効率の測定と向上	41	11
	中田信哉	荷役効率の測定と向上	41	11
	楠田 洋	包装効率の測定と向上	41	11
	湯浅和夫	物流子会社制による効率の向上	41	11
	河野二男	直接原価計算における価格下限	41	11
1982S	小林哲夫	因果配列と原価差異分析	42	4
	平田正敏・谷川宮次	不確実性の条件下における多品種生産の損益分岐点分析	42	4
	稲田卓次	原価態様の基礎的考察	42	6
1983S	岡本 清	個別原価計算における仕損費と作業屑の処理	42	7
1984S	片岡洋一・河本綏雄	最小二乗原価分解法と準変動費	43	4
	片岡洋一・河本綏雄	最小二乗原価分解法と損益分岐分析	44	1
	安國 一	環境対応と製造部門の業績評価	44	1
	舛田精一	数字のない原価計算	44	1
	加登 豊	管理会計研究の新動向	44	1
	松本雅男	原価管理概念と原価業績の評価	44	2
	小林健吾	原価管理と業績評価	44	2
	宮本匡章	原価管理と業績評価との関係	44	2
	牧戸孝郎	原価財の代替関係が成立する場合における原価業績の測定	44	2
	北村照芳	業績評価の行動科学的視点	44	2
	西澤 脩	ゼロベースド広告費の管理	44	4
1985S	鳥居宏史	内部振替価格設定における動機づけ問題	44	4
	須曽年磨	標準原価差異の会計処理についての提言	44	4
	山田庫平	直接原価計算生成のメルクマール	45	2
	片岡洋一	エネルギー費の意義と測定について	45	2
	小倉 昇	事業部業績測定とジョイント・コスト	45	2
	昆 誠一	電力費の分岐分析に関する実証的研究	45	3
1986S	稲田卓次	ドイツ原価理論の発展系譜	46	1
	櫻井通晴	ソフトウェア原価計算の機構	46	1
	櫻井通晴	ソフトウェア原価管理	46	2
1987S	佐藤正雄	わが国における原価管理の軌跡	47	1
	宮本匡章	アイドル・キャパシティ・コストと原価計算	47	2
	編集部	青木茂男先生御逝去	47	3
1988S	小倉 昇	ノンアトミック・ゲームと標準原価の計算	48	1
	鳥居宏史	原価センターへの利益誘因提供の可能性	48	1
	今林正明	内部サービス供給部門の利益中心点化に伴う振替価格について	48	1
	小林哲夫	インターアクティブなコントロール・システムと会計情報の役割	48	2
	長松秀志	FA原価計算の課題	48	2
	片岡洋一	地域分散型発電プロジェクトのCVP分析	48	2
	西村優子	研究開発プロジェクト費管理とPERT/COST	48	2
	徐 賢珍	日韓企業における研究開発費管理の実態	48	2

年	著者	タイトル	巻	号
1989S	櫻井通晴	FAの導入と管理会計システムの変革	48	4
	佐武弘章	FAの発展原理について	49	1
	森川八洲男	原価計算基準と産業経理協会	49	1
	櫻井通晴	ソフトウェア原価管理調査団レポート	49	2
	黒澤 清	番場嘉一郎教授の想い出	49	2
	佐藤紘光	相対業績評価	49	3
1990S	諸井勝之助	「原価計算基準」とその制定過程	49	4
	小林健吾	能率の尺度による原価管理の限界と業務志向的原価管理の範囲	49	4
	黒澤 清	鍋嶋達教授を悼む	49	4
	西野嘉一郎	故黒澤清先生の御遺業を偲ぶ	50	1
	中島省吾	黒澤清先生をしのぶ	50	1
	新井清光	黒澤清先生のご業績を偲んで	50	1
	合崎堅二	わが師 黒澤清先生	50	1
	新井益太郎	黒澤先生と私	50	1
	小林啓孝	原価管理とTQCとの関連	50	1
	櫻井通晴	活動基準原価計算の計算原理とその特徴	50	2
	伊藤嘉博	原価管理と戦略的原価分析	50	2
1991S	西村丈治	等級別総合原価計算に関する一考察	50	4
	田中隆雄	日本における管理会計システムの展開	51	1
	MAFNEG研究会 加登豊・岡野浩・清水信匡・頼誠・岩淵吉秀	管理会計の新展開	51	2
	坂本 清	間接費に関する基本課題	51	3
	武井敦夫	セグメント管理会計における経営管理組織	51	3
1992S	頼 誠	共通費の配賦と管理可能性原則	51	4
	清水信匡	原価企画活動における目標原価情報と知識創造活動の関係	51	4
	伊藤嘉博	変革を迫られる原価企画	52	1
	中原秀登	わが国企業による海外研究活動の進展とその課題	52	1
	網倉久永	製品開発組織のデザインとイノベーション	52	1
	櫻井通晴	わが国原価管理の実態-CIM企業の実態調査分析	52	2/3
	尾畑 裕	固定費発生原因の生産・原価理論的分析と固定費配賦の理論	52	3
1993S	井上信一	オーバーラップ型研究開発と原価企画の国際移転	52	4
	溝口周二	情報システム運用経費の管理戦略	52	4
	岡本 清	松本雅男先生の歩まれた道	52	4
	長松秀志	経営のリストラクチャリングと活動基準原価アプローチ	53	1
	加登 豊	日本企業の海外進出と現地化される意思決定権限	53	1
	中村義彦	原価計算システムの選択	53	2
	小林啓孝	サービス業務の管理会計	53	3
1994S	和田淳三	現代管理会計の視座	53	4
	田中隆雄	企業システムと管理会計システム	54	2
	高橋 賢	直接原価計算発達史におけるハリソンの貢献に関する一考察	54	2
	奥山 茂	管理会計志向の勘定組織の特質	54	3
	大塚裕史	バックフラッシュ・コスティングの行動的意義	54	3
1995S	飯塚 勲	ABCの発展と特質	55	1
	崎 章浩	価格決定と原価情報	55	2
	猿山義広	日本における広告費管理の実態	55	3
	平岡秀福	プロセス・マネジメントのための管理会計システム	55	3
	新井益太郎	原価計算と経営合理化	55	3
1996S	小林啓孝	コンテンツ・ビジネスにおける創造性・リスクの管理と会計	55	4
	陳 豊隆	ABC/ABMのマーケティングへの適用	55	4

年	筆者	タイトル	巻	号
1996S	田中雅康・関谷和之	原価企画に関する日米比較	56	1
	山下正喜	三菱造船所の原価計算補論	56	2
	小林哲夫	管理会計情報による可視化	56	3
1997S	陳　豊隆	情報処理部門費の管理実態	56	4
	岡野　浩	製品開発のグローバル化と原価企画	57	1
	各務洋子	シャプレー値による共通費の配賦法	57	1
	新江　孝	ソフトウェア・プロダクトの価格決定	57	2
1998S	伊藤和憲	オフショア生産と研究開発費の回収	57	4
	丸田起大	フィードフォワード管理会計としての原価企画	57	4
	菅本栄造	制約理論が管理会計におよぼす影響	58	1
	編集部	日本原価計算協会の設立とその歩み	58-60	1-4/1-4/1-4
	森　実	内部統制の中核的要素について	58	2
	高橋　賢	米国におけるキャパシティ・コスト論	58	3
	渡辺康夫	事業部の相互依存性と社内資本金制度	58	3
	渡邊俊輔	サービス業における能率管理	58	3
1999S	佐武弘章	生産管理・経理業務のライン編成	58	4
	諸藤裕美	原価企画における情報共有の必要性	59	1
	中瀬忠和	廃棄費用を考える	59	2
	小菅正伸	戦略管理会計の課題	59	2
	西村優子	管理会計における研究開発費の資産化	59	3
2000S	高梠真一	現代管理会計の生成に対する鉄道管理会計の貢献	59	4
	菅本栄造	スループット会計の本質と課題	59	4
	高松和宣	ABCの特質とその有用性	60	1
	山田義照	TOCの本質とABMとの関係	60	1
	青木章通	サービス業の原価管理と利益管理-財の形態に基く検討-	60	3
2001S	陸　根孝	スループット会計に基づく業績評価システム	60	4

『企業会計』(1949年～2000年)

年	筆者	タイトル	巻	号
1949A	青木倫太郎	アメリカの原価計算	1	2
	佐藤孝一	国家予算と企業予算	1	3
	松本雅男	予定原価計算と正常原価計算の性質	1	3/4
	山邊六郎	実際原価計算の欠陥と標準原価計算の優越点	1	3/4/5
	佐藤孝一	配給費の統制管理	1	4
	古川栄一	管理会計とコントローラー	1	4
	神馬新七郎	鋳物の見積原価計算について	1	4/5
	西野嘉一郎	企業経営の合理化と人件費	1	5
	松本雅男	標準原価計算の会計機構	1	6
	佐藤孝一	卸売業の部門別損益計算	1	6/7
	三邊金蔵	原価補償の自主性について	1	8
	太田哲三	損益計算書準則と工程別原価計算との調和	1	10
1950A	佐藤孝一	販売活動の会計管理	2	1
	林　健二	標準原価に関する計算問題	2	3
	松本雅男	標準原価計算と財務諸表	2	4
	久保田音二郎	原価管理の理論	2	7
	吉田彌雄	販売費の管理	2	9
	溝口一雄	経営管理会計の構想	2	9
	国弘員人	経営分析と経営比較	2	12

年	著者	題目	巻	号
1950A	今井 忍	工場職制とその計算組織	2	12
1951A	吉田彌雄	予算統制の効益と限界	3	1
	神馬新七郎	木型の原価計算上考慮すべき若干問題	3	2
	清水 晶	広告費の計算と管理	3	2
	溝口一雄	管理会計論の基本問題	3	2
	佐藤孝一	利益計画と損益分岐点	3	3/4
	国弘員人	収益と費用の関係	3	6
	橋本善吉	標準原価制度と法人税法	3	7
	佐藤孝一	標準原価の実証的研究	3	7/8
	池田栄次郎	固定費の概念について	3	7
	神馬新七郎	経営内部における鋳物製品の振替価格について	3	8
	橋本善吉	総合標準原価計算の実施手続	3	6/8/9
	清水 晶	原価計算の発展段階的展開	3	8
	松尾憲橘	社会主義企業における原価計算	3	8/10
	西野嘉一郎	アメリカに於ける標準経営比率の研究	3	8
	奥村誠志郎	損益分岐点に関する若干の考察	3	8
	吉田彌雄	予算統制と標準原価計算	3	9
	番場嘉一郎	標準原価と財務諸表	3	10
	青木倫太郎	売上高予測の方法	3	11
	末松玄六	適正なる売価の決定	3	11
	松本雅男	アメリカに於ける営業費の製品配賦の実情	3	10/11
	国弘員人	全部費用計算と部分費用計算	3	12
	橋本善吉	標準原価計算の形態	3	12
1952A	青木倫太郎	売上月額予測の方法	4	1
	久保田音二郎	コスト・アロケイションの理論	4	1
	番場嘉一郎	英国における原価計算原則	4	1
	溝口一雄	原価管理とその領域	4	1
	高松和男	原価と価値の会計理論	4	1
	本田利夫	シュナイダーの標準原価計算論	4	2
	山邊六郎	直接原価計算について	4	3
	青木茂男	管理会計の性格と課題	4	3
	舛田精一	前期損益修正と原価計算	4	3
	末松玄六	企業における過剰生産能力の除去について	4	4
	番場嘉一郎	原価部門設定の基準	4	4
	河合義一	総合原価法に於ける材料費コントロール	4	4
	松本雅男	原価管理の本質	4	6
	清水 晶	ディヴァイン教授の販売費分析論	4	6
	竹内英吉	一工場の会計処理と帳簿整備の実態	4	6
	古川栄一	コントローラー部の事務分掌体系	4	7
	溝口一雄	再び原価管理について	4	7
	小高泰雄	原価計算目的と原価概念	4	9
	山邊六郎	特殊原価調査について	4	9
	西野嘉一郎	運転資本変動表	4	9
	中山隆祐	会計・管理会計・原価計算の関係	4	9
	黒澤 清	仕掛品の評価問題	4	10
	青木倫太郎	損益計算書分析	4	10
	久保田音二郎	米国の固定的間接費計算	4	10
	土岐政蔵	独逸における原価計算諸原則について	4	10
	宮上一男	経営分析観点としての経営自立性	4	10
	番場嘉一郎	仕掛品の後入先出評価	4	10
	渡邊 進	原価差額期末処理の方法	4	11
	竹内益五郎	原価差額とその期末処理の問題点	4	11
	西川義郎	オリヂナル・コスト・セオリーの問題点	4	12
	末松玄六	固定費と変動費との分離	4	13
	神馬新七郎	工場経営の立場からみた標準原価	4	13

年	著者	題目	巻	号
1952A	橋本善吉	標準原価考察の発展	4	13
	渡部義雄	工業会計に於ける原価内訳表、損益計算書並に貸借対照表の様式	4	13
1953A	久保田音二郎	ピリオッド・コスト計算の問題	5	1
	佐藤孝一	ROBの工業会計勘定組織	5	1
	番場嘉一郎	原価差額の配分計算	5	1/3
	溝口一雄	計画原価の概念をめぐって	5	1
	野田信夫	わが国コントローラーの五年計画	5	1
	江村 稔	コントローラーの日本的あり方	5	1
	古川栄一	コントローラー制度のあり方	5	2
	山邊六郎	予算と標準単価との関係	5	2
	青木茂男	標準原価計算と原価差額の処理	5	2
	水田金一	管理会計の再認識とその過程	5	2
	溝口一雄	「標準原価差額」に関する覚書	5	3
	橋本善吉	標準原価と材料の計算価格	5	3
	土岐政蔵	計画原価計算による経営管理	5	5/6
	松本雅男	ドイツの計画計算論	5	5
	本田利夫	製造予算と販売予算との調整について	5	5
	溝口一雄	コントローラー制度のありかたについて	5	5
	太田哲三	原価要素と原単位	5	5
	今井 忍	固定予算から変動予算へ	5	6
	西野嘉一郎	原価差額調整に関する問題点	5	6
	太田哲三	資本収益性の維持	5	7
	青木茂男	原価計算と財務会計	5	7
	末松玄六	最適経営規模の意味するもの	5	7
	吉国二郎	原価差額の調整の通達について	5	7
	箸本弘吉	法人税法基本通達の一部改正（棚卸資産関係）について	5	7
	国弘員人	損益分岐点による収益性の測定	5	8
	橋本善吉	標準原価形態の発展	5	8
	青木茂男	予算統制の本質と財務予算の意義	5	8
	西川孝治郎	予算統制管見	5	8
	池田保彦	予算統制の一例	5	8
	奥村誠次郎	三つの予算統制の具体的方策	5	8
	黒澤 清	歴史的原価の見地と標準原価の見地	5	10
	松本雅男	販売費分析論	5	10
	久保田音二郎	英国直接原価計算論の立脚点	5	10
	今井 忍	原価計算基準への要望	5	10
	溝口一雄	「原価性」の基準に関する若干問題	5	10
	中山隆祐	製品原価計算解消の傾向	5	10
	舛田精一	標準原価計算と材料費会計	5	10
	兼子誠三	費用論から見た原価差異分析	5	10
	神馬新七郎	工企業における物品購買管理の在り方	5	10
	中西寅雄	原価計算と生産性	5	11
	番場嘉一郎	原価分析と原価計算	5	11
	山邊六郎	原価計算の三つの前提	5	12
	青木茂男	標準原価の設定	5	12
	橋本善吉	標準原価差額の処理問題	5	12
1954A	佐藤孝一	期間損益の平準化について	6	1
	番場嘉一郎	「原価会計と財務会計」再論	6	1
	青木茂男	費用と原価の関係	6	1
	国弘員人	多角経営の損益分岐点問題	6	1/2
	溝口一雄	「管理会計論」の基底	6	1/4
	小高泰雄	原価計算の体系に関する若干の考察	6	2
	金子佐一郎	経営合理化と第三次再評価	6	2
	市丸吉左エ門	第三次再評価は強制すべきか	6	2

1954A	久保田音二郎	月次損益計算の管理的意義	6	3
	青木茂男	管理会計と財務活動管理	6	3
	福田誠一	最近の操業原価計算の方法	6	4
	佐々木吉郎	ソビエート工業会計の任務について	6	5
	占部都美	企業理論から見た会計学	6	5
	末松玄六	生産要素間の比例性の原則	6	6
	諸井勝之助	社会的コストと私的コスト	6	6
	久保田音二郎	独乙限界原価計算と米英直接原価計算	6	9
	青木茂男	予算統制における予算編成の立脚点	6	9
	野田信夫	経営方針決定の意義	6	9
	高宮　晋	経営方針と内部統制及び利益計画	6	9
	松本雅男	長期の経営方針と経営計画	6	9
	西野嘉一郎	利益計画と使用総資本効率	6	9
	国弘員人	利益計画と資金計画	6	9
	久保田音二郎	直接原価計算の生成理論	6	11
	池田英次郎	メレロウィッチ「原価曲線と収益法則」	6	11
	辻村　稔	コストとヴァリュウ	6	11
	西野嘉一郎	会計原則と経営分析	6	11
	古川栄一	利益計画と予算統制	6	12
	朝川庸二	中小企業体と利益管理	6	12
	天野恭徳	建設工業に於ける工事原価会計	6	12
	河部守弘	利益図表から線形計画理論へ	6	12
	渡邊　進	棚卸資産原価配分方法選定の基準	6	13
	青木茂男	標準原価計算と予算統制の問題点	6/7	13/1
	本田利夫	予算統制における売上高統制について	6	13
1955A	番場嘉一郎	予算制度と標準原価制度との関係	7	1/3
	岡部利良	費用必要説の吟味	7	1/2/4
	中村万次	経済変動下の更新原価論争	7	1/3
	諸井勝之助	実際原価計算における予定計算	7	1
	一瀬智司	公企体予算の批判	7	1
	前田　寿	管理会計の立場よりする月次試算表の再認識	7	2
	山田一郎	損益分岐点図表の利用状況	7	2
	小高泰雄	会計学と経営学の関係の基本的考察	7	3
	江村　稔	棚卸減耗の再吟味	7	3
	阪本安一	売価棚卸法の製造工業への適用	7	4
	小林靖雄	計画原価計算の実例	7	4
	溝口一雄	固定予算と変動予算との関係	7	4
	神馬新七郎	病院の原価計算	7	4/5
	大友信之	売上原価の表示方法をめぐる諸問題	7	4
	清水　晶	計数管理の構想とその体系	7	5/7
	天野恭徳	合理化問題と直接原価計算の機能	7	5
	佐藤精一	変動予算と間接費コントロール	7	5
	今井　忍	原価管理序説（ノート）	7	6
	番場嘉一郎	原価計算と原価管理	7	6
	小林靖雄	設備予算統制覚え書	7	6
	青木茂男	管理会計と会計管理	7	6
	諸井勝之助	原価管理に関する一考察	7	6
	古川栄一	会計管理と管理会計	7	7
	青木茂男	業務活動監査と各計算管理制度との関係	7	7
	福田誠一	原価要素の操業度依存性の考察	7	7
	溝口一雄	ダイレクト・コスティングと標準原価計算	7	8/9
	中島省吾	会計の研究と経営管理の研究	7	8
	中本龍明	損益分岐点の基礎的問題	7	8
	江村　稔	資本回収計算の本質	7	9/10/12
	染谷恭次郎	総合的利益計画の手段としての利益図表と資本図表	7	9/10

年	著者	題目	巻	号
1955A	渡邊　進	累計差額法による棚卸資産原価配分	7	10
	青木茂男	経営管理者宛の会計報告書制度	7	10
	久保田音二郎	直接原価計算論の吟味	7	11
	阪本安一	生産性向上運動と企業会計	7	11
	山城　章	経営価格と計算価格	7	11
	小林靖雄	経営計画の基礎的問題点	7	11
	佐藤精一	ダイレクト・コスティングと原価計算システム	7	11
	清水　晶	売価政策の一考察	7	12
	天野恭徳	建設工業に於ける工業原価会計	7	12
1956A	山邊六郎	原価・非原価の問題といわゆる"原価性"の問題	8	1
	渡邊　進	棚卸資産原価の画定	8	1
	岡部利良	原価性の理論	8	1
	湊良之助	税務における原価性の問題点	8	1
	小宮　保	原価計算と税務計算の調整	8	1
	中山隆祐	原価性の基本概念	8	1
	森田哲夫	原価性判断基準の吟味	8	1
	溝口一雄	「原価性」はどのように問題とすべきであるか	8	3
	小林靖雄	経営能力の一考察	8	3
	黒木正憲	原価明細書のフォームについて	8	3
	松本雅男	経営管理会計の性質	8	4
	中島正信・涌田宏昭	オートメーションとマネージメント	8	4/5/6
	木村和三郎	原価計算における権利対価の除斥	8	5/6
	朝川扇二	収益計画重点か、費用計画重点か	8	5
	福田次助	費用分解の問題点	8	5
	三浦　明	利益計画と利益図表	8	6
	山邊六郎	計画のための原価と管理のための原価	8	7
	古賀久雄	管理的計算制度普及の現状	8	7
	渡邊　進	売価還元法と標準原価法	8	7
	阪本安一	企業体理論の論拠	8	7
	溝口一雄	一般管理費および販売費について	8	8/9
	国弘員人・小宮良太郎	経営活動分析表	8	8/9
	佐々木吉郎	経営計画の問題について	8	9
	片岡義雄	収益価値による企業の評価	8	9
	木内佳市	企業生産力の拡大と減価償却政策	8	9/11
	阪本安一	企業体理論と一致の原則	8	11
	国弘員人・和井内清	ダイレクト・コスティングによる経営活動の分析	8	11
	久保田音二郎	原価の計算原理	8	12
	染谷恭次郎	医療報酬の決定方法と医療原価	8	12
1957A	鍋島　達	予算の特質とその理論的構成	9	2
	佐々木吉郎	経営意思の形成	9	3/4
	溝口一雄	ダイレクト・コスティングの実施における問題点	9	3/4
	会田義雄	生産性会計	9	3
	敷田礼二	予算統制制度の新しい展開	9	3
	藁科　健	売上利益分析実務の一例	9	3
	松尾憲橘	社会主義工業会計の課題	9	4
	片岡義雄	企業評価における将来の純利益の推算	9	5
	西野嘉一郎	産業政策としての減価償却制度	9	5
	小林靖雄	長期経営計画論の一資料	9	5
	谷端　長	部分価値について	9	5
	永田数夫	回収期間法と収益性	9	5
	松本雅男	標準直接労務費の計算と分析	9	8
	土岐政蔵	経営価値原価計算について	9	9
	松本雅男	直接労務費標準の決定	9	9

1957A	番場嘉一郎	ビヘーヴィアーによる原価分類について	9	9
	佐藤精一	プロジェクト・プランニングとピリオド・プランニングの性格の相違について	9	9
	佐藤孝一	プラン・コンタブルについて	9	10
	黒澤　清	資本回転計算としての会計	9	10
	溝口一雄	原価計算制度の形成	9	10
	坂本　孟	操業度と費用の相関関係の数学的把握	9	10
	国弘員人・坂本　孟	損益分岐点から見た設備投資の問題	9	10
	古川栄一	マネジメント・サイクル	9	11
	白井佐敏	財務会計と原価計算の結節点をめぐって	9	11
	久保田音二郎	原価計算の近代化に関する要因	9	11
	国弘員人	利益計画の近代化と問題点	9/10	11/2
	岡部利良	費用概念拡大化の傾向	9	12
	中山隆祐	賃率差異に含まれる操業度差異	9	12
	天野恭徳	技術革命－原価管理－財務会計	9	13
	渡部泰助	長期計画と設備計画	9	13
	国弘員人・堀内光雄	設備投資の資金計画と分析	9	13
1958A	神馬新七郎	個別原価計算制度を採用する企業における月次損益計算について	10	1
	国弘員人・澄田惣造	造船業における利益計画の一考察	10	1
	古川栄一	マネジメント・サイクル詳論	10	2/3
	佐藤精一	仕掛品原価計算の前提	10	2
	国弘員人・奥村　繁	運転資金の計画	10	2
	国弘員人	収支分岐点の二つの考え方	10	2
	片岡義雄	企業評価理論序説	10	3
	小林靖雄	わが国管理会計論の一つの反省	10	3
	佐藤孝一	コスト・フローと取替原価	10	4
	小高泰雄	設備投資計算について	10	4
	中西　勉	管理会計論	10	4
	坂本藤良	資本利子会計の技術的前提	10	4
	松田武彦・奥村誠次	ORと会計資料	10/11	4-7/9-13/1/2/4
	溝口一雄	特殊原価調査の領域	10	5/6
	佐藤好孝	企業利益の決定と伝統的原価計算機能との関連	10	5
	国弘員人・泉　恭次	利益増減分析表に対する考察	10	5
	天野恭徳	建設工業における工業原価会計	10	6
	中山隆祐	標準原価の意義と解釈	10	6
	国弘員人・金井澄雄	利益資金の総合管理と収支分岐点の機能	10	6
	中山隆祐	標準原価の意義と解釈	10	6
	久保田音二郎	利益計画と原価計算の関係	10	7
	神馬新七郎	病院経営と予算の作成法	10	7
	国弘員人・和井内清	財務計画と収支分岐点	10	7
	木村和三郎	会計学における価値の実体・生産的労働	10	9
	伊ं長正	資本生産性と原価計算の役割	10	9
	脇黒昭俊	変動予算における基準について	10	9
	佐藤精一	組別、等級別および連産品計算における基本的思考	10	9
	国弘員人・山元保男	在高回転図表の展開	10	9
	今井　忍	管理会計の役割	10	10
	小野寛徳	見積原価の分析と購買技術	10	10
	福田誠一	原価計算の捉える事実は信頼に足るか	10	10
	国弘員人・高木外次	代表限界利益方式による生産計画	10	10
	佐藤孝一	「生産性」なる概念について	10	11
	溝口一雄	原価報告書の範囲について	10	11/12
	兼子春三	価格決定における二方法	10	11

1958A	山田嘉一郎	利益計画比率図表について	10	11
	国弘員人	収支分岐点方式の適用法	10	12
	中島省吾	中小企業原価計算の問題点	10	12
	清水博愛	中規模経営原価計算の課題	10	12
	天野恭徳	中小建設業者における工事原価計算の困難性	10	12
	国弘員人・加藤勝康	中小企業経営とその費用構造の一側面	10	12
	山下勝治	原価配分の二形態	10	13
	溝口一雄	コスト・コントロールにおける補助部門費の処理	10	13
	杉沢 衛	不況下の特殊原価調査実務	10	13
	森田哲夫	操短時の作業時間管理と売価決定のための見積原価計算	10	13
1959A	青木茂男	統一原価計算について	11	1
	溝口一雄	予算制度と稟議制度との関係	11	1
	松本 剛	職場班計算の構造	11	1
	中島省吾	予想現金収入割引額	11	1
	国弘員人	期日的な利益図表と資金図表	11	2
	中山隆祐	差異分析における問題点	11	2
	溝口一雄	原価差異分析の論点	11	2
	今井 忍	原価差異分析の問題点	11	2
	古川栄一	分権管理におけるプロフィット・センター	11	3
	今井 忍	原価管理とその領域	11	3
	染谷恭次郎	販売費の分析	11	3
	辻 厚生	物量計算と価値計算の対抗	11	3
	松本雅男	原価分析	11	4
	溝口一雄	原価報告書作成の基準	11	4
	番場嘉一郎	標準原価差異の原価性	11	4
	小野豊明	事務管理職能の分化と事務職位の職務権限	11	4
	松本雅男	部門別原価分析	11	5
	国弘員人	生産性の概念と計算上の問題	11	5
	太田哲三	企業会計原則と原価計算基準	11	増6
	山邊六郎	分権的利益管理と社内振替価格政策	11	増6
	今井 忍	経営計画と原価計画	11	増6
	番場嘉一郎	非累加法の研究	11	増6
	溝口一雄	直接原価計算における外部報告	11	増6
	福田誠一	複数品種製造経営における最大利益発生点と市価原価合致点	11	増6
	中山隆祐	修繕費の原価計算	11	増6
	宮下陽三	経営事務機械化における時間性	11	増6
	森田哲夫	実務における直接労務費計算	11	増6
	武田昌輔	税法における非原価項目	11	増6
	佐藤精一	中小工場の原価計算	11	増6
	永野瑞穂	計画と原価	11	増6
	伊藤光治	二段式原価計算の構想	11	増6
	番場嘉一郎	原価会計ケース・スタディ　昭和電線電纜の巻	11	増6
	溝口一雄	原価報告書の例示	11	7/8
	小高泰雄	分権管理と会計制度	11	8
	中山隆祐	分権管理における業績評価	11	8
	永野瑞穂	分権管理における利益計画	11	8
	青木茂男	分権管理における予算統制	11	8
	宮崎利江	分権管理と原価管理	11	8
	山桝忠恕	分権管理と内部監査	11	8
	西澤 脩	A.A.A.管理会計委員会報告書（解説と全文（訳））	11	8
	溝口一雄	委員会報告書の方法論的検討	11	10
	山邊六郎	管理会計の意義	11	10
	西澤 脩	管理会計の教育的意義	11	10
	小倉栄一郎	財務諸表とダイレクト・コスティング	11	10

1959A	永田数夫	収益計画	11	10/11
	染谷恭次郎	製品間接費計算と利益計画	11	10/11
	会田義雄	管理会計と財務会計の結節点	11	11
	鍋島 達	管理会計の意義について	11	11
	中山隆祐	業績を測定することの重要性	11	11
	森田哲夫	月次損益計算機能の変貌	11	11
	青木茂男	月次損益計算について	11	11
	久保田音二郎	月次損益計算の管理機能	11	11
	小林健吾	原価発生原因主義と間接費配賦計算	11	11
	木村和三郎	生産的減価償却の範疇について	11	12
	佐藤精一	間接費配賦の基底	11	12
	米花 稔	事務機械化の役割	11	12
	犬塚智雄	前進する中小企業の原価計算	11	12
	黒澤 清	管理会計と会計的情報	11	増13
	久保田音二郎	英国原価会計士協会の予算統制と標準原価計算の意見書	11	増13
	渡邊 進	税法における原価計算規定批判	11	増13
	中村万次	結合原価分析論争	11	増13
	青木茂男	A.A.A. 管理会計委員会報告について	11	増13
	番場嘉一郎	F. C. ドゥ・ポーラ著「管理会計の実際」	11	増13
	番場嘉一郎	Cost Accounting for Small Manufacturers (1953) の紹介	11	増13
	青木茂男	日本生産性本部中小企業原価計算の特質	11	増13
	山田一郎	記帳手続について	11	増13
	中山隆祐	修繕費の管理	11	増13
	秋谷伊織	修繕費予算決定の実務 (1)	11	増13
	前田 寿	修繕費予算決定の実務 (2)	11	増13
	河野豊弘	海外名著の紹介 Business Investment Policy	11	増13
	佐藤精一	プロジェクト・プランニング 計算上の問題点 (1)	11	増13
	会田義雄	イギリス原価計算論の紹介	11	増13
	番場嘉一郎	原価会計ケース・スタディ 本州製紙の巻	11	増13
	久保田音二郎	英国原価会計士協会の予算統制の意見書	11	14
	池田英次郎	グーテンベルクの費用論	11	14
	溝口一雄	費用理論の新しい動向	11	14
	高田 馨	グーテンベルクの生産性, 経済性, 収益性	11	14
	中山隆祐	分権制度とはどういうものか	11	14
	今井 忍	方針決定のための原価報告書	11	14
	溝口一雄	経営方針決定のためのコスト・リポート	11	14
	杉沢 衛	経営責任者に対する原価報告書	11	14
	中山隆祐	フィリコ社における事業部制度失敗の歴史	11	15
	岸本英八郎	事務管理理論の基本問題	11	15
	古賀久雄	原価計算制度の実態	11	15
1960A	小高泰雄	長期経営思考の制度的展開	12	1
	中山隆祐	本部権限と事業部業績の測定	12	1
	中村誠一	事業調査のための収益性分析	12	1
	舛田精一	事業部制と会計	12	2-4
	久保田音二郎	間接費計算の総合化	12	2
	佐藤精一	端緒的管理会計機能と間接費	12	2
	末政芳信	間接費計算とダイレクト・コスティング	12	2
	津田博士	製造間接費管理における変動予算の意義	12	2
	国弘員人	損益分岐点論の成立	12	3
	占部都美	事業部制とプロフィット・センター	12	3
	西澤 脩	棚卸資産原価配分の実務とその概念	12	3
	矢野 宏	投資計画の経済計算としての限界投資利益率法の概要	12	3
	神馬新七郎	中小企業の売上伸長に関する一考察	12	4
	辻 厚生	「管理会計」の系譜とその視角	12	4

1960A	溝口一雄	製造上の固定費はプロダクト・コストかピリオド・コストか	12	4
	青木茂男	四つの疑問点	12	4
	佐藤精一	会計機能の端緒的認識と固定費のピリオド・コスト性	12	4
	近藤光太郎	管理会計の領域と財務会計の体系	12	4
	舛田精一	固定費ピリオド・コスト説の吟味	12	4
	関谷行夫 植田 弘	限界利益と品種選定による利益管理	12	4
	古川栄一	事業部制の問題点	12	5
	国弘員人	「必要利潤」の意味と内容	12	5
	諸井勝之助	サンク・コストについて	12	5
	中山隆祐	期間利益確定のためのプロダクト・コスト	12	5
	中島省吾	「固定費ピリオド・コスト説」批判	12	5
	肱黒和俊	三つの問題点	12	5
	今坂朔久	財務会計の現代的要請からみた製造固定費の取扱いについて	12	5
	中山隆祐	製造消費予算と標準原価の関係	12	5
	中村誠一	設備計画の分析	12	5
	小高泰雄	原価管理の新展開	12	増6
	山邊六郎	経営者の意志決定の指標としての資本利益率	12	増6
	今井 忍	生産能率と原価能率	12	増6
	野瀬新蔵	生産性分析と原価分析	12	増6
	根箭重男	原価概念に関する一論	12	増6
	肱黒和俊	変動予算の利用	12	増6
	中山隆祐	投資利益率についての問題点	12	増6
	佐藤精一	資本利益率分析の問題点	12	増6
	今坂朔久	プロジェクト・プランニングにおける資本利益率の計算と見方	12	増6
	番場嘉一郎	原価分析の体系	12	増6
	森田哲夫	製造間接費の分析	12	増6
	神馬駿逸	原価分析の実際 (1)	12	増6
	宮崎利江	原価分析の実際 (2)	12	増6
	青木茂男	事業部制の問題点	12	増6
	国弘員人 高田清朗	海外名著の紹介　Betriebsanalyse	12	増6
	溝口一雄	西独における計画原価計算の紹介	12	増6
	鈴木譲一	損害保険企業の原価計算	12	増6
	中澤 博	間接費予算と費用の分解	12	増6
	番場嘉一郎	原価会計ケース・スタディ 日本光学の巻	12	増6
	溝口一雄	再び「固定費のプロダクト・コスト性」を衝く	12	7
	中山隆祐	予算によるインベントリイ・コントロール	12	7
	福田誠一	価格可動と多品種における最大利益点の決定	12	9
	兼子春三	利益管理に資する財務諸表の総合	12	9
	中山隆祐	典型的標準原価計算制度	12	9
	小林靖雄	西独計画原価計算の展開	12	10/11
	山邊六郎	ジョナサンN・ハリスの直接原価計算	12	12
	久保田音二郎	ゲルランドの直接原価計算	12	12
	今井 忍	経営管理者階層と原価管理	12	12
	古川栄一	「事業部制による利益管理」の審議経過について	12	12
	中山隆祐	第二章が纏まるまでの経緯	12	12
	青木茂男	事業部制の予算統制	12	12
	薄衣佐吉	委員会第二回報告書の解説	12	12
	佐藤精一	管理会計委員会報告の検討	12	12
	小高泰雄他	企業利益の現代的性格	12	13
	植野郁太	損益計算における製造間接費の処理	12	13

1960A	中西寅雄	標準原価と予算原価	12	増14
	黒澤 清	プロジェクト・プランニングの会計問題	12	増14
	小林靖雄	長期経営計画とプロジェクト・プランニング	12	増14
	佐藤精一	工企業の利益図表	12	増14
	河野豊弘	プロジェクトプランニングにおける資金回収期間	12	増14
	青木茂男	プロジェクト・プランニングにおける資本利益率	12	増14
	中島省吾	プロジェクト・プランニングと予算編成	12	増14
	永野瑞穂	プロジェクト・プランニングにおける計量不能要素の評価	12	増14
	山城 章	組織論偏向事業部制と財務管理分科会的事業部制	12	増14
	占部都美	「事業部制による利益管理」にたいする批判	12	増14
	青柳文司	管理会計における人と代表作 J.O.マッキンゼー	12	増14
	西澤 脩	海外名著の紹介 Accountants' Cost Handbook	12	増14
	入山賢造	綿スフ織物業の原価計算	12	増14
	佐久間 昭	投資計画の問題点	12	増14
	小池 明	原価管理のための委員会組織	12	増14
	坂本藤良	原価会計ケース・スタディ 東洋レーヨンの巻	12	増14
	山邊六郎	外部報告のための直接原価計算	12	15
	根箭重男	原価計算の対象と方法	12	15
	西澤 脩	AAAの管理会計基準	12	15
1961A	山邊六郎	財務会計と管理会計	13	1
	井上達雄	間接費の統制	13	1
	溝口一雄	事業部制の実施における問題	13	1
	合崎堅二	「経済会計」領域の確認	13	1
	佐藤精一	期間業績評価のための資本利益率	13	1
	国弘員人	差額原価論の成立と展開	13	2
	小林健吾	原価計算の本質についての一考察	13	2
	中山隆祐	「標準原価論」のプロローグとして	13	2
	今井 忍	予算統制とモチベーション	13	3
	肱黒和俊	予算の編成と実施	13	3
	山口達良	予算の運用と人間関係	13	3
	大山寛正	予算編成の具体的実例	13	3
	石橋太郎	当社における予算制度の概要	13	3
	佐藤精一	相互排除的投資と二つの現金割引法	13	3
	中山隆祐	真実原価の追求	13	3
	佐藤精一	原価会計論	13	4
	宮本匡章	経営費用論の展望	13	4
	中山隆祐	原価管理の基本原理	13	4
	小高泰雄	コスト・マネジメントの概念について	13	5
	植野郁太	資金コストの三つの理念	13	5
	高橋吉之助	製造間接費と売上原価	13	5
	西澤 脩	売上原価の概念とその構成要素	13	5
	大植武士	直接原価計算制度による売上原価	13	5
	定方鷲男	経営分析の観点よりする売上原価概念の再検討	13	5
	中山隆祐	新しい原価計算の原理	13	5
	山邊六郎	直接原価計算の実践	13	増6
	中島省吾	経営政策決定とディレクト・コスティング	13	増6
	佐藤精一	直接原価計算と固定費・変動費	13	増6
	秋谷伊織	固定費・変動費の分類・分解の方法	13	増6
	大植武士	実績計算における固定費・変動費の分類	13	増6
	青柳文司	直接原価計算と損益計算書の形式	13	増6
	藤野信雄	直接原価計算と固定費調整	13	増6
	佐原節男	わが社における原価計算制度の改善とその方向―装置工業の場合	13	増6
	大西時雄	わが社における原価計算制度の改善とその方向―機械工業の場合	13	増6

1961A	中澤　博	多品種生産業の原価監査	13	増6
	立石大輔	原価管理制度の近代化と経営機械化	13	増6
	原田文夫	適正在庫量の問題点	13	増6
	間庭政次郎	漁業の原価計算	13	増6
	番場嘉一郎	原価会計ケース・スタディ　三菱石油の巻	13	増6
	天野恭徳	原価管理用具としての間接費標準	13	7
	西方康一	実務上から見た売上原価	13	7
	中山隆祐	管理標準と棚卸標準との混乱	13	7
	矢野　宏	投資収益率法の応用と問題点	13	7
	久保田音二郎	西独直接原価計算の批判	13	8
	今井　忍	原価管理論の進展	13	8
	中島省吾	会計の管理機能と仕掛過程	13	8
	神馬駿逸	仕掛品勘定の管理統制機能の吟味	13	8
	石尾　登	仕掛過程の原価管理に適した帳票設計	13	8
	中山隆祐	仕掛計算のための基準標準原価	13	8
	永野瑞穂	プロセス工業における仕掛の問題点と会計管理の方法	13	8
	中山隆祐	標準の概念	13	8
	今井　忍	原価管理論の進展	13	8/10-13/15
	中山隆祐	標準の設定―材料費	13	10
	兼子春三	事業部制振替価格の経済理論	13	11
	一瀬智司	工場における設備計画のための諸問題	13	11
	中山隆祐	労務費標準の設定	13	11
	小高泰雄	軌道にのるか標準直接原価計算	13	12
	小林靖雄	西独計画原価計算の動向	13	12
	佐藤精一	アメリカにおける直接原価計算と標準原価制度との結合	13	12
	天野恭徳	標準直接原価計算における若干の問題点	13	12
	鈴木永二	直接原価計算についての若干の疑問	13	12
	間藤祥夫	直接原価計算実施上の問題点	13	12
	土屋禎三	直接原価計算導入と標準原価	13	12
	一瀬智司	工場の立地計画（経営立地）に関する諸問題	13	12
	松本雅男	計画原価計算に関する一考察	13	13
	中山隆祐	変動予算と費用態様の関係	13	13
	久保田音二郎	直接原価計算の総合的批判	13/14	15/1
	谷端　長	経済的考察法について	13	15
	一瀬智司	長期設備計画と産業基盤	13	15
	井上勝人	ラウテンシュトラッハの経済計算	13	15
	榎本喜好	経営管理組織の分権化と経理規定	13	15
	中山隆祐	標準原価計算機構上の問題点	13	15
	山邊六郎	直接原価計算の基本問題	13	増16
	番場嘉一郎	間接費配賦における操業度の選択	13	増16
	中山隆祐	工場能力調査実施例	13	増16
	天野恭徳	間接費配賦と操業度の諸問題	13	増16
	佐藤精一	固定間接費の配賦と正常操業度	13	増16
	中島省吾	基準操業度決定の考え方	13	増16
	秋谷伊織	間接費予算のたて方	13	増16
	杉山二郎	間接費予算のたて方	13	増16
	原田文夫	間接費予算のたて方	13	増16
	岩田福治	間接費予算の運用	13	増16
	布本順一	わが社における原価計算制度の改善とその方向	13	増16
	野本廉吉	原価管理と原価切り下げの異同点	13	増16
	小池　明	材料費管理の問題点	13	増16
	神馬駿逸	鋳鋼品の原価計算および原価計算上の問題点	13	増16
	斎藤寿男	航空業の原価計算	13	増16
	番場嘉一郎	原価会計ケース・スタディ　沖電気の巻	13	増16
1962A	小高泰雄	設備投資の再認識	14	1

1962A	小林靖雄	設備投資と長期資金調達の一分析	14	1
	内野達郎 平山祐二	転換期を迎えた設備投資	14	1
	桑原季隆	設備投資の考え方	14	1
	吉村久夫	設備投資抑制策と産業界の反応	14	1
	清水　晶	販売系列化の経営的意義とその形態	14	1
	大山政雄	機械会計の諸問題	14	1
	中山隆祐	賃率差異分析の再吟味	14	1
	河野豊弘	価格政策の諸類型	14	2
	小林靖雄他	これからの原価管理	14	2
	中山隆祐	原価差異の分類	14	2
	今居謹吾	製品計画と販売予算	14	3
	森口博夫	市場調査と販売予算	14	3
	石川光威	販売予算の編成と製造予算	14	3
	永野瑞穂	販売予算の編成と資金予算	14	3
	三上嘉三郎	販売予算の管理	14	3
	中山隆祐	間接費差異の分離	14	3
	伊藤　博	予算管理諸原則の展開	14	4
	国弘員人	損益分岐点と付加価値分岐点	14	4
	小高泰雄	原価管理思考の発展	14	5
	小林健吾	経営費用論の発展と原価計算	14	5
	秋葉　博	利益計画とリニア・プログラミング	14	7
	秦　恒雄	設備投資と経済計算	14	7
	奥津久夫	購買管理の新しい手法	14	7
	水野幸男	在庫管理とOR	14	7
	小林靖雄	原価管理とインダストリアル・エンジニアリング	14	7
	奥村誠次郎	会計資料とOR	14	7
	佐藤精一	価格政策と原価資料	14	7
	山邊六郎	事業部制における内部利益報告制度	14	増9
	清水　晶	販売費の予算管理	14	増9
	白木他石	職務評価制度を導入した賃率決定の理論と実際	14	増9
	副島英二	各社に現れた賃金制度の実際	14	増9
	古川　昇	出来高給・奨励加給等の決め方	14	増9
	碓井　郁・大塚重雄	時間標準設定の手続	14	増9
	原田文夫	給与計算期間と原価計算期間のズレの問題点	14	増9
	石尾　登	労務副費は賃率の中に含めるか	14	増9
	永野瑞穂	時間把握を必要とする業種としない業種の労務費計算上の相違点	14	増9
	中山隆祐	標準労務費と実際労務費の差異分析の実際	14	増9
	飯島雄吾	わが社における原価計算制度の改善とその方向	14	増9
	西村三世	鉄道業の原価計算	14	増9
	雁本　弘	利益目標達成のための企業行動の一端	14	増9
	番場嘉一郎	原価会計ケース・スタディ　三共の巻	14	増9
	青木茂男	責任会計の本質	14	10
	石川光威	責任会計における利益責任の測定法	14	10
	尾谷　晋	事業部制における利益責任と資金管理	14	10
	小林靖雄	責任会計としての予算統制に関する問題点	14	10
	安達和夫	原価責任と責任会計	14	10
	国弘員人	現金最適保有量の問題	14	10
	向後良文	長期資本調達政策の問題点	14	10
	細井　卓	長期経営計画と資本支出計画	14	11/12
	松本雅男	実際原価，予定原価，予算原価の関係	14	12
	黒澤　清他	棚卸資産評価の問題点	14	12
	安達和夫	研究予算の編成について	14	12
	太田哲三	原価計算基準の成立	14	増15

1962A	黒木正憲	原価計算基準の設定について	14	増15
	黒澤 清	原価計算基準総論	14	増15
	諸井勝之助	実際原価の計算	14	増15
	鍋島 達	原価の製品別計算	14	増15
	松本雅男	標準原価の計算	14	増15
	飯野利夫	原価計算基準と財務会計	14	増15
	渡邊 進	原価計算と期間損益計算	14	増15
	溝口一雄	原価計算基準における原価概念の問題	14	増15
	小高泰雄	原価計算基準における原価の本質と原価の概念	14	増15
	青木茂男	原価計算基準批判	14	増15
	中村萬次	原価計算基準批判	14	増15
	佐藤精一	原価計算基準批判	14	増15
	神馬駿逸	原価計算基準について	14	増15
	中山隆祐	理想標準原価追放の決断	14	増15
	長谷川周重	原価計算基準の問題点	14	増15
	秋谷伊織	わが国統一原価計算基準の変遷と税法上の原価計算規定との関係	14	増15
	永野瑞穂	原価計算基準に関する若干の考察	14	増15
	原田文夫	原価計算基準について	14	増15
	佐藤精一	米国業種別統一原価計算制度をめぐつて	14	16
	青木 脩	フランス原価計算基準とわが国新基準	14	16
1963A	今井 忍	原価管理論における原価計算基準の基本的性格	15	1
	中島省吾	原価計算基準の性格規定	15	1
	辻 厚生	「基準」の基本的性格について	15	1
	久保田音二郎	原価計算基準における原価概念の基礎	15	1
	天野恭徳	原価計算制度における原価概念に関して	15	1
	西澤 脩	日米原価計算基準の原価概念	15	1
	溝口一雄	原価計算基準と直接原価計算	15	1
	佐藤精一	「基準」における直接原価計算関連規程への批判	15	1
	中山隆祐	二元論の立場からの第四章批判	15	1
	新井益太郎	「原価差異の会計処理」について	15	1
	田中嘉男	基準における原価差異と税法	15	1
	宮本匡章	最近の直接原価計算論瞥見	15	1
	E・コジオール	パガトリッシュ計算の基本的考え方	15	1
	小高泰雄	原価調査の重要性について	15	2
	多田 良	原価計算基準と当社原価計算制度	15	2
	橋本俊徳	原価計算実施規程の吟味	15	2
	平岡吉郎	原価計算規程はどうあるべきか	15	2
	山田捨雄	原価計算規程はどうあるべきか	15	2
	堀江午治	原価計算規程はどうあるべきか	15	2
	小池 明	実務のなかの原価計算基準	15	2
	舛田精一	原価差異の処理をめぐつて	15	2
	鍋島 達	営業費要素の分類	15	3
	青木茂男	営業費計画会計の手法と考え方	15	3
	西澤 脩	営業費計画の具体的設定手法	15	3
	坂本 清	営業費統制について	15	3
	今坂朔久	わが国におけるマーケティング管理会計の実務上の問題点	15	3
	宮本匡章	直接原価計算の一展開	15	3
	小林靖雄	わが国企業の設備投資の財務分析	15	4
	佐藤精一	外注単価算定の原理と方法	15	4
	乗松謙次	外注単価の合理的決定方法	15	4
	松尾憲橘	原価計算基準批判序説	15	5
	溝口一雄	事業部制による利益管理の実態とその問題点	15	5-7
	鎌田信夫	投資プロジェクトの収益性評価	15	5
	中山隆祐・佐藤精一	直接費差異分離のインプット法とアウトプット法	15	6

1963A	小林健吾・佐藤 進	直接原価計算の個別原価計算への適用	15	7
	青木茂男	総説／労務費管理の諸問題	15	7
	大石一郎	労務費予算の編成原理と問題点	15	7
	安達 昇	日本的給与形態と労務費計算	15	7
	諸井勝之助	投資決定の指標	15	8
	河野豊弘	不確実性と経済計算	15	8
	大治健二・藤村慶樹	経営の場における設備投資の経済計算手法	15	8
	荒川龍彦	標準原価と原価管理	15	9
	天野恭徳	原価情報と原価管理のフィード・バック	15	10
	佐藤好孝	原価差異の会計処理と原価会計機構	15	10
	板垣 忠	原価差異処理論へのアプローチ	15	10
1964A	今井 忍	標準原価計算と原価差異分析の方法	16	2/3
	安達和夫	直接原価計算のあり方について	16	3
	矢野宏・谷村恵保	長期利益計算試案	16	3
	山邊六郎	キャパシティ・コストにかんする管理会計上の諸問題	16	4
	中島省吾	キャパシティー・コストの管理	16	4
	西澤 脩	キャパシティ・コストと原価計算	16	4
	永野瑞穂	キャパシティ・コストの性格とその管理方法	16	4
	宮村匡章	直接原価計算への費用理論的アプローチ	16	4
	安達和夫	標準原価制度のあり方について	16	5
	荒川龍彦	直接原価計算と棚卸資産評価目的	16	5
	山形休司	生産関数と費用関数の関係	16	5
	小林哲夫	ドイツ費用理論の最近の動向について	16	5
	青木茂男	経営管理における計画および管理概念の区分	16	6
	肱黒和俊	費用変動態様の把握方式をめぐつて	16	6
	三雲宗敏	工業生産における収益法則について	16	6
	佐藤精一	キャパシティー・コストの製品別計算	16	7
	今井 忍	価格政策の決定と原価資料	16	7
	坂本 清	売価決定の諸方式	16	7
	小林健吾	市況価格と原価資料	16	7
	白勢慶吉	調達価格決定と原価資料	16	7
	原田文夫	入札価格決定と原価資料	16	7
	大矢正久	最終需要者価格決定と原価資料	16	7
	溝口一雄	キルガーの計画原価計算論	16	8-10
	西澤 脩	キャパシティ・コストとしての維持費の管理	16	8
	青木茂男	自製・購入選択の計算	16	10
	辻 厚生	予算統制概念の生成	16	10
	ヴォルフガンク・キルガー, 松本雅男, 溝口一雄	キルガー教授に西独の原価計算の実情を聞く	16	10
	佐藤精一	工業技術的原価計算の構想	16	10-12
	松本雅男	計画計算と統制会計	16	11
	神馬新七郎	木型工場における木型の原価計算と木型管理	16	11
	伊藤敦巳	プロジェクトの管理について	16	11
	神馬駿逸	直接労務費の属性を検討する	16	11
	大西時雄	直接工労務費の性格について	16	11
	宮本匡章	固定費の無効原価について	16	12
	末尾一秋	レルヴァント・コスティングについて	16	12
1965A	久保田音二郎	直接原価と期間原価との分類批判	17	1/2
	藤田幸男・染谷恭次郎	キャパシティ・コストの会計	17	1-4
	宮本匡章	直接原価計算の一つの変形	17	1
	西澤 脩	長期利益計画の策定	17	2
	青木茂男	企業予算における予算の水準	17	3
	奥村誠次郎	「経済計算」の問題点	17	3

1965A	矢野　宏	投資プロジェクトの経済計算に関する一つの要約	17	3
	會田義雄	管理会計制度採用の状況とその歴史	17	3
	山形休司	ヘンツェルの費用分析の積極的意義	17	4
	松本雅男	管理会計論の体系	17	4
	鍋島　達	近代的管理会計の特質	17	4
	溝口一雄	管理会計の領域と体系	17	4
	中島省吾	管理会計論の成立	17	4
	會田義雄	長期計画とその予測要因の実態	17	4
	安達和夫	労働力不足とコスト・マネジメント	17	5
	西澤　脩	流通コスト引下げの諸方策	17	5
	井村　明	流通コストの引下げについて	17	5
	青木茂男	事務コスト引下げの手続	17	5
	鵜沢昌和	クラリカル・コストの重視	17	5
	佐藤精一	原価低減の基本問題にかんする私見	17	5
	西村三世	人間コスト低減の課題	17	5
	會田義雄	損益分岐点分析の実態	17	5
	林　周二	流通会計とマーケティング会計	17	6
	西澤　脩	マーケティング計画の計画会計	17	6
	會田義雄	価格政策と原価概念の実態	17	6
	安達和夫	福利厚生費の管理	17	7/8
	板垣　忠	標準原価計算の目的と会計機構	17	7
	石塚博司	標準原価の会計手続と管理目標の関連	17	7
	小林靖雄	近代的IEとコスト・マネジメント	17	7
	佐藤精一	作業測定とコスト・マネジメント	17	7
	春日部博	在庫費用のコスト・マネジメント	17	7
	遠藤健児	運搬費のコスト・マネジメント	17	7
	會田義雄	予算編成についての実態	17	7
	會田義雄	直接原価計算の実態	17	8
	吉田弥雄	利益管理とコスト引下げの重点	17	9
	中山隆祐	二次元的標準原価と予算との関係	17	9
	溝口一雄	二次元的標準原価論の吟味	17	9
	今坂朔久	月次成果計算としての付加価値直接原価計算	17	9
	中山隆祐	予算と標準原価のアウトプット面の関係	17	10
	西野嘉一郎	企業におけるコスト管理と金利	17	10
	後藤幸男	資金調達に伴う金利管理と金利負担の限界	17	10
	青木茂男	業績管理と金利の配賦	17	10
	田中雅康	価格政策と金利	17	10
	安達和夫	外注費の管理	17	10/11
	會田義雄	費用分解の実態	17	10
	中山隆祐	二段式標準原価の利点	17	11
	會田義雄	標準原価計算の実態	17	11
	會田義雄	予算統制と資金運用表の実態	17	12
1966A	青木倫太郎	計数管理の領域	18	1
	今井　忍	経営組織における管理者業績の計数的把握方法	18	1
	小林靖雄	自動車部品工業の原価管理概観	18	1
	山田一郎	業績基準と会計の役割	18	1
	上野一郎	ドナルドソン株式会社における目標管理	18	1
	福留民夫	目標管理及び業績評価制度と会計	18	1
	白川七郎	目標管理・業績評価と会計制度	18	1
	影山裕子	業績基準の導入と会計制度	18	1
	溝口一雄	実践的予算統制	18	1-4
	小林哲夫	直接原価計算による意思決定のための原価評価	18	1
	佐藤精一	機械干渉の経済計算原理	18	3
	山邊六郎	原価計算制度上の原価と特殊原価	18	4
	松田武彦	システム概念と経営情報	18	4

1966A	千住鎮雄・伏見多美雄	計画・管理の指標と計算システム	18	4
	関口 操	予算プロセスの構想	18	4
	小林靖雄	原価管理の新展開	18	4
	宮川公男・中村輝夫	会計情報と意思決定の数量的分析	18	4
	志村重太郎	マーケティング計画のための会計情報システムとEDP	18	4
	吉田弥雄	長期利益計画と長期総合的利益管理	18	7
	西澤 脩	長期利益目標設定の諸方式	18	7
	青木茂男	計画および統制のための原価諸概念	18	8
	青柳文司	原価意識とモチベーション	18	8
	小林健吾	標準直接原価計算の進展	18	8
	肱黒和俊	キャパシティ・コスト会計の意味するもの	18	8
	尾関 守	エンジニアリング・コスト思考の抬頭	18	8
	荒木睦彦	ネットワークによる日程と原価の管理	18	8
	中山隆祐	固定費の分類	18	9
	天野恭徳	建設工事費の積算について	18	10
	服部正美	資本計画への一つのアプローチ	18	10
	宮本匡章	企業予算と行動科学	18	10
	長浜穆良	企業予算とシミュレーション	18	11
	大川信明	企業予算と行動科学	18	11
	宮川公男	需要分析と販売予算	18	11
	奥村惠一	資本予算の新しい問題点	18	11
	鎌田信夫	企業予算と責任会計制度	18	12
	国弘員人	損益分岐点の位置と収益性	18	12
	西澤 脩	NAA「管理会計上の諸概念」について	18	12
	溝口一雄	原価数値と経営課題	18	12
	安達和夫	全部原価計算の再認識	18	12
	今坂朔久	採算分析と原価把握	18	12
	大塚次郎	原価把握と行動連関	18	12
1967A	山邊六郎	NAA報告書「管理会計上の諸概念」	19	1
	溝口一雄	長期問題と原価情報	19	1
	里村春高	製造原価と操業度の関連性	19	1
	久保田音二郎	原価についての消費原則の理論	19	2
	小林靖雄	中小企業の原価計算	19	2
	大橋周治	業務計画と予算統制	19	2
	定方鷲男	利益計画と目標利益	19	4
	永野瑞穂	利益計画の実践理論	19	4-6
	辻 厚生	管理会計の基本的前提	19	5
	青木倫太郎・中山隆祐・青木茂男・高橋吉之助・溝口一雄・小林靖雄	今日の管理会計観	19	5
	平林喜博	間接費配賦基準の選択論	19	5
	秋葉博・四ツ谷稔	投資のリスク分析	19	5
	青木茂男	業績評価会計について	19	6
	小林健吾	業績評価会計と経営計画	19	6
	奥村惠一	業績評価と資本利益率	19	6
	宮本匡章	業績評価と直接原価計算	19	6
	石塚博司	業績評価会計と組織行動	19	6
	企業利益研究委員会	「管理会計上の利益概念」に関する意見書	19	6
	森田哲夫	個別利益計画についての若干問題	19	6
	吉田彌雄	管理会計と財務会計の統合	19	7
	矢矧晴一郎	これからの会計情報と財務管理	19	7
	小林靖雄	設備投資の再検討	19	8
	葉山 馨	石油業の場合	19	8

1967A	小川　洋	電気事業の場合	19	8
	高見真佐太郎	造船業の場合	19	8
	田中耕造・岡部雄一	電器・通信業の場合	19	8
	清水龍瑩	自動車工業の場合	19	8
	山田珠夫	設備投資計画における「資本コスト」の実際利用とHM命題	19	8/9
	肱黒和俊	変動予算をめぐる諸概念と用語について	19	9
	島　弘	経営計画と統制の相互関連について	19	9
	中山隆祐	事業部制と人格業績	19	10
	辻　厚生	管理会計上の利益	19	10
	清水龍瑩	A鉄鋼業における長期需要予測と設備投資計画	19	10
	真船洋之助	事業部管理者の業績評価の基本問題	19	11
	大須賀政夫	IEの観点から	19	11
	神尾沖蔵	QCの観点から	19	11
	水野幸男	ORの観点から	19	11
	石田武雄	LPの観点から	19	11
	布留川靖	PERTの観点から	19	11
	森岡一成	VAの観点から	19	11
	大川信明	行動科学の観点から	19	11
	国弘人人	費用分解のあり方	19	12
	天野恭徳	外注管理と工数管理	19	13
	占部都美	企業予算と行動科学	19	13
	中原伸之	企業予算の調整機能	19	13
	高橋達男	目標管理と企業予算	19	13
	中山隆祐	生産管理における予算と標準原価の役割	19	13
	長浜穆良	企業予算の統制能力	19	13
	佐藤精一	不確実性下の損益分岐点分析	19	13
1968A	安達和夫	企業における福利費計画設定について	20	1
	宮部義一	企業予算のモデル化	20	1
	末政芳信	利益図表の種類	20	2
	上領英之	原単位分析の基底	20	2-4
	吉田彌雄	企業予算と人間問題	20	3
	小林健吾	予算差異分析の発展と調節原価計算	20	3
	宮川公男・清川道夫	経済分析とコスト	20	3
	佐藤精一	線型マネジメント・モデルの一私観	20	4
	角谷光一	管理会計におけるレリバンス概念	20	4
	青柳文司	物量会計と価値会計	20	5
	小野二郎	計画のための会計情報における物量と価値	20	5
	高田清朗	コントロール・システムのコントロールと会計情報と財務の機能分野	20	5
	小野重雄	会計情報の内部伝達と外部伝達	20	5
	中原伸之	会計情報の現状・将来	20	5
	松本雅男	アメリカの中小工業における計画計算の実情	20	6
	本田利夫	先人をたずねて／J.O.マッキンンジー	20	6
	西澤　脩	意思決定会計の概念と現状	20	7
	山口英治	資本支出分析と会計情報	20	7
	田中耕造・岡部雄一	製品価格決定と会計情報	20	7
	中村輝夫	CVP分析の効用	20	7
	間崎　一	在庫管理と会計情報	20	7
	伏見　章	原価管理とEDP	20	7
	天野恭徳	意思決定のための会計情報	20	7
	小川　洌	先人をたずねて／M/R.レーマン	20	7
	今井　忍	経営情報と意思決定原価	20	8
	小林靖雄	コスト・ビヘイヴィアと原価管理	20	8
	肱黒和俊	標準直接原価計算と原価管理	20	8

1968A	安達和夫	特殊原価調査での関連原価概念	20	8
	小林健吾	固定費管理の発展と今後の問題	20	8
	亀山三郎	管理技術と原価情報	20	8
	大西時雄	実務における変動費と固定費	20	8
	若林民雄	長期経営計画の設定に対するLPの適用	20	10
	青木茂男	予算統制の新課題	20	11
	奥村憲一	マーケティング機能に関する財務管理	20	11
	安達和夫	企業における研究プロジェクト別原価計算	20	11
	田中耕造・岡部雄一	設備投資分析の現段階	20	11
	大屋統貴夫	利益計算における損益分岐点分析機能	20	11
	小林健吾	管理会計における分析と総合	20	12
1969A	青木茂男	意思決定と会計情報システム	21	1
	古川栄一	内部統制・利益計画・事業統制による財務管理の展開	21	1
	小高泰雄	コスト・マネジメントの今後の課題	21	1
	鍋島 達	原価計算基準-その意義と今後の課題	21	1
	高橋吉之助	経営情報システムと管理会計	21	1
	吉田 寛	管理会計における情報特性	21	1
	石塚博司	管理会計と数理手法	21	1
	宮本匡章	管理会計と企業高度	21	1
	小林靖雄	目標利益の策定をめぐつて	21	2
	西澤 脩	個別計画と期間計画との関連	21	2
	奥村憲一	個別計画の策定方法	21	2
	鎌田信夫	期間計画の策定方法	21	2
	秋葉 博	長期計画とEDPS	21	2
	河野豊弘	設備投資の経済性計算についての若干の問題点	21	2
	関口 操	管理会計的思考の盲点	21	3
	板垣 忠	製造間接費計画設定上の諸問題について	21	3
	佐藤 進	事前原価の諸概念と管理体系	21	3
	深井秀夫	直接原価によるコスト・マネジメント	21	3
	橋本三千穂	見積原価計算を中心とした事前原価計算	21	3
	関根寛治	予算原価によるマネジメント	21	3
	伏見多美雄	貨幣価値の変動と経済計算	21	4
	山形休司	原価理論の展開	21	4
	野口勝郎	意思決定会計とシステム・シミュレーション	21	4
	天野恭徳	研究開発計画とその予算編成の諸問題	21	4
	溝口一雄	予算の管理機能	21	4
	中島省吾	利益計画と予算	21	4
	長松秀志	予算システムとモチベーション	21	4
	柴川林也	予算管理のシミュレーション	21	4
	恵羅嘉男	PPBSと企業予算	21	4
	宮川嘉治	全部原価計算下での損益分岐点分析に対する一考察	21	5
	高橋吉之助	伝統的管理会計における不確実性への対処	21	6
	杉本典之	意思決定会計の発展	21	7
	前田貞芳	業績管理会計の発展	21	7
	若林民雄	EDPによる原価管理	21	7
	今居謹吾	製造業の場合=三菱電機	21	7
	松岡進士郎 安部荘一郎	建設業の場合=大林組	21	7
	広田 稔	流通業の場合=伊勢丹	21	7
	佐藤好孝	特殊原価調査の基本的考え方	21	8
	藤本 聖	企業成長に課す研究・開発の役割	21	8
	松井 好	研究・開発プロジェクトの選定と管理	21	8
	安達和夫	研究費管理の在り方-研究費の特質に関連して	21	8
	伊賀和夫	研究・開発と予算管理	21	8
	松下 寛	研究・開発と経営の未来	21	8

年	著者	題目	巻	号
1969A	アドルフ・マッツ	原価分析と利益計画	21	8-12
	永野瑞穂	事業部の業績評価	21	10
	西澤 脩	販売部の業績評価	21	10
	長浜穆良	企業予算シミュレーションの意義と限界	21	13
	山形休司	執行・統制活動と会計情報	21	13
	石塚博司	執行・統制活動と会計	21	13
	宮本匡章	戦略的決定問題への会計の役立ち	21	13
1970A	西沢 脩	管理会計のシステム・アプローチ	22	1
	今井 忍	情報化社会における原価管理のビジョン	22	1
	水戸誠一	在庫管理の理論と方式	22	3
	堀内栄一	製品在庫の管理実践	22	3
	中村輝夫	原材料在庫管理の把握	22	3
	久米 豊	部品在庫管理の実際	22	3
	門田武治	仕掛品在庫の管理と問題点	22	3
	中田 勇	在庫予算の統制機能	22	3
	伏見多美雄	失敗のコストと改善の利得	22	5
	亀山三郎	原価管理のシステム的接近	22	6
	三輪裕惟	原価管理のためのデータ・ベース	22	6
	伊達勇助	原価管理情報の収集・処理	22	6
	若林民雄	プロジェクトの原価管理システム	22	6
	吉田一章	VA活動と原価管理システム	22	6
	佐藤精一	会計システムのEx AnteとEx Post	22	6
	小林靖雄	原価管理のシステム的アプローチに対する考察	22	12
	佐藤精一	多品種生産の計数管理システム	22	12
	西澤 脩	管理会計のインターディシプリナリー・アプローチ	22	14
1971A	関口 操	教育・訓練費の経営学	23	2
	溝口一雄	直接原価のビヘイビア	23	2
	小林健吾	直接原価と利益計画	23	2
	山形休司	直接原価と価格政策	23	2
	土淵健一	直接原価と原価統制	23	2
	前田幸雄	直接原価とLP	23	2
	小林靖雄	管理会計論の将来に向けて	23	4
	亀山三郎	管理会計の方法	23	4
	飯田 穆	管理会計への行動科学的アプローチ	23	4
	西川仙之	システム・エンジニアリングと管理会計	23	4
	佐藤宗彌	経済分析と意思決定会計	23	4
	菊地和聖	インフォメーション・テクノロジーと会計情報システム	23	4
	日下部与市	EDP会計のための「勘定科目コード」のJIS原案について	23	4
	青木茂男	経営環境とポリシー・コスト	23	5
	芝 章	研究開発費のマネジメント	23	5
	中村輝夫	品質管理コストとその展開	23	5
	本間弘光	広告計画と広告予算	23	5
	戸村晴秋	ポリシー・コストの一吟味	23	5
	藤田至孝	教育訓練費のポリシー・コスト的性格	23	5
	細野義一	公害対策費決定のための条件	23	5
	斉藤隆夫	全部原価と部分原価の問題性	23	6
	杉本典之	原価計算手続の論理構造	23	7/8
	渡邊 進	売上原価の考え方	23	10
	伏見多美雄・中山泉	多目標原理による財務計画モデル	23	10
	藤澤袈裟利	経営における意思決定の問題	23	10
	岡本清・大成節夫	直接原価計算とリニアー・プログラミング	23	10/12-14
	小林哲夫	事後最適計画に基づく会計的統制システムの拡張	23	12
	板垣 忠	原価概念純化のための一試論	23	13
	辻 厚生	原価管理論の批判的検討	23	14

年	著者	タイトル	巻	号
1971A	西澤 脩	マーケティング戦略と会計情報システム	23	14
	菅原正博	マーケティング情報システムと会計情報	23	14
	今居謹吾	マーケティングにおける費用効果極大化の志向	23	14
	江尻 弘	マーケティング活動の業績評価	23	14
	三岳博輔・戸塚祐	マーケティング予算の編成と実施	23	14
1972A	青木茂男	管理会計研究にみられる最近の傾向と今後の展望	24	1
	松尾憲橘	公害とコスト	24	1
	佐藤精一	予測，計画，制御と予算システム	24	1
	岡本 清	日本的管理会計論の探求	24	1
	小林哲夫	管理計算の論理と検証	24	1
	河野正男	社会的用具としての会計	24	1
	番場嘉一郎	会計情報の効用と限界	24	2
	奥村恵一	原価情報の使途と効率化	24	2
	角谷光一	計画・統制のための標準原価情報の再検討	24	2
	伊藤 博	計画・統制のための標準原価計算の再検討	24	2
	安達和夫	経営計画のための原価調査の再検討	24	2
	宮本匡章	管理会計と利益概念	24	2
	小林靖雄	管理会計の系譜と将来の展望	24	3
	高橋吉之助	管理会計システム等の設計をめぐる諸問題	24	3
	岸本英八郎	MISと管理会計	24	3
	西山一三	アメリカにおける管理会計の実践モデル	24	3
	岡本清・大成節夫	マトリックスを利用した標準原価差異分析	24	6
	伊藤 博	利益貢献と原価行動	24	8
	今坂朔久	利益戦略と情報システム	24	8
	小林哲夫	マージナル・コストと経営意思決定	24	8
	吉田 彰	マージナル・コストとプロダクト・ミックス	24	8
	宮本匡章	価格政策とマージナル・コスト	24	8
	安達和夫	経営活動量とマージナル・コスト	24	8
	若林民雄	マージナル・コストの実際	24	8
	徳谷昌勇	環境コストと責任会計	24	10
	溝口一雄	損益分岐分析の再検討	24	11
	安達和夫	諸意思決定原価概念の再整理	24	11
	堀内良輔	増分原価の能力と課題	24	11
	小池 明	キャパシティ・コストの限界	24	11
	林 達	機会原価適用上の要件	24	11
	中村輝夫	埋没原価の効用	24	11
	国弘員人	費用分解の諸問題	24	12
	大西時雄	利益計画と原価管理の場合の変動費と固定費の区分	24	12
	細野義一	利益管理・原価管理のための原価区分について	24	12
	佐野賢一	付加価値からみた原価の分類並びに利益管理	24	12
	木下照嶽	公害費に関する会計学的アプローチ	24	12
1973A	日口 透	部門別原価管理のためのデータ・ベース"ICBS"について	25	1
	佐藤 進	原価計算基準における原価の本質	25	1
	櫻井通晴	AAA，原価・管理会計基準の考察	25	1
	両頭正明	直接原価計算と基礎計算の利用	25	2
	早矢仕健司	「製品原価」概念の純化思考について	25	4
	安達和夫	わが国企業の人件費構造の基本問題	25	6
	西村三世	建設業の人件費構造とその問題点	25	6
	久保一陽	化学工業の人件費構造とその問題点	25	6
	中尾則彦	電機メーカーの人件費構造とその問題点	25	6
	井村 明	運輸業の人件費構造とその問題点	25	6
	藤田至孝	わが国企業人件費の動向と展望	25	6
	溝口一雄	「日本の」会計学をめぐって	25	7
	山上達人	公害費用と社会的価値会計	25	7
	西澤 脩	物流原価計算の地位と手法	25	8

年	著者	タイトル	巻	号
1973A	矢澤秀雄	物流費予算統制と原価低減	25	8
	阿保栄司	物流プロジェクトの評価	25	8
	稲田卓次	原価理論における経営規模問題についての一試論	25	9
	溝口一雄	売価決定と原価の関係	25	10
	一瀬智司	公益事業の料金決定と原価	25	10
	佐藤宗弥	リースの貸付価格と原価	25	10
	中山雅博	原価付加契約と原価	25	10
	小倉正夫	管理価格と原価	25	10
	溝口一雄	価格計算における試み	25	11
	長松秀志・加藤武信	個別原価計算モデルの分析と設計	25	11
1974A	松本雅男	戦後における標準原価計算の発展	26	1
	武田隆二	情報会計の現状と将来	26	1
	小林健吾	管理会計の新展開	26	1
	若杉 明	環境会計の理論	26	1
	両頭正明	意思決定のための原価概念	26	1
	安達和夫	研究・開発戦略と研究・開発予算	26	4
	青木茂男	関係会社管理会計の課題	26	6
	小林哲夫	利益管理のための原価計算システムについて	26	6
	角谷光一	計算原価のことについて	26	6
	今坂朔久	付加価値分析と利益戦略	26	7
	西澤 脩	インフレ下の販売利益分析	26	7
	菊野恒夫	利益戦略からみた限界利益分析と貢献利益分析	26	7
	島田信愛	原価分析と利益分析	26	7
	原田富士雄	社会的費用論の系譜	26	8
	亀山三郎	システム分析と原価計算	26	8
	若林民雄	原価計算とスケジューリング	26	8
	小池 明	ソシアル・コストへの接近	26	8
	石田 甫	EDPによる原価情報システムの設計	26	8
	佐藤宗弥	フィードフォワード・コントロール	26	8
	伊丹敬之	管理のための会計と不確定性	26	8
	清水誠一	原価情報の伝達の目標と手段	26	12
1975A	小林哲夫	双対価格に基づく間接費の配賦	27	1
	阪口 要	直接原価に基づく統合管理会計システム	27	4
	門田安弘	価格決定における原価の役割	27	7
	細野義一	原価管理の課題	27	11
	小林健吾	マネジメント・コントロールと標準・直接原価計算の発展	27	11
	伊藤 博	新しい管理会計への出発	27	11
	佐藤精一	Ex Post 会計システムとコントロール概念の発展	27	11
	青木茂男	転期を迎えた原価計算	27	15
1976A	佐藤 進	等級別総合原価計算の特質	28	1
	中山隆祐	間接管理から実体管理へ	28	2
	佐藤精一	原価管理と原価低減	28	3
	徳谷昌勇	社会的原価と公正価格決定	28	3
	松本公文	JIS「勘定科目コード」について	28	3
	佐藤 進	アウトプット・メソッドによる原価差異の分析式	28	4
	小池 明	管理思考の転換	28	4
	堀内良輔	原価管理	28	4
	青木茂男	原価配賦論	28	7
	山邊六郎	原価計算基準の再検討	28	10
1977A	小林哲夫	管理会計の機能と限界	29	1
	番場嘉一郎	「原価計算基準」の検討課題	29	2
	中山隆祐	継続記録法その他に関する意見	29	2
	溝口一雄	「原価計算基準」の本質と課題	29	2
	諸井勝之助	「原価計算基準」の見直し	29	2
	佐藤 進	「原価計算基準」の社会的必要性と原価計算制度の要件	29	2

1977A	安達和夫	「原価計算基準」改訂の方向	29	2
	西澤 脩	物流原価計算の基準化	29	3
	中野淑夫	責任会計と目標管理	29	3
	橋本昌史・近藤修一	「物流コスト算定統一基準」の公表にあたって	29	4
	西澤 脩	「物流コスト算定統一基準」の解説	29	4
	井上芳枝	ビール製造業における適用	29	4
	上村行男	家電製品製造業における適用	29	4
	国分道男	卸・小売業における適用	29	4
	櫻井通晴	原価概念と企業行動	29	5
	佐藤正雄	バベッジの原価分析と原価計算	29	12
1978A	津曲直躬	管理会計論における伝統と革新	30	1
	青木茂男	責任会計の動向	30	1
	櫻井通晴	原価加算契約における価格設定の基本的性格	30	5
	門田安弘	価格決定に関する部分計画と総合計画	30	5
	金児 昭	経営判断に直結させる収益・原価管理の実践	30	6
	平田正敏・大塚建司	不確実性下の多品種損益分岐点分析について	30	9
	溝口一雄	原価計算基準	30	12
1979A	牧戸孝郎	最近におけるわが国原価管理実践の傾向	31	3
	古賀 勉	原価のフレームワークと基本的性格	31	3
	木島淑孝	原価の基本的属性と原価計算	31	5
	溝口一雄	西ドイツの原価計算システム調査	31	5
	両頭正明	短期経営成果計算と直接原価計算	31	6
	溝口一雄	西ドイツにおけるコントローラー制度	31	8
	門田安弘・加登豊	行列原価計算における原単位の確定と差異分析	31	11
	安藤三郎	拡原価計算思考の形成基盤	31	12
1980A	櫻井通晴	CASBの原価計算基準とそのインパクト	32	1
	長谷川哲嘉	利子の原価算入（FASB基準書No.34）	32	5
	佐藤紘光	「管理会計論の展開方向」について	32	7
	宮本匡章	アイドル・キャパシティ・コストと原価計算制度	32	8
	平田正敏・谷川宮次	インフレーション下の損益分岐点分析に関するDhavale = Wilson模型の吟味	32	9
	前川良博	製造工業における現状と問題点	32	10
	遠山 暁	サーヴィス産業における現状と問題点	32	10
	青木茂男	経営原価計算の意義	32	11
	溝口一雄	マネジメントのための原価計算を考える	32	11
	占部都美	経営管理とコスト情報	32	11
	宮川公男	「経営原価計算実施要領」（中間報告）を読んで	32	11
	大川信明	原価計算に人間性を考慮しうるか	32	11
	涌田宏昭	経営原価計算のシステムと情報的アプローチ	32	11
	小池 明	ハード製造原価計算からソフト製造原価計算への対応	32	11
	小林健吾	経営原価計算の今日的意義	32	11
	亀山三郎	オペレーショナル・コントロールのための原価計算	32	11
	谷 武幸	責任会計システムと原価計算	32	11
	小林哲夫	予算シミュレーションと原価計算システム	32	11
	小川 洌	操業度政策とキャパシティ・コスト	32	11
	櫻井通晴	価格政策と原価情報	32	11
	石塚博司	投資決定における不確実性の処理	32	11
	山形休司	ソーシャル・コストと原価計算	32	11
	伏見多美雄	意思決定の経済分析とコスト・利益情報	32	11
	西澤 脩	"経営領域別原価計算"の課題と展望	32	11
	伊藤 博	関連原価分析の検討	32	11
	吉川武男	主要企業における原価計算の問題点	32	11
	伊藤雄二	業績評価のための原価計算	32	11
	河合 朗	コスト・マネジメントにおけるEDPシステム体系の重要性	32	11

年	著者	タイトル	巻	号
1980A	高橋俊行	直接原価計算の実践面での問題点	32	11
	辻　輝彦	経営原価の把握と利用に関する諸問題	32	11
	寺原憲治	仕切価格制度について	32	11
	富安　隆	技術革新への対応の諸方策	32	11
	増田日出雄	プラント建設でのコスト・コントロール	32	11
	南喜一郎	標準原価設定にともなう問題点	32	11
	山本房志	建設業−土木工事における−の原価管理について	32	11
	渡辺純男	受注個別生産における標準原価の役割	32	11
	浜田和樹	共通資源と部門別業績評価	32	12
1981A	佐藤宗彌	管理会計のパラダイム試論	33	1
	溝口一雄	「原価計算基準」の解説	33	1
	辻　厚生	管理会計論の分析視角	33	3
	辻　正雄	原価差異の重要性と調査	33	6
	安達和夫	「原価計算基準」の改訂について	33	7
	辻　正雄	原価差異調査	33	7
	谷　武幸	わが国における振替価格設定システムに関する実証研究	33	7
	辻　正雄	原価差異の調査決定モデルの評価	33	8
1982A	辻　正雄	標準設定における情報インセンティブ	34	2
	伊藤　博	「原価計算基準」再検討における一戦略	34	4
	小池　明	第三の原価について	34	7
	西澤　脩	研究開発費の原価計算，予算管理および効率測定	34	10
	三木信一	現代的研究開発管理の課題	34	10
	小林健吾	企業予算と標準原価	34	12
1983A	登能暉・門田安弘	自動車工業における総合的原価管理システム	35	2
	黒澤　清	山邊六郎君を偲ぶ	35	3
	片岡洋一・井上裕史	材料数量差異分析の再検討	35	4
	西澤　脩	米英の本社費配賦の方法と実態	35	6
	佐藤　進	原価管理の概念	35	8
	松谷靖二	工業会計の史的発展における一断面	35	9
1984A	兼子春三	業績管理会計にみる日本的特色	36	5
	西澤　脩	予算と標準による輸送費の管理	36	6
	櫻井通晴・P.Y.Huang・伊藤和憲	わが国生産性の論点	36	6
	片岡洋一・井岡大度	多段階変動費の理論にもとづく利益計画モデル	36	8
	溝口一雄	エーリッヒ・グーテンベルク教授の想い出	36	9
	小林哲夫	グーテンベルク教授の学説を跡づける	36	9
	江村　稔	津曲直躬君を悼む	36	11
1985A	亀山三郎	管理会計システムの展開	37	1
	青木茂男	FAと原価計算・管理会計	37	2
	小林健吾	FAは予算管理と標準原価計算にいかに影響するか	37	2
	櫻井通晴	FMSと管理会計の新展開	37	2
	牧戸孝郎	FAの進展と原価管理のあり方	37	2
	五十嵐瞭	FMSと原価低減	37	2
	田中雅康	新製品開発と原価企画	37	2
	門田安弘	MRP・かんばん方式と原価計算の統合システム	37	2/3
	木村一嘉	管理会計情報作成に有効なパソコン・データベース	37	2
	井上信一	多品種少量生産企業におけるマネジメント・コントロールの実態	37	2
	宮本匡章	原価計算における最近の課題	37	3
	櫻井通晴	ソフトウェアの会計と管理	37	6
	中村輝夫	コンピュータ経理と管理会計情報	37	7
	佐藤　進	原価差異分析法としてのインプット・メソッドとアウトプット・メソッド	37	12
	伏見多美雄	戦略管理会計への構想	37	12
	原田行男	戦略的予算管理の展開	37	12

1986A	岡本　清	管理会計基準の拡張	38	1
	小林哲夫	経営管理目的と会計基準	38	1
	神戸大学管理会計研究会	本社費・共通費の配分に関する実態調査	38	3
	西澤　脩	ハイテク時代の研究開発費の管理	38	6
	宮本匡章	現代原価計算の課題・再論	38	7
	小池　明	ソフト・ウェアの原価管理について	38	10
	河田　信	生産システムと管理会計の接点を探る	38	11
	櫻井通晴・伊藤和憲	わが国企業の価格決定実践	38	11
	溝口一雄	キルガー教授の想い出	38	11
1987A	増田宏一	原価削減	39	1
	西村明・平井孝治	ラグランジェ乗数と原価差異分析	39	1
	西澤　脩	戦略的営業費管理の提言	39	2
	田中雅康	製品開発におけるコスト・エンジニアリングの方法展開	39	2
	牧戸孝郎	付加価値向上とコスト・マネジメント	39	2
	中村輝夫	生産現場における原価低減の実践	39	2
	吉田博文	研究開発戦略への新たな視点	39	2
	佐藤精一	製造環境の変化と管理会計	39	4
	櫻井通晴	高度情報社会と企業経営の変容	39	4
	木島淑孝	FAと原価	39	4
	高橋史安	原価管理の変容	39	4
	内山東平	ソフトウェア原価計算の基本的フレームワーク	39	4
	吉川武男	開発ソフトウェアの個別原価計算システム	39	4
	志村　正	経済のサービス化と原価計算	39	4
	宮部義一	新時代のコスト把握についての一試論	39	6
	黒澤清・染谷恭次郎・溝口一雄・西澤脩	故　青木茂男先生を偲んで	39	9
	櫻井通晴	ソフトウェア原価計算の実態	39	9
	細野義一	管理会計よ!!どうした	39	10
	宮本匡章	製品原価計算からアクティビティ原価計算へ	39	11
	西澤　脩	わが国管理会計の重点移動	39	11
	佐藤康男	管理会計の変革はありうるか	39	11
	宮本寛爾	多国籍企業管理会計の基本的課題	39	11
	西村丈治	アイドル・キャパシティに関する一考察	39	11
	岡本　清	設備管理と管理会計情報	39	12
1988A	伊藤　博	「復有用性」への序説	40	2
	小林哲夫	企業戦略と管理会計システム	40	4
	宮本匡章	技術革新と原価管理	40	5
	櫻井通晴	ハイテク環境下における原価企画（目標原価）の有効性	40	5
	門田安弘	JIT生産方式と原価計算・原価管理	40	5
	小池　明	加工組立型産業における原価管理	40	5
	間仁田幸雄	迫られる原価管理パラダイムの再構築	40	5
	金児　昭	国際化時代の「収益・原価計算」のすすめ	40	5
	神戸大学管理会計研究会	業績管理と予算管理システムに関する実態調査	40	6
	柴田典男・熊田靖久	わが国企業の予算管理制度	40	6
	佐藤康男	生産の自動化と原価計算	40	9
	松谷靖二	イギリスにおける標準原価思考の展開	40/41	11/3
1989A	小林健吾	原価計算基準	41	1
	宮本匡章	原価管理の最近の傾向と課題	41	2
	田中雅康	日本企業の新製品開発における原価管理	41	2
	井上信一	JIT生産方式と原価管理	41	2
	門田安弘	FAとコスト・リダクション	41	2
	櫻井通晴	わが国のソフトウェア原価管理	41	2

1989A	浜田和樹	「アメーバ」方式による利益管理システム	41	2
	坂手恭介	利益計画と意思決定支援システム	41	2
	谷　武幸	日本企業の振替価格設定と本社費配賦の実態	41	2
	王　効平	プロジェクトと原価統制システム―PERT/cost についての一考察	41	3
	浅田孝幸	予算管理システムの日米企業比較について	41	4/5
	横山一朗	FA工場における製造間接費配賦の新視点	41	5
	西村　明	管理会計の構造変化と研究方法	41	7
	黒澤清・中島省吾・新井清光・中村忠	番場嘉一郎先生を偲んで	41	8
	田中嘉穂	実態調査によるわが国の原価管理の現状と動向	41	9
	小林健吾	取り残されてきた管理会計の問題領域	41	10
	門田安弘	最近の事業部管理制度における利益管理と原価管理	41	11
	木島淑孝	品質原価計算の概念	41	11
1990A	広瀬義州	共通費の配賦方法	42	1
	山口達良	鍋島達先生を偲んで	42	3
	櫻井通晴・ロビン・クーパー	革新的製造間接費管理の実態	42	3
	田中隆雄	トヨタの"カイゼン"予算	42	3
	伊藤嘉博	危機管理と原価計算	42	3
	小倉　昇	NTTの事業部制と管理会計の展開	42	4/5
	松谷靖二	G.C.ハリソンの標準原価計算	42	4
	宮本匡章	管理会計と企業実務	42	6
	中島省吾・新井清光・山上一夫・合崎堅二	黒澤清先生を偲んで	42	6
	櫻井通晴	ソフトウェアの会計処理に関する実態調査	42	7
	泊　庄一	ワールドクラス・コスト・マネジメントの提言	42	7
	田中隆雄	自動車メーカーにおける新製品開発と目標原価	42	10
	佐藤康男	ハイテク企業の原価計算と利益管理	42	10
	小林啓孝	電気機器メーカーにおける環境変化への対応	42	10
	溝口周二	戦略計画策定支援と管理会計	42	10
	増井健一郎	アサヒビール	42	10
	大沢正宏	キャノン	42	10
	長尾徹行	国際電気	42	10
	北川博英	JSP	42	10
	橘　昌彰	住友金属工業	42	10
	藤島勝之	トプコン	42	10
	田中則好	ニコン	42	10
	加藤　実	日産自動車	42	10
	後藤　勇	日本化薬	42	10
	小林重雄	三菱化成	42	10
	梅田昌利	三菱電機	42	10
	高橋寿夫	横河電機	42	10
	加登　豊	原価企画とSIS	42	12
1991A	田中龍平	本田技研工業	43	1
	田中稔三	キャノン	43	1
	谷　武幸	水平関係の業績管理会計	43	3
	鴨田　淳	脱工業化社会の標準原価計算	43	4
	西澤　脩	ジャスト・イン・タイム物流の会計と事例	43	5
	北澤　博	物流管理指標による生産性向上	43	5
	矢澤秀雄	物流コスト・テーブルの活用	43	5
	根本重之	情報化の進展に対応した顧客別営業費管理システムの構築の必要性とその方向	43	5
	中　光政	物流情報システム費の管理	43	5

年	著者	タイトル	巻	号
1991A	湯浅和夫	ロジスティクス・システムへの挑戦と会計課題	43	5
	谷津昇一	花王のロジスティクスについて	43	5
	堀口英雄	東芝における広域物流体制の構築	43	5
	高橋 均	戦略物流ゼロベースからの構築	43	5
	高松和明	決定システムのアルゴリズム	43	5
	加登豊・岡野浩・清水信匡・岩淵吉秀・長谷川恵一・頼誠・中嶋道靖・小林啓孝	グローバル組織の管理会計	43	7
	山本浩二・小倉昇・小菅正伸・頼誠・中川優・中村謙一	ABCの基礎概念とその展開	43	8
	櫻井通晴	企業の情報処理部門費の管理	43	10
	浅田孝幸・Jack C. Bailes	日本企業の業績測定の特質	43	10/12
	森嶋 正	新しい経営哲学CFAM（顧客指向活動管理）の導入	43	12
	松谷靖二	G.C.ハリソンの標準原価計算	43	12
1992A	門田安弘・村澤万喜	投入産出分析と構造行列による予算編成に関する研究	44	3
	小林健吾	予算編成の主要論点	44	5
	沢田 保	大林組＝工事実行予算編成と原価管理－工事現場の予算管理を中心として	44	5
	小林哲夫・谷武幸・加登豊・岡野浩・清水信匡・岩淵吉秀・福田淳児・クレ・シラン・アントニー	原価企画の実態調査	44	5-7
	志村 正	活動基準原価計算に対する一提言	44	6
	伊藤 博	日本的原価管理の軌跡と展望	44	8
	小林啓孝・園田智明	自社利用目的のソフトウェアの原価管理の実態	44	8
	伊藤嘉博	品質原価計算の実際	44	8
	岩淵吉秀	原価企画の機能	44	8
	長島恵一	ABC論の高揚と日本における反応	44	8
	手島直明	原価企画に関する一提言	44	8
	岡部 滋	エンジニア会社における間接費の配賦とABC	44	8
	古田 肇	『物流コスト算定・活用マニュアル』の公表にあたって	44	9
	物流コスト算定方式検討分科会	『物流コスト算定・活用マニュアル』の要旨	44	9
	中 光政	「第1部 実態把握のための物流コスト算定マニュアル」について	44	9
	西澤 脩	「第2部 原価管理のための物流コスト算定マニュアル」について	44	9
	西澤 脩	「第3部 意思決定のための物流コスト算定マニュアル」について	44	9
	内山吾郎	「第4部 物流コスト算定マニュアルの適用事例」について	44	9
	河西健次	「第5部 荷主事業者における物流コスト管理事例」について	44	9
	松田靖彦	販売業における物流コスト管理	44	9
	清水信匡	集団の知識創造活動としての原価企画における目標原価情報の役割	44	10
	櫻井通晴	アメリカからの管理会計視察団を迎えて	44	10
1993A	松谷靖二	G.C.ハリソンの標準原価計算―標準原価差異分析の展開	45	2
	佐藤精一	わが国企業の原価計算の連続性	45	3
	櫻井通晴	活動基準原価計算管理のわが国の管理会計理論と実務への影響	45	4

年	著者	タイトル	巻	号
1993A	谷武幸・岡野浩・清水信匡・岩淵吉秀ほか	原価企画の実態調査	45	4-6
	西澤 脩	営業リストラによる減収増益計画	45	5
	門田安弘	原価企画における工程設計の役割	45	10
	岡野憲治	ライフサイクル・コスティングに関する一考察	45	11
	加護野忠男	ビジネス・システムの再構築	45	12
	櫻井通晴	インテグレーテッド・コストマネジメントの構想	45	12
	佐藤康男	グローバリゼーションにおける原価管理	45	12
	溝口周二	戦略情報システムとICM	45	12
	門田安弘	原価企画・原価改善・原価維持の起源と発展	45	12
	廣本敏郎	原価管理とABC（活動基準原価計算）	45	12
	牧戸孝郎	日本的現場改善技法	45	12
	小林啓孝	サービスの原価管理	45	12
	安部彰一	原価管理の現代的課題	45	12
	河東岩夫	ダウンサイジングをベースとした事業管理システムの構築	45	12
1994A	西澤 脩	物流ABMによる物流のリエンジニアリング	46	2
	宇野澤守哉	セブン-イレブンの物流リエンジニアリング作戦	46	2
	松本忠雄	花王の物流リエンジニアリング作戦	46	2
	阿保栄司・辻正雄	経営速度指標としての通過時間	46	2/3
	H. T. ジョンソン 河田信抄訳	米国ビジネスのクオリティと原価計算	46	3
	吉川武男	リエンジニアリングとABC情報	46	4
	荒川圭基	間接部門の生産性をあげるための根源	46	4
	平山賢二	リエンジニアリングの包括的アプローチ	46	4
	村松司叙	リエンジニアリング導入をめぐる問題点	46	5
	谷 武幸	リエンジニアリングと管理会計	46	5
	加護野忠男	リエンジニアリングのマネジメント	46	5
	田中雅康	製品開発のリエンジニアリング	46	5
	加登 豊	原価企画による製品開発リエンジニアリング	46	5
	青木茂男	財務データからみたリエンジニアリング	46	5
	岩淵吉秀	リエンジニアリングへのABMの適用可能性	46	5
	安部彰一	経理部門からみたリエンジニアリングの意義と企業会計の役割・課題	46	5
	井上 眞	サービス業のリエンジニアリング作戦	46	5
	伊藤 博	顧客志向の管理会計	46	7
	田中隆雄	市場競争戦略と原価企画	46	7
	伊藤嘉博	戦略的コスト・マネジメント・ツールとしての品質原価計算	46	7
	佐藤成紀	東芝の原価企画	46	7
	山本浩二	シャープの原価企画	46	7
	成田 博	キャノンの原価企画	46	7
	小林啓孝	菱食の市場競争戦略	46	7
	櫻井通晴	経理組織の変革とその実態	46	10
	辻 正雄	日米における経理組織の特徴	46	10
	竹本達廣	わが国経理スタッフ数の調査と分析	46	10
	高橋 均	NTTにおける会社組織のリストラと変わる経理部の役割	46	10
	追杉武治	日本化薬における会社組織のリストラと変わる経理部	46	10
1995A	星野優太	日本企業の業績測定・評価システム	47	2
	吉川武男	利益指向による間接費の管理	47	4
	門田安弘	事務間接部門の生産性向上のための管理会計システム	47	4
	山田弘・中川雅之	コスト指向による銀行経営新戦略	47	4
	田中登志子	コスト指向によるホストコンピュータの有効活用	47	4
	村山卓郎	ブレイクスルー思考を導入したVE活動	47	4

年	著者	タイトル	巻	号
1995A	陸 根孝	先端製造システム下での原価管理に関する日韓比較実証研究	47	4
	谷 武幸	コンカレント・エンジニアリング	47	6
	山本浩二	商品コンセプトの創造とコンカレント・エンジニアリング	47	6
	清水信匡	コンカレント・エンジニアリングによる製品開発における原価低減	47	6
	安部彰一	コンカレント・エンジニアリングの意義と実践	47	6
	梶田正紀	日産およびグループ企業のコンカレント・エンジニアリング	47	6
	青井昭博	オムロンのコンカレント・エンジニアリング	47	6
	宮本匡章	管理会計における戦略的計画	47	10
	櫻井通晴	間接費の管理とABC/ABM	47	10
	松島桂樹	リエンジニアリングのためのABC/ABMの有効性	47	10
	増井満男	キリンビールにおける原価計算とABC/ABM	47	10
	安західні彰一	ABC/ABMの導入による本社費の配賦と管理	47	10
	川野克典	アルプス電気におけるABC	47	10
	G. フォスター 田中隆雄監訳	顧客別収益性分析	47	10/11
	西澤 脩	管理会計における有用性の喪失と復活	47	12
	櫻井通晴	理論からみた管理会計研究の有用性	47	12
	早川吉春・坂上誠	実務における管理会計の適用事例	47	12
	石川純治	「理論と実務の乖離」をめぐる論争	47	12
	岡野 浩	管理会計の有用性向上アプローチ	47	12
1996A	新井益太郎	不世出の巨人　太田哲三先生	48	1
	岩淵吉秀・谷武幸	CALSと戦略的コスト・マネジメント	48	2
	山田 晃	CALSとグローバル・エンジニアリング	48	2
	安藤成之	CALSとコンカレント・エンジニアリング	48	2
	樽井仁孝	情報化推進とCALS	48	2
	山岡高士	ヴァーチャル・エンタープライズにおける原価管理と「CALS標準」	48	2
	合崎堅二	"闘う会計学"のパイオニア　黒澤 清先生	48	2
	王 文英	日本における原価管理の発展	48	3
	安西幹夫・清水孝	日本企業は未来をめざしているか	48	4
	佐藤宗弥	会計学の鉄人　番場嘉一郎先生	48	4
	浅田孝幸	情報ネットワークと管理会計	48	5
	塘 誠	CALSと管理会計の課題	48	5
	歌代 豊	コンカレント・エンジニアリング構築のためのマネジメントシステム	48	5
	坂手恭介	EDIと購買管理会計	48	5
	鈴木研一	情報ネットワークとABM	48	5
	佐々木宏	情報ネットワーク時代における情報化投資	48	5
	森 実	永遠の求道者　久保田音二郎先生	48	5
	小林哲夫	戦略的コスト・マネジメント論の展開	48	6
	西澤 脩	戦後管理会計の創設者　青木茂男先生	48	6
	頼 誠	日本的管理会計の海外移転	48	7
	古賀健太郎・松尾貴巳	原価企画の類型と事業戦略	48	7
	井上貴也	取締役の行為基準に関する一考察	48	7
	伊藤博	CALSと管理会計変革	48	8
	田中隆雄	顧客価値・顧客満足と価格革命	48	8
	小林啓孝	PBと価格革命	48	8
	伊藤嘉博	顧客サービスと収益の最適関係の実現を支援する戦略情報システムの枠組み	48	8
	本橋正美	電子取引とマーケティング・コストの管理	48	8
	中 光政	物流顧客価値，物流ABCと物流収益性	48	8

1996A	清水　孝	販売チャネル戦略とチャネル別収益性	48	8
	冨増和彦	LCCとLCAの現状	48	9
	柳田　仁	ドイツにおける環境原価計算の展開	48	9
	安部彰一	適合性の喪失とABC/ABM	48	9
	川野克典	管理会計の新しい動向について	48	10
	齋藤隆夫	シュマーレンバッハの直弟子　土岐政蔵先生	48	10
	田中雅康	原価企画の現状と課題	48	11
	有賀将雄	キヤノンの原価企画	48	11
	川嶋正人	日産自動車の原価企画	48	11
	澤本和男	三菱電機中津川製作所の原価企画	48	11
	佐藤亀雄・武田憲勝	ゼクセルの原価企画	48	11
	安部彰一	競争優位の原価管理	48	11
	櫻井通晴	情報技術の発展と管理会計	48	12
	松島桂樹	情報システム投資の評価	48	12
	高尾秀四郎	情報技術を活用した原価管理	48	12
	山本憲司	経営改革とEDI	48	12
	根岸邦彦	パソコン・パッケージ・ソフトの会計処理	48	12
	竹原司・新江孝	ソフトウェア担保融資	48	12
1997A	岡本　清	日本における管理会計研究の先駆者　松本雅男先生	49	1
	宮本匡章	「原価計算基準」の現代的性格について	49	2
	諸井勝之助	情熱と気迫の学究　中西寅雄先生	49	3
	佐橋　進	原価管理の概念	49	4
	高橋輝男	ネオ・ロジスティクスと経営革新	49	5
	西澤　脩	供給連鎖管理によるロジスティクス・コスト管理	49	5
	矢澤秀雄	スループットタイム短縮によるロジスティクス・コスト戦略	49	5
	中　光政	情報技術（IT）とロジスティクス・コスト管理	49	5
	津久井英喜	環境対応作戦とロジスティクス・コスト戦略	49	5
	田中雅康・小柴達美・藤田敏之・佐藤幸治	原価目標に関する実態と動向について	49	7
	西澤　脩	物流ABC/ABMで経営戦略はどう変わるか	49	7
	鈴木研一・浅田孝幸	日本企業におけるABCを活用した間接費低減	49	7
	田中隆雄	研究開発投資・広告投資と裁量コストの管理	49	8
	鈴木宏衛	広告計画立案と広告効果管理	49	8
	長谷川惠一	ブランド・マーケティングとブランド価値の測定	49	8
	浅田孝幸	競争優位性と研究開発活動の管理会計	49	8
	西村優子	研究開発投資の効果測定	49	8
	辻　正雄	販売費及び一般管理費に関する実証分析	49	8
	小倉昇・高橋史安	マーケティング費・販売費・研究開発費等に関する実態調査	49	8
	西澤　脩	世代で変わる物流ABC/ABMの重点	49	8
	田中雅康・小柴達美・藤田敏之・佐藤幸治	製造原価目標の細分化等の実態と動向	49	8
	門田安弘	「ABC貢献利益法」の提唱	49	9
	西澤　脩	早稲田工業の物流ABCマニュアル	49	9
	田中雅康・小柴達美・藤田敏之・佐藤幸治	原価見積の方法に関する実態と動向	49	9
	東海幹夫	進取・律儀の管理会計学究　山邊六郎先生	49	9
	田中雅康・小柴達美・藤田敏之・佐藤幸治	原価見積と原価目標未達時の方策に関する実態と動向	49	10
	西澤　脩	物流ABCによる物流商品の価格決定	49	10

年	著者	タイトル	巻	号
1997A	西澤 脩	物流ABMによるコスト・マネジメント	49	11
	西澤 脩	物流ABC/ABMによる保管費の管理	49	12
1998A	宮本匡章	管理技法の伝承とその発展をめぐって	50	1
	西澤 脩	転換を迫られる日本企業の経営管理会計	50	2
	西澤 脩	リストラ・リエンジニアリングから分社経営の会計へ	50	2
	伏見多美雄	戦術志向の管理会計から戦略支援の会計へ	50	2
	櫻井通晴	コストマネジメントからICMへ	50	2
	木村幾也	カンパニー制から持株会社の会計へ	50	2
	田中雅康	原価維持から原価企画・原価改善の原価管理へ	50	2
	門田安弘	JIT生産のもとでのスループット会計の拡張	50	2
	吉川武男	ABC・ABMから活動基準の会計へ	50	2
	村田直樹	総合的品質管理から品質原価計算へ	50	2
	宮本寛爾	国内生産から海外生産の会計へ	50	2
	伊藤 博	製品志向から顧客志向の会計へ	50	2
	田中隆雄	市場・製品・顧客を目指す会計へ	50	2
	小林啓孝	小売業の戦略会計	50	2
	矢澤秀雄	物流からロジスティックスの会計へ	50	2
	清水 孝	わが国における研究開発・マーケティング管理会計の動向	50	2
	河﨑照行	情報機器による情報管理の会計へ	50	2
	山根 節	メディアソフトの管理会計	50	2
	中 光政	情報技術（IT）を利用した管理会計	50	2
	浅田孝幸	コーディネーションと管理会計	50	3
	小林敏男	日本の企業組織とコーディネーション	50	3
	頼 誠	独法経営とコーディネーション	50	3
	歌代 豊	情報ネットワークと企業間コーディネーション	50	3
	鈴木研一	ABC/ABMとコーディネーション	50	3
	塘誠・佐々木宏	グループウェアとコーディネーション	50	3
	佐藤 進	『機械工業原価計算基準』について	50	5
	（株）日本機械工業連合会	機械工業原価計算基準	50	5
	櫻井通晴	ABC予算によるホワイトカラーの生産性向上	50	6
	加登 豊	欧米に学ぶ日本的管理会計	50	6
	伊藤嘉博	品質問題への欧米企業取り組みの最前線とわが国の品質管理への影響	50	6
	岡野 浩	欧米企業における原価企画実践の現状	50	6
	尾畑 裕	ドイツにおけるABC/ABMの適用から学ぶもの	50	6
	梶原武久	JIT生産方式とTQCの海外移転にみる日本企業の弱点	50	6
	鈴木竜太	「組織人」が組織におよぼす影響	50	6
	田中雅康	原価管理論の開拓者　今井忍先生	50	6
	柴田典男・末松栄一郎	キャッシュ・フロー原価計算の応用	50	8
	上村久雄	近代原価計算制度発展の功労者　鍋島達先生	50	8
	矢部浩祥	環境コスト会計の現代的意義	50	9
	多田博之	ソニーにおける環境コスト管理の模索	50	9
	森下 研	生協における環境コストの把握・開示の動向	50	9
	間瀬美鶴子	環境コスト情報の把握・利用方法	50	9
	倉阪智子	環境コスト会計をめぐる国際的動向	50	9
1999A	牧戸孝郎・長谷理恵子	中小企業における「経営者マインド」と業績	51	5
	河田 信	生産システムと会計システムの適合性	51	6
	矢澤秀雄	制約理論（TOC）の意義と管理会社上の諸問題	51	6
	浜田和樹	制約理論（TOC）とABC/ABMの統合について	51	6
	大塚裕史	制約理論（TOC）による生産工程管理と二つのスループット会計	51	6
	菅本栄造	制約理論と管理会計の関係性についての一試論	51	6

年	筆者	タイトル	巻	号
1999A	吉田康久	マネジリアル・アクティビティーとビヘイバラル・コスト	51	9
2000A	西澤 脩	顧客価値創造経営のための管理会計	52	6
	近藤隆史	原価企画活動におけるプロジェクト・マネジャーの役割	52	7
	伊藤和憲・モーセン・スイシー	原価企画における集中と分散の新たなアプローチ	52	9

『原価計算』（1954年～1956年）

年	筆者	タイトル	巻	号
1954C	太田哲三	我国原価計算の回顧	一	1
	金子佐一郎	原価計算の回顧と展望	一	1
	番場嘉一朗	原価会計原則の表明	一	1
	朝川甫二	利益管理と原価統制	一	1-3
	久保田音二郎	英国直接原価計算の目的への展開	一	1
	松本雅男	基準標準原価概念の研究	一	1
	西野嘉一朗	製造間接費差異の分析と弾力性予算	一	1
	山邊六郎	原価計算概念と原価計算原則	一	1
	中山隆祐	マテリアル・ローディング	一	1
	古畑恒雄	総合原価計算における等価比率について	一	1
	宮本 宏	原価範疇に関する諸問題	一	1
	塩飽幸三	工場能率と原価意識との関係	一	1
	森田哲夫	部門費計算に関する一省察	一	1
	小森政之	管理的な原価計算方式の試み	一	1
	畑 武平	当社の標準原価計算制度と問題点について	一	1
	多田 良	標準原価計算への歩み	一	1
	山田房次	経営管理のための原価計算	一	1
	山口 安	原価管理の実施過程について	一	1
	肥塚順次	一般管理及び販売費配賦に関する一考察	一	1
	杉沢 衛	当社における一般管理費の配賦計算と実施要領	一	1
	鷹本 弘	入目（いりめ）費に就いて	一	1
	舛田精一	税法と原価計算	一	1
	竹内益五郎	原価計算と課税所得との関係に対する考察	一	1
	一	工場探訪記 東京光学機械株式会社の巻	一	1
	佐藤孝一	原価管理と原価部門	一	2
	今井 忍	原価管理の新方法	一	2
	土岐政蔵	平均原価計算と限界（比例）原価計算	一	2
	番場嘉一郎	直接原価計算の文献研究	一	2
	溝口一雄	ダイレクト・コスティング，ディファレンシャル・コスティング，マージナル・コスティング	一	2
	諸井勝之助	マージナル・コスティング論の展開	一	2
	碓井壬子雄	直接原価計算による管理上の若干問題	一	2
	一	我が国における直接原価計算の現状と将来（大企業十二社に対するアンケート）	一	2
	小野寛徳	原価計算と技術管理	一	2
	斉藤弥三郎	管理責任と原価計算	一	2
	加藤久蔵	「独立採算制」会計の機能―経営管理の一用具としての機能について―	一	2
	奥村誠次郎	原価計算と経営政策	一	2
	大橋善助	個別原価計算制度における予算統制の回顧と展望	一	2/3
	石垣武三郎	原価計算と価格政策	一	2

1954C	佐藤新一	工作機械原価計算と其の活用	—	2
	橋本善吉	電機工業と原価計算	—	2
	中村　猛	原価計算に就いて　—実際原価計算より標準原価計算へ—	—	2
	—	工場探訪記 東京計器製作所の巻	—	2
	山邊六郎	予算統制と標準原価計算	—	3
	神馬新七郎	鋳物工場における原価要素の集計と製造原価の算定	—	3/4
	山下勝治	原価計算と損益計算—ダイレクト・コスティングに対する一批判—	—	3
	松本雅男	製造間接費予算の設定	—	3
	今井　忍	原価計算における標準原価と計算企画について	—	3
	中山隆祐	標準設定に関する特殊問題	—	3
	杉本　実	標準原価設定上の諸問題	—	3
	佐久間新吉	標準原価のたて方	—	3
	—	我が国における標準原価計算の現状と将来（大企業15社に対するアンケート）	—	3
	阪田　清	外注工場への支給材料についての一考察	—	3
	平岡吉郎	特需契約における原価計算の問題点	—	3
	保森久弘	原価の正常性と税務	—	3
	今井　忍	工場探訪＝わが国の会社工場における原価計算の実情＝	—	3
1955C	黒澤　清	欧米における原価計算の動向	—	4
	久保田音二郎	直接原価計算の費目認識と分割	—	4
	青木茂男	原価計算の目的と手続—その財務会計的性格と管理会計的性格の対立と調整	—	4
	安達和夫	標準原価計算における補助部門費の差異計算	—	4
	山邊六郎	予算統制総論	—	4
	今井　忍	予算編成の前段階としての販売予測	—	4
	舛田精一	販売・製造・一般管理及び販売費・営業外予算	—	4
	神戸　勇	設備予算の編成	—	4
	三浦　明	資本予算の編成	—	4
	西野嘉一朗	財務予算の編成—資金予算と見積財務諸表	—	4
	渡部秦助	製造工業を中心とする予算編成	—	4
	斉藤弥三郎	企業の営業活動と予算統制の問題点	—	4
	番場嘉一朗	予算制度によるコントロール	—	4
	—	我が国における予算統制の現状と将来（大企業二十社に対するアンケート）	—	4
	池田保彦	直接原価計算応用の一例	—	4
	土岐政蔵	分権的管理と計画原価計算	—	5
	番場嘉一朗	仕掛品のインターナル・コントロール	—	5
	福田誠一	操業原価計算と原価差異分析	—	5
	今井　忍	原価計算に於ける各種タイプの差異性と問題	—	5
	成田忠行	実際原価型の個別計算	—	5
	神馬駿逸	組立型の個別計算	—	5
	大橋善助	標準原価型の個別計算—個別計算への標準化思想の適用	—	5
	西尾省三	単純総合原価計算—石炭鉱業原価計算の特色と問題点を中心として—	—	5
	田中繁良	工程別総合原価計算＝累加法の例＝	—	5
	遠藤史紀	工程別総合原価計算＝非累加法の例＝	—	5
	黒澤英雄	等価係数による総合計算	—	5
	川岸敏呂	組別総合計算	—	5
	鈴木永二	部門別総合計算—分権的経営管理制度を中心として—	—	5
	原田文夫	組立型総合計算	—	5
	佐藤新一	加工費法総合計算	—	5
	中山隆祐	総合計算方式による標準原価制度	—	5
	碓井壬子雄	直接原価計算方式による原価管理	—	5
	磯部政治	原価計算と税務	—	5

1955C	福井増雄 三好大哉	原価管理計算制度の実践—標準原価と直接原価の統一への実践的試み	—	5
	番場嘉一郎	昭和電工川崎工場の原価制度を見る	—	5
	金子佐一郎	生産性向上と原価の引下げ	—	6
	今井 忍	経営綜合管理とその原価資料	—	6
	溝口一雄	「原価計算の基準」の性格に関する一考察	—	6
	諸井勝之助	工場棚卸品評価法の発達	—	6
	中島省吾	原価配賦計算の本質	—	6
	番場嘉一郎	時間記録，労務費計算，稼高計算における諸問題	—	6
	其阿彌 猛	時間記録上の問題	—	6
	舛田精一	労務費計算の一般問題	—	6
	中山隆祐	労務費計算の特殊問題	—	6
	吉岡武夫	各種賃金制度と労務費計算の特異性	—	6
	森田哲夫	補助部門の時間記録，労務費計算とその会計処理	—	6
	平岡吉郎	稼高計算（給与額計算）上の問題	—	6
	佐久間新吉	賃率決定上の問題	—	6
	神馬新七郎	労働時間及び労務費記録のインターナル・チェック	—	6
	原田文夫	時間管理・労務費予算・賃金制度	—	6
	西田 実	個別原価計算制度における間接労務費のコントロール	—	6
	長谷川弘之助	時間記録によらない労務費管理	—	6
	今井正三	ワークス・コントローラース・オーガニゼイションに関する一構想	—	6
	深沢武雄	期末仕掛品評価における数量換算の問題	—	6
	桝田泰昌	宣伝販売原価計算の基礎的構想	—	6
	竹内益五郎	原価差額の調整実務	—	6/7
	阪田 清	外注加工費に対する一考察	—	6
	佐藤孝一	直接原価計算に関して	—	7
	久武雅夫	オペレーション・リサーチと活動分析	—	7
	中山隆祐	原価管理における事前牽制	—	7
	青木茂男	標準原価の差異分析と予算統制の差異分析	—	7
	平栗政吉	原価計算と損益計算との関連性	—	7
	小林靖雄	組別綜合原価計算の理解	—	7
	中西 勉	予算統制と原価計算	—	7
	番場嘉一郎	ポリシー・メーキングと特別原価計算及び事前利益計算	—	7
	国弘員人	方針決定と原価・資本・利益・売上関係の調査	—	7
	久保田音二郎	価格政策と原価調査	—	7
	今井 忍	材料調達政策と原価調査	—	7
	番場嘉一郎	自製購入・設備取替・作業方法等に関する方針決定と原価調査	—	7
	松本雅男	販売方針の決定と販売費分析	—	7
	金子佐一郎	経営方針の確立と原価計算	—	7
	谷口義夫	原価計算発展の諸問題	—	7
	須見善二	原価会計への理解と育成	—	7
	北岡修三	間接経費の予算配分基準について	—	7
	高木一良	標準原価計算制度における原価会計と財務会計との関連について	—	7
	雁本 弘	原価管理の一問題	—	7
	田口秀夫	材料費の監査	—	7
	山県忠夫	回転率，回転期間，加工期間の解析	—	7
	武田昌輔	原価差額を一括調整した場合の翌期の処理について	—	7
1956C	太田哲三	資本利子と原価	3	1
	番場嘉一郎	営業費計算と給与額計算との関係	3	1
	兼子春三	原価に基づく売価決定の問題	3	1
	佐藤精一	ダイレクト・コスト・システムの機能	3	1/2
	今井 忍	総論（材料消費量の把握と管理）	3	1

1956C	舛田精一	材料消費量把握上の問題	3	1
	渡邊憲一	循環材料の会計処理について	3	1
	多田 良	循環材料としての貸容器の管理と原価処理	3	1
	原 一郎	材料消費量の決定（仕様書）	3	1
	岸波辰猪	材料仕様書の作成	3	1
	佐藤新一	材料費（消費量）の管理	3	1
	畑 武平	原価管理の実際例及び所見	3	1
	東京原価計算研究会	経営管理要具としての図表の研究	3	1/2
	土岐政蔵	原価計算における評価	3	2
	高宮 晋	米国における原価管理	3	2
	西野嘉一郎	アメリカにおけるコスト・コントロールの新しき方法	3	2
	番場嘉一郎	総論：消費価格の計算	3	2
	三橋 実	材料副費を材料費に加算するか 間接費として計算するか	3	2
	岩瀬博彦	割引，値引，割戻し，仕入返品と取得原価との関係	3	2
	神馬駿逸	倉庫返還材（残材）と払出単価	3	2
	中山隆祐	予定価格による材料の受入	3	2
	阪田 清	仕損品等について	3	2
	森 匡介	材料単価の低評価換	3	2
	三浦 明	修繕費統制及び設備管理手段としての予防保全制度	3	2
	黒澤 清	生産活動勘定と原価計算	3	3
	神馬新七郎	原価計算上，仕損費の処理	3	3
	本田利夫	生産性の計算について	3	3
	諸井勝之助	棚卸品原価の構成に関する一調査	3	3
	今井 忍	総論（ダイレクト・コスティングの実施と問題点）	3	3
	武田昌輔	ダイレクト・コスティングと税務	3	3
	中山隆祐	労務費は固定費か否か	3	3
	茨木彌一	補助部門費の取扱い方	3	3
	久保田音二郎	固定費の期末処理	3	3
	岸本和雄	営業費の管理について	3	3
	黒澤 清	生産活動勘定の構造と原価の測定	3	4
	佐藤孝一	計画原価計算論について	3	4
	今井 忍	見積原価とその方法	3	4
	朝川厓二	固定費重点か，変動費重点か	3	4
	番場嘉一郎	総論：間接費管理の基礎と方式	3	4
	関原栄武	実費計算のみによる管理方式	3	4
	佐久間新吉	固定予算を中心とする一考察	3	4
	北岡修三	変動予算方式導入上の諸問題	3	4
	竹村隆雄	固定間接費の管理	3	4
	竹内義夫 福原保造	修繕費の管理	3	4
	古谷野英一	事務費の管理	3	4
	渡辺満雄	個別生産工場における原価管理の一姿態	3	4
	久保田音二郎	ガーナー原価計算発展史論の釈義	3	4-7
	金子佐一郎	原価管理	3	5
	井上達雄	製造間接費の統制	3	5
	溝口一雄	限界計画原価計算	3	5/6
	小林靖雄	管理原価計算の重点	3	5
	福田誠一	過少操業圏における操業構造の吟味	3	5
	今井 忍	総論：価格決定と原価計算	3	5
	中山隆祐	買値決定のための原価計算	3	5
	平岡吉郎	米軍の調弁価格について	3	5
	伊藤主雄	営業費に関する一考察	3	5
	小宮 保	原材料の受入差額と税務計算	3	5
	山下勝治	原価差額の性格	3	6
	佐藤精一	原価数字の意味	3	6

1956C	石尾　登	原価部門と原価要素と原価単位	3	6
	番場嘉一郎	総論（管理会計の主問題）	3	6
	溝口一雄	利益計画と原価計算	3	6
	青木茂男	予算統制と原価標準	3	6
	小林靖雄	部門管理と原価計算	3	6
	今井　忍	原価管理とヒューマン・リレーションズ	3	6
	舛田精一	改訂・原価計算の七不思議	3	6
	竹内益五郎	原価差額の調整算式の適用並びに低価法との関連について	3	6
	番場嘉一郎	アメリカ原価計算基準の構造	3	7-10
	清水　晶	販売標準原価の問題点とその設定	3	7
	中西　勉	原価計算の任務について	3	7
	今井　忍	原価計算課員の心構え	3	7
	溝口一雄	個別原価計算	3	7
	小林靖雄	工程別総合原価計算	3	7
	田島四郎	等級別総合原価計算	3	7
	佐藤孝一	組別総合原価計算	3	7
	今井　忍	日産自動車見学記	3	7
	礒部政治	退職給与引当金制度の改正に関連する原価計算の税務	3	7
	竹内益五郎	税法上の繰入限度超過額となる退職給与の引当について	3	7
	藤野信雄	退職給与引当金とその原価性	3	7
	土岐政蔵	引当金の原価性	3	8
	中島省吾	原価配賦の「基礎概念」	3	8
	今井　忍	原価管理担当者の職責	3	8
	松本雅男	標準原価計算	3	8
	久保田音二郎	直接原価計算	3	8
	山邊六郎	特殊原価調査	3	8
	青木茂男	利益管理と原価管理	3	8
	安達和夫	標準原価制における仕損差異計算	3	8
	大橋善助	間接費統制についての若干の考察	3	8
	原田文夫	当社の予算制度	3	8
	佐藤孝一	原価の機能的分類について	3	9
	坂本安一	直接賃金の配分	3	9
	天野恭徳	計算価値の認識と原価概念	3	9
	舛田精一	下請工場の原価計算について	3	9
	原　義博	中小企業向の原価計算	3	9
	原田文夫	下請工場の原価計算について	3	9
	浅野開作	下請企業の原価計算	3	9
	森田哲夫	製造余剰品（残品）の評価	3	9
	多田　良	化学工業における副産品及び連産品原価計算方式について	3	9
	矢野　宏	ABC分析法による重点の原価管理	3	9
	藤野信雄	原材料評価と部門別損益計算	3	9
	肱黒和俊	計画原価計算の一例	3	10
	神田忠雄	制度としての原価計算	3	10
	佐藤孝一	アドルフ・ミューラーの「製造工業の原価計算及び給付成果計算の原理」	3	10
	神馬新七郎	ニコルソン及びロールバッハの原価計算	3	10
	溝口一雄	メレロヴィッツの「原価と原価計算」	3	10
	諸井勝之助	フィスケの「管理の意義と方法」	3	10
	小林靖雄	ヘンリッチの標準原価論	3	10
	武田昌輔	原価差額の調整後に生ずる諸問題	3	10
	西田　実	個別原価計算制度における鋳物原価計算について	3	10
	大植武士	ダイレクト・コスティングの吟味	3	10
	和田定明	嵩高原材料の棚卸をめぐる一考察	3	10
	福田誠一	原価進展模型と原価分解	3	10
	佐藤精一	差額原価の吟味〔固定費・変動費の分解によせて〕	3	10

1956C	杉山一雄	経営費用の分解と操業管理	3	10
	雁本 弘	操業度修正と固定費	3	10
	碓井壬子雄	補助部門における変動費と固定費	3	10
	金子佐一郎	近代経営と利益計画	3	11
	今井 忍	コントローラーとその管理領域	3	11
	佐藤 進	マテリアル・ハンドリング・コスト	3	11
	青木倫太郎	ドアー＝イングラムの「原価計算」について	3	11
	根箭重男	デヴァインの「原価計算と分析」	3	11
	平栗政吉	シュネットラーの原価計算論	3	11
	中島省吾	ガードナーの「利益管理」	3	11
	佐藤精一	ラング＝マックフアーランド＝シフの「原価計算」に於ける比較原価調査	3	11
	田口秀夫	支払賃金と労務費計算との監査	3	11
	前田 寿	管理目的よりする棚卸式原価明細書の再認識	3	11
	山縣忠夫	仕掛品の図解並に回転期間について	3	11
	番場嘉一郎	総論（原価監査の範囲と程度）	3	11
	神馬新七郎	原価監査の範囲と限界	3	11
	森 吉之助	原価監査の範囲と程度	3	11
	本間 満	製造原価に関する監査	3	11
	佐藤孝一	経営管理と原価計算	3	12
	今井 忍	広告費の一考察	3	12
	番場嘉一郎	営業費分析の方法	3	12
	平栗政吉	ダイレクト・コスティングと原価分析	3	12
	中村万次 伊勢田公平	イギリス・ペイント工場における製造経費管理組織	3	12
	天野恭徳	建設工業に於ける工事原価会計	3	12
	笹淵文男	財務会計と原価計算	3	12
	占部都美	オートメーションと利益計画	3	12
	今井 忍	「航空機製造事業原価計算要領」について	3	12
	神馬駿逸	個別原価計算における仕損費について	3	12
	佐久間新吉	車体工業に於ける原価管理の問題	3	12
	西尾省三	業務規程の作り方	3	12
	青木 方	税務における実際原価計算と標準原価計算	3	12

「座談会・討論会・会計研究室等」

年	出席者	タイトル	雑誌名	巻	号
1942	太田哲三・中西寅雄・青木主計大佐・徳永主計中佐・久保田音二郎・山邊六郎・末松玄六・伊知地一二・中村有年・屋代最房・田中主計三郎・鈴江眞澄・田口卯吉・高田幸一・今井忍・黒澤清・片山皓正・石原邦彦・森田守行・林氏・大溪渉	原価計算の実際を語る	原価計算	2	3
1943	太田哲三・黒澤清・山邊六郎・山邊三郎・青木大吉・今井忍・黒澤清・番場嘉一郎・安川電機外数社	南方に於ける原価計算事情座談会	原価計算	3	1
	田中唯三郎・今井忍	実務家に訊く原価計算	原価計算	3	4
	黒澤清・大河原主計大尉・小西主計中尉・角良太吉・宮崎正吉・田島輝重・本間満・飯塚一甫・杉崎九蔵・間淵要・渡邊清・久家英一	工作機械原価計算座談会	原価計算	3	6
	今井忍・中西寅雄・久富導雄・稲垣太吉・小坂大吉・濱中大尉	技術と原価計算座談会	原価計算	3	7
1944	黒澤清・青木倫太郎・林健二・山下勝治・三邊金蔵・野本衞之助・陶山誠太郎・高橋一太郎・井上達雄・丹波克朝・原口亮平	改正製造工業原価計算要綱に就て	會計	55	1
	太田哲三・中野英夫・荒武康太郎・矢野宏太郎・黒杭隆爾・山岡政朝・上司克太郎・松田正雄・今井忍	原価計算制度刷新強化方策	原価計算	4	1
	野田信夫・平林豊一・松ノ谷武三郎・石光米一・太田哲三・金子佐一郎・牛山雅男	軍事会社と経営計算	原価計算	4	3
	今井忍・前田健一・佐藤博	生産技術と原価計算の役割	原価計算	4	4
	今井忍・江渡海軍主計少佐・佐藤新一・落合兼武・吉利宇一・笹本保・大浦安造・森毅鋼・小林小三郎・星野三郎・鈴木三郎・菊池豚磨・若井喜四郎	「原価計算とその職制」を語る	原価計算	4	11・12
1945	今井忍・中野主計中佐・伊藤主計少佐・牛山雅大佐・櫻井國弘保・笠井之夫・菊池学介	下請工場合理化と原価計算	原価計算	5	1・2
1947	今井忍・鍋島達・鳥本公正取引委員会委員・片淵素・島田輝雄・丹波信平・山本德次・大神田恒雄・稲葉五郎	統一原価計算の改正をめぐって	産業経理	7	8
1948	今井忍・加藤戒三・山池信男	造船工業原価計算の開拓時代を語る	産業経理	8	10
1951	青木倫太郎・山邊六郎・溝口一雄・中西寅雄・久保田音二郎・岡部利良・中村万次・宮上一男・青木大吉・松本雅男・溝口一雄・番場嘉一郎・平栗政吉・大橋善助	原価計算基準の制定に関して	會計	60	3
	太田哲三・金子佐一郎・中西寅雄・黒澤清・野田信夫・西垣富治・今井忍・井上達雄	原価計算制度のエヴォリュションとレ	産業経理	11	10

年	参加者	ヴォリュッション			
1951	太田哲三・古川栄一・野田信夫・岩田巌	「企業における内部統制の大綱」について	産業経理	11	12
1953	岩田巌・野田信夫・古川栄一・松本雅男	「内部統制の実施に関する手続要領」の問題点	産業経理	13	3
	黒澤清・中西寅雄・山邊六雄・青木茂男・黒澤清・西川義朗・中村方次・小高泰雄・松本雅男・久保田音二郎	原価合計	會計	64	3
	西野嘉一郎・渡邊進・久保田音二郎・溝口一雄・湊良之助	「原価差額の調整」通達をめぐって	企業會計	5	7
	木村和三郎・中村方次・辻厚生・根箭重男・堀江芳弘・小島男佐夫・本田俊夫・杉浦寛・森川博・泉谷勝美・河合信雄・辻岡清仁・酒井文雄・渡部利良・宮上一男・伊藤淳巳・森田寿一	原価計算基準に望むもの	企業會計	5	10
1954	中西寅雄・久保田音二郎・木田利秋・木村三郎・末尾一秋・松本雅男・溝口一雄・今井忍・中山隆祐・山邊六雄・中村方次・兼子春三	原価と経営管理	會計	66	4
	野田信夫・古川栄一・高宮晋・朝川虎二	経営方針と利益計画について	産業経理	14	5
	平井泰太郎・青木倫太郎・山下勝治・久保田音二郎	管理會計の根本問題を語る	企業會計	6	1
	古川栄一・古川栄一・山城章・小野寛徳・桑原季等・戸村晴秋・渡辺徳一	会計学の見地と経営学の見地	企業會計	6	2
	山下勝治・渡邊進・木村重義・久保田音二郎・溝口一雄・染谷恭次郎・諸井勝之助・其阿弥猛・杉本実	経営管理実施の問題点を探る	企業會計	6	11
	西野嘉一郎・木村重義・番場嘉一郎・諸井勝之助・舛田精一	ダイレクト・コスティングの問題点を衝く	企業會計	6	13
	佐藤新一・今井忍	棚卸資産の取得・払出・期末評価の問題点を語る	原価計算	—	1
1955	今井忍・市原岱雄・其阿弥猛	群管「原価計算」（ぞう）を語るただぐい	原価計算	—	2
	中山隆祐・今井忍	三菱電機をさぐる	原価計算	—	3
	番場嘉一郎・諸井勝之助・今井忍・溝口一雄・中西茂男・中西勉・岡本丸夫・小林靖雄・平栗政吉・青木茂男・一瀬智司・小高泰雄・平田利夫	原価管理のフォーカス	會計	68	3
	古川栄一・西野嘉一郎・丹波康太郎・青木茂男・久保田音二郎・山邊六雄・松本雅男・溝口一雄	ダイレクト・コスティングと予算統制の関係	産業経理	15	5
	山下勝治・番場嘉一郎・番場嘉一郎・青木倫太郎・久保田音二郎・元吉重成	経営方針と利益計画	産業経理	15	9
	黒澤清・番場嘉一郎・番場嘉一郎・久保田音二郎・渡邊進・溝口一雄	原価計算基準は如何にあるべきか	産業経理	15	10
	黒澤清・番場嘉一郎・青木雅男・番場嘉一郎・渡邊進・番場嘉一郎	インターナル・チェックの本質	産業経理	15	11
	太田哲三・番場嘉一郎・山邊六雄・中山隆祐・岸本和雄	予算統制と標準原価計算	産業會計	7	8
	今井忍・番場嘉一郎・佐藤精一・鍋島治達・平栗政吉・長浜豫良・兼子春三・松本雅男	原価計算と期間損益管理	原価計算	—	4
	男・山邊六雄・諸井勝之助・今井忍	原価計算現地の作成方法	原価計算	—	6
1956	中西寅雄・溝口一雄・今井忍	原価計算基準	會計	70	3
	太田哲三・番場嘉一郎・今井忍・舛田精一	利子と原価計算	産業経理	16	2

年	著者	論題	誌名	巻	号
1956	山下勝清・木村和三郎・渡邊進・坂本安一・番場嘉一郎	原価性の基準	産業経理	16	3
	黒澤清・山下勝治・久保田音二郎・渡邊進・溝口一雄・番場嘉一郎	原価差額の性格	産業経理	16	5
	太田哲三・黒澤清・山下勝治・松本雅男・菱良之助・山邊六郎・久保田音二郎・溝口嘉一郎	原価計算基準の在り方	産業経理	16	7
	菅澤重平・青木倫太郎・木村和太郎・青木雅男・渡邊進・松本雅男・番場嘉一郎	ビリオド・コストの理論	産業経理	16	9
	太田哲三・山邊六郎・番場嘉一郎・青木倫太郎・西野嘉輔・佐藤一郎	原価計算の回顧と発展	産業経理	16	10
	山邊六郎・番場嘉一郎・黒澤清・松本雅男	原価管理の理論と実際	企業会計	8	5
	太田哲三・番場嘉一郎・古川栄一・小高泰雄	新しい原価基準を語る	企業会計	8	8
	太田哲三・金子佐一郎・上司克太郎・西野嘉一郎	利益計画の基本的構想	企業会計	8	10
	番場嘉一郎・武田嘉昭・沼田嘉穂・福井曹雄・竹井隆雄・厚井武雄	固定設備の投資とその会計管理	企業会計	8	11
	藤進・三原桂・長谷川太郎・有森三雄・若林茂生	直接原価計算の導入と問題点	原価計算	3	3
	今井忍・金子栄治郎・鈴木信夫・原田文夫・栗田植吉	価格形成と原価計算	原価計算	3	5
	今井忍・番場嘉一郎・原義博	下請工場の原価計算	原価計算	3	8
	今井忍・番場嘉一郎・中山隆祐	アメリカ原価計算の実情	原価計算	3	12
1957	山邊六郎・溝口一雄・武田昌晴・竹内益五郎	標準原価計算と直接原価計算	産業経理	17	1
	番場嘉一郎・溝口一雄・舛田精一・川上親澄・河野豊弘	原価差額調整に関する問題	産業経理	17	3
	番場嘉一郎・奥村誠次郎	プロジェクト・プランニングの研究	産業経理	17	5
	番場嘉一郎・黒澤清・山邊六郎	利益計画と資金計画	産業経理	17	7
	太田哲三・黒澤清・番場嘉一郎・松本雅男・小林靖雄	予算統制と原価管理	産業経理	17	9
	番場嘉一郎・宮下藤太郎・小林靖雄・山口英治・河部守弘	利益計画とリニア・プログラミング（LP）	産業経理	17	10
		経営学者の見た米国企業会計の実情	企業会計	9	2
	古川栄一・高宮晋・中島省吾	管理会計の新動向	企業会計	9	6
	黒澤清・諸井勝之助・中島省吾・坂本藤良・若杉明	新しい原価計算の問題点	企業会計	9	7
	山邊六郎・小林靖雄・中島省吾・佐藤精一	欧米における管理会計の現状	企業会計	9	8
1958	古川栄一・山邊六郎・松本雅男・青木茂男	仕掛品原価の計算に関する諸問題	産業経理	18	1
	番場嘉一郎・諸井勝之助・溝口一雄	経営管理と原価計算	産業経理	18	4
	中西寅雄・山邊六郎・番場嘉一郎・青木茂男・溝口一雄	利益管理会計について	産業経理	18	7
	黒澤清・西野嘉一郎・番場嘉一郎・中山隆祐	利益計画の具体化について	産業経理	18	12
	番場嘉一郎・山邊六郎・久保田音二郎・会田義雄・荒井金男・杉沢衛	プランニングとコントロール	企業会計	10	1
	小高泰雄・西野嘉一郎・番場嘉一郎・溝口一雄・小林靖雄	設備投資計画の在り方	企業会計	10	9
	黒澤清	原価計算の研究	企業会計	10	10
1959	溝口一雄・中山隆祐	管理会計の理論と実務の違いはどこにあるか	産業経理	19	4
	番場嘉一郎・黒澤清・太田哲三・山邊六郎・飯嶋義一	分権管理と内部振替の会計	産業経理	19	8

年	著者	タイトル	掲載誌	巻	号
1959	番場嘉一郎・黒澤清・青木茂男・中山隆祐	原価分析と原価比較	産業経理	19	11
	黒澤清・山邊六郎・久保田音二郎・溝口一雄	原価管理の重要性と限界	企業会計	11	4
	黒澤清・山下勝治・山桝忠恕	管理会計論の新しい動向	企業会計	11	8
	渡邊進・染谷恭次郎・山桝忠恕・坂本藤良	利子の原価性について	企業会計	11	9
	渡邊進・番場嘉一郎・溝口一雄	プロダクト・コストと原価計算	企業会計	11	11
	山邊六郎・中山隆祐	事業部制の在り方をさぐる	企業会計	11	15
1960	黒澤清・西澤脩・中島省吾・伊藤文一郎・山田一郎・青柳文司・岩尾裕純・岡本愛次・古川栄一・溝口一雄・奥村實・長松秀徳・平栗政吉・檜田信男	経営計画と会計	會計	78	3
	古川栄一・番場嘉一郎・青木茂男・小野寛徳	事業部制と予算統制	産業経理	20	4
	松本雅男・小林靖雄	西独計画原価計算の現状をめぐって	企業経理	20	4
	番場嘉一郎・黒澤清・山下勝治・渡邊進・金子佐一郎・西野嘉一郎	企業体質の判定方法と改善方策	産業経理	20	7
	古川栄一・山邊六郎・青木茂男・小野寛徳	「事業部制による利益管理」をめぐって	産業経理	20	10
	黒澤清・山下勝治・渡邊治・番場嘉一郎・青木茂男	直接原価計算の根本問題	産業経理	20	12
	溝口一雄・森田哲弥・杉沢衛	直接原価制と原価管理との関係	企業経理	12	3
	古川栄一・山邊六郎・不破貞春・西澤嘉一郎・中島省吾・河野豊弘	「事業部制による利益管理」の問題点	企業経理	12	12
1961	小高泰雄・松本雅男・胝素和俊・平栗政吉・青木茂男・溝口一雄・小倉栄一郎・長松誠	企業利益の現代的性格	企業会計	13	13
	小川誠志・染谷恭次郎・小林靖雄・和田昭三・市村昭一・宮川嘉治・佐藤精一・福田誠一・奥村實	利益計画	會計	80	2
	番場嘉一郎・溝口一雄	実額計算における固定費・変動費の分類	産業経理	21	1
	番場嘉一郎・黒澤清・中島省吾・中山隆祐	管理会計基準の展開	産業経理	21	1
	古川栄一・山邊六郎・渡部泰助・鷹本弘・奥村誠次郎	事業部制の実施をめぐる問題点	産業経理	21	2
	松本雅男・林周三・西澤脩・坂本清	営業費分析	産業経理	21	8
	番場嘉一郎・山邊六郎・諸井勝之助・舛田精一・小池明	ドイツ・アメリカの直接原価計算	産業経理	21	10
	番場嘉一郎・中山隆祐・石川光威・杉山二郎・岡田保男	実際原価と標準原価	産業経理	21	11
	番場嘉一郎・山邊六郎・番場嘉一郎	原価管理実践上の隘路	企業会計	13	2
	黒澤清・中山隆祐・中島省吾・西川幸則・永野瑞徳・中西貴雄・平栗政吉・松本雅男・榎本喜好・檜田信男	直接原価制における内部振替価格と資本利益率	企業会計	13	増6
	山邊六郎・中山隆祐・吉田弥雄・小島泰雄・河野豊弘・一瀬智司	事業部制と資本利益率	企業会計	13	8
1962	山邊六郎・佐藤精一・小島泰雄・河野豊弘・一瀬智司	直接原価計算の問題点研究	會計	82	2
	久保田音二郎・山邊六郎・番場嘉一郎・山下勝治・渡邊進・久保田音二郎・溝口一雄	原価計算基準の研究	産業経理	22	6
	黒澤清・山邊六郎・番場嘉一郎・阪本安一・上村久雄	棚卸資産会計の主要課題	産業経理	22	12
	渡邊進・植野郁太		企業会計	14	1

393

年	著者	論文名	掲載誌	巻	号
1962	小林靖雄・今井忍・石尾登・鈴木紀正・菅野秀雄・奥村誠次郎	これからの原価管理	企業会計	14	2
	山邊六郎・中島嘉吾・佐藤精一・堀江牛治・田村健朗	直接原価計算における固定費の取り扱い	企業会計	14	10
	黒澤清・番場嘉一郎・渡邊進・舛田精一	棚卸資産評価の問題点	企業会計	14	12
	山下勝治・他多数	棚卸資産評価について	企業会計	14	16
1963	黒澤清・中山隆祐・青木茂男・松本雅男・青木重男・藤原信雄・鍋島達・諸井勝之助・番場嘉一郎・青木竜榮・中西寅雄		會計	84	2
	番澤清一郎・E.コジオール・太田哲三・黒澤清・青木茂男・小林靖雄・高田正淳	ブラウン・コスタンレヌンクについて	産業経理	23	1
	黒澤清ほか	管理会計基準の展開	産業経理	23	1
	山邊六郎・番場嘉一郎・中西寅雄・川久保康雄・小栗太郎	原価計算基準の研究 (1)	産業経理	23	2
	山邊六郎・番場嘉一郎・黒澤清・中山隆祐・川久保康雄・小栗幸太郎	原価計算基準の研究 (2)	産業経理	23	3
	山邊六郎・番場嘉一郎・黒澤清・中山隆祐・川久保康雄・小栗幸太郎	原価計算基準の研究 (3)	産業経理	23	4
	山邊六郎・番場嘉一郎・黒澤清・中山隆祐・川久保康雄・小栗幸太郎	原価計算基準の研究 (4)	産業経理	23	5
	山邊六郎・番場嘉一郎・黒澤清・中山隆祐・川久保康雄・小栗幸太郎	原価計算基準の研究 (5)	産業経理	23	6
	番場嘉一郎・黒澤清・山下勝治・久保田音二郎・坂本安一・溝口一雄	原価計算基準の研究 (6)	産業経理	23	7
	山邊六郎・黒澤清・番場嘉一郎・中西寅雄・川久保康雄・小栗幸太郎	管理会計の問題をめぐって	産業経理	23	8
	山邊六郎・番場嘉一郎・中西寅雄・川久保康雄・小栗幸太郎	原価計算基準の研究 (7)	産業経理	23	9
	山邊六郎・番場嘉一郎・中西寅雄・川久保康雄・小栗幸太郎	原価計算基準の研究 (8)	産業経理	23	10
	山邊六郎・番場嘉一郎・中西寅雄・川久保康雄・小栗幸太郎	原価計算基準の研究 (9)	産業経理	23	11
	山邊六郎・番場嘉一郎・中西寅雄・川久保康雄・小栗幸太郎	原価計算基準の研究 (10)	産業経理	23	12
	山邊六郎・中西寅雄・田村健朗・塚原幹夫・勝野道郎	原価計算基準の経営管理への適用	企業会計	15	3
1964	番場嘉一郎・森藤一男・染谷恭次郎・小倉榮一郎・宮上一則・中島省吾・樋口林三・藤田三四治・久保田音二郎・藤野利夫・山邊六郎・伏見多美雄・小林健吾・未政芳信・中山隆祐	直接原価計算と財務会計	會計	86	3
	山邊六郎・黒澤清・中西寅雄・河野豊弘・鈴木勝利	新春原価計算放談	産業経理	24	1
	番場嘉一郎・諸井勝之助・川久保康雄・川久保康雄	プロジェクト・プランニングと計画計算	産業経理	24	3
	宮川公男・石原善太郎・加藤昭吉	PERTについて	産業経理	24	10
	溝口一雄・宮本匡章・曽田米治・小林哲夫	固定費の研究	産業経理	24	10
	染谷恭次郎・今坂朔久・俊藤弘	生産性分析と付加価値分析	産業経理	24	10
	青木茂男・岡本清・山田貴一・古田貴	中小企業の原価計算	産業経理	24	11
	久保田音二郎・藤岡三四郎・宮本匡章・小林哲夫・溝口一雄・中村萬次・阪本安一	直接原価計算の問題点	企業会計	16	12
1965	久保田音二郎・中山隆祐・中島駿逸・木内佳市・山辺六郎・近沢弘治・青木茂男・長松秀志・天野恭徳・福田誠一・溝口一雄・今井忍・小林哲夫・伏見多美雄・松本雅男	CVP関係に関する諸問題	會計	88	5
	古川栄一・中島省吾・安藤和夫・今岡譜吾・神谷春樹	利益計画・予算統制の再検討	企業会計	17	2
	小野覚徳・高﨑昇之助・高橋豊・刀根薫	PERTの管理会計的活用	企業会計	17	3

年	著者	タイトル	誌名	巻	号
1965	林周二・西澤脩	流通革新と企業会計	企業会計	17	6
	小高泰雄・金子佐一郎・西澤脩・中山隆祐・小林靖雄	不況下のコスト・マネジメント	企業会計	17	9
1966	山邊六郎・西澤脩・小林靖雄・河野豊弘・溝口一雄・諸井勝之助・松本雅男・佐藤精一・亀川俊雄	長期利益計画	會計	90	4
	番場嘉一郎・金子幾造・坂本健一郎・武藤憲一郎・滝上隆司	特殊なサービス業の原価計算	産業経理	26	9
	番場嘉一郎・山口・間藤祥久・河辺進	原価計算基準の検討	企業会計	18	1-3
	溝口一雄・拝原祐男・坂本戯美・石橋太郎・佐伯文雄・粕谷欣一	コスト・マネジメントの実態を語る	企業会計	18	11
1967	青木茂男・中山隆祐・滝野隆永・小林健吾・永田敦夫・亀山俊雄・藤原俊一郎・奥村憲一・山邊六郎・清水竜瑩・青柳文司・小倉栄一郎・天野恭徳・荒川邦寿・西澤脩	管理会計の本質	會計	92	3
	山邊六郎・中山隆祐	NAAの管理会計に関する調査報告書について	産業経理	27	2
	吉川栄一・松本雅男・佐野健児・安達利夫・森木康夫	コスト・マネジメントについて	産業経理	27	6
	小高泰雄・中山栄一・中山隆祐・青木茂男・小野寛徳	「コスト・マネジメント」の理念	企業会計	19	1
	溝口一雄・拝原祐男・佐伯文雄・宮本匡章	直接原価計算の問題点	企業会計	19	4
	黒澤清・溝口一雄	管理会計の新しい次元	企業会計	19	9
1968	黒澤清・吉田寛・大塚俊郎・井尻雄士・飯島利夫・西川義明・平栗政吉・藤岡三四	会計情報システムの発展と簿記理論	會計	94	5
	宮川公男・亀山三郎・遠藤久夫・石原幸太郎・加藤昭吉	PERT/COSTについて	産業経理	28	4
	河野豊弘・奥村明・柴川正和・田中耕造	資本コストと目標利益率	産業経理	28	5
	今井忍・中山隆祐・宇都野忠・佐伯文雄・亀山三郎	原価情報とその処理をめぐって	企業会計	20	11
1969	松本雅男・今井忍・青木茂男・杉沢新一・岩村豊弘・上領英之・山田一郎・大矢正久・竹村好孝・佐藤勝吉・西澤脩	会計事業対策と特殊原価調査	産業経理	96	4
	小林健三・岡本直彦・竹村富士雄・青柳文司・青木典之	会計情報システムの構築	企業会計	29	9
1970	津曲直躬・岡本直彦・原田富士雄・不破貞治・杉本典之	会計情報の性格	企業会計	22	7
	番場嘉治・西川義明・富岡幸雄・不破貞治・中村保	太田哲三博士の業績を偲んで	企業会計	22	9
1971	青木茂男・大津弘・峯村信吾・溝口一雄・長松秀志・渡辺伸夫	日本会計学七〇年代の展望	企業会計	22	10
	R. N. アンソニー・高橋吉之助・関口康・中原伸之	アメリカ管理会計実践の現状	會計	99	3
1972	鍋島達・小林健吾・長松秀志・深井秀夫・市村昭二・津曲直躬・佐藤康男・今井忍	七〇年代の管理会計論の課題	企業会計	23	8
	清水龍瑩・滝野隆永・山上達人				
1973	番場嘉一郎・新井清光・青木倉吾・浅間三郎・岡本愛次・山口孝・富岡幸雄・木村童春・義人・中島省吾・鍋島達・宮本匡章・染谷恭次郎・田中章義・不破貞春	伝統的会計理論の再検討	會計	101	3
	溝口一雄・青木茂男・櫻井通晴・辻厚生・小林哲夫・松本雅男・長松秀志・伏見多美雄・吉田寛・山田一生	管理会計の本質と領域	會計	103	1
				103	2

年	著者	タイトル	誌名	号	頁
1974	番場嘉一郎・黒澤清・平井泰太郎・青木茂男・浅地芳年	企業会計四半世紀の歩み	企業会計	26	1
1975	溝口一雄・平林喜博・小林健吾・山口達良・佐藤精一・斉藤隆夫・長松秀志・岡本清・西澤脩・青木茂男・敷田禮二	原価計算と価格決定	會計	108	6
1976	溝口一雄・津曲直躬・長松秀志・西澤脩・伊藤博・古合一雄・松本雅男・櫻井通晴・高橋吉之助・村方昇・井上康男	管理会計情報の本質と限界	會計	110	4
1977	溝口一雄・平田正敏・亀山忠雄・山上達人・上阪英之・西山忠範・河野豊弘・永野瑞穂	経営分析の再検討	會計	112	4
1978	細野義一・小川洌・青木茂男・福富民夫・福留昌出雄・増田昌三・芝章	問題解決のための会計管理	企業会計	30	6
1979	木内佳市・伊藤博・宮本匡章・山形休司・小林靖雄・西澤脩・深井秀夫・肢黒和俊・大津弘・長松秀志・古合一雄・村方昇	コスト・マネジメントの今後の課題	會計	115	3
1980	佐藤精一・安藤三郎・小林哲夫・津曲直躬・佐藤精一・深井秀夫・吉川武男・大山政雄・古合一雄	実践原価管理の現状と問題点	企業会計	31	7
1981	岡本清・小林健吾・津曲直躬・伊藤博・櫻井通晴・栗村哲彦・青木茂男・松本雅男・大山政雄・古合一雄	管理会計論の展開方向	會計	118	5
1982	宮本匡章・岡本清・牧戸孝郎・未政方信・山形休司・西澤脩・吉川武男	経営原価計算の成立基盤	企業会計	32	11
	津曲直躬・櫻井通晴・宮本匡章・松本雅男	管理会計算の機能	會計	120	6
1984	宮本匡章・小鳥廣光・谷凛幸・佐藤紘光・中善宏・小林哲夫・石塚博司	原価計算基準への提言	會計	122	5
1985	山上達人・飯田修三・門田安弘・小川洌・吉田寛・青木脩・長松秀志	会計は、なにを、どこまで表現できるか	企業会計	34	4
1986	佐藤精一・伏見多嘉雄・小林哲夫・櫻井通晴・古合一雄・原田行男・西澤脩・長松秀志・伊藤博・芝章	管理会計と組織構造	會計	125	2
		会計情報の拡大と管理会計	會計	128	5
		変革期の管理会計	會計	130	6
	小林健吾	財務会計と管理会計の接点はどこに求めるべきか	企業会計	38	1
1987	伊丹敬之・渡辺正太郎	戦略と管理会計	企業会計	38	6
1989	小林哲夫・牧戸孝郎・豊島義一・中善宏・谷凛幸・牧戸孝郎・櫻井通晴・小林敏郎・豊島秋敏・鉄尾敏・廣本敏郎・櫻井久勝・後藤雅敏・吉田寛・辻正雄	管理会計のパラダイム	會計	132	6
	岡本清・加登豊・谷凛幸・三代沢経人・西澤脩・小林健吾・吉田彰・山下勇・宮本匡章・吉田寛・辻正雄	原価計算の原点とその原則の再検討	會計	135	1
	宮本匡章・廣本敏郎・廣本敏郎・桜井久勝・後藤雅敏・竹森一正・加登豊・谷凛幸・廣本敏郎・櫻井通晴	会計の本質と管理会計の展望	會計	136	5
1991	小川洌・櫻井通晴・古合一雄・田中雅康・谷武幸・加登豊・吉川武男・合久昇・小倉昇・佐藤宗弥・山下勇一・西村明	環境変化と管理会計の革新	會計	139	2

1992	宮本匡章・牧戸孝郎・石川昭・櫻井通晴・小林哲夫・佐藤康男・竹森一正・上埜進・古谷一雄・西澤脩・木村幾也・柳田仁・斎藤博・吉田寛	管理会計研究の回顧と展望	會計	141	4
1993	櫻井通晴・吉田寛・竹森一正・古谷一雄・岡野浩・伊藤博・佐藤宗弥・長松秀志・廣本敏郎・門田安弘・西澤脩・加登豊・合武幸・吉田行男・斎藤孝一	会計環境の変化と管理会計理論の現代的課題	會計	143	2
1994	牧戸孝郎・上埜進・佐藤康男・合武幸・吉田寛・笠井賢治・淺田孝幸・斎藤孝一・上埜進・小林啓孝・國部克彦・西澤脩	グローバル環境下の管理会計	會計	145	3
	小林哲夫・尾畑裕・柳田仁・平林喜博・西澤脩・櫻井通晴	現代管理会計の苦悩と挑戦	會計	146	4
1996	岡本清・尾畑裕・柳田仁・清水信匡・石崎忠司・吉川武男・小倉昇・木村幾也・竹森一正・合武幸・吉田寛・豊島義一・岩崎吉秀・宮本寛爾・大塚宗春・櫻井通晴・西澤脩	管理会計の現状と課題	會計	149	4
1997	中島多美雄・西澤脩・髙田正淳・柴健明・木下節明・檜田信男・石川昭・藤川元久・石川昭	会計学の研究・教育のあり方	會計	151	1
	伏見邦土・伊藤邦雄	21世紀の会計を展望する	企業会計	49	12
1998	合武幸・山本浩二・小倉昇・小林啓孝・三矢裕・櫻井通晴・豊島義一・小林哲夫・矢澤秀雄・伊藤博・中村博之・富増和彦・竹森一正・抜文子・佐藤康男	管理会計領域の拡大	會計	153	3
	岩井克人・奥村宏・上村達男	日本の企業システムは変わるか	企業会計	50	11
2000	牧戸孝郎・岡野浩・伊藤克容・浜田和樹・田中隆雄・加登豊・河田信・柳田仁・渡邊俊輔・門田安弘・伊藤克容・浜田和樹・竹森一正	日本的管理会計の特質と海外移転	會計	157	3

附属資料3　主要文献の要約
『會　　　計』

筆者・発行年	大倉義雄（1950K57-2）	分類	b
タイトル	原価計算の再認識		

　終戦後の原価計算が混迷状態にある原因には，大別して，経営外的原因（国民経済的物的原因）と経営内的人的原因がある。経営外的原因には，無差別大量解雇によって優秀な人材を放出してしまったこと，相次ぐ新法令の制定に伴う提出書類の準備に追われたこと，インフレによって会計数値への信頼性が欠如したこと，戦時中の安易な原価補償によって原価引下意識が欠如したこと，やみ売りによって原価資料が歪められたこと，60％を超える高率の法人課税を軽減するため原価資料が歪められたこと，不安定な生活のため勤労者の意欲が減退したことがある。また，経営内的人の原因には，戦時経営者の追放とそれに伴う役員の変動，財務担当者の資金繰り対応への集中などがある。

　以上のような原因によって，原価計算は，担当者の熱意の喪失，数字感覚の麻痺，不十分な内部監査という問題を抱えることになった。今後の原価計算は，戦時中の強制的な原価計算から創意工夫のある原価計算へ，原価補償ではなく自由競争のための原価計算へ，封鎖経済ではなく世界経済のための原価計算へと認識を改めなければならない。そうした原価計算として標準原価計算制度の採用は理想的ではあるが，業種業態によって違いの大きい標準原価計算制度の採用にまで一気に突き進むよりも，まずは歴史的原価資料についてさまざまな角度からの分析を充実させるべく，材料倉庫管理，原価部門の設定，会計規定の再検討など，経営内部の態勢を整えることが必要である。

筆者・発行年	山邊六郎（1950K58-3）	分類	b
タイトル	標準原価計算と会計原則との諧調		

　軍国主義時代の会計学は，ドイツ会計学の影響を受け，成文法的，強権的，画一的な企業経理統制を特徴していたが，終戦後の今日の会計学は，アメリカ会計学から多くを学びつつある。現在の管理会計が戦時統制経済的な「統一原価計算制度とそれにもとづく相互経営比較」から脱却して標準原価計算を導入しようとするにあたっても，実践からの帰納的アプローチによるアメリカ会計学の特色を帯びた研究になろう。

　標準原価計算には，当座的標準原価計算と基本的標準原価計算とがある。

	当座的標準原価計算	基本的標準原価計算
標準原価	達成目標	能率測定の尺度
市場価格の変動	絶えず反映（実務的には会計期間ごと）	反映しない
帳簿	主要帳簿を通して財務諸表に組み込まれる	主要帳簿や財務諸表の実際原価はそのまま
製品別計算	標準原価のみ	実際原価（簡素な方法）と標準原価

会計原則との諸調整という点から，当座的標準原価計算の欠陥は，原価差異をすべて売上原価に賦課すると，第1に，棚卸資産評価にあたって生じる有利差異が未実現の利益に相当すること，第2に，原価差異の収益との期間原価的な対応関係が売上原価と収益との製品原価的な対応関係と矛盾することである。

実務の経理水準の低いわが国では，当座標準原価計算から導入を始めなければならないので，第1の欠陥に対しては，有利差異は仕掛品および製品の貸借対照表価額からその相当額を差し引くとよい。なお，第2の欠陥に対しては，一会計期間における生産と販売が一致するように計画されているかぎり咎められる問題ではないといえる。

筆者・発行年	黒澤　清（1951K59-1）	分類	a
タイトル	英国における統一原価計算について		

戦後の物価統制のために原価計算要綱が実施されたことが，わが国の原価計算を歪める一因となってきたが，英米の統一原価計算制度の展望から原価計算の在り方を見直すときがきている。

ソロモンズによれば，統一原価計算とは，特定の産業に属するすべての企業によって採用される一連の原価計算の諸定義および慣習に関する準則であるという。ただし，統一原価計算は，同一産業内の企業に唯一の会計制度を設定するものでもなく，それによる原価比較を目的とするものでもない。

アメリカでは，1910年に印刷業の統一原価計算の基準が公表され，それを調査した英国でも1913年に印刷業の原価計算制度が公表された。その後，英国では約26業種の統一原価計算制度が樹立されている。アメリカでは，その後，同業組合が中心となって，約150の業種で統一原価計算をすでに実施していると推定される。ソロモンズによれば，統一原価計算が備えるべき要件は，以下の7つである。①原価計算対象の定義（生産物または工程）を示し，また，制度としての原価計算の一般的な特徴（原価報告書と財務会計との結びつきや標準原価と実際原価との比較）を明らかにすること，②原価要素を定義すること，③原材料の評価基準を定義すること，④間接費の配賦方法を明示すること，⑤操業度の決定において遊休生産能力の処理方法を示すこと，⑥帰属原価（自己所有の建物の家賃，自己資本利子など）を含めること，⑦同一産業内でも大企業と小企業の違いに配慮すること，である。

わが国においても，近い将来，新しい統一原価計算運動が展開されるとすれば，従来の製造工業原価計算要綱のように規格統一的・非弾力的なものではなく，一般原則を共有しつつ基本的な統一性は保ちながら自由な原価計算を実施する余地のある原価計算準則が臨まれる。

筆者・発行年	中西寅雄（1951K60-3）	分類	b
タイトル	原価計算の問題点		

原価計算の目的として，学者は価格計算，損益計算，経営管理の統制などを挙げるが，これらの目的は経済の発展段階によって重点を変える。現在の原価計算は，原価管理を主たる目的として構成されるべきである。

原価管理を目的とする原価計算は，製品単位に費用を集計する手続きであるというよりも，標準原価を設定し，実際原価を計算し，差異の分析をする一連の手続きからなり，それによって能率を増進するためのものである。また，原価計算が能率増進の用具であるためには，物量計算を前提として，その変化を的確に表現するものでなければならない。

経営統制手段としての原価計算の一般原則は，財務会計のそれとは異なり，第1に能率判定のための標準との比較可能性，第2に継続性，第3に経営活動を即時に数的に表現する迅速性，第4に科学的な根拠を伴う正確性，第5に計算にかかる費用という意味での経済性，第6に原価比較のためにある程度の弾力性を認めたうえでの統一性である。

能率増進の手段としての原価計算における原価要素の分類は，形態別ではなく目的別に分類されるべきである。目的別分類とは，製品の生産に直接的に機能した費用と共通的に機能した費用という分類である。

コストコントロールの観点からは，責任会計に資する部門費計算が重要である。部門費計算においては，責任の所在を明らかにするように部門を設定すること，部門費として間接費だけでなく加工費を集計することが問題になる。

コストコントロールのための標準原価は，生産管理，具体的には科学的管理法との関連で設定される。科学的管理法といってもテイラーは理想標準を求めたが，その後は努力目標としての正常的な標準がよしとされるため，この立場からの標準原価の設定は，当座的標準原価となる。これは経営管理の実践からもたらされる当然の帰結であり，実際にアメリカで標準原価を採用する工場の多くも，このような意味で標準を設定している。なお，当座的標準原価は予算と同一の基礎において設定される。

筆者・発行年	大橋善助（1952K61-1）	分類	イ
タイトル	経営管理のための原価計算		

戦前・戦中に浸透してきた価格形成のための原価計算は，実績を忠実に追跡し，それを原価の流れに従って製品ごとに個別に把握しようとする原価計算であった。しかし，今日では，原価計算の結果は価格を決定する一つの要素でしかなく，市場において価格が形成されるのであるから，価格形成のための原価計算という期待はかなり小さくなっている。今日の日本経済において強く要請されているのは企業の合理化であり，そのための経営管理は計算制度による管理がもっとも優れている。

期間損益計算のための製品別計算として個別原価計算が支持されるのは，それが正確であるためである。しかし，個別原価計算の正確性には2つの問題がある。第1に，間接費が全原価の30％から50％に増大し，部門別とはいえ人為的な配賦計算では正確性を欠くことである。第2に，個々の製品についての生産条件（歩留，能率，速度など）の違いによって，同一製品であってもさまざまな原価が計算されてしまう。製品原価においては，そうした生産条件の違いは平準化されるべきである。

原価計算の目的が価格形成から経営管理に比重を移す場合には，個別原価計算に固執する必要はない。経営管理の原価計算が満たすべきもっとも重要な条件の第1は，予算または標準原価による統制である。第2の条件は，責任区分別の予算統制がなされることである。第3の条件は，短期的な周期の予算統制が行われることである。

ただし，製品別の個別計算のもとでこれらの条件を満たそうとするのは限界がある。製品別の予算統制は，手続き的には想定可能であるが，製品別に工数や材料に関して特殊な調査を必要とするために実施は不可能である。また，個別計算のもとでの予算統制では，責任区分別・期間別の予算統制が何ら考慮されない。このことからも経営管理計算としての個別計算制度はほとんど存在価値を失っている。

筆者・発行年	山邊六郎（1952K61-6）	分類	a
タイトル	原価計算と原価管理		

戦時以来のわが国の原価計算は，主として適正な価格の決定という目的を中心とし，経営能率の増進の問題を十分に顧みる余裕なく今日に至っている。しかし，今後の新しい原価計算においては，むしろ原価管理の問題が中心とならなければならない。そこで，シックルの著書「原価計算」に依拠しつつ，原価計算と原価管理との関連について考察する。

原価管理とは，原価計算によって指導的，抑制的または支配的影響力を加えることである。原価管理は，シックルによって，技術的原価管理，経営者的原価管理，および機構的原価管理に区分される。

技術的原価管理は，健全な科学的管理法の真髄たる生産計画および管理のすべてを含む。それは製品の最良の生産および配給を保障する管理である。技術的原価管理が原価計算制度の土台となる。
　経営者的原価管理とは，経営者が工企業を指導し方向づけ，そして工企業がその最適点において活動するが如くするために原価報告書を利用することである。経営者的原価管理は原価計算制度の結果である。
　機構的原価管理とは，各階層の経営者に適切な原価報告を提供し，経営者的原価管理を適切に行わせるところの原価計算手続のすべてをいう。機構的原価管理は原価計算制度の運用である。原価管理の手段であって，原価管理そのものではない。
　以上の原価管理と同様のことが，生産だけでなく，販売や一般管理に関する原価管理についてもあてはまる。

筆者・発行年	松本雅男（1952K62-4）	分類	b
タイトル	原価統制のための原価計算の基準		

　原価計算とは，原価の記録，原価の計算，原価の報告からなる。その基準とは，原価計算目的の見地から原価計算手続の合理性を判断する基準ということであり，原価計算目的には，一般財務諸表の作成，経営管理者の原価統制，企業政策の決定がある。
　原価統制に役立つ原価計算の基準は，第一に，原価記録の基準であり，それは正規の簿記の原則である。正規の簿記の原則は，信憑性を確保しうる方法で数字を記録しなければならないという要請である。ただし，その要請は現実にすでに発生した事実に関する証拠がなくても差し支えなく，見積であってもそれが科学的に判断され客観的に検証されればよい。
　原価統制に役立つ原価計算の基準は，第二に，原価の計算の基準であり，それはまた原価の認識と測定に分けられる。原価統制に役立つ原価計算においては，統制される原価と統制目標となる原価という2種類の原価が認識される。認識された原価の測定については支出額を基礎とするが，原価計算上の支出額とは最初に記録される支出額である。統制される原価は実際に発生した実績を示す原価であるのに対して，統制目標となる原価は実績を指導し規制する目標となる原価である。原価統制の目標となる原価は未来原価であり，未来原価には見積原価と標準原価がある。見積原価は部門間の調整に優れ，標準原価は科学的な方法を基礎とするが，両者は対立するのではなく，部門間の調整にもなるべく科学的な基礎があることが望ましい。
　このように認識・測定された原価の給付単位への配分については，権限と責任の明確な職制に原価を配分し，統制可能費と統制不能費を区別する必要がある。実務上，統制可能費と統制不能費を分類するのが難しいため，現状で統制可能な費目，現状で統制困難な費目，統制不能な費目に三分する方法も採用される。配分された原価については，原価差異を計算し，原因別の原価差異分析を行う。
　原価統制に役立つ原価計算の基準は，第三に，原価報告の基準であり，利害関係者に対して必要な原価に関する事実を明瞭に報告するように配慮することが要請される。原価報告は，正確な事実で経営管理者のために役立つ内容を単純簡明に報告する。また，原価報告は，迅速に提出しなければならない。

筆者・発行年	今井　忍（1952K62-4）	分類	b
タイトル	「原価管理」の理論的一考察		

　「原価管理」という用語は，ただちにアメリカでいうコスト・コントロールの概念と完全に一致していない。アメリカでは，専門工場が多く，原価管理といえば標準原価計算が適するといえるが，わが国では，一貫作業を行う工場が大部分を占めるため，標準のたてようがないところもある。わが国工業の生産実態をみれば，一部は標準原価計算，別の部分は予算統制，また別の部分は実際計算というように適用す

るしかないことがわかる。

原価管理が経営管理に役立つためには，生産過程で発生する原価を，そのプロセスで把握しなければならない。経営活動を管理するからには，生産活動と併行して管理活動も行われなければならない。

わが国の工業経営の中心課題は，生産速度の問題である。あらゆる経営活動は生産速度を高めるために集中させられ，あらゆる管理方式もこの目的に向かって編成される。そこで，原価計算が経営管理の手段となるためにはその速度も問題になる。工場現場において，生産活動は時々刻々変化しており，原価管理は現に行われつつある生産活動を管理しうるのでなければならない。

現代の工業経営における管理はすべて組織を通じての管理である。組織としての企業経営は1つの有機体であり，全体の調和が問題になる。原価管理は，個々の経営活動だけでなく，それを組織づけ，体系化したものを対象として考えなければならない。

以上のことから，原価管理とは，あらゆる原価計算の方法並びに組織を利用して，経営組織を通じて経営活動を経済的合理性に基づき，原価数値によって管理することであると定義される。

筆者・発行年	溝口一雄（1952K62-6/7）	分類	a
タイトル	標準原価の設定		

管理会計の実施にあたっての具体的な手段としては，標準原価がその中心的位置におかれている。メレロヴィッツの所説を中心として，標準原価の設定を論じる。

直接材料費の標準は，標準価格と数量標準からなる。数量標準は一定の余裕を考慮した実践的標準として設定される。それは量的な規範であるだけでなく，質的な規範を伴わなければならない。標準価格は，固定的計算価格の性質をもっている。標準価格によって内部的な経営成果が市場の結果から切り離される。

直接労務費の標準については，組織問題，能率測定の問題，能率評価すなわち賃率決定の問題が重要である。組織問題は，機械化の程度と関連する。能率測定の問題は，人為的な能率の変化や労働の質の問題と関連する。能率評価すなわち賃率決定には，能率賃金にもとづく評価賃金制度が採用される。時間標準は，過去の平均値によって設定する方法から科学的な作業時間研究・動作研究によって設定される方法までである。

製造間接費の標準については，生産数量に対する比例的な関係にもとづいて，変動費と固定費を区別し，変動費については見積あるいは統計などによって標準を設定する。固定費については最適操業度，平均操業度，正常操業度にもとづいて予算化される。メレロヴィッツは正常操業度を製造間接費標準の基礎とする。正常操業度は経営管理にもっとも適している。

以上のようなメレロヴィッツの所説の特徴は，標準原価が実践的な規範として達成しうる目標でなければならないとされる点にある。しかし，そのように設定される標準は，特に固定製造間接費標準は予算と区別することができなくなる。価格決定における全部原価補償，差異分析による責任の明確化，期間損益計算には適しているが，不動能力費の把握と分析は困難になる。

筆者・発行年	佐藤孝一（1953K63-3）	分類	b
タイトル	会計統制と標準制度		

管理のためには，歴史的原価を測定するだけではなく，実績を評価するための基準となる標準の設定が必要であること，そして，標準を原価統制以外に，販売価格および棚卸価格の決定，予算統制にも用いるべきであると主張している。

標準の形態としては，モチベーションを維持するという立場から，達成可能の良き業績を示す当座の標

準が望ましいと述べている。次に，製造部門における標準に加えて，販売部門，仕入部門，倉庫部門，荷受発送部門，配達部門，信用調査部門，事務及び会計部門，一般管理部門における標準も設定することが望ましい。さらに，標準を設定する際には，(1)事実に基づく慎重な設定，(2)適正な権威者による決定，(3)被測定者による設定，(4)公正無私な態度での設定，(5)部門横断的な共同作業による設定，に留意すべきである。加えて，標準を実行する場合には，(1)会計組織の合理化，(2)適正な報告書の作成，(3)一切の作業を標準に基づいて統制すること，(4)合理的な報酬制度の確立，に留意すべきである。最後に，状況の変化に交わせて標準は修正されなければならない。

筆者・発行年	大橋善助（1953K63-5/6）	分類	ウ
タイトル	部門別原価計算とコストコントロール		

　三菱造船長崎造船所における部門別原価計算を適用した事例について紹介している。
　個別計算組織のもとでは，製品ごとに予算が作成され，部門別，期間別に予算を作成しない。そのため部門の責任者に責任限度を明示することができず，給付単位別の予算統制によるコストコントロールは機能していない。
　そこで，個別原価計算を部門別原価計算で替置させる方法を考える。まず，操業度の測定が可能になるように原価部門を制定すること，操業度の変化と費用の変化が十分に関連していることが必要である。部門原価は，部門個別費と部門共通費とに分けられるが，部門における管理可能性の視点から分類すべきである。いずれの部門にも所属しない原価は，直接原価と称し，工場全般の費用として別に処理する。部門原価は，部門の操業度と関係して統制されるものでなければならない。部門共通費は，費目に応じた方法で部門に配賦する。また，部門間配賦計算は，用役の度合いに応じて適切に配分されなければならず，そのためには費用と関係する配分基準を確立しなければならない。適切な配分基準が定められない費用については，無理に配賦をすることはない。

筆者・発行年	吉国二郎（1953K64-1）	分類	ウ
タイトル	原価差額の調整について		

　原価差額の税務上の取り扱いについて国税庁からの通達が出たことを受けて，この通達の態度について論評している。
　通達は，実際原価主義の立場に立って，原価差額は実際原価に対する乖離であるとみて，調整（売上原価と棚卸資産に配分）されるべきものであるという立場をとっている。ただし，このことは，現行法の下においての対応であり，将来的に標準原価主義を採用する可能性を排除するものではない。ただ，標準原価計算については，原価軽暖と損益計算の総合的調整，歴史的な価値に基礎をおく現在の会計との整合性など，実務上も理論上も解明すべき点が残されている。
　原価差額は，どのような立場からみるかによって，その意味が異なる。そこで，通達は，法人税法施行規則第二十条の規定による取得価格計算の基礎となる原価と法人の計算による原価との差額であると定義している。
　差額調整の方法について，通達は，用いる計算技術の多様性を認めている。また，連続生産を行っているなどの理由で工場別・事業別に差額を計算することが困難で手数を要する場合についても簡易的な計算方法を認めている。

筆者・発行年	番場嘉一郎（1953K64-3）	分類	b
タイトル	原価会計と財務会計		

原価会計と財務会計の区別について，次の3点を指摘している。1. 原価会計はコストを原価部門，作業，職能，製品単位に対し内部的に区分する計算を行う。財務会計は，対外取引との関連において費用を記録計算する。2. 原価会計は短期間につき経営的利益の計算記録を行う。財務会計は収入支出にもとづく年次的費用収益及び期間外費用収益の計算記録を行う。3. 原価会計および財務会計は，内部報告会計としても，外部報告会計としても，存在しうる。原価会計は内部報告会計，財務会計は外部報告会計という具合には区別できない。

標準原価計算と予算統制の結合は，原価記録と財務記録とをコントロールという共同目的に結びつけ，両者のインテグレイションを実現する。しかし，このことは，両者が首尾一貫した原則に従って行われることを要求しているのではない。両者で相違する部分（測定・評価，目的，費目，など）については，調整・区分が必要である。

筆者・発行年	諸井勝之助（1953K64-3）	分類	b
タイトル	原価会計と売上原価		

実際原価を前提として，商業簿記法による売上原価の計算方法の説明，製品原価と期間原価に関する説明，製品原価と売上原価に関する説明をしたうえで，標準原価や見積原価を採用した場合に生じる原価差額の処理について述べている。

原価差額の処理法として，(1) 引当金勘定をもうける方法，(2) 売上原価に加減する方法，(3) 独立の科目として原価差額を明示し，売上原価の追加・控除項目として示す方法，(4) 営業外収益・費用とする方法，(5) 売上原価と棚卸資産とに割り当てる方法がある。財務諸表準則では(4)が指示されており，一般に標準原価計算制度の下では，(3)に(4)を加味した方法が支配的である。

筆者・発行年	青木茂男（1953K64-3）	分類	b
タイトル	標準原価計算と弾力性予算		

標準が一定の操業度を前提とした固定的な標準であっては十分に原価管理に役立てることができないことから，弾力性予算を標準原価計算に導入することの必要性を主張している。それによって，差異の原因をより明確にすることができると述べている。また，このことから派生して，原価差額の期末処理の問題にも言及している。

標準原価の設定において弾力性予算が最も活用されているのは間接費の標準である。固定予算の場合には，一定の標準操業度を基礎として間接費を求めるから，実際操業度と標準操業度が異なれば，差異の中にこの影響が含まれる。しかし，弾力性予算の場合には，実際操業度の下における予算を固定費，変動費，準変動費に分けて検討するため，操業度の違いに起因する差異が明確に分離される。

原価差額の期末処理について，標準原価が改訂によって当座的なものとして維持され，差額についても原因分析が行われている場合には，差額を費用と資産に配分する必要はない。これは標準原価の発展を阻害するものである。原価差額を小さくするために標準原価の水準を下げることは，その規範性を喪失させ，原価管理目的に反する。また，差額配分の煩わしさが原因で，標準原価計算を一般会計から切り離して実施することには感心しない。標準原価を発展させるためには，原価差額を原価外処理によって調整するべきである。

筆者・発行年	溝口一雄（1953K64-3）	分類	b
タイトル	コスト・コントロールのシステム		

　標準原価計算と一般会計との関係について考察している。コントロール（場所別計算）を重視すると期間計算（製品別計算）との関係において，製造部門が統制しえない補助部門費の配賦などの問題が生じ，期間計算を重視するとコントロール機能に支障が生じる。そこで，両者の調整のしかたによってコスト・コントロールのシステムが決定するとのべている。その調整がいかに行われるべきかについては述べていない。
　また，ダイレクト・コスティングを標準原価制度と結びつけることによってコスト・コントロールの有力なシステムとなることを指摘している。その際には，変動間接費を部門別操業度に対する関係において理解し，直接費部分と切り離すことがコントロール目的には有効であるという見解を示している。この見解をさらに進めたものとして，ゴードンの所説を紹介している。それは，場所別計算を徹底し，直接費と間接費を全く異なる方針のものとに取り扱い，直接費にコントロールの重点を置き，間接費は配賦せず，期間収益に負担させるというものである。

筆者・発行年	今井　忍（1953K64-3）	分類	b
タイトル	原価計算組織の再編成		

　原価計算を会計処理とは切り離して，原価管理の面から原価計算組織の問題点を明らかにしている。
　今日の原価計算組織は，歴史的原価計算であり，複式簿記の単なる発展形態に過ぎない。生産活動自体とは関連性を有せず，帳簿上の計算に止まっている場合が多い。そのため，経営活動管理のためには役に立たない。計画と管理に役立つ原価計算組織の確立が必要である。
　従来の原価計算は，計算に時間を要しており，経営活動とかなりの期間的なずれが生じている。また，原価資料は，棚卸勘定評価を主目的としているために，配賦のための便宜的な数値が用いられており，経営管理に役立つものではない。さらに，超過時間勤務手当が労務費に平均計上され，アイドル・コストや試作費，試運転費等も原価実績に計上されるなど，計算結果は不正確なものになっている。
　経営管理のための原価計算組織は，第1に，管理の対象となる経営活動について，例えば，原料・仕込み回数別に，資料を提供しうる組織でなければならない。第2に，経営活動の計算単位について示すものでなければならない。たとえば，配賦された原価は原価管理の対象とはなりえない。第3に，発生した原価は責任者別に区分表示するべきである。第4に，予算や標準は，生産量・操業度に変更があった場合に直ちに修正されなければならない。

筆者・発行年	黒澤　清（1953K64-6，1953K64-7）	分類	a
タイトル	三重原価分析法，トリパータイト・コスト・アナリシスについて		

　ブラックロックの提唱する「三重原価分析法」について，ハリスン以来の原価分析テクニックに新たな側面を切り開いた独創的な分析法であること，実際原価制度のもとでも応用可能であること，個別の原価差異だけではなく，総合的原価差異の分析に重点をおいていることを挙げて評価し，これを紹介し，数学的解明を試みている。
　二重原価分析法は，無数の材料が使用され，多数の労働者によって多数の作業が行われている場合には，分析手続きが煩雑となり，実際上，不可能である。必要とされているのは，部門，指図書，工程に投入された材料のグループ，作業のグループ，用益のグループについての総合差異を分析することである。そこで，三重原価分析法は，総合的原価差異の分析に重点をおいている。また，三重原価分析法では，原価差異を純数量差異，価格構成数量差異，価格差異の3つに分解する

筆者・発行年	松本雅男（1953K64-7）	分類	b
タイトル	日本における管理会計論の発展		

　過去二十年間にわたるわが国経営管理会計が経てきた発展の過程を文献に基づいて紹介している。

　戦前には，管理会計はドイツ経営経済学の一部として認識されており，会計学者は英米における財務会計に関心を向けていたため，会計学者は管理会計を扱ってこなかった。しかし，金融恐慌以降，上野陽一による経営管理会計の必要性が強調されたこと，商工省による原価計算準則の立案開始などの動きがではじめた。その後，陶山誠太郎，青木倫太郎，長谷川安兵衛らによって標準原価計算，予算統制が紹介された。産業界でも，アメリカ会社とつながりのある一部の会社は標準原価計算制度を実施し始めた。

　こうした管理会計の広がりを背景に，会計方法を体系づける企てが現れた。長谷川安兵衛，黒澤清，青木倫太郎，古川栄一，高瀬荘太郎，太田哲三らが管理会計の定義や領域について発言している。その後，「標準原価計算要綱」「予算統制要綱」「財務比較要綱」「経営比較要綱」「内部監査の参考」などが公表されてはいるものの，昭和7年以降は，景気回復，戦時・戦後の混乱のなかで管理会計の成長の芽は枯死してしまった。

　戦後，実際原価計算が支配的な状況に一石を投じたのは，山邊六郎「標準原価計算」と松本雅男「標準原価計算」である。しかし，実務で標準原価計算が積極的に採用されることはなかった。その理由は，(1) 税法が実際原価基準を堅持していたこと，(2) 個別生産が主流であり，工程の標準化，標準原価の見積が困難であった，(3) 経営管理者と工具の標準原価制度の理解が不十分であったことが挙げられる。

　やがて，管理会計の体系に関する論議も行われるようになった。長谷川，古川に加え，溝口一雄，松本がそれぞれの所論を展開している。昭和26年に通産省産業合理化審議会，財務管理委員会から「企業における内部統制の大綱」が公表されると，これを転機として，多くの会社は管理会計を導入し，実務家たちが，自社の経験にもとづいて有益な論文を発表しはじめた。

　経営管理会計の重要性が増す中で，原価分析の基礎となる実際原価制度は戦時の価格形成目的の原価計算の影響を受けて，原価管理機能が弱く，標準原価制度は税法における実際原価基準に妨げられており，原価計算制度の改善に対し，何らかの指針を示すことが実務家によって強く要望されていた。現在研究中の「原価計算基準」によってこの要望が満たされようとしている。

筆者・発行年	本田利夫（1954K66-4）	分類	a
タイトル	独乙の計画原価計算概念に関する考察		

　米国の標準原価計算が独乙に紹介されたのは1920年代末であり，独自の研究が始められたのは1930年代中期である。そして，戦後，1948年にフランクフルト大学のカルフェラム氏を中心に計画原価共同研究会が組織されたことに端を発し，その研究が盛んになっている。共同研究会による計画原価計算の規定は，次の通り。(1) 計画原価計算とは，前以て正常な数量と時間に基づき，計算価格によって，正常操業の場合の原価場所（責任領域）および原価負担者（製品）の計画原価を算定するものである。(2) 計画原価計算とは，米国において普及している標準原価計算（製品原価計算）と予算原価計算（期間原価計算）が結合して，独乙の正常原価計算（税など間歇的に生じる費用を除き，材料費消を計算価格にて評価し，実際原価発生額ではなく正常原価率によって計算する）が必然的に展開をとげたものである。しかしながら，筆者は，標準原価計算と予算原価のどちらも製品計算と場所別計算をおこなうのであるから，共同研究会の概念規定は正しくないと批判している。また，標準原価と予算原価の関係について，標準原価は規範，予算原価は予測であり，通常は同一数値が2つの目的に役立つことはなく，したがって，独乙の計画原価計算も，両者の統合を図ろうとしているというよりは，計画化という統一概念の下に両者の緊要性を強調したものとみるべきであろう。

筆者・発行年	平井泰太郎（1955K68-2）	分類	c
タイトル	会計座談　原価計算準則		

　原価計算基準の設定に委員長として携わっている中西寅雄氏の求めに対して意見を述べる形式で，原価計算基準に期待する方向性を示している。原価計算には，さまざまな目的と立場があるため，諸方面，特に専門家の集まる委員会で意見を戦わせることは，ある意味で「調整と妥協」の産物にならざるをえない。原価計算基準などを作ることにそもそもの問題が存在しているのではないか，製造原価準則等も，会計原理・原価計算知識の普及という教育的な面を重視しているのであり，原価計算基準もその程度でよいのではないか。統一原価計算制度を作ったところで，これが個別の企業に妥当するはずがない。したがって，むしろ業種別・規模別・業態別の統一原価計算基準を作る方が実践の目的に適っている。一般原価計算基準は，原価計算制度，原価要素，それらの関係を明らかにする教育的見地，目的に即応した原価思想の闡明という見地から作るべきではないか。

筆者・発行年	中西寅雄（1955K68-3）	分類	b
タイトル	予算統制と標準原価管理		

　予算編成には，利益計画を基礎として，まず部分予算がつくられ，それを調整・総合して総合予算になるという手続きがある。そこでは部分予算が先にあるのであって，今日，総合予算としての計画・調整機能が重視されるようになってきたとはいえ，部分予算の管理機能を否定することはできない。そこで，予算の管理機能に着目すると，標準原価管理との関係が問題になる。
　標準原価はあるべき原価であり，予算原価は将来の見積りにすぎないというように，両者の関係を質的な相違であるとするのは妥当でない。予算の基礎となる利益計画は，外部環境の変化に対する企業の主体的な努力を表現するので，予算は単なる見積りではなく管理の対象とすべき努力目標である。予算原価と標準原価との間には，達成目標の水準に何ら相違はない。むしろ，標準原価管理は客体的原価管理であるのに対して，予算原価管理は期間的原価管理であるというところに両者の本質的な相違がある。すなわち，直接費は標準原価管理の対象となり，間接費は予算原価管理の対象となる。標準原価管理を推進してきた科学的管理法の技術者や現場管理者のいう原価管理は，直接費が対象であった。それに対して，会計学者が間接費の管理をも標準原価管理に含めようとしてきたが，それは間接費予算による管理である。注文生産形態の機械工業などでは，製造予算が直接費の管理に対してあまり有効でないため，標準原価による直接費の管理と予算による間接費の管理という関係がもっともよくあらわれる。

筆者・発行年	番場嘉一郎（1956K70-1）	分類	a
タイトル	予算原価計算と見積原価計算		

　予算制度と標準原価計算，予算制度と正式標準原価計算制度，予算制度と見積原価計算制度のそれぞれの関係について論じている。
　まず，予算制度と標準原価計算の関係について，財務会計制度が事前計算をもつ予算制度となることに対応して，原価計算は，必然的に，予算作成に必要な原価数値を提供する（広義の）標準原価計算をもつようになると説明している。ヘッカート＝ウイルソンの所説を引用しながら，この場合の標準原価は狭義の標準原価（アティナブル・グッド・パフォーマンス・スタンダード）であると述べている。この場合の差異計算は帳簿外で行われる。次に，予算制度と正式標準原価計算制度の関係，すなわち標準原価が会計帳簿に複式記入される場合について説明している。アティナブル・グッド・パフォーマンス・スタンダードで標準が設定されている場合には，標準原価額だけでなく，予想される原価差異も予算に組み込む必要がある。このことについて，ラング＝マックファーランド＝シフ，ヘッカート＝ウイルソン，NACAの

著述を引用しながら説明している。最後に、予算制度と見積原価計算制度の関係について、アティナブル・グッド・パフォーマンス・スタンダードで標準を設定せずに、予算制度を実施しようとする場合、見積原価を用いなければならなくなると述べている。見積原価を用いる場合には、原価差異の見積を入れなくてもよい。つまり、見積原価と標準原価の違いはそのタイトさにのみある。他方で、見積原価はコントロールのためのオペレーションごとの細かい見積を行わない点で標準原価と異なるという点にもふれている。

筆者・発行年	土岐政蔵（1956K70-3）	分類	c
タイトル	原価計算の本義		

　ドイツ文献にふれながら、「原価計算基準」制定によって支出主義原価計算から解放されることへの期待を表明している。
　支出主義原価計算は、1.数値の客観性が高い、2.半製品、製品の原価がそのまま貸借対照表価格となる、3.個々の製品の販売から生ずる利益の合計と期間利益が一致する、という利点を持っている。しかし、支出主義に基づく実際原価計算は、価格変動や操業度に変動があった場合には、合目的性を失ってしまう。経営管理のためには、利益のうち、経営活動に起因する部分とそれ以外の原因によるものとを分別することが必要である。そこで、原価計算においては、時価もしくは時価に近い固定的な計算価格を用いて、価格変動の影響を遮断するべきである。

筆者・発行年	溝口一雄（1956K70-3）	分類	c
タイトル	原価計算基準の基本問題		

　主に「原価計算基準」に盛り込む内容を吟味する際の判断基準を示している。まず、「制度とは何か」および「制度と基準の関係」に関して考察している。
　制度であるための用件は、(1) 常規的に行われること、(2) 一般に認められること、の2つである。こうした「制度」の理解の差が、「制度」と「基準」の関係について、(1) 両者は同時形成的である、(2)「制度」から選択過程を経て「基準」が生まれる、という理解の差を生じさせている。さらに、その結果として、「制度」であって「基準」ではないものを認めるか否かという立場の違いが生じる。ただし、常規的に行われている計算制度は、そこに社会的要請があるとする、緩い制度の定義もありうる。
　こうした考察をふまえ、「基準」が常規性を重視するのであれば、特殊原価調査は「基準」には含まれないことになる。しかし、原価管理目的の標準原価計算も直接原価計算も「制度」としては認められねばならない。また、「基準」が利害関係の調整を本質とするものであるならば、「基準」には、財務会計目的とそれに関連した実際原価計算のみがとり入れられるにすぎない。仮に、原価管理や方針決定を目的とした原価計算が「基準」に含まれたとしても、それはそれらの原価計算が財務諸表作成目的に対しても妥当性を持ちうると認められたにすぎない。

筆者・発行年	三雲宗敏（1958K74-3）	分類	a
タイトル	基準標準原価制と原価管理		

　基準標準原価計算の概略について説明したうえで、当座標準原価計算と比較対照しつつ、基準原価計算の価値について検討している。基準原価計算制における能率水準は、当座の達成水準を示すものではないため、作業の責任限度が明確でない。また、基準標準原価制では、価格は企業の統制を超えたものであるから、価格水準を重要視していないのに対して、当座標準原価制は、価格に対してもある程度の牽制力がある。そのため、原価切り下げを目標とする原価管理には基準標準原価制より当座標準原価制の方が適し

ている。基準標準原価制に当座標準原価制を包摂することで，原価切り下げを目的とする原価管理に利用する方法が模索されている。しかし，当座標準原価制に基準標準原価制を包摂する可能性もあり，両者に決定的な差はない。結局それは，2つの標準原価計算を施行しているのと同じである。もし，実際原価のトレンドを求める必要があるならば，当座標準原価のトレンドを代用することで期間比較も可能であろう。

筆者・発行年	三雲宗敏（1958K74-4）	分類	a
タイトル	基準標準原価制と経営計画		

　当座標準原価制は，期間計画の実施としての原価管理を主眼とするのに対して，基準標準原価制は，個別計画の設定にある。しかし，従来の基準標準原価制に関する論文は原価管理，損益計算の領域に限られてきた。そこで，キャマンの所論を紹介して，経営計画における基準標準原価制の意義について述べている。
　基準標準原価制では，総益構成要素はすべて基準標準原価を基礎とした比率によって示されるため，期待通りに行かなかった場合の原因が明瞭になるほか，製品別の有利・不利の傾向を判別でき，経営計画に役立つ。しかし，全部原価計算であることによる限界もある。

筆者・発行年	三雲宗敏（1958K74-5）	分類	a
タイトル	基準標準原価制と損益計算		

　当座標準原価制では，製品原価を標準原価で評価し，差異は損益処理をするのに対して，基準標準原価制では，実際原価で損益計算を行う。財務諸表を実際原価で表示するため客観性が高く，比率を通じてロスを表現するためトップ・マネジメントの見地から便利である。
　ただし，当座標準原価制の元帳記入は単記法ですむが，基準標準原価制では複記法でなければならず，手続きが煩雑であり時代の要請に合わない。また，固定資産膨張の一方で資産の早期償却志向が強くなっており，基準標準原価の固定性は著しく制限を受ける可能性がある。また，オートメーション化の進展が実際原価のトレンド作成の意義を低下させる可能性がある。

筆者・発行年	今井　忍（1959K75-6）	分類	a
タイトル	標準原価計算と予算統制との関連性		

　予算は生産活動においては原価計画であり，原価計画にもとづいて設定される標準原価は予算の構成部分であるが，他方，予算編成と標準原価の設定は異なった立場から行われると述べ，両者の相違と相互関係を明らかにしている。
　予算と標準原価の相違は，期間計算と原価計算との相違，財務会計と対象計算との相違であるとして，これに関連する Stanley B. Henrich および Konrad Mellerowicz の所説を引用・紹介している。さらに，予算と標準原価には相互に有機的な関連性があるとして，W. Bennet による，「予算は標準原価の土台である」という考え方，Stuward Warner 社とシカゴ大による「標準原価にもとづく予算」という考え方について，それぞれ文献を引用し，紹介している。

筆者・発行年	溝口一雄（1960K78-3）	分類	b
タイトル	原価管理をめぐる予算と標準原価の関係		

　中山隆祐氏の発言に関連して，5つの基本的な問題を設定し，筆者の見解を展開している。5つの問題とは，(1) 予算と標準原価の機能の相違，(2) 予算が標準原価に直接費のコントロールを委ねたことの妥

当性，(3) 標準原価を積み上げて予算を作成する可能性，(4) アウトプット予算とインプット予算の関係，(5) 予算原価と標準原価のタイトネスの相違，である。

直接費に関しては，コスト・コントロールの考え方が厳密になるにつれ，予算によって担当されていたコスト・コントロールの分野が徐々に標準原価に委ねられるようになっていった。その後，予算は経営計画としての総合性の実現に重点を置くようになったとしている。

予算編成と標準原価の関係について，a.生産計画-製造原価予算-売上原価予算-売上損益予算という系列と，b.生産計画-製造原価予算-材料，労務，製造間接費予算という製造予算の系列を前提として，中山氏の所説を解説している。その上で，消費管理の手段としてのインプット予算の機能を反省する必要があることを主張し，また，アウトプットの計画とインプットの計画が有機的なつながりを持たないとすることについて疑念を表明している。

予算と標準原価のタイトネスの関係について，タイトネスの問題はアウトプット計画で論ぜられ，インプット面で扱われていないとする中山氏の主張を指示している。ただし，アウトプット予算とインプット予算が有機的な関連を持つ場合には，これは当てはまらないと付け加えている。

筆者・発行年	岡本 清（1961K80-3/4）	分類	b
タイトル	真実の原価をめぐる実際原価と標準原価との抗争		

実際原価と標準原価のいずれが真実の原価であるかという問題について，米国における19世紀末から1920年前後までの論争に焦点を当てて，歴史的連関を構成しようとしている。標準原価計算には，「科学的管理法」と「不働費の原価性否認の理論」の二人の親がいるという松本雅男の言葉を引用し，科学的管理法と不働費の視点から標準原価真実説の起源を訪ねている。

「不働費の原価性否認の理論」の立場から展開された間接費配賦のさまざまな試みは，やがて真実の原価を計算するという目的から，能率増進へと目的を変えて展開されていった。その過程で偶然に生じた「標準配賦率×実際配賦率基準量」として計算される標準原価は，コントロールスタンダードとしては不完全であったが，これによって不働費が除去され，この標準原価が真実の原価であると信じられるにいたったと推測している。また，間接費ばかりでなく，材料費計算，労務費計算においても，同時期に同じように偶然的変動を除去しようとする試みが現れていたことを付け加えている。

そして，こうした偶然的変動を除去された原価は，歴史的原価ではないが，(イ) 支出時における実際支払額で測定され，(ロ) 製造活動後に計算されるため，実際原価であると結んでいる。

筆者・発行年	中山隆祐（1963K84-2）	分類	ウ
タイトル	二元的標準原価計算の実践		

日本電気で行われている標準原価計算（二段式標準原価計算）について紹介している。

原価管理目的の標準は，不能率を分離するために，差損が発生する程度の厳格度が求められる。これに対して，製品棚卸評価のための標準は，平均的に達成可能なレベルであることが求められる。このような標準に対する二つの異なる要求を解決するために考案されたのが二段式標準原価計算である。二段式標準原価計算は，差異を認識（測定）することと，差異を棚卸資産から消去（評価）することは異なるという，認識と評価を区別する考え方を基礎にしている。二段式標準原価の考え方を説明するときに，コジオール説を引用するが，コジオール説とは実の3点で異なる。(1) コジオールは規範原価（能率測定の尺度）を操業度に関わらせている点。(2) コジオールは，測定標準と評価標準を連動させていない。(3) コジオールは測定と評価の使い分けを二元論の特色として説明していない。

最後に，二段式標準原価計算から得られた知見をもとに，原価計算基準が「現実的標準原価は原価管理

に最も適する」といっていることを批判し，原価差額の調整を制度として認めること，あるいは二段式の標準を採用することを提唱している。

筆者・発行年	岡本 清（1963K84-2）	分類	a
タイトル	原価概念の正常化		

メレロヴィッツ理論を批判的に援用しつつ，歴史的原価主義と正常（標準）原価主義の対立について検討している。両者の対立は，質的異常（経営の給付に関係するか否か）ではなく，給付に関係する消費額のうち，量的な異常をいかに処理するかである，と問題点を整理している。そして，(1) 1910年前後から，歴史的原価に内在する偶然的変動を除去しようとする動きがあったこと，(2) 歴史的原価において正しい原価と正しくない原価を区分しようとする試みから，原価管理を目的としない標準原価計算（ウェブナーなど）が考案されていたことを紹介している。そして，原価管理型の標準原価と，価格計算・損益計算型の標準原価を区別することの重要性を指摘している。歴史的原価の欠陥は，(1) 偶然的原価と (2) 原価通算（ころがし計算）の原理に根ざしている。前者については，偶然による異常額を平均する方法と，除去する方法がある。後者については，原価を通算せず，計算の途中段階にノーマル・コストを挿入すればよい。それによって計算の迅速化が図られる。最後に，正常化の傾向が現れてきた1910年以前を前近代的な歴史的原価主義の時代，以後を近代的な正常原価主義の時代として区分でき，原価計算制度の分類に新たな分類軸を加えることになると述べている。

筆者・発行年	鍋島 達（1963K84-2）	分類	c
タイトル	原価計算基準について		

(1) 原価計算における諸目的を調整し，原価計算を制度化するための実践規範と捉えるならば，「基準は，財務会計たるべきであり，原価計算が財務会計と関わる局面についてだけ規定すべき」という考え方は誤っている。また，(2) 原価の本質と経営活動に関して，財務活動に伴って発生する利子を原価と考える人がいるが，財務活動は固有の経営活動そのものではないため，原価ではない。(3) 原価の「諸概念」と「分類」という用語の意義が異なることについて，多くの論者が混乱している。さらに，(4) 「原価計算の一般基準」について，近代的原価計算制度は，財務諸表作成，原価管理，予算編成・予算統制の3つの側面からの要請を満たすために必要な条件を規定しているものである。最後に，(5) 基準の表題は「実際原価の計算」「標準原価の計算」などとなっており，「制度」という語がついていないのは，基準は計算体系の構成は企業の個々の条件に委ねているからである。

筆者・発行年	松本雅男（1963K84-2）	分類	b
タイトル	原価計算基準における若干の問題		

「基準」において見積原価を原価管理目的に適用することが認められている理由は，(1) 標準原価として使用されている原価も，実際上は見積原価であることが多く，これを除外すると基準が実情にそぐわないものになってしまうおそれがあること，(2) 見積原価は標準原価よりも劣っているが，実際原価よりも優れているからである。

対照的に，「基準」において理想標準原価を制度としての標準原価ではないと低く位置づけている理由について，(1) 差異に管理不能な差異を含むことや，(2) 達成不可能な標準を設定することは，モチベーション・コントロールにも役立たないからである。しかし，「基準」の記述は，理想標準原価が，製品原価計算と財務会計とを有機的に結びつける標準原価ではないとのべているにすぎないと，限定的に解釈することもできる。この場合は，差異を適切に処理すれば，原価計算制度に組み入れても問題なく，また，

原価管理に理想標準原価,棚卸資産価格評価には正常原価,現実的標準原価を用いるという二段式標準原価制度を採ることも差し支えないであろう。

基準によれば棚卸資産価格算定の基礎となる真実の原価は,正常な原価でなければならない。そのためには,事後正常原価を計算しなければならないが,基準は異常を含みうる実際原価を財務諸表の作成に役立つ「原価の数値」としている。これは,(1)今日わが国の実務において事後正常標準原価が計算されていない,(2)現行税法では回避可能な不能率をも含んだ実際原価が棚卸資産価格,売上原価の算定の基礎とされているので,これに合わせざるをえなかった,という事情による。

最後に,原価管理目的の標準は月々修正されるが,棚卸資産価格決定のための製品原価標準は原則として会計年度末まで修正されず,このため,期中には二段式標準原価計算制度の相貌を示すことがあることを付け加えている。

筆者・発行年	黒澤　清（1963K84-5）	分類	a
タイトル	原価計算基準における制度の公準とモチヴェーション公準		

原価計算基準は,企業会計原則の原価計算領域への拡大であるから,企業会計原則の3つの制度的公準(1.企業実態の公準,2.会計期間の公準,3.貨幣評価の公準)は,原価計算基準にも同様に当てはまる。原価計算基準は,原価管理,予算統制等を制度としての原価計算の主目的として取り入れており,管理会計基準としての性格をもっているが,その基調は財務諸表目的に置かれているから,管理会計の基準としては不完全である。

原価計算基準に示されている基本的公準(1.財務諸表目的の原価計算に対する基本的公準,2.原価管理(および予算統制)目的の原価計算に対する基本的公準)には,原価計算の基礎は,4つの要因(測定・伝達・動機付与に関する公準・制度的公準)から形成されることをトーマス・R・プリンス著「会計理論の境界領域の拡大」を引用しながら説明している。

そのうえで,原価計算と財務会計とは,異なる機能を持っているが,独立の計算制度として分離することは妥当ではなく,適切な処理を施すことで有機的に統一することが可能であると述べている。

筆者・発行年	諸井勝之助（1963K84-2）	分類	c
タイトル	『基準』における間接費の計算		

「原価計算基準」における間接費の取り扱いについて,問題点の指摘や解釈を加えて説明している。

第1に,「基準」においては,原価計算制度,製品別計算の種類を問わず,費目別計算の段階において直接費と間接費にわけることを原則としている。これが「基準」の著しい特徴である。純粋に財務会計的観点からすれば,これらを分類する理由はなく,分類したのは,管理の仕方が異なるという原価管理目的の要請によるところが大きい。

第2に,「基準」は,個別原価計算における部門間接費の配賦について,部門間接費を単一の配賦率で配賦する方法と,固定費と変動費に分類し,固定費率・変動費率を求めて配賦する方法を示している。後者の方法は,「基準」が初めて取り上げた新しい方法として注目される。

第3に,間接費の予定配賦率算定の基礎となる操業度について,「基準」は予定操業度の期間を一年または一会計期間としている。仮に,季節変動の影響を受ける企業が会計期間を半年,予定操業度の期間に一年をとり,半年後に間接費配賦差異がでた場合,差異は翌期に繰り越すのが合理的であるが,「基準」はそのことについてふれていない。(解釈上は認められないと考えられる。)「基準」がこれにふれなかったのは,税法に対する配慮からであり,実践規範としての拘束ゆえにそうなったのであろう。

第4に,標準原価計算の標準配賦率について,固定予算算定の基礎となる操業度は「予算期間において

予期される一定の操業度」とされるが，予算期間，操業度の水準については明らかにされていない。ところで，正常原価のための標準配賦率は3年〜4年と理解される。そこで，正常原価が標準原価の一種であると「基準」に認められている以上，標準配賦率算定の予算期間も一年，一会計期間より長期も認められることになりうる。さらに，予算期間を長期にとることが認められた場合，上述のような配賦差異の繰越の問題が生じる。

　第5に，「基準」は，間接費配賦差異の内容を細分していないが，この分析は意味がある。特に変動予算を用いて行うと，より効果的である。「基準」は，変動予算の利用を実際原価計算のところではまったく取り上げていないが，実際原価計算においても変動予算を利用することが「基準」の基本理念に沿うと考える。

　第6に，「基準」は間接費差異の分析について詳細な規定を意識的に避けているが，企業としては，種々の分析法について検討を加え，最適と思うものを選択適用すべきであろう。

筆者・発行年	今井　忍（1964K85-2/4）	分類	c
タイトル	原価管理とそのアプローチ		

　まず，原価計算には財務会計からのアプローチと管理会計からのアプローチがあり，全く異なった立場に立つものであり，原価管理は後者の方法をとるものであるとする。原価管理 cost management では，最終目的は収益に対する原価の低減 cost reduction にあると規定し，「経営管理上の諸問題に関して，原価数値を用いてその経済性を測定し，経営者および経営管理者の意思決定に役立たせよう」（18頁）とするものであるとしている。そして，経営機能から分類すると，スタッフ機能としての原価管理とライン機能としての原価管理に分けられ，前者は「経営問題の原価を分析的方法により確定し，比較し，経済的に最有利の経営活動および経営条件を管理責任者に報告する機能」（19頁）であり，後者は「スタッフ機能より提供された原価資料にもとづいて選択を行い，管理者としての意思決定を行い，管理行動に移す機能を果たす」（19頁）という。したがって，ライン管理者は，「そのライン機能に属する本来の経営諸活動に着いて管理責任を有するとともに，その実施に関する原価責任 cost responsibility を有する」（19頁）。スタッフ機能における原価概念はライン管理者の意思決定に役立つ原価概念であり，今井は意思決定原価なる用語を与え，その見積もりにあたって，Joel Dean の Managerial Economics を引用している。

　原価計画については，「原価予測を行い，意思決定原価を算定することによって，原価計画がたてられる。原価計画は原価管理のために立てられるべき計画であって，経営計画の原価からみた計画であるということができよう。それら原価計画に従って原価統制 cost control が行われるのである。」（22頁）と述べている。

　原価計画に関しては，生産技術の分野での技術者による経済的意思決定の資料作成であるエンジニアリング・エコノミーを紹介し，その基礎には原価分析資料がある点を評価し，理論的体系的な研究が原価管理に求められるとしている。

　経営組織に関する理論として，階層理論，職能別専門化の理論，人間関係論，意思決定理論，システム理論への変遷を説明した上で，経営機能を販売，調達，製造，調査，計画，統制の6個に分けた上で，それぞれに原価システムをおくべきとする。

筆者・発行年	石塚博司（1964K85-5）	分類	a
タイトル	見積原価計算と標準原価計算		

　見積原価と標準原価の違いを明確にするためには，予定の仕方の相違によって区別するという従来の考え方を転換する必要があると述べている。つまり，まず，見積原価計算，標準原価計算という計算制度の

相違に着目し，そこで用いられる予定原価を見積原価，標準原価と定義することで，両者の違いが明確にしようとしている。

見積原価計算は，実際原価計算の簡易な代替手段として，実際原価に近い数値を得るために考案されたものである。したがって，見積原価と実際原価の差額の把握は，見積の正確さを検証するために行われる。また，見積原価と実際原価の対照比較を精密に行うことは自己矛盾である。これに対して，標準原価計算は，実際原価計算の欠陥を克服するための手段である。実際原価計算と予定された原価との差異，およびその原因を把握し，原価管理に役立てることを目的としている。したがって，標準原価計算における実際原価計算は，実際原価を知るためではなく，標準と比較することにより，生産活動の能率を判定するために行われる。一般に，原価計算制度の分類は，実際原価計算・予定原価計算を対立させ，予定原価計算を見積原価計算・標準原価計算に分ける。しかし同時に，見積原価計算→実際原価計算→標準原価計算という原価計算制度発展の大きな流れを認識する必要がある。

筆者・発行年	小林靖雄（1965K87-2）	分類	a
タイトル	アメリカのコスト管理の動向		

本論文は，1964年8月に米国企業の原価管理実務を調査したことの速報である。原価計画とORのテーマでは，インターナショナルミネラルケミカル会社とゼネラルフーヅ会社を取り上げ，前者では販売期間が2～3ヶ月という短い期間で販売される商品である肥料について，消費に関する諸条件の変化に対して生産・販売・利益を予測するモデルを構築したり，工場建設にあたってクリティカルパス分析を利用して建設コストを節約しているという。後者の会社では，製品ストックを考慮した販売・生産計画を立てるために売上高の0.13％の金額を計算機業務に費やしているという。VAの実践というテーマでは，GEとフォードに関しては工場での原価管理について知り得たのにとどまり，フォードのルージュ工場では，購買分析は本社購買部購買分析課が担当し，工場はその援助にとどまり，「フォアマンを中心とした物量的コスト管理に専念されている事実を知った」(51頁) と記述している。VAの実例として調査できたのはベル・ハウェル社であり，VAの「結果採用された改善は，コスト切り下げ目標として予算の基礎に導入され，全社的には予算統制が実施されることを知った」(52頁) と述べている。ただし，小林はVAのアメリカでの実践は「漸く緒についた」所であり，機能分析が十分に実施されているか疑問であると感想を記している。「コスト・統制の地についた実践」と題する見出しのもとでは，まずは，WE社のホーソン工場の事例の圧巻ぶりが紹介されている。4000頁に達する標準原価表を備え，2年に1回改訂しながら，「その改訂時には現行標準原価の10％位を切り下げることを目標としている」(53頁) という。工場には14,000人の従業員がいるが，工場コントローラー部門には650人が配置されているという。量産工場として，アイディアル・セメント会社，フォード・ルージュ工場，フォード・製鋼部門の原価統制について紹介されている。これらの実践例を紹介した後，我が国の経営管理の実情について，「管理者の個人責任と業績追求のシステムが，責任予算ないし責任原価としての予算や標準原価と密着して運営されるという管理のあり方が不十分」(57頁) であるとしている。そして，「われわれがアメリカ訪問中いだいた『何も新しいことはやっていない』といった感じは，帰国してから3ヵ月を経過した今日，よくよく考えてみるとおよそ無意味な，又，的をはずれた感想であったことを感じてくる」(57頁) と述べている。

筆者・発行年	神馬駿逸（1968K93-5）	分類	c
タイトル	原価引下げと設計活動		

コストマネジメントによる原価引下げが要請されているのは，「従来の原価引下げの如く経営計画に基づく執行活動の統制のみでは，原価引下げの充分な成果がえがたくなってきたからである。つまり，原価

は計画設定段階において大部分確定され、原価統制による原価引下げは、計画によって限定されることが認識されるにいたったからである」(39頁)と述べ、原価計画設定段階における原価引下げ対象項目の一つとして製品設計活動を取り上げている。設計業務の概要を示した後、多量生産方式では、試作の結果、基本設計と細部設計を修正し、「原価引下げをおりこんで設計図を作成し、その検討をえて量産設計段階にはいり、量産体制にうつるプロセスをとるのが一般的である。したがって、量産設計段階においては原価引下げがおりこまれることになる」(41頁)と述べている。他方、受注個別生産では、原価引下げ方法を顧客の要望から容易には取り入れることはできず、また、顧客から設計変更を要望されることが常時発生し、原価引下げが困難であることが多いという。さらに、設計活動における遅延を発生原因と原価に与える影響という形で整理している。そして、原価を引き下げるために、設計活動においては、日本能率協会『設計管理』に依拠して、改善のポイントを詳細に示している。最後に、原価企画的なプロセスをとるべきであると主張している。

　第一段階においては仕様書、見積設計に基づいて見積原価を計算し、売価決定の資料たらしめる。次いで、第二段階においては売価を基準とし、目標利益の獲得を意図し、それにそって設計図を作成すべき設計上の目標原価を計算し、それを設計部門に指示し、この目標原価内に設計上の原価がおさまる如く設計を進めることを指示するものであって、この段階においてV.A.、I.E.等の原価引下げ技法が活用される。さらに第三段階では設計図の完了後、設計図に基づく原価を計算する過程であって、設計目標原価内に設計上の原価がおさまっているか否かを検討し、もし設計目標原価内に設計上の原価がおさまらざる場合、さらにV.A.、I.E.、Q.C.等の原価引下げ技法をおりこんで設計変更を行い、その枠内にとどまる如く再設計を行う段階である。かくして、設計の各プロセスにおいて原価上の目標額を指示しつつ、設計という計画段階において原価引下げを実現するプロセスをとるべきであり、かかるプロセスをえて製品別予算原価が算定される。

筆者・発行年	松本雅男（1969K96-4）	分類	b
タイトル	標準原価情報と原価管理		

　原価管理は様々に解されているが、ここでは原価情報に基づいて原価を引き下げ、この達成目標に向けて原価の発生を指導し、規制することである、と解する。最近、この原価管理において、原価統制から原価引き下げへ重点が移行、標準に従業員の与える影響の理解、統計的技法の発展が標準原価計算の提供する原価情報に改革を要請している。原価業績の評価、原価目標達成への指導、規制という理念が裏に回り、原価引き下げ理念が表に出てきた。行動科学の発展により、原価標準の決め方と厳格度、原価業績の良否にもとづく対策措置などが、各階層の経営管理者や従業員たちにどのように受け取られ、どのような行動を起こさせているかを知り、これに適するように決めなければならない。統計学的素養のある会計担当者は、品質管理で使われている統計的技法を取り入れ、原価差異を正常な差異と異常な差異に区別し、原因分析は後者に限定しようとしている。標準原価情報への統計的アプローチではまだ究明すべきこともあるが、将来一段と発展するであろう。小型電子計算機の利用は現場での原価管理に統計的技法を利用できる可能性を高めている。これらの新技術の影響により、標準原価計算が変化しており、変化の方向を見定め、理解した上で利用しなければならない。

筆者・発行年	小林靖雄（1970K98-4）	分類	c
タイトル	自動車部品工業の原価管理の発展		

　1962年以来、自動車製造企業に関連する、主として部品工場の原価管理を指導した。1965年までの調査結果は「自動車部品工業の原価管理概観」『企業会計』第18巻第1号にある。

これらの工場における原価管理の特徴は，多品種生産工場における原価管理である。1965年当時に，VA以外に，「製品別実際原価計算を原価による作業能率の統制に役立てるように切りかえる必要があり，その効率化のために直接原価計算の導入が注目されたこと」と，「この直接原価計算の導入によって，品種別の採算検討のためという，従来の見積全部原価計算方式が，限界利益の検討という方式に切り替えられる必要がある」の2点が課題であった。本論文はこれらの課題に対する現状を調査し，検討している。

まず，部門管理において直接原価計算を採用するのは，主力製品はあるが，多品種生産であるので，製品品種別には直接的変動費だけを把握する。なお，直接労務費は変動費と考える。装置化が進んでおらず，労働力に依存しており，「しかも当業界では，製品ごとの作業時間の標準が，作業部門ごとに決定される程度がまだまだ少ない段階において，直接労務費を固定費扱いすることは，ますます生産作業活動の管理の厳密化に対する刺激を失わせる危険があると思う」(48頁)としている。つまり，部門別直接標準原価計算の採用を意味し，W. Wrightの図表を引用している。

ついで，品種別採算検討は，完成車メーカーが年に2回行う部品購入単価交渉において，部品メーカーが作成する見積原価資料という形と企業内での全社的利益計画で行う検討の2種類がある。この後者の検討において，直接原価計算を採用するのは容易であるが，部品購入単価交渉という価格決定目的に直接原価計算を採用するのは問題がある。直接原価計算では，単純かつ均一的なマークアップで価格を決定するか，Beyerが指摘するように，マークアップのベースをかえることも考えられるが，判断の科学的根拠がなく，不正確ながらも見積全部原価計算を行う必要がある。

筆者・発行年	福田誠一・福田平八郎（1970K98-4, 1971K99-4）	分類	b
タイトル	新全部原価計算論の検討		

1967年に発表されたヘンツェルの論文「特定固定費額を含む全部原価計算」を紹介するとともに批判を加えている。ヘンツェル論文は，注文生産型企業を念頭に置いたものであり，直接材料費及び販売直接費を除いたすべての原価を各工程に集計し，それぞれの工程の総作業時間で除して，時間あたり工程別総原価を算定している。そして販売直接費を除いた価格，つまり工場渡し価格を計算するために，作業時間あたり付加利益額を作業時間に乗じ，直接材料費に材料卸売商の商慣習利益率を乗じたものを加えている。これは，注文生産型企業において，利益は主として加工において発生し，他人原価たる直接材料費には商慣習によって許される利益付加にとどめるべきだとする見識を反映している。ヘンツェルの提案に対して，福田らは概ね賛成している。しかし，わが国の労働力対価の支払い実務においては，直接作業者賃金さえも固定費であるので，ヘンツェルの提案の中で，変動費と固定費を区分しているが，労務費は固定費に区分されるべきである。また，利益付加は固定費に対して，つまり福田らが従前から主張しているように，補償額対固定費比率にもとづいて行うべきである。

筆者・発行年	小林健吾（1974K111-5/6）	分類	b
タイトル	損益分岐点分析と直接原価計算の発展		

損益分岐点分析と直接原価計算とは，一般に密接な関係として理解されている。その見方の中には，直接原価計算は損益分岐点分析の発展的産物であるとするものもある。本稿では，損益分岐点分析と直接原価計算を，両者の関連を明確にする観点から，生成と発展をとりあげる。損益分岐点分析図表は，ヘスが最初に発表したとされているが，その特徴は製造活動のコントロールに主眼があり，それ故，横軸は販売量や売上高ではなく，労働者数や生産数量がとられている。ノイッペルは，世界恐慌期において，より大きな利益をもたらすためには，利益領域を拡げたり，損益分岐点を下げることが重要であるという。ローテンストローチは損益分岐点を分析するためには，図表によらなくても，現在知られる公式によって得ら

れることを論証した。ウイリアムズは，変動費と売上高との差を「固定費と利益に対する貢献」とよび，この売上高に対する比率が一定であることに注目した。限界利益線と固定費線から損益分岐点を描く，P/V 図表はハリソンが最初に示した。貢献概念と P/V 図表を明確に結びつけ，販売領域別などのセグメント別収益性の測定に貢献概念を利用したのはヒルガートであった。かくして，1940 年代末期には P/V 図表も損益分岐点図表の 1 種として扱われることになるが，その時期は直接原価計算に関心が高まる直前の時期であった。

筆者・発行年	久保田音二郎（1978K113-2）	分類	b
タイトル	原価会計の思考		

原価会計において多様な意味内容のある原価に関して，いかなる思考があるのかを考察している。考察をすすめるに当たって，素朴な原価の計算を考え，価値犠牲といわれるものは，これを転化したアウトプットに原価の問題があること，給付単位計算は給付単位の原価，売価およびその損益までも計算すべきであることを前提におく。原価管理において，是正行為の要請や原価責任の概念が加わったが，原価財の有効な使消や利用によって，アウトプットたる製品などへ価値をコスト化することに狙いがあるのは変わらない。他方，価格決定目的のための原価会計では，製品に要する原価を回収した上でいかほどの利益が獲得できるか，といった原価補償を巡る問題が出てくる。ところが，企業構造に関する計画では，財務活動で生ずるコストを取り上げることになり，従来の原価管理と原価補償という 2 つの思考では理解できない，別のコスト概念がでてきている。

筆者・発行年	溝口一雄（1978K114-4/5）	分類	b
タイトル	「原価計算基準」論議をめぐって		

「原価計算基準」の改訂の議論が多く主張されている中，問題がよって立つ基盤から整理し，この論議がどういう方向にあるのか，そしてあるべき原価計算基準はどうなるべきかを明らかにする。現行の「基準」を財務会計基準としての性格が強いとする立場が基本的立場の一つであるが，制定時に審議会に関与していたと考えられる人達が属する。諸井教授と番場教授がこの立場にある。両教授にはニュアンスの違うところもあるが，「基準」にいう標準原価を近似実際原価と解釈している。彼らの立場に対して，現行「基準」が財務会計の他，経営管理目的も併せ持っており，実務の発展に伴う諸問題をいかにあるべき「基準」が吸収しうるかという点を論じる者として，青木，佐藤，岡本教授がおり，筆者もこれに属するという。この立場では，管理的基準として「基準」が応えることになるが，現行「基準」は多くの点で不備があることになる。予算統制との関係はなんら明らかにしておらず，直接原価計算は個別原価計算にまで拡げて規定すべきであり，固定的製造費用を原価差異の一種として期末に調整計算することを明らかにした方が良かったのではないか。その他，原価計算基準とは何かという基本問題に立ち返って議論する立場も注目すべきであるし，管理会計基準として別個の経営原価計算基準をたてて 2 本立ての基準を考えることも有益かもしれない。「基準」の再検討では，問題が意外に広いことに注意すべきであり，どこから手を付けていくべきかは選択の問題であると指摘している。

筆者・発行年	小林健吾（1978K114-5）	分類	b
タイトル	セグメント別収益性の測定と直接原価計算の生成		

ハリスは直接原価計算をはじめて論じた 1936 年の論文において，販売区分別損益計算書と販売区分別粗マージン計算書を計算例に付している。これらの計算書を利用することは，直接原価計算主張のきっかけとした売上高の変動に応じて変化する利益の測定からは，直接には説明されない。また，限界利益概念

での不徹底さも確認できる。こうした点について，ハリス以前の発展を関連させて考察する。

　ハリソンは粗マージンに限定せず，セグメントの販売費をこの粗マージンから差し引いたマージン額をもってセグメントの収益性を知ろうとした。ただし，販売費は売上高に対する比率で割り当てたものであった。貢献利益思考を販売費に関連して言及したのはウイリアムズであった。そして，固定費と変動費の分解および貢献利益概念を利用して販売部門の管理のための会計を体系化したのはヒルガードである。しかし，ヒルガートは，セールスマン別の収益性測定のために貢献利益概念を使用すべきことには思い至っていなかった。その後，ハリソンは『標準原価論』において，セールスマン別の利益測定では，セールスマンに帰属させうる原価の概念を使用しており，変動的販売費は売上高の一定比率をもってセールスマン別に算定している。固定的販売費と管理費については，売上高の構成比率でセールスマン別に算定しており，不十分さが残る。スミスは，売上高に応じて変動する粗利益をもって製品系列別の収益性が基本的に測定しうることに到達した。こうした1930年代の試みをハリスは知っており，直接原価計算の発想を販売管理のための原価計算から得たのではないかと小林は述べている。

筆者・発行年	宮本匡章（1982K122-5）	分類	c
タイトル	「原価計算基準」の基本的性格について		

　原価計算を実施する目的は多岐にわたっているので，目的別に原価計算システムを構築することが最善であるが，数多くの原価計算を並行的に実施することは実践上不可能である。そこで，中心となる原価計算目的を確定し，その目的を達成しうる計算のための基礎的枠組みのなかで，可能な限り他の原価計算目的をも同時にはたしうる工夫をこらすことが現実的である。つまり，財務諸表作成目的のための原価計算制度を中心に考えざるを得ない。

　「基準」において考慮されない原価計算も重要であり，今後その重要性は増すと思われる。それらを全面に押し出したガイドラインを作成すること，例えば，企業経営協会から発表されている「経営原価計算実施要領」などは有用である。

　財務諸表作成目的を基礎的枠組としながらも，工夫を施せば，その他の原価計算目的をも考慮することができる。例えば，直接原価計算の継続的な実施が可能になるように，変動費と固定費の分解を経常的に確保することが必要である。もう一つは，セグメント別計算を可能にする方策を講じておくことが望ましい。最後に，「基準」の自由裁量の余地が小さいと頻繁に改訂しなければならなくなるので，環境変化に対応できるように，大幅な柔軟性を確保しておくことがのぞましい。

筆者・発行年	櫻井通晴（1982K122-5）	分類	c
タイトル	「原価計算基準」の基本的性格と基礎概念		

　産業構造の変化による原価計算への役割期待の変化は次の三点に要約できる。第一は，標準原価管理が浸透した反面，機械化によって能率管理の役割が減少していることである。第二は，資本装備率の高度化によって利益管理の一環として行われる原価計画の重要性が高くなったことである。第三は，消費者ニーズの多様化と市場の不確実化によって，セールス・ミックスや価格決定など経営意思決定への役割期待が高まっていることである。

　「基準」は「企業会計原則」の一環であるから，原価計算への役割期待が変化したからといって，これを「基準」に求めることには無理がある。また，「基準」とは別に管理会計基準と言えるべきものを持つことにも反対である。財務会計目的と経営管理目的の原価計算はもともと切り離し得ない。その上で，直接原価計算の制度化，予算管理や営業費管理の充実を図るべきである。

　経済社会実態や会計慣行が「基準」とあまりにかけ離れてくると，「基準」は実践規範としての指導性

を失ってしまうことになりかねない。経済社会実態や会計慣行，実務の要請などに対応して適切に改正されるべきである。

筆者・発行年	岡本　清（1982K122-5）	分類	c
タイトル	原価計算基準への提言		

　原価計算基準の『基準』という言葉には，(1) 法的基準，(2) 慣行基準，(3) 理論的基準の三つの意味が混ざりあって使用されており，このことが「基準」のあり方をめぐる論争を引き起こしている。そこで，「基準」を原価計算目的別に展開するよう改訂すべきだとの意見（西澤）があるが，実際には，個別の目的ごとに原価計算が行われているのではないから，不可能ではないが，無意味になると思われる。筆者としては，現行「基準」を土台として，管理会計的性格を強化する管理会計的原価計算基準への改訂が賢明であると思う。純粋の財務会計的原価計算基準にしてしまうと，管理会計目的がなおざりにされ，逆に，民間団体が経営原価計算基準を設定したとしても，そもそも強制すべき情報ではないために普及力に疑問がもたれるからである。

　現行では，実際原価計算と標準原価計算に分類しているが，原価計算思考の重点が変化しているので，全部原価計算と直接原価計算に分け，それぞれを実際原価計算と標準原価計算とに分けることが望ましい。また，コンピュータ処理が一般化しているため，数字コーディング・システムによる勘定科目分類表を設けるなど，情報システムの大枠を示す必要がある。さらに，部門別計算については，シリングローの主張する，複数基準配賦法をいっそう精緻にした方法を取り入れることが望ましい。最後に，製品別計算について，材料組別，加工費工程別総合原価計算を独立させて，その手続きを説明することも検討すべきである。

筆者・発行年	伊藤　博・伊藤嘉博（1989K135-5/6）	分類	a
タイトル	競争優位の原価計算		

　カプランらは，ポーターの「競争優位の戦略」に見受けられると同じようなコスト・ドライバーの概念を強調している。コスト・ドライバーに基づく原価の認識は，いかなる会計上の分類，また分類の基礎をなす会計上の概念とも関連をもたない新しい原価認識の方法であり，伝統的な原価分類，コスト・ビヘイビアの認識を根底から見直さざるをえない重大な変革を含意している。したがって，このような新しい原価計算を構想するのであれば，その変革が実務に及ぼす影響を多面的に分析する必要があるが，この点の分析が不足している。

　加えて，ポーターに準拠するならば，「価値連鎖」に対して，原価計算の側からどのように切り込んでいくかを明らかにしなければならなかった。クーパー・カプランにおけるコスト・ドライバーは，補助部門費の配賦に関わらせて論じられているのに対し，ポーターでは，企業の価値連鎖全体を視野においてコスト・ドライバーを位置づけている。その意味でカプランらの概念は，製品原価計算という枠組みの中で重要な概念であるにとどまっている。「戦略的原価計算」の展開のためには，製品原価計算の枠組みを越え，ポーターの言う意味でのコスト・ドライバーの定量化，コスト・ビヘイビアの測定に専念すべきである。また，「競争優位の原価計算」構想には，財務・経理スタッフの抵抗が予想されるので，従来の財務報告のための原価計算とうまくリンクさせたシステムを開発しなければならない。

筆者・発行年	伊藤　博（1991K140-6）	分類	a
タイトル	アクティビティ基準原価計算の可能性		

　伝統的原価計算の計算メカニズムを所与として ABC との比較を試みる論調が多いのに対して，伝統的原価計算と ABC に共有されているロジックにまで掘り下げて考察し，ABC の可能性や内包されている諸課題を根源的に明らかにしようとしている。

　原価計算対象は，本来アクティビティであるべきとする考え方は Horngren（1967）に見られるが，それは責任会計という側面に限られており，アクティビティに原価を集計し，製品原価を計算しようというメカニズムは，伝統的原価計算には内蔵されていない。

　原価計算ロジックの主要な 3 つの概念は，(1) 経営資源の投入・産出の因果連関，(2) これに基づく異質資源の同質化，(3) 配分計算である。製造間接費勘定にひとまとめにされた原価要素を同質なものと見なして配分するという手続きは，仕掛品評価，減損・仕損品評価，など広範な領域に適用された。このことは，間接費配賦計算の改善を志向する ABC が広範な領域にわたって適用可能であることを逆説的に裏付けている。

　伝統的原価計算でも，原価はその発生源泉において把握・管理するものとは認識されていたが，発生源泉を特定の空間（部門）と解したことによって，原価管理の本来の対象を見誤った。しかも，原価要素別の集計が行われる過程で支援活動は無視され，二重の錯誤を冒している。経営をアクティビティの連鎖とみることによって，TQC，TQM と原価計算の距離を，原理的に，著しく狭めることができた。

　筆者らは，Porter（1985）の価値連鎖の趣旨に沿った原価計算の開発には，各職能別価値活動の原価の把握が鍵だと示唆していた（1989）が，ABC は，まさにその近似的解答を与えていると評価している。

筆者・発行年	櫻井通晴（1992K141-4）	分類	c
タイトル	現代アメリカ管理会計の基本的特徴		

　工場自動化が進んだ 1970 年代の後半から現時点に至るまでのアメリカ管理会計の基本的特徴を，わが国管理会計と対比させ，次の 3 点を明らかにしている。(1) 日本の経営者は ABC にほとんど関心がないこと，間接費配賦の精緻化より間接費の直課に関心がある。アメリカでは論理性，顧客の収益性分析が重視され，日本では継続的な原価改善努力を第一とするという経営姿勢の違いがある。(2) アメリカでは日本に比べて標準原価計算の仕様が多く，生産段階での能率管理が重視され，管理会計技術が個人の業績評価に強く結びつけられている。日本では，市場志向で生産・技術・販売を巻き込んだ効果性重視の原価管理（原価企画）が行われており，その成果は個人の業績評価に直接関連しない。(3) アメリカでは ROI が多く利用され，日本では，ROS の利用が増えている。ROS は資本効率を考慮していない点が ROI に劣るが，資本効率向上のために，かんばん方式，標準貸借対照表，社内金利制度などが併用されている。

　また，アメリカと日本の管理会計の基本的特徴の比較として，(1) 精緻で論理的←→単純でファジー，(2) 個人的で各部門が独立←→部門間協力が前提，(3) 株主志向←→顧客志向の 3 点をあげている。また，運用上の特徴として，アメリカには計数重視の傾向があり，日本では，計数化できない要素を重視する傾向があることをあげている。

　最後に，日本企業の強みとされてきたマニュアルの不備と曖昧さがグローバル化を進める上での障害になりうること，しかし，非論理的でファジーであるだけでわが国の管理会計を断罪してはならないことを主張している。

筆者・発行年	小林啓孝（1992K142-1）	分類	a
タイトル	ABC におけるコスト・ドライバー概念の検討		

　補助部門費の配賦について，サービスに対する需要→サービス提供→原価発生という三者間に成り立つ

因果関係について,注意すべき点をあげている。(1) この因果関係がルースな場合もある。用意するキャパシティは需要予測によるところが大きく,不確実であるため,サービス提供量と原価の発生額が比例的ではない。(2) 製品原価性のない全社的総合企画部の提供するサービスなどサービスの需要先が明確でない場合がある。(3) 因果連鎖が直線的ではなく,複合的ネットワークを構成している。そのため,原価の発生額は,キャパシティの規模,効率性の程度,外注の程度等多くの要素に依存する。そのため,因果連鎖のどこに焦点を当てるか,因果連鎖を明確に意識するか否か,因果連鎖を配賦基準と分離するか否かによって,コスト・ドライバーの意味,用法が変わる。

コスト・ドライバーという語の用法について,この語は既に複数のニュアンスを持ってしまっているので,「原価発生要因」に意味を限定してこれを使い続けることは疑問である。正確な製品原価を計算のために間接費の配賦方法を改善することと,業務を改善することは,別次元の問題であるから,「原価発生原因」と「配賦基準」と分けて別の用語を当てるのはよい。しかし,配賦基準という語をそのまま使い続けて差し支えないし,原価の発生要因は「原価の発生要因」とそのまま表現した方がよいのではないか。

筆者・発行年	田中隆雄(1993K143-6)	分類	a
タイトル	アクティビティ会計の理論構造とその有用性		

ABCについて,カプラン・クーパーに先行したKohler (1965) やStaubus (1971) のActivity Costingを紹介している。また,activityは変化,変動,運動など"動いている状態"をいうこと,transactionとほぼ同義であることを確認し,transaction-based costingもアクティビティ会計の範疇に含められるとしている。そして,ABCは,伝統的な原価計算に比べてinputとoutputが有機的に関連づけられており,原価計算の発送を根本的に変更する意義の大きなものであると主張している。また,ABCはドイツではプロセス原価計算として実用化されており,新しい原価計算の方法ではないという意見に対して,ある程度の共通性はあるものの,activityを軸に価値の流れを把握しようという発想はABCに固有であると主張する。さらに,英米でABCの受容が進むのに対して,日本で様々な批判的意見が見られることについて,価格決定目的ではなく,原価管理の点で不要説が見られると述べる。その理由として,日本では,原価の低減は原価情報のみによらず,製造現場の活動によって行われていることをあげている。最後に,ABCが財務諸表に利用される可能性も示唆し,理論的に防御可能な原価計算システムの構築,国際社会の共通言語によるコミュニケーションなどという観点からは,日本企業にもしかるべき対応が必要となるであろうと結んでいる。

筆者・発行年	廣本敏郎(1994K146-1)	分類	c
タイトル	原価計算論の再構築		

原価計算と管理会計は別個の教育・研究領域であるにもかかわらず,両者は平行して発展してきたため,大学教育では同一のテキストが使用されていることが多い。しかし,ジョンソン・キャプランの『レリバンス・ロスト』を機に,この状況に変化が生じつつある。ABC,原価企画などの研究が盛んになり,管理会計ではこれらを中心にしたテキストが出現するであろう。しかし,制度としての標準原価計算,直接原価計算を軽視すべきではなく,それぞれの技法がどのような状況で適切なのかを問うことが重要である。他方,原価計算の教育・研究は,計算技法自体に焦点を当てる。また,管理会計だけでなく財務会計にも関連する。このような立場から,それぞれの領域で新しいテキストが必要であるとして,原価計算論に焦点を当てた考え方をまとめている。

筆者・発行年	櫻井通晴（1995K147-3）	分類	c
タイトル	間接費管理の現代的意義		

戦後-1960年，1960年-1991年，1991年以降と時代を区分してわが国の経済の歴史を概観し，今後は量の拡大から効果性の追求へと方向転換しなくてはならない。また，辻（1993）に示されるように，1965年から1991年までに，材料費と労務費は低下傾向にあるが，経費には際だった上昇傾向が見られる。その主な原因は，(1) 工場支援，管理，サービス，(2) 研究開発費，(3) 物流費，(4) 建物，機械等の減価償却費，(5) 広告宣伝費，(6) 情報処理費用である。こうした間接費の増加を止めるためには，改善活動だけでは不十分で，リストラとリエンジニアリングが必要である。そのためにはABC/ABMが効果的である。しかし，ABCの導入には従業員が抵抗することがあるため，抵抗を参加意識に代えなければならない。その優れた事例として三洋電器（株）の事例を簡単に紹介している。

筆者・発行年	宮本匡章（1996K149-1）	分類	b
タイトル	品質管理と原価計算システム		

(1) 今までの原価計算システム（原価計算基準）が，原価計算方法として品質に関わる原価をどのように算定しようとしてきたのか，(2) 品質管理の問題を原価管理のなかでどのように捉えようとしてきたのかについて検討している。

(1)「品質原価」概念で扱おうとしているコストのうち，相当部分は既に何らかの形で計算されているが，製品原価計算のために計算されているのであって，品質管理のために計算されているのではないことを指摘している。そして，品質管理目的で原価を計算するためにはABCの考え方が有用ではないかと示唆している。

(2) 品質原価は，標準原価計算の中では，仕損等は標準設定時に総括的に考慮される。修繕部門，検査部門費は，間接費予算の形で他のコストと共に管理される。教育訓練費などは，狭義の原価管理の対象にならない。また，櫻井通晴の説を引きながら，わが国では原価と品質をトレードオフで考えてこなかったこと，上流で品質の作り込みが行われてきたこと，今後，特殊原価調査として品質原価の測定をし，結果を活用する必要があることを述べている。

筆者・発行年	田中隆雄（1996K150-1）	分類	c
タイトル	企業収益の見積とレベニュー・ドライバー		

ABC/ABMのコスト・ドライバーの考え方をもとに，レベニュー・ドライバーという概念を媒介として，収益の要因別の把握について試論を展開している。もし，レベニュー・ドライバーごとに収益が測定できれば，結果として，利益もドライバーごとに区分が可能となる。簡単な例として，レベニューは，価格に影響を与える「価格ドライバー」と販売数量に影響を与える「顧客ドライバー」によって決まるとしている。価格ドライバーはさらに，機能ドライバー，品質ドライバー，ブランド・ドライバーに細分化される。そして，それぞれのレベニュー・ドライバーを見積れば，資源配分や予算の作成に関連づけることができる。

『産業経理』

筆者・発行年	松本雅男（1951S2）	分類	c
タイトル	予算統制と標準原価計算		

　予算統制も標準原価計算もともに，実際数値を未来数値と比較することによって企業活動の実績を鑑定しようとする会計技術である。しかし，元来それらはその利用領域，基本的職能および性質を異にしていた。
　予算統制と標準原価計算はどちらも経営統制に役立つ会計ではあるが，予算統制は（イ）経営処理と経営部門の調整に役立つことを主な目的とし，（ロ）予定数値を基礎とする価値計算であり，（ハ）期間計算であり，（ニ）総括計算であった。一方で標準原価計算は（イ）工場における作業能率の測定を主な目的とする原価計算であり，（ロ）規範数値を基礎とする技術的計算であり，（ハ）単位計算であり，（ニ）部分計算であった。しかしながら，予算統制と標準原価計算は，それぞれ発展し，その関係性も変化している。
　予算については，予算統制が作業実績を管理する機能を強め，標準原価計算のように予算と実績との差異について詳細な分析をするに至った。一方標準原価計算は，作業実績の審査用具としての標準原価が，理想的標準原価から実際的標準原価へ移った。これにより努力すれば到達しえたはずの原価と実績値との差額を分析できるようになった。また，標準原価計算を簿記機構へ取り入れる傾向が強まり，期間計算の性質を持つに至った。
　このようにして，予算統制と標準原価計算は著しい類似性を持つに至った。しかし両者は完全に同一化したわけではなく，十分に融合していない場合も少なくない。両者が性質を同じくする量的な統制会計の側面を一層密接に結びつけ，真に統一的な統制会計制度を作ることが今後の課題である。

筆者・発行年	山邊六郎（1951S2）	分類	b
タイトル	原価計算概念の拡張		

　原価計算は企業会計の一部であり，原価を製品・半製品・部品品等との関連で計算する。もともと財務会計を補完する役割を持っていたものが，次第に管理会計の主要部分となって財務会計と対立するに至った原価計算であるが，我々はこれを狭義および広義に解することが出来る。
　レーマンによれば，狭義の原価計算とは客体計算を意味する。ここにいう客体とは経営給付の一定単位をいう。給付とは企業によって作り出される経済価値，たとえば製造業でいう製品・半製品・部品品等のことである。つまり客体計算，すなわち狭義の原価計算とは給付単位当たり計算を意味し，給付の数量があることを考えない。これは，企業の計算制度を簿記，原価計算，経営分析，予算統制の四部門に分け，その相互関係を考え，それぞれの研究範囲を限定しようとする場合には役に立つ。しかし，現代の原価計算の発展を鑑みると，我々はむしろ原価計算を広義に解釈しなければならない。
　広義に捉えると，（1）原価計算は原価を給付の産出量との関連において計算する会計の一部であり，その計算が単に原価の計算だけで終わらず，（2）収益（給付の売上高）とそれに関連する原価とを対応させて利益を算出するところまで延長しても，これもまた原価計算であると言える。

(1)に関しては，原価計算とは広義においては原価を給付の出来高との関連において計算する会計であり，狭義の原価計算のほか，部門別計算も含むものであり，予算の一部である製造予算も，また経営分析及び比較の一部である原価分析及び比較も含まれるべきである。(2)は，給付の出来高との関連において計算するのは原価だけでなく，利益の計算をも含めて原価計算の内に含めて考えるということである。

筆者・発行年	山邊六郎（1951S6）	分類	a
タイトル	米国における原価計算の実情		

　管理会計の意義は，企業における日々の活動政策を経営者が立案することを支援する会計報告を提供することである。コントローラー制が発展したアメリカでは，会計情報が管理目的に利用されるようになった。生産性に優れるアメリカ企業の経営者が要求し，利用する会計は予算統制と原価計算であり，ここでいう原価計算とは，製品原価の算定のみでなく，部門活動の管理活動にも役立つものである。
　原価計算の目的は日常活動の管理統制および製品原価の算定にあるが，その目的を達成するための方法はさまざまである。しかし，よりよい能率に導くために何らかの形態の標準を用いている会社は圧倒的多数であり，調査した総数のうち半分以上の会社が標準原価計算に基づいた標準原価統制を採用していた。ここで重要な点は，実績と標準の差異を分析することで，原価の統制が日常的に行われていたことである。
　さらに，調査した企業の中には，標準原価統制制度の一つの発展である直接原価計算を行っているところもあった。固定費を個々の製品に割り当てることは見積りによるので恣意性が含まれてしまい，固定費の割当額を含めた原価は価格決定に際し販売部員を誤りに導く恐れがあるが，直接原価計算によればこれを避けることができる。なお，直接原価計算に関しては当時わが国で行われていた多くの限界原価計算と同様のものであった。

筆者・発行年	山邊六郎（1951S10）	分類	b
タイトル	新しい原価計算の在り方		

　1948年アメリカ会計学会の「原価会計所概念に関する委員会」では，原価会計の目的として次の3つが挙げられた。(1)原価のできる限りの切り下げに奉仕すること，(2)損益の算定および財政状態の決定のために基礎資料を提供すること，(3)製品原価の決定その他，経営の特殊問題のための基礎資料を提供すること。
　第1の目的である「原価のできる限りの切り下げ」は，「原価管理」とも呼ばれる。「原価管理」は「原価の面よりする経営管理」と解さなければならない。これは今後の新しい原価計算制度の主要目的とならなければならない。このとき重要となってくるのが，管理には必ず計画が先行しなければならない点である。原価計算においては，この計画は指図書によってされることが必要である。新しい原価計算では，製造指図書の意義は従来と違ったものにならなければならない。
　従来の原価計算は製品の原価を算出することに注意を集中し，原価計算といえば商品の原価を算術的に正しく計算する計算法であるとしか考えられなかった。これに対し新しい原価計算は，原価計算は経営の計画的遂行の一貫として行われるものであり，経営組織と結びついて実施されるものでなければならない。従って，新しい原価計算は，材料・労働・機械のどこに無駄や不能率があり，その責任者は誰であるかを明らかにする経営管理の用具とならなければならない。
　第2の目的は，工業会計における損益の算定と財政状態の決定は，原価計算制度に基づく正確なる製品原価の算出を待ってはじめておこなわれるものであるということを意味する。製品原価は製造原価か総原価（製造原価プラス営業費）かという問題があるが，営業費は原則として当該期間の収益に課すべき期間

損費として考えられる。つまり，製品原価は製造原価が妥当である。
　第3の目的については，経常的な計算制度の枠の外で行われる計算にはどのような場合があり，どのような原価概念が必要とされるかが問題となる。特殊問題の解決には，原価会計の資料がその一手段となる。しかし，工業会計制度から得られる取得原価，標準原価は，臨時特別目的のためにはそのまま利用できない。適宜，加工し修正する必要がある。そしてそれは，会計帳簿外で行われなければならない。また，臨時特別の原価計算問題と，原価計算制度への批判と改善の問題を，併せて考えなければならないだろう。

筆者・発行年	小野寛徳（1952S4）	分類	イ
タイトル	原価管理の問題点		

　わが国では，原価管理の実務における水準が一般的に低い。理論的には発達している原価管理をわが国企業が有効に適用しようとするには，その際に直面するであろう主要な問題点について論じる必要がある。
　価格は基本的に外生変数であり，利益を確保するには原価管理が重要になることはいうまでもない。わが国企業が原価管理を適切に実施するための要件として，(1) 原価計算制度の整備，(2) 標準作業方法・標準時間制度の確立，(3) 原価意識の育成，(4) 原価計算に対する理解の促進，(5) 経営管理組織の整備，という5点が考えられる。

筆者・発行年	橋本俊徳（1952S4）	分類	ウ
タイトル	原価管理と利益管理の実際		

　原価計算は人体でいえば記憶および神経の役割をなすもの，すなわちライン部門の障害および故障部分を経営指導部に報告するものである。本稿は，原価計算の目的の一つである経営管理目的に焦点をあて，日本鋼管株式会社川崎製鉄所における原価管理および利益管理の実態を紹介している。
　日本鋼管株式会社川崎製鉄所における原価管理目的の原価計算は，会計機構と有機的関連がない。これは計算の迅速さとわかりやすさを重視し計算の簡便化を図った結果である。その概要は，1級品のみに注目して能率，歩留および原単位などの基準値・目標値を設定し，実績値と比較するというものである。目標設定に際しては，各部門の責任者を併せて協議を行った上で決定している。これらの物量的な数値は，購入原料の消費価格のような価格要素を乗じることによって原価表現される。なお，同工場では，基準原価は原価差異分析の尺度であり，目標原価は原価管理のための到達目標を意味している。
　また，同工場では，四半期毎生産計画および基準能率，基準歩留，基準原単位をもとに予想原価を算出し，予定利益を把握して四半期の指針とすると同時に，実績利益との差異を分析して利益管理を行っている。さらに，現場の責任者に対して，あらゆる機会を通じて原価意識の徹底に力を尽くしている。

筆者・発行年	布川春一（1952S4）	分類	ウ
タイトル	製鋼工場における原価管理		

　本稿は，大同鋼板株式会社の製鋼工場における原価管理について紹介している。同工場では基本的に，消費量標準は過去の平均値と最良値の平均を用い，価格標準は時価を採用し最低半年は据置きである。同工場の原価管理の特徴的なのは，全ての工程の設計が現場技術者により組立てられ又実績が計算されて自主的に管理されている点である。また，原価管理の際には，標準原価表と原価管理月報が利用されている。標準原価表では，数量的標準に固定した単価を掛けて金額に換算した標準（標準原価）が算出されている。生産にかかわる各課は数量について責任があり，材料その他の値上がりによる原価の増加について

は責任がない。また，原価管理月報では標準原価と実際原価が比較されている。
　その運営方法としては，資料提出責任者が決められており，資料内容，提出期日，これに対する権限，責任が決められている。提出された資料をもとに，月一回原価会議が開催され成績が検討される。これらの制度によって，同工場では，イ．計数による観念が高まる，ロ．原価意識が旺盛になる，ハ．管理の重点がわかり努力が集中するから改善の近道である，ニ．各部門の綜合比較ができる，ホ．企業成績の大分を知ることができる，ヘ．生産計画，資金計画，販売計画に役立つ，ト．人事考課に応用できる，チ．能率給算定に利用できる，リ．責任と権限が明確化される，などの効果がみられている。
　以上のような現場を対象にした消費量管理のみではやはり充分でなく，並行的に価格管理も行う必要があると著者は感じている。なお，同工場では標準原価計算制度は導入されていない。

筆者・発行年	溝口一雄（1952S4）	分類	a
タイトル	原価管理と利益計画		

　利益計画の問題は，弾力性予算との関連において論ぜられる場合が多い。本稿はアメリカにおける「原価管理と利益計画」の説明としてアンダースンの論文を取り上げ，これに基づいて問題の整理を行う。
　弾力性予算は，変動費と固定費を前提として組み立てられる。その特質は，内外的な条件の変動に応じた弾力的な計画を立てることを狙いとする点にある。しかし，弾力性予算の編成とその管理において，変動費と固定費の分解という困難な問題が存在する。この問題を克服しない限り，弾力性予算による原価管理は困難である。
　企業は最も有利に操業するためのよりどころを見出さなければならない。この時，損益分岐点分析が経営の基本的な諸計画の樹立に寄与するところが大きい。何を生産し，それをいかなる価格で販売するかを決定するのに原価のデータを正しく利用することが，「利益計画」の中心問題である。この時，定められた価格によって少なくとも変動費を保証しなければならない。損益分岐図表はそこに描かれる諸要因の相互関係を図表の上に明らかにして有効な改善方策への論理的なよりどころを提供する。損益分岐図表の限界としては，多種製品を複雑な製造工程のうちで生産する企業では利用しにくいこと，売上高・原価を単純化していることがあげられる。
　変動費と固定費を区分し製品原価を計算することによって，実際の利益計画に役立つ情報が得られる。しかし，価格決定においては変動費とともに総原価を観察することが必要であり，長期的にみて出来るだけ有利な利益状態を達成しうるように計算資料を利用しなければならない。
　アンダースンの論述を中心とした以上の説明は，理論的な厳密さを欠き，さらに実践的な原価管理の方法としても十分とは言えない。しかし，原価管理をコントローラー制度の問題として論じている点は注目に値する。原価の資料を正確に把握し，それを利益計画策定に役立つように整理し，経営意思決定機関に提出して政策決定を支援するのがコントローラーの使命である。

筆者・発行年	吉川日明（1952S4）	分類	ウ
タイトル	個別原価計算制度を適用する工場における原価管理		

　標準原価計算による原価管理は有用である。しかしながら，わが国において主流である多品種生産の工場では，標準原価計算を完全に適用することが困難である。
　各種多用の製品を生産している工場において理想の原価計算制度を直ちに確立することが困難であるならば，できうる限り標準原価計算の思想を織り込むことによって，生産効率の測定を可能にし，作業現場に対して直接刺激が与えられるような方式を漸次採用していくべきである。このように考えると，個別原価計算を適用する多品種生産の工場では，物量による材料効率の測定，および作業工数による労務効率の

測定を通じた原価管理が有用であると考えられる。そこでは，例として，材料消費量報告書や直接作業員一人当工数内訳表などが利用されうる。材料効率，労務効率ともに測定が可能となるには，それぞれ諸種の条件が満たされるか，解決されていなければならない。そして，測定後の差異分析は各々独自の値が採用され，分析がなされる。なお，究極的には標準原価計算を完全に適用することが望ましい。

筆者・発行年	中山隆祐（1952S5）	分類	イ
タイトル	予算と標準原価の相違点		

　予算と標準原価との間にはどのような関連があるのだろうか。両者とも予定であり，目標である点で，この2つは非常によく似ているが，決して混同してはならない。
　予算はあくまでも将来の予測であり推定であって，予測によって一応の企業目標を樹立したものである。一方で，標準原価は能率測定ための現在の準拠基準であって，標準的能率で製造された場合の規範値である。
　たとえば製品を1000個作る製造計画がある場合，この1000個に対応した予想原価は予算である。一方で，製造実績として800個しか作れなかったとすると，標準原価は800個に対して適用されるものである。ここで，1000個と800個の差である200個を予算差異といい，製造実績である800個に対する標準原価と実際原価との間の差異を標準原価差異という。予算差異には計算不可能な差異原因があるが，標準原価差異は計算可能な差異原因によるものなので，コスト・コントロールに有用なのは標準原価差異による統制である。一方で，予算における統制とは，経営各部門のコーディネーションを実現することである。
　さらに，製造予算の場合には，予算は計画された生産の実現率を測る尺度であるということができる。一方で，標準原価はあるべき費用の実現度を測る尺度である。予算と標準原価をこのように捉えれば，予算は主として生産目標の維持を狙い，標準原価は生産における費用効率の維持を狙うものであるということができる。
　標準原価計算で注意しなければならないのは，そこで使われる標準原価が実際数量と標準単価を掛け合わせたものであるという点である。つまり，標準原価では，物量差異を発見することができれば，その目的は完全に果たしたのであって，価額差異を発見することは目的ではない。経営で最も重要なのは生産であり，生産過程の流動をコントロールすることに焦点があてられるべきである。そのために必要なのがまさに標準原価であろう。不能率原因は，予算差異からは算出できないからこそ，標準原価計算制度を併用することを必要とするのである。

筆者・発行年	神馬新七郎（1952S6）	分類	イ
タイトル	工企業の財務統制と原価管理		

　わが国工企業の経営において最も重要な問題の1つは，財務面の統制である。工企業が財務統制を効果的に行うためには，(1) 一般会計，(2) 予算制度，(3) 内部監査，(4) 原価計算，の4つの機能が完全に果たされなければならない。工企業における財務統制の大部分が製造分野に占められているため，標準原価計算を基礎とした製品原価の管理に特に注目すべきである。
　その際，原価管理の対象（目的）は原価の引下げである。科学的な根拠を持たせて，合理的な経済価値の費消へと導くのである。この合理的原価のために，(1) 設計，(2) 企画，(3) 施工，という三者の内容を吟味する必要がある。標準原価によって原価管理の効果が期待されるためには，製品について最も経済的な設計が必要であり，よりよい企画（計画）を必要とし，そして計画に沿った施工（製造）が必要なのである。さらに，原価管理をより効果的に実行するためには，原価要素を可能な限り細分化し，そして各原価要素ごとに標準を設定する必要がある。

筆者・発行年	溝口一雄（1953S1）	分類	c
タイトル	予算原価と標準原価		

　予算と標準原価との違いや関係性は，その研究当初から数多くの論者によって議論されてきたが，決定的な結論は得られていないようである。この点についての最近の議論は，両者の差異を決めつけることに重点が置かれており，両者の結合関係を積極的に認めようとされない恐れがある。
　標準原価論は，歴史的にみると，当初の理想標準的なものから正常標準へ，さらに当座的標準への発展傾向を認めることができる。現実的実践的方向に発展してきた標準原価論に対して，予算制度は時代とともにその規範的性格を強くし，原価予算を前面に押し出してきた。こうして原価管理の関連で両者の有機的結合の途が準備されるに至ったのである。
　もちろん，標準原価には予算から超越したタイプが有りうるし，独自の機能も持ちうるが，管理会計を原価管理の領域で発展させていくための現実的なプロセスの第一歩は，予算制度に組み入れられる予算原価の設定とその漸次的強化にあると考えられる。わが国実務において作業費予算，あるいはそれに類似した名称のものが予算原価を意味し，予算原価によって対実績比較と差異分析（部門別分析を含む）を行っている事例がしばしば見られることがその根拠である。

筆者・発行年	大橋善助（1953S11）	分類	イ
タイトル	原価管理のための原価計算		

　当時の原価計算組織においては，極めて短期に，かつ部門責任者別原価の計算を行わないため，特に製造責任者側において原価計算を基礎とした原価の管理が受け入れられないことがしばしばあった。また，強制的にコスト・コントロールを導入した場合においても現行の原価計算ではうまくいかないことが多かった。
　確かに原価の集計は正確に行われていたのだが，その計算は製品別（給付別）計算に重点を置いていたため，期間的な原価把握が極めて困難となってしまったのである。責任区分別のコントロールを伴わなければ，各経営の部門の責任者にそれぞれの責任を明示することができない。そこで，製造現場で原価管理を効果的に行うためには，少なくとも原価の期間的な部門別（責任区分別）把握が十分に考慮される必要がある。
　以上のことから，部門別計算はコスト・コントロールのために有用である。しかし，部門原価計算において，部門において発生する原価を必ずしもすべて部門原価に含めるわけではない。部門別計算の計算目的はあくまでコスト・コントロールであり，部門の原価として捉える原価は，単に部門原価として捉えることが出来るか否かの観点のみでなく，コスト・コントロールの観点から部門責任者の責任範囲のものか否か，管理可能なものか否かが重要となってくる。
　さらに効果的なコスト・コントロールのためには，将来の統制の主眼点がはっきり第三者によって認識できるよう，部門別原価と部門別予算が比較可能であるべきである。

筆者・発行年	古畑恒雄（1953S11）	分類	ウ
タイトル	紡績業における原価管理と原価計算		

　本稿は，富士紡績株式会社における原価管理について紹介している。原価管理はそれぞれの企業に適した原価計算を行うこと，原価の基礎となる原単位計算を併せて行うことが必要である。同社では，原価管理を主に原単位計算にもとづいて行っている。
　同社では，原材料と製造工費をそれぞれ別に計算し，最後に合計して製造原価を算定している。原料費計算は混棉グループごとに，製造工費計算は原価要素グループごとの等価比率を設けて製品別に割賦し，

原価計算の正確性を高めている。
　一方，原単位計算としては，原料，労務，電力，主要資材等を行っている。そして，これらの達成可能水準の原単位目標と，原単位の実績値を毎期計算・比較し，達成程度を採点し，業績優良工場を褒賞している。この制度は同社において長年実施しているが，原価管理制度として効果的であった。
　また同社では製造工費の予算統制も行っている。その目的は，工場管理に計画性を持たせて併せて原価管理に資することである。

筆者・発行年	石川光威（1958S11）	分類	ウ
タイトル	個別受注生産工場における原価管理の一考察		

　受注生産方式を前提とする多品種少量生産企業では標準原価計算を採用することが困難である。ここでは，その代替策として，石川島重工業株式会社において行われている実行予算（特定製造指図書についての工事費予算）を軸とする原価管理について紹介する。
　同社では工期が1年以上に及ぶ製品も多く，物量面・価格面ともに精度の高い予測を立てることが困難である。そのため，同社の原価管理方法は限界を有するものであるが，それでも原価を管理する効果は少なからずあるという立場から，大枠としての指図書別予算による物量管理を行っている。本来であれば，原価管理を行うために最有力な手段は標準原価計算制度である。しかしながら，個別受注生産方式を前提とする多種少量生産企業においては，現状ではここで概説したような方法による原価管理で精一杯である。計算事務の高度な機械化によって，全面的な標準原価計算を手段とする原価管理が行いうる時代が来ることが望まれる。

筆者・発行年	千頭輝夫（1958S11）	分類	ウ
タイトル	装置工業における日常的原価管理について		

　原価管理は企業の経営管理の技術用具であって，企業の生産規模や生産形態によって経営管理の態様を異にし，従って経営管理の目的が原価管理のあり方を決定づける。
　通説では装置工業は原価管理を行う必要性が低いといわれるが，日本軽金属株式会社における原価計算および原価管理上の課題をふまえながら，装置工業における原価管理のあり方を考察したい。
　装置工業においては，作業成果は経営外的与件の変動によって消去されることが多く，また作業が総合的な集約作業であるので，個人の能率は問題とならない。従って，作業努力を評価するためには，生産量ではなく，別の基準をもって評価しなければならない。
　そこでこのような企業における原価管理のためのあるべき原価計算として，作業別原価計算を提案したい。作業別原価計算とは筆者が構想しているもので，一定の作業量に対して標準作業時間を設定し，実際作業時間との比較によって作業員を管理することを企図するものである。これによって，ラインの管理者の原価発生に関する責任が明示区分されると考えられる。

筆者・発行年	原田文夫（1958S11）	分類	イ
タイトル	日常的原価管理の方式		

　原価管理を効果的に行うためには，原価計算手続を経営管理手続に適合させる必要がある。この体制の下，経営活動の進行に従ってその提供する資料から直ちに原価算出できるように考慮すれば，その計算過程自体に管理能力が与えられる。つまり，日常の原価管理を行うには，伝票や諸書類の流れが速やかであることが大切なのである。原価管理を考える上でその中心的役割を果たしているのは標準原価計算制度であるが，標準原価の管理能力は実際原価との比較分析を通じて初めて実現されるものであり，どちらにし

ても実際原価の計算が適切で且つ迅速に行われることが要求されているのである。

標準原価による原価管理が効果的に行われるためには，材料管理情報と材料費の情報，および工数管理情報と労務費の情報が一致するように帳票制度を整備することが重要である。たとえば購入日報の整備である。また，予算統制においても，予算を効果的に編成するには，これを場所別に分割して計算することに意義があり，それを可能にするためには結局帳票制度を整備することが重要となる。

| 筆者・発行年 | 中山隆祐（1960S2） | 分類 | イ |
| タイトル | 予算についての基本的な誤解 | | |

学界では，「標準原価は予算の一部分である」，「標準原価を積みあげて製造予算を編成し，そのため両者の間の厳格度は一致する」，「予算は製造過程のコントロールを予算自身の部分たる標準原価に委譲する」というようなことが言われている。しかしながら，これらの見解は間違っている。直接費に関しては，予算制度と標準原価制度とは，それぞれ独自に機能する別個の制度なのである。
学界に対する反論は以下の4点である。
一．標準原価を積みあげて予算を組むのではない。
二．予算と標準原価は，公然計算上の連絡のない制度であるから，両者の間に厳格度を統一する必要はない。
三．標準原価は予算の構成部分ではない。予算の内容のデテールでもない。全然別に計算されるものである。
四．直接費の製造予算にはコントロール力がない。だからコントロールのためには，別に標準原価制度が必要である。

そもそも，標準原価計算制度は，製品に対する計算制度ではなく，作業費に対する計算制度である。ある製造過程について，予算制度だけでなく作業費管理も必要とされるのはなぜであろうか。通説のように予算が標準原価を積みあげたものであるならば，予算も規範力もしくはコントロール力を持ち，標準原価によって二重の統制をする必要はないはずである。

この疑問に適切な解を与えるためには，予算を編成する際，予算期間中に実施される製品製造作業の量とタイプを予測できる産業と全く予測しえない産業を区分する必要がある。前者を第一類産業，後者を第二類産業と呼ぶならば，第一類産業（化学，紡績，製紙等）では，予算期間にどの製品を作るかが分れば，同じ期間中に，どういう加工作業が実施されるかもわかる。ゆえに，第一類産業では予算期間中に製造実施される指図書作業についての標準原価を与え，これを集計すれば予算原価となる。しかしながら，学界は，標準原価制度があろうがなかろうがどうでもよい第一類産業の標準原価を頭におき，予算のほかに標準原価制度を持たなければコントロールの手段がない第二類産業（多数の部品を組立てて最終製品を作る産業）を忘れてしまっている。

標準原価の必要性を最も多く感じている第二類産業においては，標準原価を積みあげて予算を組むことはない。これらの産業では，たとえば材料費予算は，総売上高に対するパーセンテージ，あるいは一時間当り平均材料消費実績等によって，総ワクとして組まれるのであって，標準原価とは何ら関係はない。したがって，標準原価に対するアローワンスというような問題が考えられることもない。

我々は，予算統制でやれるものについて，芸をこまかくするために，標準原価を採用しているのではない。また，本来は予算で統制すべき領域を，標準原価に委譲しているのではない。予算では全然統制資格のない領域だから，標準原価を採用しなければならないのである。なぜならば，第二類産業におけるインプットたる消費予算というものは，具体的には，どういう作業が何十万種類行われるか分らずに，生産されるべき最終製品のアウトプットのみから編成しているのである。このような大まかなワクたる予算に，個々の具体的な作業費を統制する資格はないのである。

筆者・発行年	中山隆祐（1960S9）	分類	イ
タイトル	用途によって質を異にする標準原価		

　一般に，標準原価と呼ばれているものにはいくつかの用途があるが，用途によって標準原価の質は異なるというNAAの調査報告書「標準原価の実施現況」の指摘を踏まえ，予算と標準原価との間の関係性を再整理しよう。
　標準原価には，棚卸評価，売価決定，予算編成，原価管理といった諸用途がある。
　棚卸評価を標準原価によって行えば，原価管理と実際原価レベルの棚卸評価と二目的を達成できると言えるし，売価決定に標準原価を用いれば，実際原価を売価決定のベースとしたときに比べて販資部の意思決定，評価に役立つ。
　予算編成においては仕様書あるいは単位標準として使われ，予算は単位標準の積みあげによって作成されるはずである。しかし実際には，たとえば多種部品の組立工場においては個々の製造計画が月次予算編成時に判明しているわけではないので，アメリカでは予算のほかにコスト・センター別の月次計算体系たる標準原価計算を発展させてきた。
　原価管理のための標準原価が標準原価計算制度の主目的であり，この種の標準原価は予算では末端パフォーマンスまで予見しえないからこそ必要になるのであり，コスト・センター別の月次計算体系として作業費要素別に設定されるものである。

筆者・発行年	中島省吾（1960S7）	分類	b
タイトル	予算原価と標準原価		

　中山隆祐氏は，「予算についての基本的な誤解」という論稿において注目すべき主張を展開した。その中で中山氏は，学界における予算と標準原価の関係についての通説に対して4つの点から批判を行った。
　中山氏の主張は，彼が所属するN社のような状況では合理的であったと考えられる。そして，予算に関する書物一般においてこの点で誤解を生ずるような説明が認められる点では，中山氏の意見に同感である。ただし，中山氏の主張が一般的なものか特殊的なものかについては，慎重に議論をしなければならない。
　中山氏は，最終製品の生産計画を予定できない，あるいは最終製品の生産計画はわかっても部品の生産に必要な作業がわからない産業を第二類産業とし，第二類産業にこそ標準原価計算が必要となるという。しかしながら，中山氏が主張する問題は，(1)製品の生産計画が立っていない場合，(2)部品の生産計画が立っていない場合，(3)その生産に要する作業の内容および標準が明らかでない場合，のいずれか1つに該当する場合にはいつでも起こりうる。わが国では，業種に問わず，(1)や(3)に該当する場合が非常に多い。それは，技術水準の未成熟の問題，そして市場の不安定性の問題からきている。そのため，中山氏が主張するような予算と標準原価との結合の弾力性の問題は，日本の企業会計制度一般の問題ではなかろうか。
　きわめて多数の企業がこのどれかに該当することを事実として認めうるならば，素知らぬ顔で両者の積算による精密な結びつきを説いてよいものかどうかと反省せねばならないだろう。近代的経営管理制度の発展に伴い発展した予算や標準原価の制度を，経営管理制度が成熟していない日本の企業に，米国の企業の場合と同じように適用することは，充分な注意をもってせねばならない。

筆者・発行年	溝口一雄（1960S9）	分類	b
タイトル	予算と標準原価をめぐる問題		

　予算と標準原価との計算組織としての有機的関連性については，これまでに多くの学者がその解明を試

みてきたが，中山隆祐氏は実務家としての視点から「予算と標準原価は直接費の計算組織としては，有機的な関連を持つものではない」と論じたのは反響の大きいところである。しかし，この中山氏の所説の細部について幾つか批判できる点がある。

まず，予算期間に入る前に予算を編成する際，予算期間中に実施される製品製造作業の種類と量を全く予測しえない産業に議論の対象を限定することは疑問であり，理論的体系化の観点からもより一般的な視点で問題を取り上げるべきである。

また，予算と標準原価の関係をインプット面（消費の管理）の場に限定して論ずることも疑問であり，予算と標準原価とは機能的に会計単位を分担している以上，アウトプット計画とインプット管理の相互の関連を考えることが望ましい。

加えて，製造消費予算の編成において標準原価に限界があると中山氏は主張するが，その点に関しては，あくまでも生産管理技術や計算技術の能力および経済性の問題であると思われる。

以上の批判は，管理会計の理論的体系化という観点から行っているのであり，よりよい理論の形成のためには実務的な意見を柔軟に取り入れていくことが重要である。

筆者・発行年	久保田音二郎（1963S1）	分類	b
タイトル	原価計算基準の構造		

本稿は，「基準」における実際原価計算に関する記述について理論的な評価を行っている。

まず筆者は，従来混同して使用されがちであった原価要素と原価費目を，「基準」では概念的に切り離している点に注目する。この点は，"費目別計算→部門別計算→製品別計算"のどの計算段階においても原価計算目的に合わせて適切な原価要素を考えればよい構造になっており，「「基準」の卓抜さを見出すことができる」（52頁）と筆者は評価している。

次に，筆者は部門別計算を取り上げ，「基準」が原価部門を機能別，責任区分別，計算組織上の区分，という3点から定義している点に注目する。この点は，部門別計算が従来のように製品原価のための補助的計算であることだけでなく，原価管理や予算管理にも役立つことを積極的にクローズ・アップしたものであり，「基準」ではこれら複数目的のための一般的基準として規範的に部門別計算が具体化されていることを指摘している。そして，「とくに原価管理のために，この部門別計算に対して，大きなウエイトを持たせていることは，近代的原価管理の立場からみて注目すべきである」（54頁）と評価している。

さらに筆者は製品別計算を取り上げ，若干の批判を行っている。まず，製品別計算の中に連産品の原価計算を含めていることを取り上げ，連産品の原価計算は分割（divide）計算であり，通常の製品別計算が行う集計（accumulate）計算とは原価計算の思想が異なるため，同列にすべきでないとしている。さらに，「総合原価計算における直接原価計算」という「基準」の記述について，理論的には「全部原価計算における部分原価計算」という奇妙な文意となるため，「一定期間中同種または類似の製品の生産形態における直接原価計算」と表現すべきであると主張している。

筆者は最後に，「基準」の実際原価計算の記述が財務諸表作成，原価管理，予算管理という3つの目的に対する一般的基準としての具体的内容を随所に織り込んでおり，しかもそれらが1つの計算体系で存立すべきことを規範的に示していると論じている。

筆者・発行年	小林靖雄（1963S1）	分類	b
タイトル	「原価計算基準」に対する疑問		

本稿は，「基準」の「原価計算の目的と原価計算の一般的基準」の記述について私見を論ずるものである。

まず筆者は，原価計算制度の意味を取り上げ，「常時継続的に行なわれる」という規定に注目する。そして，「随時断片的に行なわれる」(76頁)特殊調査としての原価計算が原価計算制度に含まれない理由が，企業会計の一環としてその真実性を保証できないからなのか，それとも随時断片的であるから制度たりえないと考えたのか，より詳細な説明が必要であるとする。
　次に筆者は，「常時継続的に行なわれる」という記述との関連で「基準」では経営の基本計画が特殊調査として位置づけられていることに注目する。そして，技術革新の時代であった当時，随時断片的にしか行われない基本計画を基礎とした常時継続的に行われる業務計画である予算がうまく機能するかについて疑問を呈している。
　さらに筆者は，「基準」の「原価の本質」の部分を取り上げ，経営目的との関連という原価の規定に注目する。そして，経営目的がなぜ財貨の生産と販売のみとされるのかを問い，財務も生産や販売と同じく価値を生成しているため，「経営目的に関連しない」という理由から財務費用を原価外とする「基準」の論理に疑問を呈している。
　筆者は最後に「基準」の「原価計算の目的」の部分に注目する。そして，(一)の目的は，原価計算が財務会計にも管理会計にも同時に役立つことを規定している点で非常に重要であるが，(二)以下の目的は管理会計面での役立ちを細密化したものであり，これらを単純に羅列している規定に対して疑問を呈している。

筆者・発行年	秋谷伊織（1963S1）	分類	イ
タイトル	「原価計算基準」批判		

　本稿は，「基準」における原価の正常性に関連する記述について批判的に検討するとともに，「基準」が実践規範たるための考慮点を論じている。
　正常原価は棚卸評価についての概念である。「基準」が棚卸評価のための正常原価として，実際原価だけでなく標準原価も認める内容になっていることは，本来は原価管理目的から厳しい水準で設定される標準原価が，実際原価主義の棚卸評価との関係で差異発生を期待しない甘い水準で設定されてしまい，標準原価の管理的機能を損ねてしまう可能性を筆者は指摘している。なお，標準原価を「基準」に含めたことについては，原価の正常性の意味を考えると，合理的に設定された標準原価は実際原価よりも正常だというのが当時の一般的な見方であろうから問題ないとしている。
　筆者は最後に，「基準」が実践規範として効果を発揮するには，わが国産業界の置かれた発展段階を考慮した運用，業種あるいは経営規模の差を考慮した運用，税法による標準原価と直接原価の容認，という3点が必要であることを論じている。

筆者・発行年	原田文夫（1963S1）	分類	イ
タイトル	原価計算基準批判		

　本稿は，昭和23年に発令された製造工業原価計算要綱と対比するかたちで「基準」を取り上げ，そのさらなる改善点について「基準」の各章ごとにコメントを述べている。特に中小企業の立場に立って批判的に「基準」を検討している点に特徴がある。
　第一章については，中小企業は原価計算制度を実施していない企業もあり，実施していたとしても不十分な実際原価の計算であることが多いため，現況では標準原価計算の実施は困難であろうと述べている。さらに，中小企業では厳密な変動費・固定費の区分や管理可能費・管理不能費の区分が現況では困難であることを指摘している。
　第二章については，特に間接費の予定配賦に注目している。当時の傾向として賃金が固定化しつつあっ

ため，賃金にこそ予定配賦を適用すべきではないかと筆者は述べている。また，間接費の予定配賦率は中小企業等では使用していないことが多く，特に多品種少量生産工場では予定操業度の把握がそもそも困難であるため現況では予定配賦率の使用が難しいことを指摘している。

第三章以後については，中小企業ではまだ変動予算を実施する段階にはないので，まず固定予算から実施したほうがよいと述べている。さらに，中小企業等では標準原価計算を実施して原価管理を行うには相当の年月が必要となりそうであることを指摘している。しかしながら最後に，標準原価計算を「基準」に取り入れたこと自体について，それが企業にとって力強い指針となるものであり高く評価できることを筆者が論じている点を忘れてはならない。

筆者・発行年	小林健吾（1963S10）	分類	b
タイトル	原価計算基準に対する		

本稿は，故土岐教授の所説を基礎とし，財務会計・管理会計の区分に注目して「基準」のあり方を考察している。

「基準」は，財務諸表目的，原価管理目的，予算統制目的，という3つを原価計算制度の主たる目的とし，これらの目的が総じて達成されるよう相互に調整された1つの計算秩序を想定している。筆者の焦点は，財務諸表目的の原価計算がその他の経営管理目的での要求と調整しがたいことがある点にある。「基準」は企業会計原則の一環としてあるため，原価計算制度の目的の中で最も重視されるのは財務諸表目的となる。この財務諸表目的を損なわない範囲で原価管理目的と予算統制目的にも利用できる1つの計算秩序を目指さなければならないところに，「基準」が想定する原価計算制度の経営管理目的の原価計算としての限界があると筆者は論じている。

ここで筆者は，そもそも原価計算が財務会計とは独立した計算制度であるという考えが当時の主流であったことを取り上げる。例えばドイツでは，シュマーレンバッハ以来のほとんどの論者が，原価計算は財務会計とは異なった計算課題を有し，異なった計算原理と計算対象を持った独立した計算制度であることで一致しているという。またアメリカでは，AAA「原価概念と基準に関する委員会」の1951年報告において，"原価計算は財務会計に従属するものでも，その部分の計算でもない。それ自体が会計制度である。"という見解が最も多いことが指摘されているという。そのため，故土岐教授が指摘したように，わが国の「基準」も原価計算を財務会計とは独立した計算制度として位置づけ，その計算原則や計算基準を設定すべきであると批判しうることを筆者は論じている。

筆者・発行年	今井　忍（1964S2/3）	分類	c
タイトル	原価計画研究序説		

本稿は，理論的発展が当時進んでいた科学的計画手法に注目し，その中でORを取り上げ紹介するとともに，経営計画と原価計画のコンテクストにおけるORの利用のあり方について論じている。

筆者は原価計画を「原価数値にもとづいて経営諸計画をたてること」（8頁）と定義し，原価計画は「経営目標である最適利潤を達成するために計画せられた原価数値による経営計画であつて，経営諸活動が最高度の経済能率を発揮することを目標とした目標原価であるということがいえよう」（8頁）と説明している。

この原価計画のために，過去の原価資料を分析するとともに将来の原価傾向を予測する必要があるが，その際に原価の相関関係を考慮しなければならない。経営活動は変化を目的として行われるものであり，他の経営活動や経営条件に影響を及ぼし，またその影響を受けるのである。ゆえに，原価の発生状態やそのパターンを明らかにし，この分析資料を基礎とした原価計画を行う必要があるのである。

この時利用可能な科学的手法として，筆者はORを取り上げる。ORは「過去に行なわれた経営諸活動の資料を科学的方法によって分析の上不確実な変動要因は確率変数として定式化Formulationし，経営諸活動の実施に関して価値があると思われる経営行動のモデルを想定Model buildingし，行動の特定コースを予定し，価値的に，効率的に，原価的に最も経営にとって有利なコースを選択する管理技法」(13頁)であり，「原価管理に於ては原価数値が品質，時間等を反映し，定量的に算定せられたものであれば，ORを用いて意思決定を行なうことができる」(14頁)と主張する。そして，「そのためには，計量原価理論 Costmetriesが研究せらる必要がある」(14頁)と論じている。

筆者・発行年	板倉俊雄 (1964S9)	分類	イ
タイトル	サービス業の原価計算		

本稿は，航空輸送業における原価計算の特徴と，同業種における経営管理目的での直接原価計算の有効性を論じている。

航空輸送業は，生産するものが無形の用役であり，貯蔵できないため，限られた運送用役を最大限に活用して利益をあげなければならない。そのため，航空輸送の総生産量を表す"有効トン・キロ"や"座席キロ"，そして総販売量を表す"有償トン・キロ"や"旅客キロ"が重要な原価計算単位となり，これらをもとにした利用率尺度である実際重量利用率と実際座席利用率が，航空会社では最も重要な経営指標であるという。そして，"有償トン・キロもしくは旅客キロあたり収入"と"有効トン・キロもしくは座席キロあたり原価"に注目して算出される損益分岐利用率と実際利用率を比較することで，航空会社では損益の管理が行われていると筆者は述べている。

さらに筆者は，「航空会社の損益は，実際利用率と損益分岐利用率の相互の大小関係により決定されるのであるが，実際利用率は外的要因により他律的に決まる面が多いので，損益分岐利用率の低下をはかることが，航空会社の主たる努力目標となる」(67頁)と述べ，この目的のために適切な原価・利益情報を提供する計算制度として直接原価計算に準じた方式の有用性を指摘している。具体的には，原価の大部分を占めるという固定費に区分される組織的費用に注目し，十分な組織管理にもとづく組織費用の節減が航空輸送産業の原価管理では主要となる旨を論じている。

筆者・発行年	山高桂介 (1964S9)	分類	ウ
タイトル	サービス業と原価計画		

本稿は，サービス業一般（販売業と金融業は含まない）に適切な原価計画のあり方について論じている。

筆者はサービス業を3つの形態に分けることができるという。そして，(1)主として労務の提供をサービスの内容とするもの，(2)主として事務の提供をサービスの内容とするもの，(3)主として設備の提供をサービスの内容とするもの，という3分類によってそれぞれ原価（固定費，用役費，一般管理費）の内容と構成が異なる点を筆者は指摘している。さらに，この3分類によって原価計画上の焦点も異なることも論じている。

その一方で，サービス業の原価計画は過去の実績原価を有力な資料として「本来の業務計画を裏づけ，用役料収入計画と関連において，目的とする利益実現を期するために計画されるものである」(77頁)と論じ，"長期原価計画→短期原価計画→原価計画の実施（差異分析とそのフィードバックも含む）"というサービス業における原価計画の一般的フレームを筆者は提案している。

筆者・発行年	青木茂男（1964S10）	分類	b
タイトル	価値分析の意義と活用		

　本稿は，資材管理面からの原価低減手法として発展し，当時わが国でも注目されるようになっていた価値分析について紹介し，わが国企業への導入上の諸問題について検討するものである。
　筆者はまず，アメリカにおける価値分析の有力な指導者であるL.D.マイルズが所属するGE社における，10カ条の検討項目を取り上げる；(1) その部品を用いると価値に貢献するか，(2) 部品の原価はその有用性に見合うか，(3) 部品のこまかな仕様はすべて必要であるか，(4) 用途にもっと適したものはないか，(5) 使いやすい部品をもっと安価に作れないか，(6) 使いやすい標準製品を決定できないか，(7) 部品は必要な数量を考察し，最適な工具を用いて生産されているか，(8) 原料費，労務費，経費，利益は総原価に対して適当な比率であるか，(9) もっと価格のやすい信頼できる供給者はいないか，(10) 他の部門ではもっと安く購入していないか。
　そして，これらをふまえて，筆者は価値分析の意義・特質を，(1) 価値分析は製品や部品の品質や機能の分析と原価面からの評価の合体として行なうものである，(2) 価値分析は総合的かつ組織的に行なわれるべきものである，(3) 価値分析においては考え方，態度の変更や原価意識の確立が必要である，という3点にまとめている。
　さらに筆者は，価値分析を実際に導入する際に重要となろう要因を考察し，価値分析の意義や特質を導入企業で広く認知させること，価値分析に伴う社内・社外の提案制度を整備し報奨制度と結びつけること，価値分析の際は各関係部門が協力してチーム・ワークによって進めること，等を提示している。

筆者・発行年	永野瑞穂（1964S12）	分類	ウ
タイトル	コスト・マネージメントの三つの側面について		

　当時のわが国は，経済の高度成長に伴う設備投資の増大と過剰な価格競争による"利益なき繁栄"の問題に直面していた。そのため，失われた収益性と流動性を回復し，その中で安定した成長を遂げるための経営管理が求められていた。筆者は，この問題のためにコスト・マネジメントが中心的役割を果たすという考えのもと，コスト・マネジメントのあり方について論じている。
　筆者は，「コスト・マネージメントとは，『外部環境の変化に対応して所期の経営目標を達成すべく，原価を計画し，調整し，統制するための経営管理の総合的手段である』と定義づけることができると思う。」(54-55頁) と述べ，コスト・マネジメントには3つの側面があると主張する；コスト・コントロール，コスト・リダクション，コスト・カット。
　ここでいうコスト・コントロールとは標準原価管理を意味し，コスト・リダクションとは標準原価を切り下げる活動を意味している。そして，コスト・コントロールをコスト・マネジメントの第1段階，コスト・リダクションをコスト・マネジメントの第2段階と位置付けている。
　ここで筆者は，「企業の外部環境は激動している。……（中略）……特に，市場経済のもとでは，製品に期待される機能の変革があり，激烈な競争によつて，価格も決して原価を保証しない。ここに，コスト・マネージメント思考の第三の段階を迎える。つまり，原価を外部環境に適応させながら，所期する経営目標を達成しなければならないのである。」(56頁) と述べ，コスト・マネジメントの最終段階として，コスト・カットという概念を提案する。そして，「競争領域の拡大と内容の深化につれ，製品の価格は個別企業のコストとは無関連的に，あるいは，遊離的に市場から与えられたものとして，企業はそれに対応せざるを得ない。もし，対応力を失うならば競争場裡から脱落する運命を辿らざるを得ないのである。」(56頁) と論ずる。当時は，貿易の自由化の進展によって国際的原価競争が激化し，さらに「新製品の開発に当たつては，まず，市場価格を想定し，流通費を差引き，生産準備費を控除したあと，生産原価を見積

り，それをコスト・レベルの指標として生産活動に入ることが最近の一般的傾向となつた。いいかえると，「いくらかかるからどれだけで売らねばならない」のではなく，「いくらで売らねばならないから，どの限度でつくらねばならない」という時代なのである。」(56頁)という。このような観点で「利益計画を出発点とし，収益との対応による原価計画を逆算的に設定」(56頁)したものは，必然的に「現実のコスト・レベルとの矛盾衝突をきたすのであるが，それは具体的展開の諸プロセスにおいてコスト・カットによつて吸収される努力が要求される」(56-57頁)ため，そこではキャパシティ・コストの回収をも考慮した長期的価格形成の問題が課題となり，「この困難を解決するための有力な武器として，われわれは価値分析法の全面的活用を推進する要があると思う。」(57頁)と筆者は主張する。さらに，「これまでV・Aのコスト・マネージメントにおける有用性は強調されてきたところであるが，必ずしもそれが原価計画と結びつかず，単に，購売業務における有利購売の領域にとどまつたため真価を発揮していない」(57頁)ため，「許容原価計画と有機的に結びつきながら，その具体的実践を裏付けるものとしてのV・Aに期待が寄せられる」(57頁)と論じている。

筆者・発行年	高橋吉之助（1967S1）	分類	a
タイトル	アメリカAAAステートメント・オブ・ベーシック・アカウンティング・セオリー		

　アメリカAAAのステートメント・オブ・ベーシック・アカウンティング・セオリー第5章によれば，会計は「独特な応用情報システム」であり，会計情報の4つの基準である関連性，検証可能性，公正妥当性，計量性を持ち，他の情報システムとは異なることが指摘されている。このとき技術進歩と人間行動に関する知識の進歩もあり，会計の領域と手法は，この4つの基準に基づき測定理論の方向に拡大するであろう。将来の会計情報システムでは，財務会計情報に加えて全ての事業活動の指揮に役立つ資料を収集する。
　ステートメントによれば，将来の会計理論は，記述的ではなく，規範的になる。その理論構造の輪郭として，会計原理の範囲，会計コンセプトの性質，会計原理の成分の3つに分けて示している。このような将来の会計理論の構造の開発に役立つ基本的研究領域は，①社会・組織体・個人それぞれの欲求の性質，②測定値が人間行為に及ぼす影響，③情報および測定値の性質である。
　この第5章への所感は次の通りである。①ステートメントの考えや希望を持つ者が増えている。②会計数値に加工を施す二次的数値求める作業などの発展が必要である。③情報受信者の先入観念についての問題が取り上げられるべきである。④会計理論が科学の独自領域を主張するには，会計がその存在を失わないことが条件となる。

筆者・発行年	金子幾造（1967S6）	分類	ウ
タイトル	国鉄の運送原価計算制度について		

　国鉄の制度的原価計算は「輸送実費調査制度」から実施され現在に至っている。しかし，輸送構造の大幅な変化のため原価計算の検討が必要となった。そこで，経営の実態表示と計画的意思決定のための原価計算制度とするため，鉄道運送原価計算研究会を設置した。その際の研究テーマは，①線区別原価計算の改善，②客貨別原価計算の改善，③通勤輸送原価計算の創設とした。このとき，国鉄原価計算の体系は，原価の費目別計算に始まり，箇所別原価の計算，線区別原価計算を経て客貨別原価計算に終わる運送原価計算とその特殊計算である通勤輸送原価計算から構成される。
　費目別計算は，原価発生形態から，人件費，物件費，資本関係経費の費目に分類するとともに，原価発生機能に基づき作業費，輸送費，管理費と分類する。この費目別原価を，その経費発生箇所別に集計するのが箇所別原価計算である。

線区別原価計算は線区ごとの原価を把握し収益と対照し線区の経営実態を明確にする計算手続きである。この手続きでは箇所別に集計された原価要素を線区単位に区分する。鉄道業務は輸送作業と補助的作業からなるが，これら業務は他の線区で行われる場合も多いため，その用役の及ぶ線区へと従来以上に原価要素の範囲を広げて配賦しなければならない。

　運輸別原価計算は線区別原価を旅客および貨物の運輸別に配賦し，輸送量と対応して単位原価を計算し，それを収益と対応する運輸別の損益計算である。この運輸別配賦では，客貨共通費について従来の物理的面から機能面を重視して配賦することとした。

　通勤輸送の経済性把握の要請による通勤輸送原価計算では，通勤線区における通勤時間帯の旅客輸送に関する原価，収益及び損益の計算を行う。この計算では，線区別旅客原価を通勤時間とその他時間のそれぞれの特別費，さらに，すべての時間の共通費に分類する。この共通費は，通勤時間とその他の時間へと配賦して，時間帯別原価を計算する。この時間帯別原価と収益を対応して時間帯別損益を明らかにする。

筆者・発行年	石塚博司（1967S6）	分類	c
タイトル	客貨別原価計算の問題点		

　線別に集計された原価を旅客運輸と貨物運輸に分類する客貨別原価計算では，同一の輸送設備を利用することから，共通費をいかにして合理的に配分するか，さらには，輸送需要が線路容量を超えていることによる追加発生原価（犠牲的原価）をいかに把握・処理するかという問題が生じる。

　鉄道原価計算研究会における客貨別原価計算分科会では，客貨別原価計算の目的のうち，運送原価計算目的に重点をおいて研究を進めた。そして，客貨別原価計算の改正の方向として，①客貨個別費として把握しうる項目を拡大する，②客貨共通費の適切な配賦基準の選定を行うこと，③犠牲的原価の概念を明確にし，第二次配賦の方法を立案すること，という3点を重点目標として認識した。

　①については従来，形態別に分類していた財産をその用途別に再分類することによって，その一部を個別費化する。②については客貨共通費の配賦基準決定に関する一般原則を定式化し，従来の配賦基準を再検討することとした。③について，線路容量の不足のため，いずれか一方の運輸を優先的に扱うことから，他方の運輸に犠牲を強いることから後者に追加的に発生する原価が犠牲的原価である。たとえば，線路容量不足から，旅客列車を通過させるため，貨物列車を待避，迂回などさせる場合，この犠牲的原価が発生するが，これを犠牲にされた側である貨物運輸の負担から除去し，これを生じさせた旅客運輸側に負担させるというのが犠牲原価の第二次配賦である。これらは今回の国鉄客貨別原価計算の改正に関する報告書の要点である。

筆者・発行年	山口達良（1967S6）	分類	c
タイトル	通勤輸送原価計算		

　鉄道運送原価計算研究会では通勤輸送対策としての巨額の設備投資が実施されつつある現状で，国鉄における通勤輸送に関する経営方針等の決定には通勤輸送の経済性把握が重要と考えた。そのため，通勤輸送原価計算に関する基礎概念の確定と実施方法を研究し，主要線区の試算を行っている。

　通勤輸送に関しては，設備能力と輸送需要との時間的不適合による遊休の不経済性が生じる。よって，通勤輸送原価計算は，通勤線区における通勤時間帯の旅客輸送に関する原価，収益，損益の計算でなければならない。このため，①通勤線区の設定，②通勤時間帯の設定，③通勤時間帯の旅客輸送数を決定しなければならない。

　この通勤輸送原価計算の方法では，線区別，客貨別原価計算と関連して，一定期間の通勤線区別旅客原価を確定する。次いで，これを通勤時間帯の輸送に関して発生する通勤時間帯特別費と，その他時間帯の

輸送に関して発生するその他時間帯特別費に分類し，さらにそのそれぞれを発着費と輸送費に分類する。のちにこれを普通列車，優等列車に分類計算し，最後に普通列車に関する原価を原価要素ごとに通勤時間帯，その他時間帯の別に分類集計して，一定期間における通勤時間帯原価を算定する。また，通勤時間帯とその他時間帯の輸送に共通して発生する時間帯共通費は，原価要素ごとにその性質に応じた適切な配賦基準で通勤時間帯とその他時間帯に配賦する。このように計算した通勤時間帯原価をその期間の通勤時間帯の収益に対応させて通勤時間帯の損益計算を行う。

筆者・発行年	溝口一雄（1967S4）	分類	c
タイトル	「コスト・マネジメント」の吟味		

　答申「コスト・マネジメント」は，その副題に「原価引下げの新理念とその方法」を掲げ，産業界の問題意識に応えたものとなっている。次の時代を迎えようとしている企業経営にとって必要なことは，コスト中心的な思考であり，これを答申は「原価引下げ」と説明するが，この「引下げ」は広義である。そこでこの答申への印象と意見を提示する。

　4つの章と付録からなる答申において，第一章と第二章にて原価問題を計画と統制に区別して明らかにしようとする。その基本方針は妥当であるが，「原価計画」の概念規定が見当たらず，原価計画の全体像を体系的に明らかにした上で原価引下げ問題の位置づけをすることが望ましい。この「原価計画」の内容に立ち入って検討すると，第一，二節では，原価引き下げ計画が長期計画と関連して設定されることを強調しながら，第五節の「原価引下げのための業務の改善」の内容は短期計画にあたり，長期計画の線から外れるおそれがある。また，第九節では，節のタイトルどおりだと不況期の原価引下げを取り扱うことになるが，ここではそれを「固定費」と「変動費」に分けて究明している。しかし，この分類は不況期に限ったことではないので，この節のウエイトが大きすぎる。さらに，この中で固定費の管理についての叙述は論旨の一貫性を欠くところがある。

　第二章の「原価統制」は，その体系には特別の難点はない。ただし，標準や予算としての原価と実績原価の差異分析において，インプット・メソッドを受注生産の場合に限定したような叙述は惜しまれる。

筆者・発行年	小林健吾（1967S4）	分類	c
タイトル	コスト・マネジメント批判		

　「コスト・マネジメント」の答申を出された意義は大であるが，その今日的意義を考慮しながら，2つの問題点を指摘する。

　従来の原価引下げは，生産設備・生産方法・生産品目をより適切化することによって原価を引下げていく方法に重点が置かれていた。そのための技法として標準原価による管理や予算統制が発展した。しかし，このような原価節約的原価引下げに対し，答申があらゆる経営管理者層のコスト・マネジメントに対する管理責任を管理者の階層的区分に応じて位置づけようと試みたことは優れた注目すべき点である。しかし，原価引下げについて管理機構全体の階層的区分の明確化に応じた各管理者層の果たすべき役割を明らかにすることが必要である。とくに経営構造の改善による原価引下げに対する経営者の意志決定での責任を明確にし，強調するべきであった。

　この答申では，原価統制では短期的な原価節約が中心となっているが，原価計画では長期的構造計画と業務執行計画という構成で考えられている。このように，原価計画は経営構造計画と長期業務執行計画と，それと関連して考えるべき短期業務執行計画から成るが，これらに基づく原価統制という体系のコスト・マネジメントを考えると，このコスト・マネジメントにおけるコスト概念はいかなるものであるか。たとえば，設備投資などでは，時間的要素を考慮した利益に対する消極的要素でなければならず，キャッ

シュ・フロー的に考えるコストも含まれる。コスト・マネジメントを利益管理の一環としたことは大きく評価するが，いかなる「コスト概念」が必要かを明確に指摘されれば，わが国のコスト・マネジメントの発展により大きな寄与がなされるであろう。

筆者・発行年	小池　明（1967S4）	分類	ウ
タイトル	「コスト・マネジメント」雑感		

　答申「コスト・マネジメント」が発表されたが，これはわが国企業の問題解決と成長持続を願って作成された。その内容および時期において当を得たものであるが，全章について感じたところを述べる。

　本答申の特徴的な点は原価引下げの目標が競争力あるコストの実現を指向していることである。開放経済では常に競争を伴い，売価の低下も伴うが，低下傾向にある売価に堪えうる原価低減が必要である。目標とする原価低減は競争力ある売価との関係で用意されなければならない。

　「コスト・マネジメント」の理念は長期的，総合的な利益意識に裏付けられた原価引下げであり，総合性統一性に重点を置いている。答申は原価引下げの実現のためには，従来の原価管理での与えられた生産計画の下に展開されるものに加え，いかなる生産，いかなる販売に与件をあたえるべきかについても，それらを統一，包括的に指向することが重要であることを強調している。

　今日の企業社会での原価低減のための方策は，与件の下における原価管理の推進と，与件そのものの合理的策定ないしは原価計画である。ここで，与件下の原価低減つまり日常の業務計画の改善による原価低減を経営構造の改善に比して重要性が小さいことから軽視してはならない。これらは車の両輪のごとく必要なのである。原価低減は重要であるが，原価管理ではその標準尺度は次の3つの要件に応えるものでなければならない。①原価発生の源泉が明らかにされていること。②原価の大きさとその変動。③責任の所在，さらに最後に原価管理のもう1つの主要な原則は管理の集中化である。

筆者・発行年	大西時雄（1967S4）	分類	ウ
タイトル	コスト・マネジメントの批判		

　答申「コスト・マネジメント」は標準直接原価計算を取り上げているが，この実務への導入にあたって問題となる事項を述べる。

　原価計算基準は企業会計基準であり，直接原価計算については消極的であった。答申は，管理会計分野を対象とし標準直接原価計算に対して積極的であった。両者の相違については，その発表時期のずれが見逃せない。原価計算基準発表後，企業は経営構造の合理化，高度化などを進めてきたが，それは標準原価計算や直接原価計算の導入を促進し，さらに直接原価計算について論じられ，理解され，そして導入されることになった。

　答申は標準直接原価計算の長所を4つあげている。しかし，その短所または問題点について述べるところがない。標準直接原価計算の問題点は，標準原価計算に関するものと，直接原価計算に関するものに分けることができる。標準原価計算の問題は，①標準設定における犠牲，②標準のタイトネス，③差異追及である。直接原価計算に関する問題は，①損益計算書のフォーム，②税務対策，③外部報告用財務諸表，④直接原価・期間原価の分類である。

　標準直接原価計算についてはいくつもの問題点があるが，答申書のとおり，大きな長所があり，充分に活用され，効果があげられる。

筆者・発行年	溝口一雄（1973S3）	分類	c
タイトル	原価性の基準		

　本稿は，原価性という問題の取り扱い範囲が論者によって異なっていたために，実践的に意義のある結論が生まれないという問題意識のもと，原価性の基準について議論をしている。
　まず，「原価対非原価」と「プロダクト・コスト対ピリオド・コスト」という2つの性質の異なる問題が十分に区別されることなく論じられてきた点を問題視する。そして，原価性の問題を「原価と非原価」というアプローチから捉えたとしても（非原価項目の範囲を決めて，これによって間接的に原価の範囲を規定する），会計学の次元での概念設定にとって重要な既存損益計算との関係が希薄になるきらいがあると指摘する。すなわち，「原価と非原価」の区分というアプローチは，「プロダクト・コストとピリオド・コスト」というアプローチとの接合なしには実質的意義を持たないと主張している。
　次に，ピリオド・コストの性質とその範囲について議論がなされている。ピリオド・コストの概念は広狭多様に解釈されてきたので，本稿でも，営業外費用をも含めた期間費用，そこから営業外費用を除いたもの，一般管理費・販売費をピリオド・コストとする立場の3つが検討されている。そして，一般管理費・販売費をピリオド・コストとして処理する意義について詳細に論じられている。直接販売費に関しては，その発生について販売活動との関連を明らかになしうるものであり，当該期間の実現販売収益に直接的に対応すると見ることができるので，ピリオド・コストとされる。一方，間接販売費や一般管理費がピリオド・コストとされている意義は，期間損益計算への配慮に尽きると指摘される。これは，特定の個別的収益との結びつきを必要としているのではなく，期間に対する帰属関係だけが問題とされている。
　このようにピリオド・コストを解釈すると，プロダクト・コストは限定された意味での生産活動の結果として生じた価値費消に限定される。こうした考えは実際原価計算によって支持されてきたものであるが，管理目的に用いられる標準原価計算制度における標準原価がプロダクト・コストとして期間損益計算の目的に照らしても妥当性を持ちうるのかが検討される。そして，製造間接費差異における操業度差異が，プロダクト・コスト性を欠くものとして指摘される。そして，原価性判定の1つの有力な基準として，正常性の概念が論じられる。そこでは，原価計算機能が社会的要請にこたえて変化し，発展するのにつれて，正常性の概念も変化すると主張されている。そして，その変化は原価性の基準とのつながりを意識したものでなければならないとも指摘される。こうした考えは，原価計算の管理目的と財務会計的損益計算目的とを接合する役割をも有しているとされる。

筆者・発行年	中山隆祐（1977S4）	分類	c
タイトル	単片原価と結晶原価との混乱		

　本稿は原価計算基準の改正の動きにあたって，財務会計機構のなかでの原価計算基準であるので現行の棚卸資産計算基準の立場を打ち崩すわけにはいかないとしながらも，基準における非原価項目の規定，現実的標準原価における「良好な能率」や「達成可能」の意味について批判を加えている。そして，こうした標準原価計算に関する混乱のすべての原因が，単片原価と結晶原価を区別していないことにあると主張している。
　単片原価とは，労務費や材料費についての一片一片の原始伝票記載原価であるのに対して，結晶原価とは，第1工程から最終工程までにおいて発生した単片原価を結合し，これに間接費を加え込んだ全部製品原価と定義される。つまり，単片原価はインプット原価であるのに対して，結晶原価はアウトプット原価である。この時，原価管理は原価の消費時点で行われるものであり，アウトプットの時点で行われるのではない。それゆえ，間接費も配賦されていて結晶原価となっている現実的標準原価や正常原価が，原価管理に最も適するといったように基準において述べているのは大きな誤りであると主張される。こうした単

片原価と結晶原価を区別しないことによる誤りは，他にも全部標準原価計算よりも直接標準原価計算の方が原価管理に便利であるといった主張や全部標準原価についてタイトネスを分類することにも見受けられるとしている。また，その他の問題点として，予定原価の概念，給付・部分原価・継続記録法・製品単位均一・同種製品・実査法といった用語の使い方，操業度の定義，組別総合原価計算の概念を取り上げている。

筆者・発行年	山邊六郎（1977S4）	分類	c
タイトル	『原価計算基準』の改正		

　本稿は，原価計算基準の総論と総合原価計算の計算手続きに焦点を当てて，原価計算基準改正への見解を示している。
　原価計算基準の総論としては，財務会計の基準のみならず管理会計の指針をも織り交ぜたという原価計算基準の性格，支出原価と機会原価という原価の本源的性質，原価計算制度における原価性（支出原価），原価計算制度における非原価項目，原価計算の本質の説明，原価単位の説明の不完全さが議論されている。一方，総合原価計算に関しては，原価計算基準における製品別計算の説明，完成品換算総量の算定，総合原価計算における先入先出法，平均法，後入先出法という用語の使い方などに関して議論がされている。

筆者・発行年	小池　明（1977S4）	分類	ウ
タイトル	"原価計算基準の改正"について		

　本稿は，原価計算基準の改正に対して望む3点として，①管理への役立ちの考慮，②システム化に対応する原価計算志向，③企業環境の変化に対する対応を揚げている。①の管理への役立ちでは，標準原価計算において現実的標準原価が用いられていることによる管理上の問題点を指摘している。次に②のシステム化においては，ソフトウェアの原価計算を考える必要性が出てきていると指摘している。そして，③の企業環境の変化では，国際為替相場の大幅な変動，資本及び商品の貿易の自由化進展，原料不足，資源不足，企業の社会的責任論の台頭，インフレーションによるコスト・プッシュ，企業の国際化進展をあげている。これらの点を指摘した上で，さらに直接労務費に関する実務と基準の相違点，標準原価計算制度における標準原価の取扱い，原価計算のEDPS，連結原価計算に関して議論をしている。なお，管理に関する議論を提示する前段階として，本稿では，原価管理の本質が差異計算や差異分析そのものにあるのではなく，実質的に原価を少しでも下げようとする人々の動機や欲求などの人間の心理現象にあり，そのために管理組織（業績評価組織）の整備が必要であると指摘している。

筆者・発行年	溝口一雄（1978S9）	分類	c
タイトル	これからの原価計算の在り方		

　原価計算基準の記述は緩やかなものであり，計算にかなりの自由度があるようだが，それはやはり財務諸表作成目的という大蔵省の企業会計基準の一環としての性格があるものである。本稿では，こうした基準の一環としての原価計算基準を批判するというのではなく，原価計算基準は原価計算のすべてを論じているわけでもないということから，基準を離れて原価計算並びに原価の本質を検討している。
　まず一般概念としての原価が「一定の経済的成果を得るために，費やされる価値」と定義され，原価計算のうちで，変わらない部分を基準計算，要求に応じて変わる部分を応用計算と呼んでいる。
　原価は直接費と間接費に分けられる。そして，直接費は材料費，労務費，経費に分かれる。材料費に関しては給付単位別に帰属が明確であり，明らかに変動費であるので，直接材料費は基礎計算とされる。一

方，直接労務費に関しては，給付単位計算としては直接費であるが，利益計画や利益管理の立場からは固定費的性質に重点を置くために期間原価とされる。それゆえ，直接高賃金は基礎計算の色彩は薄くなり，応用計算の色彩が強くなる。さらに，製造間接費は，財務会計目的と原価管理目的とでは，適切な操業度が異なること，製造間接費の変動費と固定費の分類は財務会計では必要としないが原価管理や利益管理目的には重要であること，全部原価計算と直接原価計算における減価償却費の取り扱いが異なること等が指摘される。

こうした指摘を通じて，原価計算基準における給付単位別全部原価計算の支配力が強くなりすぎて，あたかもそこで行われている原価計算が基礎的原価計算であるかのように錯覚されていると警鐘を鳴らしている。

筆者・発行年	小林啓孝（1990S1）	分類	c
タイトル	原価管理とTQCとの関連		

本稿は，管理会計分野の学界での研究と実務との間に存在するギャップを埋めるための第1歩として，TQCと原価管理との関連を考察している。研究と実務のギャップには，実務で行われていることが学界で研究されていないというギャップと学界で研究されていることが実務上実施されていないというギャップの2つが存在しているが，本稿では前者のギャップに重点を置いて議論を展開している。原価管理には広・狭義2つの理解があるが，広義の解釈をとった場合でさえ，実質的な研究上の関心は原価統制（コスト・コントロール）にあり，原価引き下げの研究がほとんど行われなかったと指摘している。そして，その理由を自己の研究領域を狭く見てしまったことにあるとしている。原価企画やVEなどが管理会計・原価計算分野の学界での関心を集めなかった理由の一端もこの当たりにあるとされる。こうしたことから，原価管理の研究と実務が乖離していったとされる。一方，工学の分野では，日本におけるQCからTQCへの発展においては，産学が共同して日本的なTQCが築かれたとされる。そして，再びこうした事態に陥らないようにするためには，実質的な原価の低減に繋がるような行動，仕組みを考案，実践するとともに実質的な原価の低減を目指して再工夫を凝らしていくところに原価管理の本質を求めるべきと主張される。そして，こうした実質的な原価管理はTQCに組み込まれてより良く機能すると主張される。なお，本稿では，TQCの本質を，高度の柔軟性を備え，自己発展的であり，異質性が併存し，統合と自律性が同居するというホロン的経営に求めている。

筆者・発行年	櫻井通晴（1990S2）	分類	a
タイトル	活動基準原価計算の計算原理とその特徴		

本稿は，製造間接費に対する経営者の不満を解決する方策の1つとして，活動基準原価計算に着目し，その計算技術や活用法を紹介し，その特徴を指摘するとともに，批判も加えている。

まず，活動基準原価計算の基礎概念として，長期変動費，原価作用因，複雑性－関連原価の説明をし，伝統的方法（単一の操業度関連配賦基準），複数基準配賦法，活動基準配賦法の異なる3つの製造間接費の配賦に関して，具体例を用いて説明している。そして，FA環境のもと，多品種少量生産がますます多くなるにつれて増大する製造間接費を操業度関連配賦基準法によって配賦すると，大量生産品が少量生産品を内部相互補助し，増大する製造間接費の多くを大量生産品に負担させてしまうこと，活動基準原価計算によれば，そのような歪みを極小化させることができることを示している。

こうした計算特徴を示した上で，活動基準原価計算の長短について，特にわが国での導入という点に焦点を当てながら，次のようにまとめている。

・ 活動基準原価計算の主目的はプロダクト・ミックスの変更による収益性の向上にある。株主の力の

- 強いアメリカでは，経営者は短期的な利益を追求するために，儲けの少ない製品の生産・販売を切り捨て，少しでも儲けの多い製品の生産・販売に目を向ける傾向がある。活動基準原価計算はこうした目的に最も適した手法である。
- アメリカでは，上記のように収益性を高めるために製品原価計算の改善に目が向けられ，活動基準原価計算が生み出され，しかも多数の企業によってこれが支持された。一方，わが国では長期的な競争力強化のため管理の重点が原価管理に置かれている。そのため，経営者の関心は製品原価計算の改善にあまりなく，むしろ製造間接費を直課することで，できるだけ生のデータを管理することに関心を向けてきた。
- アメリカ企業では多品種少量生産品に余分な原価がかかっているのであれば，その分を負担すべきであると考える経営者が多いのに対して，わが国では多品種少量生産に向かうのは顧客ニーズに応えるためであり，内部相互補助は経営政策的にみて妥当であると考える経営者が多い。

筆者・発行年	諸井勝之助（1990S4）	分類	c
タイトル	「原価計算基準」とその制定過程		

　本稿は，昭和30年から37年の公表までの期間にわたって基準の作成に関与した筆者が，基準がどのようなプロセスを経て現行の成文に到達したかを保存してある往事の資料や記録を参考にしながら明らかにするものである。

　まず，基準作成に当たった原価計算研究会がどのように背景の下で組織されたのかが明らかにされている。その中で，海外の基準をそのまま持ってくる，もしくは実務の実態調査のみから基準を作成するのではなく，旧来の原価計算要綱に代わる新しい原価計算手続きを例示する必要があるという認識のもと，米国会計学会の『原価概念及び基準委員会報告』（1952年）の影響を受けながらも，優れた工場の原価計算実務の観察も積極的に行うといった形で基準作成の研究が進められたことが明らかにされている。

　次に，原価計算基準及び手続き要綱（案）が企業の自由裁量に任せるべき部分が含まれているという理由から審議会の承認を得られなかったこと，そして基準が原価計算の啓蒙の役割ではなく会計原則と同じような役割が期待されていることが座談会や筆者の経験から明らかにされている。そして，原価計算基準（仮案）と現行の基準とを比較し，仮案の問題点として，原価計算制度の定義が実際原価計算制度を原価計算制度としては不十分なものであるかのように定義していること，標準原価概念において用いられるべき標準原価が何であるのかがはっきりしないことなどを指摘している。また，仮案には経営管理のための啓蒙的性格が多く含まれており，それが基準になると大幅に省略されてしまったことを原価報告や差異分析を例にとり説明している。

　最後に，原価差異の会計処理規程に関して税法との調整が基準完成を遅らせた1つの要因であると指摘し，基準の規定する現実的標準原価と実際原価との違いは本質的なものではなく程度の差に過ぎないこと，基準には仮案に含まれた啓蒙的色彩は著しく薄められてはいるものの，学問的に価値の高い部分は大切に保存されていること，という基準に対する2つの筆者の感想をまとめている。

『企業会計』

筆者・発行年	青木倫太郎（1949A2）	分類	a
タイトル	アメリカの原価計算		

　N.A.C.A Bulletin の70編の論文を「統制管理に属するもの」と「それ以外」に大別し，前者を10，後者を12に細分すると，前者に属する論文が7割を示している。もっとも多くの論文が「労務管理」について論じているが，戦時中は盛んであったろう労働意欲が「管理はむしろ戦後重要の度を加へたに違ひない」，また，原価加算契約時の戦時中とは違い，自由市場では「戦時中の惰性を完全に拭ひ去つて生活給から能率給に切り換へることが工場管理の重要問題である」としている。原価計算については，米国の実務を紹介しているが，焦点は日本の実務や制度の違いにあり，たとえ日本の実務が理論的に優れていても，米国の実務を高く評価している。具体的には (1)「製造原価表（Cost of Manufacturing Statement)」，(2)「要素別および部門別計算」，(3)「製品別原価計算即ち原価計算組織」，(4)「予算統制と原価計算」，(5)「原価資料の図式表示」，(6)「特殊問題研究」を取り上げている。(1)については，勘定式ではなく報告式であるので優れている，仕掛品期首繰越高に当期総製造費用を加えたものから，仕掛品期末繰越高を控除して当期製品製造原価を算出する方が優れているなどと米国の方式を高く評価している。報告式については，総司令部からの「興行会社および商事会社の財務諸表作成に関する指示書」でも損益計算書は報告式になっている。(2)について，製造経費の予定配賦の基準は米国で支配的な労務費法をとるべきで，「原価計算要綱に於ても，日本の程度にあっては労務費法を原則として採るべきであり，労働時間法は特に原価計算的経験の豊富な工場に於て，時間記録を採ることの実践を有する工場にだけ特に許可さるべきである」と主張している。(3) について，見積原価計算と標準原価計算を税務署が是認すべきであると主張している。(6) については，N.A.C.A調査部報「棚卸資産中に含まれた原価」を紹介し，「試問状」にもとづく実態調査を行って「原理と実際とが完全に調和したところを採る」ことが原価計算の要綱を設定する際には必要だと主張している。

筆者・発行年	松本雅男（1949A3/4）	分類	a
タイトル	予定原価計算と正常原価計算の性質		

　予定原価計算，正常原価計算と標準原価計算は，統計上にいわゆる仮構値たる原価を計算する点では性質を等しくしているために，しばしばいずれも標準原価計算と呼ばれることがある。然しこれらはそれぞれその性質理由を異にするために当然に異なる性質をもっている。次に正しい意味の標準原価計算の先駆者といわれる予定原価計算と正常原価計算についてその性質を明らかにした。
　予定原価計算には2つの発生理由がある。第1に，「注文生産の行われる企業に於いては生産を始める前に価格を契約するために生産前に価格決定の基準となる原価の予定を必要とする」ために発生した。第2は，競争激化による「経営規模の拡大に伴い，一方では実際原価計算が必然的に遅れてくるにもかかわらず，他方ではなるべく速かに原価を知る必要が増大してきた。かかる理由から製造間接費の実際発生額の代わりにその予定額を製品へ配賦する方法が採用されるに至った。」正常原価計算にも2つの発生理由がある。第1に，好況と不況の景気変動において，不況期の廉売価格の基準となり，かつ景気の1循環を

通して原価の完全補償を可能とするために正常原価計算が発生した。第2に，廉売競争による共倒れを防ぐために市場統制を目的として正常原価計算が発達した。

こうした発生理由により，原価差異は，予定原価計算では見積間違いによって生じたので追加配賦すべきであり，正常原価計算では計算期間中は繰り越し，期末における残額を原価外損費に振り替えるべきである。また，予定原価計算は会社形態による資本集中形態において採用され，正常原価計算は企業集中形態というより高次の経済発展段階で成立する。標準原価計算は，正常原価計算と同一の経済発展段階で成立するが，標準原価は達成の目標たる規範性があることから，価格決定基準ではなく経営管理が目的である。

筆者・発行年	山邊六郎（1949A3-5）	分類	b
タイトル	実際原価計算の欠陥と標準原価計算の優越点		

今日，企業家は所与の公定価格に対していかにして製品の生産量を高め，能率を向上して原価を引き下げるべきかという経営管理目的のために原価計算を必要としている。実際原価計算が経営管理目的には欠陥を持っていることが明らかにされているが，ハリソンやキヤマンの議論は個別原価計算を前提しているので，総合原価計算においても欠点を指摘しなければならない。個別原価計算における欠陥は，(1) 原価要素を集計するのに大なる時間と手間を要す，(2) 従って比較的大なる経費を要す，(3) 総経営的及び部分経営的の原価の期間比較が不可能あるいは困難である点にある。これらの欠陥は総合原価計算および直接費も部門別計算を行う個別原価計算では回避できる。しかしながら，実際原価計算である限り，原価比較及び分析を行うべき標準を欠いている点，および原価報告の焦点を示さない点の2点は欠陥として残る。

標準原価計算は計算の時間と手間が節約され，科学的事実調査に基づく恒常的な標準原価と可変的な実際原価を比較するため，総経営的及び部分経営的原価の比較と分析が有意義になる。加えて，標準原価計算は例外管理の原理を原価計算に応用したものであり，管理活動の効率化が図れる。

筆者・発行年	松本雅男（1949A6）	分類	b
タイトル	標準原価計算の会計機構		

経営合理化のためには無駄の発見が必要であるが，わが国においては企業集中が禁止されているため，同種経営集団の客観原価を入手することができず，標準原価計算に頼らざるをえない。標準原価計算を実施する際の会計機構との結ぶつき方は，標準原価と実際原価を異なる会計形式で計算する二元的会計機構と同じ会計形式で計算する一元的会計機構がある。二元的会計機構では，実際原価を簿記で計算し標準原価を簿記機構外の表式で実施されている。一元的会計機構では，表式もあり得るが簿記で行う形態が実施されており，その方法には，原価勘定の借方と貸方をそれぞれ実際原価欄と標準原価欄に区分して並記する並記法と原価差額勘定を設ける単記法とがある。当座標準原価は表式または単記法をとり，基準標準原価は並記法をとる。今日重要なのは無駄の発見であるから，当座標準原価を採用すべきで，表式会計機構と単記式会計機構を説明することにする。

表式会計機構は，帳簿に真実の原価を記録することのほかに，詳細な原価差額の分析をわかりやすく行うことができ，また，標準原価計算の実施を単純化しうるという長所を持っている。具体的な手続については，指図書による原価分析と原価差額分析表を米国の教科書から引用して例示している。この表式会計機構は，複式簿記の自検機能をもたず，総勘定元帳の勘定を重視する企業首脳部の注意を引きがたいという欠点から，簿記機構との結合が米国において強まっている。

単記式会計機構については，原価差額の計算時期と会計処理について，具体的な勘定記入方法を交えて

説明している。計算事務の簡便性と経営活動の管理での役立ちという2面性からそれぞれの方法を評価している。つまり，製品完成時に原価差額を計算する方法では，「いはば原価能率の検屍であり，これによって経営活動を管理するには遅きに失する」という欠点を持つ。そこで，原価材消費のときに原価差額を計算する方法があるが，材料勘定は実際原価で記入するため，材料会計が煩雑となるだけではなく，材料の購入の価格差異を購買部に直ちに知らせることができないという欠点を持つ。かくして，原価材購入時に原価差額を計算する方法が，標準原価計算の技術を最も完全に利用せる形態である。

原価差額の処理については紙幅の制限から簡潔に3つの方法があることを示しているだけである。

米国においては帳簿の重視という観点のほか，個別生産形態から大量生産形態へと発展しつつあるため，表式機構から単記式簿記機構へ発展しつつあるとしている。他方，わが国の場合，大量生産形態の急速な発展は期待できないので，表式機構が重要であるとしている。

筆者・発行年	番場嘉一郎（1955A1/3）	分類	a
タイトル	予算制度と標準原価計算制度との関係		

標準原価制度は予算制度から計数をとり，そして計算結果を予算制度に引渡すのである。予算制度（予算会計）は財務会計であり，標準原価制度は原価計算であって，それぞれその領域を異にする。

予算制度と標準原価制度との関係については，前者が全体であり，後者がその部分であるとか（Lang, McFarland, and Schiff），標準原価制度は実際生産量に対する標準原価の計算だけであって，その結果を予算制度に引渡し，標準と実際を比較するのが予算制度上の比較であるとか（エヴァンズ＝ヘミング），その他種々の見解が存在することを紹介している。

その上で次のように見解をまとめている。すなわち，予算制度が計算対象とする数字と，標準原価制度が計算対象にする数字との間には，全体と部分の関係がある。しかし，予算制度に属する予算実績比較と標準原価制度の属する標準実績比較とは，それぞれ独自の目的をもつものであり，そこに予算制度と標準原価制度とがそれぞれ自己の存在を主張する根拠を見出し得るとしている。

予算制度の目的にはコスト・コントロールへの奉仕が含まれるか否か。標準原価は予算中に取り入れられるけれども，標準原価と実績原価との比較は原価制度独自の仕事である。予算制度は，結局，「標準と原価差異」の予定とその実績を比較するが，その目的は利益管理に資し，また将来の原価予算の作成に役立てるにある。標準原価制度を採用せず，見積原価制度を採用する企業でも，コスト・コントロールの見地から見積原価と実績原価の比較を行う任務は原価制度に属する。予算制度は予算原価による原価分析を扱い，標準原価制度は標準原価による原価分析を扱うという点に，予算制度が原価制度から区分されるというメルクマールを求めるべきではない。製造間接費や販売費および一般管理費の変動予算による分析も原価制度自体の仕事である。

原価制度は予算制度から数字を求めるとともに予算制度に数字を提供する。その関連は密接である。しかし2つの制度はそれぞれ独自の分析領域を有する。原価分析は原価計算係の任務であり，予算係の任務は利益管理および収支（在高）管理への奉仕である。

筆者・発行年	溝口一雄（1955A4）	分類	a
タイトル	固定予算と変動予算との関係		

固定予算と変動予算の関係性を純粋に明らかにしたいという規範性の高い論文である。

企業予算の近代化はしばしば固定予算から変動予算への発展として説かれる。そこでは変動予算は固定予算に全面的に代わりうるものであるかのような印象がうけとられるのであるが，変動予算は果たして予算制度に期待されるすべての機能を果たしうるものだろうか。固定予算の役割りがなお残ってはいないだ

ろうか．もし，それがあるとすればこれら二つの予算の関係はどのように維持せられるべきであるか．このような点を特に製造間接費について考えてみたいとしている．

　計画，調整のための予算と，統制のための予算とは同一の計算的基礎の上に立ち，相互に有機的な関連性をもって設定されることが望ましいし，それが可能であると考えられる．それは変動予算作成の計算技術を利用することによって計画のための固定予算を決定することである．しかし，一見して変動予算の一部に吸収されてしまったように受け取られる計画予算は依然として変動予算そのものではなく，それとは別個の役割をもち，また性格的にも固定予算であることに注意が必要である．一予算期間について配賦率が一定でなければ価格政策や利益計画の上でも不合理が生じ，その点からも計画のための予算は固定予算の形態をとらざるをえない．一方で，固定予算は計算技術的には変動予算に吸収されながら，差異分析による統制機能はまったく変動予算に委ねている．

筆者・発行年	溝口一雄（1955A8）	分類	a
タイトル	ダイレクト・コスティングと標準原価計算		

　わが国企業への導入というよりも，直接原価計算と標準原価計算の関係性に注目した論文である．
　まずダイレクト・コスティングの主要な機能として，(1) 利益計画および管理，(2) 原価管理，および (3) 期間損益計算の合理化の3点を挙げた上で，Wright (1954) の所説を通じて検討している．
　利益管理および計画においては，予算制度と結び付けることによってダイレクト・コスティングの利益計画管理における事前計算の機能が十分に発揮されることになる．この点では標準原価計算とも共通の性質をもっている．いずれにしても，利益計画の主要なる問題はまず有利な品種を選択し（品種選択），次いで品種毎の販売予想量を考慮して全体としての極大利益を現実的な仕方で決定することである．そのためには直接標準原価を用いることが有用である．
　利益管理のためには月次および年次の損益計算が計画と実績との比較をみせることが望ましい旨を述べている．

筆者・発行年	溝口一雄（1956A3）	分類	a
タイトル	「原価性」はどのように問題とすべきであるか		

　やや混乱気味の原価性概念について論議を整理し，問題点を指摘している論文である．
　1956年1月号における原価性の諸問題についての特集では，各論者間で原価性の問題自体の範囲が必ずしも同一のものとして受け取られていないようである．このままでは実践的に意義のあるものにならない．そこで「原価性」について，問題を正しく設定し，それによって生じる基本的な若干の問題を概観している．
　一般に原価性というとき，原価 vs. 非原価，プロダクト・コスト vs. ピリオド・コストの問題がある．そもそも原価性の問題は，「原価差額調整通達」および「棚卸資産関係改正通達」を直接の契機として表面化したものであり，そこで主たる狙いとされているのは，プロダクト・コストとピリオド・コストとの区別である．
　最広義のピリオド・コストは営業外費用をも含む期間費用であるが，そこから営業外費用を差し引いた営業費用や，販売費・一般管理費の取り扱いについても検討の余地が残されている．
　次に，実際原価以外の原価概念がプロダクト・コストの基礎となる場合が問題となる．管理的な原価概念である標準原価が期間損益計算の目的に照らしても妥当性を有しているかは重要である．そこで，原価性判定の1つの有力な基準として正常性の概念が登場してくる．
　また，ダイレクト・コスティングを経常的な簿記機構に組み入れる場合には，充分に検討されるべきも

のが残されている。

筆者・発行年	溝口一雄（1957A3/4）	分類	b
タイトル	ダイレクト・コスティングの実施における問題点		

　ダイレクト・コスティングは今日では理論的論議の段階から実施の段階へその一歩を踏み出している。そこで，その実施に伴う諸問題が起きつつあるのであって，これがまたダイレクト・コスティングの本質規定に対して問題を提起することともなる。そのような実施上の問題点について論評している。
　まず生産物原価と期間原価の概念の内容の問題がある。直接費（prime cost）＋変動製造間接費＝プロダクト・コストとする考え方と，変動費＝プロダクト・コストとする2つの考え方があるからである。これはわが国実務では賃金などが直接費であるが固定費である場合が少なくないことに依拠する。全部原価計算との対比との関連では，期間損益計算上の問題と，価格政策その他経営上の諸決定に関する問題に区分される。
　また利益計画における品種選択の場合，固定的賃金をプロダクト・コストに算入すべきかどうかの問題がある。賃金の製造原価に占める割合が相当大きい場合には問題が重大である。
　さらにコスト・コントロールの目的からすると，直接賃金を固定費としてプロダクトに結びつけずに，ピリオド・コストとして扱ってしまうのは合理的ではない。時間管理は実態的なコスト・コントロールとして最も重要なものだからである。
　最後にダイレクト・コスティングを実施する上に技術的に最も大きな問題となるのは，変動費・固定費の区分方法である。

筆者・発行年	松本雅男（1957A8）	分類	a
タイトル	標準直接労務費の計算と分析		

　個別生産経営の下で標準原価計算を導入する際に生じる問題とその対処法について紹介している論文である。
　個別生産経営においては，オートメーションが普及しても，労務管理の用具として重要なのは標準原価計算である。直接労務費の標準管理は色々非常に困難な問題を含んでおり，その問題を取り扱っている。直接労務費の標準管理を行うに当たって，まず管理対象たる直接労務費の範囲を限定する必要がある。個別原価計算においては1製造指図書の製品を生産するために消費されることが直接に認識しうる労務費であり，総合原価計算においては直接工の労務費ないし，製品1単位について比例的性格をもつ労務費をいう。
　標準原価計算の主眼が原価統制にあるとすると，原価標準を最終製品について定めたのみでは不十分であり，むしろまず責任区分別の製品1単位について定め，それを積み上げて完成品の原価標準としなければならない。特に個別原価計算においては，標準原価を製造指図書別ではなくて，管理区分に基づいて決定した部門別に製品1単位について定めなければならない。より詳細に作業区分別に管理区分を定め，これを原価部門とすると，作業1単位あたりの直接労務費標準が管理部門別の直接労務費標準となる。そのような直接労務費標準を決定するためには，最も優れた作業方法を標準化しなければならない。それは動作および時間研究に基づいて条件が見出されなければならない。これは個別生産経営においても不可能ではない。
　そして原価標準設定に対する基礎資料としての作業自体の意義と，作業明細表，労働明細表等についてHenriciとBennetから参照して紹介している。

筆者・発行年	中山隆祐（1957A12）	分類	ウ
タイトル	賃率差異に含まれる操業度差異		

　原価計算が比較的若い学問領域であるが故に考え落としが散見される。特に産業の構造が外国と日本で異なる場合に問題となり，その1つの明瞭な例は賃金制度である。わが国の賃金制度は，欧米と異なり労働の質と量に対して支払うという基本原則に立って支給されるものではない。
　賃率差異は，標準において個々の作業別職種賃率が設定されて個人別の実際賃率が適用されることを前提とした上で，標準賃率の低い作業に賃率の高い作業者をあてがった時に発生し，現場監督者の責任に帰属すべき差異とされている。しかしわが国では実際賃率として個人別賃率を適用する事例を知らない。また日本産業の賃金制度のように時間不比例賃金が多い場合には困難が多い。また賃金計算期間と原価計算期間のズレによっても賃率差異の算出が困難になる。アメリカのNACAの調査でも賃率差異を算出している企業が少ないこと等が指摘されている。
　それらの状況に応じて教科書等の記述を書き改める必要があると主張している。

筆者・発行年	中山隆祐（1958A6）	分類	ウ
タイトル	標準原価の意義と解釈		

　生産性の測定尺度に関する問題をまず取り上げ，責任会計との関係で，浪費は生産高に含めないということを学んだという。次に，原価計算基準仮案において予算を固定予算と変動予算に分類することに対して批判的な態度を示している。予算は事業計画，あるいは利益計画そのものであるという。したがって予算は変動するものであってはならない。その意味では変動予算は予算たりえないのである。その上で，予算は達成目標としての計画であり，標準原価は達成目標としてのモノサシであるとしている。標準原価は実現された実績線の長さを測定するためのモノサシであるに過ぎない。この点で予算との本質的な相違を求めている。そのような予算と標準との相違は実務で明確に現れる場面がある。事実を記録する会計記録には予算は導入されないが標準は導入されることである。
　日本生産性本部のコスト・コントロール・チームのメンバーが，アメリカでも標準原価制度に巡り合う機会は少なかったという点について，部門生産高を物量で把握しうるような工場においては標準原価が採用されていないとする。同チームが訪問した工場の多くは，その工程生産高を物量で表示できたり個数で表示できたりする産業であって，次の年の生産性チームに自分が同行した際は機械工場を主として見た結果，例外なく標準原価を採用していたという。いずれにしても産業人は，標準原価を実際原価と照らし合わせるためのモノサシとは考えないで，コスト・センターにおけるアウトプット表示具であると考えていると結んでいる。

筆者・発行年	溝口一雄（1959A1）	分類	b
タイトル	予算制度と稟議制度との関係		

　実際の多くの企業で利用されている稟議制度について，予算における報告書との関連で，どのように扱われているか，また扱われるべきかについて述べている。
　つまり，「稟議制度はわが国特有のものであって，西欧的な近代企業にはほとんど見られないといっても過言ではなかろう。経営機能の分化と統合が経営の管理組織の上に正しく反映し，職制の合理化が完全に行われた場合には，プランニングの機能のみが最高管理者の手に集り，コントロールの機能は中級管理者以下の手に委ねられることになる。いいかえれば，予算の決定と予算によるコントロールとが一応切り離されて運営されればよいというのである。…だが，わが国の実情としては，稟議制度はあらゆる企業において現に使用されており，実際の作用の範囲，程度はきわめて大きい。この事実を無視することは許さ

れない」との問題意識の下，予算制度と稟議制度との関係性を探っている。
　その結果，稟議制度には，消極的な側面もあるものの，不分明，不合理な形のまま機能しているところに予算制度の発展に対する障碍的存在となる可能性があるに過ぎないのであって，むしろこれを責任・権限の制度を明確化する最も現実的な制度として考えることが肝要であるとしている。

筆者・発行年	中山隆祐（1959A2）	分類	ウ
タイトル	差異分析における問題点		

　まず差異分析にかかる3つの問題点を指摘している。それは，①差異分析の事後管理機能が過大評価されているが事前牽制機能が重視されるべきであること，②大黒教科書・論文では差異分析と称しながら差異原因を分析せず差異の分類計算に終っていること，③賃率差異は算出できないということである。
　欧米におけるコントロールは責任者の心理に影響を与える牽制（事前のコントロール）を重視しており，差異原因の究明などできるものではない。この点は予算統制においても全く同じことを指摘できる。また差異分析は差異原因分析でなければならないし，賃金が固定給の場合には賃率差異は計算し得ないのであるという。その上で，原価計算基準仮案において，定時間外作業に対する割増給を直接労務費に算入することに反対している。1つは賃率差異の計算に割増給が混入してしまうからであり，もう1つは割増給が工程管理手配順の原因で生じるからである。いずれにしても原価計算のバックボーンにある正常原価論が原価計算基準仮案の主柱となっていることは評価に値する旨を述べている。

筆者・発行年	番場嘉一郎（1959A4）	分類	a
タイトル	標準原価差異の原価性		

　まず標準原価を公表財務諸表や会計帳簿に取り入れることに対する肯定論者と否定論者がいることを紹介している。主として，肯定論者は標準原価による会計は真実を示すものであると考え，否定論者は実際原価こそが真実の原価であると考えることが論拠である。
　ここで外国文献を引用し，そもそも「妥当な標準でなければ管理にも役立たないし，財務諸表にも用いられない。管理に役立つ標準は妥当であり，従ってこれを財務諸表に用いることも是認されねばならない」としている。次にブロッカーの所見を次のようにまとめている。（イ）標準が妥当性を欠くために生じた差額は調整を要する，（ロ）経営者のコントロール可能な原因により生じた差額は直ちに損益に課すべきである，（ハ）コントロール不能な原因により生じた差額は調整を要する，（ニ）季節的な操業度の変化から生ずる間接費差額は，その後に生ずる差額によって相殺されるから，これを繰り延べておくべきである，（ホ）差額を損益に課する場合においても，期末棚卸資産に見合う部分は繰延勘定として処理すべきであるという。（ホ）以外には理論的に支持できるとされている。なおケーファーの所説はブロッカーに考え方は一致しているという。
　最後に標準原価差異の処理について，「その差額が，妥当性のある標準の適用から生ずる差額であることが第一の前提をなす。…原価差額はその原因によって処理を異にすべきである」としている。

筆者・発行年	中山隆祐（1960A5a）	分類	ウ
タイトル	製造消費予算と標準原価の関係		

　予算と標準原価の間には厳格度の統一があるべきであるという主張に対して実務的な立場から反論し，製造消費予算と標準原価の関係について論じている。ここでいう消費予算（インプット予算）とは，「製造予算のなかの生産高予算（アウトプット予算）に対応して，加工作業のために原価要素が消費される時点においての予算」のことである。この議論の前提に，産業が第1類と第2類とに分類でき，第1類産業

の人が考える標準原価制度と，第2類の人が考えるそれとは構造が異なることを挙げる必要がある。

その上で，予算と標準原価の関係を論ずるには第2類産業に基づいて論ずるべきであることを指摘している。そして，予算期間に実施される加工作業を予測することができない第2類産業では，消費予算の編成の際に作業費標準原価を利用できないという。また標準原価制度は，インプットされた材料が加工作業において消費される時点で適用されるコントロール制度であるから，インプット時点に立つ管理用具である標準原価と対比し関連づけを論ずるべき予算は，損益予算ではなく，インプット時点に立った予算である消費予算である。したがって，予算と標準原価の間の厳格度を損益予算の場で論ずるべきではない。製造消費予算の場で論ずるべきである。

特に第2類産業では，予算と標準原価との間には厳格度を統一すべき実務もなければ，統一しなければならない理論的根拠も存在しえないと主張している。

筆者・発行年	中山隆祐（1960A5b）	分類	ウ
タイトル	典型的標準原価制度		

同年の日本会計研究学会の統一論題，原価管理部会において，溝口教授をはじめとした学界人から筆者に対していくつかの批判や質問があった。そこで，それらの質問にいくつかの新たな質問を加え，回答する形式で，中山隆祐が考える予算と標準原価との間の関係性について補足説明を行おうとしている。

その主張の前提には，論点を直接費に限定していること，および第1類産業と第2類産業とに区分し，予算期間に実施されるであろう加工作業の全部または一部を予算編成時に予見しえない第2類産業を前提としている。そして，その前提に基づく結論は，(1) 標準原価を積み上げて予算を組むのではない，(2) 予算と標準原価とは全然計算上連絡のない制度であるから，両社の間の厳格度を統一する事実はない，(3) 標準原価は予算の構成部分ではない，予算の内容のディテールでもない，全然別に計算されるものである，および (4) 直接費に関しては予算は概算としての総ワクを示したものであるから，個々の作業パフォーマンスをコントロールする機能もなければ資格もない，だから別に標準原価制度が必要なのであるという旨を示している。

なお，質問項目は，中山隆祐のいう「典型的標準原価制度」とは何か，典型的標準原価制度における棚卸評価の基準は何か，なぜ部品の貯蔵が必要なのか，など10項目から構成されている。

筆者・発行年	中山隆祐（1961A2）	分類	ウ
タイトル	「標準原価論」のプロローグとして		

昭和26年に日本電気で標準原価制度を実施する以前においては，わが国で製品標準原価を採用している先例はあったかもしれないが，コスト・センター別の作業費標準原価計算制度は存在しなかったのではないかと指摘し，その際の苦労と，インターナショナル・スタンダード・エレクトリック社のストープスの功績について述べている。

1947年に出版した著書でもすでに製品標準原価の考え方を捨て，レスポンシビリティ・アカウンチングとしての係別または作業費工程別のコスト・センター計算を強調していた旨を指摘し，その後の著書でも一貫した主張を続けている。

その他の執筆した論文については，(1) 製品原価計算を放棄しコスト・センター別責任追求原価管理を主張する論文，(2) 変動予算・固定予算・直接原価計算に関する論文，(3) 原価差異に関する論文，(4) その他の問題についての論文の4つの項目を挙げている。その中でも (3) における賃率差異の分析に関するものに多く紙幅を割いており，「賃銀が時間比例給であることの多いアメリカにおいては，賃率差異分析が教科書論のように可能であるが，賃銀に家族手当，勤続手当等の時間不比例給の含まれているわが

国産業界の賃銀制度下では，賃率差異分析は不可能かまたは至難の業である」と主張している。また（4）については，原価管理における事前に牽制する作用の重要性等を説いている。

以上，このような論点にしたがって，それを整理して，中山隆祐が考える標準原価論を仕上げるためのプロローグを示している。

筆者・発行年	多田　良（1963A2）	分類	ウ
タイトル	原価計算基準と当社原価計算制度		

当社（住友化学工業）では，企業会計審議会原価計算専門部会の委員会社として原価計算の新動向について啓蒙認識する機会に恵まれたところに，社内の若手原価計算担当者の意欲と熱意があいまって，昭和28（1953）年に，従来の財務決算会計から管理会計への脱皮の第一歩として標準原価計算システムに移行した。しかし，合理的科学的標準を設定することは実務的に困難であり，また現場統制にも支障があったため，予想数値をもって原価を設定し，次第に標準原価の志向に近づけていくという漸進的な体制がとられた。そのため，当社では標準原価という呼称をとらずに管理原価と称している。

その後，昭和32（1957）年には，直接原価計算との結合を図るため，全面的な見直しを行い，経理規定のなかに原価計算準則を制定し，当社の原価計算の基本的な考え方を表明した。直接原価計算は同時に全社的に導入された。さらに，昭和36（1961）年には，予算原価との一体化を図る原価計算を採用し，準則の内容も改正されて現在に至っている。

当社の経営組織は，医薬品部門を除いて職能別組織となっており，計数管理単位は各製造所である。総括的な管理業務は，本社においては査業部査業課と経理部主計課，各製造所において査業課が担当している。原価計算も査業課が担当している。

管理目的の原価計算制度に影響を与える事業上の特色としては，第1に，技術革新が急速で製品ライフサイクルが短く，設備投資，新製品・新技術の開発が決定的に重要であること，第2に，巨大な設備を有して固定費の比重が大きく，操業度の変化の影響が大きいこと，第3に，各工程がオートメーション化され相互多角的に関連しあっており，生産管理において総合的な計画設定が重要であることなどがある。

当社の原価計算準則において，原価計算の第1の目的は「各層経営管理者に対する原価管理に必要な原価の報告」とされており，財務諸表の作成を第1の目的にあげる原価計算基準とは異なる。

当社の原価計算制度は，予算制度と一体化した総合原価計算による標準原価計算制度である（すなわち原価標準は予算原価の単位原価）。予算制度においては，会計見積書と呼ばれる事業予算書を作成し，各部門間における操業度を調整する。製造費用については，部門別に予算原単位と予算費用を統制費・非統制に区分したうえで指示される。製造費用のうち統制費は原価管理の対象とされ，非統制費を含めた製造費用全体が予算統制の対象とされる。各工場では，工場全体の製造費用予算書および予算原価計算書が作成される。

当社の原価計算制度における基本的な考え方として，管理の重点は全体最適を図るための予算統制にある。そのうえで，予算は個々の装置能力を考慮に入れて，積み上げによって設定されるため，計数管理の方法として予算統制と原価管理を一体化させるのがもっとも効果的である。

筆者・発行年	安達和夫（1964A3）	分類	b
タイトル	直接原価計算のあり方について		

直接原価計算の基本的な目的は，所与の経営構造の下で短期的に最大の利益を実現するための原価情報を与えることである。しかし，このことと，全部原価計算に代わって直接原価計算を制度化すべきであるということとは別の問題である。

直接原価計算制度といえるのは，最終的な期間損益まで直接原価計算による方法，あるいは最終損益は全部原価計算によるものの損益計算書に限界利益と固定費を表示する方法である。その制度は，さらに，年次・月次損益計算を直接原価計算方式で行う最狭義の直接原価計算制度，月次損益計算のみ直接原価計算方式で年次損益計算は全部原価計算方式で行う狭義の直接原価計算制度，月次も年次も損益計算はすべて全部原価計算方式で行う広義の直接原価計算制度に分けられる。

　直接原価計算の制度化の条件は，第1に，直接原価計算の導入によってのみ合理的な期間の収益・費用の対応関係が得られるかどうか，第2に，制度化によって直接原価計算の機能を合目的に生かすことができるかどうかである。

　最狭義の直接原価計算制度の合理性は，第1に，固定費が経営実行活動ではなく経営準備によって発生する費用であるため，これを期間的に発生消滅する費用としてその期間の収益により回収すべきであること，第2に，固定費が長期的原価であるため，長期的な収益と対応するものであること，第3に，利益は価格のいかんにかかわらず，固定費が完全に回収されるまでは認められないことが論拠とされる。しかし，第1の論拠は，固定費が経営準備によって発生するばかりではないことと，経営準備によって発生する減価償却費についても，設備・機械が時の経過とともに腐朽・陳腐化するのは原材料と同じであるから，原材料費と同様に製品の販売時に収益によって回収されるべきであることから成立しない。第2の論拠は，長期的な収益と費用（減価償却費）との対応は，直接原価計算か全部原価計算かという以前の問題であり，その期間配分が恣意的である影響は直接原価計算であっても避けられないため成立しない。第3の論拠は，期間損益計算が販売活動だけでなく製造活動の実情を反映すべきであり，製造活動での操業度の損益計算への影響を捨象してしまうのは問題であることから成立しない。

　最狭義の直接原価計算制度の合目的性については，第1に固定資産への投下資本の早期回収，第2に期間利益の平準化，第3に経営管理の援助があげられる。しかし，第1の目的を除いて，直接原価計算によっても売上の変動によって期間利益は変動すること，年度期間損益計算の経営管理に対する役立ちはかなり低いことから，合目的性は認められない。

　しかし，月次損益計算を直接原価計算方式によって行うとき，年次損益計算にも同一の基準を適用することによって，会計制度が直接原価計算思考のもとに一貫し，計算方式，会計情報の性格が統一され，その経営全分野への浸透，権威づけ，説得力の増大を期待することができる。

　狭義の直接原価計算制度については，不況期に販売可能性の乏しい製品の生産を増加することによる損益の操作を防ぐ利点があげられるが，これは原価計算制度の責任ではなく生産管理機構および在庫管理機構のあり方の問題である。

　しかし，短期利益計画のための事前月次損益計算を直接原価計算方式による場合は，同一基準による事後月次損益計算を行うことが不可欠である。それでも，年次損益については外部報告の観点から全部原価計算基準が望ましいことから，年次計算と月次計算を別個に行うだけの計算手数を要することになる。また，月次損益の累計と年次損益とが異なるのは情報利用者に無用の混乱を生じる可能性もある。

　広義の直接原価計算制度については，適切な短期利益計画のために直接原価計算的思考が重要であり，そうであれば事後の業績評価も同一の計算思考によってなされなければならない。しかし，一連の損益計算は勘定との直接的な結び付きにおいて行われねばならないとはいえない。

　直接原価計算は短期利益計画に有用であるが，損益計算書上の数値から得られる利益管理上の情報は限られている。その理由の1つは，固定費と変動費の分解が困難な点にある。それ以外の理由には，限界利益率の大小による品種選択には多くの制約条件があること，限界利益率一定という条件は実用的でないこと，新製品の育成が軽視されることなどがある。

　以上のことから，財務会計の一環をなす年次・月次損益計算は全部原価計算方式によって行い，直接原

価計算方式の損益計算は簿外で経常的に行うことによって，利益計画に全部原価的思考が過度に働くことを牽制することが望ましい。

筆者・発行年	永野瑞穂（1964A4）	分類	イ
タイトル	キャパシティ・コストの性格とその管理方法		

　NAAの報告によってわが国にもキャパシティ・コストの概念が導入されたが，既成のコスト概念との関係が理論的にも実務的にもあいまいである。
　キャパシティ・コストは，直接原価計算思考における期間原価や固定費と概念上ほとんど相違がなく，企業が投下した資本に対するコストであるキャピタル・コスト，経営者の意志決定の結果として発生するコストであるポリティカル・コスト，地域社会との円満な関係維持のために支出されるコストであるソーシャル・コストといった諸種の原価概念と交錯したり重複したりするところがある。
　キャパシティ・コストの意義は，物的施設および組織を準備し，そうして準備された体制のなかで製造・販売活動を維持するために発生する原価を総称した概念である。キャパシティ・コストの性格を分析すると，第1に，準備段階における意志決定によって発生し，第2に，構造変革が行われない限りは固定的に，構造変革が行われれば増分的に把握され，第3に，多種多様な形態によって増減変動に幅があるということがいえる。
　キャパシティ・コストは生産販売活動を最適に維持するためのコストであるから，その管理には，第1に生産販売活動によってどれだけの限界利益がもたらされたか，第2に最適な状態を維持するなかで引下げや節約の余地はあるか，という観点が重要である。具体的な管理手段は，キャパシティ・コストの性格分類にしたがって選択されるべきである。それは，第1に，設備に関連するコストは人のコストとの相対的な関係を把握すること，第2に，生産販売量の影響を受けるコストは予算統制によること，第3に，構造的な変化に伴うコストは経済計算的効果測定によって管理すること，第4に，社内機構に関係するコストは事前的な業務計画によってコントロールすること，第5に，特定目的にかかわるコストはプロジェクト管理によることなどに分けられる。
　キャパシティ・コストを画一的に管理するのは不適当であって，経営意志にもとづいて緩急軽重の順序だてを行うべきである。今後の重点は，研究開発費，技術活動費，教育訓練費の管理におかれることが望まれる。

筆者・発行年	小林靖雄（1966A1）	分類	c
タイトル	自動車部品工業の原価管理概観		

　わが国の自動車工業は，これまで成長の著しい産業であったが，貿易自由化にともなって国際競争が激化している。そのなかで，部品メーカーにとっては，従来のようなシャシー・メーカーに依存する規模拡大ではなく，自らの経営力を強化することによって，原価切り下げをはかることが当面のもっとも重要な問題である。
　筆者が原価管理の指導にかかわった部品メーカー13社の調査によれば，そのすべてが制度的に原価計算を実施しているが，製品品種別実績原価の計算に偏る原価計算になっていて，現場管理に十分に役に立っていない。例えば，現場の物量消費に関する十分な検討がないか，それがあっても現場の技術者のなかでだけ意味をもっていて，原価計算とはまったく無関係に，技術的管理としてだけ機能している。また，品質管理を徹底していれば原価統制は不要であるという見解もみられたが，作業時間や材料消費量の標準の設定は品質管理の問題というよりもIEによって行われるべきものであり，原価統制はIEのような物量管理に立脚した現場能率管理でなければならない。

このような原価計算と原価統制機能との遊離を克服するためには、製品別実績原価計算そのものを様々な面で簡素化・効率化するのが1つの方策であり、その点で直接原価計算制度が注目される。調査した13社のうち2社は直接（標準）原価計算制度を導入しており、そのうちの1社では、原材料費のほか若干の変動費以外は製品品種別に算定せず、限界利益をもって品種別採算を検討する一方、固定費は期間予算で総額的に統制されている。

制度外においては、納入先との単価交渉の資料として製品別全部原価を提出することが求められる。そのための原価計算方式として筆者が古くから提唱してきた職場別原価計算に近い方式が、13社のうちの1社において採用されている。そこでは、各工程における1分あたり加工費を実績で算出し、品種別単価交渉の基礎的な資料としている。ただし、変動費と固定費の区別がなく、受注品種の組合せの変化や工程の操業度の変化が計算に反映されないという問題が残っている。

原価切り下げの重要な手法として注目されるVAが、シャシー・メーカーの推進によって部品メーカーでも実践されるようになってきた。シャシー・メーカーでは、部品メーカーのVA提案による原価切り下げ効果を折半するなどの様々なインセンティブを設けている。しかし、設計部門を中心とする機能分析が本格的に行われていないなど、部品メーカーにおけるVAの実践レベルは、まだまだ低いといわざるをえない。

調査した部品メーカーには、独自の立場で長期経営計画をたてるようになった企業も出てきている。部品メーカーの長期経営計画では、原価切り下げの可能性を設備の近代化などの長期利益との関係で取り上げる必要がある。

筆者・発行年	安達和夫（1966A12）	分類	b
タイトル	全部原価計算の再認識		

製品の短命化や技術革新の進展によって、生産設備などの諸物的能力への投資額は迅速な回収が求められている。そのための長期製品計画における適正価格は全部原価を回収し、さらに所要の利益を確保できるものでなければならない。また、全部原価に含まれるキャパシティ・コストは近年上昇が著しく、そのなかで直接原価計算的思考を主体とすれば、部分原価補償的価格政策や短期的なプロダクト・ミックス計画の重視により、巨額化した固定原価を結局回収し損なうおそれがある。

予定製品原価計算の重視は、原価管理が事後的原価統制から原価低減計画へ重点を移行してきたことにもよる。原価引下げは、終極的には、所要利益の実現を満足する水準に製品原価を引下げることにより結実するが、これには的確な全部原価による予定製品原価情報を必要とする。

また、責任会計の面からも、各原価部門での原価統制にあたって操業度差異の情報を必要とする。このとき、部門管理者に操業度管理の重要性を認識させるためには、実際的生産能力をもって基準操業度とする全部原価計算方式によることが要求される。

従来の全部原価計算制度では、製造原価だけを製品原価として、販売費や一般管理費を期間原価としていた。この点では、直接原価計算のほうが進んでいたが、全部原価計算制度においても製品別事業部制などで非製造原価の製品種類別区分把握に関心が高まっている。

直接原価計算制度に固有の機能は、期間原価となる固定費の早期回収を図ることにあるが、全部原価計算においても実際的生産能力を基準操業度とする方法によってそれは可能である。また、直接原価計算における平均変動原価情報は、比較的限られた利用価値しかない。

以上のことから、全部原価計算は、直接原価計算制度の欠陥、経営環境の変化、全部原価計算自体の進歩から再認識されるべきである。

筆者・発行年	溝口一雄（1966A12）	分類	c
タイトル	原価数値と経営課題		

　マネジメント目的には直接原価計算の優位性が明らかであり，全部原価計算との比較が問題になるのは財務会計的な会計制度としてのみであるという見解には納得しにくい。財務会計的問題と管理会計的問題とを1つの原価計算システムについて確然と分けてしまって取り扱うのは問題がある。
　全部原価計算が今日なお大部分の企業において会計制度として支持されるのは，マネジメント上の諸要求にも応える原価情報を提供しうると理解されているからであり，そうであればひるがえって直接原価計算が会計制度として承認を受けるためには，マネジメントのための妥当性もまた完全に実証されなければならない。直接原価計算が役立つとされるマネジメント目的の1つは短期利益計画であり，直接原価情報が限界利益率によって各製品の収益力を明らかにするため，その収益力にもとづいて品種選択と組み合わせによって利益極大化を図ることができるとされる。反対に，全部原価情報が多品種生産における組み合わせ計画について劣っているのは，条件の変化に対する数値の弾力性を欠くためである。
　また，個別受注生産企業には全部原価が妥当であるとする見解もあるが，これも今日ではあてはまらない。受注品の選択における限界利益率の適用は，期間原価が様々なセグメント別に把握されるなど，すでに現実的に修正されたものになっているためである。
　限界利益率をプログラミングに適用する場合にも，限界利益率中心の計画思考は直接原価と期間原価を無関連に計画化するものではなく，むしろキャパシティの利用の条件にとくに留意しなければならない。この場合に，キャパシティ・コストはプロダクト別，プロダクト・ライン別，あるいは部門別・事業単位別などの様々なセグメントについて区分表示される。しかし，このようなキャパシティ・コストの区分表示は，かえって限界利益と計画利益との一義的な関係を把握しにくくしてしまう問題もある。貢献利益率は，組み合わせ計画の前提ではなく，むしろ計画の結果として確定される。
　直接原価数値による品種選択・組み合わせが近視眼的な見方に陥るという批判もあるが，その危険は全部原価計算による計画でも基本的に同じであり，これはいずれにしても短期利益計画の限界である。直接原価情報が意志決定との関係でもっとも多くの批判を受けるのは，価格決定（新製品を除く）の問題においてである。しかし，価格決定もCVP計画と切り離すことはできないため，やはり直接原価情報に優位性があり，製品別の直接原価に一定のマークアップ率を乗じて基準価格を算定すれば，直接原価の欠陥はある程度解消したといえる。
　受注品の価格決定について直接原価情報が妥当でないとされることも多いが，受注品も競争市場にある点では標準品と同じであり，受注品と標準品の違いによって価格政策を区別する従来の思想は改められるべきである。
　原価補償との関係で，直接原価情報は部分原価補償に結びつくとされることも多いが，キャパシティの最適利用計画を通じてキャパシティ・コストの総合的回収をはかるのが，直接原価情報による価格決定の特徴であることを理解すれば，それを部分原価補償と結びつけるのは誤りである。

筆者・発行年	小林靖雄（1967A2）	分類	c
タイトル	中小企業の原価計算		

　中小企業における原価計算に対する関心が高まっている。筆者の調査によれば，下請の中小企業では，その割合は親企業よりも低いものの43％が原価計算の実施に関心を示している。これらの中小企業は原価計算にどのような目的を求めており，その生産形態に適した計算方式はいかにあるべきか。中小企業のなかでも機械工業をとりあげると，その多くは受注生産であり，かつその品種は相当に多種である。そうした受注生産の中小機械工業における原価計算の目的は，受注価格と見積原価との比較による受注品の採

算検討である。その原価計算は受注品種についての個別原価計算あるいは組別総合原価計算であり，そこで問題になるのは多品種の製品品種に共通的原価をいかに配賦するかということである。

直接原価計算によれば，共通的原価の配賦という問題を回避することができる。品種の採算検討は，各品種別の売価から単位あたり直接的変動費を差し引いた品種別限界利益によって行う。ただし，受注生産では，限界利益は単に製品単位あたりだけでなく，ある期間の受注量に応じた総限界利益の大きさによって検討される必要がある。さらに，ある品種の生産にだけ必要となる直接的固定費も相当見出されるため，これを期間の総限界利益から控除して利益の貢献度をみる必要がある。

このように直接的固定費が多くなると，直接原価計算といっても全部原価計算と大きな差がなくなってくる。実際に，ある多品種中量生産企業では，従来直接原価計算によって品種別採算検討を行っていたが，直接帰属固定費を考慮するようになると全部原価計算方式でみるほうが早いということになり，直接原価計算方式を廃止してしまったという。

そこで，多品種少量生産企業における品種別採算検討のために，もっとも合理的な原価計算の方法は，職場別加工費計算である。職場別加工費計算とは，部門別計算の部門をできる限り細かく分割し，同一作業の行われる職場に掘り下げて，職場別に加工費率を算定する方法である。加工費率は職場別の基準稼働率にもとづいて算定され，価格交渉のための原価見積りには，基準稼働率を過去の受注の組み合わせにおける実績平均的な水準に設定するのがよい。また，ある品種の組み合わせで受注した場合の各品種別の採算検討には，品種別生産計画にもとづく予定操業度が使われる。予定操業度の変化を考慮するためには，加工費を変動費と固定費に区分し，それが予定操業度に対して基準からどれだけ変化するかをみて加工費率を算定する。

すでにわが国の中小企業の実践のなかにいろいろな形の職場別加工費計算がみられる。ある縫製品工業では，誰から教わったわけでもなく，アイロン作業やプレス作業ごとに加工費率を算定する方法を採用していた。また，あるメッキ工業では，親企業からの指導によって職場別加工費計算を実践している。中小企業で職場別加工費計算を実践するには，品種の整理の努力や職場の数の抑制が課題になる。また，職場別加工費計算は製品別原価見積りおよび採算検討にもっとも効果が大きいが，原価管理のためには，共通固定費を無理に職場別に帰属させるのではなく，共通固定費を職場よりも大くくりの原価部門単位にまとめておいてよい。

筆者・発行年	小林靖雄 (1968A8)	分類	b
タイトル	コスト・ビヘイヴィアと原価管理		

原価計画を個別的固定費計画，個別的変動費計画，期間の原価計画，製品別原価計画に分けると，個別的固定費計画では，固定費がキャパシティ・コストとして把握される。キャパシティ・コストは，経営能力の準備を合理的に計画することによって，その発生段階でコストの合理化をはかり，またいったん準備された能力は，そのできる限りの有効利用をはかる。なお，個別的固定費計画であっても，企業全体としての計画の合理性を保つために，その固定費を相互に関連させる総合的な長期利益計画のなかで検討することが必要である。

個別的変動費計画の基本的問題は，アクティビティ・コストといわれる変動費が製品の設計によってその発生を制約されることである。したがって，標準原価による原価統制よりも，製品の設計段階において，顧客の要求する品質水準を満足させながら，なおかつ原価を最低にするような工夫がなされなければならない。最近実践が進められている価値分析は，作業活動の実施以前の計画段階で変動費を合理的に計画する効果をもつことが注目される。

期間の原価計画は，以上のような個別的固定費と変動費の計画を基礎として，それに期間の営業量の計

画を加味して作成される。期間的原価計画は，売上高の計画をともなって期間的利益計画の一環をなす。期間的利益計画におけるコスト・ビヘイヴィアは，各原価項目について厳密に把握するのではなく，企業全体の観点から概算的に検討される。

製品別原価計画では，個別採算の検討や価格政策のために，見積原価を算定する。見積原価を必要とするのは受注生産の場合が多いが，受注生産では職場別加工費計算によって製品別原価見積りを算定することが望ましい。職場別加工費計算では，加工費を作業部門別に変動費と固定費に分割し，受注品の組み合わせによる予定操業度に応じて加工費率を弾力的に算定して，各月の予定受注品組み合わせに応じた製品別原価見積りが行われる。

原価統制においても固定費と変動費を区別し，キャパシティ・コストである固定費は能力の利用度によって統制し，変動費は標準と実際の比較によって統制する。ただし，変動費の原価統制においては，標準的物量消費量の設定とその統制，仕損じ発生の実体的統制も重要である。

なお，正確なコスト・ビヘイヴィアの把握は，極めて短期のしかも静態的な状態を前提としてのみ可能なのであり，動態的な現実の企業では諸条件が常に変化しているため，管理技術としての実践的目的からして原価分解の精度を追求することはあまり重要ではない。

筆者・発行年	大西時雄（1968A8）	分類	イ
タイトル	実務における変動費と固定費		

原価はコスト・ビヘイヴィアによって，まず比例費と固定費に分けられる。しかし，製品材料費に代表される比例費といえども，購入額の増加による値引や割戻し，作業の熟練度の向上による仕損費の減少，必要な購入量を確保するための不利な条件による購入などによって，実際には操業度に対して比例的に変化することはない。また，固定費も各原価要素の単位価格，操業度変動の幅，対象期間，生産設備の規模などを一定とすることが前提であり，それは日々流動する実際の企業または社会の状況と相容れないため，純粋な固定費というものは存在しない。

したがって，ほとんどの原価はコスト・ビヘイヴィアを容易に認識することのできない不明確な費用あるいは混合した費用であって，それらを比例費・固定費に分割するにあたっては，分割の目的を明瞭に把握し，その目的意識のもとに合目的な数値を算出するように行うべきである。

生産量が余剰資源（組織スラック）の範囲を越えて増加する場合には，長期的な生産態勢の変更によって減価償却費や間接労務費などの固定費も増加する。しかし，その後再び生産量が縮小した場合には，比例費は比例的に減少するものの，固定費はまったく縮小しないかまたは生産縮小に比して固定費縮小のタイミングが遅れることになる。

効果的な原価管理のためには，原価を変動費と固定費とに分類したうえで，それをさらに管理可能費と管理不能費に区分する必要がある。管理可能費と管理不能費の区分にあたっては，第1に，原価管理にあたる管理者の階層の上下によって管理可能費の範囲が大幅に相違するため，その区分と管理者とが結びついている必要がある。第2に，一般に管理可能費とされる変動費も，その管理によって得られる効果は標準額と実際額との差額であって，単位あたりの金額に対してそれほど大きなものではないという問題がある。第3に，固定費が管理可能となる場合でも，これを適切な管理なく放置すれば年々増加していく性向があるため，予算制度などによって不断にこれを管理する必要がある。

筆者・発行年	深井秀夫（1969A3）	分類	ウ
タイトル	直接標準原価によるコスト・マネジメント		

利益計画・利益管理に役立ち，経営各階層の責任権限に対応した原価把握であり，経営の意思決定に役

立つという条件に適した原価計算は,直接標準原価計算であろう。
　直接標準原価計算による貢献利益の内容は諸条件によって変わってくるが,分散する多くの工場を有する企業では,事業部,工場の階層別利益算出のために,純粋な変動費と固定費の区別によらず,製造と販売の区別を優先した方法が採用される例もある。すなわち固定費のうち跡づけ可能固定費は,製造部門貢献利益の算出にあたって控除し,製造部門の責任原価として扱うと管理効果があがる。販売費については,純変動費的科目がほとんどないために,販売直接費と販売間接費を区別するのみとして,製造部門貢献利益から販売直接費を控除して全体の貢献利益を計算する。
　直接労務費はマクロ的な利益計画においては固定費とするが,コスト・マネジメントの面から部門別にみるときは変動費として扱う。
　また,計画販売高にもとづく利益計画と実際販売高にもとづく直接標準原価計算を結び付けるために,予算制度の助けを借りて,品種構成利益差異(変動費差異を含む)と操業度利益差異を抽出することによって利益差異を把握する。
　なお,外部報告用には,共通固定費の配賦計算を行って最終的に実際全部原価計算とする。
　コスト・マネジメントのための事前原価計算体系は,管理コスト計算,特殊原価調査,個別効果計算,期間管理のための原価計算という4つの領域からなる。管理コスト計算では,品質コスト,遊休コスト,資材コスト,設備保全コスト,研究開発コストなどそのときその企業において必要性が高いものが順次取り上げられる。管理コストは,①管理向上のために要する費用,②現在の管理状態で当然必要とする費用,③管理不十分のために発生する費用に分けられる。その区分は,品質コストの予防コスト,評価コスト,失敗コストの区分に対応する。
　特殊原価調査では,代替案の経済計算にもとづいて経営意思決定がなされ,そこで決定したプロジェクトを改善業務計画として年度計画に組み込むための計算が個別効果計算である。個別効果計算では,プロジェクトごとに年度の計画効果が算定され,実績との対比によってアクションの基礎となる。計画効果は利益増大効果と原価引下げ効果に区分される。
　個別効果計算における原価引下げ効果を計画原価差額として標準原価が確定されると,直接標準原価による期間管理のための原価計算制度が行われる。
　以上の4つの領域はつねにサイクルを描きながらコスト・マネジメントの効果を高めていく。
　原価計算のための標準としては,現在レベルである正常標準に計画効果を加味した標準原価が設定される。標準原価は改善業務計画にもとづく計画効果の変更を反映して月単位で変更される。
　新品種の見積り原価計算においては,許容原価方式の導入によって原価引下げを図る。一定の許容原価に達するまでは,何回でも見積り原価計算を繰り返しながら研究部門に改善を要求することによって,製品設計の段階で大きな原価引下げ効果をあげる。これは工場原価計算部門と研究部門とのタイアップによるスタッフ部門の原価低減活動である。なお,許容原価算定にあたっての許容利益は貢献利益である。
　以上のようなコスト・マネジメントの効果を高めるためには,市価基準または原価プラス基準で振替価格を設定すること,スタッフ部門のサービスにも振替価格を設定して利益責任単位とすること,金利をコストとして取扱うこと,電子計算機システムとの結合を図ることが必要である。

筆者・発行年	吉田一章(1970A6)	分類	ウ
タイトル	VA活動と原価管理システム		

　吉田(1970A6)は,その冒頭から,「VA (Value Analysis)を原価管理システムの中に導入していくことは,非常に困難である。それは,後述するように,VAが解析的な手法であって,管理用に利用するのに不向きだからである」(65頁)と指摘している。しかし,「最近の企業の置かれている立場からすれ

ば，解析用の手法を積極的に日常管理の中に組み入れて，現状打破を遂行していきたいところである」ともして，原価管理システムにVAを組み入れるための考え方を概観している。

そのために吉田 (1970A6) は，まずVAと原価管理との関係を次のように明らかにしている。

「原価管理においては，価値の創造を一定の商品の生産と考え，それを前提として，価値の費消の大きさを問題にするが，VAの場合には，価値の創造を商品というところから一歩進めて，その商品が本来果たすべき機能を出発点として考える。」(65頁)

「さて，企業が製造し，販売しようとしている商品の売価が，原価に適正な利潤を付加して設定され，それで十分通用するのであれば，原価管理も三要素の変動を対象としていてもよいかも知れないが，売価が先に決定され，しかも，その売価が利潤をあげるには低すぎるときには，そのような原価管理では満足できないことになる。」(65-66頁)

「VA提案というものは，決して目新しいことではなく，VA以前から，どこでも実施されてきたことである。しかし，VAがVAとして，その存在を認められるのは，個々のVA提案を，一定の基準のもとに，システマティックに提案していくことができるような手法体系であるという点にある。提案制度が，従業員のモラール向上を通じて創意工夫を発揮させようとするものであるとすれば，VAは機能分解とチェック・シートによって，強制的に，企業体に創意工夫を発揮させようとするものだといえる。」(66頁)

「VAの持っている，もう一つの特徴は，Analysis (分析) という用語からも理解できるように，現状打破を目的とする解析的な手法であり，管理用の手法ではないというところにある。VA提案の内容は，ほとんどが，製造法，あるいは，仕様，構造の変更という工程あるいは製品設計上の問題であるのもこのためである。原価管理が，日々，あるいは，月々の原価実績を標準と対比することによって，原価の変動を少なくし，全体のコスト・ダウンを図ろうとしているのに対し，VA活動は，特定の部分に対して集中攻撃を加えることによってコスト・ダウンを図ろうとするものである。」(66頁)

「VAを初めとする各手法は，原価低減の実施のための手段であったとしても，原価低減を管理するための手段ではない。企業目的に照らして妥当な目標を設定し，その進捗を管理する手段は，やはり，企業会計制度と結びついた原価計算制度の中に求めなければならず，管理部門も原価計算担当部門でなければならないと考える。」(67頁)

以上の吉田 (1970) の考え方は，たんにVAだけではなく，広くIE, OR, QC等の活動のクローズ・アップにより，原価管理機能が会計部門から現場 (結局，技術的管理部門と考えられる) に移行しつつある事実を確認しているのである。

筆者・発行年	三輪裕惟 (1970A6)	分類	ウ
タイトル	原価管理のためのデータ・ベース		

答申「コスト・マネジメント」を受け，原価管理が「原価維持的なものから利益管理の一環として位置づけられたことにより，もっとダイナミックな管理活動を要求されるようになった」(40頁) とし，「原価管理のために，どのような原価情報を必要とするのか？」「原価管理に必要な原価資料は何か？」という観点から，「原価管理のためのデータ・ベース」という問題を扱っている。

まず計画のための原価情報としては，変動費と固定費 (キャパシティ・コスト) との区分に基づき，後者をさらにコミッテッド・コストとマネジド・コストに区分することの重要性を述べている。コミッテッド・コストは長期計画に基づいて管理される必要があり，マネジド・コストは期間予算によって管理されるものであるから，原価情報にも変動費・固定費の区分を伴った原価要素ごとの発生計画が必要になるとしている。

統制のためにも変・固の区分は重要であるが，とくにコミッテッド・コストは発生の意思決定段階＝計画段階において上級管理者によって統制されるべきで，マネジド・コストは毎期の予算によって統制される。その上で，管理可能費と管理不能費の区分を明確にして統制すべきとしている。また，原価統制を行う場合に物量基準と金額基準とがあるが，現場管理者（班長・組長・職長）には物量基準が望ましいが，間接部門や上級管理者には金額基準によるほうが妥当である旨を指摘しつつ，「しかしながら，原価統制は，企業組織の末端から上部に至るまで，企業全体が一丸となってはじめて効果を生み出すものである。各人，全社的な利益増大に，どれほど貢献したかをわからしめるためにも，物量基準を媒体として，金額基準をもって原価統制にあたるべきである」（42頁）と指摘している。

「コスト・マネジメント」の理念が総合的・全社的管理であるから，利益に関連づけられた原価統制の報告が必要であり，「各部門において，予算に対する基準（標準）に対応して，その収益・損失がどのくらいで，全社的利益の増減に与える効果がどれくらいであるかを示すものでなければならない」（43頁）としている。

以上を踏まえて東洋工業では，EDC（原単位の更新・伝達システム），MACS（資材管理），PICS（在庫状況のモニタリング），SC（ロット生産工場の工程管理），APC（組立工場のコントロール），SPC（サービス部品のコントロール）といった各サブシステムが統合されたトータル・システムを設計しているとしている。

筆者・発行年	小林靖雄（1970A12）	分類	b
タイトル	原価管理のシステム的アプローチに対する考察		

まず会計情報システムとしての原価管理に関する問題点を2つ掲げている。すなわち，(1) 原価管理が原価計画の内容を含む必然性，そのための，とくに意思決定に関わる会計情報の重要性の自覚，(2) 原価管理全体にわたって，技術的情報が基盤に必要であることの自覚である。これらが「実務の実践の進展とともに自覚され，議論されているかを直接考察の対象とし」ている（86頁）。

その上で，原価管理における計画機能と，技術的情報と原価情報についての見解を述べている。前者については，「われわれは，この原価企画の側面において，従来経営科学（マネジメント・サイエンス）の諸手法の活用を主張してきた。さらに原価低減のための多くのエンジニアリング的手法－たとえばVA, IE, QC 等－と原価管理，とくに原価計画との関連について考察が重ねられてきた。経営科学の諸手法が，現在，実務の中にどれだけ根をおろしているかには，相当な疑問がある」（87頁）としている。

つぎに後者については，亀山（1970A6）および吉田（1970A6）の見解を取り上げ，自論を展開している。つまり小林（1970A12, 88頁）は，「標準原価管理については，そもそも実体的・技術的管理の基盤が根づよく残されているのであり，この技術的管理を補完するために，原価という概念への接近がはかられた」とし，「この原価による技術的管理の補完機能とは，貨幣価値による実体的管理の総合化（ただしこの場合の実体的管理は，主として物量消費管理に限定される）の機能であり，それが「間接管理」といわれるものである。かくしてエンジニアリング的志向と会計的志向との統合が標準原価管理にみられると考えるべきであろう」と指摘している。

しかも「なお私は最近では，この物量管理に基盤をおく標準原価管理だけではなく，製品品質の維持活動である品質管理に基盤をおく仕損費管理と，作業の時間的進行を管理する時間管理を基盤とする能力費（キャパシティ・コスト）の経済的活用とをあわせて，広義の原価管理と考えるべきだと思っている」とし，原価計画の面にも拡大されるものと考えている。

筆者・発行年	番場嘉一郎（1977A2）	分類	b
タイトル	「原価計算基準」の検討課題		

　番場嘉一郎による問題の発端は，「昭和49年に商法計算規定との一体化を目途として「企業会計原則」を改正した際に，「原価計算基準」の再検討を全く行わなかったことに起因する」ようである。その他にも「理論上又は実務上の欠点，短所を是正し，「基準」を一層ベターなものへと推進させていく」ことに加え，「今日的な新しい問題領域における原価基準も取り入れるべきであろう」と指摘している。
　第1点目については，商法において1会計期間が1年であるとしたことに関連して，まず間接費配賦率算定の基礎となる期間を1年間と表明した上で，技術的に達成可能な最大操業度を選ぶ自由が必要であると指摘する。次に，販売費および一般管理費をプロダクト・コストとして処理する場合の算定基準が必要であるとしている。長期請負工事などでは販売費・一般管理費を製品原価とすることの妥当性が提示されていないと指摘している。この点は企業会計原則注解8にも関連するだけでなく，研究開発費ないし技術研究費についても製品原価に算入すべきかを明確にする必要があるとされている。さらには非原価項目に列挙されている項目の再検討の必要性について指摘している。つまり財務費用の問題と法人税等の取扱いに関する問題についてである。
　第2点目は原価計算基準の欠点を取り上げており，標準原価計算数値を外部報告会計に取り入れる条件と，直接原価計算の織り込み方と固定費調整について，およびプロダクト・コスティングの方法の体系について取り上げている。これらは，いわば現行の基準に内在する欠陥の修正であるといえる。
　第3点目は補充を要する項目として，カレント・コストの概念とその算定についてと，固定資産減価額の算定基準についてである

筆者・発行年	中山隆祐（1977A2）	分類	c
タイトル	継続記録法その他に関する意見		

　中山（1977A2）は，原価計算基準が"製品原価計算基準"であることを批判し，原価管理に必要な単片原価という概念を取り上げて議論を展開している。
　「単片原価とは，削る，曲げる，ハメ込む等の原価である。つまり費目別作業費（operational cost）である。原価は作業において単片（flake）として発生する。各作業で発生するこれら単片に間接費を加えて結晶させたものが結晶原価，つまり完成製品原価である。直接費の原価管理は結晶原価で行うのではなく，単片に標準を設定して，これによって行うのである。標準のタイトネスとは，結晶原価についての概念ではなく，測定対象たる単片原価についての概念である。」(14頁)
　中山（1977A2）によると，単片原価と結晶原価の混同から原価計算の考え方について多くの誤りが出現していると指摘している。その中でも中山（1977）は，結晶原価では原価管理を行えないにもかかわらず，原価計算基準では「結晶原価たる現実的標準原価が原価管理に最も適するとか，結晶原価たる正常原価が原価管理に用いられるとか間違ったことを述べている」(15頁)という点を最も強調し，その上で理想的標準原価を原価計算基準から排除していることを痛烈に批判している。なお中山隆祐のこの見解は，中山・溝口論争や中山氏の二元的標準原価論に端を発するものである。

筆者・発行年	溝口一雄（1977A2）	分類	c
タイトル	「原価計算基準」の本質と課題		

　溝口（1977A2）は，「「基準」における「予算編成」には，短期利益計画および業務計画としての個別計画のプロセスが包括され，これがきわめて広義に解釈されているために，制度的原価計算とのつながりにおいて本来無理なところがある………，予算による統制過程について原価計算との関係がより明らかに

されるべきであったと思われる。予算統制において用いられる管理的でしかも制度上の原価概念としては，「予定原価」(見積原価の意)があげられるが，これは「基準」では広義の標準原価概念に含められており，したがって標準原価計算制度上の原価概念として扱われている。いずれにしても，予算統制のための原価計算としては，標準原価計算制度の運用の範囲で考えられているものと解さざるを得ない」(19頁)と指摘している

その上で原価計算基準における原価計算制度が製品原価計算を軸として構成されており，これを予算統制との関係についてみると，次のように指摘している(20頁)。

「予算統制は会計的方法からみれば，期間計算であるから，製品原価の情報だけでは十分ではない。原価管理のための標準原価計算とのコンビネーションの仕方のいかんによるので一概にはいえないが，わが国企業の実務の実態からすると予算統制が原価計算の援助をうける場合がきわめて多いので，そうなると製品原価計算中心の現行の「基準」の説明は実践性を欠くことになるのではないだろうか。」

筆者・発行年	青木茂男（1980A11）	分類	c
タイトル	経営原価計算の意義		

わが国においては従来，公的な原価計算の規定が商工省，産業合理局，財務管理委員会から公表された製品原価計算の手続を中心とした原価計算の既成概念がもたれており，さらに「原価計算基準」(1962年)が原価計算の基本的な考え方の指針として定着していた。当時，「しかるに最近における原価計算の理論と実務の現状をみると，それは上述のような伝統的原価計算の枠を超えて，マネジメントの要請に対応して，経営意思決定や業績管理など，管理会計の発展と表裏の関係においての進展など特に目立つのである」(4頁)という状況であったという。

そこで，経営原価計算の性格を次のように述べている(5-6頁)。①経営原価計算の領域は，現行のわが国の「原価計算基準」の内容にくらべて，より拡大されたマネジメントのための計算領域を含むものである。②経営原価計算の体系は，わが国企業の原価計算の実践的慣行を踏まえ，それに最近までのマネジメントのための原価計算の新しい領域や手法を加味した実践面と理論面との指針となりうるものであることが望ましい。③原価計算の課題と領域は，原価計算制度として，「原価計算基準」で取扱っているような領域と，そして茲でのべるような経営原価計算として取扱われる領域だけで，すべてをカバーしているということはできない。しかしながら経営原価計算は，原価計算の諸目的のうち，最も重要な目的の一つとして考えられるところのマネジメントのための原価計算の領域をとりあげるものである。

また，「アメリカにおけるCASBの活動なども，原価計算の活用領域に関する一つの重要な視点を示すものでるといわねばならないと思うのである」(6頁)ともしている。

さらに青木(1980)は，経営原価計算の体系・内容については，経営管理の機能別体系を中心として経営意思決定の側面を積極的に取り上げる必要があるといい，アメリカ文献と日本文献，さらには「経営原価計算実施要領」と「コスト・マネジメント」の内容(章立て)を取り上げている。

いずれにせよ，経営原価計算の趣旨は，「経営原価計算の課題のうち，直接原価計算，予算制度，価格計算などについては，現行基準でも若干はそれについてふれてはいるが，その内容説明はほとんど行われておらず，また責任会計についても記述されていないが，経営原価計算の観点からすれば，これらの解説が求められるということで，現行基準の補足が必要ではないかということである」(9-10頁)という。

筆者・発行年	溝口一雄（1980A11）	分類	b
タイトル	マネジメントのための原価計算を考える		

溝口(1980)は，Ⅱアメリカの「原価計算基準」の思考，Ⅲ原価計算基準仮案の時代，Ⅳアメリカにお

ける計画論の台頭，Ⅴ原価計算基準の成立，Ⅵコスト・マネジメントの時代と，6節立てで論を構成している。

Ⅱでは，1951年の中間報告書（AAA, Report of the Committee on Cost Concepts and Standards）において原価計算の目的を (1) 財務諸表作成，(2) 責任会計としての原価管理，(3) 意思決定と設定したことの意義を取り上げ，わが国においても (2) 責任会計としての原価管理の思想が昭和24, 25年頃からしばらくは中心であったとしている。

さらにⅣにおいては，アメリカにおける計画論の台頭に触れ，1955年委員会報告（AAA, Report of the Committee on Cost Concepts and Standards, Tentative Statement of Cost Concepts Underlying Reports for Management Purposes）における経営計画の議論がわが国においても著しくもてはやされたという。中間報告では経営意思決定目的が「経営計画」と名称変更され，「個別計画」と「期間計画」とに区分されている。原価計算基準では前者と予算制度との関連性を捉え，後者については特殊原価調査とした。その意味でもアメリカ会計学会の基準案は，原価計算基準の設定にも役立ったが，それ以上にこの理念の形成に資するところが多かったという。

原価計算基準が成立後には，「マネジメントのための原価計算」という観点からすると，「「特殊原価調査」とされるところにより重要な，近代的な原価計算が多く含まれている点を考えると，「基準」は重要な側面にまったくふれていないということになる」（15頁）とし，さらに「「基準」における欠陥として，直接原価計算をほとんど取扱っていないということを挙げざるを得ない」（15頁）と述べている。

1966年の答申「コスト・マネジメント」の特徴は原価計画にあるとしている。原価計画とは，「原価引下げを計画すなわち意志決定を通じて行うことを指している」（16頁）とし，その計画が長期的は総合計画との関連において設定されなければならないことを強調している。

また「経営原価計算実施要領中間報告」について溝口（1980）は次の点を指摘している。まず (1) 原価計算の目的について原価低減を目的としていることであるという。(2) 経営原価計算と伝統的な原価計算との関連性についてである。

筆者・発行年	登能暉・門田安弘（1983A2）	分類	ウ，c
タイトル	自動車工業における総合的原価管理システム		

　量的拡大の鈍化のもとで，必要な利益を原価低減によって生み出すために，トヨタグループの各企業はトヨタの指導のもとに総合的原価管理を確立してきている。その一例として，本稿ではダイハツ工業を取り上げている。この総合的原価管理は，従来の会計的アプローチを後退させ，経営工学的アプローチが色濃いという特徴をもつ。また，原価管理部は，原価管理課，原価企画課，原価改善課という構成をとり，技術者が多いことを指摘している。

　ダイハツ工業の原価管理システムは，総合計画，原価企画，原価改善という三段階を特徴としている。本稿では，原価管理（原価企画）体系図を示しながら，全プロセスについて記述している。まず，総合経営計画を中期利益計画のステップとして紹介している。続いて，原価企画では，個別新製品企画，個別新製品基本計画，製品設計，生産以降計画の4つのステップを提示している。なかでも，個別新製品基本計画では，VE活動による原価低減，目標原価の設定，目標原価の費目別・機能別展開，目標原価の部品別展開があることが説明されている。最後に，原価改善活動として，目標未達が相当額となるときの原価改善委員会の設置，ならびに期毎の短期利益計画の展開としての期別原価改善を取り上げて説明している。加えて，目標管理と原価計算制度（標準原価計算制度）は一致していないこととその理由を指摘している。

　ダイハツ工業として原価企画への取り組みは10年余りを経過したが，まだ改善の余地があることを指摘することで本稿を結んでいる。

筆者・発行年	牧戸孝郎（1985A2）	分類	c
タイトル	FAの進展と原価管理のあり方		

　本論文では，日本におけるFA化の進捗が目覚しいことをうけ，FAが特に原価管理のあり方にどのような変化をもたらすかを探索している。そのなかで，FA化が原価管理に与えるインパクトとして次の5つを指摘している。

　まず，製品の計画段階，特に生産システムの設計段階における原価管理の重要性が増大するという。FA化の進展は，原価企画への重点移動に拍車をかけることになり，設備投資が重要なポイントになると指摘する。設備投資は，多額の資金需要を伴う関係で資金管理と密接に連動させる必要があり，また専用設備にするか汎用設備にするかを決めるにあたって，他の製品系列と同時的に検討する必要があるという。そのため，設備投資は，原価企画のような製品別原価管理といった縦の企画ではなく，予算管理的に横の企画として行う必要があり，設備投資企画を原価企画とは切り離すべきであると主張する。第二に，FA化の進展に伴って，生産段階での原価管理に対しては，予防保全レベルと適正な予防保全コストの追究が必要であるという。第三に，在庫が増えがちなFA化環境では，在庫を減らすことが原価管理の主流になり，従来の操業度管理では望ましくないと指摘する。第四に，FA化により見込生産形態をとっている企業も受注生産的に対応することが可能になり，ノンストック生産も実現しやすくなるという。最後に，FA化に伴って原価計算は損益計算のための原価の計算という性格を強め，これまでの原価統制のための原価計算という重要性は後退することを示唆している。

　このなかで，第三の問題を本稿では敷衍し，FA化時代における原価管理のあり方に反しないように，操業度管理は，従来の操業度差異のうちの生産差異だけに限定すべきであると主張している。

筆者・発行年	田中雅康（1985A2）	分類	b
タイトル	新製品開発と原価企画		

　コストエンジニアリング（cost engineering；CE）は，原価企画という名称で日本では実質的に展開されてきているという。本論文では，原価企画を想定して，このCEの展開を紹介している。CEは原価計算情報の工学的・技術的領域における活用分野であるといい，DTC（design to cost）の思想も踏まえて，「CEは新製品等が合目的な原価で設計，製造，販売，使用（廃棄を含む）されるように，原価目標の設定，原価見積，原価改善の諸活動に科学的・技術的な原理や技法を適用することである」と定義している。

　本論文ではCEの展開方法を提示しているが，中身は原価企画プロセスそのものとなっている。さらに，原価目標の設定と細分化についても詳述している。具体的には，製造原価目標の設定方法として，割付方式，積上方式，そして協議方式の三種類について説明している。また原価見積による経済性評価として，開発設計活動の前段階（構想設計や基本設計）では概算見積が，後段階（詳細設計や製造準備）では詳細見積が行われているという。ただし，実務における詳細見積は，実際原価との対比を考えているためか減価償却費の問題など税務会計ベースであるために不適切であり，改善が必要であると主張する。

　また，CEのような領域は，管理会計の領域と開発設計の固有技術や工学の領域に関連した学際領域であるため，研究も進んでおらず，また実務面でもコストエンジニアが育っていないなど，今後の課題となっていると指摘している。

筆者・発行年	宮部義一（1987A6）	分類	ウ
タイトル	新時代のコスト把握についての一試論		

　三菱化成工業株式会社の常務取締役である筆者が，当社の新しい原価計算の構築に当たり検討した原

の把握方法と計算方法を中心に紹介している。化学工業にあっても，原料，原単位管理を中心としたコスト削減，あるいは固定費削減を中心とした減量化問題は行くつくところまで行き，ほぼその使命を果たしたのではないか，という。他方，企業が直面しているのは，製品面で種々のサービスを必要とする少量多品種製品への構成変化への対応であるという。そこで，新たな時代のコスト把握として，本論文では「サービスコスト」を抽出する試論的コンセプトが示された。

従来の「変動費」「固定費」「一般管理費」という原価把握方法から，「原燃料コスト」「直接加工コスト」「サービスコスト」「金利コスト」「未来コスト」という原価のグループ分けを行っている。なかでも，「サービスコスト」は，生産サービスコスト，販売サービスコスト，流通サービスコスト，管理調整サービスコストと分けられている。

コスト把握の計算方法については，簡素化されたものが望ましいとし，また，その計算コンセプトとアウトプット作表の概念が説明されている。製品ごとのコスト把握，目的をもったコストの集計把握はこの基礎データの応用的組合せで可能であるという。最後に，当社の実際の新たな原価計算システムは，複雑なものとなっているが，順調に稼働していることが述べられている。

筆者・発行年	岡本　清（1987A12）	分類	b
タイトル	設備管理と管理会計情報		

設備投資から接近する経営活性化の手法であるTPM（全員参加の生産保全）について論じている。TPM企業で効果的に採用されている設備総合効率の測定方法を取り上げ，その方法と標準原価計算との結合について本論文では提案している。

TPM企業では，設備総合効率の最大化をその重要な目標の1つとしており，その測定方法について計算例をあげながら紹介している。また，設備総合効率と標準原価計算の結合の方法についても論じている。設備投資効率は設備管理工学で使用される指標であるため，まず稼働時間などの比率を金額に換算する必要があるという。稼働時間の構成要素が判明すれば，標準原価計算との結合は容易であり，製造現場の感覚にあった差異に分解することも可能であると論じている。製造現場の業績を明らかにするために，経理部がチョコ停によるロスの発生とその改善成果に関する管理会計情報を，トップや第一線の現場管理者に提供すれば，組織の活性化に大いに貢献することは間違いないと主張する。また，工場設備の自動化が原価計算にどのような影響を及ぼすかが，研究者の間で関心を呼び，加工費の配賦問題が話題にされることが多いが，われわれとしては，さらに深く，工学の領域へと足を踏み入れるべきであろうと述べている。

このあとの論文の後半では，TPM企業では必ずしも充分利用されていない資本コストの計算と資本配分の問題点が論じられている。

筆者・発行年	櫻井通晴・ロビン・クーパー（1990A3）	分類	c
タイトル	革新的製造間接費管理の実態		

本論文では，新しい先端技術の製造環境において，日本の革新的な企業は製造間接費をいかに管理しているかを考察することを目的とし，製造間接費管理のすぐれた特徴をもつ3社について紹介している。その3社の紹介を行ったのちに，日本企業の製造間接費管理の特徴として，原価管理志向の原価計算制度，製品系列別原価計算，市場志向の価格決定システムを取り上げている。

まず，原価管理志向の原価計算制度では，日本企業の経営者は，正確な配賦計算をしたいと考えは少ないと指摘する。また，どんなに複雑で正確な配賦をしても，原価管理には役立たないと経営者は考えているのではないかと，彼らは示唆している。また，製品系列別に製造間接費を直課しようとするのは，正確

な原価情報による製品別の収益性分析よりも，簡単な計算制度を用いた原価管理を重視する結果であると主張している。

次に，アメリカではすべての原価を単位当たり製品に跡付けようとするのに対して，わが国では製品別跡付けをやめ，製品系列に原価を直課しようとする企業が多いという。製品の多様化するな，個々の製品ごとに原価を把握することは煩雑すぎるという点と，直課を多くすることで原価管理を容易にするねらいが込められているという。

最後に，アメリカの会計専門家の間では，原価が価格に相当大きな影響を及ぼしているという信念があるのに対して，日本では新製品の開発時を除けば，原価情報は価格決定にあまり影響を及ぼさないと考えている経営者が多いという。日本では，原価企画における価格の役割にみられるように，価格を所与としたうえで原価引き下げに努力を傾注しようとする姿勢がみられると指摘した。

まとめとして，わが国の経営者はもともと原価管理を重視した活動志向の原価計算制度を求め続けてきたのであり，そのことが製造間接費管理の実態と特徴にあらわれているのではないかと示唆している。

筆者・発行年	加登　豊（1990A12）	分類	c
タイトル	原価企画とSIS		

本論文では，原価企画とSISに対する役割期待がどのようなことを背景に生じているかを明らかにし，両者の関係を展望するという目的のもと，コストのコントロールや低減に関するアプローチを5段階モデルで説明しながら，論考している。

コストに関する5段階モデルは，(1) 実際原価計算の時代（実績原価の期間比較によるコスト・コントロール），(2) 標準原価計算の時代（標準実績比較によるコスト・コントロール），(3) 物量管理の時代（JIT生産・小集団活動・FA化によるコスト・リダクション），(4) 原価企画の時代（品質と原価の作り込み），(5) SISの時代（企業戦略の一環としてのコスト戦略）である。筆者は(1)(2)を伝統的なコスト・コントロールと捉えられている。続いて(3)から(5)であるが，(3)は製造プロセスにおける原価低減であり，(4)(5)は製造以前のコスト検討としている。まず，(3)については，標準原価計算によるコスト・コントロールが有効に作動するための環境前提が崩壊しつつあり，それに伴い原価標準のメンテナンスは事実上不可能になり，また標準原価計算の本質である物量管理に再び重点を置きなおすことになっているという。ただし，わが国における物量管理の実践は，欧米のそれとは大きく異なり，現場管理者や作業者を中心としたボトムアップの管理方式であると述べている。(4)については，製造段階でのコスト・リダクションについて所期の目標を達成した企業は，製造段階での原価維持活動を継続することに加えて，製造に先立つ商品企画・研究・開発段階へと原価低減対象を求めることになるという。また，原価企画は，もはや先進企業のコスト管理手法だとはいえず，各企業は，基本的な原価企画プログラムに新たな機能を組み込もうとしていると述べている。(5)については，SISには多様なバリエーションがあるという。原価企画も，戦略の一環として位置づけ，企業間競争上で優位な地位を獲得し，さらにその地位を健固なものにするために利用するのであれば，SISと位置づけられると主張する。市場・技術・製造および社会環境の変化が情報システムに関してはSISを，そして企業のコスト対策方法として原価企画を生み出しているという。両者の間は密接な関係にあり，両システムとも進展の途上にあるとしている。

筆者・発行年	山本浩二・小倉昇・小菅正伸・頼誠・中川優・中村謙一（1991A8）	分類	a
タイトル	ABCの基礎概念とその展開		

本論文は，会計のフロンティアとして，アメリカ実務界と学界の協同による原価計算の改善の動きとし

て論じられているABCをとりあげ，その基礎概念および目的や背景を明らかにしようとしている。また，ABCが原価計算の新たな旗手としてわが国の実務においても影響を与えるかについても考察している。

まず，ABCの計算構造やコストプールやコストドライバーなどの概念を丁寧に解説し，ABCが提唱された背景を踏まえたうえで，企業の原価構造の変化や正確な製品原価の測定などのABC実施の要因を述べている。続いて，ABCの展開として，ABCの戦略的な利用，業績評価とABC，ABCの製品設計への影響を考察している。最後に，ABCの問題点とわが国における展開の可能性を述べている。なかでも，わが国における展開については，現在のところ，ABCをいかなる目的の技法として評価できるか特定できないという。また，ABCを評価する際には，日・英・米のマネジメントスタイルの違いが異なった影響を与える可能性を示唆している。わが国でも複数の配賦基準を用いて製造間接費を配賦している企業が存在しているが，その企業がどのようなポリシーをもち，どれだけ厳密に活動とコストプール，コストドライバーを認識・測定できているかによって判断しなければならないと主張している。そして，コストマネジメントの一環としてABCに対する積極的な研究がさらに必要であるとして論文を締め括っている。

筆者・発行年	岩淵吉秀（1992A8）	分類	c
タイトル	原価企画の機能		

広く普及してきた原価企画を日本企業のダイナミズムのコンテクストで解釈し，原価企画を日本的な原価管理および製品開発たらしめている特質について検討を加えている。重複的かつ錯綜的に展開する原価企画活動を情報共有化の促進と知識創造のプロセスと理解して日本的原価管理としての原価企画を紹介している。原価企画活動の特質として，VEを中心とした原価企画の概要を説明し，VEそのものは日本固有のものではないことを明らかにしている。しかし，多くの日本企業が原価企画の海外移転に苦労している点を考えた場合，日本的原価管理としてコンテクストを解釈しなおす必要があるという。そのために，総合電機メーカーT社の原価企画活動をケースで示し，日本企業の製品開発におけるダイナミズムを考察している。その結果から，日本固有の特質として，情報共有化と知識創造のプロセスがあり，欧米とのコンテクストの違いがある旨が示されている。

筆者・発行年	門田安弘（1993A12）	分類	c
タイトル	原価企画・原価改善・原価維持の起源と発展		

日本の製造業における原価管理システムは，本質的に利益管理のためのマネジメント・システムであり，原価企画・原価改善・原価維持の三本柱から構成されているという。この体系はトヨタ自動車が開発したものであるとし，今日の原価管理システムを理解するのに発生史的な検討を有益と考え，このトヨタにおける起源と発展について詳述している。

原価維持については，トヨタは1950年から予算統制を導入し，1956年には製造部門費の予算管理を完成させ，標準原価計算による差異分析も1955年までには導入されているという。この説明を受け，原価維持システムが最初であるという点が認識しておくべきであると述べている。原価改善の起源については，1961年に原価改善システムは導入されているという。部門別の目標低減額を定めて原価改善を行う点はトヨタの創意であると指摘している。最後に原価企画の起源については，1959年末には，パブリカの1000ドルカー構想において目標販売価格を設定しVEを実施するなどしていることから，今日の原価企画に近いことが行われていたという。ただし，VAの導入時期と併せて考えると，本格的な原価企画の開始は1962年といえると述べている。その後のトヨタでの原価改善と原価企画の発展についても紹介されている。機能別のトップ管理体制は1963年に整備され，VA・VEの本格的定着は1966年に入ってから

であると説明されている。また，プロジェクト型の原価改善の導入やクロスファンクショナルな原価企画体制は，1974年のカローラ原価改善委員会の設置に見ることができるとしている。最後に設備投資企画は，1979年にビスタ，カムリ以下の乗用車を順次FF化することを決定し，これに伴って設備投資が膨大になるためにはじめられたことが紹介されている。

筆者・発行年	櫻井通晴（1995A10）	分類	b
タイトル	間接費の管理とABC/ABM		

わが国の製造業において間接費が増大している状況と理由について述べ，間接費管理として効果的なABC/ABMを考察している。

まず，ABC/ABMについての誤解と正しい理解と題して，①ABC/ABMは間接費の配賦法ではなく間接費管理の方法である点，②日本で実践している間接費管理は極めてプリミティブであるがABCには伝統的原価計算を変革するほどの革新的なメカニズムがある点，③活動の分析だけでなく活動に原価を割り付ける点，④ABCの導入費用は抑えることもできるという点，⑤ABMは経理屋の手法というよりも技術者のツールである点，⑥ABCは原価計算精度としては決して多くの原価作用因は必要ない点を示している。

そして，ABCを製品戦略に活用することで，リストラ（事業の再構築）も可能であることを解説している。また，日本企業では，ABCを活用する場合でもアメリカでの活用方法とは異なり，原価改善に繋がるような形で利用されてきているという。さらにABMのリエンジニアリングへの活用として，少なくとも日本では，ABMは必ずしも原価計算の機構から導かれた製品原価情報としてのABC情報を活用することのみを意味しないと解するべきいう。ABMは工程改善の観点のプロセスであり，リエンジニアリングを目的としたABMによる原価低減が有用である旨の説明がなされている。

さらに，ABC/ABMを導入するにあたって注意すべき点として，①当面の短期的な利益を得んがために顧客満足を忘れ長期的利益を犠牲にするようなことがあってはならない，②ABMにより非付加価値活動やムダと思われる活動も明らかになるが，その活動を除去するには綿密な検討が必要であり，VEなどを併用して見極める必要がある，③ABC/ABMで余剰人員が明らかになる場合があるが，新規事業にまわすなどして，従業員に夢と希望をもたせたリエンジニアリングである必要があるといった旨の三点が示されている。そして最後に，今後のわが国企業にとって，効果性重視の経営が必要であることを主張している。

筆者・発行年	佐藤　進（1998A5）	分類	c
タイトル	『機械工業原価計算基準』について		

1997年3月31日付けで社団法人日本機械工業連合会（日機連）から『機械工業原価計算基準』が設定発表された。その経緯について本論文は説明している。日機連の標準化推進特別委員会のなかに原価管理標準化分科会が1994年に設けられ，3年間にわたる審議を経たものであるという。この日機連は，通産省の監督指導のもとで機械の標準化に関する事項（JIS, ISO）を審議する機関であり，機械工業の原価計算基準を設定するに十分な権威を有していることが述べられている。

この『機械工業原価計算基準』設定の理由として，他業種に比べ機械工業は原価の測定が複雑困難であり，それだけ原価計算の重要度が高いが，生産環境の変化に直面しており，それに対応できる原価計算基準が必要であったことが述べられている。また，この基準の特徴として，四要素原価計算が指定され，原価管理のための原価計算として標準原価計算とともに許容原価計算が指定されたことであるという。四要素原価計算では，原価要素を材料費，設備費，労務費および経費に分類するとともに，いわゆる製造間接費の多重的配賦計算を行うことなく，生産実態に即した原価測定を可能にする原価計算方法であると説明されている。また，許容原価計算は，原価改善に役立つ原価計算であるとして内容が紹介されている。

執筆者紹介 (50音順)

山本浩二（大阪府立大学経済学部教授）　第1章，終章

岡田幸彦（筑波大学大学院システム情報工学研究科講師）　第4章*，第10章*，第12章*
　博士（商学・一橋大学）。統計数理研究所客員准教授。「サービス生産性シミュレータの基本理念」『横幹』第4巻第1号（2010），「サービス原価企画への役割期待」『會計』第177巻第1号（2010），「わが国サービス原価管理論の展望」『原価計算研究』第33巻第1号（2009），「サービス組織の原価計算研究の史的展開」『會計』第174巻第1号（2008），「サービス原価企画の理論的考察」『日本企業研究のフロンティア3』有斐閣（2007）など。

小沢　浩（名古屋大学大学院経済学研究科准教授）　第2章，第15章
　博士（経済学・名古屋大学）。「部門間調整のための予算水準とスラックの管理」『原価計算研究』第34巻第2号（2010），「部門別計算における部門概念の変容」『原価計算研究』第34巻第1号（2010），「セル生産による生産性増大の原理」『組織科学』第38巻第3号（2005），『コストマネジメント』同文舘出版（2005）など。

片岡洋人（明治大学専門職大学院会計専門職研究科准教授）　第6章*，第7章，第9章*，第10章*，第13章*
　博士（商学・一橋大学）。「ABCの基礎的構造と意思決定」『管理会計学』第12巻第2号（2004），「自律的組織における意思決定の多様化と原価計算」『会計プログレス』第8号（2007），「継続的改善活動におけるABCの適用：因果関係分析に関連して」『原価計算研究』第32巻第1号（2008），「MCSにおけるABCの役割期待―コミットメント形成の「場」を中心に―」『原価計算研究』第34巻第1号（2010）など。

窪田祐一（大阪府立大学経済学部准教授）　第14章
　博士（経営学・神戸大学）。「原価企画における組織間インターラクティブ・コントロール・システム」『原価計算研究』第25巻第2号（2001），「組織間管理会計研究の意義と課題」『経済研究』（大阪府立大学）第50巻第2・3・4号（2005），「組織間マネジメントと管理会計の役割」『企業会計』第60巻第10号（2008），『戦略実現の組織デザイン』（共翻訳）中央経済社（2008）など。

中村博之（横浜国立大学経営学部教授）　第4章*，第9章*，第12章*
　一橋大学大学院商学研究科博士後期課程中退。『スタンダードテキスト管理会計論』中央経済社（2008）（共編著），「環境マネジメント・スタイルに基づく設備投資の影響範囲」『経理研究』第48巻（2005），「原価管理手法としてのABCと原価の管理可能性」『會計』第160巻第4号（2001），『企業経営の財務と会計』朝倉書店（共著）（2001）など。

西居　豪（専修大学商学部准教授）　第12章*
　博士（経済学・大阪府立大学）。「戦略的業績管理システムとパフォーマンスとの関係に関する分析」『専修商学研究』第86号（2008），「非財務指標の戦略的適合度に関する実証分析」『原価計算研究』第30巻第2号（2006）など。

簗本智之（小樽商科大学大学院商学研究科教授）　第8章，第11章*
　一橋大学大学院商学研究科博士課程単位修得。イリノイ大学客員研究員（2000―2002）。「高度経済成長期の投資の意思決定論」『會計』第172巻第4号（2007），「制度としての管理会計―コントローラー制度の導入を巡って―」『経理研究』第51号（2008），「『企業における内部統制の大綱』発表時における会計制度の考察」『産業経理』第70巻第1号（2010）など。

挽　文子（一橋大学商学部教授）　　第5章＊，第6章＊
　　博士（商学・一橋大学）。『管理会計の進化―日本企業に見る進化の過程―』森山書店，2007年，「組織文化と管理会計の相互作用―村田製作所グループの事例研究―」『自律的組織の経営システム―日本的経営の叡智』（廣本敏郎編著）森山書店，2009年。

藤野雅史（日本大学経済学部准教授）　　第3章，第5章＊，第10章＊，第11章＊，第13章＊
　　博士（商学・一橋大学）。『分権政治の会計―民主的アカウンタビリティの国際比較』（翻訳）中央経済社（2010），「公的部門における管理会計の統合プロセス」『会計プログレス』第10号（2009），「米国連邦政府における原価計算の制度化」『原価計算研究』第33巻第2号（2009），「ミクロ・マクロ・ループとしての管理会計システム」『企業会計』第59巻第4号（2007）など。

＊は共同執筆

編著者略歴

山本浩二（やまもと　こうじ）
1978年3月　大阪市立大学商学部卒業
1983年3月　神戸大学大学院経営学研究科博士後期課程単位取得
1983年4月　香川大学商業短期大学部専任講師
1984年4月　同助教授
1988年10月　大阪府立大学経済学部助教授
1996年1月　同教授　現在に至る

日本原価計算研究学会理事（元副会長），日本学術会議連携会員，
公認会計士試験委員（2006～2010）

主要著書
『ファジィ管理会計システム論』大阪府立大学経済研究叢書（1992）
『原価計算の知識』日経文庫（1996）（加登豊と共著）
『成功する管理会計システム』中央経済社（2004）（谷武幸編著）
『スタンダードテキスト管理会計論』中央経済社（2008）（共編著）など。

原価計算の導入と発展

2010年6月25日　初版第1刷発行

編著者　ⓒ　山本浩二
発行者　　　菅田直文
発行所　　　有限会社　森山書店
　　　　　　東京都千代田区神田錦町
　　　　　　1-10林ビル（〒101-0054）
　　　　　　TEL 03-3293-7061　FAX 03-3293-7063　振替口座 00180-9-32919

落丁・乱丁本はお取りかえ致します　　印刷／製本・シナノ書籍印刷

本書の内容の一部あるいは全部を無断で複写複製することは，著作権および出版社の権利の侵害となりますので，その場合は予め小社あて許諾を求めてください。

ISBN 978-4-8394-2099-4